Mircea Eliade

Geschichte der religiösen Ideen

HERDER / SPEKTRUM
Band 4200

Das Buch

„Eine gesamtmenschliche Rechenschaft über das, was die Menschheit an der Religion hat" (Neue Zürcher Zeitung). Mircea Eliade, der bedeutendste Religionswissenschaftler des 20. Jahrhunderts, auf den Spuren des Heiligen und seiner vielfältigen kulturellen Manifestationen. Der vorliegende zweite Band dieses Standardwerkes zur Geschichte der religiösen Ideen behandelt alle großen Religionen der Welt in der Zeit der klassischen Antike: in China, in Indien, in der römisch-griechischen, hellenistischen und germanischen Welt, das Judentum und das frühe Christentum; einbezogen sind die Religionen der Thraker, Kelten und Perser. Die heute lebendigen Religionen – von Gautama Buddha bis zu den Anfängen des Christentums – werden hier von ihrer Entstehung her beschrieben. Die Summe eines einzigartigen Forscherlebens im Dienste der Religionswissenschaft. Auch für den Laien eine fesselnde Lektüre voller überraschender Einblicke.

Der Autor

Mircea Eliade, 1907 in Bukarest geboren, 1928 Doktorat in Philosophie, 1928–1932 Studium des Sanskrit und der indischen Philosophie in Kalkutta, 1933–1945 Dozent in Bukarest, 1945–1958 in Paris, ab 1958 Professor für vergleichende Religionswissenschaften in Chicago. Dort 1986 gestorben. Zahlreiche fachwissenschaftliche, aber auch belletristische Veröffentlichungen, viele in deutscher Übersetzung bei Herder.

Mircea Eliade

Geschichte der religiösen Ideen

II. Von Gautama Buddha bis zu den
Anfängen des Christentums

Herder
Freiburg · Basel · Wien

Titel der Originalausgabe:
Histoire des croyances et des idées religieuses
De Gautama Bouddha au triomphe du christianisme
© Editions Payot, Paris 1978, 1992

Aus dem Französischen übersetzt von Adelheid Müller-Lissner (§§ 126–195,
S. 11–213, 353–416) und Werner Müller (§§ 196–240, S. 214–352, 416–457)

2. Auflage

Alle Rechte der deutschen Ausgabe vorbehalten – Printed in Germany
© Verlag Herder Freiburg im Breisgau 1979
Religionskundliches Institut der SOD Freiburg im Breisgau
Herstellung: Freiburger Graphische Betriebe 1994
Umschlaggestaltung: Joseph Pölzelbauer
Umschlagmotiv: Figur des Tsongkhapa,
im tibetischen Kloster Kumbum Dschamba Ling.
Foto von Bruno Baumann. © F. A. Herbig Verlagsbuchhandlung GmbH,
München.
ISBN 3-451-04200-2

Vorwort

Durch unvorhersehbare Umstände wurde die Drucklegung des zweiten Bandes der „Geschichte der religiösen Ideen" verzögert. Ich habe diese Zeit zur Vervollständigung der kritischen Bibliographie einiger Kapitel benutzt, bei der ich dadurch auch die Arbeiten erwähnen konnte, die 1977 und Anfang 1978 erschienen sind. Die bibliographischen Angaben zu den einzelnen Kapiteln sind von unterschiedlicher Länge, denn es kam mir darauf an, möglichst viele Informationen über Fragen zu geben, die dem Laien weniger bekannt sein mögen (zum Beispiel über die frühgeschichtlichen Religionen Chinas, der Kelten, der Germanen, der Thraker, über die Alchemie, die Apokalyptik, den Gnostizismus usw.).

Um zu vermeiden, daß dieser Band zu umfangreich wird, nehme ich die Abschnitte über die Religionen Tibets, Japans, Zentral- und Nordasiens in den folgenden Band. Deshalb muß der dritte Band in zwei Halbbände unterteilt werden, von denen jeder ungefähr 350 Seiten Umfang haben wird. Der erste Halbband wird den Zeitraum von der Ausbreitung des Islam und den Erfolgen des Tantrismus bis zu Joachim von Fiore und den chiliastischen Bewegungen des 12. und 13. Jahrhunderts umfassen, der zweite von der Entdeckung der mittelamerikanischen Religionen bis zu den zeitgenössischen atheistischen Theologien reichen.

Es liegt mir daran, meinen Freunden und Kollegen, den Herren Professoren Paul Ricœur und André Lacocque, sowie Herrn Jean-Luc Pidoux-Payot zu danken, die so freundlich waren, die verschiedenen Kapitel dieses zweiten Bandes zu lesen und durchzusehen. Auch diesmal hätte das Werk nicht ohne die Anteilnahme, das Wohlwollen und die Hingabe meiner Frau zu Ende geführt werden können.

Universität von Chicago, im Mai 1978 *Mircea Eliade*

Abkürzungsverzeichnis

ANET	J. B. Pritchard, Ancient Near Eastern Texts Relating to the Old Testament (Princeton 1950, ²1955)
Ar Or	Archiv Orientálni (Prag)
ARW	Archiv für Religionswissenschaft (Freiburg–Leipzig)
BEFEO	Bulletin de l'École Française de l'Extrême-Orient (Hanoi–Paris)
BJRL	Bulletin of the John Rylands Library (Manchester)
BSOAS	Bulletin of the School of Oriental and African Studies (London)
CA	Current Anthropology (Chicago)
HJAS	Harvard Jourbal of Asiatic Studies
HR	History of Religions (Chicago)
HTR	The Harvard Theological Review (Cambridge)
IIJ	Indo-Iranian Journal (Den Haag)
JA	Journal Asiatique (Paris)
JAOS	Journal of the American Oriental Society (Baltimore)
JAS	Bombay Journal of the Asiatic, Bombay Branch
JIES	Journal of Indo-European Studies (Montana)
JNES	Journal of Near Eastern Studies (Chicago)
JRAS	Journal of the Royal Asiatic Society (London)
JSS	Journal of Semitic Studies (Manchester)
OLZ	Orientalistische Literaturzeitung (Berlin–Leipzig)
RB	Revue Biblique (Paris)
REG	Revue des Études Grecques (Paris)
RGG	Die Religion in Geschichte und Gegenwart (Tübingen)
RHPR	Revue d'Histoire et de Philosophie religieuses (Straßburg)
RHR	Revue de l'Histoire des Religions (Paris)
SBE	The Sacred Books of the East (Oxford)
SMSR	Studi e Materiali di Storia delle Religioni (Rom)
VT	Vetus Testamentum (Leiden)
W.d.M.	Wörterbuch der Mythologie (Stuttgart)
ZDMG	Zeitschrift der deutschen morgenländischen Gesellschaft (Leipzig)
ZRGG	Zeitschrift für Religions- und Geistesgeschichte (Marburg)

Inhalt

Vorwort 5

Abkürzungsverzeichnis 6

Sechzehntes Kapitel:
Die Religionen des alten China 11

126. Religiöse Vorstellungen im Neolithikum 11 – 127. Die Religion der Bronzezeit: Himmelsgott und Ahnen 14 – 128. Die beispielhafte Dynastie der Chou 16 – 129. Ursprung und Gestaltung der Welt 19 – 130. Polarität, Wechsel und Reintegration 23 – 131. Konfuzius: die Macht der Riten 27 – 132. Lao-tzu und der Taoismus 30 – 133. Techniken zur Lebensverlängerung 36 – 134. Die Taoisten und die Alchemie 39

Siebzehntes Kapitel:
Brahmanismus und Hinduismus: die ersten Heilsphilosophen und Heilstechniken 45

135. „Alles ist Leiden..." 45 – 136. Methoden, die zum erhabenen „Erwachen" führen 47 – 137. Ideengeschichte und zeitliche Abfolge der Texte 49 – 138. Der vor-systematische Vedānta 50 – 139. Der Geist in der Auffassung der Sāṃkhya-Yoga 52 – 140. Der Sinn der Schöpfung: zur Erlösung des Geistes verhelfen 54 – 141. Die Bedeutung der Erlösung 56 – 142. Der Yoga: Konzentration auf ein einziges Objekt 58 – 143. Techniken des Yoga 61 – 144. Die Rolle Gottes 63 – 145. Samādhi und die „wunderbaren Kräfte" 64 – 146. Die endgültige Erlösung 67

Achtzehntes Kapitel:
Buddha und seine Zeitgenossen 69

147. Prinz Siddhārta 69 – 148. Der große Aufbruch 71 – 149. Das „Erwachen" und das Predigen des Gesetzes 73 – 150. Das Schisma Devadattas. Letzte Bekehrungen. Buddha geht ins Parinirvāna ein 75 – 151. Das religiöse Milieu: die Wanderasketen 77 – 152. Mahāvīra und die „Retter der Welt" 79 – 153. Lehren und Praktiken der Jainas 81 – 154. Die Ājīvikas und die Allmacht des „Schicksals" 83

Inhalt

Neunzehntes Kapitel:

Die Botschaft des Buddha: Vom Schrecken der ewigen Wiederkehr zur Glückseligkeit des Unaussprechlichen 85

155. Der von einem vergifteten Pfeil getroffene Mensch... 85 – 156. Die vier „Edlen Wahrheiten" und der „Weg der Mitte" 87 – 157. Die Unbeständigkeit der Dinge und die Lehre vom Anatta 88 – 158. Der Weg, der zum Nirvāna führt 91 – 159. Meditationstechniken und ihre „Erleuchtung" durch die Weisheit 94 – 160. Das Paradox des Un-Bedingten 97

Zwanzigstes Kapitel:

Die römische Religion: Von den Anfängen bis zum Bacchanalien-Prozeß 99

161. Romulus und die Opferung des Remus 99 – 162. Die „Historisierung" von indoeuropäischen Mythen 101 – 163. Besondere Merkmale der römischen Religiosität 104 – 164. Der Privatkult: Penaten, Laren und Manen 107 – 165. Sacerdotes, Auguren und religiöse Bruderschaften 109 – 166. Jupiter, Mars, Quirinus und die kapitolinische Trias 112 – 167. Die Etrusker: Rätsel und Hypothesen 115 – 168. Krisen und Katastrophen: von der gallischen Oberherrschaft bis zum Zweiten Punischen Krieg 119

Einundzwanzigstes Kapitel:

Kelten, Germanen, Thraker und Geten 124

169. Das Fortbestehen prähistorischer Elemente 124 – 170. Das indoeuropäische Erbe 126 – 171. Kann man das keltische Pantheon rekonstruieren? 130 – 172. Die Druiden und ihr esoterischer Unterricht 134 – 173. Yggdrasil und die Kosmogonie der alten Germanen 138 – 174. Die Asen und die Vanen. Odin und seine „schamanischen" Zaubereien 141 – 175. Krieg, Ekstase und Tod 143 – 176. Die Asen: Tyr, Thor und Baldr 145 – 177. Die Vanen-Götter – Loki – Das Ende der Welt 148 – 178. Die Thraker, „große Unbekannte" der Geschichte 151 – 179. Zalmoxis und das Erlangen der Unsterblichkeit 155

Zweiundzwanzigstes Kapitel:

Orpheus, Pythagoras und die neue Eschatologie 159

180. Orpheus-Mythen: Kitharode und „Initiations-Begründer" 159 – 181. Theogonie und Anthropologie in der Vorstellung der Orphiker: Seelenwanderung und Unsterblichkeit der Seele 163 – 182. Die neue Eschatologie 167 – 183. Platon, Pythagoras und die Orphik 173 – 184. Alexander der Große und die hellenistische Kultur 177

Dreiundzwanzigstes Kapitel:

Die Geschichte des Buddhismus von Mahākāsyapa bis Nāgārjuna ... 183

185. Der Buddhismus bis zum ersten Schisma 183 – 186. Zwischen Alexander dem Großen und Aśoka 185 – 187. Unterschiedliche Lehrmeinungen und neue Synthesen 187 – 188. Der „Weg der Boddhisattvas" 190 – 189. Nāgārjuna und die Lehre von der Leere des Universums 193 – 190. Der Jainismus nach Mahāvira: Gelehrsamkeit, Kosmologie und Soteriologie 197

Vierundzwanzigstes Kapitel:
Die hinduistische Synthese: Das Mahābhārata und die Bhagavadgītā . 201

191. Die Schlacht der achtzehn Tage 201 – 192. Eschatologischer Krieg und Ende der Welt 203 – 193. Die Offenbarung Krishnas 206 – 194. „Auf die Früchte der eigenen Taten verzichten" 208 – 195. „Trennung" und „Totalisation" 210

Fünfundzwanzigstes Kapitel:
Die Prüfungen des Judentums: Von der Apokalypse zur Verherrlichung der Tora 214

196. Die Anfänge der Eschatologie 214 – 197. Haggai und Sacharja – eschatologische Propheten 216 – 198. Die Erwartung des messianischen Königs 219 – 199. Die Ausbreitung des Legalismus 220 – 200. Personifizierung der göttlichen Weisheit 222 – 201. Von der Verzweiflung zu einer neuen Theodizee: Kohelet und Ecclesiasticus 224 – 202. Die ersten Apokalypsen: Daniel und 1. Henoch 227 – 203. Die einzige Hoffnung: das Ende der Welt 230 – 204. Die Reaktion der Pharisäer: die Verherrlichung der Tora 234

Sechsundzwanzigstes Kapitel:
Synkretismus und Kreativität im hellenistischen Zeitalter: das Versprechen des Heils 239

205. Die Mysterienreligionen 239 – 206. Mystischer Dionysos 242 – 207. Attis und Kybele 245 – 208. Isis und die ägyptischen Mysterien 249 – 209. Die Offenbarung des Hermes Trismegistos 253 – 210. Initiatorische Aspekte des Hermetismus 256 – 211. Die hellenistische Alchemie 258

Siebenundzwanzigstes Kapitel:
Neue iranische Synthesen 263

212. Religiöse Strömungen unter den Arsakiden (247 v. Chr. – 220 n. Chr.) 263 – 213. Zervan und der Ursprung des Übels 265 – 214. Die eschatologische Funktion der Zeit 269 – 215. Die beiden Schöpfungen: mēnōk und gētik 270 – 216. von Gayōmart zu Saoshyant 272 – 217. Die Mysterien des Mithra 276 – 218. „Wenn das Christentum angehalten worden wäre…" 280

Achtundzwanzigstes Kapitel:
Die Entstehung des Christentums 283

219. Ein „dunkler Jude": Jesus von Nazaret 283 – 220. Die Frohe Botschaft: Das Reich Gottes ist ganz nahe 289 – 221. Die Entstehung der Kirche 293 – 222. Der Apostel der Heiden 296 – 223. Die Essener in Qumran 301 – 224. Die Zerstörung des Tempels; die Verzögerung der Parusie 305

Neunundzwanzigstes Kapitel:
Heidentum, Christentum und Gnosis in der Kaiserzeit 308

225. Jam redit et Virgo... 308 – 226. Die Bedrängnis einer religio illicita 311 – 227. Die christliche Gnosis 313 – 228. Annäherungen an den Gnostizismus 315 – 229. Von Simon dem Magier zu Valentin 319 – 230. Gnostische Mythen, Bilder und Metaphern 322 – 231. Der gemarterte Paraklet 326 – 232. Die manichäische Gnosis 328 – 233. Der Große Mythos: der Fall und die Erlösung der göttlichen Seele 330 – 234. Der absolute Dualismus als mysterium tremendum 333

Dreißigstes Kapitel:
Die Götterdämmerung 336

235. Häresien und Orthodoxie 336 – 236. Das Kreuz und der Lebensbaum 339 – 237. Dem „kosmischen Christentum" entgegen 342 – 238. Die Entwicklung der Theologie 345 – 239. Zwischen Sol Invictus und In hoc signo vinces... 348 – 240. Der Autobus, der in Eleusis hält... 351

Forschungsstand. Kritische Bibliographie 353

Register 458

SECHZEHNTES KAPITEL

Die Religionen des alten China

126. Religiöse Vorstellungen im Neolithikum

Für den Kultur- und für den Religionshistoriker bildet China ein bevorzugtes Forschungsobjekt. Die ältesten archäologischen Funde gehen nämlich ins 6. und 5. Jahrtausend zurück. Mindestens in einigen Fällen ist es möglich, die kontinuierliche Entwicklung verschiedener prähistorischer Kulturen zu verfolgen und sogar ihren Anteil an der Bildung der klassischen chinesischen Kultur und Gesellschaft zu bestimmen. Wie das chinesische Volk aus vielfältigen ethnischen Vermischungen hervorgegangen ist, so besteht auch seine Kultur aus einer komplexen und eigenständigen Synthese, innerhalb deren man allerdings den Beitrag verschiedener Quellen auseinanderhalten kann.

Die erste neolithische Kultur ist die von Yang-shao*, benannt nach dem Dorf, in dem man 1921 bemalte Tongefäße gefunden hat. Eine zweite neolithische Kultur, die sich durch schwarzbemalte Töpferarbeiten auszeichnet, wurde 1928 in der Nähe von Lung-shan gefunden. Doch erst nach 1950 war es möglich, alle Phasen und Kennzeichen der neolithischen Kulturen zu bestimmen, dank der in den vorangegangenen dreißig Jahren durchgeführten Ausgrabungen. Mit Hilfe der Radiokarbon-Datierung gelang es, die Chronologie vollkommen neu festzulegen. In Pan-p'o wurde die älteste zur Yang-shao-Kultur gehörende Anlage ausgegraben, für die die Radiokarbon-Datierung die Jahre 4115 oder 4365 ergibt. Die Anlage war im 5. Jahrtausend während 600 Jahren bewohnt. Aber Pan-p'o stellt nicht die erste Etappe der Yang-shao-Kultur dar[1]. Nach Ping-ti Ho, dem Autor der neuesten Darstellung der chinesischen Vorgeschichte, war der im 6. Jahrtausend betriebene Ackerbau eine lokale Entdeckung, wie auch die Zähmung bestimmter Tiere und die Bronzeverarbeitung[2]. Doch noch vor kurzem erklärte man die Entwicklung der neolithischen Kul-

---

* In der dt. Übers. werden die chinesischen Namen und Begriffe – außer innerhalb von Buchtiteln u. ä. – in der Wade-Giles-Umschrift wiedergegeben. Zu den verschiedenen Umschriftsystemen vgl. *K. Kaden*, Die wichtigsten Transkriptionssysteme für die chinesische Sprache (Leipzig 1975); *W. Lippert*, Art. „Transkriptionen", in: *W. Franke* (Hrsg.), China-Handbuch (Düsseldorf 1974) (Anm. d. Übers.).
[1] *Ping-ti Ho*, The Cradle of the East 16 ff.
[2] Ebd. 43 ff, 91 ff, 121 ff, 177 ff.

turen und der chinesischen Bronzezeit mit der von einigen Zentren des antiken Orients ausgehenden Verbreitung des Ackerbaus und der Metallverarbeitung. Es kommt uns nicht zu, in dieser Kontroverse Partei zu ergreifen. Es scheint gesichert zu sein, daß bestimmte Technologien in China erfunden oder vollkommen verändert wurden. Es ist aber auch wahrscheinlich, daß das frühgeschichtliche China eine Vielzahl von Elementen westlichen Ursprungs angenommen hat, die sich über Sibirien und die Steppen Zentralasiens verbreiteten.

Die archäologischen Funde können uns über einige religiöse Vorstellungen Auskunft geben, es ginge aber zu weit, zu schließen, diese Glaubensvorstellungen stellten das ganze religiöse System der vorgeschichtlichen Bevölkerung dar. Man kann die Mythologie, die Theologie, die Struktur und Morphologie der Rituale nur schwer einzig und allein anhand des archäologischen Materials entschlüsseln. So beziehen sich die durch die Entdeckung der neolithischen Yang-shao-Kultur zutage geförderten religiösen Zeugnisse fast ausschließlich auf Ideen und Glaubensvorstellungen, die in Beziehung zum geheiligten Raum, zur Fruchtbarkeit und zum Tod stehen. In den Dörfern liegt das Gemeindehaus in der Mitte des Platzes und ist umgeben von kleinen Wohnhäusern, die zur Hälfte in den Boden eingelassen sind. Die Ausrichtung des Dorfes und die Wohnbaustruktur mit der zentralen Grube und dem Rauchloch deutet auf eine Kosmologie hin, wie sie von vielen neolithischen und traditionellen Gesellschaften geteilt wurde (siehe § 12). Der Glaube an das Weiterleben der Seele wird durch die in den Gräbern beigegebenen Werkzeuge und Nahrungsmittel bezeugt. Die Kinder wurden nahe den Behausungen in großen Urnen begraben, die oben eine Öffnung hatten, damit die Seele hinausgehen und wiederkommen konnte[3]. Anders gesagt, war die Bestattungsurne das „Haus" des Toten, eine Vorstellung, die im Ahnenkult der Bronzezeit sehr breiten Raum einnimmt (in der Shang-Zeit).

Die rotbemalten und mit dem „Todesmuster" (death pattern) ausgestalteten Tongefäße sind besonders interessant[4]. Drei ikonographische Motive – Dreieck, Schachbrettmuster und Kauri – finden sich nur auf Gefäßen, die mit der Bestattung in Zusammenhang standen. Diese Motive hängen mit einem ziemlich komplexen Symbolismus zusammen, der die Begriffe der sexuellen Vereinigung, der Geburt, der Regeneration und der Wiedergeburt verbindet. Man kann vermuten, daß diese Ausschmückungen die Hoffnung auf ein Weiterleben und eine „Wiedergeburt" im Jenseits ausdrücken.

Eine Zeichnung, die zwei Fische und zwei anthropomorphe Gestalten darstellt, versinnbildlicht wahrscheinlich ein übernatürliches Wesen oder einen „Spezialisten für das Heilige", Zauberer oder Priester[5]. Aber ihre Deutung ist

---

[3] Ebd. 279 ff. Ähnliche Praktiken und Glaubensvorstellungen finden sich in bestimmten prähistorischen Kulturen des Nahen Ostens und Osteuropas.
[4] *J. G. Andersson*, Children of the Yellow Earth 315; *Kwang-Chih Chang*, The Archaeology of Ancient China 103; siehe auch *Hanna Rydh*, Symbolism in Mortuary Ceramics, passim.
[5] Eine gute Reproduktion findet sich im Buch von *Ho*, 154, Abb. 9.

noch wenig gesichert. Die Fische haben sicher eine zugleich sexuelle und auf den Kalender bezogene Bedeutung (die Zeit des Fischfangs entspricht einem besonderen Abschnitt des Jahreszyklus). Die Verteilung der vier Figuren erinnert an eine kosmologische Darstellung.

Nach Ping-ti Ho (S. 275 ff) richteten sich die Gesellschaften der Yang-shao-Zeit nach den Regeln der Matrilinearität, der mütterlichen Linie der Abstammung. Die darauffolgende Lung-shan-Zeit dagegen ging allem Anschein nach zur patrilinearen Gesellschaftsform über, die durch das Vorherrschen des Ahnenkults gekennzeichnet ist. In Anlehnung an andere Forscher interpretiert Ho bestimmte Steinobjekte und deren Reproduktion auf den bemalten Gefäßen als phallische Symbole. Wie Karlgren, der das Piktogramm „tsu", das den „Ahnen" bezeichnet, von der Zeichnung eines Phallus herleitet, sieht Ho in der Zunahme der phallischen Embleme die wachsende Bedeutung des Ahnenkults sich spiegeln[6]. Das „Todesmuster" (death pattern) enthält, wie wir sahen, bestimmt einen sexuellen Symbolismus. Aber Carl Hentze erklärt die verschiedenen „phallischen" Gegenstände und Zeichnungen als Darstellung eines „Hauses der Seele"; bestimmte Keramiken der Yang-shao-Zeit stellen Modelle kleiner Hütten dar, die zugleich Bestattungsurnen sind. Sie sind analogen Stücken der europäischen Vorgeschichte und der Jurte der Mongolen vergleichbar. Diese „Seelenhäuschen", die für die Vorgeschichte Chinas mannigfach gesichert sind, stellen die Vorläufer der „Ahnentafel" der historischen Epochen dar[7].

Insgesamt zeigen sich in den Kulturen von Yang-shao und Lung-shan Glaubensvorstellungen, die auch für die anderen neolithischen Gesellschaften spezifisch waren: die Verbundenheit zwischen Leben, Fruchtbarkeit, Tod und Weiterleben, also die Konzeption des kosmischen Zyklus, die durch den Kalender dargestellt und durch die Riten aktualisiert wurde; die Bedeutung der Vorfahren als Quelle magisch-religiöser Macht; das „Geheimnis" der Verbindung der Gegensätze (das ebenfalls vom „Todesmuster" [death pattern] gestützt wird), eine Glaubensvorstellung, die in gewisser Weise die Idee der Einheit bzw. Totalität des kosmischen Lebens vorwegnahm, die in den späteren Epochen dominierte. Es ist wichtig, hinzuzufügen, daß ein Großteil des neolithischen Erbes sich – mit unvermeidlichen Veränderungen – in den religiösen Traditionen und Praktiken der Dörfer erhalten hat.

---

[6] *Ping-ti Ho*, a.a.O. 282; s. auch *B. Karlgren*, Some Fecundity Symbols in Ancient China 18 ff.
[7] *C. Hentze*, Bronzegerät, Kultbauten, Religion im ältesten China der Shangzeit 49 ff, 88 ff. *Ders.*, Das Haus als Weltort der Seele 23 ff und die Abb. 10–12. In diesen Werken wird man eine große Zahl von Parallelen zur archaischen chinesischen Kultur finden, die aus historisch oder morphologisch benachbarten Kulturen ausgewählt wurden.

127. Die Religion der Bronzezeit: Himmelsgott und Ahnen

Von der Zeit der Shang-Dynastie (1751–1028 v. Chr.) an sind wir merklich besser informiert. Sie entspricht im wesentlichen der Frühgeschichte und dem Beginn der alten Geschichte Chinas. Die Shang-Zeit wird charakterisiert durch die Bronzeverarbeitung, das Entstehen von städtischen Zentren und Hauptstädten, die Gegenwart einer Militäraristokratie, die Einrichtung des Königtums und die Anfänge der Schrift. Was das religiöse Leben betrifft, so gibt es reichlich Belege. Wir verfügen zunächst über eine reiche Ikonographie, besonders auf den wunderschönen bronzenen Gefäßen für den rituellen Gebrauch. Auf der anderen Seite geben die Königsgräber über bestimmte religiöse Praktiken Auskunft. Aber vor allem die unzähligen Orakel-Inschriften, die auf Tierknochen oder Schildkrötenpanzer eingraviert wurden, stellen eine wertvolle Quelle dar[8]. Schließlich enthalten einige spätere Werke (zum Beispiel das „Buch der Oden"), die von Bernard Karlgren „free Chou texts" genannt werden[9], viel altes Material. Fügen wir aber hinzu, daß die Quellen uns nur über einige Aspekte der Shang-Religion informieren, in erster Linie über die Glaubensvorstellungen und Rituale des Königsclans; wie für die neolithische Zeit bleiben auch hier Mythologie und Theologie weitgehend unbekannt.

Die Interpretation der ikonographischen Dokumente ist nicht immer gesichert. Man ist sich darin einig, daß ein Zusammenhang mit den Motiven auf der bemalten Keramik der Yang-shao-Zeit[10] und außerdem auch mit dem religiösen Symbolismus der späteren Epochen besteht. Carl Hentze (a. a. O. 215 ff) interpretiert die Verbindung gegensätzlicher Symbole als Illustration der religiösen Ideen, die in Beziehung zur Erneuerung der Zeit und der spirituellen Regeneration stehen. Gleich wichtig ist der Symbolismus der Zikade und der Maske t'ao-t'ieh, die an den Kreislauf der Geburten und Wiedergeburten erinnert: das Licht und das Leben, die aus dem Dunkel und dem Tod hervorgehen. Ebenfalls bedeutsam ist die Vereinigung antagonistischer Bilder (Schlange mit Federn, Schlange und Adler usw.), also die Dialektik der Gegensätze und die coincidentia oppositorum, ein zentrales Thema der taoistischen Mystiker und Philosophen. Die Bronzegefäße stellen Hausurnen dar[11]. Ihre Form leitet sich entweder von der Keramik oder von Prototypen aus Holz her[12]. Die bewundernswerte Kunst der Tierdarstellung, wie sie sich auf den Bronzegefäßen zeigt, hatte wahrscheinlich Holzschnitzereien zum Vorbild[13].

---

[8] Es handelt sich um eine in Nordasien ziemlich verbreitete Wahrsagemethode: man stellte die Frage, die Knochen oder Panzer wurden erhitzt, und die Wahrsager deuteten die Formen und Risse. Dann wurden neben die Risse Frage und Antwort eingraviert.
[9] B. Karlgren, Legends and Cults in Ancient China 344.
[10] Salamander, Tiger, Drachen u. a., die in der populären chinesischen Ikonographie und Kunst noch gebräuchlich sind, sind kosmologische Symbole, die es schon gegen Ende des Neolithikums gab. Siehe C. Hentze, Bronzegerät... der Shangzeit 40ff, 55ff, 132ff und 165ff.
[11] C. Hentze, Das Haus als Weltort der Seele 14ff und passim.
[12] Li Chi, The Beginnings of Chinese Civilization 32.   [13] Ebd. 135.

Die Orakelinschriften enthüllen uns eine religiöse Konzeption, die in den Dokumenten des Neolithikums noch fehlt (oder nicht faßbar ist?), nämlich die Vorherrschaft des obersten Himmelsgottes, Ti (Herr) oder Shang-ti (der Herr von oben). Ti befiehlt die kosmischen Rhythmen und die Naturerscheinungen (Regen, Wind, Trockenheit usw.), er gewährt dem König den Sieg und sichert reichliche Ernten oder ruft im Gegenteil Niederlagen hervor und schickt Krankheiten und Tod. Man bringt ihm zwei Arten von Opfern dar: im Heiligtum der Vorfahren und mitten auf dem Feld. Wie es aber auch bei anderen archaischen Himmelsgöttern geschah (vgl. unseren Traité d'Histoire des religions, § 14ff), zeigt sich in seinem Kult ein gewisser Verfall der religiösen Vorherrschaft. Es zeigt sich, daß Ti als weit entfernt und weniger tätig als die Vorfahren der königlichen Linie erscheint und daß man ihm weniger Opfer bringt. Er wird aber als einziger angerufen, wenn es um Fruchtbarkeit (Regen) und Krieg geht, die zwei wichtigsten Sorgen des Herrschers.

Auf jeden Fall bleibt Ti der oberste Gott. Alle anderen Götter und die königlichen Vorfahren sind ihm untergeordnet. Nur die königlichen Vorfahren sind in der Lage, bei Ti zu vermitteln; andererseits kann wieder nur der König mit seinen Vorfahren sprechen, denn der König ist „der unvergleichliche Mensch"[14]. Der Herrscher stärkt seine Autorität mit Hilfe der Vorfahren; der Glaube an ihre magisch-religiöse Macht legitimierte die Herrschaft der Shang-Dynastie. Die Vorfahren ihrerseits sind abhängig von den Opfergaben an Getreide, Blut und Fleisch der Opfer, die man ihnen bringt[15]. Die Annahme einiger Forscher[16], der Ahnenkult sei allmählich von allen sozialen Schichten angenommen worden, weil für die herrschende Aristokratie so wichtig war, ist unnötig. Der Kult war zur neolithischen Zeit schon gut verwurzelt und sehr populär. Wie wir gesehen haben (S. 13), war er integraler Bestandteil des religiösen Systems (das sich um den Begriff des anthropokosmischen Kreislaufs herum bildete) der ältesten Ackerbauern. Erst die Vorherrschaft des Königs, dessen erster Vorfahre als Abkömmling Tis betrachtet wurde, gab diesem seit urdenklichen Zeiten bestehenden Kult eine politische Bedeutung.

Der König bringt zwei Arten von Opfern dar: den Vorfahren und Ti und den anderen Göttern. Teilweise erstreckt sich der rituelle Dienst auf 300 bis 360 Tage. Das Wort „Opfer" (szu) bezeichnet das „Jahr", denn der Jahreslauf wird als ein vollständiger Gottesdienst betrachtet. Das stützt die religiöse Bedeutung des Kalenders, der die normale Wiederkehr der Jahreszeiten sichert. In den Königsgräbern in der Nähe von An-yang hat man neben Tierskeletten auch zahl-

---

[14] Der Ausdruck „Ich, unvergleichlicher Mensch" (oder vielleicht auch: „Ich, der erste Mensch") wird durch Orakelinschriften bestätigt; vgl. *D. N. Keightley*, Shang Theology and the Genesis of Chinese Political Culture 213, Anm. 6.
[15] Wie *D. N. Keightley*, a.a.O. 214ff, bemerkt, hat der Ahnenkult die königliche Linie in ihrer Eigenschaft als Quelle der religiösen und politischen Autorität in den Vordergrund gestellt. Die Wurzeln der Lehre vom „Himmelsauftrag", die normalerweise als eine Erfindung der Chou-Dynastie betrachtet wird, liegen in der Shang-Theologie.
[16] Zum Beispiel *Ping-ti Ho*, The Cradle of the East 320.

reiche menschliche Opfer gefunden, die wahrscheinlich getötet wurden, um den König ins Jenseits zu begleiten. Die Auswahl der Opfer (Gefährten und Diener, Hunde, Pferde) unterstreicht die beträchtliche Bedeutung der Jagd (der rituellen Jagd?) für die Militäraristokratie und den Königsclan[17]. Eine Vielzahl von Fragen, die sich auf den Orakelinschriften erhielten, beziehen sich auf Opportunität und Erfolgsaussichten der Unternehmungen des Königs.

Wie die Wohnungen hatten auch die Gräber teil an dem kosmologischen Symbolismus und erfüllten die gleiche Funktion: sie bildeten die Häuser der Toten. Eine ähnliche Vorstellung könnte das Menschenopfer anläßlich der Errichtung von Gebäuden, vor allem von Tempeln und Palästen, erklären. Die Seelen der Opfer sicherten die Unvergänglichkeit der Konstruktion; man könnte sagen, daß das neu errichtete Gebäude der Seele des Opfers als „neuer Körper" diene[18]. Doch man vollzog Menschenopfer auch mit anderer Zielsetzung, über die wir schlecht informiert sind. Man kann vermuten, daß die Erneuerung der Zeit oder die Regeneration der Dynastie beabsichtigt wurden.

Trotz der Lücken ist die Religion der Shang-Zeit in groben Zügen zu erkennen. Die Bedeutung des Himmelsgottes und des Ahnenkults steht außer Zweifel. Wegen der Komplexität des Opfersystems (das mit einem religiösen Kalender verbunden war) und der Deute-Techniken kann man von der Existenz einer Gruppe von „Spezialisten für das Heilige", von Wahrsagern, Priestern und Schamanen, ausgehen. Schließlich offenbart uns die Ikonographie den Ausdruck eines zugleich kosmologischen und soteriologischen Symbolismus, der noch ungenügend beleuchtet ist, aber die bedeutendsten religiösen Konzeptionen des klassischen China vorwegzunehmen scheint.

128. Die beispielhafte Dynastie der Chou

Im Jahre 1028 wurde der letzte König der Shang vom Herzog von Chou besiegt. In einer berühmten Erklärung[19] rechtfertigte dieser seine Revolte gegen den König mit dem Befehl, den er vom himmlischen Herrn erhalten hatte, einer bestechlichen und hassenswerten Herrschaft den Garaus zu machen. Dies ist der erste Ausdruck der berühmten Lehre vom „Himmelsauftrag". Der siegreiche Herzog wurde König von Chou, er begründete die längste Herrschaft einer Dynastie in der Geschichte Chinas (vom 11. Jahrhundert bis 256 bzw. 249 v. Chr.). In unserem Zusammenhang ist es unnötig, deren große Augenblicke,

---

[17] *Li Chi*, a. a. O. 21 ff. Der Autor zieht die Aufmerksamkeit auf die Tiermotive (Tiger, Hirsch) in den Dekorationen der Bronzegefäße (S. 33). Es sei hinzugefügt, daß es sich um emblematische Tiere handelt, die einen kosmologischen und auf die Initiation bezogenen Symbolismus von relativer Komplexität enthalten.
[18] Vgl. *M. Eliade*, De Zalmoxis à Gengis-Khan 182 ff.
[19] Der Text ist im Shu-ching erhalten (Übers. von *B. Karlgren*, The Book of Documents 55).

Krisen und Verfall zusammen darzustellen[20]. Es genügt, daran zu erinnern, daß trotz der Kriege und der allgemeinen Unsicherheit vom 8. bis zum 3. Jahrhundert v. Chr. die traditionelle chinesische Gesellschaft sich ausweitete und das philosophische Denken seinen Höhepunkt erreichte[21].

Zu Beginn der Dynastie zeigt der Himmelsgott T'ien (Himmel) oder Shang-ti (der Herr von oben) die Züge eines anthropomorphen und persönlichen Gottes. Er wohnt im Großen Bären oder im Mittelpunkt des Himmels. Die Texte heben seine himmlische Struktur hervor: er sieht, beobachtet und hört alles; er durchschaut und weiß alles; sein Ratschluß ist unfehlbar. T'ien und Shang-ti werden bei Abkommen und Verträgen angerufen. Später werden die Fähigkeit, alles zu sehen, und die Allwissenheit von Konfuzius und einer Reihe anderer Philosophen, Moralisten und Theologen aller Schulen gewürdigt. Aber für diese Letztgenannten verliert der Himmelsgott fortschreitend seine religiöse Natur, er wird zum Prinzip der kosmischen Ordnung, zum Garanten des moralischen Gesetzes. Dieser Prozeß der Abstraktion und Rationalisation eines höchsten Gottes ist in der Religionsgeschichte häufig (siehe Brahman, Zeus, der Gott der Philosophen in der hellenistischen Epoche, im Judentum, im Christentum und im Islam).

Doch der Himmel (T'ien) bleibt Beschützer der Dynastie. Der König ist „Sohn des T'ien" (Himmelssohn) und „Regent anstelle von Shang-ti"[22]. Deshalb ist auch nur der König befähigt, ihm Opfer darzubringen. Er ist verantwortlich für den normalen Ablauf der kosmischen Rhythmen; im Falle eines Unglücks – Trockenheit, ungeheuerliche Vorfälle, Plagen, Überschwemmungen – unterzieht sich der König bestimmten Sühneriten. Da jeder Himmelsgott die Jahreszeiten regiert, spielt T'ien auch in den agrarischen Kulten eine Rolle. So muß der König ihn während wesentlicher Momente des agrarischen Kreislaufs vertreten (siehe § 130).

Der Ahnenkult setzt im wesentlichen die in der Shang-Zeit entstandenen Strukturen fort. (Aber wir sind nur über die von der Aristokratie praktizierten Riten informiert.) Das Urnenhaus wird von einer Tafel ersetzt, die der Sohn

---

[20] Erinnert sei an einige wichtige Daten: auf die Periode der Westlichen Chou, die bis zum Jahr 771 dauerte, folgte die der Östlichen Chou (771–256). Von 481 bis 221 fanden ununterbrochen Kriege statt; das ist die Zeit der kämpfenden Staaten, die mit der Einigung Chinas unter dem Kaiser Ch'in Shih-huang-ti 221 v. Chr. ein Ende fand.
[21] Während dieser Zeit sollen die „Klassischen Bücher" verfaßt oder herausgegeben worden sein. Wie C. Hentze, Funde in Alt-China 222, bemerkt, findet unter der Chou-Herrschaft eine fortschreitende Entsakralisierung der Schrift statt. Die erste Aufgabe der Schrift – die Beziehungen zwischen Himmel und Erde und Gott und den Menschen zu regeln – wird von genealogischen und historiographischen Interessen abgelöst. Letzten Endes wird die Schrift zu einem Mittel politischer Propaganda.
[22] Vgl. Shu-ching, Übers. von J. Legge, 428. Von den Chou meinte man, sie stammten von einem mythischen Vorfahren, Hou-chi (Hirseprinz), ab, der im Shih-ching (Gedicht 153) gefeiert wird, weil er ihnen „Weizen und Gerste auf Befehl Gottes" gegeben hat. Fügen wir noch hinzu, daß Menschenopfer, die es nach den Funden in den Königsgräbern in der Shang-Zeit nachweislich gab, unter den Chou vollkommen verschwunden sind.

in den Tempel der Vorfahren stellt. Ziemlich komplexe Zeremonien fanden viermal jährlich statt; dabei wurde gekochtes Fleisch, Getreide und Wein geopfert und die Seele des Vorfahren angerufen. Dieser wurde durch ein Mitglied der Familie verkörpert, im allgemeinen durch einen Enkel des Toten, der die Opfergaben teilte. Entsprechende Zeremonien sind in Asien und anderswo gebräuchlich; ein Ritual, bei dem der Repräsentant des Toten auftrat, wurde wahrscheinlich in der Shang-Zeit, wenn nicht sogar schon während der vorgeschichtlichen Zeit, vollzogen [23].

Die chthonischen Gottheiten und ihre Kulte haben eine lange Geschichte, über die wir nur mäßig informiert sind. Es ist bekannt, daß die Erde, bevor sie als Mutter dargestellt wurde, als schöpferische Macht im Kosmos empfunden wurde, die geschlechtslos oder zweigeschlechtlich war [24]. Nach Marcel Granet erschien das Bild der „Mutter Erde" zuerst „unter dem neutralen Aspekt des Geheiligten Ortes". Etwas später wurde „die heimische Erde mit den Zügen einer mütterlichen und ernährenden Macht dargestellt" [25]. In alten Zeiten bestattete man die Toten innerhalb des heimischen Raums, dort, wo man das Saatgut aufbewahrte. Hüterin des Saatguts war lange Zeit die Frau. „Zur Zeit der Chou wurden die Samenkörner, mit denen das königliche Feld besät werden sollte, nicht im Zimmer des Himmelssohnes, sondern in den Räumen der Königin aufbewahrt" (ebd. S. 200). Erst später, mit der Entstehung der agnatischen Familie und der Macht des Lehnsherrn, wurde der Boden ein Gott. Zur Zeit der Chou gab es eine Vielzahl von Göttern des Bodens in hierarchischer Gliederung: Götter des familieneigenen Bodens, Gott des Dorfes, Götter der königlichen Felder und derjenigen des Lehnsherrn. Der Opfertisch stand unter freiem Himmel, es gehörte aber eine Tafel und ein Baum dazu – Überbleibsel des ursprünglichen Kults, der der Erde als kosmischer Macht geweiht war. Die bäuerlichen Kulte, die sich um die jahreszeitlich bedingten Krisen ranken, stellen wahrscheinlich die ersten Formen dieser kosmischen Religion dar. Wie wir sehen werden (§ 130), wurde die Erde nämlich nicht ausschließlich als Quelle der Fruchtbarkeit der Äcker betrachtet. Als komplementäre Macht zum Himmel war sie integraler Bestandteil der kosmischen Totalität.

Es muß hinzugefügt werden, daß sich die reichhaltigen Zeugnisse über die

---

[23] Die Männerporträts mit den beiden erhobenen Armen, die auf Tonreliefs eingeritzt wurden, stellen wahrscheinlich Ahnen oder Priester eines Ahnenkultes dar (vgl. *C. Hentze*, Funde in Alt-China 224 und Tafel XL). Dieses ikonographische Motiv wird auch für das Neolithikum und die Shang-Zeit bezeugt (ebd. Abb. 29 und 30). Ein ausgezeichnetes Beispiel für die „Folklorisation" des Ahnenmotivs bildet ein Bronzekästchen aus der Mitte der Chou-Epoche: auf dem Deckel werden in einem naiv-naturalistischen Stil ein Mann und eine Frau dargestellt, die sich gegenübersitzen (ebd. Tafel XLIII und 228).
[24] Vgl. *M. Eliade*, Die Mutter Erde und die kosmischen Hierogamien, in: Mythen, Träume und Mysterien 231.
[25] *M. Granet*, Le dépôt de l'enfant sur le sol, in: Etudes sociologiques sur la Chine 201. „Wenn man das Neugeborene oder den Sterbenden auf die Erde legt, so muß *sie* sagen, ob Geburt oder Tod gültig sind ... Der Ritus des Auf-die-Erde-Legens beinhaltet die Vorstellung einer substantiellen Identität zwischen Rasse und Boden" (ebd. 192f, 197f).

Chou-Epoche (archäologische Funde und vor allem eine große Zahl von Texten) nicht in den bisher genannten religiösen Vorstellungen erschöpfen. Wir werden unseren Abriß mit der Darstellung einiger kosmogonischer Mythen und der grundlegenden metaphysischen Ideen vervollständigen. Erinnern wir einstweilen daran, daß sich seit einiger Zeit die Forscher darin einig sind, die kulturelle und religiöse Komplexität des archaischen China zu betonen. China war, wie es bei so vielen anderen Nationen der Fall ist, in ethnischer Hinsicht nicht homogen. Im Gegenteil, weder seine Sprache noch Kultur oder Religion bildeten anfänglich einheitliche Systeme. Wolfram Eberhard hat den Anteil peripherer ethnischer Elemente – Thais, Tungusen, Turko-Mongolen, Tibetaner usw. – zur chinesischen Synthese beleuchtet [26]. Für den Religionshistoriker sind diese Beiträge wertvoll: sie helfen ihm, unter anderem das Eindringen des nördlichen Schamanismus in die chinesische Religion und den „Ursprung" bestimmter taoistischer Praktiken zu verstehen.

Die chinesischen Geschichtsschreiber waren sich des Abstands zwischen ihrer klassischen Kultur und den Glaubensvorstellungen und Verhaltensweisen der „Barbaren" bewußt. Doch unter diesen „Barbaren" finden sich einige Volksstämme, die teilweise oder vollkommen assimiliert waren und deren Kultur schließlich integraler Bestandteil der chinesischen Kultur wurde. Erinnern wir hier beispielsweise nur an das Volk der Chou, deren Königreich schon um 1100 errichtet war. Doch die Chou, die die Kultur der Shang angenommen hatten, waren mongolischen Ursprungs, und ihre Religion war bestimmt von Schamanismus und Ekstase-Techniken [27]. Die Einigung Chinas unter den Ch'in (221 v. Chr.) und Han (206 v. Chr.) führte zwar zur Zerstörung der Chou-Kultur, erleichterte gleichzeitig aber die Verbreitung ihrer Glaubensvorstellungen und Praktiken über ganz China. Wahrscheinlich wurde eine Vielzahl ihrer religiösen Verhaltensweisen und Kosmologien von der chinesischen Kultur übernommen; was ihre Ekstase-Techniken anbetrifft, so findet man sie in bestimmten taoistischen Kreisen wieder.

129. Ursprung und Gestaltung der Welt

Kein kosmogonischer Mythos im strengen Sinn ist uns erhalten geblieben. Man kann aber die Schöpfungsgötter – säkularisiert und euhemeristisch gedeutet – aus der historiographischen Tradition und einer Vielzahl von chinesischen Legenden herauslesen. So erzählt man, P'an Ku, ein ursprüngliches menschenähnliches Wesen, sei in der Zeit geboren, „als Himmel und Erde ein an ein Ei erinnerndes Chaos waren". Als er starb, wurde P'an Kus Kopf „eine geheiligte

---

[26] Siehe „Kultur und Siedlung der Randvölker Chinas" und die beiden Bände „Lokalkulturen im alten China".
[27] Vgl. J. S. Major, Research Priorities in the Study of Ch'u Religion, bes. 231 ff.

Bergspitze, seine Augen wurden die Sonne und der Mond, sein Fett die Flüsse und die Meere, seine Haupt- und Körperhaare Bäume und andere Gewächse"[28]. Man erkennt hierin die wesentlichen Züge eines Mythos, der die Schöpfung durch die Opferung eines Ur-Wesens erklärt: Tiamat (§ 21), Purusha (§ 75) und Ymir (§ 173). Eine Andeutung im Shu-ching beweist, daß die Chinesen ein anderes kosmogonisches Motiv kannten, das bei vielen Völkern und auf verschiedenen kulturellen Niveaus bezeugt ist: „Der strahlende Herrscher (Huang-ti, auch: Gelber Kaiser) beauftragte Ch'ung-li damit, die Verbindung zwischen Erde und Himmel abzubrechen, damit das Herabkommen (von Göttern) aufhöre."[29] Die chinesische Interpretation dieses Mythos ist später hinzugekommen – sie ging davon aus, daß Götter und Geister vom Himmel herabstiegen, um die Menschen zu unterdrücken. Die Mehrheit der verschiedenen Deutungen preist im Gegenteil den paradiesischen Zustand der Urzeit, in der die extreme Nähe zwischen Erde und Himmel es den Göttern erlaubte, hinabzusteigen und sich unter die Menschen zu mischen, und den Menschen, auf ein Gebirge, einen Baum oder eine Leiter zu klettern und zum Himmel hinaufzusteigen oder sich von einem Vogel tragen zu lassen. In der Folge eines mythischen Ereignisses (eines „rituellen Fehlers") wurde der Himmel grausam von der Erde getrennt, der Baum oder die Schlingpflanze wurde abgeschnitten oder das Gebirge, das den Himmel berührte, eingeebnet. Doch sind trotzdem einige Privilegierte – Schamanen, Mystiker, Heroen, Herrscher – in der Lage, in Ekstase zum Himmel hinaufzusteigen und so die in illo tempore unterbrochene Kommunikation wiederaufzunehmen[30]. Während der ganzen Geschichte Chinas findet man das, was man Sehnsucht nach dem Paradies nennen könnte, also den Wunsch, durch Ekstase zu einer „ursprünglichen Situation" zurückzukehren: zu derjenigen nämlich, in der die Einheit-Totalität (hun-tun) herrschte, der Zeit, in der man direkt mit den Göttern in Kontakt treten konnte.

In einem dritten Mythos geht es um ein Geschwisterpaar, Fu-hsi und Nü-kua, zwei Wesen mit Drachenkörpern, die in der Ikonographie häufig mit ineinander verschlungenen Schwänzen dargestellt werden. Bei einer Sintflut „reparierte Nü-kua den blauen Himmel mit Steinen in fünf Farben, schnitt die Füße einer Schildkröte ab, um an den vier Enden vier Säulen zu errichten, tötete den schwarzen Drachen (Kung-kung), um die Welt zu retten und sammelte Schilfrohre, um den über die Ufer getretenen Wassern Einhalt zu gebieten"[31]. Ein anderer Text berichtet, nach der Erschaffung des Himmels und der Erde habe

---

[28] Nach der Übers. von *M. Kaltenmark*, in: La naissance du monde en Chine 456–457. Siehe auch *N. Girardot*, The Problem of Creation Mythology ... 298 ff.

[29] *H. Maspero*, Les religions chinoises 186 f. Später hat man diese Episode mit der Unordnung erklärt, die in der Folge von „Besessenheit" von Geistern entstand (vgl. *D. Bodde*, Myths of Ancient China 389 ff.

[30] Vgl. *M. Eliade*, Mythen, Träume und Mysterien 85 ff; ders., Schamanismus 249 ff.

[31] *Lieh-tzu* (3. Jh. v. Chr.) nach der frz. Übers. von *M. Kaltenmark*, a.a.O. 458 (vgl. auch die dt. Übers. von R. Wilhelm).

Nü-kua die Menschen aus gelber Erde (die Adligen) und aus Kot (die armen Leute) geformt[32].

Man kann das kosmogonische Motiv auch in der historisierten Tradition von Yü dem Großen erkennen. Unter dem (mythischen) Kaiser Yao „war die Welt noch nicht in Ordnung, große Wasser flossen ungeordnet und überschwemmten die Welt". Im Gegensatz zu seinem Vater, der zur Eindämmung der Wasser Deiche gebaut hatte, „höhlte" Yü „die Erde aus und ließ die Wasser zu den Meeren abfließen, er jagte die Schlangen und Drachen und drängte sie in die Sumpfgebiete ab"[33]. Alle diese Motive – die mit Wasser bedeckte Erde, die Vermehrung der Schlangen und Drachen – sind von kosmogonischer Struktur. Yü nimmt die Rolle eines Demiurgen und Helden der Zivilisation ein. Für die chinesischen Gebildeten kam die Gestaltung der Welt und die Gründung der menschlichen Einrichtungen der Kosmologie gleich. Die Welt ist „erschaffen", wenn der Herrscher, nachdem er die Mächte des Bösen in alle vier Himmelsrichtungen vertrieben hat, sich in einem „Zentrum" einrichtet und die Organisation der Gesellschaft vollendet.

Aber das Problem des Ursprungs und der Bildung der Welt interessierte Lao-tzu und die Taoisten, was für das Alter der kosmogonischen Spekulationen spricht. Denn in der Tat schöpfen Lao-tzu und seine Schüler aus den archaischen mythologischen Traditionen, und die Tatsache, daß das taoistische Vokabular im wesentlichen – hun-tun, tao, yang und yin – von den anderen Schulen geteilt wurde, beweist sein Alter und seinen gemeinchinesischen Ursprung. Wie wir sehen werden (S. 25) nimmt die Darstellung des Ursprungs der Welt nach Lao-tzu in einer metaphysischen Sprache das alte kosmogonische Motiv des Chaos (hun-tun) als einer an ein Ei erinnernden Totalität wieder auf[34].

Bezüglich der Struktur und der Rhythmen des Universums herrscht eine vollkommene Einheit und Kontinuität zwischen den verschiedenen wesentlichen Konzeptionen von der Shang-Zeit bis zur Revolution von 1911. In der traditionellen Vorstellung ist das Universum ein Zentrum, das von der vertikalen Achse Zenit–Nadir durchquert wird und das die vier Himmelsrichtungen umrahmen. Der Himmel ist rund (hat Eiform), die Erde ist quadratisch. Der Himmel umschließt die Erde wie eine Kugel. Wenn man sich die Erde wie einen viereckigen Wagenkasten vorstellt, stützt eine zentrale Säule den Baldachin, der rund wie der Himmel ist. Jeder der fünf kosmologischen Zahlen – vier Himmelsrichtungen und ein Zentrum – entspricht eine Farbe, ein Geschmack, ein Ton und ein besonderes Symbol. China liegt in der Mitte der Welt, die Hauptstadt in der Mitte des Königreichs und der Königspalast in der Mitte der Hauptstadt.

Die Vorstellung von der Hauptstadt und insgesamt von jeder Stadt als des

---

[32] *Huai-nan tzu* (3. Jh. v. Chr.) nach der Übers. von *M. Kaltenmark*, a.a.O. 459.
[33] *Mencius*, nach der Übers. von *M. Kaltenmark*, a.a.O. 461.
[34] Siehe *N. J. Girardot*, Myth and Meaning in the Tao Te Ching 299 ff.

„Zentrums der Welt" unterscheidet sich nicht von den traditionellen Konzeptionen, wie sie für den antiken Nahen Osten, für das alte Indien und den Iran belegt sind[35]. Wie in den anderen städtischen Gesellschaften entwickelten sich auch in China die Städte ausgehend von einem zeremoniellen Zentrum[36]. Die Stadt ist mit anderen Worten in besonderer Weise ein „Mittelpunkt der Welt", da sie die Kommunikation mit dem Himmel und den unterirdischen Regionen möglich macht. Die vollkommene Hauptstadt müßte in der Mitte des Universums liegen, wo sich der wunderbare Baum mit Namen „Aufgerichteter Baum" (chien-mu) erhebt, der die unteren Regionen mit dem Himmel verbindet. „Um die Mittagszeit kann nichts, was sich in seiner Nähe vollkommen gerade hält, Schatten spenden."[37]

Nach der Tradition muß jede Hauptstadt einen „ming-t'ang" besitzen, einen rituellen Palast, der zugleich imago mundi und Kalender ist. Der ming-t'ang wird auf rechteckigem Grund (der Erde) gebaut und mit einem runden Strohdach (dem Himmel) bedeckt. Während des ganzen Jahres macht der König unter diesem Dach seine Rundgänge. Indem er sich an dem vom Kalender vorgeschriebenen Ende aufstellt, eröffnet er nacheinander die Jahreszeiten und die Monate. Die Farben seiner Kleider, die Gerichte, die er ißt, und die Gesten, die er ausführt, stehen in vollkommenem Einklang mit den verschiedenen Augenblicken des Jahreskreislaufs. Am Ende des dritten Sommermonats stellt sich der Herrscher im Mittelpunkt des „ming-t'ang" auf, als sei er der Angelpunkt des Jahres[38]. Der Herrscher verkörpert, wie auch die anderen Symbole für den „Mittelpunkt der Welt" (der Baum, das heilige Gebirge, der Turm mit neun Stockwerken usw.), in gewisser Weise die axis mundi und bildet das Band zwischen Himmel und Erde. Der raum-zeitliche Symbolismus der „Zentren der Welt" ist weit verbreitet; er ist für viele archaische Kulturen und in allen städtischen Gesellschaften belegt[39]. Zu ergänzen ist, daß – ganz wie die Hauptstadt und der Königspalast – auch die bescheidensten und einfachsten Behausungen Chinas den gleichen kosmologischen Symbolismus enthalten; sie stellen in der Tat eine imago mundi dar[40].

---

[35] Vgl. *M. Eliade*, Le mythe de l'éternel retour 23ff.
[36] *P. Wheatly*, The Pivot of the Four Quarters 30ff, 411ff.
[37] *M. Granet*, La pensée chinoise 324.
[38] *M. Granet*, a. a. O. 102ff; siehe auch: Danses et légendes de la Chine ancienne 116ff. Es scheint, als entspreche diese rituelle Station im Zentrum des ming-t'ang einer „Periode der Ruhe, während deren die alten Führer sich ins Innerste ihrer Wohnstatt zurückziehen mußten". Die sechs oder zwölf Tage „wurden für Riten und Beobachtungen gebraucht, die es ermöglichten, das Prosperieren der Züchtungen und den Erfolg der Ernten vorauszusehen" (*M. Granet*, La pensée chinoise 107). Die zwölf Tage bildeten eine Präfiguration der kommenden zwölf Monate des Jahres – eine archaische Vorstellung, die es nachweislich auch im Nahen Osten und an anderen Orten gab (vgl. *M. Eliade*, Le mythe de l'éternel retour 78ff).
[39] Vgl. *M. Eliade*, Centre du monde, temple, maison 67ff.
[40] Vgl. *R. A. Stein*, Architecture et pensée religieuse en Extrême Orient.

130. Polarität, Wechsel und Reintegration

Wie wir weiter oben festgestellt haben (S. 21), bilden die fünf kosmologischen Zahlen – die vier Himmelsrichtungen und das Zentrum – das exemplarische Modell einer universellen Klassifikation, die zugleich Bestätigung ist. Alles, was existiert, gehört einer genau umschriebenen Klasse oder Rubrik an und teilt folglich die den in diese Klasse eingeordneten Realitäten eigenen Merkmale und Vorzüge. Wir haben es also mit einer gewagten Ausarbeitung des Systems der Entsprechungen zwischen Makrokosmos und Mikrokosmos zu tun, also mit der allgemeinen Theorie der Analogien, die in allen traditionellen Religionen eine beträchtliche Rolle gespielt hat. Die Originalität des chinesischen Denkens besteht darin, daß es dieses Schema von Mikrokosmos und Makrokosmos in ein noch weiteres Klassifikationssystem integriert hat, nämlich das des Kreislaufs der antagonistischen, gleichwohl komplementären Prinzipien, die unter den Namen *Yang* und *Yin* bekannt sind. Paradigmatische Systeme, die, ausgehend von unterschiedlichen Arten der Zweiteilung und der Polarität, der Dualität und des Wechsels, der antithetischen Dyaden und der coincidentia oppositorum, ausgearbeitet wurden, finden sich überall in der Welt und auf allen Ebenen der Kultur[41]. Die Bedeutung des Gegensatzpaares Yang und Yin liegt in der Tatsache begründet, daß es nicht nur als Modell für eine universelle Klassifikation gedient hat, sondern darüber hinaus innerhalb einer Kosmologie entwickelt wurde, die einerseits zahlreiche praktische Techniken zur Beherrschung von Körper und Geist systematisch einzuordnen verstand und ihnen Anerkennung verschaffte und andererseits zu immer engeren und systemgebundeneren philosophischen Spekulationen anreizte.

Der Symbolismus der Polarität und des Wechsels wird, wie wir gesehen haben (§ 127), durch die Ikonographie der Bronzegefäße aus der Shang-Zeit genügend illustriert. Die polaren Symbole werden so angeordnet, daß ihre Verbindung gut herauskommt; so hat zum Beispiel die Nachteule oder eine andere Figur, die die Dunkelheit symbolisiert, „Sonnenaugen", während die Darstellungen des Lichts ein „nächtliches" Zeichen tragen[42]. Nach Carl Hentze ist der Yang-Yin-Symbolismus durch die ältesten rituellen Objekte lange vor dem Erscheinen der ersten geschriebenen Texte belegt[43].

Marcel Granet erinnert daran, daß im Shih-ching das Wort „Yin" die Vorstellung des kalten und bedeckten Wetters hervorruft und auf alles angewandt wird, was im Inneren sich abspielt, während der Begriff „Yang" an Sonnenschein und Hitze erinnert. Yang und Yin geben mit anderen Worten die konkreten und antithetischen Aspekte der Zeit und des Wetters an[44]. In einem Handbuch der

---

[41] Vgl. *M. Eliade,* Remarques sur le dualisme religieux: dyades et polarités, in: La nostalgie des origines 249–338.
[42] Vgl. *C. Hentze,* Bronzegerät, Kultbauten, Religion im ältesten China der Shangzeit 192 ff.
[43] Vgl. *C. Hentze,* Das Haus als Weltort der Seele 99 ff.   [„Wetter" wiederzugeben.)
[44] *M. Granet,* La pensée chinoise 117 ff. (Anm. d. Übers.: frz. „temps" ist dt. als „Zeit" und

Wahrsagekunst wird von einer „Zeit des Lichts" und einer „Zeit der Dunkelheit" gesprochen, womit die Ausdrucksweise Chuang-tzus vorweggenommen ist: „eine (Zeit der) Fülle, eine (Zeit der) Abnahme ..., eine (Zeit der) Verfeinerung, eine (Zeit der) Beruhigung ..., ein (-e Zeit des) Leben(s), ein(-e Zeit des) Tod(es)" (M. Granet, La pensée chinoise 123 [dt. Übers. von Manfred Porkert 91]). Die Welt stellt also „eine Totalität zyklischer Art (tao, pien, t'ung) dar, die durch die Verbindung zweier wechselnder und komplementärer Manifestationen entsteht" (ebd. 127 [dt. Übers. 94]). Die Idee des Wechsels scheint stärker zu sein als die des Gegensatzes. Das zeigt die Struktur des Kalenders. Nach der Meinung der Philosophen ist das Yang während des Winters, „vom Yin umgarnt auf dem Grund der unterirdischen Quellen unter der eisgefrorenen Erde, einer Art jährlicher Probe ausgesetzt, aus der es gestärkt hervorgeht. Zu Beginn des Frühjahrs entflieht es seinem Gefängnis, indem es den Boden mit dem Absatz klopft. Dann schmilzt das Eis von selbst, und die Quellen erwachen zu neuem Leben" (ebd. 135 [100]). Das Universum ist demnach aus einer Reihe antithetischer Formen zusammengesetzt, die einander in zyklischer Weise abwechseln.

Zwischen den kosmischen Rhythmen, die durch die Interaktion zwischen Yang und Yin bestimmt werden, und dem komplementären Wechsel der Aktivitäten der beiden Geschlechter besteht vollkommene Symmetrie. Und da allem, was Yin ist, eine feminine Natur, und allem, was Yang ist, eine maskuline zugesprochen wird, offenbart sich im Motiv der Hierogamie zugleich eine kosmische und religiöse Dimension. Die rituelle Opposition der beiden Geschlechter ist in der Tat zugleich Ausdruck des komplementären Antagonismus der beiden Lebensarten und des Wechsels der beiden kosmischen Prinzipien, Yin und Yang. Bei den Gemeinschaftsfesten im Frühjahr und im Herbst, die den Höhepunkt des archaischen bäuerlichen Kults bilden, fordern sich die beiden antagonistischen Chöre, die sich aufgereiht gegenüberstehen, mit Versen heraus. „Yang ruft, Yin antwortet", „die Knaben rufen, die Mädchen antworten". Diese beiden Formeln sind austauschbar, sie signalisieren einen zugleich kosmischen und sozialen Rhythmus[45]. Die antagonistischen Chöre stehen einander gegenüber wie Schatten und Licht. Das Feld, auf dem man sich versammelt, symbolisiert die Totalität des Raumes, wie die Zuhörerschaft die Gesamtheit der menschlichen Gemeinschaft und der Natur symbolisiert (Granet, a.a.O. 143 [106]). Eine kollektive Hierogamie war krönender Abschluß der Belustigungen, ein in der Welt ziemlich weitverbreitetes Ritual. Die Polarität, die während des restlichen Jahres als Lebensregel akzeptiert wird, wird in der Vereinigung des Gegensätzlichen aufgehoben oder transzendiert.

„Ein (Teil) Yin, ein (Teil) Yang, das ist das Tao", so steht es in einer kleinen Abhandlung[46]. Die ununterbrochene Veränderung des Universums durch den

---

[45] Vgl. M. Granet, Danses et légendes de la Chine ancienne 43; ders., La pensée chinoise 141.
[46] In: Hsi-tz'u (= Kommentar zum I-ching), zitiert von M. Granet, La pensée chinoise 325. Das ist die älteste der gelehrten Definitionen des Tao.

Wechsel zwischen Yang und Yin stellt sozusagen den äußeren Aspekt des Tao dar. Wenn man jedoch versucht, die ontologische Struktur des Tao zu erfassen, stößt man auf unzählige Schwierigkeiten. Erinnern wir daran, daß es im eigentlichen Wortsinn „Weg" bedeutet, aber auch „Sagen", woher der Gebrauch im Sinne von „Lehre" sich ableitet. Der Begriff Tao „ruft vor allem das Bild des zu verfolgenden Weges" und „die Vorstellung von der Führungslinie, der moralischen Regel" hervor, aber auch die der „Kunst, Himmel und Erde in Verbindung zu bringen, geheiligte Mächte und Menschen", der magisch-religiösen Macht des Sehers, des Zauberers und des Königs[47]. Für das philosophische und religiöse Denken ist das Tao im allgemeinen das Ordnungsprinzip, das allen Bereichen des Wirklichen innewohnt; in diesem Sinn wird vom himmlischen Tao und von dem der Erde gesprochen (die sich ein wenig wie Yang und Yin gegenüberstehen), außerdem vom Tao des Menschen (das heißt von den Verhaltensregeln, die, im Falle des Königs, seine Mittlerrolle zwischen Himmel und Erde möglich machen)[48].

Einige dieser Bedeutungen leiten sich von der archaischen Vorstellung der ursprünglichen Einheit/Totalität, also mit anderen Worten von einer kosmogonischen Konzeption, ab. Die Spekulationen Lao-tzus bezüglich des Ursprungs der Welt sind verbunden mit einem kosmogonischen Mythos, der die Schöpfung als von einer einem Ei vergleichbaren Totalität ausgehend interpretiert. Im Kapitel 42 des Tao-te-ching wird gesagt: „Das Tao schenkte dem Einen Leben. Das Eine schenkte der Zwei Leben. Zwei schenkte Drei Leben. Drei schenkte den 10 000 Wesen Leben. Die 10 000 tragen das Yin auf ihrem Rücken und umarmen das Yang."[49] Es ist hieraus ersichtlich, in welchem Sinn Lao-tzu einen traditionellen kosmogonischen Mythos benutzte und ihm eine neue metaphysische Dimension hinzufügte. Das „Eine" entspricht dem „Ganzen", es bezieht sich auf die ursprüngliche Totalität, ein Motiv, das so vielen Mythologien vertraut ist. Im Kommentar wird erklärt, daß durch die Vereinigung von Himmel und Erde (= „den Zweien") alles entstand, was existiert, gemäß einem ebenfalls gut bekannten Szenario. Doch stellt für Lao-tzu schon das „Eine", die primitive Einheit/Totalität, eine Etappe innerhalb der Schöpfung dar, denn sie wurde von einem geheimnisvollen und unbegreiflichen Prinzip, dem Tao, gezeugt.

In einem anderen kosmogonischen Fragment (Kap. 25) wird das Tao als „ein ununterschiedenes und vollkommenes Wesen, das vor dem Himmel und der Erde entstanden ist", bezeichnet. „Wir können es als Mutter dieser Welt be-

---

[47] *M. Kaltenmark*, Lao tseu et le taoisme 30; siehe auch *Granet*, La pensée chinoise 300 ff.
[48] *M. Kaltenmark*, a. a. O. 33. „Dieses Tao stellt das Ideal des Konfuzius dar, der verkündete: ‚Wer am Morgen vom Tao hat sprechen hören, kann am Abend ruhig sterben'" (ebd.).
[49] Nach der Übers. von *M. Kaltenmark*, La naissance du monde en Chine 463. Dieses Schema der ‚serienmäßigen' Fortpflanzung wird von fast allen philosophischen Schulen, im I-ching und von den Neokonfuzianern, verwendet (vgl. *Wing-Tsit Chan*, The Way of Lao Tzu 176; *N. Girardot*, „Myth and Meaning in the Tao Te King 311 ff).

trachten, aber ich kenne seinen Namen nicht; ich werde es Tao nennen, und wenn es einen Namen haben muß, so wird er lauten: das Unermeßliche (ta)."[50] Das „ununterschiedene und vollkommene" Wesen wird durch einen Kommentator im 2. Jahrhundert v. Chr. interpretiert als „die geheimnisvolle Einheit zwischen Himmel und Erde, die in chaotischer Weise (hun-tun) das Wesen des nicht-bearbeiteten Steinblocks bildet"[51]. Das Tao ist also eine ursprüngliche, lebendige und schöpferische Totalität, aber ohne Form und Namen. „Das Namenlose ist Ursprung des Himmels und der Erde. Das Namentragende ist Mutter der zahllosen Lebewesen", wie es in einem anderen kosmogonischen Fragment geschrieben steht (Kap. I, 3-7). Doch die „Mutter", die innerhalb dieses Textabschnittes den Beginn der Kosmogonie darstellt, bezeichnet an anderer Stelle das Tao selbst. „Die Gottheit des Tals stirbt nicht, es ist das Dunkle Weib. Das Tor des Dunklen Weibs ist Ursprung des Himmels und der Erde."[52]

Die Unsagbarkeit des Tao wird auch durch andere Beinamen und mit Begriffen ausgedrückt, die das erste kosmogonische Bild, das des Chaos (hun-tun) fortsetzen und nuancieren. Erinnern wir an die wichtigsten: das Leere (hsü), das „Nichts" (wu), das Große (ta), das Eine (i)[53]. Bei der Analyse der Lehre Lao-tzus werden wir auf einige dieser Begriffe zurückkommen. Doch ist es wichtig, schon jetzt zu erwähnen, daß die taoistischen Philosophen ebenso wie die Eremiten und die Anhänger, die auf der Suche nach dem langen Leben und der Unsterblichkeit waren, versucht haben, dieses paradiesische Wesen, besonders die Vollkommenheit und die Spontaneität des Anfangs, wiederzuerlangen. Man könnte in dieser Sehnsucht nach der ursprünglichen Situation einen neuen Ausdruck des bäuerlichen Szenarios erkennen, das in ritueller Weise die „Totalisation" durch die kollektive („chaotische") Vereinigung der Knaben und Mädchen heraufbeschwor, die Vertreter von Yin und Yang waren. Das wesentliche, allen taoistischen Schulen gemeinsame Element ist der Lobpreis der ursprünglichen menschlichen Art, die vor dem Triumph der Zivilisation bestand. Gerade gegen diese „Rückkehr zur Natur" wehrten sich all jene, die eine gerechte und verwaltete, von den Normen der sagenhaften Könige und der Helden der Zivilisierung beherrschte und von ihrem Beispiel angeregte Gesellschaft errichten wollten.

---

[50] Übers. nach *M. Kaltenmark*, Lao tseu 39.
[51] *Huai-nan tzu*, zitiert nach *N. Girardot*, Myth and Meaning in the Tao Te King 307. Auch für Chuang-tzu war der ursprüngliche Zustand vollkommener Einheit verloren, seit der Kaiser Hun-Tun – d.h. das „Chaos" – durchbohrt wurde, um wie alle Menschen ein Gesicht mit sieben Öffnungen zu haben; das „Chaos" fiel aber am siebten Tag, nach der siebten Durchbohrung (vgl. *J. Legge*, The Texts of Taoism, I (SBE, Bd. XXXIX) 267.
[52] Kap. 6 in der Übers. von *M. Kaltenmark*, a.a.O. 50.
[53] Vgl. *N. Girardot*, a.a.O. 304.

131. Konfuzius: die Macht der Riten

Man könnte sagen, daß im alten China alle Richtungen des religiösen Denkens eine bestimmte Anzahl grundlegender Ideen gemeinsam hatten. Nennen wir an erster Stelle den Begriff des Tao als Anfang und Quelle des Wirklichen, die Idee des vom Rhythmus Yin-Yang beherrschten Wechsels und die Theorie von der Analogie zwischen Makrokosmos und Mikrokosmos. Diese letztgenannte wurde auf allen Ebenen der menschlichen Existenz und deren Organisation angewandt: für Anatomie, Physiologie und Psychologie des Einzelnen, für soziale Institutionen, Wohnungen und geheiligten Raum (Stadt, Palast, Altar, Tempel, Haus). Doch während einige eine unter dem Zeichen des Tao gelebte Existenz, die in vollkommener Harmonie mit den kosmischen Abläufen steht, für nur *zu Anbeginn* möglich hielten (das heißt in dem der sozialen Organisation und dem kulturellen Aufschwung vorausgehenden Stadium), glaubten andere, diese Art der Existenz sei vor allem in einer gerechten und zivilisierten Gesellschaft zu verwirklichen.

Der berühmteste unter den letztgenannten und zugleich der einflußreichste war zweifelsohne Konfuzius (551–479)[54]. Konfuzius, der in einer Zeit der Anarchie und des Unrechts lebte, war selbst über das allgemeine Elend und Leiden betrübt und verstand, daß die einzige Lösung in einer radikalen Reform der Regierung des Landes liege, die von aufgeklärten Führern vollzogen und von verantwortlichen Beamten praktiziert würde. Es gelang ihm aber selbst nicht, einen wichtigen Posten in der Verwaltung zu erhalten, und er widmete sein Leben der Erziehung. Er übte als erster die Funktion eines Privatlehrers aus. Trotz des Erfolgs bei seinen zahlreichen Schülern war Konfuzius kurz vor seinem Tod vom vollkommenen Scheitern seiner Mission überzeugt. Doch gelang es seinen Schülern, von Generation zu Generation das Wesentliche seiner Lehre weiterzugeben. Und 250 Jahre nach seinem Tod beschlossen die Herrscher der Han-Dynastie (206 v. Chr. bis 220 n. Chr.), die Konfuzianer mit der Verwaltung des Reiches zu beauftragen. Von da an bestimmte die Lehre des Meisters die öffentlichen Einrichtungen während mehr als 2000 Jahren.

Konfuzius war nicht im eigentlichen Sinn ein religiöser Führer[55]. Seine Ideen und vor allem die der Neo-Konfuzianer werden im allgemeinen in Philosophiegeschichten untersucht. Doch direkt oder indirekt hat Konfuzius die chinesische Religion zutiefst beeinflußt. Tatsächlich ist auch die Quelle seiner moralischen und politischen Reform religiöser Natur. Er weist übrigens keine wichtige traditionelle Vorstellung zurück, weder das Tao noch den Himmelsgott, noch den Ahnenkult. Darüber hinaus preist er die religiöse Funktion der Riten und Bräuche und hält sie hoch.

---

[54] Sein Familienname war K'ung; „Konfuzius" ist die latinisierte Form von K'ung fu-tzu, „Meister Kung".
[55] Sehr schnell aber wurden Konfuzius die für die Helden der Zivilisation spezifischen Tugenden und Eigenschaften zuerkannt (siehe einige Beispiele in: *M. Granet,* La pensée chinoise 477 ff).

Die Religionen des alten China

Für Konfuzius wurde das Tao durch Himmelsbeschluß begründet: „Wenn wir das Tao zur Anwendung bringen, geschieht es durch Himmelsbeschluß."[55a] Sich nach den Regeln des Tao verhalten heißt sich mit dem himmlischen Willen in Einklang befinden. Konfuzius erkennt die Vorrangstellung des Himmels (T'ien) an. Es handelt sich für ihn dabei nicht um einen *deus otiosus;* T'ien interessiert sich für jedes einzelne Individuum und hilft ihm, besser zu werden. „Der Himmel hat die Tugend (te) in mir geschaffen" (V, 22), erklärt er. „Im Alter von fünfzig Jahren, habe ich den Willen des Himmels verstanden" (II, 4). Tatsächlich glaubte der Meister, vom Himmel mit einer Aufgabe betraut zu sein. Wie so viele seiner Zeitgenossen glaubte auch er, Weg und Wille des Himmels würden in exemplarischer Weise von den Helden der Zivilisation – Yao und Shun – und von den ersten Königen der Chou-Dynastie – Wen und Wu – verdeutlicht (VIII, 20).

Konfuzius erklärte, man müsse die Opfer und anderen rituellen Bräuche vollziehen, da sie zum Leben eines „höheren Menschen", eines „Edlen" (chün-tzu), gehören. Der Himmel schätzt es, Opfer zu empfangen; er schätzt aber auch eine moralische Lebensführung und vor allem eine gute Regierung. Die metaphysischen Spekulationen bezüglich des Himmels und des Lebens nach dem Tod sind unnütz (V, 12; VII, 20; XI, 11). Der „höhere Mensch" muß sich zunächst um die konkrete menschliche Existenz kümmern, so wie sie hier und jetzt gelebt wird. Was Geister betrifft, so leugnet Konfuzius nicht ihre Existenz, wohl aber ihre Bedeutung. Bei allem Respekt für sie, so empfiehlt er, „haltet sie in einigem Abstand. Darin besteht die Klugheit" (VI, 18). Was die Aufopferung in ihrem Dienst betrifft, so sagt er: „Wenn ihr den Menschen nicht dienen könnt, wie könntet Ihr den Geistern dienen?" (XI, 11).

Die von Konfuzius ausgearbeitete moralische und politische Reform stellt eine „vollkommene Erziehung" dar, das heißt eine Methode, die fähig sein soll, ein gewöhnliches Individuum in einen „höheren Menschen" umzuformen. Jeder kann ein „wirklicher Mensch" werden, unter der Bedingung, daß er das mit dem Tao in Einklang stehende zeremonielle Verhalten lernt, mit anderen Worten also die Riten und Gebräuche (li) korrekt vollzieht. Es ist aber nicht leicht, diesen Vollzug zu beherrschen. Es handelt sich nämlich nicht um eine ganz äußerliche Ausübung der Riten, noch auch um eine willkürlich zu erzeugende emotionale Erregung beim Vollzug der Rituale. Jedes korrekte zeremonielle Verhalten löst eine gewaltige magisch-religiöse Macht aus[56]. Konfuzius erinnert an den berühmten weisen Herrscher Shun: „Er stand ganz einfach da, mit Würde und Ehrerbietung, das Gesicht nach Süden gewendet (die rituelle Haltung des Herrschers) – *und das war alles*" (das heißt: die Angelegenheiten des

---

[55a] Lun-yü („Gespräche"), nach der engl. Übers. von *J. Legge,* The Analects of Confucius XIV, 38. Auf diese Ausgabe beziehen sich die folgenden Stellenangaben oben im Text. (Es gibt auch eine dt. Übers. von *R. Wilhelm,* Lun-yü. Gespräche [Anm. d. Übers.]).

[56] Dieser Aspekt wurde von *Herbert Fingarette* mit Recht besonders beleuchtet in: Confucius – the Secular as Sacred.

Königreichs liefen im Einklang mit der Norm ab; XV,4). Kosmos und Gesellschaft werden nämlich von den gleichen magisch-religiösen Mächten, die im Menschen wirksam sind, regiert. „Bei einem korrekten Verhalten hat man es nicht nötig, Befehle zu erteilen" (XIII,6). „Durch Tugend (te) regieren, das ist, als sei man ein Polarstern: „er bleibt am gleichen Ort stehen, während die anderen Sterne ehrerbietig um ihn kreisen" (II,1).

Eine nach der Regel ausgeführte Geste stellt eine neue Epiphanie der kosmischen Harmonie dar. Offensichtlich ist derjenige, der eines solchen Verhaltens fähig ist, nicht mehr das gewöhnliche Individuum, das er vor seiner Einführung war; seine Existenzweise hat sich vollständig geändert, er ist ein „vollkommener Mensch". Eine Lehre, die die „Umwandlung" der Gesten und Verhaltensweisen in Rituale bei gleichzeitiger *Bewahrung ihrer Spontaneität* zum Ziel hat, ist ihrer Intention und Struktur nach sicher religiös [57]. Von diesem Gesichtspunkt aus kann man die Methode des Konfuzius den Lehren und Techniken Lao-tzus und seiner Schüler vergleichen, mit denen sie die anfängliche Spontaneität wiederzuerlangen trachteten. Die Originalität des Konfuzius besteht darin, daß er die „Umwandlung" der innerhalb einer differenzierten und in hohem Maße hierarchisch strukturierten Gesellschaft unverzichtbaren Gesten und Verhaltensweisen in spontan ausgeführte Rituale zum Ziel hatte.

Für Konfuzius sind Vornehmheit und Distinguiertheit nicht angeboren, sondern werden durch Erziehung erworben. Ein „Edler" wird man durch Selbstbeherrschung und bestimmte natürliche Fähigkeiten (IV,5; VI,5 usw.). Güte, Weisheit und Mut sind die besonderen Tugenden des Adels. Die höchste Genugtuung liegt in der Entwicklung der eigenen Tugenden. „Wer wirklich gut ist, ist niemals unglücklich" (IX,28). Doch die wirkliche Erfüllung eines solchen edlen Menschen liegt darin, zu regieren (VII,32). Für Konfuzius wie für Platon gibt einzig die Kunst des Regierens die Mittel in die Hand, Frieden und Glück für eine möglichst große Zahl von Menschen zu sichern. Doch wie wir gesehen haben, ist die Kunst des Regierens, wie auch die Ausübung jedes Berufs, wie jedes Verhalten und jeder bedeutsame Akt, Ergebnis einer Erziehung religiöser Art. Er verehrte die Helden der Zivilisation und die großen Könige der Chou-Dynastie. Sie waren seine vorbildhaften Modelle: „Ich habe das weitergegeben, was man mir beigebracht hat, ohne Eigenes hinzuzufügen. Ich war den Alten treu und habe sie geliebt!" (VII,1). Einige haben in diesen Erklärungen die Sehnsucht nach einer unwiderruflich vergangenen Epoche gesehen. Und doch hat Konfuzius mit der Aufwertung der rituellen Funktion öffentlicher Verhaltensweisen einen neuen Weg eröffnet. Er hat die Notwendigkeit und die Möglichkeit einer Wiedergewinnung der religiösen Dimension der weltlichen Arbeit und der sozialen Aktivität gezeigt.

---

[57] Eine ähnliche Bemühung kann man im Tantrismus, in der Kabbala und in einigen Praktiken des Zen entdecken.

132. Lao-tzu und der Taoismus

In seinem Werk Shih-chi („Aufzeichnungen des Geschichtsschreibers"), um 100 v. Chr. abgefaßt, erzählt der große Geschichtsschreiber Szu-ma Ch'ien, daß Lao Tan (d. i. Lao-tzu), als Konfuzius sich bei ihm über die Riten informieren wollte, unter anderem zu ihm sagte: „Verzichte auf deine hochfahrende Art und auf all deine Wünsche, auf das selbstgefällige Wesen und den überschäumenden Eifer: das alles bringt deiner Person überhaupt keinen Nutzen. Das ist alles, was ich dir sagen kann." Konfuzius zog sich konsterniert zurück. Er gestand seinen Schülern, er kenne alle Tiere – Vögel, Fische, Vierfüßler – und verstehe ihr Verhalten, „aber den Drachen kann ich nicht kennenlernen, er erhebt sich zum Himmel über Wind und Wolken. Heute habe ich Lao-tzu gesehen, er ist wie der Drache!"[58]

Diese Begegnung ist sicher apokryph, wie im übrigen alle anderen von Szu-ma Ch'ien festgehaltenen Traditionen. Doch drückt sich in ihr in einfacher und humorvoller Form die Unvereinbarkeit der beiden großen religiösen Denker aus. Denn, so fügt der Geschichtsschreiber hinzu, „Lao-tzu pflegte das Tao und das Te, nach seiner Lehre muß man sich einem Leben im Verborgenen und Anonymen widmen". Abseits des öffentlichen Lebens zu stehen und den Ehrungen zu mißtrauen war aber geradezu das Gegenteil des Ideals vom „höheren Menschen", das von Konfuzius aufgestellt worden war. Mit der „versteckten und anonymen" Existenz Lao-tzus erklärt es sich, daß uns jede authentische Information über sein Leben fehlt. Der Tradition zufolge war er einige Zeit Archivar am Hofe der Chou, verzichtete aber aus Enttäuschung über die Dekadenz des Königshauses auf seinen Posten und ging nach Westen. Vor der Überquerung des Han-ku-Passes verfaßte er auf Bitten des Wächters „ein Werk in zwei Teilen, in dem er seine Vorstellungen über Tao und Te darlegte und das mehr als 5000 Worte umfaßte; dann ging er, und niemand weiß, was aus ihm wurde". Nachdem er alles berichtet hat, was er erfuhr, schließt Szu-ma Ch'ien: „Kein Mensch auf der Welt könnte sagen, ob all das wahr ist oder nicht, denn Lao-tzu war ein versteckt lebender Weiser."

Das „mehr als 5000 Worte" umfassende Buch ist das berühmte *Tao-te-ching*, der tiefste und rätselhafteste Text der gesamten chinesischen Literatur. Über seinen Verfasser und das Abfassungsdatum gibt es unterschiedliche und widersprüchliche Ansichten[59]. Man ist sich aber darin einig, daß der Text in seiner

---

[58] *Szu-ma Ch'ien*, Shih-chi („Aufzeichnungen des Geschichtsschreibers") nach der Übers. von *É. Chavannes*, Les mémoires historiques de Sse-ma Ts'ien; siehe auch *M. Kaltenmark*, Lao tseu 17.
[59] Man kann mindestens vier Versionen unterscheiden: 1. Lao-tzu ist mit Lao Tan (6. Jh.) identisch, konnte folglich mit Konfuzius zusammengetroffen sein. 2. Lao-tzu lebte während der sogenannten „Frühlings- und Herbstzeit" (774–481), ist aber nicht der Autor des Tao-te-ching. 3. Er lebte während der Zeit der kämpfenden Staaten (481–221), man kann aber nicht sicher sagen, ob er das Tao-te-ching geschrieben hat. 4. Er ist keine historische Persönlichkeit. (Siehe *Wing-tsit Chan*, The Way of Lao Tzu 35ff. – *Jan Yün-Hu*, Problems of Tao and Tao Te Ching 209; der Autor stellt auf S. 211 ff die zuletzt geäußerten Ansichten Fung Yu-Lans über Lao-tzu und den alten Taoismus dar.)

heutigen Form nicht von einem Zeitgenossen des Konfuzius geschrieben sein kann; wahrscheinlich stammt er aus dem 3. Jahrhundert. Er enthält Sprüche, die zu verschiedenen frühtaoistischen Schulen gehören, und eine gewisse Anzahl Verse, die ins 6. Jahrhundert zurückgehen[60]. Doch trotz seines unsystematischen Charakters verschafft sich im Tao-te-ching ein in sich schlüssiges und ursprüngliches Denken Ausdruck. „Man muß also die Existenz eines Philosophen annehmen, der, wenn er nicht der direkte Verfasser war, zumindest der Meister sein muß, dessen Einfluß zu Beginn entscheidend war. Es gibt keinen Grund, ihn nicht weiterhin Lao-tzu zu nennen."[61]

Paradoxerweise enthält das Tao-te-ching eine große Anzahl von Ratschlägen, die sich an die Herrscher und politischen und militärischen Führer wenden. Wie Konfuzius ist auch Lao-tzu sicher, daß die Staatsangelegenheiten erfolgreich nur gelenkt werden können, wenn der Fürst dem Weg des Tao folgt, wenn er, mit anderen Worten, die Methode des *wu-wei* angewendet, das „Nicht-Tun" und „Nicht-Wirken". Das Tao nämlich „bleibt immer tatenlos, und es ist nichts, was es nicht mache" (37:1)[62]. Aus diesem Grund greift der Taoist niemals in den Lauf der Dinge ein. „Wären die Herren und Könige in der Lage, sich in Nachahmung des Tao an diese Haltung des Nicht-Eingreifens zu halten, so würden die zahllosen Wesen nicht zögern, von selbst ihrem Beispiel zu folgen" (37:2). Wie der wahre Taoist, so ist auch „der beste Fürst (...) derjenige, dessen Existenz unbemerkt bleibt" (17:1). Da „das himmlische Tao ohne Kampf siegt" (73:6), sind die wirksamsten Mittel zur Erlangung der Macht das wu-wei und die Gewaltlosigkeit[63]. „Das Biegsame und Schwache siegen über das Harte und Starke" (37:10; siehe auch 40:2: „die Schwäche ist die Funktion des Tao").

Ganz wie Konfuzius, der sein Ideal des „vollkommenen Menschen" ebenso den Herrschern wie jedem nach Belehrung begierigen Individuum empfahl, fordert Lao-tzu die politischen und militärischen Führer auf, sich wie Taoisten zu verhalten, also alle dem gleichen exemplarischen Modell zu folgen: dem des Tao. Doch ist das die einzige Ähnlichkeit zwischen den beiden Meistern. Lao-tzu kritisiert das konfuzianische System und weist es zurück, wendet sich also gegen

---

[60] Vgl. *M. Kaltenmark*, Lao tseu 19 ff.
[61] Ebd. 22. Die gleiche Situation findet sich in anderen traditionellen Literaturen: ein Werk, das einem bestimmten Weisen oder kontemplativen Denker zugeschrieben wird, wird im allgemeinen von seinen Schülern weitergeführt und bereichert. In gewisser Weise wird der Autor mit seiner Berühmtheit auch „anonym".
[62] Wenn nichts Gegenteiliges vermerkt ist, halten wir uns (auch bei der dt. Übertragung [Anm. d. Übers.]) an die Übers. von M. Kaltenmark. Die englische Version von *Wing-tsit Chan*, The Way of Lao Tzu, ist wegen ihrer Anmerkungen und Kommentare wertvoll, die Fassung von *A. Waley*, The Way and its Power, zeichnet sich durch ihre literarische Qualität aus. (Eine weitere, französische Fassung stammt von J. J. L. Duyvendak; *R. Wilhelm* und *G. Debon* besorgten dt. Übers. des Tao-te-ching [Anm. d. Übers.].)
[63] „Wer nach Macht strebt und sie durch das Handeln zu erreichen glaubt, dessen Scheitern sehe ich voraus" (29:1). „Der gute Kriegsführer ist nicht kriegerisch, der gute Kämpfer nicht stürmisch. Am besten wird derjenige seiner Feinde Herr, der niemals die Offensive ergreift ... Das nenne ich die Tugend der Gewaltlosigkeit. Das nenne ich dem Himmel gleich werden. Dem Himmel gleich zu werden, war das höchste Ideal der Alten" (68: 1-2,7).

die hohe Bewertung der Riten, die Hochachtung vor den sozialen Werten und den Rationalismus. „Verzichten wir auf Wohltätigkeit, weisen wir die Gerechtigkeit zurück, und das Volk wird die wahren Werte der Familie wiederentdecken" (19:1). Für die Konfuzianer sind Wohltätigkeit und Gerechtigkeit die höchsten Tugenden. Lao-tzu betrachtet sie dagegen als künstliche, also unnütze und schädliche Verhaltensweisen: „Verläßt man das Tao, so stützt man sich auf die Wohltätigkeit; hat man die Wohltätigkeit verlassen, so stützt man sich auf die Gerechtigkeit; hat man die Gerechtigkeit verlassen, so kann man sich auf die Riten stützen. Die Riten stellen nur eine dünne Schicht von Loyalität und Glauben dar und sind der Anfang der Anarchie" (38:9–14). Lao-tzu verurteilt auch die sozialen Werte, weil sie illusorisch und letztlich auch schädlich seien. Was die schlußfolgernde Erkenntnisweise betrifft, so zerstört sie die Einheit des Seins und fördert die Verwirrung, weil sie relativen Begriffen absoluten Wert beimißt[64]. „Deshalb verschanzt sich der Heilige in der Untätigkeit (wu-wei) und teilt seine Belehrungen ohne Worte aus" (2:10).

Letzten Endes verfolgt der Taoist nur ein Ideal: das des Tao. Das Tao bezeichnet die letzte, geheimnisvolle und unbegreifliche Wirklichkeit, *fons* und *origo* jeder Schöpfung, Grundlage jeder Existenz. Bei der Analyse seiner kosmogonischen Funktion haben wir den unaussprechlichen Charakter des Tao schon angedeutet (siehe S. 26). In der ersten Zeile des Tao-te-ching wird versichert: „Ein Tao, von dem man sprechen kann (tao), ist nicht das fortwährende Tao" (ch'ang-tao; 1:1). Das bedeutet, daß das Tao, über das Lao-tzu, der Taoist schlechthin, spricht, nicht das „ch'ang-tao" (fortwährendes oder höchstes Tao) sein kann[65]. Dieses, das von der Totalität des Wirklichen gebildet wird, übersteigt die Seinsweise des Seienden und ist deshalb der Erkenntnis unzugänglich. Weder Lao-tzu noch Chuang-tzu versuchen, seine Existenz zu beweisen, was bekanntlich der Einstellung vieler Mystiker nahekommt. Wahrscheinlich bezieht sich das „Dunkle, das dunkler ist als die Dunkelheit selbst", auf die spezifisch taoistische Ekstase-Erfahrung, auf die wir noch zurückkommen werden.

Lao-tzu spricht also von einem „zweiten", kontingenten Tao, doch auch dieses kann nicht erfaßt werden: „Ich halte Ausschau und sehe nichts... Ich horche und kann doch nichts hören... Ich finde nur eine undifferenzierte Einheit vor... Ununterscheidbar, die man nicht benennen könnte" (Kap. 14)[66]. Aber bestimmte Bilder und Metaphern enthüllen einige bezeichnende Strukturen. Wie wir schon angedeutet haben (S. 26), wird das „zweite" Tao „Mutter der Welt" genannt (Kap. 25 und 52). Es wird durch die „Gottheit des Tales",

---

[64] „In dieser Welt bestätigt jeder, daß das Schöne schön ist, daher hat die Häßlichkeit ihren Platz; und jeder bestätigt, daß das Gute gut ist, daher die Einrichtung des „Nicht-Guten". „Lang" und „kurz" existieren nur im Vergleich, „hoch" und „niedrig" sind verbunden (2: 1-2, 5–6).
[65] „Oder besser das ‚Geheimnisvolle' (hsüan), noch besser das ‚Dunkle, das dunkler ist als die Dunkelheit selbst', denn für die Vertiefung des Mysteriums gibt es kein Ende" (*M. Kaltenmark*, a.a.O. 45).
[66] Eine andere Stelle stellt das Tao als „ein Unerkennbares, Ununterscheidbares" dar, das die Bilder, das Sein, die fruchtbaren und spirituellen Essenzen „in seiner Brust birgt" (Kap. 21).

das „Dunkle Weib, das nicht stirbt", symbolisiert[67]. Das Bild des Tals ruft die Idee des Leeren hervor, zugleich aber die des Behältnisses für die Wasser und damit die der Fruchtbarkeit. Das Leere wird also einerseits mit der Vorstellung der Fruchtbarkeit und der Mutterschaft und andererseits mit der Abwesenheit wahrnehmbarer Qualitäten (der dem Tao spezifischen Seinsweise) in Verbindung gebracht. Das Bild von den dreißig Speichen, die zu der Leere der Nabe hin zusammenstreben, regt zu einem besonders reichen Symbolismus an: „die Tugend des Führers, der alle zu sich hinzieht, der höchsten Einheit, die um sich die Vielfalt ordnet", aber auch der Taoist, der, „wenn er leer, also von den Leidenschaften und Begierden gereinigt ist, ganz vom Tao bewohnt wird (Kaltenmark, 55), sind damit gemeint.

Wenn er versucht, sich dem Modell des „zweiten" Tao anzupassen, belebt der Eingeweihte seine weiblichen Eigenschaften wieder und stärkt sie, in erster Linie die „Schwäche", die Ergebenheit, die Widerstandslosigkeit. „Kenne deine Männlichkeit, gib aber der Weiblichkeit den Vorzug: du wirst die Talschlucht der Welt sein. Sei die Talschlucht der Welt, und das höchste Te wird dir nicht fehlen, du kannst in den Kindheitszustand zurückkehren" (28:1-2). Von einem bestimmten Standpunkt aus bemüht sich der Taoist, die Seinsweise des Androgynen, das archaische Ideal von der menschlichen Vollkommenheit, zu erlangen[68]. Da aber die Integration der beiden Geschlechter die Rückkehr in den Kindheitszustand, also in die „Anfänge" der individuellen Existenz, erleichtert, ermöglicht eine solche Rückkehr die periodische Regeneration des Lebens. Jetzt ist der Wunsch des Taoisten, die ursprüngliche Situation, diejenige der „Anfänge", wiederzuerlangen, verständlicher. Für ihn ist die Fülle des Lebens, die Spontaneität und die Glückseligkeit nur zu Beginn einer „Schöpfung" oder einer neuen Epiphanie des Lebens gegeben[69].

Das Modell für die Vereinigung des Gegensätzlichen ist immer das Tao; in seiner Einheit bestehen Yang und Yin nebeneinander. Wie wir gesehen haben (S. 24), wurde durch die kollektive Hierogamie der jungen Männer und jungen Mädchen in der frühgeschichtlichen Zeit, die Yang und Yin repräsentierten, periodisch die kosmische und soziale Einheit/Totalität reaktualisiert. Auch in diesem Fall wird der Taoismus von archaischen religiösen Verhaltensweisen inspiriert. Es ist wichtig, hier hinzuzufügen, daß die Haltung der Taoisten gegenüber den Frauen sich vollkommen von der im China der Feudal- und Kaiserzeit herrschenden Ideologie unterschied.

Die gemeinchinesische Idee vom kosmischen Umlauf spielt im Tao-te-ching

---

[67] Der Ausdruck „Dunkles Weib" „bringt die geheimnisvolle Fruchtbarkeit des Tao zum Ausdruck und steht zugleich in Beziehung zur Vorstellung eines Tals oder einer Vertiefung im Gebirge" (*M. Kaltenmark*, a.a.O. 51). Bezüglich dieses Aspekts des Tao siehe die Artikel von *Ellen Marie Chen*, in erster Linie „Nothingness and the Mother Principle in Early Chinese Taoism".
[68] Siehe *M. Eliade*, Mephistophélès et l'androgyne 128 ff.
[69] Es handelt sich hier wohlgemerkt um eine weitverbreitete und von allen traditionellen Gesellschaften geteilte Vorstellung: die Vollkommenheit gehört zum ersten Abschnitt des (kosmischen oder historischen) Kreislaufs, der Verfall beginnt sich ziemlich schnell bemerkbar zu machen.

eine wichtige Rolle. Das Tao „kreist überall im All, ohne jemals angehalten zu werden" (Kap. 25). Leben und Tod der Lebewesen erklären sich ebenfalls durch den Wechsel von Yang und Yin: das erstere stimuliert die Lebensenergien, Yin aber bringt Ruhe. Doch der Heilige hofft darauf, sich dem universellen Rhythmus von Leben und Tod zu entziehen; indem er die Leere in seinem eigenen Sein verwirklicht, stellt er sich außerhalb des Umlaufs. Wie Lao-tzu es ausdrückt, „gibt es in ihm (dem Heiligen) nur Platz für den Tod" (50:13). „Wer mit einer Fülle des Te versehen ist, ist dem Neugeborenen vergleichbar" (55:1). Die Taoisten kennen mehrere Techniken, die das Leben unendlich verlängern und sogar eine „physische Unsterblichkeit" ermöglichen können. Das Streben nach einem langen Leben ist Teil des Strebens nach dem Tao. Aber Lao-tzu scheint nicht an die physische Unsterblichkeit noch auch an das Überleben der menschlichen Persönlichkeit geglaubt zu haben. Im Tao-te-ching wird über diesen Punkt nichts Ausdrückliches gesagt[70].

Um das Problem in seinen wirklichen Kontext einzubetten, müssen wir daran erinnern, daß die taoistische Ekstase-Technik schamanischen Ursprungs und schamanischer Struktur ist[71]. Bekanntlich verläßt während des Trancezustandes die Seele des Schamanen den Körper und reist in kosmische Regionen. Nach einer von Chuang-tzu überlieferten Anekdote fand Konfuzius eines Tages Lao-tzu „vollkommen regungslos und nicht mehr den Eindruck eines Lebenden machend". Nachdem er einige Zeit gewartet hatte, wandte er sich an ihn: „Kann ich meinen Augen nicht trauen", fragte er, „oder war das Wirklichkeit? Eben noch erinnerte Euer Körper, Meister, an ein Stück trockenen Holzes, Ihr schient die Welt und die Menschen verlassen und Euch in einer unerreichbaren Einsamkeit eingerichtet zu haben." – „Ja", sagte Lao Tan, „ich tummelte mich am Ursprung aller Dinge" (Kap. 21). Wie Kaltenmark (S. 82) anmerkt, faßt der Ausdruck „Reise zum Ursprung aller Dinge" das Wesentliche der taoistischen mystischen Erfahrung zusammen. Diese ekstatische Reise stellt eine Rückkehr zu den „Anfängen" aller Dinge dar; nach der Befreiung von Raum und Zeit findet der Geist die ewige Gegenwart wieder, die das Leben ebenso überschreitet wie den Tod. Es handelt sich um eine Aufwertung und eine Vertiefung der schamanischen Ekstase. Während der Trance befreit sich auch der Schamane von Zeit und Raum: er fliegt zum „Mittelpunkt der Welt", er vereint sich mit der paradiesischen Zeit vor dem „Fall", als die Menschen noch zum Himmel aufsteigen und sich mit den Göttern unterhalten konnten. Doch die Reise Lao-tzus zum *Ursprung der Dinge* stellt eine mystische Erfahrung auf einer anderen Ebene dar, denn er überschreitet damit die Bedingungen, die das Menschsein bestimmen, und verändert das ontologische Gesetz, unter dem er steht, vollkommen.

Über das Leben von Chuang-tzu, dem zweiten großen Meister des Taoismus,

---

[70] M. Kaltenmark, a.a.O. 82. Siehe auch *Ellen Marie Chen*, Is there a Doctrine of Physical Immortality in the Tao Te Ching?

[71] Vgl. M. Granet, La pensée chinoise 501 ff, und M. Eliade, Schamanismus, Kap. 12.

wissen wir sehr wenig. Er hat wahrscheinlich im 5. Jahrhundert v. Chr. gelebt; in diesem Fall wären einige seiner Aphorismen älter als die erste Ausgabe des Tao-te-ching. Wie Lao-tzu weist auch Chuang-tzu die gängigen Meinungen und die schlußfolgernde Erkenntnisweise zurück. Die einzige vollkommene Art der Erkenntnis ist die in der Ekstase erreichbare, denn sie impliziert nicht die Dualität des Wirklichen. Aus diesem Grund setzt Chuang-tzu Leben und Tod gleich: sie sind die beiden Arten oder Aspekte der letzten Wirklichkeit [72]. Das Motiv von der Einheit des Lebens und des Todes wird von den taoistischen Schriftstellern immer wieder aufgenommen [73]. Eine berühmte Anekdote verdeutlicht die Vorstellung Chuang-tzus über die Relativität der Bewußtseinszustände: „Eines Tages träumte ich, Chuang Chou, ein Schmetterling zu sein, ein Schmetterling, der herumflog, und ich fühlte mich glücklich; ich wußte nicht, daß ich Chou war. Plötzlich erwachte ich und war ich selbst, der wirkliche Chou. Und ich wußte nicht, war ich nun Chou, der träumte, ein Schmetterling zu sein, oder ein Schmetterling, der träumte, er sei Chou." [74] Tatsächlich sind innerhalb des Kreislaufs des Tao die Bewußtseinszustände austauschbar.

Der Heilige, der seinen Geist von allen Bedingtheiten befreit hat und in die Einheit und Totalität des Tao eingetaucht ist, lebt in ununterbrochener Ekstase. Wie bei einigen Yogis wird diese paradoxe Art, in der Welt zu existieren, manchmal in extravagante Begriffe göttlicher Allmacht übersetzt. „Der vollkommene Mensch ist reiner Geist. Er fühlt weder die Hitze des brennenden Strauchs noch die Kälte der über die Ufer getretenen Wasser; der Blitz, der die Berge verbrennt, und der Sturm, der den Ozean sich aufbäumen läßt, erschrekken ihn nicht. Die Wolken sind sein Gespann, Sonne und Mond sind seine Pferde. Er streift oberhalb der vier Meere herum; die Wechsel des Lebens und der Tod betreffen ihn nicht, weniger noch die Begriffe des Guten und des Bösen." [75] Einigen taoistischen Autoren zufolge sind diese ekstatischen Streifzüge in Wirklichkeit innere Reisen [76]. Wie auch in anderen vom Schamanismus beherrschten Völkern – zum Beispiel bei den Turko-Mongolen – haben die Proben und Abenteuer des Schamanen während seiner ekstatischen Reise die Dichter inspiriert und sind in epischen Gedichten gepriesen worden [77].

---

[72] Einige ergreifende Beispiele finden sich in Kap. 18.
[73] „Ich und dieser Schadel", sagt Lieh-tzu zu einem seiner Schüler, „wir wissen, daß es nicht wirklich Leben gibt, wie es auch nicht wirklich den Tod gibt." „Tod und Leben, das ist ein Hin- und Rückweg: was weiß ich darüber, ob hier tot sein nicht bedeutet, dort leben?" (nach der Übers. von *H. Maspero*, Le taoïsme 240). (Eine dt. Übers. der Schriften des Chuang-tzu und des Lieh-tzu hat R. Wilhelm geschaffen [Anm. d. Übers.].)
[74] Nach der Übers. von *H. Maspero*, a.a.O. – *Chou* ist der persönliche Name, *Chuang* der Familienname, der im Chinesischen vorangestellt wird.
[75] *Chuang-tzu*, Kap. 2 in der Übers. von *M. Kaltenmark*, a.a.O. 117f.
[76] „Durch die innere Kontemplation finden wir eine Möglichkeit, in uns selbst Befriedigung zu finden" (Lieh-tzu, 4; nach der Übers. von *M. Kaltenmark*, a.a.O. 118).
[77] Vgl. *M. Kaltenmark*, a.a.O. 120, und *M. Eliade*, Schamanismus 402ff (Folklore und schamanische Literatur in China), 177ff (tatarische Epen schamanischer Struktur).

133. Techniken zur Lebensverlängerung

Die chinesische Terminologie unterscheidet gewöhnlich den philosophischen Taoismus (tao-chia, wörtlich: „taoistische Schule") vom religiösen Taoismus oder der „taoistischen Religion" (tao-chiao, wörtlich: „taoistische Lehre")[78]. Bestimmte Autoren halten diese Unterscheidung für gerechtfertigt und notwendig; für sie ist der Taoismus Lao-tzus und Chuang-tzus eine „reine Philosophie", die sich vollkommen von der Suche nach der physischen Unsterblichkeit unterscheidet, die entscheidendes Anliegen der „taoistischen Religion" ist[79]. Eine andere Gruppe von Forschern vertritt die These, alle historischen Formen des Taoismus verbinde eine grundlegende Einheit[80]. Tatsächlich teilten die „Metaphysiker" und „Mystiker" mit den Adepten, die auf der Suche nach der physischen Unsterblichkeit waren, die paradoxe Vorstellung vom Tao und verfolgten das gleiche Ziel: in ihrer Person die zwei Erscheinungsformen der letzten Wirklichkeit (Yang und Yin, Materie und Geist, Leben und Tod) zu vereinen. Doch ist die Unterscheidung zwischen „philosophischem Taoismus" und „taoistischer Religion" nützlich und wert, beibehalten zu werden.

Das letzte Ziel der Adepten war die Erlangung der physischen Unsterblichkeit. Das Schriftzeichen für „der Unsterbliche" (hsien), das einen Mann und ein Gebirge darstellt, ruft die Vorstellung eines Eremiten hervor; doch ältere Formen stellten einen Mann dar, der beim Tanzen mit seinen Ärmeln wie mit Flügeln schlägt. Der Adept, der die Unsterblichkeit erlangen sollte, wurde mit Vogelfedern bedeckt, und Flügel wuchsen ihm an den Schultern[81]. „Am helllichten Tag in den Himmel aufsteigen" war die Formulierung, die man für die Apotheose des Meisters hatte. Eine zweite Kategorie enthielt die Adepten, die jahrhundertelang in einer Art irdischen Paradieses lebten: auf den wunderbaren Inseln oder im heiligen Gebirge K'un-lun[82]. Sie kamen von Zeit zu Zeit auf die Erde zurück, um einigen Neulingen, die würdig waren, sie zu empfangen, die Formeln für die physische Unsterblichkeit zu übermitteln. Die dritte Kategorie schließlich umfaßte die, die erst nach ihrem Tod zu den irdischen Paradiesen Zugang bekamen. Dieser Tod aber war nur ein scheinbarer: Sie ließen im Sarg

---

[78] Nach N. Sivin (vgl. On the Word ‚Taoist' 304ff) liegt in dieser Unterscheidung die Grundlage für die Schöpfung der modernen Geschichtsschreibung.

[79] Siehe unter anderem A. C. Graham, The Book of Lieh-tzu 10ff, 16ff, und Heerlie G. Creel, What is Taoism? 1–24.

[80] Die bedeutendsten sind Henri Maspero, Marcel Granet, Max Kaltenmark und Kristofer Schipper. Siehe die Diskussion der beiden Standpunkte bei N. Girardot, Part of the Way 320–324.

[81] Bezüglich der Verbindungen zwischen den Flügeln, dem Flaum, dem magischen Flug und dem Taoismus siehe M. Kaltenmark, Le Lie sien tchouan 12ff. Bekanntlich ist die Vogelfeder eines der häufigsten Symbole für den „schamanischen Flug" (siehe M. Eliade, Schamanismus s. v. „Magischer Flug").

[82] Es handelt sich um das Bild der paradiesischen Gefilde, die dem Zugriff der Zeit entzogen und nur den Eingeweihten zugänglich sind. Nach Angaben des Geschichtsschreibers Szu-ma Ch'ien haben mehrere Könige des 4. und 3. Jh. v. Chr. Expeditionen auf die Suche nach diesen überirdischen Inseln geschickt (Shih-chi nach der Übers. von É. Chavannes, Les mémoires historiques de Sse-ma Ts'ien III, 436f).

einen Knüppel, ein Schwert oder Sandalen zurück, denen sie die Form ihres Körpers gegeben hatten. Das nannte man die „Befreiung des Leichnams"[83]: Man stellte die Unsterblichen manchmal mit einem überdimensional entwickelten Schädel dar zum Zeichen dafür, daß sie in ihrem Gehirn eine große Menge an Yang-Energie gespeichert hatten.

Mehrere Techniken zur Erreichung eines langen Lebens stehen dem Adepten zur Verfügung; deren grundlegendes Prinzip besteht darin, die „Lebenskraft zu nähren" (yang-hsing). Da eine vollkommene Entsprechung zwischen Makrokosmos und menschlichem Körper besteht, dringen die Lebenskräfte durch die neun Körperöffnungen ein und aus; sie müssen deshalb genau überwacht werden. Die Taoisten unterscheiden im Körper drei Abteilungen, genannt *Zinnober-Felder*[84]: Das obere „Feld" ist im Gehirn, das zweite nahe dem Herzen und das dritte unter dem Nabel lokalisiert. Die diätetischen Praktiken haben ein genau umrissenes Ziel: die Organe mit Nährstoffen und medizinischen Kräutern zu versorgen, die die für sie jeweils besonderen „Energien" enthalten. Erinnern wir daran, daß die inneren Bereiche des Körpers nicht nur von Göttern und Wachgeistern, sondern auch von übelwollenden Wesen bewohnt werden: Die Drei Würmer, die in den drei Zinnober-Feldern wohnen, verschlingen die Vitalität des Adepten. Um sich von ihnen zu befreien, muß er auf gewöhnliche Nahrungsmittel verzichten (Getreide, Fleisch, Wein usw.) und sich von medizinischen Pflanzen und mineralischen Substanzen ernähren, die fähig sind, die drei Dämonen zu töten[85].

Wenn der Adept sich von den inneren Dämonen befreit hat, beginnt er, sich vom Tau und vom kosmischen „Hauch" zu ernähren; er atmet nicht nur die atmosphärische Luft, sondern auch die Emanationen der Sonne, des Mondes und der Sterne ein. Einigen aus dem 3. Jahrhundert n. Chr. stammenden Rezepten zufolge soll man die Ausströmungen der Sonne mittags (wenn das Yang am höchsten steht) und die des Mondes (die das Yin enthalten) um Mitternacht aufnehmen. Aber vor allem muß man den Atem anhalten; mit Hilfe einer inneren Vision und bei vollkommener Konzentration der Gedanken kann es gelingen, den Atem sichtbar zu machen und ihn durch die drei Zinnober-Felder hindurchzuführen. Hält man den für 1000 Atemvorgänge nötigen Atem zurück, so erhält man die Unsterblichkeit[86].

Ein besonderes Vorgehen nennt sich „embryonale Atmung" (T'ai-hsi); es handelt sich hierbei um einen inneren „Atem" im geschlossenen Kreislauf, der dem des Foetus im Mutterleib entspricht[87]. „Kehrt man zur Basis zurück und

---

[83] Einige Beispiele finden sich in: *H. Maspero*, Le taoïsme 84–85.
[84] Es sei daran erinnert, daß Zinnober (Quecksilbersulfid) der wichtigste Bestandteil bei der Zubereitung des „Elixiers der Unsterblichkeit" war.
[85] Vgl. *H. Maspero*, Le taoïsme 98 ff.
[86] *H. Maspero*, Les procédés de ,nourrir le principe vital' dans la religion taoïste ancienne 203 ff; ders., Le taoïsme 107 ff.
[87] Vgl. *H. Maspero*, Les procédés 198 ff; *M. Eliade*, Yoga 77 ff. Es wäre noch hinzuzufügen, daß die „tiefe und ruhige" Atmung während der Ekstase derjenigen der Tiere während des Winterschlafes

wendet sich den Anfängen zu, so vertreibt man das Alter und kommt wieder zum Zustand des Foetus."[88] Die „embryonale Atmung" ist nicht, wie das *prānāyāma* des Yoga (siehe § 143), eine Vorübung zur Meditation. Sie macht jedoch eine bestimmte ekstatische Erfahrung möglich. Nach dem Buch T'ai-p'ing ching (3. Jahrhundert v. Chr.) kann man durch eine innere Vision dazu gelangen, die in den fünf Organen lebenden Götter zu unterscheiden. Es sind im übrigen die gleichen, die auch den Makrokosmos bevölkern. Durch die Meditation kann der Adept mit ihnen in Verbindung treten und sie seinen Körper besuchen und stärken lassen[89].

Eine andere Methode zur Erreichung eines langen Lebens enthält eine sexuelle Technik, die zugleich Ritual und Meditationsmittel ist. Die sogenannten „Schlafzimmer"-Praktiken (fang-chung shu) gehen auf eine sehr frühe Zeit zurück; ihr Ziel war eine Vermehrung der Vitalität und Sicherung des langen Lebens und der Fortpflanzung der männlichen Kinder. Doch die taoistische Technik, der „Weg Yins" des Unsterblichen Jung-ch'eng kung (1. Jahrhundert v. Chr.) besteht darin, „den Samen wiederkommen zu lassen, um das Gehirn zu erneuern". Tatsächlich handelt es sich um das spezifisch taoistische Ideal der Ataraxie: die Zerstreuung der Lebensenergie zu verhindern. Der Adept muß den Geschlechtsakt ohne Samenerguß vollziehen. Das Zurückhalten ermöglicht das Zirkulieren des mit dem „Atem" gemischten Samens im Inneren des Körpers, genauer seinen Aufstieg vom niederen Zinnoberfeld zu dem im Kopf liegenden Feld mit dem Ziel der Revitalisierung des Gehirns. Normalerweise kommt dieser Ritus beiden Partnern zugute. Ein Text aus dem 5. Jahrhundert v. Chr. führt genauer aus, daß „durch die vollkommene Meditation... Männer und Frauen die Methode des Ewigen Lebens vollziehen können". Durch die Meditation müssen beide Partner „das Bewußtsein von ihrem Körper und von der äußeren Welt" verlieren; dann, nach dem Aussprechen mehrerer Gebete, muß der Mann sich auf die Nieren und die Frau sich auf das Herz konzentrieren. „Das ist die Methode, um nicht zu sterben."[90]

Der Unsterbliche Jung-ch'eng kung kannte sich vollkommen in der Methode des „Erneuerns und Führens" aus. „Er schöpfte die Kraft aus der geheimnisvollen Frau (s. o. Anm. 67); sein Grundsatz war, daß die Lebensgeister, die im Tal wohnen, nicht sterben, denn durch sie wird das Leben aufrechterhalten und der Atem ernährt. Seine schon grau gewordenen Haare wurden wieder schwarz, und seine ausgefallenen Zähne wuchsen nach. Seine Praktiken waren die gleichen wie die Lao-tzus. Man sagt auch, er sei der Lehrer Lao-tzus

---

glich, und man weiß, daß die Spontaneität und Fülle des tierischen Lebens für die Chinesen das Modell einer Existenz im vollkommenen Einklang mit dem Kosmos schlechthin darstellte.

[88] Vorwort zur Abhandlung „Orale Formeln der embryonalen Atmung", Übers. nach *H. Maspero*, Les procédés 198.

[89] Bezüglich des taoistischen Pantheons der den menschlichen Körper bewohnenden Götter siehe *H. Maspero*, Le taoïsme 116ff und 137ff; vgl. auch *M. Strickmann*, The Longest Taoist Scripture 341.

[90] Vgl. *H. Maspero*, Les procédés 386f. Ein Fragment dieses Textes s. ebd. 388.

gewesen."[91] Einige Adepten benutzten eine Methode, die als „Vampirismus" (Kaltenmark) bezeichnet und als nicht orthodox verurteilt wurde. Das Verfahren bestand darin, sich die Lebenskraft der Frauen anzueignen, denen man sich näherte: „diese Energie, die von den Quellen des Lebens selbst kam, verschaffte eine beträchtliche Lebensverlängerung"[92].

Eines der wichtigsten Ziele der taoistischen Sexualtechnik besteht darin, den Samen im unteren Zinnober-Feld mit der Atemluft zu mischen und dort, unterhalb des Nabels, den „geheimnisvollen Embryo" des neuen unsterblichen Körpers zu bilden. Nur vom „Atem" genährt, entwickelt sich dieser Embryo in einem „reinen Körper", der sich beim scheinbaren Tod des Adepten vom Leichnam löst und sich den anderen Unsterblichen anschließt. Um das „Gehirn zu erneuern", muß der Adept eine große Menge Yin in sich aufnehmen; aus diesem Grund wechselt er mehrfach die Partnerin. Diese Praktik gab später Anlaß zur gemeinschaftlichen „Vereinigung der Atemluft", einer vielfach, besonders von den Buddhisten, kritisierten Zeremonie. Doch war eine solche „Orgie" im strengen Sinn rituell; sie geht in der Tat bis zu den ackerbäuerlichen Zeremonien der Frühgeschichte zurück (siehe § 130).

Man kann in den taoistischen Sexualpraktiken bestimmte indische Einflüsse erkennen, besonders den des Tantrismus der „linken Hand", in dem eine Yoga-Methode ausgearbeitet wurde, mit der zugleich der Atmung und der Ausscheidung des Samens Einhalt geboten werden sollte[93]. Wie die des Tantrismus bezieht sich die sexuelle Terminologie des Taoismus auf mentale Vorgänge und mystische Erfahrung.

134. Die Taoisten und die Alchemie

Bestimmte Riten und Mythologien aus dem Bereich der Metallurgie, des Gießereiwesens und der Schmiedekunst wurden von den Alchemisten wiederaufgenommen und neu interpretiert. Archaische Vorstellungen bezüglich des Wachsens der Minerale im „Bauch" der Erde, der natürlichen Umwandlung der Metalle in Gold, des mystischen Werts des Goldes und auch den rituellen Themenkomplex „Schmiede – Initiationsbruderschaften – Berufsgeheimnisse" kann man in der Lehre der Alchemisten wiederfinden.

Die Spezialisten sind sich über die Ursprünge der chinesischen Alchemie nicht einig. In China wie anderswo kann die Alchemie durch eine doppelte Glaubensvorstellung charakterisiert werden: 1. die von der Verwandlung der Metalle in Gold und 2. die vom „soteriologischen" Wert der Handlungen, die ausgeführt werden, um dieses Ergebnis zu erreichen. Genaue Verweise auf diese beiden Glaubensvorstellungen sind für China ab dem 4. Jahrhundert v. Chr. gegeben.

---

[91] *M. Kaltenmark*, Le Lie-sien tchouan 55f.
[92] *M. Kaltenmark*, a.a.O. 57.
[93] Siehe: *M. Eliade*, Yoga und Bd. 3, Kap. 32 des vorliegenden Werkes.

Es besteht Einigkeit darüber, Tsou Yen, einen Zeitgenossen des Mencius, als „Begründer" der Alchemie zu betrachten[94]. Im 2. Jahrhundert v. Chr. wird die Beziehung zwischen der alchemistischen Bereitung von Gold und dem Erreichen eines langen Lebens bzw. der Unsterblichkeit von Liu An und anderen Autoren klar anerkannt[95].

Die chinesische Alchemie bildet sich als selbständige Disziplin heraus unter Verwendung 1. der traditionellen kosmologischen Prinzipien, 2. der zum Elixier der Unsterblichkeit und den unsterblichen Heiligen in Beziehung stehenden Mythen, 3. der Techniken, die zugleich die Lebensverlängerung, die Glückseligkeit und die geistige Spontaneität zum Ziel hatten. Diese drei Elemente – Prinzipien, Mythen und Techniken – gehörten zum kulturellen Erbe aus der Frühgeschichte, und es wäre ein Irrtum, anzunehmen, das Datum der ersten Dokumente, die uns ihre Existenz bestätigen, sei zugleich eine genaue Angabe ihres Alters. Die Verbindung zwischen der „Bereitung des Goldes", dem Erhalten der „Unsterblichkeitsdroge" und der „Anrufung" der Unsterblichen ist offensichtlich: Luan Tai stellt sich dem Kaiser Wu vor und versichert, er könne diese drei Wunder bewirken, es gelingt ihm aber nur, die Unsterblichen zu „materialisieren"[96]. Der Magier Li Shao-chün empfiehlt dem Kaiser Wu aus der Han-Dynastie: „Opfere im Ofen (tsao), und du kannst die (überirdischen) Wesen zum Kommen veranlassen; wenn die (überirdischen) Wesen gekommen sind, kann der Zinnober-Puder in gelbes Gold verwandelt werden; aus dem produzierten gelben Gold kannst du Gegenstände für Essen und Trinken machen und so ein verlängertes Leben erhalten. Wenn dein Leben verlängert ist, kannst du die Glückseligen (hsien) der Insel P'eng-lai sehen, die in der Mitte der Meere liegt. Wenn du sie gesehen hast und die Opfer feng und shan dargebracht, wirst du nicht sterben."[97] Die Suche nach dem Elixier war demnach verbunden mit der nach den weitentfernten und geheimnisvollen Inseln, auf denen die „Unsterblichen" lebten: die Unsterblichen zu treffen bedeutete, die menschliche Situation zu überschreiten und an einer zeitlosen und beseligenden Existenz teilzuhaben[98].

Die Goldsuche implizierte auch ein Suchen spiritueller Art. Das Gold hatte imperialen Charakter: es befand sich am „Mittelpunkt der Erde" und stand in mystischer Beziehung zum *chüeh* (Realgar oder Schwefel), dem gelben Quecksilber und dem Zukünftigen Leben (den „Gelben Quellen"). So wird es in einem Text von 122, dem Huai-nan tzu, vorgestellt, in dem wir ebenfalls die Bestäti-

---

[94] Siehe *H. H. Dubs*, Beginnings of Alchemy 77, und *J. Needham*, Science and Civilisation in China, Bd. V/2, S. 12.
[95] *J. Needham*, a.a.O. 13.
[96] *E. Chavannes*, Les mémoires historiques de Sse-ma Ts'ien III, 479.
[97] Ebd. III, 465.
[98] Die Suche nach den Unsterblichen, die die fernen Inseln bewohnten, beschäftigte die ersten Kaiser der Ch'in-Dynastie (219 v. Chr., siehe *Szu-ma Ch'ien*, Shih-chi, in der Übers. von *É. Chavannes*, a.a.O. II, 141, 152; III, 437) und den Kaiser Wu der Han-Dynastie (110 v. Chr., siehe ebd. III, 499; *H. H. Dubs*, a.a.O. 66).

gung für einen Glauben an eine beschleunigte Verwandlung der Metalle finden[99]. Der Alchemist erhöht also nur die Geschwindigkeit für das Wachstum der Metalle. Wie sein westliches Pendant trägt der chinesische Alchemist zum Werk der Natur bei, indem er den Rhythmus der Zeit beschleunigt. Gold und Jade bewahren den Körper aufgrund der Tatsache, daß sie am Prinzip des Yang teilhaben, vor dem Verfall. Aus dem gleichen Grund verlängern Gefäße aus alchemistisch gewonnenem Gold das Leben unendlich[100]. Nach einer im Liehhsien ch'üan-chuan („die vollständigen Biographien der Unsterblichen") aufbewahrten Überlieferung war es dem Alchemisten Wei Po-yang gelungen, „Unsterblichkeits-Pillen" zuzubereiten: nachdem er zusammen mit einem Schüler und seinem Hund einige dieser Pillen geschluckt hatte, hatten sie die Erde leibhaftig verlassen und sich mit den anderen Unsterblichen vereint[101].

Die traditionelle Sicht der Entsprechung zwischen Mikrokosmos und Makrokosmos bezog die fünf kosmologischen Elemente (Wasser, Feuer, Holz, Luft und Erde) auf die Organe des menschlichen Körpers: das Herz auf das Wesen des Feuers, die Leber auf das des Holzes, die Lungen auf das der Luft, die Nieren auf das des Wassers, den Magen auf das der Erde. Der Mikrokosmos, den der menschliche Körper darstellt, wird seinerseits in alchemistischen Begriffen interpretiert: „Das Feuer des Herzens ist rot wie Zinnober, und das Wasser der Nieren ist schwarz wie Blei" usw.[102] Folglich besitzt der Mensch in seinem eigenen Körper alle Elemente, die den Kosmos darstellen, und alle Lebenskräfte, die eine periodische Erneuerung sichern. Es handelt sich nur darum, bestimmte Essenzen zu verstärken. Daher kommt auch die Bedeutung des Zinnobers, die weniger auf seine rote Farbe zurückzuführen ist (Farbe des Bluts, des Lebensprinzips), als vielmehr auf die Tatsache, daß Zinnober, hält man ihn ins Feuer, Quecksilber bildet. Er birgt also das Geheimnis der Regeneration durch den Tod in sich (denn die Verbrennung symbolisiert den Tod). Daraus folgt, daß Zinnober die ständige Erneuerung des menschlichen Körpers sichern und schließlich auch die Unsterblichkeit verschaffen kann. Der große Alchemist Ko Hung (283–343) schreibt, zehn Pillen einer Mischung aus Zinnober und Honig, während eines Jahres eingenommen, machten weiße Haare wieder schwarz und ließen ausgefallene Zähne nachwachsen; wenn man die Behandlung länger als ein Jahr fortführe, erlange man die Unsterblichkeit[103].

---

[99] Das Fragment wurde von *H. H. Dubs*, a.a.O. 71–72, übersetzt. Möglicherweise kommt dieser Text aus der Tsou-Yen-Schule, wenn nicht sogar von deren Meister selbst, der ein Zeitgenosse des Mencius (4. Jh.) war (ebd. 74). Der Glaube an die natürliche Verwandlung der Metalle ist in China relativ alt (siehe vor allem *J. Needham*, Science and Civilisation III, 636ff).
[100] Siehe die in *M. Eliade*, Schmiede und Alchemisten (Stuttgart 1960) 132ff, zitierten Beispiele.
[101] *L. Giles*, Chinese Immortals 67ff. „Die körperliche Unsterblichkeit" erhielt man normalerweise, indem man im Laboratorium hergestellte Elixiere zu sich nahm (siehe *J. Needham*, a.a.O. V, 93ff).
[102] Der Text wird in: Schmiede und Alchemisten 140, zitiert.
[103] *J. R. Ware*, The Nei P'ien of Ko Hung 74ff. Zinnober als Mittel zur Lebensverlängerung wird schon im 1. Jh. v. Chr. in der Sammlung der legendären Biographien der taoistischen Unsterblichen, im Lieh-hsien ch'üan-chuan, erwähnt. Nachdem er während mehrerer Jahre Zinnober einge-

Doch Zinnober kann auch innerhalb des menschlichen Körpers erzeugt werden, vor allem mittels der Destillation des Spermas in den „Zinnober-Feldern" (siehe S. 39). Ein anderer Name für diese Zinnober-Felder, eine versteckte Region des Gehirns, in der das „einer Grotte gleiche Zimmer" liegt, ist K'un-lun. K'un-lun aber ist ein sagenumwobenes Gebirge im Westmeer und Aufenthaltsort der Unsterblichen. „Um hier mittels der mystischen Meditation einzutreten, muß man einen ‚chaotischen' Zustand annehmen (hun), der dem ursprünglichen, paradiesischen, ‚unbewußten' Zustand der noch nicht geschaffenen Welt ähnelt."[104]

Halten wir diese beiden Elemente fest: 1. die Entsprechung zwischen dem mythischen Gebirge K'un-lun und den versteckten Regionen des Gehirns und des Bauches, 2. die Bedeutung, die dem „chaotischen" Zustand beigemessen wird, der, ist er einmal in der Meditation erreicht, den Eintritt in die Zinnober-Felder erlaubt und so die alchemistische Zubereitung des „Embryos der Unsterblichkeit" ermöglicht. Das Gebirge im Westmeer, der Aufenthaltsort der Unsterblichen, ist ein traditionelles und sehr altes Bild von der „Welt im kleinen", einem Miniatur-Universum. Das K'un-lun-Gebirge hat zwei Abschnitte: es ist ein aufrechter Kegel, auf dem ein umgedrehter Kegel steht[105]. Es hat also die Form eines Flaschenkürbis, wie der Herd des Alchemisten und die geheime Region des Gehirns. Was den durch die Meditation erreichbaren und für das alchemistische Tun unverzichtbaren „chaotischen" Zustand betrifft, so ist er der *materia prima*, der *massa confusa* der westlichen Alchemie vergleichbar[106]. Die materia prima darf dabei nicht nur als ursprüngliche Struktur der Substanz, sondern muß auch als innere Erfahrung des Alchemisten verstanden werden. Die Reduktion der Materie auf ihre Ausgangsposition der absoluten Undifferenziertheit entspricht auf der Ebene der inneren Erfahrung der Regression in das pränatale, embryonale Stadium. Wie wir gesehen haben, bildet ja das Motiv von der Verjüngung und dem Erreichen der Langlebigkeit durch einen regressus ad uterum eine der ersten Zielsetzungen des Taoismus. Die gebräuchlichste Methode ist die der „embryonalen Atmung" (t'ai-hsi), aber der Alchemist erreicht diese Rückkehr ins embryonale Stadium auch durch das Verschmelzen der Ingredienzien in seinem Ofen[107].

---

nommen hatte, war ein bestimmter Meister „wieder einem Jüngling ähnlich" geworden, ein anderer war „fähig, sich fliegend fortzubewegen" usw.; vgl. *M. Kaltenmark*, Le Lie-sien tchouan 271, 146f usw.

[104] *R. Stein*, Jardins en miniature d'Extrême Orient 54. Siehe auch *M. Granet*, La pensée chinoise 357ff.

[105] Über die Frühgeschichte dieses Symbolismus siehe *C. Hentze*, Tod, Auferstehung, Weltordnung 33ff und 160ff.

[106] Vgl. *M. Eliade*, Schmiede und Alchemisten 144ff und Bd. 3 des vorliegenden Werkes.

[107] Siehe den in „Schmiede und Alchemisten" zitierten Text (S. 139). Diese „Rückkehr in den Uterus" ist nur die Weiterentwicklung einer älteren und verbreiteteren Vorstellung, die schon in archaischen Stadien der Kultur bestand: die von der Heilung durch eine symbolische Rückkehr zu den Anfängen der Welt, also durch Reaktualisierung der Kosmogonie (vgl. Aspects du mythe 37ff). Die chinesischen Taoisten und Alchemisten haben diese traditionelle Methode wiederaufgenommen

Von einer bestimmten Zeit an wird die äußere Alchemie (wai-tan) als „exoterisch" betrachtet und der inneren Alchemie der Yoga-Art (nei-tan) gegenübergestellt, die zur allein „esoterischen" erklärt wird. Das nei-tan wird als esoterisch bezeichnet, weil das Elixier im Körper des Alchemisten selbst durch Verfahrensweisen einer „subtilen Physiologie" und ohne Hilfe von pflanzlichen und mineralischen Stoffen hergestellt wird. Die „reinen" Metalle (oder ihre „Seelen") werden mit den verschiedenen Körperpartien gleichgesetzt, und die alchemistischen Vorgänge spielen sich, statt im Laboratorium verwirklicht zu werden, im Körper und im Bewußtsein des Eingeweihten ab. Der Körper wird zum Schmelztiegel, in dem das „reine" Quecksilber und das „reine" Blei ebenso wie das semen virile und die Atemluft kreisen und verschmelzen.

Indem sie sich verbinden, bringen die Kräfte Yang und Yin den „geheimnisvollen Embryo" (das „Lebenselixier", die „goldene Blüte") hervor, das unsterbliche Wesen, das schließlich durch das Hinterhaupt den Körper verläßt und zum Himmel aufsteigt (siehe S. 39). Das nei-tan kann als eine Technik betrachtet werden, die der „embryonalen Atmung" entspricht, mit dem Unterschied allerdings, daß der Ablauf in der Terminologie der esoterischen Alchemie beschrieben wird. Die Atmung wird dem Geschlechtsakt und dem alchemistischen Werk gleichgesetzt - so wird die Frau auch mit dem Schmelztiegel verglichen[108].

Viele der Ideen und Verfahrensweisen, die wir in den letzten beiden Abschnitten vorgestellt haben, werden in Texten von den Ch'in- und Han-Perioden an (221 v. Chr. bis 220 n. Chr.) niedergeschrieben; das besagt nicht notwendigerweise, sie seien vorher unbekannt gewesen. Es schien uns günstig, sie schon jetzt zu diskutieren, denn die Techniken zur Lebensverlängerung und in gewissem Maß auch die Alchemie sind integrale Bestandteile des alten Taoismus. Man muß aber hinzufügen, daß während der Han-Zeit Lao-tzu schon zum Gott erhoben war und daß der Taoismus, der als unabhängige religiöse Institution organisiert war, eine messianische Mission übernommen hatte und revolutionäre Bewegungen anregte. Diese mehr oder weniger unerwartete Entwicklung wird uns später noch beschäftigen (vgl. Kap. 35 im 3. Bd.). Einstweilen genügt es, daran zu erinnern, daß schon in einem Text, der ungefähr aus dem Jahre 165 stammt, Lao-tzu als Emanation des ursprünglichen Chaos betrachtet und mit P'an Ku, dem kosmischen anthropomorphen Wesen, gleichgesetzt wurde (§ 129)[109].

Was die „religiöse taoistische Lehre" (tao-chiao) anbetrifft, so wurde sie

---

und vervollkommnet: statt sie der Heilung verschiedener Krankheiten vorzubehalten, haben sie sie vor allem angewandt, um den Menschen von der Abnutzung durch die Zeit zu heilen, also von Alter und Tod.
[108] Siehe *R. H. van Gulik*, Erotic Color Prints 115ff.
[109] „Lao tzu verwandelte seinen Körper. Sein linkes Auge wurde der Mond, sein Kopf wurde der Berg K'un-lun, sein Bart wurde zu den Planeten und den Tierkreiszeichen, seine Knochen wurden Drachen, seine Haut wurde zu den Vierfüßlern, seine inneren Organe wurden Schlangen, sein Bauch wurde das Meer usw." (nach der Übers. von *H. Maspero*, Le taoïsme 108).

gegen Ende des 2. Jahrhunderts v. Chr. von Chang Tao-ling begründet; nachdem er das Elixier der Unsterblichkeit erhalten hatte, erhob sich Chang zum Himmel und erhielt den Titel „Himmlischer Meister" (t'ien-shih). Er errichtete in der Provinz Szuchuan eine „Taokratie", in der weltliche und geistliche Macht zusammenfielen. Der Erfolg der Sekte ist weitgehend auf die medizinischen Gaben ihres Führers zurückzuführen. Wie wir noch sehen werden (3. Bd., Kap. 35), handelt es sich eher um eine Art psychosomatischer Thaumaturgie, die durch gemeinsam eingenommene Mahlzeiten verstärkt wurde, wenn man die Tugenden des Tao teilte. Die monatliche orgiastische Zeremonie, die „Vereinigung des Atems", verfolgte das gleiche Ziel (siehe S. 34). Eine ähnliche Hoffnung auf Regeneration durch das Tao charakterisiert eine andere taoistische Bewegung, die Sekte des „Großen Friedens" (T'ai-p'ing). Schon im 1. Jahrhundert v. Chr. legte der Begründer der Bewegung dem Kaiser ein Werk mit eschatologischer Ausrichtung vor. Das Buch, das von Geistern diktiert wurde, eröffnete Möglichkeiten, die geeignet wären, die Han-Dynastie zu erneuern. Dieser über Eingebungen verfügende Reformator wurde hingerichtet, aber sein Messianismus ging den Gläubigen nicht aus dem Sinn. Im Jahre 184 verkündete der Führer der Sekte, Chang Chüeh (auch: Chang Chio), die *renovatio* stehe kurz bevor, und kündigte an, der „Blaue Himmel" müsse von einem „Gelben Himmel" ersetzt werden (aus diesem Grund trugen die Gläubigen gelbe Turbane). Die Revolte, die er auslöste, sollte die Dynastie stürzen. Schließlich wurde sie von den kaiserlichen Truppen unterdrückt, aber das messianische Fieber hielt sich während des ganzen Mittelalters. Der letzte Führer der „Gelben Turbane" wurde 1112 hingerichtet.

SIEBZEHNTES KAPITEL

Brahmanismus und Hinduismus: die ersten Heilsphilosophien und Heilstechniken

135. „Alles ist Leiden…"

Die Ausbreitung des Brahmanismus und, einige Jahrhunderte später, des Hinduismus folgte kurz auf die Arisierung des Subkontinents. Wahrscheinlich kamen die Brahmanen schon im 6. Jahrhundert v. Chr. nach Ceylon. Zwischen dem 2. und dem 6. Jahrhundert n. Chr. drang der Hinduismus nach Indochina, Sumatra, Java und Bali vor. Natürlich mußte der Hinduismus bei seinem Vordringen nach Südostasien eine Vielzahl lokaler Elemente integrieren[1]. Doch Symbiose, Angleichung und Synkretismus haben auch bei der Bekehrung Zentralindiens und der südlichen Landesteile eine Rolle gespielt. Durch ihre Wallfahrten und Reisen in weit entfernte Gegenden hatten die Brahmanen beträchtlich zur religiösen und kulturellen Einigung des Subkontinents beigetragen. Zu Beginn der christlichen Zeit war es diesen „Missionaren" gelungen, den ansässigen arischen und nichtarischen Bevölkerungsteilen die den Veden und den Brahmanas eigene Sozialstruktur, ihr Kultsystem und ihre Weltsicht aufzuzwingen. Dabei haben sie allerdings zugleich Toleranz und Opportunismus bewiesen, indem sie eine Vielzahl volkstümlicher, marginaler und autochthoner Elemente assimilierten[2]. Dank den Gleichsetzungen, die auf verschiedenen Ebenen (in der Mythologie, auf dem Gebiet der Rituale und der Theologie) vorgenommen wurden, wurden dabei die nicht-brahmanischen Elemente sozusagen auf einen gemeinsamen Nenner mit der Orthodoxie gebracht und schließlich von ihr aufgesogen. Die Assimilation der autochthonen und „volkstümlichen" Gottheiten durch den Hinduismus ist ein durchaus noch aktuelles Phänomen[3].

Der Übergang vom Brahmanismus zum Hinduismus ist nicht wahrnehmbar. Wie wir angedeutet haben (§ 64), waren bestimmte spezifisch „hinduistische" Elemente schon innerhalb der vedischen Gesellschaft vorhanden. Da sie aber die Autoren der Hymnen und der Brahmanas nicht interessierten, wurden diese mehr oder weniger „volkstümlichen" Elemente in den Texten nicht verzeichnet.

---
[1] Vgl. *J. Gonda*, Les religions de l'Inde I, 268 ff (mit Bibliographie).
[2] Vgl. ebd. 263.
[3] *M. Eliade*, Yoga 361 ff.

Auf der anderen Seite hat der schon für die vedische Zeit bezeugte Vorgang der Abwertung bestimmter großer Gottheiten und ihrer Ersetzung durch andere Figuren (vgl. § 66) sich bis ins Mittelalter hinein fortgesetzt. Indra behält im Epos noch seine Popularität, er ist aber nicht mehr der Vorkämpfer und stolze Führer der Götter von einst: der *dharma* ist mächtiger als er, und die späteren Texte bezeichnen ihn sogar als Feigling[4]. Dafür bekommen Vishnu und Shiva einen besonderen Platz, und die weiblichen Gottheiten verzeichnen ihre spektakulären Erfolge.

Arisierung und Hinduisierung des Subkontinents vollzogen sich während einer Zeit tiefgreifender Krisen, von denen die Asketen und kontemplativen Denker der Epoche der Upanishaden und vor allem die Predigten Gautama Buddhas zeugen. Tatsächlich hatte sich für die religiösen Eliten der geistige Horizont nach Erscheinen der Upanishaden vollkommen verändert. „Alles ist Schmerz, alles ist vergänglich!" hatte Buddha ausgerufen. Das ist ein Leitmotiv des ganzen nach-upanishadischen religiösen Denkens. Die Lehren und Spekulationen ebenso wie die Meditationsmethoden und soteriologischen Techniken haben ihre Daseinsberechtigung in diesem allgemeinen Leiden, denn sie haben nur in dem Maße Wert, in dem sie den Menschen vom „Schmerz" befreien. Menschliche Erfahrung, welcher Art sie auch sei, hat Leid zur Folge. Ein späterer Autor drückt es so aus: „Der Körper ist Schmerz, denn er ist der Ort des Schmerzes; die Sinne und (Sinnes-)Objekte, die Wahrnehmungen schließlich sind Leiden, weil sie zum Leid führen; das Vergnügen sogar ist Leiden, weil es von Leid gefolgt ist."[5] Und Iśvara Krishna, der Autor der ältesten Abhandlung des Sāṃkhya, versichert, Grundlage dieser Philosophie sei der Wunsch des Menschen, der Qual der drei Leiden zu entgehen: dem himmlischen Elend (das durch die Götter hervorgerufen wird), dem irdischen Elend (das von der Natur verursacht ist) und dem inneren oder organischen Elend[6].

Doch die Entdeckung dieses allgemeinen Schmerzes führt nicht zum Pessimismus. Keine indische Philosophie und keine von dort stammende religiöse Botschaft endet in Verzweiflung. Die Entdeckung des „Schmerzes" als eines Existenzgesetzes kann im Gegenteil als die conditio sine qua non der Erlösung betrachtet werden, das universelle Leiden hat also in sich einen positiven, stimulierenden Wert. Es erinnert den Weisen und den Asketen ohne Unterlaß daran, daß ihnen ein einziges Mittel bleibt, zu Freiheit und Glückseligkeit zu gelangen: sich aus der Welt zurückzuziehen, sich von Gütern und Ansprüchen zu lösen, sich vollkommen abzusondern. Im übrigen leidet nicht nur der Mensch, der Schmerz ist eine kosmische Notwendigkeit. Die einfache Tatsache einer Existenz in der Zeit, die Tatsache, eine bestimmte Dauer zu haben, beinhalten

---

[4] Siehe die Hinweise bei *J. Gonda*, a.a.O. 271–275. Yama, der Herr des Totenreichs, gewinnt Konturen, er wird außerdem mit Kala, der Zeit, verbunden (ebd. 273).

[5] *Anirudha* (15. Jh.), im Kommentar zum Sāṃkhya-Sūtra II, 1; vgl. *M. Eliade*, Yoga 19.

[6] Sāṃkhya-Kārikā I. *Patañjali*, Autor des ersten Werkes über den Yoga, schreibt seinerseits: „Für den Weisen ist alles Leiden" (Yoga-Sūtra II, 15). Vgl. *M. Eliade*, Yoga 19.

(den) Schmerz. Im Unterschied zu den Göttern und den Tieren hat der Mensch die Möglichkeit, diese Bedingungen seiner Existenz zu überschreiten. Die Gewißheit, daß es ein Mittel gibt, die Befreiung zu erlangen – eine Gewißheit, die allen indischen Philosophien und mystischen Denkrichtungen gemeinsam ist –, kann nicht zu Verzweiflung und Pessimismus führen. Das Leiden ist, das ist wahr, universell. Weiß man aber, was man tun muß, es zu durchbrechen, so ist es nicht endgültig.

136. Methoden, die zum erhabenen „Erwachen" führen

Vom Leiden „erlöst" werden, das ist das Ziel aller indischen Philosophien und Meditationstechniken. Kein Denken hat Wert, das nicht das „Heil" des Menschen verfolgt: „Außerhalb dessen" (d. h. des Ewigen, das im „Selbst" wohnt) „verdient nichts, erkannt zu werden" (Śvetāśvatara Up. I, 12)[7]. „Heil" bedeutet das Überschreiten der menschlichen Grundsituation. Die indische Literatur benutzt hierfür ohne Unterscheidung die Bilder des Gebundenseins, des Angekettetseins, des Geraubtseins, des Vergessens, der Trunkenheit, des Schlafs, der Unwissenheit, mit denen die menschliche Grundsituation gekennzeichnet werden soll. Umgekehrt werden mit den Bildern von der Befreiung aus den Banden, vom Zerreißen des Schleiers (oder dem Abnehmen einer Binde, die die Augen bedeckte), vom Erwachen, von der Wiedererinnerung usw. die Zerstörung (i. e. das Überschreiten) der menschlichen Grundsituation, die Freiheit und die Befreiung ausgedrückt (*moksha, mukti, nirvāna* usw.).

Die Chāndogya Upanishad (VI, 14, 1-2) erzählt von einem Mann, der mit verbundenen Augen weit von seinem Heimatdorf weggeführt und an einer einsamen Stelle allein gelassen wurde. Der Mann beginnt zu schreien: „Ich wurde mit geschlossenen Augen hierhergeführt, ich wurde mit verbundenen Augen hier allein gelassen!" Da nimmt ihm jemand seine Binde ab und zeigt ihm die Richtung in seine Stadt. Der Mann fragt in jedem Dorf nach seinem Weg und findet schließlich zu seinem Haus zurück. Genauso, so fügt der Text hinzu, kann derjenige, der einen fähigen Lehrer hat, sich von den Binden der Unwissenheit befreien und schließlich die Vollkommenheit erreichen.

Fünfzehn Jahrhunderte später hat Śankara (788–820 [?]) diese Stelle aus der Chāndogya glänzend interpretiert. Gewiß erklärt der berühmte vedantische Metaphysiker die Fabel aus dem Gesichtswinkel seines eigenen Systems, des absoluten Monismus. Doch arbeitet seine Exegese die ursprüngliche Bedeutung nur heraus und präzisiert sie. So laufen die Dinge für den Menschen ab, den Diebe weit vom Sein (vom *ātman*-Brahman) entfernten und der mit der Falle dieses Körpers gefangen wurde. Die Diebe sind die falschen Vorstellungen („Verdienst", „Versagen" usw.). Seine Augen sind verbunden mit der Binde der Illu-

---

[7] Andere Texte werden in Yoga 19ff zitiert.

sion, und der Mann ist von der Begierde gefesselt, die er für seine Frau, seinen Sohn, seine Freunde, seine Herde usw. hat. „Ich bin dieses oder jenes Mannes Sohn, ich bin glücklich oder unglücklich, ich bin intelligent oder dumm, ich bin fromm usw. Wie soll ich leben? Wo gibt es einen Ausweg? Wo liegt mein Heil?" So überlegt er, in einem riesigen Netz gefangen, bis zu dem Augenblick, in dem er denjenigen trifft, der sich des wahren Seins (Brahman-*ātman*) bewußt ist, der von der Sklaverei befreit, glücklich und dazu noch voller Sympathie für die anderen ist. Von ihm lernt er den Weg der Erkenntnis und die Eitelkeit der Welt kennen. Auf diese Weise wird der Mensch, der Gefangener seiner eigenen Illusionen war, von seiner Abhängigkeit von den Dingen der Welt befreit. Er erkennt dann sein wahres Ich, er versteht, daß er nicht mehr der Vagabund ist, der er zu sein glaubte. Er versteht im Gegenteil, daß er das, was das Sein ist, auch selbst ist. So werden seine Augen von der Binde der Illusion befreit, die durch die Unwissenheit *(avidyā)* entstand, und er ist wie der Mann aus der Fabel, der in sein Haus zurückkehrte, also das ātman wiederfand, voller Freude und Heiterkeit[8].

Die Maitri-Upanishad (IV, 2) vergleicht den, der noch in seiner menschlichen Grundsituation lebt, mit jemandem, der „mit Ketten gebunden ist, die aus den Früchten des Guten und des Bösen bestehen", oder mit einem, der in ein Gefängnis gesperrt oder „von Alkohol berauscht" ist (dem „Alkohol des Irrtums"), oder mit einem, der sich in die Finsternis (der Leidenschaft) gestürzt hat, Opfer einer Taschenspielerei oder eines phantasmagorischen Traumes wurde – aus diesem Grund erinnert er sich des „erhabensten Zustandes" nicht mehr. Das „Leiden", das die menschliche Situation bestimmt, ist Ergebnis der Unwissenheit *(avidyā)*. Wie die von Śankara interpretierte Fabel zeigt, leidet der Mensch unter den Folgen dieser Unwissenheit bis zu dem Tag, an dem er entdeckt, daß er nur scheinbar in dieser Welt wie in einem Sumpf steckt. Auch für den Sāṃkhya und den Yoga hat das Selbst nichts mit der Welt zu tun (vgl. § 139).

Man könnte sagen, daß das indische religiöse Denken nach den Upanishaden die Erlösung einem „Erwachen" gleichsetzt oder darunter das Bewußtwerden einer Situation versteht, die von Anfang an bestand, die man aber nicht *realisieren* konnte. Die Unwissenheit – die tatsächlich ein Nicht-Kennen des eigenen Ich ist – kann mit einem „Vergessen" des wahrhaften Selbst *(ātman, purusha)* verglichen werden. Die Gnosis *(jñāna, vidyā)* macht durch das Aufheben der Unwissenheit oder das Zerreißen des Schleiers der *māyā* die Erlösung möglich: Die wahre „Lehre" ist einem „Erwachen" gleichzusetzen. Buddha ist der „Erweckte" schlechthin.

---

[8] Siehe M. Eliade, Aspects du mythe 145 ff, über die Analogien zwischen diesem indischen Symbolismus der Gefangenschaft und der Befreiung von den Banden, und über bestimmte Aspekte der gnostischen Mythologie (siehe auch weiter unten, § 229).

137. Ideengeschichte und zeitliche Abfolge der Texte

Mit Ausnahme der alten Upanishaden wurden alle religiösen Texte nach dem Auftreten des Buddha geschrieben. Teilweise kann man den Einfluß spezifisch buddhistischer Ideen erkennen. Eine Vielzahl von Werken, die in den ersten nachchristlichen Jahrhunderten abgefaßt wurden, haben unter anderem eine Kritik des Buddhismus zum Ziel. Doch man darf die Bedeutung der zeitlichen Abfolge nicht überschätzen. Im allgemeinen enthält jede indische philosophische Abhandlung[9] Vorstellungen, die älter sind als das Abfassungsdatum der Schrift, teilweise sogar sehr viel älter. Entdeckt man in einem philosophischen Text eine neue Interpretation, so ist damit nicht gesagt, sie sei vorher noch niemals ins Auge gefaßt worden. Wenn man das *Abfassungsdatum* bestimmter Schriften (übrigens nur annähernd) bestimmen kann, und das erst von den ersten Jahrhunderten n. Chr. an, so ist es doch praktisch unmöglich, eine *Chronologie der philosophischen Ideen* selbst aufzustellen[10]. Die Tatsache, daß mit der brahmanischen Tradition verbundene religiöse und philosophische Schriften einige Jahrhunderte nach Gautama Buddha abgefaßt wurden, sagt deshalb nicht, daß sie Vorstellungen widerspiegeln müßten, die in der buddhistischen Zeit artikuliert wurden.

Während seiner Lehrzeit war Gautama mit einigen Repräsentanten der verschiedenen philosophischen „Schulen" zusammengetroffen, in denen man die Anfangsstadien des Vedānta (i. e. der Lehre der Upanishaden), des Sāṃkhya und des Yoga sehen kann (§ 148). In unserem Zusammenhang wäre es wenig sinnvoll, die Etappen nachzuzeichnen, die diese ersten Entwürfe – die in den Upanishaden, den Schriften der Buddhisten und denen der Jainas bezeugt werden – von den systematischen Darstellungen trennen, die sie in der klassischen Zeit erfuhren. Es genügt, die wichtigsten Umwandlungen anzugeben und die Änderungen anzudeuten, die die ursprüngliche Ausrichtung radikal gewandelt haben. Man darf aber nicht vergessen, daß nach der Zeit der Upanishaden alle Methoden und Soteriologien ein gemeinsames Kategoriensystem teilen. Die Sequenz *avidyā-karman-saṃsāra*, die Gleichung Existenz = Schmerz, die Deutung der Unwissenheit als Schlaf, Traum, Trunkenheit, Raub – diese Konstellation von Konzepten, Symbolen und Bildern wurde einmütig akzeptiert. Der *Śatapatha Brāhmana* hatte verkündet: „Der Mensch ist in einer von ihm selbst geschaffenen Welt geboren" (VI,2,2,27). Man könnte sagen, die drei mit dem Brahmanismus verbundenen *darśanas* – Vedānta, Sāṃkhya, Yoga – und auch der Buddhismus hätten insgesamt zum Ziel, dieses Axiom zu erläutern und seine Konsequenzen zu verdeutlichen.

---

[9] Der Genauigkeit halber sei hinzugefügt, daß das Sanskrit keine exakte Entsprechung für den europäischen Begriff „Philosophie" hat. Ein besonderes philosophisches System nennt sich *darśana*, „Standpunkt", „Vision", „Verständnis", „Lehre", „Betrachtungsweise" (von der Wurzel dṛś, „sehen", „betrachten", „verstehen").
[10] Vgl. Yoga 16ff.

138. Der vor-systematische Vedānta

Der Begriff *vedānta* (wörtl.: „Ende des Veda") bezeichnete die Upanishaden, die in der Tat am Ende der vedischen Texte standen[11]. Zu Beginn war der Vedānta die Gesamtheit der in den Upanishaden dargestellten Lehren. Erst allmählich und ziemlich spät (in den ersten Jahrhunderten n. Chr.) wurde der Ausdruck zur besonderen Benennung eines philosophischen „Systems" herangezogen, das sich den anderen *darśanas*, besonders dem klassischen Sāṃkhya und Yoga, gegenüberstellte. Bei der Analyse der Upanishaden-Lehren haben wir die Hauptideen des vor-systematischen Vedānta schon dargestellt. Was das „philosophische System" des Vedānta im eigentlichen Sinn betrifft, so kennen wir seine älteste Geschichte nicht. Das älteste erhaltene Werk, das *Brahma-Sūtra*, das dem *rishi* Bādarāyana zugeschrieben wird, wurde wahrscheinlich zu Beginn unserer Zeitrechnung verfaßt. Es war aber bestimmt nicht das erste, denn Bādarāyana zitiert Namen und Ideen zahlreicher Denker, die seine Vorgänger waren. Bei der Diskussion der Beziehungen zwischen dem jeweils individuellen *ātman* und dem *Brahman* spricht Bādarāyana von drei unterschiedlichen Theorien und nennt die Namen ihrer bedeutendsten Vertreter. Nach der ersten Theorie sind ātman und Brahman identisch, nach der zweiten sind sie bis zur Erlösung vollkommen unterschiedlich und getrennt voneinander, nach Meinung des dritten vedantischen Lehrers schließlich ist der ātman von göttlicher Art, doch nicht mit dem Brahman identisch (Brahma-Sūtra I,3,21).

Bei der Diskussion der bis dahin vorgeschlagenen Theorien hatte Bādarāyana höchstwahrscheinlich das Ziel, eine Lehre zu formulieren, die das Brahman als materielle und wirksame Ursache alles Existierenden und zugleich als Grundlage jedes individuellen ātman verkünden sollte, eine Lehre, die aber zugestand, daß die Erlösten als autonome spirituelle Wesen ewig weiterleben. Leider ist das Verständnis der 555 Aphorismen, die das Brahma-Sūtra bilden, ohne Zuhilfenahme von Kommentaren sehr schwer. In ihrer einzigartig knappen und rätselhaften Form dienten diese *sūtras* eher als Gedächtnisstütze, ihre Bedeutung mußte von einem Meister erläutert werden. Die ersten Kommentare aber gerieten in Vergessenheit und verschwanden schließlich infolge der genialen Interpretation, die Śankara um 800 n. Chr. gab. Nur die Namen einiger Autoren und eine gewisse Anzahl von Zitaten sind uns noch bekannt[12].

Doch in der *Svetāśvatara* und der *Maitri Upanishad*, in der *Bhagavadgītā* und dem *Mokshadharma* (dem Buch XII des Mahābhārata) findet sich eine genügend große Anzahl von Angaben zu den großen Linien des vedantischen Denkens vor Śankara. Die Lehre von der *māyā* steht danach bedeutungsmäßig im Vordergrund. Vor allem die Beziehungen zwischen dem Brahman, der Schöp-

---

[11] Der Begriff erscheint schon in der *Muṇḍaka Upanishad* (III,2,6) und in der *Śvetāśvatara Up.* (VI,22).
[12] Siehe *H. von Glasenapp*, Die Philosophie der Inder 182.

fung und der *māyā* regen zum Überdenken an. Die alte Vorstellung von der kosmische Schöpfung als Manifestation der magischen Macht *(māyā)* des Brahman weicht vor der Rolle zurück, die *māyā* in der Erfahrung jedes Individuums zukommt, namentlich vor der der Blindheit. Schließlich wird *māyā* mit dem Unwissen *(avidyā)* verbunden und mit dem Traum verglichen. Die vielfältigen „Realitäten" der äußeren Welt sind ebenso illusorisch wie der Inhalt der Träume. Die Tendenz zur Totalisierung des Reellen in Gott (die schon im Rig Veda X, 129 sichtbar ist), also zum Begriffspaar des Einen und Ganzen, führt zu immer gewagteren Formulierungen. Ist das Sein die ewige Einheit und Totalität, so ist nicht nur der Kosmos, d. h. die Vielfalt der Objekte, sondern auch die Vielheit der Geister illusorisch *(māyā)*. Zwei Generationen vor Śaṅkara vertrat der vedantische Lehrer Gauḍapāda die Theorie, der Glaube daran, daß es eine Vielzahl individueller ātmans gebe, werde durch die māyā erzeugt (siehe Māṇḍūkhya-Kārikā II, 12 und 19). Tatsächlich existiert nur ein Sein, Brahman, und wenn der Weise in einer Meditation der Yoga-Art versuchsweise seinen eigenen ātman erfaßt, erwacht er im Licht und in der Glückseligkeit einer ewigen Gegenwart.

Die Identität zwischen Brahman und ātman stellt, wie wir gesehen haben, die wichtigste Entdeckung der Upanishaden dar (§ 81). Doch nach dem Erscheinen der Kritik buddhistischer Gelehrter waren die Lehrer des Vedānta gezwungen, ihre Ontologie, die zugleich eine Theologie, eine Kosmologie und insgesamt auch eine Soteriologie war, systematisch und streng zu begründen. In dieser Anstrengung, das Erbe der Upanishaden neu zu durchdenken und gemäß den Erfordernissen der Zeit neu zu formulieren, hat Śaṅkara nicht seinesgleichen. Indes hat Śaṅkara trotz der Großartigkeit seines Werkes und des beträchtlichen Einflusses seines Denkens auf die Geschichte des indischen Geistes die philosophischen und mystischen Möglichkeiten des Vedānta nicht ausgeschöpft. Während mehrerer Jahrhunderte nach seinem Wirken haben viele Weisheitslehrer ähnliche Systeme entwickelt. Im übrigen unterscheidet sich der Vedānta von den anderen *darśanas* dadurch, daß seine Kreativität in der Epoche der *sūtras* und ihrer ersten Kommentatoren nicht erschöpft war. So kann man sagen, daß der Vedānta, während die wesentlichen Aussagen der „philosophischen Systeme" Sāṃkhya und Yoga zwischen dem 4. und dem 8. Jahrhundert formuliert wurden, seine wahre Blütezeit vom Zeitpunkt des Auftretens Śaṅkaras an hatte[13].

---

[13] Aus diesem Grund haben wir die Darstellung der verschiedenen Systeme des klassischen Vedānta bis zum 3. Bd. aufgeschoben.

139. Der Geist in der Auffassung des Sāṃkhya-Yoga

Viel früher als zur Zeit der systematischen Artikulation der Sāṃkhya-„Philosophie" ist deren besondere Terminologie in der Katha Upanishad[14] belegt, also im 4. Jahrhundert v. Chr. Die Śvetāśvatara Upanishad, die wahrscheinlich jüngeren Datums ist, enthält zahlreiche Verweise auf die Prinzipien des Sāṃkhya-Yoga und gebraucht das technische Vokabular dieser beiden darśanas. Aber wir kennen die Geschichte der Sāṃkhya-Lehren bis zum Erscheinen der ersten systematischen Abhandlung, der des Īśvara Krishna (wahrscheinlich im 5. Jahrhundert n. Chr.) schlecht. Auf jeden Fall interessiert dieses Problem auch mehr für eine Geschichte der indischen Philosophie. Für unseren Zusammenhang genügt die Bemerkung, daß das vorsystematische Sāṃkhya – wie man es beispielsweise anhand bestimmter Passagen des Mokshadharma rekonstruieren kann – als die heilbringende Gnosis schlechthin verkündet wird, im Gegensatz zum Yoga, der eine eminent praktische Lehre ist. Insgesamt setzt das Sāṃkhya die Upanishaden fort, indem es auf der entscheidenden Rolle der Erkenntnis beim Erlangen der Erlösung besteht. Die Originalität der ersten Sāṃkhya-Lehrer besteht in ihrer Überzeugung, daß die wahre „Wissenschaft" eine strenge Analyse der Strukturen und Triebkräfte der Natur, des Lebens und der psychomentalen Aktivität voraussetzt, die von einer fortdauernden Anstrengung zur Unterscheidung der spezifischen Seinsweise des Geistes *(purusha)* vervollständigt wird.

Sogar zur klassischen Zeit, das heißt während der Abfassungszeit der ersten systematischen Abhandlungen, der Sāṃkhya-Kārikā des Īśvara Krishna und der Yoga-Sūtras des Patañjali, waren sich die theoretischen Rahmen der beiden *darśanas* ziemlich nahe. Man kann zwei wesentliche Unterschiede feststellen: 1. Während das klassische Sāṃkhya atheistisch ist, ist der Yoga theistisch, denn er postuliert die Existenz eines Herrn (Īśvara). 2. Während nach dem Sāṃkhya der einzige Weg zum Erreichen der Erlösung der der metaphysischen Erkenntnis ist, mißt der Yoga den Meditationstechniken beträchtliche Bedeutung bei. Die anderen Unterschiede sind unwesentlich. Folglich können die Sāṃkhya-Lehren, die wir kurz vorstellen werden, als auch für den theoretischen Rahmen der Yoga-Sūtras gültig betrachtet werden, die Patañjali verfaßte[15].

Für das Sāṃkhya und den Yoga ist die Welt wirklich (und nicht illusorisch, wie zum Beispiel für den Vedānta). Dennoch verdankt es die Welt der „Unwissenheit" des Geistes *(purusha)*, wenn sie *existiert* und *dauert*. Die unzähligen Formen des Kosmos ebenso wie der Prozeß ihrer Manifestation und Entwicklung existieren nur in dem Maße, in dem der Geist, das Selbst, sich nicht kennt und wegen dieser „Unwissenheit" leidet und geknechtet wird. Genau in dem Augenblick, in dem das letzte Selbst seine Erlösung gefunden hat, in diesem

---

[14] Siehe z. B. II,18f, 22f; III,3f, 10f; VI, 7–9 usw.
[15] Siehe *M. Eliade,* Yoga 15ff; *Gerald J. Larson,* Classical Sāṃkhya 166ff.

selben Augenblick wird die Welt in ihrer Gesamtheit von der ursprünglichen Substanz (prakṛti) aufgenommen werden.

Wie der ātman der Upanishaden ist auch der purusha nicht ausdrückbar. Seine „Eigenschaften" sind negativer Art. Das Selbst ist „dasjenige, das sieht (sākṣin, wörtl.: „Zeuge"), es ist isoliert, indifferent, nur untätiger Zuschauer" (Sāṃkhya-Kārikā 19). Die Autonomie und die Gleichgültigkeit des Geistes sind seine traditionellen Epitheta, die in allen Texten ständig wiederholt werden. In seiner nicht weiter zurückführbaren und von allen Eigenschaften freien Art hat der purusha keine „Intelligenz", denn er ist ohne Begierden. Die Begierden sind nicht ewig, gehören also nicht zum Geist. Der Geist ist ewig frei, die „Bewußtseinszustände", der Lauf der psychomentalen Welt sind ihm fremd[16].

Diese Konzeption des purusha ruft sofort Schwierigkeiten hervor. Wenn der Geist tatsächlich ewig rein, gleichgültig, autonom und nicht weiter zurückführbar ist, wie kann er sich dann in den Strudel der psychomentalen Erfahrungen hineinziehen lassen? Und wie ist ein solches Verhältnis überhaupt möglich? Wir werden die Lösung, die für dieses Problem vom Sāṃkhya und vom Yoga vorgeschlagen wird, mit mehr Gewinn untersuchen, wenn wir die Beziehungen besser kennen, die das Selbst und die Natur unterhalten können. Wir wollen im Augenblick dazu nur sagen, daß weder der *Ursprung* noch die *Ursache* dieser paradoxen Situation – der seltsamen Beziehung, die den *purusha* mit der *prakṛti* verbindet – im Sāṃkhya-Yoga Gegenstand einer regelrechten Debatte war. *Ursache* und *Ursprung* dieser Verbindung zwischen Geist und Erfahrung stellen zwei Aspekte des Themas dar, die die Lehrer des Sāṃkhya-Yoga für unlösbar, weil das gegenwärtige Erkenntnisvermögen des Menschen übersteigend, betrachten. Tatsächlich erkennt und versteht der Mensch mittels des „Intellektes", *buddhi*. Doch dieser Intellekt selbst ist nur ein – zugegebenermaßen extrem verfeinertes – Produkt der ursprünglichen Substanz *(prakṛti)*. Als ein Produkt der Natur, ein „Phänomen", kann die *buddhi* Erkenntnisbeziehungen nur mit anderen Phänomenen unterhalten, auf keinen Fall aber kann sie das Selbst erkennen: sie kann nämlich auf keine Weise Beziehungen zu einer transzendentalen Realität unterhalten. Nur ein Erkenntnisinstrument, das in keiner Weise mit der Natur verbunden ist, könnte Ursache und Ursprung dieser widersinnigen Verbindung zwischen Selbst und Leben (also Materie) verstehen. Eine solche Erkenntnis ist aber in der gegenwärtigen menschlichen Situation unmöglich.

Der Sāṃkhya-Yoga weiß, daß die Ursache des Leidens die „Unwissenheit", anders gesagt die Vermischung des Geistes mit der psychomentalen Aktivität, ist. Der genaue Zeitpunkt aber, zu dem dieses Unwissen metaphysischer Art in Erscheinung trat, kann nicht ermittelt werden, wie es auch unmöglich ist, den Zeitpunkt der Schöpfung festzusetzen. Für dieses Problem eine Lösung finden zu wollen, wäre müßig. Es handelt sich hier um ein falsch gestelltes Problem,

---

[16] Siehe die in „Yoga" zitierten Texte.

und nach einer alten brahmanischen Tradition (siehe Śankara ad Vedanta Sutra III,2,17), die auch vom Buddha selbst mehrfach befolgt wurde, antwortet man auf ein falsch gestelltes Problem mit Schweigen.

140. Der Sinn der Schöpfung: zur Erlösung des Geistes verhelfen

Die Substanz (prakṛti) ist ebenso reell und ewig wie der Geist (purusha), doch ist sie im Unterschied zum purusha dynamisch und schöpferisch. Obwohl sie vollkommen homogen ist, besitzt diese ursprüngliche Substanz sozusagen drei „Seinsweisen", die es ihr erlauben, sich in drei unterschiedlichen Arten zu manifestieren, und die sich guṇas nennen: 1. sattva (die Modalität der Helligkeit und der Intelligenz), 2. rajas (die Modalität der bewegenden Energie und der mentalen Aktivität), 3. tamas (die Modalität der statischen Unbeweglichkeit und des psychomentalen Dunkels). Die guṇas haben also einen Doppelcharakter: sie sind auf der einen Seite objektiv, da sie für die Phänomene der äußeren Welt konstitutiv sind, und auf der anderen Seite subjektiv, da sie das psychomentale Leben tragen, nähren und bedingen.

Wenn sie ihr anfängliches Stadium vollkommenen Gleichgewichts verläßt und sich, durch ihren „teleologischen Instinkt" (auf den wir noch zurückkommen werden) bedingt, spezifiziert, stellt sich die prakṛti in Form einer energetischen Masse mit Namen mahat, „das Große", dar. Von einem Drang nach „Entwicklung" (pariṇāma) erfaßt, geht die prakṛti vom mahat-Stadium zum ahaṃkāra-Stadium über, was bedeutet: sie wird eine einheitliche wahrnehmungsfähige Masse, die noch frei von „persönlicher" Erfahrung ist, doch das dunkle Bewußtsein davon besitzt, ein Ego zu sein (daher der Ausdruck ahaṃkāra, aham = ego). Von dieser wahrnehmungsfähigen Masse aus gabelt sich der Prozeß der „Entwicklung" in zwei Richtungen, deren eine zur Welt der objektiven Erscheinungen und deren andere zu der der subjektiven Erscheinungen (der sinnfälligen und der psychomentalen*) führt.

So ist das Universum – sei es objektiv oder subjektiv – nur die Transformation einer anfänglichen Etappe der Natur, des ahaṃkāra, in der die energetische Masse zum ersten Mal ein Vorgefühl des Ego überkam. In einem doppelten Entwicklungsprozeß hat der ahaṃkāra ein doppeltes Universum geschaffen, ein inneres und ein äußeres, wobei diese beiden Welten untereinander Übereinstimmungen und Beziehungen haben. So kommt es, daß der menschliche Körper, seine physiologischen Funktionen, seine Sinne, seine „Bewußtseinszustände" und sogar seine „Intelligenz" alle Schöpfungen einer gleichen und einzigen Sub-

---

* „Psychomental" ist ein Kunstwort, welches mühsam versucht, die komplexe Seelenvorstellung des sāṃkhya wiederzugeben, nämlich: 1) buddhi, die reine, von Affekten freie Intelligenz; 2) manas (in etwa lat. mens), die affektiv bestimmte Koordinationszentrale der Wahrnehmungen; 3) die fünf Sinneskräfte (Gesicht, Gehör usw.). (Von dieser Seele oder Psyche ganz getrennt ist der purusha, ein Wort, das bei Eliade mit „Geist" wiedergegeben ist.) (Anm. d. Übers.)

stanz sind, derjenigen, die die physische Welt und ihre Strukturen geschaffen hat (vgl. § 75).

Hier muß angemerkt werden, daß der Sāṃkhya-Yoga, wie fast alle indischen Systeme, dem *Prinzip der Individuation durch das „Selbst-Bewußtsein"* grundlegende Bedeutung beimißt. Die Entstehung der Welt ist ein gewissermaßen „psychischer" Akt. Die objektiven und psychophysiologischen Erscheinungen haben eine gemeinsame Matrix und werden einzig durch die jeweilige *guṇa*-Formel getrennt: das *sattva* dominiert bei den psychomentalen Erscheinungen, das *rajas* bei den psychophysiologischen (Leidenschaft, Aktivität der Sinne usw.), während die Erscheinungen der materiellen Welt von den immer dichteren und unbeweglicheren Produkten des *tamas* (Atomen, pflanzlichen Organismen, Tieren usw.) konstituiert werden[17]. Bei dieser physiologischen Grundlage kann man verstehen, warum der Sāṃkhya-Yoga jede psychische Erfahrung als einfachen „materiellen" Prozeß betrachtet. Die Lehre, die sich daraus ergibt, ist deutlich erkennbar: Güte *(sattva)* zum Beispiel ist nicht eine Eigenschaft des Geistes, sondern eine Modalität der Materie *(prakṛti)* in ihrer vom Bewußtsein dargestellten reinsten und feinsten Gestalt. Die *guṇas* durchtränken das ganze Universum und stellen eine organische Sympathie zwischen dem Menschen und dem Kosmos her. So ist der *Unterschied zwischen Kosmos und Mensch nur ein gradueller, kein wesensmäßiger.*

Dank ihrer fortschreitenden „Entwicklung" *(parināma)* hat die Materie unendlich viele Formen immer komplexerer und abwechslungsreicherer Art geschaffen. Das Sāṃkhya glaubt, daß eine dermaßen reiche Schöpfung, ein Gebäude mit derart komplizierten Formen und Organismen eine Berechtigung und Bedeutung braucht, die außerhalb ihrer selbst liegen. Eine ursprüngliche *prakṛti*, ungestaltet und ewig unbeweglich, kann sinnvoll sein. Doch die Welt, wie wir sie sehen, stellt im Gegenteil eine beträchtliche Anzahl von unterschiedlichen Strukturen und Formen dar. Die morphologische Komplexität des Kosmos wird vom Sāṃkhya in den Rang eines metaphysischen Arguments erhoben. Denn der gesunde Menschenverstand lehrt uns, daß alles Zusammengesetzte im Hinblick auf ein anderes existiert. So ist zum Beispiel das Bett aus mehreren Teilen zusammengesetzt, aber diese vorläufige Zusammenstellung der Teile geschieht im Hinblick auf den Menschen (Sāṃkhya-Kārikā 17).

Der Sāṃkhya-Yoga zeigt so den *teleologischen Charakter* der Schöpfung. Tatsächlich wäre nämlich die Schöpfung, hätte sie nicht die Aufgabe, dem Geist *(purusha)* zu dienen, absurd und sinnlos. Alles in der Natur ist „zusammengesetzt", alles muß also einen „Oberaufseher" haben, einen, der sich dieses Zusammengesetzten bedienen kann. Weder die mentale Aktivität noch die Bewußtseinszustände (die selbst extrem komplexe Produkte der *prakṛti* sind),

---

[17] Der Sāṃkhya-Yoga bietet auch eine subjektive Interpretation der drei *guṇas*, wenn er ihre psychischen „Aspekte" betrachtet. Dominiert das *sattva*, so ist das Bewußtsein ruhig, klar, verständlich, tugendsam; vom *rajas* beherrscht, ist es aufgewühlt, ungewiß, unsicher; vom *tamas* bedrückt, ist es dunkel, konfus, leidenschaftlich, bestialisch (siehe Yoga-Sūtra II, 15, 19).

können dieser „Oberaufseher" sein. Das ist der erste Beweis für die Existenz des Geistes: „die Erkenntnis der Existenz des Geistes durch die Zusammensetzung zum Nutzen eines anderen"[18]. Obwohl das Selbst *(purusha)* von den Illusionen und Verwirrungen der kosmischen Schöpfung verschleiert wird, wird die *prakṛti* von einem „teleologischen Instinkt" dynamisiert, der ganz auf die Erlösung durch den purusha gerichtet ist. Denn „vom Brahman bis zum letzten Krauthälmchen ist die Schöpfung zum Segen des Geistes, bis er seine erhabenste Erkenntnis erreicht hat" (Sāṃkhya-Sūtra III,47).

141. Die Bedeutung der Erlösung

Wenngleich die Sāṃkhya-Yoga-Philosophie weder Ursache noch Ursprung der seltsamen Verbindung erklärt, die zwischen Geist und „Bewußtseinszuständen" errichtet ist, so versucht sie doch wenigstens, die Natur dieser Verbindung zu erklären. Es handelt sich hier nicht um *reelle* Verbindungen im eigentlichen Wortsinn, wie sie beispielsweise zwischen den äußeren Objekten der Wahrnehmung existieren. Aber – und das ist für den Sāṃkhya-Yoga der Schlüssel dieser widersinnigen Situation – der subtilste und transparenteste Teil des mentalen Lebens, nämlich die Intelligenz *(buddhi)* in ihrem Modus reiner „Helligkeit" *(sattva)*, hat eine besondere Eigenschaft: sie kann den Geist widerspiegeln. Doch das Selbst wird durch diese Spiegelung nicht verändert und verliert seine ontologischen Modalitäten (Ewigkeit, Gleichgültigkeit usw.) nicht. Wie eine Blume sich in einem Kristall spiegelt, so spiegelt die Intelligenz den *purusha* (siehe Yoga-Sūtra I,41). Aber nur ein Unwissender kann dem Kristall die Eigenschaften der Blume (Form, Ausdehnung, Farben) zuschreiben. Bewegt sich das Objekt, so bewegt sich auch sein Bild im Spiegel, obwohl dieser unbeweglich bleibt.

Immer ist der Geist in diese illusorische Verbindung mit der psychomentalen Erfahrung einbezogen, also mit dem Leben und der Materie verbunden. Das kommt von der Unwissenheit (Y.-S. II,24), und solange sich die *avidyā* hält, gibt es dank des *karman* die Existenz und mit ihr den Schmerz. Die Unwissenheit besteht in der Verwechslung des unbeweglichen und ewigen *purusha* mit dem Lauf des psychomentalen Lebens. Zu sagen: „ich leide", „ich will", „ich hasse", „ich kenne", und dabei zu glauben, dieses „Ich" beziehe sich auf den Geist, heißt in der Illusion leben und sie verlängern. Das bedeutet, daß jede Handlung, die in der Illusion beginnt, entweder die Vollendung einer durch einen früheren Akt geschaffenen Möglichkeit oder die Projektion einer anderen Macht ist, die ihrerseits ihre Aktualisierung und Vollendung in der gegenwärtigen Existenz oder einer kommenden verlangt.

---

[18] Sāṃkhya-Yoga I,66; Vācaspati Miśra zum Sāṃkhya-Kārikā 17, Yoga-Sūtra IV,24. Siehe auch Bṛhadāraṇyaka Up. II 4,5.

Das ist das Gesetz der Existenz: es ist transsubjektiv wie jedes Gesetz, aber seine Gültigkeit und universelle Anwendbarkeit sind Ursprung des Leidens, von dem die Existenz befallen ist. Für das Sāṃkhya wie für die Upanishaden gibt es nur einen Weg zur Erlangung des Heils: den Geist adäquat zu erkennen. Und die erste Stufe beim Erwerben dieser heilbringenden Erkenntnis besteht darin: *leugnen, daß der Geist Eigenschaften hat.* Das bedeutet, zu leugnen, daß das Leiden uns betreffe, ihn als ein objektives, dem Geist äußerliches Faktum zu betrachten, es als *frei von Wert und Sinn* zu betrachten (da ja jeder „Wert" und „Sinn" von der Intelligenz geschaffen wird). Der Schmerz existiert nur in dem Maß, in dem die Erfahrung sich auf die menschliche Persönlichkeit bezieht und diese als mit dem Selbst identisch betrachtet. Da diese Beziehung aber illusorisch ist, kann die Vorstellung leicht unterdrückt werden. Ist der Geist erkannt und angenommen, so werden die *Werte* annulliert, der Schmerz ist nicht länger Schmerz, noch auch Nicht-Schmerz, sondern eine einfache *Tatsache.* Von dem Augenblick an, in dem wir verstehen, daß das Selbst frei, ewig und inaktiv ist, ist alles, was uns zustößt, Schmerz, Gefühle, Willensäußerungen, Gedanken usw., *uns nicht mehr zugehörig.*

Die Erkenntnis ist ein einfaches „Erwachen", in welchem sich das Wesen des Selbst enthüllt. Diese Erkenntnis erhält der Mensch nicht durch Erfahrung, sondern durch eine Art „Offenbarung": sie offenbart augenblicklich die höchste Wirklichkeit. Wie ist es aber möglich, daß die Erlösung unter Mitwirkung der *prakṛti* verwirklicht wird? Das Sāṃkhya antwortet mit dem teleologischen Argument: Die Materie handelt instinktiv im Hinblick auf das Ziel, den *purusha* zu erreichen. Die Intelligenz *(buddhi),* die die subtilste Erscheinungsform der *prakṛti* ist, erleichtert den Vorgang der Erlösung, indem sie als Vorstufe der Offenbarung dient. Ist die Selbstoffenbarung verwirklicht, so löst sich die Intelligenz, wie alle anderen psychomentalen (und also materiellen) Elemente, die man zu Unrecht dem *purusha* zuteilt, vom Geist und zieht sich zurück, um sich ganz in der Substanz aufzulösen. Hierin haben sie Ähnlichkeit mit einer „Tänzerin, die sich entfernt, nachdem sie den Wunsch ihres Herrn befriedigt hat"[19]. „Es gibt nichts Feinfühligeres als die *prakṛti;* von dem Augenblick an, in dem sie sich gesagt hat: ‚Ich bin erkannt', zeigt sie sich den Blicken des Geistes nicht mehr" (Sāṃkhya-Kārikā 61). Das ist der Zustand des „Lebend-Erlösten" *(jīvan-mukta):* Der Weise lebt noch, weil ihm ein Vorrat an *karma* zu verbrauchen bleibt (ganz wie die Töpferscheibe sich wegen der erreichten Geschwindigkeit noch weiterdreht, obwohl das Gefäß schon fertiggestellt ist: Sāṃ.-Kār. 67 und Sāṃ.-Sūtra III, 82). Wenn er aber im Moment des Todes den Körper verläßt, ist der Geist *(purusha)* vollkommen „erlöst" (Sāṃ.-Kār. 68).

In der Tat hat der Sāṃkhya-Yoga verstanden, daß der Geist weder geboren werden noch der Zerstörung anheimfallen kann, daß er weder von irgendwoher

---

[19] Dieser Vergleich ist sowohl im Mahābhārata als auch in den Sāṃkhya-Abhandlungen häufig (siehe Sāṃkhya-Kārikā 59, Sāṃkhya-Sūtra III,69).

gesteuert noch auch aktiv ist (d. h. aktiv die Erlösung anstrebt), daß er weder nach Erlösung dürstet noch „erlöst" ist (Gauḍapāda, Māṇḍūkhya-Kārikā II, 32). „Seine Seinsweise ist so beschaffen, daß diese beiden Möglichkeiten ausgeschlossen sind" (Sāṃkhya-Sūtra I, 160). Das Selbst ist rein, ewig und frei; es könnte nicht von außen gesteuert werden, da es keine Beziehungen zu etwas anderem als zu sich selbst haben könnte. Der Mensch aber glaubt, daß der purusha geknechtet ist und erlöst werden kann. Das sind die Illusionen unseres psychomentalen Lebens. Wenn uns die Erlösung als ein Drama erscheint, so kommt das daher, daß wir uns auf einen menschlichen Standpunkt stellen. In Wirklichkeit ist der Geist nur „Zuschauer", wie auch die „Erlösung" *(mukti)* nur Bewußtwerden seiner ewigen Freiheit ist. Das Leiden vernichtet sich selbst, wenn wir verstehen, daß es *dem Geist äußerlich* ist, daß es nur die menschliche „Persönlichkeit" betrifft *(asmitā)*.

Der Sāṃkhya-Yoga führt die unendliche Vielfalt der Erscheinungen auf ein einziges Prinzip, die Materie *(prakṛti)*, zurück und läßt das physische Universum, das Leben und das Bewußtsein aus einer einzigen Matrix entstehen. Diese Lehre postuliert andererseits aber die Existenz einer Vielheit von „Geistern", obwohl diese ihrer Natur nach wesensmäßig identisch sind. Der Sāṃkhya-Yoga vereint also, was so unterschiedlich erscheinen könnte – das Physische, das Vitale und des Mentale –, und isoliert das, was vor allem in Indien einzig und zugleich universal erscheint: den Geist. Jeder *purusha* ist in der Tat vollständig isoliert, denn das Selbst kann keinerlei Verbindung haben, weder zur Welt noch zu anderen „Geistern". Der Kosmos wird von diesen ewigen, freien und unbeweglichen *purushas* bevölkert, von Monaden, zwischen denen keinerlei Kommunikation möglich ist.

Es handelt sich insgesamt um eine tragische und widersinnige Konzeption des Geistes, um eine Konzeption übrigens, die sowohl von den buddhistischen Gelehrten als auch von den vedantischen Lehrern nachdrücklich angegriffen wurde.

142. *Der Yoga: Konzentration auf ein einziges Objekt*

Erste gezielte Bezugnahmen auf die Yoga-Techniken erscheinen in den *Brāhmaṇas* und vor allem in den Upanishaden. Aber schon in den Veden ist die Rede von bestimmten Asketen und Ekstatikern, die eine Anzahl von yogaähnlichen Praktiken beherrschen und über „wunderbare Fähigkeiten" verfügen (vgl. § 78). Da nun einmal der Begriff *Yoga* schon sehr früh jede Asketetechnik und Meditationsmethode bezeichnete, kann man fast überall in Indien Yoga-Praktiken ausmachen, in brahmanischen Kreisen ebenso wie bei den Buddhisten und den Jainas. Doch neben diesem vor-systematischen und in ganz Indien verbreiteten Yoga bildet sich fortschreitend ein Yoga-darśana, der „klassische" Yoga, wie er später von Patañjali in den Yoga-Sūtras fixiert wurde. Dieser Autor gesteht selbst ein (Y.-S. I,1), daß er insgesamt die Traditionen der Lehre und Technik des Yoga nur sammelt und veröffentlicht. Von Patañjali weiß man nichts. Es ist nicht einmal bekannt, ob er im 2. Jahrhundert v. Chr. oder im 3. oder sogar 5. Jahrhundert unserer Zeitrechnung gelebt hat. Unter den von der Tradition aufbewahrten technischen Vorschriften hat er diejenigen zusammengetragen, deren Wert durch jahrhundertelange Erfahrung gesichert war. Was den theoretischen Rahmen und die metaphysische Grundlegung betrifft, die Patañjali den gesammelten Praktiken gibt, so ist sein persönlicher Beitrag hierzu minimal. Er nimmt nur in großen Zügen die Sāṃkhya-Lehre wieder auf und verbindet sie mit einem ziemlich oberflächlichen Theismus.

Der klassische Yoga beginnt dort, wo der Sāṃkhya endet. Patañjali glaubt nämlich nicht, daß die metaphysische Erkenntnis für sich allein den Menschen zur Befreiung führen kann. Die Erkenntnis ebnet nur das Gelände für die Eroberung der Freiheit, die mittels einer Askesetechnik und einer Meditationsmethode erlangt werden kann. Patañjali definiert den Yoga als „Unterdrückung der Bewußtseinszustände" (Y.-S. I, 2). „Bewußtseinszustände *(cittavṛtti)* gibt es in unbegrenzter Zahl. Sie lassen sich aber alle drei Kategorien zuordnen, denen jeweils eine Erfahrungsmöglichkeit entspricht: 1. die Irrtümer und Illusionen (Träume, Halluzinationen, Wahrnehmungsfehler, Verwirrungen usw.), 2. die Gesamtheit der normalen psychologischen Erfahrungen (all das, was derjenige fühlt, wahrnimmt und denkt, der den Yoga nicht praktiziert) und 3. die parapsychologischen Erfahrungen, die durch die Yoga-Technik ausgelöst werden und wohlgemerkt nur den Eingeweihten zugänglich sind. Das Ziel des Yoga von Patañjali ist es, die ersten beiden Arten von Erfahrungen (die vom logischen oder vom metaphysischen Irrtum ihren Ausgang nehmen) zu zerstören und sie durch eine „Erfahrung" der Versenkung zu ersetzen, die über der sinnlichen Wahrnehmung und außerhalb der Rationalität liegt.

Im Unterschied zum Sāṃkhya setzt es sich der Yoga zur Aufgabe, nacheinander die verschiedenen Gruppen, Arten und Varianten der „Bewußtseinszustände" *(cittavṛtti)* zu zerstören. Diese Zerstörung kann aber nicht gelingen, wenn man nicht damit beginnt, gewissermaßen versuchsweise die Struktur, den Ursprung und die Intensität dessen zu erkennen, was zerstört werden soll. „Experimentelles Erkennen" heißt hier: Methode, Technik und Ausübung. Man kann nichts erreichen, ohne zu handeln und ohne die Askese tatsächlich auszuüben, das ist ein Leitmotiv der Yoga-Literatur. Die Bücher II und III der *Yoga-Sūtras* sind den Einzelheiten dieser Aktivität des Yoga gewidmet (Läuterungen, Körperhaltungen, Atemtechniken usw.). Die *cittavṛtti* (wörtl.: „Wirbel [= Aktivität] des Bewußtseins") können nicht kontrolliert und schließlich vernichtet werden, wenn sie nicht zuvor im „Experiment erprobt" wurden. Nur durch *Erfahrungen* erwirbt man die Freiheit[20].

---

[20] So haben die Götter *(videha,* „die Nicht-Inkarnierten"), die keine Erfahrungen sammeln, weil sie keinen Körper haben, eine gegenüber der menschlichen niedrigere Existenzweise und können die vollkommene Befreiung nicht erlangen.

Die Ursache dieser *vṛtti*, die den psychomentalen Strom bilden, ist wohlgemerkt die Unwissenheit (Y.-S. I, 8). Doch genügt für den Yoga die Zerstörung der metaphysischen Unwissenheit nicht, um die Bewußtseinszustände zu vernichten. Denn selbst wenn die gegenwärtigen „Wirbel" zerstört wären, würden sogleich andere sie ersetzen, die von den im Unterbewußten vergrabenen riesigen Vorräten an unbewußten Komplexen *(vāsanā)* empordrängen. Das Konzept der *vāsanā* ist in der Yoga-Psychologie von grundlegender Bedeutung. Die Hindernisse, die die unbewußten, unterschwelligen Kräfte auf dem Weg zur Befreiung aufbauen, sind von zweierlei Art: auf der einen Seite nähren die *vāsanā* ununterbrochen den psychomentalen Strom, die unendliche Reihe der *cittavṛtti*, auf der anderen Seite sind sie gerade wegen ihrer besonderen (unbewußten) Seinsweise schwer zu kontrollieren und zu beherrschen. So kann es dem Yogin – selbst wenn eine längere Praxis sich für ihn günstig auswirkt – passieren, daß ein mächtiger Strom psychomentaler „Wirbel" über ihn hereinbricht, die von den *vāsanā* vorangetrieben werden, und ihn vom Weg abbringt. Für das Gelingen der Zerstörung dieser *cittavṛtti* ist es unumgänglich, daß der Kreislauf Unterbewußtes–Bewußtsein unterbrochen wird.

Der Ausgangspunkt der Yoga-Meditation ist die Konzentration auf ein einziges Objekt, *ekāgratā*. Dieses Objekt kann, ohne daß das einen Unterschied bedeutet, ein physischer Gegenstand (der Punkt zwischen den Augenbrauen, die Nasenspitze, ein leuchtender Gegenstand), ein Gedanke (eine metaphysische Wahrheit) oder Gott *(Īśvara)* sein. Mit der *ekāgratā*-Übung sollen die zwei Erzeuger des mentalen Flusses, die Aktivität der sinnlichen Wahrnehmung und die des Unterbewußten, kontrolliert werden. Selbstverständlich kann die Konzentration auf einen einzigen Gegenstand nur unter Zuhilfenahme zahlreicher Übungen und Techniken realisiert werden, in denen die Physiologie eine große Rolle spielt. Man kann die *ekāgratā* nicht erlangen, wenn der Körper sich zum Beispiel in einer ermüdenden oder auch nur unbequemen Stellung befindet, wenn die Atmung in Unordnung geraten oder arhythmisch ist. Deshalb enthält die Yoga-Technik mehrere Arten von psycho-physiologischen Praktiken und spirituellen Übungen, die *aṅga* („Glied") genannt werden. Diese „Glieder" des Yoga können zugleich als eine Gruppe von Techniken und als Etappen auf dem asketischen und spirituellen Weg betrachtet werden, dessen Endpunkt die Erlösung bildet. Die *Yoga-Sūtras* (II, 29) stellen eine mittlerweile klassisch gewordene Reihe auf: 1. die Zügelungen *(yama)*, 2. die Befolgung der Regeln *(niyama)*, 3. die Körperstellungen *(āsana)*, 4. das Kontrollieren der Atmung *(prāṇāyāma)*, 5. die Befreiung der Aktivität der sinnlichen Wahrnehmung vom Zugriff äußerer Objekte *(pratyāhāra)*, 6. die Konzentration *(dhāraṇā)*, 7. die Yoga-Meditation *(dhyāna)* und 8. die Versenkung *(samādhi)*.

143. Techniken des Yoga

Die beiden ersten Gruppen von Übungen, *yama* und *niyama*, bilden die unvermeidlichen Vorstufen jeder Askese. Es gibt fünf „Zügelungen" *(yama): ahimsā* („nicht töten"), *satya* („nicht lügen"), *asteya* („nicht stehlen"), *brahmacariya* („sexuelle Enthaltsamkeit"), *aparigraha* („nicht geizig sein") (siehe Y.-S. II, 30). Die „Zügelungen" verschaffen nicht den Zustand des Yogin, verhelfen aber zu einem „geläuterten" Zustand, der dem der Laien überlegen ist. Zugleich muß der Yogin die *niyama*, eine Reihe körperlicher und psychischer „Regeln", praktizieren. „Sauberkeit, Heiterkeit, Askese *(tapas)*, das Studium der Yoga-Metaphysik und die Bemühung, Gott *(Īśvara)* zum Beweggrund aller seiner Handlungen zu machen, bilden die Regeln", so schreibt Patañjali (Y.-S. II, 32)[21].

Erst mit dem *āsana* beginnt die Yoga-Technik im eigentlichen Sinn. *āsana* bezeichnet die wohlbekannte Yoga-Stellung, die das Yoga-Sūtra (II, 46) als „beständig und angenehm" bezeichnet. Es handelt sich hierbei um eine der für die indische Askese charakteristischen Praktiken, die in den Upanishaden und sogar in der vedischen Literatur bezeugt ist. Wichtig ist es, den Körper *ohne Anstrengung* in der gleichen Stellung zu halten, nur dann erleichtert das *āsana* die Konzentration. „Die Haltung wird vollkommen, wenn die Anstrengung, sie zu verwirklichen, verschwindet", schreibt Vyāsa (ad Y.-S. II, 47). „Wer das *āsana* praktiziert, muß sich einer Bestrebung bedienen, die darin besteht, die natürlichen körperlichen Bestrebungen zu unterdrücken" (Vācaspati, zu ders. St.).

Das *āsana* bildet den ersten Schritt auf dem Weg zur Zerstörung der für die menschliche Existenz spezifischen Modalitäten. Auf der Ebene des Körpers ist das *āsana* eine *ekāgratā*, eine Konzentration auf einen einzigen Punkt: der Körper wird auf eine einzige Stellung „konzentriert". Wie die *ekāgratā* dem Fließen und der Zerstreuung der „Bewußtseinszustände" ein Ende macht, so macht das *āsana* der Beweglichkeit und Verfügbarkeit des Körpers ein Ende, indem es die Vielfalt der möglichen Stellungen auf eine einzige unbewegliche und hieratische Haltung beschränkt. Im übrigen ist die Neigung zur „Einigung" und „Totalisation" allen Yoga-Praktiken eigen. Ihr Ziel ist das Überschreiten (oder die Vernichtung) der menschlichen Grundsituation, die sich aus der *Weigerung* ergibt, sich den natürlichen Neigungen anzupassen.

Zeigt das *āsana* die Weigerung, sich zu bewegen, so ist der *prāṇāyāma*, die Atem-Übung, die „Weigerung", so zu atmen, wie es die Menschen im allgemeinen tun, nämlich arhythmisch. Die Atmung des gewöhnlichen Menschen variiert je nach den Umständen und der psychomentalen Anspannung. Diese Unregelmäßigkeit verursacht eine gefährliche psychische Fluidität und folglich die Instabilität und die Zerstreuung der Aufmerksamkeit. Man kann auf-

---

[21] „Sauberkeit" bedeutet auch innere Reinigung der Organe (auf der vor allem der Hathayoga besteht). „Heiterkeit" impliziert „die Abwesenheit des Wunsches, die Notwendigkeiten der Existenz zu vermehren". Das *tapas* besteht darin, Gegensätze auszuhalten, wie z. B. kalt und heiß.

merksam werden, wenn man sich anstrengt, es zu sein. Doch die Anstrengung ist für den Yoga eine „Veräußerlichung". Es wird also mittels des *prāṇāyāma* versucht, die Anstrengung bei der Atmung zu unterdrücken: die rhythmische Atmung muß ein automatischer Vorgang werden, damit der Yogin sie vergessen kann.

Ein späterer Kommentator, Bhoja, bemerkt, „daß immer eine Verbindung zwischen der Atmung und den mentalen Zuständen besteht" (ad Y.-S. I, 34). Diese Beobachtung ist wichtig. Die Verbindung, die zwischen dem Atemrhythmus und den Bewußtseinszuständen besteht, wurde zweifelsohne von den Yogin schon in frühester Zeit experimentell erprobt. Sehr wahrscheinlich diente ihnen diese Verbindung als Mittel zur „Einigung" des Bewußtseins. Indem er seiner Atmung einen Rhythmus gibt und sie immer weiter verlangsamt, kann der Yogin in bestimmte Bewußtseinszustände „eindringen" – das heißt, sie versuchsweise und bei völliger Klarheit erproben –, die im Wachzustand unzugänglich sind, besonders die Bewußtseinszustände, die den Schlaf charakterisieren. Der Atemrhythmus eines schlafenden Menschen ist langsamer als der eines Menschen im Wachzustand. Indem er, dank des *prāṇāyāma*, diesen Rhythmus des Schlafs annimmt, kann der Yogin in die dem Schlafzustand eigenen „Bewußtseinszustände" eindringen, ohne deshalb auf seine geistige Klarheit verzichten zu müssen.

Die indische Psychologie kennt vier Modalitäten des Bewußtseins: das Tagbewußtsein, das des Schlafs mit Träumen, das des traumlosen Schlafs und das „kataleptische Bewußtsein" *(turīya)*. Jede dieser Bewußtseinsarten ist mit einem besonderen Atemrhythmus verbunden. Mittels des *prāṇāyāma*, das heißt, indem er die Ausatmung und die Einatmung immer weiter verlängert – Ziel dieser Übung ist es, ein möglichst langes Intervall zwischen diesen beiden Teilen des Atemvorgangs zu lassen [22] –, kann der Yogin also ohne Unterbrechung vom Bewußtsein des Wachzustands in die drei anderen Bewußtseinsarten übergehen.

Durch *āsana*, *prāṇāyāma* und *ekāgratā* ist es gelungen, die menschliche Grundsituation aufzuheben, sei es auch nur, solange die einzelne Übung dauert. Wenn er unbeweglich ist, seine Atmung rhythmisiert, Blick und Aufmerksamkeit auf einen einzigen Punkt richtet, ist der Yogin „konzentriert", „geeint". Die Qualität seiner Konzentration kann er mittels des *pratyāhāra* überprüfen; dieser Begriff wird im allgemeinen mit „Rückzug der Sinne" oder „Abstraktion" übersetzt, wir ziehen es aber vor, ihn mit der Beschreibung „Fähigkeit, die Aktivität der Sinne vom Zugriff äußerer Objekte zu befreien" wiederzugeben. Statt sich auf die Objekte zu richten, „bleiben" die Sinne „in sich selbst" (Bhoja, ad

---

[22] Der Rhythmus der Atmung wird durch eine Harmonisierung der drei „Bestandteile" erreicht: der Einatmung, der Ausatmung und dem Einhalten der Luft. Durch Übung erreicht es der Yogin, jeden der drei Bestandteile genug zu verlängern. Das Ziel des *prāṇāyāma* ist, mit der Atmung möglichst lange auszusetzen. Man beginnt damit, den Atem 16 1/2 Sekunden anzuhalten, dann 35 Sekunden, 50 Sekunden, drei Minuten, fünf Minuten usw. Rhythmus der Atmung und Anhalten der Luft spielen auch in den taoistischen Praktiken eine wichtige Rolle, bei den muslimischen Mystikern und bei den hesychastischen Mönchen. Siehe *M. Eliade*, Yoga 64–75, 393 f.

Y.-S. II, 54). Der *pratyāhāra* kann als letzte Etappe der psychophysiologischen Askese betrachtet werden. Von hier ab ist der Yogin nicht mehr durch die sinnliche Wahrnehmung, das Gedächtnis usw. „zerstreut" und „gestört".

Die Autonomie gegenüber den *stimuli* der äußeren Welt und dem Dynamismus des Unterbewußten erlaubt es dem Yogin, die „Konzentration" und die „Meditation" auszuüben. Die *dhāraṇā* (von der Wurzel *dhṛ*, „festhalten") ist in der Tat das „Fixieren des Denkens auf einen einzigen Punkt", das das *Verstehen* zum Ziel hat. Die Meditation des Yoga definiert Patañjali als „einen Strom des geeinten Denkens" (Y.-S. III, 2). Vyāsa fügt die folgende Auslegung hinzu: „Kontinuum der mentalen Bemühung, sich das Objekt der Meditation anzueignen, frei von jeder anderen Bemühung, sich andere Objekte anzueignen."

Es ist unnötig, hier noch hinzuzufügen, daß diese Yoga-„Meditation" sich vollkommen von der gewöhnlichen Meditation unterscheidet. Das *dhyāna* ermöglicht es, in die Objekte „einzudringen", sie sich magisch „anzueignen". Der Akt des „Eindringens" in das Wesen der Dinge ist besonders schwer zu erklären; man darf ihn sich aber nicht in der Art der poetischen Imagination noch auch in der der Intuition vom Bergsonschen Typ vorstellen. Was die Yoga-Meditation von ihnen unterscheidet, ist ihre Kohärenz und der Zustand der Klarheit, der sie begleitet und ihr unaufhörlich die Richtung weist. Das „mentale Kontinuum" entgleitet nämlich niemals dem Willen des Yogin.

144. Die Rolle Gottes

Im Unterschied zum Sāṃkhya nimmt der Yoga die Existenz eines Gottes, Iśvara (wörtl.: „Herr") an. Dieser Gott ist allerdings kein Schöpfer-Gott. Doch Iśvara kann bei bestimmten Menschen den Prozeß der Erlösung beschleunigen. Der Herr, den Patañjali erwähnt, ist eher ein Gott der Yogins. Er kann nur einem Menschen zu Hilfe kommen, der den Yoga schon gewählt hat. Er kann zum Beispiel bewirken, daß der Yogin, der ihn zum Objekt seiner Meditation erwählt hat, den *samādhi* erreicht. Nach Patañjali (Y.-S. II, 45) ist diese göttliche Hilfe nicht Folge eines „Wunsches" oder eines „Gefühls" – denn der Herr kann weder Wünsche noch Gefühle haben –, sondern Ergebnis eines „metaphysischen Einklangs" zwischen Iśvara und *purusha*, eines Einklangs, der sich dadurch erklärt, daß ihre Strukturen sich entsprechen. Iśvara ist ein *purusha*, der schon immer frei und niemals von den „Schmerzen" und „Unreinheiten" der Existenz betroffen war (Y.-S. I, 24). Vyāsa führt in seinem Kommentar zu diesem Text aus, daß der Unterschied zwischen dem „befreiten Geist" und Iśvara der ist, daß der erste einst in (zumindest illusorischer) Beziehung zur psychomentalen Existenz stand, während Iśvara immer frei war. Gott läßt sich weder durch Riten noch durch Frömmigkeit oder durch den Glauben an seine „Gnade" beeindrucken; sein „Wesen" aber arbeitet sozusagen instinktiv mit dem Selbst zusammen, das sich durch den Yoga befreien will.

Man könnte meinen, daß diese Sympathie metaphysischer Art, die er einigen Yogins gegenüber zeigt, Iśvaras Kapazität an Interesse für das Schicksal der Menschen erschöpft hat. Man hat den Eindruck, Iśvara sei in gewisser Weise von außen in den Yoga-*darśana* eingetreten. Die Rolle nämlich, die er bei der Erlösung spielt, ist ohne wirkliche Bedeutung, da die *prakṛti* sich von sich aus bemüht, die vielen „Selbst", die in den Netzen der Illusion von der Existenz gefangen sind, zu befreien. Doch Patañjali spürte, daß es notwendig sei, Gott in die Dialektik der Erlösung einzuführen, denn Iśvara entsprach einer Wirklichkeit der Erfahrungsebene. Wie wir schon gesagt haben, erlangten einige Yogins den *samādhi* durch die „Hingabe an Iśvara" (Y.-S. II, 45). Bei seinem Vorsatz, alle Yoga-Techniken zu sammeln und zu ordnen, die durch die „klassische Tradition" Gültigkeit erlangt hatten, konnte Patañjali nicht eine ganze Reihe von Erfahrungen außer acht lassen, die allein die Konzentration auf Iśvara möglich gemacht hatte.

Es existierte mit anderen Worten neben der Tradition eines „magischen", das heißt an den Willen und die Kräfte zur Askese appellierenden Yoga eine andere, „mystische" Tradition, in der die letzten Etappen der Yoga-Praxis dank der Hingabe an einen Gott erleichtert wurden – selbst wenn diese nur vereinzelt und sehr „intellektuell" war. Im übrigen ist Iśvara, zumindest wie er sich bei Patañjali und seinem ersten Kommentator Vyāsa darstellt, bar der dem allmächtigen Schöpfergott eigenen Größe und des dem dynamischen und würdevollen Gott bestimmter Mystiken eigenen Pathos. Iśvara ist insgesamt nur der Archetypus des Yogin, ein „Makroyogin", höchstwahrscheinlich Schutzpatron bestimmter Yoga-Sekten. Tatsächlich führt auch Patañjali aus, Iśvara sei der *Guru* der Weisen in urdenklichen Zeiten gewesen; Iśvara nämlich, so fügt er hinzu, ist nicht mit der Zeit verbunden (Y.-S. I, 26). Erst spätere Kommentatoren, Vācaspati Miśra (um 850) und Vijñāna Bhikshu (16. Jahrhundert), messen Iśvara große Bedeutung bei. Sie aber leben zu einer Zeit, in der ganz Indien von Strömungen der Frömmigkeit und Mystik getränkt ist[23].

145. Samādhi und die „wunderbaren Kräfte"

Der Übergang von der „Konzentration" zur „Meditation" macht es nicht erforderlich, daß eine neue Technik in Aktion tritt. Ebenso ist von dem Augenblick an, in dem es dem Yogin gelungen ist, sich zu „konzentrieren" und zu „meditieren", nicht nötig, daß irgendeine zusätzliche Yoga-Übung angewandt wird.

---

[23] Ein anderer späterer Kommentator, Nilakantha, meint, daß Gott trotz seiner Inaktivität den Yogins in der Art eines Liebenden hilft. Nilakantha spricht Iśvara einen „Willen" zu, der fähig ist, das Leben der Menschen vorherzubestimmen: denn er „zwingt diejenigen, die er erheben will, gute Taten zu tun, und diejenigen, die er vernichten will, schlechte Taten zu tun" (zitiert nach S. N. *Dasgupta*, Yoga as Philosophy and Religion 88 f). Wir sind weit entfernt von der Auffassung Patañjalis, der Iśvara nur eine bescheidene Rolle zuwies!

Der *samādhi*, die yogische „Versenkung", ist Endergebnis und Krönung aller Anstrengungen und spirituellen Übungen der Askese[24]. Der Begriff wird zunächst in einer gnoseologischen Bedeutung verwandt: *samādhi* ist derjenige kontemplative Zustand, in dem das Denken *unmittelbar die Gestalt des Objekts erfaßt*, ohne Hilfe von Kategorien und Einbildungskraft; der Zustand, in dem sich das Objekt „in sich selbst" offenbart *(svarūpa)*, in dem, was es Wesentliches an sich hat, und so, als sei es „von sich selbst entleert" (Y.-S. III, 3). Es besteht eine reale Koinzidenz zwischen der *Erkenntnis* des Objekts und dem *Objekt der Erkenntnis;* dieses Objekt zeigt sich dem Bewußtsein nicht mehr in den Beziehungen, die es begrenzen und als Phänomen definieren, sondern „als sei es von sich selbst entleert".

Indes ist der *samādhi* nicht so sehr „Erkenntnis", sondern eher ein „Zustand", eine enstatische Seinsweise, die für den Yoga spezifisch ist. Dieser „Zustand" macht das Sich-Offenbaren des Selbst dank eines Aktes möglich, der keine „Erfahrung" bildet. Doch nicht irgendein *samādhi* offenbart das Selbst und vollendet damit die endgültige Befreiung. Wird der *samādhi* erreicht, indem man einen Gedanken oder einen Punkt im Raum festhält, so nennt diese Art der Versenkung sich „mit Unterstützung" oder „differenziert" *(samprajñata samādhi)*. Erreicht man den *samādhi* dagegen außerhalb jeder „Beziehung" und ist er einfach ein vollkommenes Verstehen des Seins, so ist die Versenkung „nicht differenziert" *(asamprajñāta)*. Der erste „Zustand" ist ein Mittel der Erlösung in dem Maß, in dem er das Verständnis der Wahrheit möglich macht und dem Leiden ein Ende setzt. Doch die zweite Art der Enstasis *(asamprajñāta)* „*zerstört die Eindrücke aller vorangegangenen mentalen Funktionen*" (Vijñāna Bhiksu) und erreicht es sogar, daß den *Kräften des karma Einhalt* geboten wird, die durch die vergangenen Aktivitäten des Yogin heraufbeschworen wurden. Diese Enstasis stellt in der Tat eine „Entführung" dar, denn sie wird erlebt, ohne daß man sie hervorruft.

Natürlich umfaßt die „differenzierte Enstasis" mehrere Etappen, denn sie kann vervollkommnet werden. Es zeigt sich, daß der *samādhi* in diesen Phasen „mit Unterstützung" ein dank einer bestimmten „Erkenntnis" erworbener „Zustand" ist. Man muß diesen Übergang von der „Erkenntnis" zum „Zustand" immer im Gedächtnis behalten, denn er ist ein charakteristischer Zug der ganzen indischen „Meditation". Im *samādhi* findet der „Bruch zwischen den Ebenen" statt, dessen Realisierung Ziel der Inder ist und der im paradoxen Übergang vom „Erkennen" zum „Sein" besteht.

Wenn er in diesem Stadium angelangt ist, erwirbt der Yogin die „wunderbaren Kräfte" *(siddhi)*, denen das 3. Buch des Yoga-Sūtra ab dem 16. Sūtra gewidmet ist. Indem er sich „konzentriert", „meditiert" und den *samādhi* gegenüber

---

[24] Die Bedeutungen des Begriffes *samādhi* sind: Vereinigung, Totalität, Absorbiertsein von etwas, vollkommene Konzentration des Geistes, Verbindung. Man übersetzt normalerweise mit „Konzentration", in diesem Fall besteht aber die Gefahr einer Verwechslung mit *dhāraṇā*. Deshalb haben wir es vorgezogen, mit „enstasis" (Versenkung), „stasis", „Verbindung" zu übersetzen.

einem bestimmten Objekt oder einer Gruppe von Objekten realisiert, erwirbt der Yogin bestimmte okkulte „Kräfte" gegenüber diesen Objekten. Wenn er sich zum Beispiel auf Überreste aus dem Unterbewußten *(saṃskāra)* „konzentriert", kann er seine früheren Existenzen kennenlernen (Y.-S. III, 18). Mit Hilfe anderer „Konzentrationsübungen" erhält er außergewöhnliche Fähigkeiten (in der Luft fliegen, unsichtbar werden usw.). Alles „Meditierte" wird – kraft der magischen Kräfte der Meditation – angeeignet und kann Besitz werden. In der indischen Konzeption kommt dem Verzicht ein positiver Wert zu. Die *Kraft,* die der Asket erhält, wenn er auf irgendein Vergnügen verzichtet, überschreitet bei weitem das Vergnügen, auf das er verzichtet hat. Dank des Verzichts und der Askese *(tapas)* können Menschen, Dämonen oder Götter so mächtig werden, daß sie mit ihrer Macht das gesamte Universum bedrohen.

Um eine solche Vermehrung geheiligter Kraft zu vermeiden, „versuchen" die Götter den Asketen. Patañjali selbst spielt auf die himmlischen Versuchungen an (Y.-S. III, 51), und Vyāsa gibt dafür folgende Erklärungen: Gelangt der Yogin zur letzten unterschiedenen Enstasis, so nähern sich ihm die Götter und sprechen zu ihm: „Komm und erfreue dich hier, im Himmel. Diese Freuden sind begehrenswert, dieses junge Mädchen ist bewundernswert, dieses Elixier zerstört Alter und Tod" usw. Sie fahren fort, ihn mit himmlischen Frauen, mit übernatürlichen Wahrnehmungen des Gehör- und Gesichtssinns, mit der Versprechung, seinen Körper in einen „Diamantenkörper" zu verwandeln, zu versuchen. Sie bieten ihm, mit einem Wort, an, am göttlichen Leben teilzuhaben (Vyāsa, ad Y.-S. III, 51). Das Leben der Götter aber ist noch weit von der absoluten Freiheit entfernt. Der Yogin ist es sich schuldig, diese „magischen Täuschungen" zurückzuweisen, die „nur für Unwissende begehrenswert sind", und seine Aufgabe weiterzuführen: das Erlangen der endgültigen Erlösung.

Denn sobald der Asket damit einverstanden ist, sich der erworbenen magischen Kräfte zu bedienen, verschwindet seine Fähigkeit, neue Kräfte zu erwerben. Der ganzen Tradition des klassischen Yoga zufolge bedient sich der Yogin der unzähligen *siddhi* mit dem Ziel, die höchste Freiheit zu erwerben – den *asamprajñāta samādhi* –, und nicht, um Herrschaft über die Elemente zu gewinnen. Tatsächlich sind, wie Patañjali uns sagt (III, 37), diese Kräfte „Vervollkommnungen" (so die wörtliche Bedeutung von „siddhi") im Wachzustand, bilden aber im *samādhi*-Zustand Hindernisse [25].

---

[25] Und dennoch hat die Sehnsucht nach einer mit lebendiger Macht, d. h. magisch, eroberten „Göttlichkeit" nicht aufgehört, die Yogin und Asketen zu bedrängen. Dies um so mehr, als nach Vyāsa (ad Y.-S. III, 26) eine große Ähnlichkeit zwischen bestimmten Göttern, die die himmlischen Regionen bewohnen (im Brahmāloka), und den Yogin im Stadium der *siddhi* besteht. Tatsächlich haben die vier Gruppen von Göttern des Brahmāloka ihrer Natur nach eine „spirituelle Situation", die jeweils einer der vier Gruppen des *samprajñāta samādhi* entspricht. Weil diese Götter in diesem Stadium bleiben müssen, haben sie die endgültige Erlösung nicht erreicht.

146. Die endgültige Erlösung

Vyāsa faßt in folgenden Begriffen den Übergang vom *samprajñāta* zum *asamprajñāta samādhi* zusammen: durch die „Erleuchtung" *(prajñā,* „Weisheit"), die der Yogin sofort erhält, wenn er sich im letzten Stadium des *samprajñāta samādhi* befindet, wird die „absolute Isolierung" *(kāivalya)* realisiert, das heißt die Befreiung des *purusha* von der Herrschaft der *prakṛti.* Es wäre falsch, diese Seinsweise des Geistes als einfache „Trance" zu betrachten, in der das Bewußtsein jeden Inhalts entleert wäre. Der „Zustand" und die „Erkenntnis", die dieser Begriff zugleich ausdrückt, beziehen sich auf die vollkommene Abwesenheit von Objekten im Bewußtsein, nicht auf ein absolut geleertes Bewußtsein. Denn das Bewußtsein ist im Gegenteil in diesem Augenblick von einer direkten und vollkommen intuitiven Erfassung des Seins gesättigt. Wie ein späterer Autor, Madhava, schreibt, darf man sich „den *nirodha* (das endgültige Aufhören jeder psychomentalen Erfahrung) nicht als Nicht-Existenz vorstellen, sondern eher als Stütze für einen besonderen Zustand des Geistes". Er ist die Versenkung in die vollkommene Leere, der bedingungslose Zustand, der nicht mehr „Erfahrung" ist (denn hier existiert keine Beziehung mehr zwischen Bewußtsein und Welt), sondern „Offenbarung". Der Intellekt (buddhi) zieht sich zurück, nachdem er seine Aufgabe erfüllt hat, macht sich vom *purusha* los und integriert sich wieder in die *prakṛti.* Der Yogin gelangt zur Erlösung: er ist ein *jīvanmukta,* ein „Lebend-Erlöster". Er lebt nicht mehr unter der Herrschaft der Zeit, sondern in einer ewigen Gegenwart, im *nunc stans,* als das Boethius die Ewigkeit definierte.

Offensichtlich ist seine Situation paradox: er ist noch im Leben und doch erlöst; er hat einen Körper und kennt sich doch, *ist* also durch diese Tatsache der *purusha;* er lebt in der Zeit und hat gleichzeitig an der Ewigkeit teil. Der *samādhi* ist seiner Natur nach ein paradoxer „Zustand", denn er leert das Sein und das Denken und füllt sie zu gleicher Zeit zur Genüge an. Die Enstasis des Yoga siedelt sich auf einer in der Geschichte der Religionen und der Mystiken wohlbekannten Linie an: auf der der *coincidentia oppositorum*. Durch den *samādhi* überschreitet der Yogin die Gegensätze, er vereint die Leere und die Überfülle, das Leben und den Tod, das Sein und das Nicht-Sein. Die Versenkung entspricht einer Reintegration der verschiedenen Modalitäten der Wirklichkeit in eine einzige Modalität: die der ursprünglichen Nicht-Zweiheit, der undifferenzierten Fülle, die vor der Zweiteilung des Wirklichen in Objekt und Subjekt bestand.

Es wäre ein großer Irrtum, diese höchste Reintegration als einfache Regression in das ursprünglich Ununterschiedene zu betrachten. Die Erlösung ist dem „tiefen Schlaf" der vorgeburtlichen Existenz nicht vergleichbar. Die Tatsache, daß von allen Autoren den yogischen Zuständen des *Über-Bewußtseins* große Bedeutung beigemessen wurde, zeigt uns an, daß die endgültige Reintegration in dieser Richtung und nicht in einer mehr oder weniger tiefen „Trance" zu suchen ist. Die Wiedererlangung der ursprünglichen Nicht-Zweiheit durch den *samādhi* geschieht unter Hinzufügung eines neuen Elementes im Verhältnis zu der Situation, die vor der Zweiteilung des Wirklichen in Objekt und Subjekt bestand: der *Erkenntnis* der Einheit und der Glückseligkeit. Es ist eine „Rückkehr zu den Ursprüngen", aber mit dem Unterschied, daß der „Lebend-Erlöste" die ursprüngliche Situation, bereichert um die Dimensionen der *Freiheit* und des *überschreitenden Bewußtseins*, wiedererlangt. Er kommt zur ursprünglichen Fülle zurück, nachdem er eine unerhörte und paradoxe Seinsweise erreicht hat: das Bewußtsein von der Freiheit, die nirgendwo im Kosmos noch auch auf den verschiedenen Ebenen des Lebens oder der „mythologischen Gottheit" (den Göttern) existiert, sondern nur beim absoluten Sein (Brahman).

Man ist versucht, in diesem Ideal – der bewußten Eroberung der Freiheit – die Rechtfertigung zu sehen, die das indische Denken für die auf den ersten Blick absurde und in grausamer Weise unnütze Tatsache gibt, daß die Welt existiert, daß der Mensch existiert und daß seine Existenz in der Welt eine ununterbrochene Folge von Illusionen und Leiden darstellt. Durch seine Erlösung nämlich begründet der Mensch die spirituelle Dimension der Freiheit und „führt" sie in den Kosmos und in das Leben „ein", das heißt also in die blinden und traurig gestalteten Existenzweisen.

Doch diese absolute Freiheit wurde um den Preis einer vollkommenen Negation des Lebens und der menschlichen Persönlichkeit erworben. Eine dermaßen radikale Negation forderte der Buddha zur Erlangung des *nirvāṇa*. Aber mit diesen extremen und exklusiven Lösungen konnten die Quellen des indischen religiösen Genius nicht erschöpft sein. Wie wir noch sehen werden, stellt die Bhagavad-Gītā eine andere Methode dar, die Erlösung zu erlangen, ohne dafür auf die Welt verzichten zu müssen (§ 193-194).

ACHTZEHNTES KAPITEL

Buddha und seine Zeitgenossen

147. Prinz Siddhārtha

Der Buddhismus ist die einzige Religion, deren Begründer sich weder als Prophet eines Gottes noch als sein Gesandter bezeichnet und außerdem sogar die Vorstellung eines höchsten göttlichen Wesens zurückweist. Er verkündet aber, der „Erweckte" *(buddha)* und deshalb spiritueller Führer und Lehrer zu sein. Sein Predigen hat die Erlösung der Menschen zum Ziel. Gerade dieses Ansehen als „Retter" macht aus seiner soteriologischen Botschaft eine „Religion" und wandelt ziemlich früh die historische Persönlichkeit Siddhārtha in ein göttliches Wesen um. Denn trotz der theologischen Spekulationen und der Erfindungen der buddhistischen Gelehrten, trotz einiger europäischer Interpretationen, die in Buddha eine mythische Figur oder ein Sonnensymbol gesehen haben, gibt es keine Gründe dafür, seine Historizität zu leugnen.

Die Mehrzahl der Forscher ist sich darin einig, anzunehmen, daß der zukünftige Buddha sehr wahrscheinlich im April oder Mai 558 v. Chr. (nach einer anderen Tradition 567) in Kapilavastu geboren ist. Der Sohn eines Duodezfürsten, Śuddhodana, und seiner ersten Frau, Māyā, heiratete im Alter von 16 Jahren, verließ den Palast mit 29 Jahren, hatte sein „erhabenes und vollkommenes Erwachen" im April oder Mai 523 (oder 532) und starb, nachdem er den Rest seines Lebens predigend umhergezogen war, im November 478 (oder 487) im Alter von 80 Jahren. Aber mit diesen wenigen Daten und anderen Ereignissen, über die wir später berichten werden, ist die Biographie des Buddha, wie seine Anhänger sie verstehen, keineswegs erschöpft. Sobald nämlich seine wirkliche Identität – die des Erweckten – öffentlich verkündet und von seinen Schülern akzeptiert war, wurde sein Leben umgedeutet und erhielt die für die Großen Retter spezifischen Dimensionen. Dieser Prozeß der „Mythologisierung" verbreitete sich mit der Zeit, er war aber schon zu Lebzeiten des Meisters im Gange. Wir müssen aber dieser *sagenhaften Biographie* Beachtung schenken, *denn sie war der Ausgangspunkt für Schöpfungen sowohl der buddhistischen Theologie und Mythologie als auch der religiösen Literatur und der bildenden Künste.*

So wird gesagt, der zukünftige Buddha, der *boddhisattva* („das zum Erwachen bestimmte Wesen"), habe seine Eltern selbst ausgewählt, als er ein Gott im Himmel der Tuṣita war. Seine Empfängnis sei unbefleckt gewesen, der *boddhisattva* sei unter der Gestalt eines Elefanten oder eines sechs Monate alten Kindes in die rechte Seite seiner Mutter eingedrungen. (Alte Fassungen sprechen nur von einem Traum der Mutter, ein Elefant trete in ihren Körper ein.) Er wird auch unbefleckt ausgetragen, denn der Boddhisattva befindet sich in einem Kästchen aus kostbarem Stein und nicht in der Gebärmutter. Seine Geburt findet in einem Garten statt; seine Mutter hängt sich an einen Baum, und das Kind kommt aus der rechten Seite.

Sofort nach der Geburt macht der Boddhisattva sechs Schritte in Richtung Norden, stößt ein Löwengebrüll aus und ruft: „Ich bin der Höchste der Welt, ich bin der Beste der Welt, ich bin der Älteste der Welt; dies ist meine letzte Geburt; niemals mehr wird es für mich eine neue Existenz geben."[1] Der Mythos von seiner Geburt verkündet also, daß der zukünftige Buddha von klein auf den Kosmos überschreitet (er erreicht „den Gipfel der Welt") und Raum und Zeit zerstört (er ist, in der Tat, der „Erste" und der „Älteste" der Welt). Zahlreiche Wunder kündigen das Ereignis an. Als er in einem brahmanischen Tempel vorgestellt wurde, fielen „die Bilder der Götter", nachdem sie von ihren Plätzen gekommen waren, „zu Füßen des Boddhisattva" und „sangen eine Hymne (zu seinen Ehren)"[2]. Das Kind erhält von seinem Vater den Namen Siddhārtha („der sein Ziel erreicht hat"). Bei der Untersuchung seines Körpers erkennen die Seher die 32 grundlegenden und 80 sekundären Zeichen des „Großen Menschen" *(mahāpuruṣa)* und erklären, der werde ein universeller Herrscher *(cakravartin)* oder ein Buddha. Ein alter *ṛishi*, Asita, fliegt durch die Lüfte vom Himalaya bis nach Kapilavastu, verlangt, den Neugeborenen zu sehen, nimmt ihn in seine Arme und fängt an zu weinen, als er versteht, daß dieser der Buddha werden wird, weil er weiß, daß er nicht lange genug leben wird, um ihm folgen zu können.

Sieben Tage nach der Geburt stirbt Māyā, um im Himmel der Tuṣita wiedergeboren zu werden. Sieben Jahre lang wird das Kind von seiner Tante aufgezogen. Dann erhält er die Erziehung jedes indischen Prinzen und zeichnet sich dabei sowohl in den Wissenschaften als auch in den körperlichen Übungen aus. Im Alter von 16 Jahren heiratet er zwei Prinzessinnen aus Nachbarländern, Gopā und Yaśodharā. Nach 13 Jahren schenkt die letztgenannte ihm einen Sohn, Rāhula. Diese Einzelheiten, die in der asketischen buddhistischen Tradition stören, sind wahrscheinlich authentisch. Im übrigen entflieht Siddhārtha kurz nach der Geburt Rāhulas aus dem Palast, hierin im Einklang mit der indischen Sitte, die den Verzicht auf die Welt erst nach der Geburt eines Sohns oder eines (männlichen) Enkels erlaubt.

---

[1] Majjhimanikāya III, 123. Bezüglich des Symbolismus der Sieben Schritte siehe *M. Eliade*, Mythen, Träume und Mysterien 159 ff.
[2] Lalita Vistara, S. 118 ff. *A. Foucher*, La vie du Bouddha 55 ff.

Ein ganzes Szenario wurde rund um diesen großen Aufbruch ausgearbeitet. Den ältesten Texten zufolge hat der Buddha seinen Schülern erklärt, beim Nachdenken über Alter, Krankheit und Tod habe er seine Lebensfreude verloren und beschlossen, die Menschheit von diesen drei Übeln zu befreien. Die Legende stellt das Ereignis dramatischer dar. Von den Vorhersagen der Seher beunruhigt, unternimmt es Śuddhodana mit Erfolg, den jungen Prinzen im Palast und in den Lustgärten einzuschließen. Doch die Götter vereiteln den Plan des Vaters, und während dreier aufeinanderfolgender Spazierfahrten zu den Lustgärten sieht Siddhārtha zuerst einen verfallenen Greis, der sich auf seinen Stock stützt, am nächsten Tag dann einen „abgemagerten, bleichen und fiebrigen Kranken", beim dritten Mal schließlich einen Toten, der zum Friedhof getragen wird. Der Kutscher eröffnet ihm, keiner könne der Krankheit, dem Alter und dem Tod entgehen. Schließlich sieht der Prinz bei seiner letzten Spazierfahrt einen Bettelmönch, ruhig und heiter, und dieser Anblick tröstet ihn, indem er ihm zeigt, daß die Religion fähig ist, das Elend des menschlichen Geschicks zu heilen.

148. Der große Aufbruch

Um ihn in der Entscheidung zu bestärken, sich von der Welt abzukehren, wecken die Götter Siddhārtha mitten in der Nacht, damit er die nackten und abstoßenden Körper seiner schlafenden Konkubinen betrachten kann. Da ruft er seinen Stallmeister, Chandaka, steigt auf sein Pferd und reitet, nachdem die Götter die ganze Stadt in tiefen Schlaf versetzt haben, durch das südöstliche Tor hinaus. Nachdem er sich ungefähr zehn Meilen von Kapilavastu entfernt hatte, hielt er an, schnitt seine Haare mit dem Schwert, vertauschte seine Kleider gegen die eines Jägers und sandte Chandaka mit seinem Pferd in den Palast zurück. Schon bei diesem Anhalten hatte er die Gruppe von Göttern, die ihn bis dahin begleitet hatten, verabschiedet. Von hier an werden die Götter in der sagenhaften Biographie des Buddha keinerlei Rolle mehr spielen. Er wird sein Ziel mit eigenen Mitteln und ohne jeden übernatürlichen Beistand erreichen.

Nachdem er unter dem Namen Gautama wandernder Asket geworden war (das war der Name seiner Familie im Geschlecht der Sakya), ging er nach Vaiśālī (im Pali Vesāli), wo ein brahmanischer Lehrer, Ārāḍa Kālāma, eine Art vor-klassischen Sāṃkhya lehrte. Er eignete sich diese Lehre sehr schnell an, verließ aber Ārāḍa, weil er sie für unzureichend hielt, und ging nach Rājagṛha, der Hauptstadt des Magadha. Der König Bimbisāra war von dem jungen Asketen beeindruckt und bot ihm die Hälfte seines Königreichs an, Gautama aber widerstand dieser Versuchung und wurde Schüler eines anderen Lehrers, Udraka. Er beherrschte mit gleicher Leichtigkeit die von Udraka gelehrten Yogatechniken, verließ ihn aber unbefriedigt und ging, gefolgt von fünf Schülern, in Richtung Gayā. Seine philosophische und yogische Lehrzeit hatte ein Jahr gedauert.

Er siedelte sich in einer angenehmen Gegend nahe Gayā an, wo er sich sechs

Jahre lang die strengsten Kasteiungen auferlegte. Es gelang ihm, sich von einem einzigen Hirsekorn täglich zu ernähren, er entschloß sich aber in der Folge zu einem vollkommenen Fasten; unbeweglich und fast zum Skelett abgemagert, erinnerte er schließlich an Staub. Infolge dieser harten Bußübungen erhielt er den Titel Sakyamuni („Asket unter den Sakya"). Als er die äußerste Grenze der Kasteiung erreicht hatte und ihm nur ein Tausendstel seiner Lebenskraft blieb, begriff er, daß die Askese als Mittel der Befreiung unbrauchbar ist, und beschloß, sein Fasten zu brechen. Wegen des großen Ansehens des *tapas* in ganz Indien war diese Erfahrung nicht unnötig. Von nun an konnte der zukünftige Buddha verkünden, er habe die Praktiken der Askese beherrscht, wie er zuvor schon die Philosophie (den Sāṃkhya) und den Yoga beherrscht hatte; so hatte er auch, bevor er die Welt verließ, *alle* Wonnen des Prinzenlebens gekannt. Nichts von der unendlichen Vielfalt menschlicher Erfahrungen war ihm von nun an unbekannt – von den Freuden und Enttäuschungen der Kultur, der Liebe und der Macht bis zu der Armut eines wandernden Frommen, den Betrachtungen und Trance-Zuständen des Yogi und der Einsamkeit und Kasteiung des Asketen.

Als Gautama von einer frommen Frau gekochten Reis annahm, verließen ihn seine fünf Schüler konsterniert und zogen nach Benares. Durch die Nahrung wunderbar wiederhergestellt, ging Sakyamuni zu einem Wäldchen, wählte einen Pipalbaum (aśvattha, ficus religiosa), setzte sich unter ihn und war fest entschlossen, sich nicht zu erheben, bevor er nicht sein „Erwachen" erreicht habe. Bevor er sich aber in der Meditation sammeln konnte, mußte Sakyamuni den Ansturm Māras, des „Todes", bestehen. Dieser große Gott nämlich hatte erraten, daß die bevorstehende Entdeckung des Heils, indem sie den ewigen Kreislauf der Geburten, Tode und Wiedergeburten anhielt, seinem Reich ein Ende setzen würde. Der Angriff wurde von einer erschreckenden Armee von Dämonen, Gespenstern und Ungeheuern ausgelöst, doch die früheren Verdienste Sakyamunis und seine „freundschaftliche Disposition" (maitrī) errichteten um ihn eine Schutzzone, und er blieb unerschütterlich.

Māra erhob daraufhin Anspruch auf den Platz unter dem Baum, unter Hinweis auf die Verdienste, die er einst infolge eines freiwilligen Opfers erworben hatte. Sakyamuni hatte ebenfalls im Laufe seiner früheren Existenzen Verdienste angehäuft, da er aber keinen Zeugen hatte, rief er die „unparteiische Mutter aller Lebewesen" an und berührte mit einer in der buddhistischen Ikonographie klassisch gewordenen Geste die Erde mit seiner rechten Hand. Die Erde kam mit ihrem Körper halb aus dem Boden hervor und bürgte für die Aussagen Sakyamunis. Doch Māra, der Tod, ist auch Kāma, der Eros, letzten Endes der Lebensgeist – und das Leben selbst ist von dem Heil bedroht, das der Welt zu schenken sich der Boddhisattva anschickt. So umringen unzählige Frauen den Asketen und versuchen vergeblich, ihn mit ihrer Nacktheit und ihren vielfältigen Reizen zu verführen. Besiegt zieht sich Māra vor Einbruch der Nacht zurück[3].

---

[3] Doch Māra ist nicht unumstößlich verdammt, denn in ferner Zukunft wird auch er sich bekehren lassen und gerettet werden.

149. Das „Erwachen" und das Predigen des Gesetzes

Mit dieser Mythologie von Angriff und Versuchung des Māra wird die vollkommene moralische Reinheit Sakyamunis verkündet. Er kann von nun an seine spirituellen Kräfte auf das zentrale Problem konzentrieren: die Erlösung vom Leiden. In seiner ersten Nachtwache durchläuft er die vier Stadien der Meditation, die es ihm dank seines „göttlichen Auges" (§ 158) erlauben, die Gesamtheit der Welten und ihr ewiges Werden, also den erschreckenden Kreislauf der Geburten, Tode und Wiedergeburten, die vom *karma* geleitet wird, zu umfassen. In der zweiten Wache rekapituliert er seine unzähligen früheren Existenzen und betrachtet in wenigen Augenblicken die unendlichen Existenzen der anderen. Die dritte Wache stellt die *boddhi*, die Erweckung, dar, denn er erfaßt das Gesetz, das diesen infernalischen Kreislauf der Geburten und Wiedergeburten möglich macht, das sogenannte Gesetz der zwölf „Entstehungen in gegenseitiger Abhängigkeit" (§ 157) und entdeckt zu gleicher Zeit die Bedingungen, die notwendig sind, um diese „Entstehungen" anzuhalten. Von hier an besitzt er die vier „Edlen Wahrheiten": Er ist genau in dem Augenblick, in dem es Tag wurde, zum Buddha, zum „Erweckten", geworden.

Der Buddha bleibt sieben Wochen auf dem „Boden der Erweckung". Unter den von der Tradition aufbewahrten sagenhaften Ereignissen möge noch die letzte Versuchung des Māra festgehalten werden: der Erhabene könne sofort in das *parinirvāna* eintreten, ohne die Heilslehre zu verkünden, die er gerade entdeckt habe. Der Buddha aber antwortet, er werde nicht dort eintreten, ohne zuvor eine eingeweihte und gut organisierte Gemeinschaft gebildet zu haben. Doch kurze Zeit darauf schon fragt sich der Buddha, ob es eigentlich lohnt, eine so schwierige Lehre weiterzugeben. Das Eingreifen Brahmas und vor allem die Gewißheit, es existiere eine große Anzahl von Menschen, die der Erlösung fähig seien, lassen ihn zur Entscheidung kommen. Er geht nach Benares, wo er mit seinem „göttlichen Auge" die fünf Schüler erkennt, die ihn verlassen hatten. Er findet sie in einer Einsiedelei, am Ort des heutigen Sarnath, wieder und verkündet ihnen, er sei der Buddha geworden. Er stellt ihnen die vier Edlen Wahrheiten über den Schmerz, den Ursprung des Schmerzes, das Anhalten des Schmerzes und den Weg, der zum Aufhören des Schmerzes führt, dar (§ 156).

Mit dieser ersten Darstellung setzt er das „Rad des Gesetzes" in Bewegung. Die fünf lassen sich bekehren und werden „Heilige" *(arhats)*. Kurze Zeit darauf findet die Bekehrung des Sohns eines Bankiers in Benares statt, die von der anderer Familienmitglieder gefolgt wird. Sehr schnell zählt die Gemeinschaft *(samgha)* 60 Mönche *(bhikkhu)*, die der Buddha einzeln zum Predigen ins Land schickt. Er selbst geht nach Uruvilvā, wo er durch eine Reihe von Wundertaten die drei Brüder Kāśyapa bekehren kann, Brahmanen, die besonders den Gott Agni verehren. Darauf wendet sich der Buddha an die 1000 Schüler der Kāśyapa, denen er zeigt, daß das ganze Universum vom Feuer der Leidenschaft in Brand gesetzt ist. Sie nehmen die Lehre an und werden alle *arhats*.

Von diesem Zeitpunkt an vervielfachen sich die Bekehrungen. In Rājagṛha schenkt Bimbisāra, der junge König von Magadha, Buddha und der Gemeinschaft eine Einsiedelei. Ebenfalls in Rājagṛha bekehrt Buddha zwei bedeutende Geistliche, Śāriputra und Maudgalāyana, und einen Asketen, Mahākāśyapa, die alle drei berufen sind, in der Geschichte des Buddhismus eine wichtige Rolle zu spielen. Einige Zeit später gibt der Erhabene einer Bitte seines Vaters nach und geht mit einer großen Gruppe von Mönchen nach Kapilavastu. Bei Gelegenheit dieses Besuchs ereignen sich viele dramatische Episoden und sagenhafte Wundertaten. Es gelingt dem Buddha, seinen Vater und zahlreiche Verwandte zu bekehren. Unter ihnen sind Ananda, sein wichtigster „dienender Schüler", und Devadatta, der bald sein Rivale werden wird.

Der Buddha bleibt nicht in Kapilavastu. Er kehrt nach Rājagṛha zurück, besucht Śrāvastī und Vaiśālī, und mehr oder weniger spektakuläre Bekehrungen mehren sich. Als er davon erfährt, daß sein Vater ernstlich erkrankt ist, kommt er von neuem zu ihm und führt ihn zur Heiligkeit. Die Königin, nun Witwe, bittet ihren Adoptivsohn, sie in die Gemeinschaft aufzunehmen. Obwohl er ablehnt, folgt ihm die Königin mit einem Gefolge von Prinzessinnen, die alle Nonnen werden wollen, zu Fuß bis nach Vaiśālī. Ananda macht sich zu ihrem Fürsprecher und schließlich akzeptiert der Buddha, erlegt allerdings den Nonnen härtere Regeln auf als den Mönchen. Aber das ist eine nur widerwillig getroffene Entscheidung, und er verkündet, durch die Aufnahme von Frauen werde das Gesetz, das 1000 Jahre hätte dauern sollen, nun nur 500 Jahre bestehen.

In der Folge von Wundertaten, die einige seiner Schüler vollbracht haben, wendet sich der Buddha gegen das Zur-Schau-Stellen der „wunderbaren Fähigkeiten" (§ 159). Doch kommt er selbst dazu, anläßlich des Kampfes gegen die „sechs Meister", seine Rivalen, eines der größten Wunder zu vollbringen: bald läßt er einen riesigen Mango-Baum wachsen, bald spaziert er auf einem Regenbogen vom Orient zum Okzident und vervielfacht sein eigenes Bild in der Luft dabei unendlich, oder er verbringt drei Monate im Himmel des Indra, um zu seiner Mutter zu predigen. Diese Sagenberichte aber gehen nicht auf die ursprüngliche Tradition zurück; es ist also wahrscheinlich, daß das Verbot der *siddhi* und die der „Weisheit" *(prajñā)* als Mittel zur Bekehrung zugesprochene Bedeutung zu seiner ursprünglichen Unterweisung gehören[4].

Wie zu erwarten, versuchen seine Rivalen in der Eifersucht auf die Erfolge des Erhabenen – allerdings vergeblich –, ihn durch gehässige Verleumdungen zu diskreditieren. Schwerwiegender sind die kleinlichen Streitigkeiten zwischen den Mönchen, wie etwa die, die in Kauśambī neun Jahre nach der Erweckung anläßlich eines Details der Mönchsregel entstand. (Es ging darum, ob man nach der Benutzung den Krug für die Reinigungen in den Latrinen wieder auffüllen müsse.) Der Meister versuchte, die Gegner zu versöhnen, wurde aber gebeten,

---

[4] Dennoch sprechen die Biographien ständig von Reisen des Buddha in die Lüfte.

sich wegen solcher Angelegenheiten nicht zu beunruhigen und verließ Kauśambi[5]. Die empörten Laien aber verweigerten den Mönchen ihr Almosen, die die Abreise des Erhabenen verursacht hatten, und die Widerspenstigen sahen sich gezwungen nachzugeben.

150. Das Schisma Devadattas. Letzte Bekehrungen. Buddha geht ins Parinirvāṇa ein

Die Quellen geben uns nur sehr ungenaue Auskunft über die mittlere Periode seiner Karriere. Während der Regenzeit predigte der Buddha in den *vihāra* („Klöster"), die in der Nähe der Städte lagen. In der übrigen Zeit des Jahres zog er, von den ihm nahestehendsten Schülern begleitet, durch das Land und predigte das Gute Gesetz. Im Jahre 509 erhielt sein Sohn Rāhula mit 20 Jahren seine endgültige Ordination. Die Biographien berichten von einigen spektakulären Bekehrungen, etwa der eines Yakṣa, der Rätselsteller war, oder der eines berühmten Räubers oder auch der eines reichen bengalischen Kaufmanns, die Beweis dafür ist, daß das Ansehen des Meisters sich weit über die Länder hinaus verbreitet hatte, in denen er predigte.

Als der Buddha 72 Jahre alt war (486 v. Chr.) verlangte sein neidischer Vetter Devadatta, er solle ihm die Leitung der Gemeinschaft übertragen. Nach Buddhas Weigerung versuchte Devadatta, ihn zu töten, zuerst durch bezahlte Mörder, dann mittels eines Felsen und eines gefährlichen Elefanten. Devadatta hatte mit einer Gruppe von Mönchen zusammen ein Schisma hervorgerufen, indem er eine radikalere Askese predigte, doch gelang es Śāriputra und Maudgalāyana, die Verirrten wieder zurückzuführen, und verschiedenen Quellen zufolge soll Devadatta lebendig von der Hölle verschlungen worden sein. Die letzten Lebensjahre des Erhabenen wurden von unglücklichen Ereignissen überschattet, unter anderem vom Untergang seines Geschlechts, den Sakyas, und dem Tod Śāriputras und Maudgalāyanas.

Während der Regenzeit des Jahres 478 läßt sich der Buddha unter der Begleitung Anandas im „Bambusdorf" (Veṇugrāma) nieder, wo er schwer an Dysenterie erkrankt. Er überwindet die Krise, und Ananda freut sich darüber, weil „der Erhabene nicht sterben wird, ohne seine Anweisungen bezüglich der Gemeinschaft zurückzulassen". Aber der Buddha antwortet ihm, er habe das Gesetz vollständig gelehrt, ohne irgendeine Wahrheit geheimzuhalten, wie es bestimmte Weisheitslehrer tun; er ist ein „schwächlicher Greis" geworden, sein Leben an seinem Endpunkt angekommen, und in Zukunft müssen seine Schüler ihre Zuflucht im Gesetz finden.

---

[5] Dieser Zwischenfall ist bezeichnend: er kann anzeigen, daß die Einzelheiten des mönchischen Verhaltens vom Buddha nicht genügend geregelt waren, obwohl man andererseits viele gegenteilige Beispiele kennt (siehe J. Filliozat, L'Inde classique II, 485).

Doch einige Quellen[6] fügen eine bedeutsame Episode bei: Nach seiner Rückkehr nach Vaiśali erholt sich der Erhabene im heiligen Wald Cāpāla und lobt dreimal vor Ananda den Zauber dieses Ortes und die abwechslungsreiche Schönheit des „indischen Kontinents". Er fügt hinzu, daß der Buddha, wenn man ihn darum bittet, „während einer kosmischen Periode oder des Rests einer kosmischen Periode überleben kann". Doch Ananda bleibt alle drei Male schweigend, und der Meister bittet ihn, sich zu entfernen. Da nähert sich Māra und erinnert ihn an sein Versprechen, ins *parinirvāna* einzutreten, wenn der *samgha* vollkommen errichtet ist. „Sei ohne Sorge, du Schlauer", antwortet ihm der Buddha, „du mußt nicht mehr lange warten." Er verzichtet auf den Rest an Leben, der ihm noch bleiben würde, und sogleich beginnt die Erde zu beben. Ananda fragt seinen Lehrer nach dem Grund für diese seltsame Erscheinung und fleht ihn, als er ihn erfährt, an, bis zum Ende der kosmischen Periode am Leben zu bleiben. Aber der Buddha kann das Versprechen nicht zurücknehmen, das er Māra gerade gegeben hat. „Es ist deine Schuld, Ananda... Hättest du den Auserwählten darum gebeten, so hätte er das erste und das zweite Mal deine Bitte zurückgewiesen, aber beim dritten Mal hätte er sie dir gewährt. Es ist also deine Schuld, Ananda."[7]

Er bittet dann seinen Schüler, die Mönche zu versammeln, die sich in Vaiśali befanden, und sie beide gehen nach Pāpā. Dort werden sie von dem Schmied Cunda zu einem Essen eingeladen, das einen „Schweine-Leckerbissen" enthält, ein Gericht aus Schweinefleisch oder aus einem bestimmten Pilz, den die Schweine besonders mögen. Dieses Gericht ruft einen blutigen Durchfall hervor, also offensichtlich einen Rückfall in die Krankheit, von der er sich gerade erholt hatte. Dennoch macht er sich wieder auf den Weg nach Kuśinagara, der Hauptstadt der Malla. Von einem anstrengenden Marsch erschöpft, legt sich der Buddha auf die rechte Seite, zwischen zwei Bäume in einem kleinen Wäldchen, nach Westen gerichtet, den Kopf nach Norden, das linke Bein über die rechte Seite gestreckt. Ananda bricht in Schluchzen aus, aber der Sterbende tröstet ihn: „Genug, Ananda, hör auf, dich zu grämen und zu stöhnen... Wie kann man annehmen, daß das, was geboren ist, nicht sterben wird? Das ist ein Ding der Unmöglichkeit."[8] Er lobt anschließend vor allen die Hingabe Anandas und versichert ihm, er werde zur Heiligkeit gelangen.

Von Ananda in Kenntnis gesetzt, scharen sich die Malla um den Erhabenen. Nachdem er einen Geistlichen, Subhadra, bekehrt hat, ruft der Buddha seine

---

[6] Divyāvadāna, S. 200ff (nach der Übersetzung von *E. Burnouf,* Introduction 74ff) und andere Texte, die von Windisch, Māra und Buddha 33ff untersucht werden. Siehe auch *Foucher* 303ff.
[7] Mahā-parinibbāna-sutta III, 40 (in der Übers. von Foucher, S. 303). Die Episode von der folgenreichen Zerstreutheit Anandas wurde sicher erfunden, um den Tod des Buddha zu erklären. Denn wie er die Umstände seiner Geburt gewählt hatte, konnte der Buddha seine Existenz unbegrenzt verlängern. Es war nicht sein Fehler, wenn er das nicht getan hatte. Auf jeden Fall wurde Ananda weder von der Legende noch von der buddhistischen Gemeinschaft stigmatisiert, was beweist, daß es sich um eine aus apologetischen Gründen eingefügte Episode handeln muß.
[8] Mahā-parinibbāna-sutta V, 14.

Getreuen zusammen und fragt sie, ob sie noch Zweifel bezüglich des Gesetzes und des Gehorsams haben. Alle schweigen. Da spricht der Buddha seine letzten Worte: „An euch wende ich mich, ihr Bettelmönche: die Vergänglichkeit ist das Gesetz der Dinge. Laßt in euren Anstrengungen nicht nach!" In der dritten und letzten Wachphase der Nacht schließlich durchläuft er die vier Stufen der Meditation und entschläft. Das war in der Vollmondnacht von Kārttika, im November 478 v. Chr. (oder 487, nach einer anderen Tradition).

Wie zum Ausgleich für einen so menschlichen Tod ranken sich um die Beerdigung des Buddha zahlreiche Legenden. Sieben Tage lang ehren die Malla mit Musik und Tanz den in zahlreiche Stoffe eingehüllten und in einen Öltrog gelegten Toten, denn man bestattet ihn als einen *cakravartin*-König. Vor der Verbrennung auf einem wohlduftenden Scheiterhaufen sei der Körper in Kuśinagara herumgeführt worden. Doch der Scheiterhaufen konnte nicht vor der Ankunft des Schülers Mahākāśyapa angezündet werden, der mit drei Tagen Abstand den gleichen Weg ging wie sein Meister zuvor. Da Mahākāśyapa der erste Führer der Gemeinschaft werden sollte, mußte er wenigstens zur Verbrennung des Erhabenen anwesend sein. Und nach der Legende kamen sogar die Füße des Buddha aus dem Sarg hervor, damit der große Schüler sie durch eine Berührung seiner Stirn ehren könne. Der Scheiterhaufen entzündete sich daraufhin von selbst. Da der Erhabene auf ihrem Gebiet starb, nahmen die Malla die Gebeine für sich in Anspruch. Doch die Nachbarvölker verlangten ihren Anteil davon, um *stupas* errichten zu können. Die Malla weigerten sich zuerst, waren aber schließlich, von einer Koalition bedroht, mit einer Teilung der Gebeine in acht Teile einverstanden. Auf den Reliquien, auf der Urne und auf den verkohlten Resten des Scheiterhaufens wurden *stupas* errichtet.

151. Das religiöse Milieu: die Wanderasketen

Zu Beginn des 6. Jahrhunderts erlebte das am Ganges gelegene Indien eine Zeit blühender religiöser und philosophischer Aktivität; man hat sie zu Recht der spirituellen Blüte im Griechenland der gleichen Epoche verglichen. Neben den Mönchen und Mystikern, die der brahmanischen Tradition folgten, existierten auch unzählige Gruppen von *śramaṇas* („die sich mühen", vom Pali-Wort *samana*), von Wanderasketen *(parivrājaka)*, unter denen man Yogins, Magier, Dialektiker („Sophisten") und sogar Materialisten und Nihilisten, die Vorläufer der Cārvāka und der Lokāyata, finden konnte. Bestimmte Arten von Wanderasketen gingen auf die vedische und vorvedische Zeit zurück. Von den meisten von ihnen wissen wir wenig mehr als ihre Namen. Ihre Lehren werden in fragmentarischer Form in den buddhistischen und jainistischen Texten erwähnt; im übrigen sind sie, da sie sowohl von den Jainisten als auch von den Buddhisten bekämpft werden, meist willkürlich deformiert und ins Lächerliche gezogen.

Es ist indes wahrscheinlich, daß all diese *śramaṇas* die Welt, zugleich abgestoßen von der Eitelkeit der menschlichen Existenz und von der im brahmanischen Ritualismus enthaltenen Lehre, verlassen haben. Es waren der Mechanismus der Seelenwanderungen und ihre geheimnisvolle Triebkraft, die Tat *(karman)*, die die *śramaṇas* verstehen und beherrschen wollten. Sie bedienten sich vielfältiger und unterschiedlichster Mittel, von der extremen Askese, der para-yogischen Ekstase oder der empirischen Analyse der Materie bis zur abstrusesten Metaphysik, orgiastischen Praktiken, einem ausgefallenen Nihilismus und einem vulgären Materialismus. Die Wahl der Mittel hing zum Teil vom Wert ab, der der Kraft beigemessen wurde, die in Abhängigkeit vom *karman* zur Transmigration verurteilt war: Handelte es sich um einen vergänglichen psychischen Organismus oder um ein unzerstörbares und unsterbliches „Selbst"? Im wesentlichen war es das gleiche Problem, das auch von den ersten Upanishaden gestellt wurde (§ 80) und das immer im Mittelpunkt des indischen Denkens bleiben wird.

Die buddhistischen und jainistischen Texte nennen teilweise nur die Lehren bestimmter Geistlicher, ohne ihre Name zu erwähnen. So stellt zum Beispiel das *Brahmajālasutta* einen langen Katalog von Lehren vor: „Einige stellen Vermutungen über die vergangenen Zyklen der Dauer an, versichern, das Selbst *(atta,* Sanskr. *ātman)* und die Welt seien ewig, und erwerben durch eine psychische Disziplin (die schon die des Yoga mit samādhi ist) wunderbare Fähigkeiten, wie die Erinnerung an frühere Existenzen. Andere nehmen teilweise eine Ewigkeit, teilweise eine Nicht-Ewigkeit an und stellen einander zum Beispiel den ewigen Brahman und die nicht ewig dauernden Schöpfungen gegenüber. Wieder andere setzen das Selbst mit dem Körper gleich und halten es deshalb für nicht ewig. Andere nehmen die Unendlichkeit, wieder andere die Endlichkeit der Welt an. Die Agnostiker weichen allen Fragen aus. Einige glauben, das Selbst und die Welt seien ohne Ursache entstanden. Eine andere Gruppe spekuliert über die noch kommenden Kreisläufe und faßt die Entwicklung des Selbst nach der Auflösung des Körpers ins Auge. Dieses Selbst kann bewußt oder sogar geformt, oder ohne Form und auch ohne Abwesenheit von Form, also dem Bereich der Form fremd sein, begrenzt oder unendlich, unglückliche Gefühle verspüren. Es ist entweder unbewußt oder weder unbewußt noch bewußt, oder aber man leugnet an ihm alles, usw." (Resümee von *J. Filliozat*, L'Inde classique II, 512). Dieser Katalog ist um so wertvoller, als einige der erwähnten Lehren von verschiedenen buddhistischen Schulen wiederaufgenommen und weiterentwickelt werden.

Außer diesen anonymen Lehren sind in den Quellen auch die Namen einiger Sekten aufbewahrt. Die wichtigsten unter ihnen werden uns gleich weiter beschäftigen: die Ājīvika, deren Oberhaupt Makhali Gosāla war, und die Nigaṇṭha (diejenigen „ohne Ort"), das heißt die Jaina, die Anhänger des Mahāvīra. Was die Lehrer Gautamas betrifft, Ārāḍa Kālāma und Rudraka, so war ihr Einfluß auf seine Meditationsmethode beträchtlich, auch wenn der Buddha sie an Intelligenz und an Fähigkeit zur yogischen Konzentration übertraf.

Das *Sāmaññaphalasutta* (Dīgha I, 47 ff) zitiert außerdem die sechs mit Buddha rivalisierenden Lehrer. Von jedem von ihnen sagt man uns, er sei „Oberhaupt einer Gemeinschaft", berühmter „Begründer einer Sekte", sei als ein Heiliger betrachtet und von einer Menge Volkes verehrt worden, habe ein fortgeschrittenes Alter erreicht. Pūrana Kassapa scheint gepredigt zu haben, dem Akt fehle es an Wert; Ajita Keśakambala lehrte einen Materialismus, der dem der Cārvāka nahe war; Kakuda Kātyāyana die Ewigkeit der sieben „Körper" (*kāya*, das heißt die „Körper" der Erde, des Wassers, des Feuers, des Winds, des Vergnügens, der Mühe und des Lebens) und Sañjaya wahrscheinlich den Skeptizismus, denn er vermied jede Diskussion. Die beiden anderen sind Makhali Gosāla und Nigaṇṭha Nātaputta, das heißt Mahāvīra; dieser letztere wird in den buddhistischen Quellen kaum erwähnt, obwohl er unter den Zeitgenossen des Buddha die wichtigste religiöse Persönlichkeit war.

In mehreren *suttas* wird von Begegnungen mit den *paribbājakas* berichtet, aber die Texte legen mehr Wert auf die Antworten des Erhabenen als auf die Lehren und Gebräuche seiner Gesprächspartner. Er wirft ihnen beispielsweise vor, sich etwas auf ihre eigene Askese einzubilden, die anderen geringzuschätzen, zu glauben, sie hätten ihr Ziel erreicht, und darüber befriedigt zu sein, eine übertrieben hohe Meinung von ihrer Klugheit zu haben usw.[9] Er erklärt, was den wirklichen *śramaṇa* oder Brahmanen kennzeichne, sei keineswegs sein äußeres Erscheinungsbild, seine Bußübungen oder physischen Kasteiungen, sondern seine innere Disziplin, seine Barmherzigkeit, seine Selbstbeherrschung, die Befreiung des Geistes vom Aberglauben und von den Automatismen[10].

152. Mahāvīra und die „Retter der Welt"

Obwohl Mahāvīra sein Zeitgenosse war, obwohl sie durch die gleichen Gegenden zogen und in den gleichen Milieus verkehrten, begegnete der Buddha ihm niemals. Wir kennen die Gründe nicht, die dafür verantwortlich sind, daß er beschloß, die Begegnung mit seinem mächtigeren und originelleren Rivalen zu vermeiden, dem einzigen, dem es gelang, eine religiöse Gemeinschaft zu organisieren, die noch in unseren Tagen überdauert. Man kann einige Analogien in den Lebensläufen und spirituellen Orientierungen der beiden Meister erkennen. Alle beide gehören sie der aristokratisch-militärischen Kaste (*kṣatriya*) an und zeigen die gleiche anti-brahmanische Tendenz, die schon die ersten Upanishaden bestimmte; alle beide sind die „Häretiker" par excellence, denn sie leugnen die Existenz eines höchsten Gottes und den Offenbarungscharakter der Vedas und decken die Unnötigkeit und Grausamkeit der Opfer auf. Aber ande-

---

[9] Udumbarikā-Sīhanādasutta (Dīgha III, 43 ff; C. A. und T. W. Rhys Davids, Dialogues of the Buddha III, 39 ff).
[10] Kassapa-Sīhanādasutta (Dīgha I, 169 ff; Dialogues I, 234 ff).

rerseits unterscheiden sie sich durch ihr Temperament, und letztlich sind ihre Lehren unvereinbar.

Im Unterschied zum Buddhismus hat der Jainismus nicht mit dem Predigen Mahāvīras begonnen. Dieser war nur der letzte einer sagenhaften Reihe von Tīrthaṃkaras, wörtlich „Furt-Machern", also „Bahnbrechern und Verkündern des Heils"[11]. Der erste, Ṛṣabha oder Adiśvara, der „ursprüngliche Meister", hat angeblich Milliarden von Jahren gelebt, erst als Prinz, dann als Asket, bevor er das Nirvāna auf dem Berg Kailasa erreichte. Die sagenhaften Legenden der anderen 21 Tīrthaṃkaras folgen ungefähr dem gleichen Modell, das im übrigen nichts anderes ist als die Umformung des Lebens von Mahāvīra in ein Paradigma: alle sind ursprünglich Prinzen, verzichten auf die Welt und begründen eine religiöse Gemeinschaft. Man ist sich darin einig, dem 23. Tīrthaṃkara, Pārśva, eine gewisse Historizität zuzuerkennen. Als Sohn eines Königs von Benares hat er angeblich mit 30 Jahren die Welt verlassen, die Allwissenheit erlangt und ist, nachdem er acht Gemeinschaften gegründet hat, als Hundertjähriger auf einem Berg gestorben, 250 Jahre vor Mahāvīra. Noch in unseren Tagen erfreut sich Pārśva einer besonderen Stellung im Kult und in der Mythologie der Jainas.

Mahāvīra war der Sohn Siddhārthas, des Oberhaupts eines adligen Geschlechts, und Triśalas, die mit den herrschenden Familien von Magadha verwandt war. Doch die Legende siedelt seine Geburt im traditionellen Rahmen der Geburten von „Rettern der Welt" an: derjenige, der einst der 24. und letzte Tīrthaṃkara sein sollte, beschließt, auf die Erde hinabzusteigen, um die Lehre und die moralische Vollkommenheit der von Pārśva gegründeten Gemeinschaften wiederherzustellen. Er inkarniert sich im Leib der Devānada, der Frau eines Brahmanen, aber die beiden lassen den Embryo in eine Prinzessin von Magadha transportieren. Eine Reihe von Träumen kündigt den beiden Müttern die Geburt eines Retters und *cakravartin* an. Und ganz wie bei Buddha und Zarathustra wird die Nacht seiner Geburt von einem großen Licht erleuchtet.

Das Kind erhielt den Namen Vardhamāna („Prosper") und lernte, ganz wie der Buddha, das Leben eines Prinzen kennen, heiratete ein junges adliges Mädchen und hatte ein Kind. Doch beim Tod seiner Eltern, mit 30 Jahren, verteilt Vardhamāna, nachdem er die Erlaubnis seines älteren Bruders erhalten hat, all seine Güter, verläßt die Welt und zieht das Gewand eines Wanderasketen an. Nach 13 Monaten verzichtet er auf das Tragen des Kleidungsstückes, und das ist die erste Neuerung, die ihn von der durch Pārśva weitergegebenen Tradition trennt. Nackt, „vom Raum umkleidet", gibt er sich 13 Jahre lang dem strengsten Asketentum und der Meditation hin. Schließlich erhält er nach langen Kasteiungen und zweieinhalb Tagen Sammlung in einer Sommernacht unter dem Śālā-Baum, am Ufer eines Flusses, die „Allwissenheit". Er wird so ein *jina*

---

[11] Aber sehr früh schon haben auch die Buddhisten eine beträchtliche Reihe von Buddhas proklamiert.

(„Sieger"), und seine Anhänger werden später den Namen Jaina annehmen, aber er wird vorwiegend Mahāvīra, der „Große Held", genannt. Dreißig Jahre lang setzt er das Wanderleben fort und predigt seine Lehre in den Ländern: Magadha, Anga und Videha und in der Ganges-Ebene. Während des Monsuns hielt sich Mahāvīra wie alle anderen Geistlichen im Umkreis einer Stadt auf. Er starb im Alter von 72 Jahren in Pāvā (in der Nähe des heutigen Patna). Das Datum seines „Eintritts ins Nirvāna" ist noch umstritten: einigen Autoren zufolge 468 v. Chr., nach H. Jacobi und W. Schubrig 477 – auf jeden Fall aber einige Jahre vor dem Nirvāna des Buddha.

153. Lehren und Praktiken der Jainas

Man weiß fast nichts von der Persönlichkeit Mahāvīras. Die Mythologie, die seine Geburt und einige Ereignisse aus seiner Laufbahn preist, ist, wie diejenige, die sich um den Buddha rankt, die traditionelle indische Mythologie. Die jainistische Satzung wurde im 4. bis 3. Jahrhundert v. Chr. herausgegeben, aber einige Passagen sind wesentlich älter und halten vielleicht Ausdrücke fest, die der Meister selbst benutzt hat. Was die Lehre Mahāvīras zu kennzeichnen scheint, ist das Interesse an den Strukturen der Natur und seine Leidenschaft für Klassifikationen und für Zahlen. So hat man schon gesagt, die Zahl beherrsche sein System (W. Schubrig). Tatsächlich ist die Rede von drei Arten des Bewußtseins und fünf Arten des rechten Bewußtseins, von sieben Prinzipien oder Kategorien, von fünf Arten von Körpern, von sechs Farbtönen oder Schattierungen *(leśya),* die Verdienste oder Verfehlungen der Seele anzeigen, von acht Arten „karmischer Materie", von vierzehn Stadien der spirituellen Fähigkeiten usw. Auf der anderen Seite unterscheidet sich Mahāvīra zugleich von Pārśva und vom Buddha durch seinen strengen Asketismus, der seinen Anhängern auferlegte, dauernd nackt herumzulaufen, und ihnen zahlreiche Verbote auferlegte.

Mahāvīra leugnet die Existenz Gottes, aber nicht die der Götter: diese erfreuen sich einer gewissen Glückseligkeit, sind aber nicht unsterblich. Der Kosmos und das Leben haben keinen Anfang und werden kein Ende haben. Die kosmischen Zyklen werden sich unendlich wiederholen. Unendlich ist auch die Zahl der Seelen. Alles wird vom *karman* beherrscht, mit Ausnahme der erlösten Seele. Ein besonderer Zug des Jainismus, der seine archaische Struktur zeigt, ist der Panpsychismus: alles, was auf der Welt existiert, besitzt eine Seele, nicht nur die Tiere, sondern auch die Pflanzen, die Steine, die Wassertropfen usw. Und da die Ehrfurcht vor dem Leben die erste und wichtigste jainistische Regel darstellt, läßt dieser Glaube an den Panpsychismus unzählige Schwierigkeiten entstehen. Deshalb muß der Mönch beim Gehen vor sich kehren, und es ist ihm untersagt, nach Sonnenuntergang auszugehen – um nicht irgendein winziges Lebewesen zu töten.

Es scheint widersinnig, daß eine Lehre, die den Panpsychismus postuliert und den absoluten Respekt vor dem Leben verkündet, das menschliche Leben vollkommen verachtet und den Selbstmord durch Fasten als höchstes Beispiel betrachtet. Die Ehrfurcht vor dem Leben, also vor allem, was in den drei Reichen der Welt existiert, schafft es keineswegs, die menschliche Existenz zu resanktualisieren oder ihr wenigstens eine religiöse Bedeutung zu geben. Der Jainismus teilt den Pessimismus und die Lebensverweigerung, die sich in den Upanishaden gezeigt haben, und nimmt nur eine spirituelle und transkosmische Glückseligkeit an (siehe aber weiter unten, § 190): nach dieser Lehre schießt die von der „karmischen Materie" erlöste Seele „wie ein Pfeil" zum Gipfel des Universums; dort, in einer Art Empyreum, trifft sie die anderen Seelen und kommuniziert mit ihnen, so daß sich eine rein spirituelle, sogar göttliche Gemeinschaft konstituiert. Dieser Pessimismus und akosmische „Spiritualismus" erinnert an bestimmte gnostische Schulen (§ 228) und, mit wichtigen Unterschieden, an den Sāṃkhya und den klassischen Yoga (§ 139 ff).

Das *karman* spielt eine entscheidende Rolle, denn es schafft die karmische Materie, eine Art psychisch-körperlichen Organismus, der sich an die Seele bindet und sie dazu zwingt zu wandern. Die Erlösung *(mokṣa)* vollendet sich durch das Aufhören jeden Kontakts mit der Materie, also durch das *Zurückweisen* des schon aufgenommenen *karman* und durch das *Aufhören* jedes neuen karmischen Zuflusses. Wie zu erwarten, wird die Erlösung durch eine Reihe von Meditationen und Konzentrationsübungen des yogischen Typs erreicht[12], die ein Leben der Askese und der Sammlung krönen. Natürlich können nur die Mönche und Nonnen auf die Erlösung hoffen. Doch das Klosterleben steht jedem Kind ab dem Alter von acht Jahren offen, wenn es sich in gutem Gesundheitszustand befindet. Nach einigen Studienjahren wird der Novize von einem Meister eingeweiht und legt die fünf Gelübde ab: jedes Leben zu schonen, die Wahrheit zu sagen, nichts zu besitzen und nichts zu erwerben, keusch zu bleiben. Bei dieser Gelegenheit erhält er ein Almosen-Gefäß, einen kleinen Besen zur Reinigung des Bodens vor sich und ein kleines Mulltüchlein, mit dem er sich beim Sprechen den Mund bedeckt (wahrscheinlich, um das Verschlucken von Insekten zu vermeiden). Das Wanderleben der Mönche und Nonnen mit der Ausnahme der drei Monate während des Monsuns ahmt in allem das Mahāvīras nach.

Nach der Tradition gab es beim Tode Mahāvīras außer einer großen Gemeinschaft von Laien 14 000 Mönche und 36 000 Nonnen. Die Zahlen sind wahrscheinlich übertrieben. Was aber überraschender ist, ist die große Mehrheit von Frauen unter den Anhängern und in der Laien-Gemeinschaft, dies um so mehr, als nach einigen Jaina-Lehrern die Nonnen die Erlösung nicht erreichen konnten, da die mönchische Nacktheit ihnen verboten war. Doch die hohe Zahl an Frauen bei Nonnen und Laien wird schon in der ältesten Tradition bezeugt.

---

[12] Bestimmte Techniken entsprechen vollkommen der Tradition des klassischen Yoga, wie sie später von Patañjali (§ 143) aufgeschrieben wurde. So besteht zum Beispiel die Konzentration *(dhyāna)* darin, die psycho-mentale Aktivität auf „einen einzigen Punkt" zu fixieren.

Man nimmt an, daß Mahāvīra sich mit seiner Lehre vor allem an seinesgleichen, an Mitglieder der Militäraristokratie, richtete. Man kann vermuten, daß die zu diesem Milieu gehörenden Frauen in der Lehre Mahāvīras, deren Wurzeln in die älteste indische Spiritualität reichen, einen religiösen Weg fanden, der ihnen von der brahmanischen Orthodoxie verweigert wurde.

154. Die Ājīvikas und die Allmacht des „Schicksals"

Der Buddha betrachtete Maskarin (Makhali) Gosāla als seinen gefährlichsten Rivalen. Als Schüler und Gefährte Mahāvīras während mehrerer Jahre lebte Gosāla asketisch, erhielt magische Fähigkeiten und wurde der Führer der Ājīvikas. Einigen biographischen Anspielungen zufolge, die sich in buddhistischen und jainistischen Schriften erhalten haben, war Gosāla ein mächtiger Magier. Er tötete einen seiner Schüler durch sein „magisches Feuer"; dennoch starb er bei einem magischen Turnier mit Mahāvīra und in der Folge von dessen Verwünschung (wahrscheinlich zwischen 485 und 484 v. Chr.).

Die Etymologie des Begriffs *ājīvika* bleibt unklar. Die von den Buddhisten und den Jainisten angegriffenen Lehren und Praktiken der Ājīvikas lassen sich nur schwer rekonstruieren. Außer einigen in den Büchern der Gegner festgehaltenen Zitaten hat von ihrer Satzung nichts überlebt. Es ist allerdings bekannt, daß es sich um eine ziemlich alte Bewegung handelt, die dem Buddhismus und dem Jainismus um mehrere Generationen vorausging.

Was Gosāla von all seinen Zeitgenossen unterschied, war sein rigoroser Fatalismus. „Die menschliche Anstrengung ist ohne Wirkung", so lautete die Kernaussage seiner Botschaft. Und der Schlußstein seines Systemgebäudes lag in einem einzigen Wort: *niyati*, die „Fatalität", das „Schicksal". Einem buddhistischen Text zufolge glaubte Gosāla, daß „es keine Ursache und kein Motiv für das Verderben der Lebewesen gibt, die Lebewesen werden ohne Ursache und Motiv verdorben. Es gibt keine Ursache für die Reinheit der Wesen, die Wesen werden ohne Ursache und Motiv geläutert. Es gibt keine selbst ausgeführte Tat, es gibt keine von einem anderen ausgeführte Tat, es gibt keine menschliche Tat, es gibt keine menschliche Kraft (...), keine menschliche Energie (...), keine menschliche Stärke (...), keinen menschlichen Mut. Alle Lebewesen, alle Individuen, alle Kreaturen, alle lebenden Dinge sind willenlos, kraftlos, energielos, sie entwickeln sich durch die Einwirkung des Schicksals, der Zufälle, ihres eigenen Zustandes..." (*Sāmaññaphalasutta* 54). Gosāla weist mit anderen Worten die panindische Lehre vom *karman* zurück. Ihm zufolge mußte jedes Lebewesen seinen Kreislauf durch 8400000 Äonen *(mahākalpa)* durchlaufen, und das Ende der Erlösung geschah spontan, ohne Anstrengung. Der Buddha hielt diesen unversöhnlichen Determinismus für kriminell, weshalb er Makhali Gosāla mehr als irgendeinen anderen unter seinen Zeitgenossen angriff: er hielt die Lehre von der „Fatalität" für die gefährlichste.

Makhali Gosāla hat einen besonderen Platz innerhalb des Horizonts des indischen Denkens: seine deterministische Konzeption regte dazu an, die natürlichen Erscheinungen und die Gesetze des Lebens zu untersuchen[13]. Die Ājīvikas gingen vollkommen nackt und folgten darin einer Sitte, die vor dem Auftreten Mahāviras und Makhali Gosālas schon bestand. Wie alle Wanderasketen erbettelten sie sich ihre Nahrung und befolgten strenge Ernährungsregeln; viele setzten ihrem Leben selbst durch Verhungern ein Ende. Die Aufnahme in den Orden hatte archaische Züge: Der Neuling mußte sich beim Anfassen eines heißen Gegenstands die Hände verbrennen, er wurde bis zum Hals eingegraben, dann riß man ihm die Haare einzeln aus. Aber es ist uns nichts über die spirituellen Techniken der Ājīvikas erhalten geblieben. Man muß vermuten, daß sie eigene Askesetraditionen und Meditationsrezepte besaßen; das lassen uns einige Anspielungen auf eine Art *nirvāna* annehmen, das dem höchsten Himmel anderer mystischer Schulen vergleichbar ist[14].

---

[13] Er hat eine Klassifikation der Lebewesen nach der Zahl ihrer Sinne vorgeschlagen, hat eine Lehre von den Transformationen in der Natur *(parināmavāda)* entworfen und sich dabei auf genaue Beobachtungen bezüglich der Periodizität des pflanzlichen Lebens gestützt.

[14] Im 10. Jahrhundert v. Chr. hingen die Ājīvikas, wie ganz Indien, der *bhakti* an und verschmolzen schließlich mit einer visnuitischen Sekte, den Pañcaratra (siehe A. L. *Basham*, History and Doctrines of Ajivikas 280ff).

NEUNZEHNTES KAPITEL

Die Botschaft des Buddha: Vom Schrecken der ewigen Wiederkehr zur Glückseligkeit des Unaussprechlichen

155. Der von einem vergifteten Pfeil getroffene Mensch…

Der Buddha hat sich niemals bereit erklärt, seiner Lehre die Struktur eines Systems zu geben. Er hat sich nicht nur geweigert, über philosophische Probleme zu sprechen, sondern hat auch keine Angaben über mehrere wesentliche Punkte seiner Lehre gemacht, zum Beispiel über die Lebensweise des ins Nirvāna eingetretenen Heiligen. Dieses Schweigen hat frühzeitig das Auftreten divergierender Interpretationen ermöglicht und später zur Entstehung verschiedener Schulen und Sekten beigetragen. Die mündliche Unterrichtsform des Erhabenen und die Bearbeitung des Textkanons rufen zahlreiche Probleme hervor, und es wäre müßig, zu hoffen, daß wir es eines Tages schaffen können, sie in zufriedenstellender Weise zu lösen. Aber wenn es unmöglich erscheint, die „authentische Botschaft" des Buddha in ihrer Gesamtheit zu rekonstruieren, so wäre es doch auch übertrieben, den Schluß zu ziehen, schon die ältesten Texte stellten seine Heilslehre vollkommen verändert dar.

Von Anfang an war die buddhistische Gemeinschaft *(saṃgha)* durch klösterliche Regeln *(vinaya)* organisiert, die ihre Einheit sicherten. Innerhalb der Lehre waren sich die Mönche in bestimmten grundlegenden Vorstellungen bezüglich der Seelenwanderung und der Vergeltung der Taten, der Meditationstechniken, die zum Nirvāṇa führen, und des „Wesens des Buddha" (also in der „Buddhologie") einig. Außerdem existierte schon zu Lebzeiten des Buddha eine große Schar von sympathisierenden Laien, die zwar die Lehre akzeptierten, deshalb aber nicht auf die Welt verzichteten. Durch ihren Glauben an den Buddha und durch ihre Großzügigkeit gegenüber der Gemeinschaft erwarben sich diese Laien „Verdienste", die ihnen ein Weiterleben in den verschiedenen „Paradiesen" und eine bessere Reinkarnation sicherten. Diese Art der Frömmigkeit charakterisiert den „volkstümlichen Buddhismus". Durch die Mythologien, die Rituale und die literarischen und künstlerischen Werke, die er hervorgerufen hat, hat er innerhalb der Religionsgeschichte Asiens eine große Bedeutung.

Im wesentlichen kann man sagen, daß der Buddha sich ebenso den kosmologischen und philosophischen Spekulationen der Brahmanen und der *śramaṇas* wie den verschiedenen Methoden und Techniken eines vorklassischen Sāṃkhya und Yoga entgegensetzte. In der Frage der Kosmologie und der Anthropogonie, die zu diskutieren er sich weigert, ist offensichtlich, daß für den Buddha die Welt weder von einem Gott noch von einem Demiurgen oder einem bösen Geist geschaffen wurde (wie die Gnostiker und Manichäer glauben; siehe § 229 ff), daß sie aber *durch die – guten oder schlechten – Taten der Menschen* weiterexistiert, das heißt *fortlaufend geschaffen wird*. Tatsächlich verkürzt sich, wenn Unwissenheit und Sünden zunehmen, nicht nur das menschliche Leben, sondern das Universum selbst geht unter. (Die Vorstellung ist panindisch, leitet sich aber von den archaischen Konzeptionen von der fortschreitenden Dekadenz der Welt ab, die ihre periodische Wiedererschaffung nötig macht.)

Was den Sāṃkhya und den Yoga anbelangt, so übernimmt der Buddha die Analyse der Sāṃkhya-Lehrer und die kontemplativen Techniken der Yogins, weist aber ihre theoretischen Annahmen, an erster Stelle die Idee des Selbst *(purusha)*, zurück. Seine Weigerung, sich in Spekulationen irgendwelcher Art verwickeln zu lassen, ist kategorisch. Sie wird in bewundernswerter Weise im berühmten Dialog mit Māluṅkyaputta illustriert. Dieser Mönch beklagte sich, der Erhabene lasse Probleme wie diese unbeantwortet: Ist das Universum ewig oder nicht? Endlich oder unendlich? Ist die Seele das gleiche wie der Körper, oder ist sie von ihm unterschieden? Existiert der Tathāgata nach dem Tod, oder existiert er nicht nach dem Tod? usw. Māluṅkyaputta bittet den Meister, seine Gedanken zu präzisieren oder andernfalls zuzugeben, er wisse die Antwort nicht. Der Buddha erzählt ihm daraufhin die Geschichte von dem Mann, der von einem vergifteten Pfeil getroffen wurde. Freunde und Verwandte führen einen Chirurgen zu ihm, aber der Mann ruft aus: „Ich werde diesen Pfeil nicht herausziehen lassen, bevor ich weiß, wer mich getroffen hat, ob es ein *kṣhatriya* oder ein Brahmane war (…), welches seine Familie ist, ob er groß, klein oder von mittlerer Größe ist, aus welchem Dorf oder welcher Stadt er kommt; ich werde diesen Pfeil nicht herausziehen lassen, bevor ich weiß, mit welcher Art Bogen man auf mich gezielt hat (…), welche Sehne auf den Bogen gespannt war, (…), welche Feder auf dem Pfeil befestigt war (…), wie die Spitze des Pfeils beschaffen war." Der Mann sei gestorben, ohne diese Dinge zu wissen, fuhr der Erhabene fort, und ebenso gehe es dem, der sich weigere, den Weg der Heiligkeit zu gehen, bevor er dieses oder jenes philosophische Problem gelöst hat. Warum weigerte sich der Buddha, diese Fragen zu diskutieren? „Weil es nicht nützlich ist, weil es nicht mit dem heiligmäßigen und spirituellen Leben verbunden ist und nicht zum Ekel vor der Welt, zur Loslösung, zum Aufhören der Begierden, zur Ruhe, zum tiefen Eindringen, zur Illumination, zum Nirvāna beiträgt!" Und der Buddha erinnert Māluṃkyaputta daran, daß er nur eine Sache gelehrt hat, nämlich die vier „Edlen Wahrheiten" (Majjhimanikāya I, 426).

156. Die vier „Edlen Wahrheiten" und der „Weg der Mitte"

Diese vier „Edlen Wahrheiten" sind das Herz seiner Lehre. Er hat sie in seiner ersten Predigt in Benares, kurz nach seiner Erweckung, vor seinen fünf alten Gefährten verkündet (§ 149). Die erste Wahrheit betrifft das Leiden oder den Schmerz (im Pali: *dukkha*). Für den Buddha ist wie für die Mehrheit der indischen Denker und Geistlichen nach der Zeit der Upanishaden *alles Leiden*. Denn „die Geburt bedeutet Schmerz, der Verfall ist Leid, die Krankheit ist Leiden, der Tod ist Leiden. Mit dem verbunden sein, was man nicht liebt, bedeutet Leiden. Von dem getrennt sein, was man liebt (...), das nicht haben, was man begehrt, bedeutet Leiden. Kurz, jeder Kontakt mit (irgendeinem der) fünf *skandha* beinhaltet Leiden" (Majjhima I, 141). Fügen wir noch hinzu, daß der Begriff *dukkha*, der gewöhnlich mit „Schmerz" oder „Leiden" übersetzt wird, eine viel weitere Bedeutung hat. Verschiedene Formen des Glücks und sogar einige spirituelle Zustände, die durch Meditation erlangt werden, werden als *dukkha* beschrieben. Nachdem er die spirituelle Glückseligkeit solcher yogischen Zustände beschrieben hat, fügt der Buddha hinzu, sie seien „unbeständig, dukkha und der Veränderung unterworfen" (Majjhima I, 90). *Dukkha* sind sie gerade deswegen, weil sie unbeständig sind [1]. Wie wir noch sehen werden, reduziert der Buddha das „Ich" auf eine Kombination von fünf „Aggregaten" *(skandha)* der physischen und psychischen Kräfte. Und er fügt hinzu, der *dukkha*, das seien letztlich diese Aggregate [2].

Die zweite edle Wahrheit erkennt den Ursprung des Leidens *(dukkha)* in der Begierde, dem Verlangen oder dem „Durst" *(tanhā)*, der die Reinkarnationen bestimmt. Dieser „Durst" sucht beständig nach neuen Wonnen: unterschieden werden der Wunsch nach sinnlichen Freuden, der Wunsch, fortzubestehen, und der Wunsch, sich auszulöschen (oder die Selbst-Vernichtung). Zu beachten ist, daß der Wunsch zur Selbst-Vernichtung zusammen mit den anderen Erscheinungen des „Durstes" verurteilt wird. Da er selbst ein „Verlangen" ist, stellt der Wunsch nach Selbst-Vernichtung, der zum Selbstmord führen kann, keine Lösung dar, denn er hält den ewigen Kreislauf der Transmigrationen nicht an.

Die dritte edle Wahrheit verkündet, die Erlösung vom Schmerz *(dukkha)* bestehe in der Zerstörung des Verlangens *(taṇhā)*. Sie entspricht dem Nirvāna. So ist einer der Namen des Nirvāna „Vernichten des Durstes" *(taṇhākkhaya)*. Die vierte edle Wahrheit schließlich offenbart die Wege, die zum Aufhören des Leidens führen.

Beim Formulieren der vier Wahrheiten wandte der Buddha eine Methode der indischen Medizin an, in der zuerst die Krankheit bestimmt, dann ihre Ursache entdeckt, anschließend die Beseitigung dieser Ursache beschlossen und schließ-

---

[1] Die buddhistische Scholastik hat im *dukkha* das gewöhnliche Leiden, das vom Wechsel hervorgerufene Leiden und den bedingten Zustand unterschieden (Visuddhimagga 499; siehe auch *Rahula*, L'enseignement du Buddha 40). Da aber alles „bedingt" ist, ist auch alles *dukkha*.
[2] Siehe die von *Rahula*, a.a.O. 41, zitierten Texte.

lich die Mittel vorgestellt werden, die fähig sind, sie zu beseitigen. Die von Buddha erarbeitete Therapie bildet in der Tat die vierte Wahrheit; sie schreibt Mittel vor, um das Übel der Existenz zu heilen. Diese Methode ist unter dem Namen „Weg der Mitte" bekannt. Tatsächlich vermeidet sie die beiden Extreme: das Verfolgen des Glücks durch die sinnlichen Freuden und den gegenteiligen Weg, die Suche nach der spirituellen Glückseligkeit durch einen übertriebenen Asketismus. Der „Weg der Mitte" wird auch „Weg der acht Glieder" genannt, denn er besteht in: 1. rechter (oder richtiger) Meinung, 2. rechtem Denken, 3. rechtem Wort, 4. rechter Aktivität, 5. rechten Existenzmitteln, 6. rechter Anstrengung, 7. rechter Aufmerksamkeit und 8. rechter Konzentration.

Der Buddha kommt unablässig auf die acht Regeln des „Wegs" zurück, indem er sie auf verschiedene Art erklärt, denn er richtete sich an unterschiedlich zusammengesetzte Hörergruppen. Diese acht Regeln wurden teilweise nach ihrer Zielsetzung geordnet. So definiert der Text des Majjhimanikāya (I, 301) die buddhistische Lehre als 1. ethisches Verhalten (sila), 2. mentale Disziplin (samādhi) und 3. Weisheit (paññā, Sanskr. prajñā). Das ethische Verhalten, das sich auf die allgemeine Liebe und das Mitleid gegenüber allen Lebewesen gründet, besteht in der Beachtung der drei Regeln (2–4) des „achtgliedrigen Wegs", nämlich des rechten oder gerechten Redens, des rechten Verhaltens und der rechten Lebensführung. Zahlreiche Texte erklären, was unter diesen Formulierungen zu verstehen ist[3]. Die mentale Disziplin *(samādhi)* besteht im Ausüben der drei letzten Regeln des achtgliedrigen Wegs (6–8): der richtigen Anstrengung, Aufmerksamkeit und Konzentration. Es handelt sich hierbei um asketische Übungen der Yoga-Art, auf die wir später noch eingehen werden, denn sie sind wesentlicher Bestandteil der Botschaft des Buddha. Was die Weisheit betrifft, so ist sie Ergebnis der beiden ersten Regeln: der rechten Ansicht oder Meinung und des rechten Denkens.

157. Die Unbeständigkeit der Dinge und die Lehre vom Anatta

Beim Meditieren über die beiden ersten der edlen Wahrheiten – den Schmerz und die Ursache des Schmerzes – entdeckt der Mönch die Unbeständigkeit, also die Nicht-Substantialität (im Pali: *anatta*) der Dinge und zugleich die Nicht-Substantialität seines eigenen Seins. Er entdeckt, daß er sich nicht bloß unter die Dinge verirrt hat (wie zum Beispiel der Anhänger des Vedanta, der Orphiker und der Gnostiker glauben), sondern ihre Existenzweise teilt. Denn die kos-

---

[3] „Rechtes Wort" bedeutet zum Beispiel, auf Lügen, üble Nachrede und Verleumdung zu verzichten, kein hartes, beschimpfendes oder übelwollendes Wort zu benutzen, sich vom Geschwätz fernzuhalten. Die Regel vom rechten Handeln verbietet es dem Buddhisten, Leben zu zerstören, zu stehlen, unerlaubte sexuelle Beziehungen zu haben usw. Die rechte Lebensweise verbietet das Ausüben von Berufen, die anderen schaden usw.

mische Totalität und die psychomentale Aktivität bilden ein und dasselbe Universum. In einer unerbittlichen Analyse hat der Buddha gezeigt, daß *alles* in der Welt Existierende sich in fünf Kategorien, „Gruppen" oder „Aggregate" *(skandha)* einteilen läßt: 1. die Gesamtheit der „Erscheinungen" oder des sinnlich Wahrnehmbaren (die die Gesamtheit der materiellen Dinge, der Sinnesorgane und ihrer Objekte umfaßt), 2. die Empfindungen (die durch den Kontakt zu den fünf Sinnesorganen hervorgerufen werden), 3. die Wahrnehmungen und Begriffe, die daraus entstehen (das heißt die kognitiven Erscheinungen), 4. die psychischen Konstruktionen *(saṃskāra),* die die bewußte und unbewußte psychische Tätigkeit umfassen, 5. die Gedanken *(vijñāna),* das heißt die durch die Fähigkeiten der Sinne, vor allem aber durch den Geist *(manas),* der im Herzen seinen Sitz hat und die sinnlichen Erfahrungen ordnet, hervorgebrachten Erkenntnisse. Nur das Nirvāna ist nicht bedingt, nicht „konstruiert", und läßt sich folglich nicht unter die „Zusammensetzungen" einordnen.

Diese „Aggregate" oder „Gruppen" beschreiben summarisch die Welt der Dinge und die Grundsituation des Menschen. Eine andere berühmte Formel rekapituliert und beleuchtet auf noch dynamischere Art die Verkettung der Ursachen und Wirkungen, die den Kreislauf der einzelnen Leben und Wiedergeburten beherrscht. Diese Formel, die unter dem Namen „Entstehung in gegenseitiger Abhängigkeit" bekannt ist *(pratītyasamut-pāda,* im Pali: *paṭiccasamuppāda),* enthält zwölf Faktoren („Glieder"), deren erstes die Unwissenheit ist. Die Unwissenheit ist es, die die Willensäußerungen hervorruft; diese produzieren ihrerseits die „psychischen Konstruktionen" *(saṃskāra),* die die psychischen und mentalen Erscheinungen bedingen, und so weiter – bis zur Begierde, genauer zur sexuellen Begierde, die eine neue Existenz zur Folge hat und letztlich in Alter und Tod endet. Ihrem Wesen nach sind Unwissenheit, Begierde und Existenz voneinander abhängig und genügen, um die ununterbrochene Kette von Geburten, Toden und Seelenwanderungen zu erklären.

Diese Methode der Analyse und Klassifikation ist keine Erfindung des Buddha. Die Analysen des Yoga und Sāṃkhya der vorklassischen Zeit, wie schon die Spekulationen der *Brahmaṇas* und der Upanishaden, hatten die kosmische Totalität und die psychomentale Aktivität in eine bestimmte Anzahl von Elementen und Kategorien aufgeteilt und eingeordnet. Außerdem wurden seit der postvedischen Zeit Begierde und Unwissenheit als erste Ursachen des Leidens und der Seelenwanderung angeprangert. Aber die Upanishaden, wie auch der Sāṃkhya und der Yoga, erkennen außerdem die Existenz eines autonomen spirituellen Prinzips an, des *ātman* oder des *purusha.* Doch der Buddha scheint die Existenz eines solchen Prinzips geleugnet oder zumindest stillschweigend übergangen zu haben.

Zahlreiche Texte, die als Darstellung des Unterrichts des Meisters selbst betrachtet werden, bestreiten die Wirklichkeit der menschlichen Person *(pudgala),* des Lebensprinzips *(jīva)* oder des *ātman.* In einer seiner Reden erklärt der Meister die Lehre für „vollkommen unsinnig", die sagt: „dies Universum ist dieser ātman; nach dem Tod werde ich dies sein, was dauert, bleibt und sich hält, sich nicht ändert, und ich werde so in Ewigkeit existieren"[4]. Die asketische Intention und Funktion dieser verneinenden Aussage ist deutlich sichtbar: *durch die Meditation über die Irrealität der Person zerstört man den Egoismus von seinen Wurzeln her.*

Auf der anderen Seite wirft die Leugnung eines „Selbst", das Seelenwanderungen unterworfen, andererseits aber fähig ist, sich zu befreien und das Nirvāna zu erreichen, Probleme auf. Aus diesem Grund weigerte sich der Buddha bei mehreren Gelegenheiten, auf Fragen bezüglich der Existenz oder Nicht-Existenz des *ātman* zu antworten. So verharrte er im Schweigen, als ein Wandermönch, Vacchagotta, ihn über diese Probleme befragte. Später aber erklärte er Ananda den Sinn dieses Schweigens: Hätte er geantwortet, es gebe ein „Selbst", so hätte er gelogen; außerdem hätte Vacchagotta den Erhabenen unter die Vorkämpfer der „eternalistischen Theorie" eingeordnet (hätte also aus ihm einen „Philosophen" wie so viele andere auch gemacht). Hätte er geantwortet, es gebe kein „Selbst", so hätte Vacchagotta ihn für einen Vertreter der „nihilistischen Theorie" gehalten, und, was noch schlimmer ist, der Buddha hätte seine Verwirrung noch verstärkt: „denn er hätte gedacht: vorher hatte ich doch einen *ātman*, jetzt aber habe ich keinen mehr" (Samyutta-Nikāya IV, 400). Vasubandhu (5. Jahrhundert n. Chr.) schließt in seinem Kommentar zu dieser berühmten Begebenheit: „An die Existenz des ‚Selbst' zu glauben bedeutet, in die Häresie der Dauer zu verfallen; das ‚Selbst' zu leugnen aber bedeutet, in die Häresie von der Vernichtung durch den Tod zu verfallen."[5]

Leugnet man die Realität des „Selbst" *(nairātmya)*, so kommt man zu folgendem Paradox: zu einer Theorie, die die Bedeutung der *Tat* und ihrer „Frucht", der *Vergeltung der Tat,* hervorhebt, aber das *agens,* denjenigen, „der die Frucht ißt", leugnet. Mit anderen Worten drückt das ein späterer Gelehrter, Buddhaghosa, aus: „Nur das Leiden existiert, man findet aber keinen Leidenden. Die Taten sind, man findet aber keinen Täter" (Visuddhimagga 513). Doch bestimmte Texte nuancieren dies: „Derjenige, der in einer bestimmten Existenz die Frucht der Tat ißt, ist nicht der, der die Tat in einer früheren Existenz begangen hat, aber *er ist kein anderer.*"[6]

Solches Zögern und solche Mehrdeutigkeiten zeigen, welche Schwierigkeiten durch die Weigerung des Buddha, bestimmte umstrittene Fragen anzusprechen, entstanden sind. Wenn der Meister die Existenz eines nicht weiter zurückführbaren und unzerstörbaren „Selbst" leugnete, so geschah das, weil er wußte, daß der Glaube an einen *ātman* unendliche metaphysische Streitigkeiten nach sich zieht und zur intellektuellen Überheblichkeit führt, daß er letztlich also das Erwachen verhindert. Wie er nicht müde wurde, in Erinnerung zu rufen, pre-

---
[4] Majjhimanikāya I, 138.
[5] Zitiert von *L. de la Vallée-Poussin,* Nirvana 108.
[6] Ebd. 46.

digte er das Aufhören des Leidens und die Mittel, es zu erreichen. Die unzähligen Kontroversen um das „Selbst" und die „Natur des Nirvāna" fanden ihre Lösung *in der Erfahrung des Erwachens: sie waren mit dem Denken und auf der Ebene der Verbalisation nicht zu lösen.*

Doch der Buddha scheint eine gewisse Einheit und Kontinuität der „Person" *(pudgala)* angenommen zu haben. In seiner Rede über die Last und den Lastenträger versichert er: „Die Last, das sind die fünf *skandha*, Materie, Empfindungen, Vorstellungen, Willensäußerungen, Erkenntnis; der Lastenträger, das ist der *pudgala*, zum Beispiel dieser verehrungswürdige Geistliche, aus dieser bestimmten Familie, mit diesem Namen usw." (Samyutta III, 22). Er hat sich aber geweigert, in der Kontroverse zwischen den „Parteigängern der Person" *(pudgalavādin)* und den „Parteigängern der Zusammensetzungen" (skandhavādin) Stellung zu beziehen: er behielt eine „mittlere" Stellung[7]. Dennoch hielt sich der Glaube an die Kontinuität der Person, und dies nicht nur in Volkskreisen. Die *Jātakas* erzählen von den früheren Existenzen des Buddha, seiner Familie und seiner Gefährten, und die Identität ihrer Persönlichkeiten wird dabei immer anerkannt. Und wie soll man die Worte verstehen, die Siddhārtha sofort nach seiner Geburt ausspricht: „dies ist meine letzte Geburt" (§ 147), wenn man die Kontinuität der „wahren Person" leugnet (selbst wenn man zögert, sie „Selbst" oder *pudgala* zu nennen)?

158. Der Weg, der zum Nirvāna führt

Über die beiden letzten Wahrheiten muß man gemeinsam nachdenken. Man bejaht zuerst, daß das Anhalten der Schmerzen durch das vollkommene Aufhören des Durstes *(tanhā)* erreicht wird, also durch „die Tatsache, sich davon (von diesem Durst) zu entfernen, darauf zu verzichten, ihn zurückzuweisen, sich davon zu befreien, sich nicht daran zu hängen" (Majjhima I, 141). Anschließend wird genauer ausgeführt, daß die Wege, die zum Aufhören der Schmerzen führen, die im „achtgliedrigen Weg" aufgezählten sind. Diese beiden letzten Wahrheiten bejahen ausdrücklich: 1. daß das Nirvāna existiert, aber 2. daß man es nicht durch besondere Techniken der Konzentration und der Meditation erreichen kann. Implizit sagt das auch, daß die gesamte Diskussion über die Natur des Nirvāna und die Existenzweise des „ins Nirvāna Eingegangenen" für denje-

---

[7] Übrigens näherten sich die *pudgalavādin* selbst ihren Gegnern, indem sie eine paradoxe Definition der Person vorschlugen: „Es ist falsch, daß der *pudgala* das gleiche sei wie die *skandhas*; es ist falsch, daß er sich von den *skandhas* unterscheide." Auf der anderen Seite wandelten die „Anhänger der Aggregate" die „Persönlichkeit" in eine „Reihe" *(samtāna)* von Ursachen und Wirkungen, deren Einheit nie unterbrochen wird, wenn sie auch in der Bewegung besteht, was sie der „Seele" ähnlich macht. Diese beiden Interpretationen werden von den späteren Schulen noch ausgearbeitet werden, aber in der Geschichte des buddhistischen Denkens gehört die Zukunft den Anhängern der Seele als Reihe. Es ist allerdings wahr, daß die einzigen Schulen, von denen wir Schriften besitzen und die wir besser kennen, an den *nairātmya* glauben (siehe *L. de la Vallée-Poussin, Nirvāna* 66ff).

Die Botschaft des Buddha

nigen keinerlei Sinn hat, der nicht wenigstens die Schwelle dieses unaussprechlichen Zustands erreicht hat.

Der Buddha gibt keine „Definition" des Nirvāna, kommt aber unablässig auf bestimmte seiner „Eigenschaften" zurück. Er versichert, die *arhats* (die erlösten Heiligen) „haben das unerschütterliche Glück erreicht" (Udāna VIII, 10), das Nirvāna „ist Glückseligkeit" (Anguttara IV, 414), er, der Erhabene, hat „das Unsterbliche erreicht", und die Mönche können es ebenfalls erreichen: „Ihr werdet es euch schon in diesem Leben gegenwärtig machen, ihr werdet im Besitz dieses Unsterblichen leben" (Majjhima I, 172). Der *arhat* verbringt „schon in diesem Leben, abgeschlossen, ins Nirvāna eingegangen *(nibbuta)*, indem er das Glück in sich selbst fühlt, (...) seine Zeit mit Brahman"[8].

Der Buddha lehrt also, daß das Nirvāna „hier unten sichtbar" ist, daß es „manifest", „aktuell" oder „von dieser Welt" ist. Aber er besteht auf der Tatsache, daß er allein unter den Yogin das Nirvāna „sieht" und besitzt. (Das muß man so verstehen: er und alle, die seinem Weg, seiner Methode folgen.) Die in diesem Zusammenhang „Auge der Heiligen" genannte „Vision" erlaubt die „Verbindung" zum „Un-bedingten", dem „Nicht-Konstruierten", dem Nirvāna[9]. Diese „transzendentale" Vision aber erreicht man durch bestimmte kontemplative Techniken, die schon seit den vedischen Zeiten praktiziert wurden und zu denen man im alten Iran Parallelen findet.

Welches auch die „Natur" des Nirvāna sei, es ist sicher, daß man sich ihm nur annähern kann, wenn man die vom Buddha aufgestellte Lehre befolgt. Die yogische Struktur dieser Methode ist offensichtlich: sie enthält in der Tat eine Reihe von seit Jahrhunderten bekannten Meditations- und Konzentrationsübungen. Aber es handelt sich um einen Yoga, der vom religiösen Genie des Erhabenen weiterentwickelt und uminterpretiert wurde. Der Mönch bemüht sich zuerst, dauernd über sein physiologisches Leben nachzudenken, um sich aller Handlungen bewußt zu werden, die er bis dahin automatisch und unbewußt ausführte. „Beim langen Atmen" zum Beispiel „versteht er diese lange Atmung grundlegend; wenn er kurz atmet, versteht er ... usw. Er übt sich darin, sich aller seiner Ausatmungen (...), aller seiner Einatmungen bewußt zu sein; er übt sich darin, seine Ausatmungen (...) und seine Einatmungen zu verlangsamen" (Dīgha II, 291 ff). Ebenso bemüht sich der Mönch, „vollkommen zu verstehen", was er macht, wenn er läuft, seinen Arm hebt, ißt, spricht oder schweigt. Diese ununterbrochene Klarheit bestätigt ihm die Brüchigkeit der

---

[8] Anguttara II, 206; Majjhima I, 341 usw. Die Texte werden von *L. de la Vallée-Poussin*, a.a.O. 72 f, zitiert, der auch an die Bhagavadgīta V, 24 erinnert: „Derjenige, der Glück, Freude und Licht nur im Inneren findet, der mit dem Brahman gleichgesetzte Yogin, erreicht das Nirvāna, das Brahman ist." Ein anderer buddhistischer Text beschreibt den erlösten Heiligen so: „Von diesem Mönch sage ich, daß er weder nach Westen noch nach Süden, noch nach Osten geht (...); schon in diesem Leben ist er losgelöst, ins Nirvāna eingegangen, kalt geworden und mit dem Brahman gleichgesetzt *(brahmibhūta)*" (zitiert nach *L. de la Vallée-Poussin*, a.a.O. 73, Anm. 1).
[9] Man muß allerdings das „sichtbare" Nirvāna, das heißt dasjenige, das während des Lebens erreicht werden kann, und den *parinibbana*, den man erst nach dem Tod verwirklicht, unterscheiden.

Welt der Erscheinungen und die Unwirklichkeit der ‚Seele'[10]: sie trägt vor allem dazu bei, die gewöhnliche Erfahrung „umzuwandeln".

Der Mönch kann nun mit einem gewissen Vertrauen die eigentlichen Techniken in Angriff nehmen. Die buddhistische Tradition ordnet sie in drei Kategorien: die „Meditationen" *(jhāna,* Sanskr. *dhyāna),* die „Sammlungen" *(samāpatti)* und die „Konzentrationen" *(samādhi).* Wir werden sie zuerst kurz beschreiben und dann versuchen, ihre Ergebnisse zu interpretieren. In der ersten Meditation *(jhāna)* empfindet der Mönch, indem er sich von der Begierde loslöst, „Freude und Glück", begleitet von einer intellektuellen Aktivität (Überlegung und Nachdenken). In der zweiten Meditation erlangt er die Beruhigung dieser intellektuellen Aktivität; deshalb lernt er die innere Heiterkeit kennen, die Einigung des Denkens und die aus dieser Konzentration hervorgehende „Freude und das Glück". Im dritten *jhāna* löst er sich von der Freude und bleibt gleichgültig, aber vollkommen bewußt und empfindet die Glückseligkeit in seinem Körper. Schließlich erreicht er im vierten Stadium, indem er auf Freude und Schmerz verzichtet, einen Zustand von absoluter Reinheit, von Gleichgültigkeit und erwecktem Denken[11].

Die vier *samāpattis* („Sammlungen" oder „Erlangen") folgen dem Prozeß der „Läuterung" des Denkens. Von seinen Inhalten geleert, wird das Denken nach und nach auf die Unendlichkeit des Raums, die Unendlichkeit des Bewußtseins, die „Nichtigkeit" konzentriert und, in der vierten *samāpatti,* erreicht es einen Zustand, der „weder Bewußtsein noch Nicht-Bewußtsein" ist. Aber der *bhikkhu* muß in dieser Arbeit der spirituellen Reinigung noch weiter gehen, indem er das Anhalten jeder Wahrnehmung und jeder Vorstellung verwirklicht *(nirodhasamāpatti).* Physiologisch gesehen, scheint der Mönch dabei in einem kataleptischen Zustand zu sein, und man sagt: „Er berührt das Nirvāna mit seinem Körper." Tatsächlich erklärt auch ein späterer Autor: „Der *bhikkhu,* der diese Errungenschaft gemacht hat, hat nichts weiteres mehr zu tun."[12] Was die „Konzentrationen" betrifft, so sind das yogische Übungen von begrenzterer Dauer als die *jhānas* und die *samāpattis* und dienen vor allem dem psychomentalen Training. Das Denken wird auf bestimmte Objekte oder Begriffe fixiert, um die Einigung des Bewußtseins und die Unterdrückung der verstandesmäßigen Aktivitäten zu erreichen. Es gibt mehrere Arten von *samādhi,* von denen jeder ein genau umrissenes Ziel verfolgt.

---

[10] So zieht der Kommentator Sumangala Vilāsini aus der Meditation über die Körperbewegungen den folgenden Schluß: „Sie sagen, es sei eine lebende Einheit, die sich bewegt, eine lebende Einheit, die sich ausruht; aber gibt es wirklich eine lebende Einheit, die läuft oder sich ausruht? Es gibt sie nicht." Was die Vorgänge des Ausatmens und Einatmens betrifft, so entdeckt der *bhikkhu,* daß sie „auf der Materie gründen, und die Materie, das ist der materielle Körper, die vier Elemente usw." (der Text wird in Eliade, Yoga 178 zitiert).
[11] Dīgha I, 182 ff, der Text wird in Yoga 179 zitiert. Siehe auch Majjhima I, 176. Welches auch die weiteren Fortschritte des *bhikkhu* sein mögen, die Beherrschung der vier *jhāna* sichert ihm eine Wiedergeburt unter den „Göttern", die fortwährend in diese Meditationen versenkt sind.
[12] Śāntideva (7. Jh. n. Chr.), zitiert in Yoga 182.

Durch das Ausführen und Beherrschen dieser yogischen Übungen – und anderer, bei denen wir uns hier nicht aufhalten können [13] – schreitet der *bhikkhu* auf dem „Weg der Befreiung" voran. Es werden vier Stadien unterschieden: 1. Der „Eintritt in den Strom" ist die Etappe, die der Mönch erreicht, der sich von seinen Irrtümern und Zweifeln befreit hat und der nur noch siebenmal wiedergeboren wird. 2. Die „Einzige Rückkehr" ist das Stadium dessen, der Leidenschaft, Haß und Dummheit zurückgedrängt hat und nur noch einmal wiedergeboren werden wird. 3. Im Stadium „Ohne Rückkehr" hat der Mönch sich endgültig und vollständig von allen Irrtümern, Zweifeln und Begierden befreit; er wird in einem Götterkörper wiedergeboren werden und anschließend die Erlösung erlangen. 4. Der „Verehrungswürdige" *(arhat)*, der von allen Unreinheiten und Leidenschaften geläutert und mit übernatürlichem Wissen und wunderbaren Fähigkeiten *(siddhi)* begabt ist, wird das Nirvāna schon am Ende seines Lebens erreichen.

159. Meditationstechniken und ihre „Erleuchtung" durch die Weisheit

Es wäre einfältig, zu glauben, man könne diese Yoga-Übungen „verstehen", denn selbst ein Vielfaches an Originalzitaten und die Erarbeitung eines Kommentars zu ihnen macht das nicht möglich. Nur eigene Praxis, unter der Anleitung eines Meisters, ist fähig, ihre Struktur und Funktion zu offenbaren. Das stimmte zur Zeit der Upanishaden und auch heute noch.

Halten wir dennoch einige wesentliche Punkte fest:

1. Zunächst werden diese yogischen Übungen von der „Weisheit" *(prajñā)*, gelenkt, das heißt von einem vollkommenen Verständnis der vom *bhikkhu* ausprobierten psychischen und parapsychischen Zustände. Die Bemühung, sich der vertrautesten physiologischen Tätigkeiten (Atmung, Laufen, Bewegung der Arme usw.) „bewußt zu werden", setzt sich in den Übungen fort, die dem Yogin „Zustände" offenbaren, die einem gewöhnlichen Bewußtsein unerreichbar bleiben.

2. Wenn sie „verständlich" geworden sind, verwandeln die yogischen Erfahrungen das normale Bewußtsein. Auf der einen Seite wird der Mönch von den Irrtümern befreit, die mit der Struktur eines nicht-erleuchteten Bewußtseins selbst verbunden sind (z. B. an die Wirklichkeit der „Person" oder an die Einheit der Materie zu glauben); auf der anderen Seite erreicht er dank seiner supra-normalen Erfahrungen eine Verständnisebene jenseits jedes begrifflichen Systems, und ein solches Verstehen entzieht sich dem sprachlichen Zugriff.

3. Beim Fortschreiten in der Praxis findet der Mönch neue Bestätigungen der Lehre, insbesondere die Einsicht in die Existenz eines „Absoluten", eines

---

[13] Erinnern wir in diesem Zusammenhang an die acht „Loslösungen" *(vimokṣa)* und die acht „Stadien der Beherrschung" *(abhibhāyatana)*.

„Nicht-Konstruierten", das alle einem nicht-erleuchteten Bewußtsein zugänglichen Seinsweisen überschreitet, und in die Wirklichkeit eines „Unsterblichen" (oder Nirvāna), von dem man nichts aussagen kann, außer daß es existiert. Ein späterer Gelehrter faßt sehr treffend den *erfahrungsmäßigen* (das heißt yogischen) Ursprung des Glaubens an die *Realität* des Nirvāna zusammen: „Es wird zu Unrecht die These vertreten, das Nirvāna existiere nicht, weil es nicht Objekt von Erkenntnis sei. – Zweifelsohne erkennt man das Nirvāna nicht direkt in der Art, in der man Farben, Empfindungen usw. erkennt, man erkennt es auch nicht indirekt durch seine Aktivität, wie wir die Sinneskräfte erkennen. Doch seine Natur und seine Aktivität (...) sind Gegenstand der Erkenntnis (...). Der Yogin, der sich sammelt, wird sich des Nirvāna bewußt, seiner Natur und seiner Aktivität. Verläßt er diesen Zustand der Kontemplation, so ruft er aus: ‚O Nirvāna, Zerstörung, Ruhe, Hervorragendes, Ausweg!' Die Blinden, die Blau und Gelb nicht sehen, haben deshalb nicht das Recht, zu sagen, die Sehenden könnten die Farben nicht sehen und die Farben existierten nicht."[14]

Wahrscheinlich lag der genialste Beitrag des Buddha in der Formulierung einer Meditationsmethode, bei der es ihm gelang, asketische Praktiken und yogische Techniken mit einer besonderen Art des begrifflichen Verstehens zu verbinden. Das wird auch durch die Tatsache gestützt, daß der Buddha der Askese und Meditation der Yoga-Art und dem Verstehen der Lehre gleiche Bedeutung beimaß. Wie aber zu erwarten, wurden die beiden Wege, die im übrigen zwei divergierenden Tendenzen des Geistes entsprechen, nur sehr selten von ein und derselben Person beherrscht. Sehr früh schon haben die kanonischen Texte versucht, sie in Einklang zu bringen: „Die Mönche, die sich der yogischen Meditation hingeben (die *jhānin*), verurteilen die Mönche, die sich der Lehre verpflichtet fühlen (die *dhammayoga*), und umgekehrt. Sie müssen sich im Gegenteil gegenseitig schätzen. Denn selten sind die Menschen, die mit ihrem Körper das unsterbliche Element (das Nirvāna) berühren (d.h., indem sie es „realisieren", „versuchsweise erreichen"). Selten sind auch die, die die tiefe Realität sehen, indem sie durch die *prajñā* (die Intelligenz) in sie eindringen."[15]

Alle von Buddha geoffenbarten Wahrheiten mußten in der yogischen Art „realisiert", das heißt durch Meditation und Erfahrung erreicht werden. Deshalb wurde Ananda, der Lieblingsschüler des Meisters, vom Konzil ausgeschlossen (§ 185), obwohl er in der Kenntnis der Lehre unerreicht war, denn er war kein Arhat, hatte also keine vollkommene „yogische Erfahrung". Ein berühmter Text des *Saṃyutta* (II, 115) stellt Musīla und Nārada einander gegenüber, jeden von ihnen als Repräsentanten eines gewissen Grades von buddhistischer Vollkommenheit. Die beiden besaßen das gleiche Wissen, aber Nārada hielt man nicht für einen Arhat, da er den „Kontakt mit dem Nirvāna" nicht

---

[14] Samghabhadra, zitiert von *L. de la Vallée-Poussin*, a.a.O. 73f. Siehe auch Visuddhimagga: „Man kann nicht sagen, eine Sache existiere nicht, weil die Dummen sie nicht wahrnehmen."
[15] Anguttara III, 355, zitiert in Yoga 183.

in der Erfahrung realisiert hatte[16]. Diese Dichotomie bestand während der ganzen Geschichte des Buddhismus und verschärfte sich noch. Einige Gelehrte vertraten sogar die Theorie, die „Weisheit" *(prajñā)* sei allein imstande, das Erlangen des Nirvāna zu sichern, ohne daß es nötig sei, sich auf yogische Erfahrungen zu stützen. Man erkennt in dieser Verteidigung des „trockenen Heiligen", des durch die *prajñā* Erlösten, eine „antimystische" Tendenz, das heißt den Widerstand der „Metaphysiker" gegenüber den yogischen Exzessen.

Ergänzen wir noch, daß der Weg zum Nirvāna – wie im klassischen Yoga der Weg zum *samādhi* – zum Besitz „wunderbarer Fähigkeiten" führt *(siddhi,* im Pali: *iddhi).* Doch das stellte den Buddha (wie später Patañjali) vor ein neues Problem. Denn einerseits werden die „Fähigkeiten" unweigerlich während der Praxis erworben und geben deshalb genaue Hinweise über die spirituellen Fortschritte des Mönchs: sie sind ein Zeichen dafür, daß der Mönch dabei ist, sich „von seiner Bedingtheit zu lösen", daß er die Gesetze der Natur aufgehoben hat, in deren Getriebe er zerrieben wurde. Doch andererseits sind diese „Fähigkeiten" doppelt gefährlich, denn sie führen den *bhikkhu* mit einer eitlen „magischen Herrschaft über die Welt" in Versuchung und führen außerdem zur Gefahr einer Verwirrung unter den Laien.

Die „wunderbaren Fähigkeiten" gehören zu den fünf Gruppen von Hohen Künsten *(abhijñā),* nämlich: 1. *siddhi,* 2. göttliches Auge, 3. göttliches Gehör, 4. Kenntnis des Denkens eines anderen und 5. Erinnerung an frühere Existenzen. Keine dieser fünf *abhijñā* unterscheidet sich von den „Fähigkeiten", die auch von nicht-buddhistischen Yogins erreicht werden konnten. Im Dīghanikāya (I, 78 ff) versichert der Buddha, der *bhikkhu* sei während der Meditation fähig, unsichtbar zu werden, sich zu vervielfältigen, die feste Erde zu durchqueren, auf dem Wasser zu laufen, in den Himmel zu fliegen oder himmlische Stimmen zu hören, die Gedanken der anderen zu erkennen und sich an seine früheren Existenzen zu erinnern. Er vergißt aber nicht hinzuzufügen, daß der Mönch, wenn er diese Fähigkeiten besitzt, Gefahr läuft, von seinem wahren Ziel, dem Nirvāna, abzukommen. Außerdem diente das Zur-Schau-Stellen solcher „Kräfte" keineswegs der Verbreitung der Heilslehre, denn andere Yogins und Ekstatiker konnten die gleichen Wunder bewirken. Darüber hinaus konnten die Laien glauben, es handle sich nur um Magie. Aus diesen Gründen verbot der Buddha strengstens das Zur-Schau-Stellen der „wunderbaren Fähigkeiten" vor den Laien.

---

[16] Siehe Yoga 184. Andere Zitate aus Texten siehe in *L. de la Vallée-Poussin,* Musila et Nārada 191 ff.

160. Das Paradox des Un-Bedingten

Berücksichtigt man die Umwandlung des normalen Bewußtseins, die der *bhikkhu* erreicht, und die außergewöhnlichen yogischen und parapsychologischen Erfahrungen, die er macht, so versteht man die Verwunderung, das Zögern, ja sogar die Widersprüche der kanonischen Texte bezüglich der „Natur" des Nirvāṇa und der „Situation" des Erlösten. Es wurde ausführlich diskutiert, ob die Seinsweise des ins Nirvāṇa Eingegangenen der vollkommenen Auslöschung oder einer glückseligen und unaussprechlichen Post-Existenz entspricht. Der Buddha hat das Erlangen des Nirvāṇa mit dem Erlöschen einer Flamme verglichen. Man hat dazu aber angemerkt, im indischen Denken bedeute das Auslöschen des Feuers nicht seine Vernichtung, sondern die Regression in einen virtuellen Zustand[17]. Auf der anderen Seite überschreitet das Nirvāṇa, wenn es das Un-Bedingte schlechthin, das Absolute ist, nicht nur die kosmischen Strukturen, sondern auch die Kategorien der Erkenntnis. In diesem Fall kann man sagen, der „ins Nirvāṇa Eingegangene" existiere nicht mehr (wenn man die Existenz als eine Seinsweise in der Welt versteht), aber man kann auch aussagen, er „existiere" im Nirvāṇa, im Un-Bedingten, also in einer Seinsweise, die der Vorstellung nicht zugänglich ist.

Zu Recht hat der Buddha dieses Problem offengelassen. Denn diejenigen, die sich auf seinen Weg eingelassen und zumindest bestimmte yogische Erfahrungen gemacht haben, die sie günstigenfalls mittels der *prajñā* „illuminiert" haben, sind sich im klaren darüber, daß zugleich mit der Umwandlung des Bewußtseins die verbalen Konstruktionen und die Strukturen unseres Denkens zerstört werden. Man gelangt also auf eine paradoxe Ebene, die scheinbar sogar widersprüchlich ist und auf der das Sein mit dem Nicht-Sein zusammenfällt. Man kann folglich zugleich die Existenz des „Selbst" annehmen und leugnen und feststellen, die Erlösung sei Auslöschung und Glückseligkeit. In gewissem Sinn kann man, trotz der Unterschiede zwischen Sāṃkhya-Yoga und Buddhismus, den „ins Nirvāṇa Eingegangenen" dem *jīvanmukta*, dem „Lebend-Erlösten", vergleichen (§ 146).

Es ist aber wichtig, zu betonen, daß die Entsprechung zwischen Nirvāṇa und dem absoluten Überschreiten des Kosmos, also seiner Vernichtung, ebenfalls von zahlreichen Bildern und Symbolen illustriert wird. Wir haben schon auf den kosmologischen und zeitlichen Symbolismus der „Sieben Schritte des Buddha" hingewiesen (§ 147). In diesem Zusammenhang muß auch an die Parabel vom „aufgeschlagenen Ei" erinnert werden, die der Buddha benutzt, um zu verkünden, er habe das Rad der Existenzen *(saṃsāra)* zerbrochen, er habe also sowohl den Kosmos als auch die zyklische Zeit überschritten. Nicht weniger spektakulär sind die Bilder von der „Zerstörung des Hauses" durch den Buddha oder

---

[17] *A. B. Keith* hat das gleiche Bild in den Upanishaden, *Senart* hat es im Epos entdeckt (siehe *L. de la Vallée-Poussin,* Nirvāṇa 146).

vom durch die Arhats „zerbrochenen Dach", Bilder, die von der Vernichtung der ganzen „bedingten" Welt sprechen [18]. Erinnert man sich an die Bedeutung der Gleichsetzung „Kosmos – Haus – menschlicher Körper" für das indische Denken (und allgemein für das traditionelle, archaische Denken), so kann man die revolutionäre Neuigkeit der vom Buddha vorgeschlagenen Zielsetzung ermessen. Dem archaischen Ideal, sich „in einer sicheren Bleibe einzurichten" (das heißt innerhalb eines vollkommenen Kosmos eine bestimmte existentielle Situation auf sich zu nehmen), setzt der Buddha das Ideal der geistigen Elite entgegen, die zu seiner Zeit bestand: die Vernichtung der Welt und das Überschreiten jeder „bedingten Situation".

Doch der Buddha beansprucht keineswegs, eine „originelle" Lehre zu predigen. Er wiederholt vielfach, er folge dem „alten Weg", der zeitlosen Lehre *(akāliko)*, die auch von den „Heiligen" und den „vollkommenen Erweckten" der vergangenen Zeiten geteilt wird [19]. Auf diese Art unterstrich er die „ewige" Wahrheit und die Universalität seiner Botschaft.

---

[18] Siehe die in „Bilder und Symbole" und in „Briser le toit de la maison" zitierten Texte.
[19] „Ich habe den alten Weg gesehen, den alten Weg, der von allen vollkommenen Erweckten einer Zeit begründet wurde. Diesem Pfad will ich folgen" (Samyutta-Nikaya II,106). Und „alle, die in vergangenen Zeiten Heilige waren, haben ihre Schüler zu einem solchen Ziel geführt, wie dem, zu dem heute die Schüler von mir selbst geführt werden. Und diejenigen, die in späteren Zeiten Heilige und vollkommene Erweckte sein werden, all diese erhabenen Wesen werden nicht versäumen, ihre Schüler in eben der Art zu führen, in der heute die Schüler von mir geführt werden" (Majjhima-Nikāya II, 3–4; siehe auch II,112 und III,134).

ZWANZIGSTES KAPITEL

Die römische Religion: Von den Anfängen bis zum Bacchanalien-Prozeß

161. Romulus und die Opferung des Remus

Den Geschichtsschreibern der Antike zufolge wurde Rom um 754 vor Christi Geburt gegründet, und archäologische Funde bestätigen diese Überlieferung: die Stelle, an der die *Urbs* lag, wurde schon ab Mitte des 8. Jahrhunderts bewohnt. Der Mythos der Gründung Roms und die Sagen um die ersten Könige sind besonders wichtig für das Verständnis der römischen Religion, aber in dieser mythologischen Einheit spiegeln sich ebenso gewisse ethnographische und soziale Gegebenheiten. Die sagenhaften Ereignisse, die der Geburt Roms vorausgehen, erwähnen erstens eine Ansammlung Flüchtender verschiedenen Ursprungs, zweitens ein Verschmelzen zweier genau unterschiedener ethnischer Gruppen; die ethnische Gemeinschaft Latiums, aus der das römische Volk hervorging, ist also Ergebnis einer Mischung zwischen den autochthonen neolithischen Bevölkerungsstämmen und den von jenseits der Alpen heruntergekommenen indoeuropäischen Eindringlingen. Diese erste Synthese stellt das exemplarische Modell der römischen Kultur und Nation dar. In der Tat setzte sich der Prozeß der ethnischen, kulturellen und religiösen Assimilation und Integration bis zum Ende des Kaiserreiches fort.

Der von den Geschichtsschreibern weitergegebenen Überlieferung zufolge wurde Numitor, der König von Alba Longa, von seinem Bruder Amulius abgesetzt. Um seine Herrschaft zu festigen, brachte Amulius die Söhne Numitors um und zwang deren Schwester, Rhea Sylvia, Vestalin zu werden. Sylvia aber wurde von Mars schwanger und brachte zwei Knaben, Romulus und Remus, zur Welt. Die Zwillinge wurden am Ufer des Tiber ausgesetzt, wie durch ein Wunder von einer Wölfin gesäugt und kurze Zeit darauf von einem Schäfer aufgenommen und von dessen Frau großgezogen. Als sie erwachsen geworden waren, gaben sie sich ihrem Großvater zu erkennen, schalteten den Usurpator aus und gaben Numitor den Thron zurück. Sie verließen allerdings Alba Longa und beschlossen, am Ort, an dem sie ihre Kindheit verbracht hatten, eine Stadt zu gründen. Romulus wählte den Palatin, um die Götter zu befragen, während Remus sich auf den Aventin begab. Remus nahm das erste Augurenzeichen wahr: den Flug von sechs Geiern. Romulus aber sah deren zwölf, und ihm kam die Ehre zu, die Stadt zu gründen. Mit dem Pflug zog er eine Furche um den Palatin: die aufgeworfene Erde stellte die Mauern dar, die Furche symbolisierte den Graben, und man hatte den Pflug angehoben, um den Platz der zukünftigen Tore anzugeben. Um diese extravagante Ausdrucksweise seines Bruders der Lächerlichkeit preiszugeben, sprang Remus mit einem Satz über die „Mauer" und den „Graben". Da stürzte Romulus sich auf ihn und erschlug ihn mit den Worten: „So möge untergehen, wer auch immer in Zukunft meine Mauern durchbrechen wird!"[1]

Der mythologische Charakter dieser Überlieferung ist offensichtlich. Hier findet sich das Thema von der Aussetzung des Neugeborenen wieder, wie es in den Legenden von Sargon, Moses, Kyros und anderen vorkommt (siehe §§ 58, 105). Die von Mars zum Säugen der Zwillinge geschickte Wölfin kündigt die Berufung der Römer zum Krieg an. Ausgesetzt und vom Weibchen eines Raubtieres gesäugt zu werden sind die ersten Initiationsproben, die der zukünftige Held bestehen muß. Sie werden gefolgt vom Aufwachsen des Jünglings unter armen und derben Menschen, die seine Identität nicht kennen (z.B. Kyros). Die Themen von den „feindlichen Brüdern (Zwillingen)" und von der Ausschaltung des Onkels (Großvaters) sind ebenfalls weit verbreitet. Was das Ritual der Gründung der Stadt mittels einer Furche (sulcus primigenius) angeht, so hat man in zahlreichen Kulturen Parallelen entdeckt. (Umgekehrt wurde eine Stadt rituell vernichtet, indem man ihre Mauern zerstörte und eine Furche um die Ruinen zog[2].) Wie in so vielen anderen Überlieferungen auch, stellt die Gründung einer Stadt in der Tat die Wiederholung der Kosmogonie dar. Das Opfer des Remus gibt das ursprüngliche kosmogonische Opfer in der Art von Purusha, Ymir und P'an Ku (siehe § 75) wieder. An dem Ort zum Opfer dargebracht, an dem Rom liegen wird, sichert er die glückliche Zukunft der Stadt, also das Entstehen des römischen Volkes und für Romulus die Königswürde[3].

Es ist schwierig, über die chronologische Abfolge und vor allem über Veränderungen dieser mythologischen Überlieferung vor ihrer Aufnahme durch die ersten Geschichtsschreiber Genaueres zu sagen. Sie geht ohne Zweifel sehr weit zurück, und gewisse Analogien zu indoeuropäischen Kosmogonien wurden deutlich gemacht[4]. Für unsere Zwecke aufschlußreicher ist die Nachwirkung dieser Sage im Bewußtsein der Römer. „An dieses blutige Opfer, das erste, das der Gottheit Roms geweiht wurde, wird das Volk sich immer mit Schrecken erinnern. Mehr als 700 Jahre nach der Gründung wird es Horaz noch als eine Art ursprünglichen Fehler betrachten, dessen Konsequenzen unweigerlich den Verlust der Stadt bedeuten werden, weil ihre Söhne dazu getrieben werden, sich

---

[1] Vgl. *Titus Livius*, I, 3ff; *Ovid*, Fasti, II, 381ff; *Dionys von Halikarnaß*, Antiquit. Rom. I, 76ff; *Plutarch*, Romulus III–XI usw.
[2] *Servius*, Ad Aen. IV,212.
[3] Vgl. *Florus*, Rerum Romanorum epitome I, 1,8; *Properz* IV, 1, 31; auch *J. Puhvel*, Remus et frater 154ff.
[4] *J. Puhvel*, a. a. O. 153ff; *B. Lincoln*, The Indo-European Myth of Creation 137ff.

untereinander zu töten. In jedem kritischen Augenblick seiner Geschichte wird Rom sich ängstlich befragen, weil es glaubt, einen Fluch auf sich zu spüren. In seiner Geburtsstunde hatte es mit den Göttern so wenig Frieden wie mit den Menschen. Diese religiöse Beklommenheit wird auf seinem Schicksal lasten."[5]

162. Die „Historisierung" von indoeuropäischen Mythen

Die Überlieferung berichtet, die Stadt sei von den Schäfern der Umgegend und dann von den Verbannten und Vagabunden Latiums bevölkert worden. Um sich auch Frauen zu beschaffen, bediente sich Romulus einer List: während eines Fests, das die Familien benachbarter Städte angelockt hatte, warfen sich seine Leute auf die jungen Sabinerinnen und zogen sie in ihre Häuser. Der zwischen Sabinern und Römern ausgebrochene Krieg blieb ohne jede militärische Entscheidung, bis die Frauen zwischen ihren Verwandten und ihren Entführern vermittelten. Die Versöhnung brachte viele Sabiner dazu, sich in der Stadt niederzulassen. Nachdem er deren politische Struktur organisiert hatte, indem er die Senatoren und die Volksversammlung einrichtete, verschwand Romulus während eines heftigen Gewitters, und das Volk erklärte ihn zum Gott.

Trotz des Verbrechens des Brudermords wurde und blieb die Figur des Romulus beispielhaft im Bewußtsein der Römer: er war zugleich Gründer und Gesetzgeber, Krieger und Priester. Die Überlieferung ist über seine Nachfolger einig. Der erste, der Sabiner Numa, widmete sich der Organisation der religiösen Einrichtungen; er tat sich besonders durch seine Verehrung der *Fides Publica,* des Guten Glaubens, hervor, einer Göttin, die sowohl für die Beziehungen zwischen den Individuen als auch für internationale Relationen verantwortlich ist. Unter seinen Nachfolgern war der berühmteste der sechste, Servius Tullius; sein Name ist verbunden mit der Reorganisation der römischen Gesellschaft, mit Verwaltungsreformen und mit der Vergrößerung der Stadt.

Man hat lange über den Wahrheitsgehalt dieser Überlieferung diskutiert, die soviel sagenähnliche Elemente enthält, von der Gründung Roms bis zum Sturz des letzten Königs, des Etruskers Tarquinius Superbus, und der Errichtung der Republik. Sehr wahrscheinlich wurden die Erinnerungen eines bestimmten Personenkreises und historische Ereignisse, die schon durch den Antrieb des kollektiven Gedächtnisses modifiziert waren, in Übereinstimmung mit einer besonderen historiographischen Konzeption interpretiert und zusammengestellt. Georges Dumézil hat gezeigt, in welchem Sinn die Römer die großen Themen der indoeuropäischen Mythologie „historisiert" haben (siehe § 63); dies in einem solchen Ausmaß, daß man hat sagen können, die älteste römische Mytho-

---

[5] *P. Grimal,* La Civilisation Romaine 27. Horaz erinnert an die Konsequenzen des ursprünglichen Brudermords in der Epode VII, 17–20.

logie, die vor den etruskischen und griechischen Einflüssen liegende, werde durch die ersten beiden Bücher von Titus Livius verdeckt. So stellt Dumézil anläßlich des Krieges zwischen Römern und Sabinern eine erstaunliche Symmetrie mit einem zentralen Ereignis der skandinavischen Mythologie, nämlich dem Konflikt zwischen zwei Göttervölkern, den Asen und den Vanen, fest. Die ersteren sind um Odin und Thor geschart. Odin, ihr Anführer, ist Gott, König und Magier; Thor, der Gott mit dem Hammer, ist der große himmlische Kämpfer. Die Vanen dagegen sind die Götter der Fruchtbarkeit und des Reichtums. Die Vanen widerstehen beim Angriff der Asen; aber, wie Snorri Sturlusson sagt, hatte „einmal die eine, ein andermal die andere Seite den Sieg errungen". Dieser teuren Folge von halben Erfolgen müde, schließen Asen und Vanen Frieden: die wichtigsten Gottheiten der Vanen verbinden sich mit den Asen und vervollständigen so, durch die Fruchtbarkeit und den Reichtum, die sie darstellen, die Gruppe der Götter um Odin. So vollendet sich die Vereinigung der beiden Göttervölker, und niemals mehr wird es einen Konflikt zwischen Asen und Vanen geben (§ 174).

Georges Dumézil unterstreicht die Analogien mit dem Krieg zwischen Römern und Sabinern. Auf der einen Seite steht Romulus, Sohn des Mars und Schützling des Jupiter, und seine Gefährten, gefürchtete Krieger, aber arm und frauenlos; auf der anderen Tatius und die Sabiner, charakterisiert durch Reichtum und Fruchtbarkeit (da sie ja Frauen besitzen). Diese beiden Gruppen sind in der Tat komplementär. Der Krieg endet nicht in der Folge eines Sieges, sondern dank des Eingreifens der Frauen. Die Sabiner lassen sich versöhnen und beschließen, sich mit den Gefährten des Romulus zusammenzutun, dem sie so den Reichtum mitbringen. Nachdem die beiden Könige Kollegen geworden sind, errichten sie jeweils einen Kult: Romulus einzig für Jupiter, Tatius für die mit der Fruchtbarkeit und der Sonne in Verbindung stehenden Götter, unter ihnen Quirinus. „Niemals mehr, weder unter dieser Doppelherrschaft noch später, wird man von einem Zwist zwischen der sabinischen und der lateinischen, von Alba Longa und Romulus kommenden Komponente Roms hören. Die Gesellschaft ist vollständig."[6]

Sicherlich ist möglich, was eine Reihe von Forschern annimmt, daß dieser von einer Versöhnung gefolgte Krieg eine gewisse historische Wahrheit wiedergibt, genauer gesagt die Vereinigung der „Autochthonen" und der indoeuropäischen Eroberer[7]. Es ist aber bedeutsam, daß die „historischen Ereignisse" einem den indoeuropäischen Gesellschaften eigenen mythologischen Schema gemäß überdacht und zusammengestellt worden sind. Die überraschende Symmetrie zwischen einer skandinavischen mythologischen Episode und einer

---
[6] G. Dumézil, L'héritage indo-européen à Rome 127–142; ders., La religion romaine archaïque 82–88.
[7] Es wäre aber unklug, die ethnischen Bestandteile an den Bestattungsriten erkennen zu wollen, indem man den Sabinern die Beerdigung und den Ladinern die Feuerbestattung zuteilt; vgl. H. Müller-Karpe, zitiert bei G. Dumézil, La religion romaine archaïque 10.

römischen historischen Sage zeigt sich in ihrer tieferen Bedeutung, untersucht man die Gesamtheit des indoeuropäischen Erbes in Rom. Erinnern wir zunächst daran, daß die älteste römische Triade – Jupiter, Mars, Quirinus – die bei anderen indogermanischen Völkern festgestellte dreigeteilte Ideologie ausdrückt, nämlich die Funktion der magischen und juristischen Oberherrschaft (Jupiter; Varuna und Mitra; Odin), die Funktion der Götter der kriegerischen Kraft (Mars; Indra; Thor) und schließlich die der Gottheiten der Fruchtbarkeit und wirtschaftlichen Prosperität (Quirinus; die Zwillinge Nasatya; Freyr). Die funktionale Dreiheit stellt das ideale Modell der Dreiteilung der indogermanischen Gesellschaften in drei Klassen dar: in Priester, Krieger und Bauern (Viehzüchter) (brahmana, ksatriya und vaisya, um nur das indische Beispiel zu zitieren, siehe § 63). In Rom hat sich die soziale Dreiteilung ziemlich schnell verändert; man kann sie aber in der sagenhaften Überlieferung von den drei Tribus wiedererkennen.

Das Wesentliche des indogermanischen Erbes hat sich dagegen in einer stark historisierten Form erhalten. Die beiden komplementären Tendenzen der ersten Funktion – magische und juristische Herrschaft, durch das Paar Varuna–Mitra dargestellt – finden sich bei den beiden Begründern Roms wieder: bei Romulus und Tatius. Der erste, ein heftiger Halbgott, ist der Schützling des Jupiter Feretrius; der zweite, gemäßigt und klug, Errichter der Sacra und der Leges, ist der Fides Publica fromm ergeben. Sie werden gefolgt vom ausschließlich kriegerischen König Tullius Hostilius und von Ancus Marcius, unter dessen Regentschaft die Stadt sich dem Reichtum und dem Handel auf größere Entfernungen öffnet [8]. Insgesamt wurden die göttlichen Vertreter der drei Funktionen in „historische Persönlichkeiten" verwandelt, und dies gerade in der Reihe der ersten römischen Könige. Die ursprüngliche hierarchische Formel – die göttliche Dreiteilung – wurde in zeitlichen Begriffen ausgedrückt, wie eine chronologische Abfolge.

Georges Dumézil hat andere Beispiele für das Geschichtlich-Werden der indoeuropäischen Mythen in Rom aufgedeckt. Erinnern wir an den Sieg des dritten Horatiers über das Trio der Curiatier, der den Sieg Indras und Tritas über den Tricephalus umwandelt. Oder die Sage von den zwei Mißgebildeten, Cocles und Scaevola (dem „Kyklopen" und dem „Linkshändigen"), und ihre Parallele im Paar des Einäugigen und des Einarmigen unter den skandinavischen Göttern, Odin und Thor [9].

Die Ergebnisse dieser vergleichenden Untersuchungen sind sehr folgenreich. Sie zeigen zunächst, daß die Ursprünge der römischen Religion nicht in Glaubensvorstellungen vom „primitiven" Typ gesucht werden dürfen [10], denn die

---

[8] Vgl. *G. Dumézil*, Mythe et épopée I, 271 ff; III, 211 ff.
[9] *G. Dumézil*, La religion romaine archaïque 90, mit Verweis auf seine früheren Arbeiten.
[10] Ein Vorgehen, das vor allem von *H. J. Rose* illustriert wird, der numen mit mana identifizierte und die Tatsache außer acht ließ, daß „jahrhundertelang numen nur numen dei war, der von einem bestimmten Gott ausgedrückte Willen" (*G. Dumézil*, La religion romaine archaïque 47).

indoeuropäische religiöse Ideologie war in der Epoche der Bildung des römischen Volkes noch wirksam. Diese Erbschaft enthielt nicht nur eine spezifische Mythologie und rituelle Technik, sondern auch eine kohärente und klar formulierte Theologie: man braucht nur die Analysen zu lesen, die Dumézil von den Begriffen maiestas, gravitas, mos, augur, augustus usw. macht[11].

Das „Historisch-Machen" der mythologischen Themen und der mythisch-rituellen Szenen der indoeuropäischen Tradition ist auch aus einem anderen Grund wichtig. Dieser Vorgang zeigt einen der charakteristischen Züge des römischen religiösen Genius, nämlich seine ametaphysische Tendenz und seine Berufung zum „Realismus". In der Tat ist man erstaunt über das leidenschaftliche *religiöse* Interesse der Römer an unmittelbaren Realitäten des kosmischen Lebens und der Geschichte, über die beträchtliche Wichtigkeit, die sie ungewöhnlichen Erscheinungen (die als Vorzeichen gedeutet werden) beimessen und, vor allem, über ihr tiefes Vertrauen in die Macht der Riten.

Im ganzen stellt das Weiterleben des indoeuropäischen mythologischen Erbes, das in der ältesten Geschichte der Stadt versteckt ist, in sich *eine religiöse Schöpfung dar, die fähig ist, uns die besondere Struktur der römischen Religiosität zu eröffnen.*

163. Besondere Merkmale der römischen Religiosität

Die ametaphysische Grundhaltung und das sehr rege Interesse (religiöser Natur!) an den *unmittelbaren Realitäten,* seien sie kosmisch oder historisch, zeigen sich sehr früh in der Haltung der Römer gegenüber Anomalien, Unfällen oder Neuerungen. Für die Römer zeigte sich, wie für die bäuerlichen Gesellschaften im allgemeinen, die Idealnorm in der Regelmäßigkeit des Jahreskreislaufs, in der geordneten Abfolge der Jahreszeiten. Jede radikale Neuerung kam einem Angriff auf die Norm gleich; sie schloß letzten Endes das Risiko einer Rückkehr zum Chaos ein (siehe auch eine ähnliche Vorstellung im alten Ägypten, § 25). Genauso war jede Anomalie – Wunder, unerhörte Ereignisse (Geburt von Ungeheuern, Steinregen usw.) – Anzeichen einer Krise in den Beziehungen zwischen Göttern und Menschen. Die Wunder drückten die Unzufriedenheit, die Wut der Götter aus. Vom Normalen abweichende Phänomene kamen rätselhaften Äußerungen der Götter gleich; von einem gewissen Standpunkt aus stellten sie „negative Theophanien" dar.

Auch Jahwe kündigte seine Absichten mittels kosmischer Erscheinungen und historischer Ereignisse an: die Propheten kommentierten sie unaufhörlich und

---

[11] Vgl. Idées romaines 31–152. Sicher existierten an der Seite dieses allgemeinen Systems theoretischer Erklärung und zugleich empirischer Beherrschung der Welt eine Vielzahl von Glaubensvorstellungen und göttlichen Figuren fremden Ursprungs; aber zur Zeit der Ethnogenese des römischen Volkes war dieses fremde religiöse Erbe vor allem für die ländlichen Stämme wichtig.

mit besonderer Betonung der schrecklichen Bedrohungen, die sie ankündigten (siehe § 116 ff). Für die Römer war die genaue Bedeutung der Wunder nicht offensichtlich; sie mußten von amtlich mit dem Kult Beschäftigten gedeutet werden. Das erklärt die beträchtliche Bedeutung der Deutungstechniken und die mit Furcht gemischte Achtung, deren sich die etruskischen haruspices und später die *Sibyllinischen Bücher* und andere Orakelsammlungen erfreuten. Die Deutung bestand in der Interpretation der gesehenen (auspicia) und gehörten (omina) Vorzeichen. Nur die Staatsbeamten und die militärischen Führer waren zu ihrer Erklärung autorisiert. Die Römer hatten sich aber das Recht vorbehalten, die Vorzeichen zurückzuweisen (siehe unter anderem *Cicero*, De divinatione I, 29). Ein gewisser Konsul, der zugleich Augur war, ließ sich in einer geschlossenen Sänfte tragen, um die Zeichen ignorieren zu können, die seinen Plänen hätten zuwiderlaufen können (De div. II, 77). Wenn die Bedeutung des Wunderzeichens entschlüsselt war, schritt man zu Reinigungsopfern und anderen Läuterungsriten; diese „negativen Theophanien" nämlich hatten das Vorhandensein einer Beschmutzung gezeigt, deren gründliche Beseitigung wichtig war.

Auf den ersten Blick könnte die übermäßige Furcht vor den Wunderzeichen und den Beschmutzungen als ein durch den Aberglauben hervorgerufener Schrecken gedeutet werden. Es handelt sich jedoch um eine besondere Form der religiösen Erfahrung. Denn durch solche ungewöhnlichen Erscheinungen hindurch kommt der Dialog zwischen Menschen und Göttern zustande. Diese Haltung gegenüber dem Geheiligten ist die direkte Konsequenz der religiösen Aufwertung der natürlichen Gegebenheiten, der menschlichen Aktivitäten und der historischen Ereignisse, insgesamt also des *Konkreten*, des *Besonderen* und des *Unmittelbaren*. Das Proliferieren der Riten stellt einen anderen Aspekt dieser Haltung dar. Da der göttliche Wille sich *hic et nunc* zeigt, in einer unbegrenzten Folge von ungewöhnlichen Zeichen und Vorfällen, muß man wissen, welcher Ritus jeweils am wirkungsvollsten ist. Die Notwendigkeit, die besonderen Erscheinungsformen aller göttlichen Einheiten bis in ihre Details hinein wiederzuerkennen, hat einen ziemlich komplexen Vorgang der Personifizierung begünstigt. Die vielfältigen Epiphanien einer Gottheit, ebenso wie ihre verschiedenen Funktionen, führen tendenziell zu ihrer Unterscheidung in autonome „Personen".

In gewissen Fällen gelingt es diesen Personifikationen nicht, eine göttliche Figur zu erkennen zu geben. Man ruft sie einen nach dem anderen, aber immer in Gruppen an. So entfaltet sich die bäuerliche Aktivität unter den Zeichen einer gewissen Anzahl von Einheiten, deren jede ein besonderes Moment beherrscht – vom Ende der Brachzeit und dem Pflügen bis zur Ernte, dem Einfahren und der Einlagerung des Getreides. Der heilige Augustinus (Gottesstaat VII, 3) erinnert nicht ohne Humor daran, daß Vaticanus und Fabulinus angerufen wurden, um dem Neugeborenen beim Wimmern und beim Sprechen zu helfen, Educa und Polina zur Hilfe beim Essen und Trinken, Abeona, um ihm das Laufen beizu-

Die römische Religion

bringen, und so fort. Diese übernatürlichen Einheiten aber werden nur in Verbindung mit den landwirtschaftlichen Arbeiten und im Privatkult angerufen. Es fehlt ihnen wirkliche Persönlichkeit, und ihre „Macht" überschreitet nicht den begrenzten Bereich, innerhalb dessen sie wirken [12]. Morphologisch gesehen sind diese Einheiten nicht vom Rang der Götter.

Die nur mittelmäßige mythologische Phantasie der Römer und ihre Gleichgültigkeit gegenüber der Metaphysik werden, wie wir sahen, durch ihr leidenschaftliches Interesse für das Konkrete, Besondere und Unmittelbare ausgeglichen. Der religiöse Genius der Römer zeichnet sich durch Pragmatismus, Suche nach Wirksamkeit und, vor allem, durch die „Sakralisation" der organischen Gebilde Familie, *gens* und Vaterland aus. Die berühmte römische Disziplin, die Treue gegenüber den übernommenen Verpflichtungen (fides [13]), die Aufopferung für den Staat und das religiöse Ansehen des Rechts führen zu einer Geringschätzung der menschlichen Person: Das Individuum zählte nur, insofern es zu einer Gruppe gehörte. Erst später entdeckten die Römer – und zwar ebenso unter dem Einfluß der griechischen Philosophie wie unter dem der orientalischen Heilskulte – die religiöse Bedeutung der Person; diese Entdeckung aber, die beträchtliche Konsequenzen haben wird (siehe § 206), betraf vor allem die städtische Bevölkerung.

Der soziale Charakter der römischen Religiosität [14], vor allem die wichtige Rolle, die den Beziehungen zu anderen zugemessen wurde, finden ihren klaren Ausdruck im Begriff *pietas*. Trotz der Beziehungen zum Verbum *piare* (beruhigen, eine Beschmutzung oder schlechte Vorzeichen beseitigen) bezeichnet *pietas* die gewissenhafte Befolgung der Riten, aber auch die Achtung der natürlichen (d.h. *von der Norm verordneten*) Beziehungen zwischen den Menschen. Für einen Sohn besteht die *pietas* darin, seinem Vater zu gehorchen; der Ungehorsam entspricht einem ungeheuerlichen Akt, der der natürlichen Ordnung entgegensteht, und der Schuldige muß diese Befleckung durch seinen eigenen Tod sühnen. Neben der *pietas* gegenüber den Göttern besteht die *pietas* gegenüber den Mitgliedern der Gruppen, denen man angehört, gegenüber der Stadt und schließlich gegenüber allen Menschen. Das *jus gentium* schrieb diese Pflichten sogar gegenüber den Fremden vor. Diese Konzeption entfaltete sich vollkommen „unter dem Einfluß der griechischen Philosophie, als die Konzeption der *humanitas* sich mit Klarheit abzeichnete, die Idee, daß allein die Tatsache der gemeinsamen Zugehörigkeit zur menschlichen Art eine wahrhafte Verwandtschaft schafft, derjenigen gleich, die die Mitglieder der gleichen *gens* oder derselben Stadt verbindet und damit die Solidarität, die Freundschaft oder

---

[12] Darüber hinaus sind diese Einheiten selbst innerhalb der begrenzten Zonen nicht wesentlich; siehe *Dumézil*, La rel. rom. arch. 52 ff.
[13] Bezüglich der *fides* siehe *Dumézil*, La rel. rom. arch. 156, Nr. 3 (neuere Bibliographie).
[14] Man kann eine analoge Tendenz in der Bemühung bestimmter christlicher Kirchen erkennen, für die desakralisierte Gesellschaft des 20. Jh. wieder „aktuell" zu werden (siehe Bd. III).

wenigstens den Respekt zur Aufgabe macht"[15]. Die „humanitaristischen" Ideologien des 18. und 19. Jahrhunderts nehmen die alte Konzeption der römischen *pietas* nur auf und arbeiten sie aus, indem sie sie desakralisieren.

164. Der Privatkult: Penaten, Laren und Manen

Bis zum Ende des Heidentums behielt der Privatkult – vom *pater familias* angeführt – seine Eigenständigkeit und Bedeutung neben dem öffentlichen, der von den vom Staat abhängigen „Professionellen" vollzogen wurde. Im Unterschied zum öffentlichen Kult, der ständig modifiziert wurde, scheint der häusliche Kult, der von den um den Herd Versammelten ausgeübt wurde, während der zwölf Jahrhunderte der römischen Geschichte sich nicht merklich gewandelt zu haben. Es handelt sich sicherlich um ein archaisches kultisches System, denn es ist auch bei anderen indoeuropäischen Völkern gefunden worden. Das häusliche Feuer stellte, ganz wie im arischen Indien, das Zentrum des Kultes dar: man opferte ihm tägliche Lebensmittelgaben, dreimal im Monat Blumen usw. Der Kult galt den Penaten und den Laren, den mythisch-rituellen Personifikationen der Vorfahren, und dem *genius*, einer Art „Doppelgänger", der das Individuum beschützte. Die durch Geburt, Hochzeit und Tod hervorgerufenen Krisen verlangten besondere vorübergehende Riten, die von gewissen Geistern und niederen Göttern beherrscht wurden. Wir haben weiter oben (S. 105f) die um den Neugeborenen versammelten Einheiten genannt. Die religiöse Hochzeitszeremonie lief unter den Auspizien chthonischer und häuslicher Gottheiten (Tellus, später Ceres usw.) und Junos als der Schützerin des Eheversprechens ab und bestand aus Opfern und Rundgängen um den häuslichen Herd.

Die Bestattungsriten, die am neunten Tag nach der Beerdigung beendet wurden, setzten sich im regelmäßigen Kult für die „seligen Verwandten" *(divi parentes)* oder Manen fort. Zwei Feste waren ihnen geweiht: die *Parentalia* im Februar und die *Lemuria* im Mai. Während des ersten trugen die Beamten ihre Insignien nicht mehr, die Tempel waren geschlossen, die Feuer auf den Altären wurden gelöscht, und man schloß keine Heiraten mehr (*Ovid*, Fasti II, 533, 557–567). Die Toten kamen auf die Erde zurück und sättigten sich an der auf den Gräbern liegenden Nahrung (ebd. II, 565–576). Es war aber vor allem die *pietas*, die die Vorfahren besänftigte (animas placare paternas: ebd. II, 533). Da der Februar im alten römischen Kalender der letzte Monat des Jahres war, hatte er teil am Fließenden, „Chaotischen", das den Zwischenraum zwischen zwei Zeitabschnitten bestimmt. Die Normen waren außer Kraft, die Toten konnten auf die Erde zurückkehren. Immer im Februar spielte sich deshalb das Ritual

---

[15] *P. Grimal*, a.a.O. 89. Gegen die „politische" Hypothese von *Latte*, (Römische Religionsgeschichte 236–239) bezüglich der *pietas* wenden sich *P. Boyancé*, La religion de Virgile (1963) 58 und *Dumézil*, La rel. rom. arch. 400.

der *Lupercalia* (§ 165) ab: gemeinschaftliche Reinigungen, die die universelle Erneuerung vorbereiteten, die durch das „Neue Jahr" (= die rituelle Wiedererschaffung der Welt) symbolisiert wurde[16].

Während der drei Tage der *Lemuria* kamen die Toten (*lemures*, mit unbekannter Etymologie) wiederum und besuchten die Häuser ihrer Nachkommen. Um sie zu besänftigen und daran zu hindern, Lebende mit sich zu ziehen, füllte das Familienoberhaupt sich den Mund mit schwarzen Bohnen und sprach, wobei es die Bohnen ausspuckte, neunmal die Formel: „Durch diese Bohnen kaufe ich mich los, mich und die Meinen." Schließlich schlug er auf einem Gegenstand aus Bronze Lärm, um die Schatten zu vertreiben, und wiederholte neunmal: „Manen meiner Väter, weicht von hier!" (ebd. V, 429-444). Das rituelle Rückgeleiten der Toten nach ihren periodischen Besuchen auf Erden ist eine in der Welt weitverbreitete Zeremonie (siehe die Anthesterien, § 123).

Erinnern wir auch an einen anderen mit den Manen in Verbindung stehenden Ritus: die *devotio*. Titus Livius (VIII, 9-10) beschreibt sie anläßlich einer Schlacht gegen die Samniten im einzelnen. Als er sah, daß seine Legionen kurz davor waren, zurückzuweichen, „opferte" der Konsul Decius sein Leben für den Sieg. Von einem Pontifex geleitet, rief er mit einer rituellen Formel eine große Zahl von Göttern, beginnend mit Janus, Jupiter, Mars und Quirinus und endend mit den Manen und der Göttin Tellus, an. Zugleich mit seinem Leben opferte Decius den Manen und der Erde die feindlichen Armeen. Das Ritual der *devotio* verdeutlicht eine archaische Vorstellung vom menschlichen Opfer als „ritueller Bluttat". Im Grunde handelt es sich um eine rituelle Übergabe des geopferten Lebens zum Nutzen einer Unternehmung, die gerade im Gange ist, im Falle des Decius um den militärischen Sieg. Fast das gesamte Pantheon wird angerufen, aber die *Opfergabe an die Manen* – das heißt die Selbstopferung des Decius und die Massentötung der Samniten – rettet die römische Armee.

Wir wissen nichts über die Vorstellungen, die den früheren Bewohnern von Latium über das Totenreich eigen waren; die uns übermittelten spiegeln den Einfluß der griechischen und etruskischen Konzeptionen. Sehr wahrscheinlich war die archaische Bestattungsmythologie die Fortsetzung der Traditionen der neolithischen Kulturen Europas. Im übrigen wurden die von den italischen bäuerlichen Stämmen geteilten Konzeptionen des Jenseits nur oberflächlich durch die späteren griechischen, etruskischen und hellenistischen Einflüsse verändert. Dagegen wurden die von Vergil im 6. Gesang der Aeneis heraufbeschworene Vorstellung von den Höllenreichen, der Bestattungssymbolismus der Sarkophage der Kaiserzeit und die aus dem Orient und von Pythagoras herrührenden Konzeptionen der himmlischen Unsterblichkeit vom 1. Jahrhundert vor Christi Geburt an in Rom und anderen Städten des Reiches sehr beliebt.

---

[16] Siehe M. Eliade, Der Mythos von der ewigen Wiederkehr, Kap. 11: „Die Regeneration der Zeit".

165. Sacerdotes, Auguren und religiöse Bruderschaften

Der öffentliche Kult wurde unter der Kontrolle des Staates von einer bestimmten Anzahl von Offizianten und religiösen Bruderschaften vollzogen. Während der Monarchie hatte der König den ersten Rang innerhalb der Priester-Hierarchie inne: er war *Rex sacrorum* („König des Geheiligten"). Leider wissen wir wenig über die Art, in der die Gottesdienste gefeiert wurden. Wir wissen aber, daß in der *Regia*, dem „Königshaus", drei Arten von Riten vollzogen wurden, die dem Jupiter (oder der Juno und dem Janus), dem Mars und einer Göttin des landwirtschaftlichen Überflusses, der Ops Consina, galten. So bemerkt Dumézil mit Recht[17], daß das Königshaus die Begegnungsstätte und der König die verbindende Kraft zwischen den drei grundlegenden Funktionen war, die, wie wir zuvor sahen, die *flamines maiores* getrennt verwalteten. Man darf vermuten, daß der *rex* schon in vorrömischer Zeit von einer Priestergruppe umgeben war, ganz wie der vedische *rājan*, der seinen Hilfspriester, und der irische *ri*, der seine Druiden hatte. Aber die römische Religion zeichnet sich durch eine Tendenz zur Zerstückelung und zur Spezialisierung aus. Im Unterschied zum vedischen Indien und zu den Kelten, wo die Priester austauschbar und folglich fähig waren, jede Zeremonie auszuführen, hatte in Rom jedes Kollegium oder jede sodalitas eine spezifische Kompetenz[18].

Nach dem König kamen in der Priesterhierarchie die 15 *flamines*, an erster Stelle die *flamines maiores:* die des Jupiter *(Flamines Dialis)*, des Mars und des Quirinus. Ihr Name nähert sie dem *brahman* des Sanskrit an, aber die Flaminen bildeten keine Kaste; sie stellten darüber hinaus nicht einmal ein Kollegium dar. Jeder Flamine war autonom und mit einer Gottheit verbunden, von der er seinen Namen hatte. Die Institution ist sicherlich archaisch; die Flaminen sind kenntlich an ihrer rituellen Kleidung und an einer großen Zahl von Verboten. Dank der antiquarischen Begeisterung des Aullus Gellus kennen wir den Status des *flamen Dialis* besser: er durfte sich nicht aus Rom entfernen und keinen Knoten an sich tragen (betrat ein gefesselter Mann sein Haus, so mußte man ihn befreien); er durfte nicht nackt unter die Sonne treten, nicht die Armee sehen, nicht auf ein Pferd steigen; er mußte den Kontakt mit Schmutz und mit Toten oder allem, was an den Tod erinnerte, vermeiden usw. (Noctes Atticae X, 15; siehe auch *Plutarch*, Quest. Rom. 111).

Für die Flaminen des Mars und des Quirinus waren die Verbote und Verpflichtungen weniger streng. Wir sind nicht direkt über die kultischen Gottesdienste des *flamen Martialis* informiert, es ist aber wahrscheinlich, daß er beim Opfer des Pferdes, das dem Mars am 15. Oktober gebracht wurde, tätig war. Der *flamen Quirinalis* versah seinen Dienst während dreier Zeremonien; die beiden

---

[17] La rel. rom. arch. 576; siehe auch ebd. 184–185.
[18] Ebd. 571.

ersten (die *Consualia* des Sommers am 21. August und die *Robigalia* am 25. April) standen sicher in Zusammenhang mit dem Getreide[19].

Wir kennen den Ursprung des Kollegiums der Pontifices schlecht. Aus einer Angabe des Cicero (De domo 135 und Har. resp. 12) können wir schließen, daß das Kollegium außer den *pontifices* den *rex sacrorum* und die *flamines maiores* enthielt. Gegen die Auffassung von Kurt Latte[20] hat Dumézil gezeigt, daß diese Institution althergebracht ist. An der Seite des *flamen Dialis* hatte der *pontifex* in der geheiligten Umgebung des *rex* eine komplementäre Funktion inne. Die Flaminen erfüllten ihren Gottesdienst in gewisser Weise „außerhalb der Geschichte"; sie führten regelmäßig die vorgeschriebenen Zeremonien aus, hatten aber nicht die Macht, neu hinzukommende Situationen zu interpretieren oder selbst zu meistern. Trotz seiner Vertrautheit mit den himmlischen Göttern übersetzte der *flamen Dialis* nicht den Willen des Himmels; das lag in der Verantwortung der Auguren. Dagegen verfügte das Kollegium der Pontifices, genauer der *pontifex maximus*, dessen Verlängerung die anderen nur waren, zugleich über Freiheit und Initiative. Er war in den Versammlungen anwesend, in denen über religiöse Akte entschieden wurde, er sicherte die Kulte ohne namentliche Inhaber und überwachte die Feste. Während der Zeit der Republik ist es der *pontifex maximus*, der „die flamines maiores und die Vestalinnen auswählt, über die er disziplinarische Rechte hat; für die letztgenannten ist er auch Ratgeber und bisweilen Vertreter in der Öffentlichkeit"[21]. Es ist also sehr wahrscheinlich, daß die Einrichtungen der flamines maiores und des *pontifex* nicht im Rom des Königreichs geschaffen wurden; „daß der rigide Status der ersten und die Freiheit des zweiten nicht durch aufeinanderfolgende Schöpfungen, durch eine Entwicklung erklärt werden dürfen, sondern unterschiedlichen Definitionen und Funktionen entsprechen, die aus vorrömischer Zeit stammen und noch in ihren Namen durchscheinen; daß es schließlich nur natürlich war, wenn der größte Teil des religiösen Erbes der Funktion des Königs auf den *pontifex* überging"[22].

Die sechs Vestalinnen waren mit dem Kollegium der Pontifices verbunden. Die Vestalinnen wurden vom Pontifex Maximus im Alter zwischen sechs und zehn Jahren ausgewählt und für eine Zeit von 30 Jahren geweiht. Sie schützten das römische Volk, indem sie das Feuer der Stadt unterhielten, das sie niemals erlöschen lassen durften.

Ihre religiöse Kraft hing von ihrer Jungfräulichkeit ab: wenn eine Vestalin wider die Keuschheit sündigte, wurde sie bei lebendigem Leibe in ein unterirdi-

---

[19] *Dumézil*, La rel. rom. arch. 166 ff, 225–239, 168 ff, 277–280. Die zwölf *flamines maiores* waren mit Gottheiten verbunden, die in der klassischen Zeit in Vergessenheit geraten waren: Volcanus, Volturnus, Palatua, Carmenta, Flora, Pomona usw.
[20] Dieser Autor nimmt eine Revolution an, „die an die Spitze der religiösen Organisation Roms den großen Pontifex und das Kollegium setzte, das ihm untergeordnet ist" (Römische Religionsgeschichte 195). Vgl. *Dumézils* Kritik, a.a.O. 116 ff.
[21] *Dumézil*, a.a.O. 574.
[22] Ebd. 576.

sches Grab gesperrt, und ihr Partner wurde hingerichtet. Wie Dumézil feststellt, handelt es sich um einen einigermaßen seltenen Priestertyp, „zu dem die Ethnographie nicht viele Parallelen entdeckt hat" (S. 576).

Das Augurenkollegium war genauso alt und genauso unabhängig wie das der Pontifices. Aber das Geheimnis der Disziplin wurde wohl gehütet. Wir wissen nur, daß der Augur nicht dazu berufen war, die Zukunft zu deuten. Seine Rolle beschränkte sich darauf, herauszufinden, ob ein bestimmtes Projekt (die Wahl einer Kultstätte oder eines religiösen Würdenträgers) *fas* war. Er fragte den Gott: „Si fas est... schicke mir ein bestimmtes Zeichen!" Allerdings beginnen die Römer schon mit dem Ende der Königszeit, andere Spezialisten zu konsultieren, Autochthone oder Fremde (§ 167). Mit der Zeit werden bestimmte Deutetechniken griechischen oder etruskischen Ursprungs in Rom eingeführt. Die Methode der haruspices (die darin besteht, die Eingeweide der Opfer zu untersuchen) war vollkommen den Etruskern entlehnt[23].

Neben diesen Kollegien enthielt der öffentliche Kult eine Anzahl von geschlossenen Gruppen oder „sodalitates" (von sodalis = Gefährte), jede spezialisiert auf eine besondere religiöse Technik. Die zwanzig *Fetiales* segneten die Kriegserklärungen und Friedensverträge. Die *Salii*, „Tänzer" des Mars und des Quirinus, von denen jede Gruppe zwölf Mitglieder enthielt, betätigten sich im März und im Oktober, wenn es einen Übergang vom Frieden zum Krieg und vom Krieg zum Frieden gab. Die *Fratres Arvales* beschützten die bebauten Felder. Die Bruderschaft der *Luperci* zelebrierte am 15. Februar die *Lupercalia*. Der Ritus reihte sich ein in die besonderen Zeremonien der durch das Jahresende ausbrechenden Krisenperiode (siehe § 12, 22)[24]. Nach der Opferung eines Bocks an der Grotte des *Lupanar* begannen die Luperci, nackt bis auf einen Lendenschurz aus Schafshaut, ihren Reinigungslauf um den Palatin. Während des Laufens schlugen sie die Passanten mit ihren aus Bockshaut geschnittenen Gurten. Die Frauen boten sich den Schlägen dar, um fruchtbar zu werden (*Plutarch*, Romulus, 21, 11-12; usw.). Die Riten waren zugleich reinigend und fruchtbar machend, wie eine Vielzahl von zu Beginn des Neuen Jahres vollzogenen Zeremonien. Es handelt sich sicherlich um einen archaischen rituellen Komplex, der außerdem die Spuren einer Initiation von der Art eines *Männerbundes* (vom Verf. dt. [Anm. d. Übers.]) trägt; aber die Bedeutung des Szenarios scheint vor der Zeit der Republik in Vergessenheit geraten zu sein.

Im öffentlichen ebenso wie im privaten Kult bestand das Opfer im Anbieten von Eßbarem: Erstlingsopfer des Getreides, der Trauben, des Mostes und vor

---

[23] Was das Orakel betraf, das die direkte Inspiration durch einen Gott voraussetzte, so war es durch die einfache Tatsache suspekt, daß es der Staatskontrolle entging. Die unter dem Namen *Sibyllinische Bücher* bekannte Sammlung mußte akzeptiert werden, da sie in dem Ruf stand, die Geheimnisse der Zukunft Roms zu enthalten. Sie wurde aber von Priestern gut bewacht und nur im Falle extremer Gefahr konsultiert.
[24] *Februum*, das dem Monat *februarius* den Namen gegeben hat, wird von Varro (De lingua latina VI, 13) mit „purgamentum" übersetzt; das Verb *februare* bedeutet „reinigen".

Die römische Religion

allem der erlegten Tiere (Rinder, Schafe, Schweine und an den Iden des Oktobers Pferde). Mit Ausnahme des Oktober-Pferdes lief das Tieropfer immer nach dem gleichen Szenario ab. Die vorbereitenden Trankopfer fanden auf dem tragbaren Herd *(foculus)* statt, der den *foculus* des Opfernden verkörperte und vor dem Tempel, neben dem Altar, stand. Dann tötete der Opfernde das Tier symbolisch, indem er das Opfermesser über den Körper führte, vom Kopf zum Schwanz. Ursprünglich war er es, der das Tier schlachtete, im klassischen Ritus aber kümmerten sich gewisse Priester *(victimarii)* darum. Der den Göttern bestimmte Anteil – Leber, Lunge, Herz und einige andere Stücke – wurde auf dem Altar verbrannt. Die Haut wurde im Privatkult vom Opfernden und seinen Gefährten verspeist, in den von Staats wegen zelebrierten Opfern von den Priestern.

166. Jupiter, Mars, Quirinus und die kapitolinische Trias

Im Unterschied zu den Griechen, die frühzeitig ein genau umgrenztes Pantheon geschaffen hatten, verfügten die Römer zu Beginn ihrer Geschichte nur über eine einzige hierarchische Gruppierung von Gottheiten, nämlich die archaische Trias Jupiter, Mars, Quirinus, vervollständigt durch Janus und Vesta. In seiner Eigenschaft als führender Gott der „Anfänge" stand Janus am Beginn der Aufzählung, und Vesta, die Beschützerin der Stadt, stand an ihrem Ende. Die literarischen Quellen sprechen jedoch von einer großen Anzahl von Gottheiten, bodenständigen und von Griechen und Etruskern entliehenen. Aber weder die Klassifizierung noch die Hierarchie dieser Götter und Göttinnen war gesichert[25]. Einige antike Autoren unterschieden die *di indigetes* und die *di novensiles*, von denen die ersten national *(patrii)*, die zweiten später hinzugekommene Gottheiten waren (*Varro*, De lingua latina V, 74; *Vergil*, Georg. I, 498). Wichtiger ist die Reihenfolge, die in der von Titus Livius übermittelten *devotio* erwähnt wird: Die vier großen Götter (Janus, Jupiter, Mars, Quirinus) wurden gefolgt von Bellona und den Laren (Schutzpatrone des Krieges und des Bodens), von den *divi novensiles* und *di indigetes*, schließlich von den Manen-Göttern und von Tellus (§ 164).

Auf jeden Fall kann man nicht daran zweifeln, daß die Trias Jupiter, Mars, Quirinus archaisch ist. Status und Funktion der drei Flamines maiores geben genügend Hinweise auf die Strukturierung der Götter, deren Kult sie sichern. Jupiter[26] ist der herrschende, himmlische, Blitze aussendende Gott par excellence, Quelle des Geheiligten und Herr der Gerechtigkeit, Garant der universellen Fruchtbarkeit und Kosmokrat, obwohl er nicht den Krieg regiert. Dieser ist die Domäne des Mars (Mavors, Mamers), der bei allen italischen Stämmen

---

[25] Varro unterteilte sie in *certi* (= Bestimmte) und *incerti*, unter denen er zwanzig Hauptgötter unterschied, die *selecti*; siehe auch *Augustinus*, Civ. dei VII, 2.

[26] Der Name findet sich im Oskischen, im Umbrischen und in den lateinischen Dialekten.

den Kriegergott darstellt. Bisweilen ist Mars auch mit friedlichen Riten verbunden; hier aber handelt es sich um ein in der Religionsgeschichte ziemlich bekanntes Phänomen: die totalitäre, „imperialistische" Tendenz bestimmter Götter, die Sphäre ihrer Aktivität zu überschreiten. Das bewahrheitet sich vor allem im Fall des Quirinus[27]. Dagegen interveniert der Flamen Quirinalis, wie wir gesehen haben (§ 165), nur bei drei mit dem Getreide in Verbindung stehenden Zeremonien. Darüber hinaus ist Quirinus etymologisch verbunden mit der Gemeinschaft der *viri*, der Versammlung *(covirites)* des römischen Volkes; insgesamt repräsentiert er die „dritte Funktion" in der indogermanischen Dreiteilung. Aber in Rom wie anderswo ist die dritte Funktion in ausgeprägter Weise zerstückelt worden, was sich durch ihre Mehrwertigkeit und ihren Dynamismus erklären läßt.

Was Janus und Vesta betrifft, so setzt ihre Angliederung an die archaische Trias wahrscheinlich eine indoeuropäische Tradition fort. Nach Varro gehören dem Janus die *prima*, dem Jupiter die *summa* an. Jupiter ist also der *rex*, denn die *prima* sind den *summa* untergeordnet, weil die einen nur innerhalb der Zeitordnung, die anderen innerhalb der Ordnung der *dignitas* im Vorteil sind[28]. Räumlich gesehen ist Janus an den Hausschwellen und den Türen und Toren. Im Jahresablauf regiert er den „Jahresanfang". Ebenso ist Janus in der historischen Zeit an den Anfang gestellt: Er war der erste König von Latium und Herrscher eines Goldenen Zeitalters, in dem Götter und Menschen zusammenlebten (*Ovid, Fasti* I, 247–248)[29]. Er wird als *bifrons* vorgestellt, weil „jeder Übergang zwei Orte, zwei Zustände voraussetzt, denjenigen, den man verläßt, und denjenigen, in den man eintritt" (Dumézil, 337). Daß er aus archaischer Zeit stammt, unterliegt keinem Zweifel, denn die Indo-Iranier und die Skandinavier kennen ebenfalls „erste Götter".

Der Name Vesta leitet sich aus einer indoeuropäischen Wurzel mit der Bedeutung „brennen" ab; das immerwährende Feuer des *ignis Vestae* stellt den Herd Roms dar. Die Tatsache, daß alle anderen Tempel, außer dem Heiligtum der Vesta, das rund ist, einen rechteckigen Grundriß haben, erklärt sich, wie Dumézil gezeigt hat, durch die indische Lehre vom Symbolismus des Himmels und der Erde. Die Tempel müssen in den vier Himmelsrichtungen eröffnet und zu ihnen orientiert werden; das Haus der Vesta aber muß nicht eröffnet werden, da die ganze Macht der Göttin auf Erden liegt; ihr Heiligtum ist eine *aedes sacra*, kein *templum*[30]. Vesta wurde nicht auf Bildern dargestellt, das Feuer genügte,

---

[27] Dieser Gott wird manchmal mit Mars Gradivus zusammengestellt: beide besitzen geheiligte Schilde *(ancilia:* Livius V, 52); Romulus, der Sohn des Mars, der die magische und kriegerische Königsherrschaft repräsentierte, wurde nach seinem Tod dem Quirinus assimiliert.
[28] Varro, zitiert nach *Augustinus*, Civ. dei VII, 9, 1; siehe auch den Kommentar von *Dumézil*, La rel. rom. arch. 333.
[29] Ebenso ist Janus auch für bestimmte natürliche „Anfänge" verantwortlich: er sichert die Empfängnis des Embryos, er gilt als Begründer der Religion, als Errichter der ersten Tempel, auf ihn sollen die *Saturnalia* zurückgehen usw.; siehe die von *Dumézil* zitierten Quellen, a.a.O. 337.
[30] Siehe *Dumézil,* 323; desgleichen war im Iran Atar, das Feuer, am Ende der Reihe der Amesha Spenta aufgeführt (ebd. 329).

Die römische Religion

um sie anschaulich zu machen (Fasti VI,299). Dies ist noch ein Beweis für den Archaismus und Konservativismus, denn das Fehlen von Bildern charakterisierte ursprünglich alle römischen Gottheiten.

Unter der etruskischen Herrschaft verliert die alte Trias Jupiter, Mars, Quirinus ihre Aktualität; sie wird durch die Trias Jupiter, Juno, Minerva ersetzt, die zur Zeit der Tarquinier errichtet wurde. Der etruskisch-latinische Einfluß, der im übrigen bestimmte griechische Elemente mit einführt, ist offensichtlich. Die Gottheiten haben jetzt Statuen. Jupiter Optimus Maximus, wie er von da an genannt werden wird, wird den Römern unter dem etruskisierten Bild des griechischen Zeus dargestellt. Sein Kult wird verändert. Darüber hinaus läuft der Triumphzug, der dem siegreichen Feldherrn vom Senat gewährt wird, unter dem Zeichen Jupiters ab. Während der Zeremonie wird der Triumphator das „Double" Jupiters: Er fährt im Wagen, lorbeergekränzt, in der Aufmachung des Gottes[31]. Trotz der Gegenwart von Juno und Minerva in seinem Tempel ist Jupiter der einzige Meister; an ihn richten sich Gelöbnis und Zueignung.

„Juno", bemerkt Dumézil (S. 299), „ist die wichtigste der Göttinnen Roms, aber zugleich auch die verwirrendste." Ihr Name Juno leitet sich aus einer Wurzel ab, die „die Lebenskraft" bedeutet. Ihre Aufgaben sind vielfältig: sie beherrscht mehrere Feste, die mit der Fruchtbarkeit der Frauen in Verbindung stehen (als Lucina wird sie bei Entbindungen angerufen), aber auch solche im Zusammenhang mit dem Monatsanfang, der „Wiedergeburt" des Mondes usw. Auf dem Kapitol dagegen war sie *Regina*, ein Titel, der eine so starke Tradition spiegelt, daß er auch unter der Republik akzeptiert wurde. Insgesamt war Juno mit den drei Funktionen der indoeuropäischen Ideologie verbunden: dem geheiligten Königtum, der Kriegsmacht und der Fruchtbarkeit. Dumézil bringt diese Multivalenz mit einer dem vedischen Indien und dem Iran gemeinsamen Konzeption in Verbindung, der der Göttin, die alle drei Funktionen erfüllt und sie aussöhnt und die damit das Modell der Frau in der Gesellschaft ist[32].

Minerva war die Patronin der Künste und der Kunsthandwerker. Der Name ist wahrscheinlich italischen Ursprungs (aus der indoeuropäischen Wurzel *men-, die jede Geistestätigkeit bezeichnet, abgeleitet); die Römer haben sie allerdings von den Etruskern übernommen. Aber schon in Etrurien stellte *Menrva* (Minerva) eine Adaption von Pallas-Athene dar.

Letzten Endes setzt die kapitolinische Trias keinerlei römische Tradition fort. Nur Jupiter stellt das indoeuropäische Erbe dar. Die Angliederung von Juno und Minerva war das Werk der Etrusker. Auch für sie spielte die göttliche Trias eine Rolle innerhalb der Hierarchie des Pantheons. Wir wissen zum Beispiel, daß sie der Gründung der Tempel vorstand (siehe *Servius*, Ad Aen. I,422). Aber das ist auch ungefähr alles, was wir wissen.

---

[31] *Servius*, Ad Ecl. IV,27. Plutarch beschreibt in Aemilius Paulus, 32-34, im einzelnen den berühmten Triumphzug des Aemilius Paulus nach dem Sieg von Pydna (168); siehe auch den Kommentar von *Dumézil*, 296-298.

[32] Siehe a.a.O. 307ff die Analyse der Funktion von Sarasvati und Anāhitā.

167. Die Etrusker: Rätsel und Hypothesen

Rom wurde schon früh mit der Welt der Etrusker konfrontiert. Es ist jedoch schwierig, die wechselseitigen Einflüsse, die ihre Kulturen aufeinander ausgeübt haben, genau festzustellen. Die archäologischen Zeugnisse (Gräber, Fresken, Statuen, verschiedene Gegenstände) zeugen von einer hochentwickelten Zivilisation, aber wir kennen die etruskische Sprache nicht. Andererseits hat auch kein Geschichtsschreiber der Antike die Religion, Kultur und Geschichte der Etrusker dargestellt, wie es für Thraker, Kelten und Germanen geschehen ist. Darüber hinaus liefern die römischen Autoren wesentliche Informationen bezüglich bestimmter Aspekte der etruskischen Religion erst ab dem 1. Jahrhundert v. Chr., einem Zeitpunkt, zu dem das ursprüngliche Erbe schon hellenistischen Einflüssen unterlag.

Nach der durch Herodot (I, 94) übermittelten Tradition stammen die Etrusker von den Lydiern ab. Tatsächlich scheint ihr kleinasiatischer Ursprung durch einige in Lemnos entdeckte Inschriften bestätigt zu werden. Aber die in Etrurien entwickelten Formen der Kultur spiegeln nicht die kleinasiatische Wirklichkeit. Sicher aber ist die früh zustande gekommene Symbiose zwischen den über das Meer gekommenen Eroberern und der ursprünglich zwischen Po und Tiber, also in der Gegend, die im 6. Jahrhundert Etrurien bildete, angesiedelten Bevölkerung. Die Etrusker waren vom zivilisatorischen Entwicklungsstand her sicher überlegen: sie verfügten über eine bedeutende Flotte, trieben Handel, benutzten Eisen und bauten befestigte Städte. Ihre grundlegende politische Organisationsform war der Städtebund; das Kerngebiet war der Zwölfstädtebund. Die Bevölkerung war teilweise etruskisch; der übrige Teil kam aus Umbrien, Venetien, Ligurien und von anderen italischen Stämmen.

Die griechischen Einflüsse wurden relativ früh spürbar, sowohl in der Kunst als auch in der Religion. Der etruskische Gott Fufluns wurde wie Dionysos an der Seite von Semla (Semele) und Areatha (Ariadne) dargestellt. Man stößt auf Artumes (Artemis) und Aplu (Apoll). Andererseits trägt eine Anzahl von authentischen etruskischen Gottheiten latinische und faliskische Namen: Uni (Juno), Nethuns (Neptun), Maris (Mars), Satres (Saturn). Der Name des mythologischen Helden Mastarna (etrusk.: *maestrna*) kommt vom lateinischen *magister*. Die Angleichung der römischen Gottheiten an die griechischen hatte den etruskischen Vorgänger zum Vorbild: Juno, Minerva und Neptun sind Hera, Athene und Poseidon geworden, unter Nachahmung der etruskischen Uni, Menrva und Nethuns. Insgesamt ist für die etruskische Kultur, insbesondere für die etruskische Religion, die frühzeitige Assimilation italischer und griechischer Elemente kennzeichnend[33]. Es handelt sich sicherlich um eine ganz eigene Synthese, denn der etruskische Genius entwickelt die entliehenen Ideen

---

[33] *F. Altheim* bemerkt, daß die kleinasiatische und mittelmeerische Erbschaft sich besser nicht zu Beginn, sondern gegen Ende der etruskischen Geschichte erfassen läßt, in: *ders.*, Römische Religionsgeschichte I.

gemäß seiner ihm eigenen Berufung. Aber wir kennen die etruskische Mythologie und Theologie nicht. Man kann nicht einmal wagen, den Fall des Hercle (Herakles) als Ausnahme zu betrachten; denn trotz der Anstrengungen Jean Bayets wissen wir nur, daß er in Etrurien extrem populär war und eine eigene Mythologie besaß, die sich von der griechischen Tradition unterschied und außerdem gewisse Elemente orientalischen Ursprungs enthielt (Melkart)[34]. Was die Theologie betrifft, so wäre es müßig, sie anhand einiger später Informationen über die etruskischen „Bücher" für rekonstruierbar zu halten. Wie wir sehen werden, betreffen diese Informationen fast ausschließlich die verschiedenen Deutetechniken.

Mangels Texten haben die Forscher sich auf die minutiöse Untersuchung des archäologischen Materials konzentriert. Die archaische Struktur des Totenkults und desjenigen der chthonischen Göttinnen erinnert an die Gräber und Statuen Maltas, Siziliens und der Ägäis (siehe § 34). Die Nekropolen – wahrhafte Totenstädte – wurden neben den Städten errichtet. Die Gräber waren reich ausgestattet, vor allem mit Waffen für die Männer und mit Schmuck für die Frauen. Es wurden Menschenopfer dargebracht, eine Sitte, die später zum Entstehen der Gladiatorenkämpfe führte. Die Grabinschriften gaben nur über die Abstammung mütterlicherseits Auskunft. Während die Gräber der Männer mit einem Phallus geschmückt waren, stellten die der Frauen Halbsäulen in Häuserform dar. Die Frau war Inkarnation des Hauses selbst, also der Familie[35]. Bachofen sprach von „Matriarchat"; was sicher zu sein scheint ist die hervorragende Bedeutung der Frau in der etruskischen Gesellschaft. Die Frauen nahmen am Festmahl an der Seite der Männer teil. Die griechischen Autoren vermerkten mit Überraschung, daß die etruskischen Ehefrauen eine Freiheit genossen, die in Griechenland nur den Hetären zustand. Tatsächlich zeigten sie sich den Männern ohne Schleier, und die Grabfresken stellen sie in ihren durchscheinenden Kleidern dar, wie sie durch ihre Schreie und Gebärden die nackten Athleten zum Kampf anstacheln[36].

Am Ende der Zeit der Republik wußten die Römer, daß die etruskische Religion über „Bücher" verfügte, die von übernatürlichen Wesen, von der Nymphe Vegoia oder von Tages, übermittelt waren. Der Legende zufolge kam Tages aus einer Furche hervor; er hatte das Aussehen eines Kindes, aber die Weisheit eines Greises. Die schnell um Tages versammelte Menge beeilte sich, seine Belehrung aufzuschreiben; dies war der Ursprung der *haruspicinae disciplina*[37].

---

[34] *J. Bayet*, Héraclès-Herclé dans le domaine étrusque, in: Les origines de l'Hercule romain (1926) 79–120; *ders.*, Herclé, étude critique des principaux monuments relatifs à l'Hercule étrusque (1926).
[35] Die Grab-Phalli treten ab dem 4. Jh. in Erscheinung, während die Halbsäulen mit Hausform wesentlich früher nachgewiesen sind. Der Etrusker erwähnte darauf den Vornamen des Vaters und den Namen der Familie der Mutter: „Die Mutter wurde weniger als individuelle Persönlichkeit als vielmehr als Mitglied ihrer Linie betrachtet" (*Altheim*, a.a.O.).
[36] *Altheim*, a.a.O.
[37] Cicero, De div. II, 51. Lydus gibt an, daß die Griechen das Kind Tages mit dem chthonischen Hermes assimilieren.

Das mythische Motiv der Offenbarung eines „heiligen Buches" (oder eines Buches, das eine geheime Lehre enthält) durch ein übernatürliches Wesen ist von Ägypten und Mesopotamien bis zum mittelalterlichen Indien und nach Tibet nachgewiesen. Dieses Szenario wird vor allem in der hellenistischen Epoche populär. Die Epiphanie des Tages als *puer aeternus* erinnert an den Hermetismus (siehe § 209), was nicht notwendigerweise eine alchemistische, also spätere „Lesart" der etruskischen Tradition einschließt. Für unseren Zusammenhang ist die Tatsache von Bedeutung, daß man im 1. Jahrhundert v. Chr. davon ausging, die Etrusker hätten in ihren *Büchern* bestimmte Offenbarungen übernatürlicher Art aufbewahrt. Diese Bücher lassen sich im wesentlichen unterteilen in *libri fulgurales* (Theorie des Blitzes), *libri rituales* (zu denen man die *acherontici* zählt) und *libri haruspicini* (die durch die *libri fatales* ergänzt werden).

Die Blitz-Theorie, wie wir sie durch die Darstellungen Senecas und des Plinius[38] kennen, enthielt eine Aufstellung, die für jeden Tag des Jahres die Bedeutung des Donners angab. Der Himmel, in 16 Abschnitte eingeteilt, stellte mit anderen Worten eine virtuelle Sprache dar, die durch meteorologische Phänomene aktualisiert wurde. Die Bedeutung eines Blitzes wurde erkennbar durch die Himmelsteile, von denen er kam oder bei denen er endete. Die elf verschiedenen Blitzarten wurden von den verschiedenen Göttern hervorgerufen. Die Botschaft war also göttlichen Ursprungs, obschon sie in eine „Geheimsprache" übersetzt war, die nur den darauf spezialisierten Priestern, den Haruspices, zugänglich war. Man hat mit Recht auf die Analogien zur chaldäischen Lehre hingewiesen[39]. In der Form, in der sie uns übermittelt wurde, verrät die Blitz-Theorie bestimmte Einflüsse der hellenistischen Wissenschaften, von den *Meteorologica* des Pseudo-Aristoteles bis zu den Konzeptionen der „chaldäischen Magier"[40]. Doch letztlich haben diese Einflüsse vor allem die Sprache verändert, indem sie sie dem damaligen *Zeitgeist* (vom Verf. dt. [Anm. d. Übers.]) anpaßten. Die grundlegende Idee, namentlich die Homologie zwischen Makrokosmos und Mikrokosmos, ist archaisch.

Ebenso setzte die *haruspicina*, die Interpretation der in den Eingeweiden der Opfer erkennbaren Zeichen, die Korrespondenz dreier Beziehungssysteme voraus: des göttlichen, kosmischen und menschlichen. Die Besonderheiten der verschiedenen Regionen des Organs zeigten die Entscheidung der Götter an und sagten folglich den bevorstehenden Ablauf der historischen Ereignisse voraus. Das Bronzemodell einer Hammelleber, das 1877 in Piacenza gefunden wurde, enthält eine gewisse Anzahl eingemeißelter Striche und die Namen von ungefähr vierzig Göttern[41]. Das Modell stellt zugleich die Struktur der Welt und die Verteilung innerhalb des Pantheons dar.

---

[38] Naturales Quaestiones II, 31–41 und 47–51; Naturalis Historia II, 137–146.
[39] Zuletzt durch *A. Piganiol*, Les Étrusques, peuple d'Orient 340–342.
[40] Siehe vor allem *S. Weinstock*, Libri Fulgurales 126 ff.
[41] Das Alter des Modells ist noch umstritten; es stammt wahrscheinlich aus dem 3. oder 2. Jh. v. Chr. Die Analogien zur mesopotamischen Hepatoskopie springen ins Auge; sie wurden wahrscheinlich durch spätere Einflüsse gestärkt.

Die Lehre von der Homologie zwischen Makro- und Mikrokosmos prägt zugleich das, was man die etruskische Geschichtsauffassung nennen könnte. Nach den *libri fatales* entfaltet sich ein menschliches Leben in zwölf Wochen; nach der zwölften „verlassen" die Menschen „ihren Geist", und die Götter schicken ihnen keinerlei Zeichen mehr[42]. In gleicher Weise haben die Völker und Staaten, Etrurien ebenso wie Rom, einen Endpunkt, der durch die gleichen Normen festgelegt ist, die auch den Kosmos regieren. Man hat vom Pessimismus der Etrusker gesprochen, vor allem anläßlich ihrer Vorstellung von einem strengen kosmischen und existentiellen Determinismus. Es handelt sich aber um eine archaische Tradition, die von vielen traditionellen Gesellschaften geteilt wird: der Mensch ist verschwistert mit den großen Rhythmen der Schöpfung, denn alle Existenzweisen – die kosmische, die historische und die menschliche – wiederholen innerhalb ihres besonderen Bezugssystems das exemplarische Modell, das sich im zyklischen Ablauf des Lebens offenbart.

Es ist schwierig, die Glaubensvorstellungen der Etrusker über den Tod und das Leben im Jenseits zu rekonstruieren. Vom 4. Jahrhundert an stellen die Grabgemälde eine Unterwelt dar, die „unterschieden ist von der Griechenlands, aber von ihr inspiriert: Der Tote reist zu Pferde, in einem Wagen; er wird im Jenseits von einer Gruppe von Menschen empfangen, die vielleicht seine Vorfahren sind; ein Festmahl erwartet ihn, dem Hades und Persephone vorstehen, die sich hier *Eita* und *Phersipnai* nennen."[43] Andererseits stellen die Bilder eine ganze Dämonologie dar, die nicht griechischen Ursprungs ist. Der Protagonist Charun ist trotz seines griechischen Namens eine eigene Schöpfung der etruskischen Mythologie. „Lassen seine Hakennase an einen Raubvogel und seine Ohren an ein Pferd denken, so rufen seine gefletschten Zähne, wenn auf einem Monument das grausame Grinsen seiner Lippen sie entblößt, die Vorstellung eines Raubtieres hervor, das kurz davorsteht, sein Opfer zu verschlingen."[44] Nachdem er es zu Boden geschlagen hat, begleitet Charun sein Opfer auf seiner Reise in die Unterwelt. Aber seine Rolle endet beim Eintritt in die andere Welt, in der, nach den auf die Mauern der Gräber gemalten Szenen zu urteilen, der Verstorbene eine an Vergnügungen reiche Nach-Existenz erlebt.

Die wenigen Fragmente der *libri acherontici* erlauben keinen Vergleich mit dem ägyptischen *Totenbuch*. Der christliche Schriftsteller Arnob schreibt: „In ihren *libri acherontici* versprechen die Etrusker, daß die Seelen durch die Opferung des Blutes bestimmter Tiere göttlich werden und dem Los der Sterblichkeit entgehen" (Adversus nationes II,62). Servius fügt eine wichtige Information hinzu: In der Folge bestimmter Opfer verwandeln sich die Seelen in Götter, die man als *animales* bezeichnet, um an ihren Ursprung zu erinnern (ad Aen. III,168). Es handelte sich demnach also um eine Deifikation, die als

---

[42] Varro, der Text wird zitiert und kommentiert von *Bouché-Leclerc*, Histoire de la divination IV, 87 ff; siehe auch C. O. *Thulin*, Die Ritualbücher 68 ff, und *Dumézil*, La rel. rom. arch. 653 ff.
[43] *Dumézil*, a.a.O. 676–677.
[44] F. *de Ruyt*, Charun, démon étrusque de la mort 146–147.

Ergebnis blutiger Rituale zustande kommt, was man als Indiz für den Archaismus, aber auch als ein Opfer-Sakrament, vergleichbar der Initiation in den Mysterien des Mithras (siehe § 217), deuten könnte. Auf jeden Fall fügt die „Vergöttlichung der Seelen" der etruskischen Eschatologie eine neue Dimension hinzu.

Letzten Endes entgeht uns das Wesentliche des etruskischen religiösen Denkens. Das Ansehen, das schon in den Anfängen Roms ihre Deutungsmethoden besaßen, die *orientatio* sowohl beim Bau der Städte als auch bei dem der Heiligtümer, zeigt die kosmologische Struktur der etruskischen Theologie und scheint ihre Anstrengungen, das Rätsel der historischen Zeit zu durchdringen, zu erklären. Sehr wahrscheinlich haben diese Vorstellungen zur Reifung der römischen Religion beigetragen.

168. Krisen und Katastrophen: von der gallischen Oberherrschaft bis zum Zweiten Punischen Krieg

496 v. Chr., kurz nach der Vertreibung des letzten Etrusker-Königs und der Errichtung der Republik, wurde am Fuße des Aventin einer neuen Trias ein Tempel errichtet: Ceres, Liber und Libera. Wahrscheinlich haben politische Erwägungen bei der Begründung dieses Kultes, der drei Schutzgöttern der Fruchtbarkeit gewidmet war, eine Rolle gespielt. Das Heiligtum, ein seit langem bäuerlichen Kulten geweihter Ort, gehörte den Vertretern der Plebs[45]. Etymologisch bedeutet Ceres personifiziertes „Wachstum". Die Existenz eines *flamen Cerialis* und der besondere Charakter der bei Gelegenheit der *Cerialia* (am 19. April) zelebrierten Rituale bestätigen, daß diese Göttin archaischen Ursprungs ist. Was Liber betrifft, so scheint sein Name der indoeuropäischen Wurzel **leudh* zu entstammen, die sinngemäß bedeutet „der für das Keimen Verantwortliche, der Wachstum und Ernte sichert"[46]. Dem heiligen Augustinus zufolge (Civ. dei VII,3) begünstigte das Paar Liber und Libera allgemein die Fortpflanzung und Fruchtbarkeit, indem es den Samen während der geschlechtlichen Vereinigung „befreite" (ebd. VII,9). In einigen Gegenden Italiens enthielt ihr Fest, die *Liberalia* (am 17. März), unzüchtige Elemente: Herumtragen eines Phallus, den die sittsamsten Matronen öffentlich krönen mußten, obszöne Bemerkungen usw. (Civ. dei VII,21). Aber sehr bald schon wurde die Trias Ceres, Liber und Libera dem Trio Demeter, Dionysos (Bacchus) und Persephone (Proserpina) assimiliert (die *interpretatio graeca!*)[47]. Unter dem Namen Bacchus zu Berühmtheit gelangt, wird Liber infolge der Verbreitung des

---

[45] Der Tradition zufolge war der Tempel Ergebnis der ersten Befragung der *Sibyllinischen Bücher*, es handelt sich aber um einen Anachronismus.
[46] E. Benveniste, Liber et liberi; Dumézil, a.a.a.O. 383.
[47] Siehe J. Bayet, Les ‚Ceralia', altération d'un culte latin par le mythe grec (= Croyances et rites dans la Rome antique), bes. 109ff.

Dionysos-Kultes einen außergewöhnlichen Aufstieg erleben (siehe die späteren Ausführungen, S. 122).

Rom war mit den griechischen Göttern schon im 6. Jahrhundert, unter der etruskischen Herrschaft, vertraut. Aber mit den Anfängen der Republik schreitet die Assimilation der griechischen Gottheiten rasch voran: die Dioskuren 499, Merkur 495, Apoll 431 (während des Wütens der Pest; er war also der zuerst eingeführte „Medizin-Gott"). Venus, deren Name ursprünglich eine übliche Benennung mit der Bedeutung magischen Reizes war, wurde mit der griechischen Aphrodite gleichgesetzt; aber die innere Struktur der Göttin änderte sich später unter dem Einfluß der trojanischen Sage. Ein vergleichbarer Vorgang charakterisiert die Assimilation der latinischen und italischen Gottheiten. Diana wurde von den Albanern übernommen und später der Artemis angeglichen. 396 wurde Juno Regina, die Schutzgöttin der Vejer, mit zeremonieller Einladung gebeten, nach Rom zu kommen. In einer berühmten Textstelle beschreibt Titus Livius (V, 21, 3–22) den Ritus der *evocatio:* der Diktator Camillus richtete das Wort an die Schutzgöttin der Vejer und sprach: „Und du, Juno Regina, die du jetzt die Vejer begünstigst, ich bitte dich, uns zu folgen, den Siegern, in unsere Stadt, die bald die deine sein und die dich mit einem deiner Größe würdigen Tempel empfangen wird." Die Vejer „wußten nicht, daß ihre eigenen Wahrsager und die Orakel der Fremden sie schon ausgeliefert hatten, daß die Götter schon zur Aufteilung ihrer Überreste gerufen waren und daß andere, von ihrer Stadt mit Bitten angerufen, schon auf die Tempel und neuen Heimstätten blickten, die sie beim Feind erwarteten: daß sie, kurz gesagt, ihren letzten Tag erlebten..."

Die Invasion der Kelten im ersten Viertel des 4. Jahrhunderts hatte die Kontakte zum Hellenismus unterbrochen. Die Verwüstung Roms (um 390) war so vollständig gewesen, daß manche daran gedacht hatten, die Trümmer für immer zu verlassen und sich in Veji anzusiedeln. Wie Ägypten nach der Invasion der Hyksos (siehe § 30), so wurden auch die Römer durch das Brennen der Stadt in ihrem Vertrauen auf ihr historisches Schicksal erschüttert. Erst nach dem Sieg von Sentinum (295) befreiten Rom und Italien sich von der gallischen Herrschaft. Die Verbindungen zur griechischen Welt wurden wiederaufgenommen, und die Römer begannen auch ihre Eroberungspolitik von neuem. Gegen Ende des 3. Jahrhunderts war Rom die größte Macht Italiens. Von nun an haben die politischen Umschwünge zum Teil sehr schwerwiegende Auswirkungen auf die traditionellen religiösen Einrichtungen. Für ein Volk, das dazu neigte, in den historischen Ereignissen göttliche Epiphanien zu erkennen, waren die militärischen Erfolge und Desaster mit religiösen Bedeutungen befrachtet.

Als kurze Zeit darauf der Zweite Punische Krieg die Existenz des römischen Staates selbst gefährdete, machte die Religion eine tiefgreifende Änderung durch. Rom rief alle Götter an, gleich welchen Ursprungs. Die haruspices und die Sibyllinischen Bücher entdeckten die Ursachen der militärischen Niederlagen in verschiedenen Fehlern im rituellen Bereich. In Befolgung der Hinweise in den Sibyllinischen Büchern entschied sich der Senat für heilsame Maßnahmen: Opfer, auch Reinigungsopfer, ungewohnte Zeremonien und Prozessionen und selbst Menschenopfer. Die Niederlage von Cannae, die durch zahlreiche Wunderzeichen und durch den Inzest zweier Vestalinnen noch bedrohlicher geworden war, veranlaßte den Senat dazu, Fabius Pictor nach Delphi zu entsenden, um dort das Orakel zu befragen. In Rom schrieben die Sibyllinischen Bücher Menschenopfer vor: zwei Griechen und zwei Gallier wurden lebendig begraben (Livius XXII, 57, 6)[48]. Es handelt sich hierbei sehr wahrscheinlich um einen Ritus von archaischer Struktur: den „schöpferischen Mord"[49].

Schließlich führte Rom 205 bis 204, kurz vor dem Sieg über Hannibal und infolge einer Anregung der Sibyllinischen Bücher, die erste asiatische Gottheit ein, Kybele, die Große Mutter von Pessinus (Livius XXIX, 10 ff). Der berühmte schwarze Stein mit der symbolischen Darstellung der Göttin wurde von einer römischen Kampfgruppe aus Pergamon geholt. Kybele wurde in Ostia feierlich empfangen und in ihren Tempel auf dem Palatin gebracht[50]. Doch der orgiastische Charakter des Kultes und an erster Stelle die Anwesenheit priesterlicher Eunuchen vertrugen sich nicht mit der römischen Strenge. Der Senat reglementierte sehr bald und gründlich die kultischen Manifestationen. Die Opfer wurden gänzlich ins Innere des Tempels verbannt, mit Ausnahme einer jährlichen Prozession, mit der der heilige Stein zu seinem Bad geführt wurde. Den römischen Bürgern wurde verboten, der Kybele nach anatolischem Ritus zu opfern. Das Personal wurde auf einen Priester, eine Priesterin und deren Assistenten begrenzt; aber weder die Römer noch ihre Sklaven durften diese Funktionen innehaben. Der offizielle römische Kult wurde durch einen städtischen Prätor überwacht.

Doch stimmte der Senat 204 der Bildung von Bruderschaften zu, die ausschließlich Mitglieder der Aristokratie vereinten; ihre eigentliche Funktion beschränkte sich auf das Feiern von Gastmählern zu Ehren der Kybele. Insgesamt war die Einführung der ersten asiatischen Gottheit das Werk der Aristokratie. Die Patrizier schätzten es, daß Rom dazu berufen war, eine wichtige Rolle im Orient zu spielen. Aber Kybeles Gegenwart hatte keine Folgen. Das Eindringen der orientalischen Kulte findet erst mehr als ein Jahrhundert später statt. Sicherlich war Rom nach den schrecklichen Leiden und dem Schrecken des Zweiten Punischen Krieges in doppelter Weise von den asiatischen Gottheiten ange-

---

[48] Im Jahre 226, wieder infolge der Befragung der Sibyllinischen Bücher, wurde je ein griechisches und gallisches Paar lebendig begraben, um die Bedrohung durch eine gallische Invasion abzuwenden (*Plutarch*, Marcellus III, 4). Ähnliche Opfertode fanden am Ende des 2. Jh. statt (*Plutarch*, Quest. Rom. 83). Menschenopfer wurden vom Senat im Jahre 97 verboten.
[49] Um seinen Sieg zu sichern, ließ Xerxes neun Knaben und neun Mädchen lebendig begraben, als er sich nach Griechenland einschiffte. Man weiß außerdem, daß Themistokles in der Folge eines Orakels am Vortag der Schlacht bei Salamis drei junge Gefangene opfern ließ (*Plutarch*, Vita Them. XIII). Über dieses mythisch-rituelle Thema siehe *Eliade*, De Zalmoxis à Gengis-Khan 178 ff.
[50] Man muß daran erinnern, daß Kybele dank der Aeneas-Sage keine fremde Göttin mehr war.

zogen. Aber auch hier findet sich die spezifisch römische Ambiguität: man hielt es zugleich für notwendig, die fremden Kulte unter Kontrolle zu halten, und fürchtete, ihrer Wohltaten verlustig zu gehen[51]. Dennoch konnten die Folgen dieser beiden Kriege und des glänzenden Endsieges vermieden werden. Einerseits versammelte sich eine beträchtliche Zahl von Flüchtlingen aller Regionen Italiens und von fremden Sklaven in Rom. Andererseits lösten sich gewisse Teile der Bevölkerung fortschreitend von der traditionellen Religion. In Rom, wie auch in der übrigen mittelmeerischen Welt vom 4. Jahrhundert an, machte sich die Notwendigkeit einer persönlichen religiösen Erfahrung als immer dringlicher bemerkbar. Eine solche religiöse Erfahrung war vor allem in den Konventikeln und in den geschlossenen Gesellschaften vom Typ der „Mysterienreligionen" erreichbar; anders ausgedrückt also in den geheimen Zusammenschlüssen, die der Staatskontrolle entgingen. Aus diesem Grund hatte der Senat den römischen Bürgern, und sogar ihren Sklaven, die Teilnahme am anatolischen Kult der Kybele untersagt.

186 entdeckten die Autoritäten mit Überraschung und Empörung die Existenz von *Bacchanalien* in Rom selbst, das heißt von nächtlichen „orgiastischen Mysterien". Der Dionysos-Kult hatte in der mittelmeerischen Welt, vor allem in der hellenistischen Epoche (§ 206), weite Verbreitung gefunden. In der Folge der römischen Herrschaft über Großgriechenland verbreiteten sich die esoterischen mystischen Vereinigungen auf der Halbinsel, besonders in Kampanien. Und in der Tat hat eine aus Kampanien stammende Priesterin und Seherin in Rom einen Geheimkult eingeführt, der nach ihren eigenen Vorschriften modifiziert wurde und einige Riten enthielt, die denjenigen der Mysterien vergleichbar waren. Nach einer sofort vom Konsul bekanntgemachten Denunziation deckte die Untersuchung die Ausmaße des Kultes und seinen orgiastischen Charakter auf. Die Anhänger, mehr als 7000 an der Zahl, wurden einiger verabscheuenswürdiger Dinge angeklagt: nicht nur daß sie schworen, alles geheimzuhalten, sie trieben auch Päderastie und organisierten Morde, um zu Vermögen zu gelangen. Die Riten wurden unter größter Geheimhaltung zelebriert. Nach Titus Livius (XXXIX, 13, 12) stießen die Männer, wie entrückten Geistes und unter Schwenkungen ihrer Körper, prophetische Worte heraus; die Frauen, „die Haare aufgelöst wie Bacchantinnen", liefen „unter Schwenken brennender Lappen" bis zum Tiber, tauchten sie ins Wasser und zogen sie ganz flammend heraus, „denn ungelöschter Schwefel wird mit Kalk gemischt"[52].

Einige Anklagepunkte erinnern an die später in allen Häretiker- und Hexenprozessen gebrauchten Klischees. Die Schnelligkeit und die Strenge der Untersuchung und die Härte der Repression (es gab im Land einige tausend Exeku-

---

[51] Siehe *J. Bayet*, Histoire ... de la religion romaine 154.
[52] Man beschuldigte sie außerdem, diejenigen in grausamer Weise verschwinden zu lassen, die sich weigerten, an ihren Verbrechen und Ausschweifungen teilzunehmen (ebd. 39, 13, 13). Eine genaue Analyse des Textes von Titus Livius und des Senatsbeschlusses von 186 bezüglich der Bacchanalien findet sich bei *A. Bruhl*, Liber Pater ... 82–116.

tionen) zeigen den politischen Charakter des Prozesses. Die Autoritäten decken die Gefahr geheimer Vereinigungen auf, also die Gefahr eines Komplotts, das fähig sein könnte, einen Staatsstreich zu versuchen. Ohne Zweifel wurde der Bacchus-Kult nicht vollkommen vernichtet; aber es wurde den römischen Bürgern verboten, daran teilzunehmen. Außerdem mußte jede bacchische Zeremonie, die zwangsweise auf fünf Mitglieder beschränkt war, durch eine Senatsentscheidung genehmigt werden. Die Gebäude und kultischen Gegenstände wurden zerstört, ausgenommen die, die „etwas Geheiligtes" enthielten.

All diese panischen Maßnahmen zeigen, in welchem Maße der Senat die religiösen Vereinigungen, die sich seiner Kontrolle entzogen, verdächtigte. Der Senatsbeschluß gegen die Bacchanalien sollte seine Gültigkeit nie verlieren; drei Jahrhunderte später diente er der Christenverfolgung als Modell.

EINUNDZWANZIGSTES KAPITEL

Kelten, Germanen, Thraker und Geten

169. Das Fortbestehen prähistorischer Elemente

Das Eindringen der Kelten in die Geschichte des europäischen Altertums wurde während weniger als zweier Jahrhunderte spürbar: von der Eroberung Norditaliens im 5. Jahrhundert (Rom wurde im Jahre 390 überfallen) bis zur Plünderung des delphischen Apollo-Heiligtums im Jahre 279. Kurze Zeit darauf ist das historische Schicksal der Kelten besiegelt: Zwischen der Expansion der germanischen Stämme und dem Druck Roms wird ihre Macht unaufhörlich weniger. Die Kelten waren aber Erben einer außergewöhnlich reichen und schöpferischen Vorgeschichte. Wie wir sofort sehen werden, sind die von der Archäologie gelieferten Informationen von großer Bedeutung für das Verständnis der keltischen Religion.

Vorläufer der Kelten sind sehr wahrscheinlich die Begründer der sogenannten „Urnenfeld"-Kultur (Urnfield)[1], die in Zentraleuropa zwischen 1300 und 700 v. Chr. entstand. Sie bewohnten Dörfer, betrieben Ackerbau, verwendeten Bronze und bestatteten die Toten. Ihre ersten Wanderungen führten sie nach Frankreich, Spanien und Großbritannien. Zwischen 700 und 600 verbreitete sich der Gebrauch des Eisens in Zentraleuropa; dies ist die sogenannte Hallstatt-Kultur, die durch eine ausgeprägte soziale Schichtenbildung und unterschiedliche Bestattungsriten gekennzeichnet ist. Wahrscheinlich waren diese Neuerungen das Ergebnis der kulturellen Einflüsse aus dem Iran, die durch die Kimmerier weiterverbreitet wurden (sie stammten vom Schwarzen Meer). Zu dieser Zeit bildete sich die keltische Militär-Aristokratie. Die Leichname (zumindest die der Führer) wurden nicht mehr eingeäschert, sondern, zusammen mit Waffen und anderen wertvollen Gegenständen, in einen Wagen mit vier Rädern gelegt, den man anschließend in Totenräumen beerdigte, die von einem Hügel bedeckt wurden. Um 500, während der zweiten Eisenzeit, die unter dem Namen Latènezeit bekannt ist, war der Höhepunkt der künstlerischen Schöpfungskraft der Kelten. Die Goldschmiedearbeiten und unzähligen Metallobjekte, die durch

---

[1] Sie wird so bezeichnet, weil man die Toten einäscherte und ihre Asche in Urnen füllte, die danach auf einem Friedhof beerdigt wurden.

die Ausgrabungen zutage kamen, wurden als „Ruhm der barbarischen Welt und großer, wenn auch begrenzter Beitrag der Kelten zur europäischen Kultur" bezeichnet[2].

Angesichts des Mangels an schriftlichen Quellen über die Religion sind die archäologischen Funde von unschätzbarem Wert. Dank der Ausgrabungen wissen wir, daß die Kelten dem geheiligten Raum eine große Bedeutung beimaßen, das heißt den nach genauen Regeln geweihten Orten um einen Altar herum, auf dem die Opfer vollzogen wurden. (Wie wir sehen werden, sind die rituelle Begrenzung des heiligen Raums und der Symbolismus vom „Mittelpunkt der Welt" durch antike Autoren überliefert, und man findet sie in der irischen Mythologe wieder.) Wiederum dank der Ausgrabungen wissen wir, daß man die verschiedenen Arten von Gaben in rituelle Schächte legte, die zwei bis drei Meter Tiefe hatten. Ganz wie der griechische *brothos* oder der römische *mundus* sicherten diese rituellen Gräben die Kommunikation mit den Gottheiten der Unterwelt. Solche Schächte sind schon für das zweite Jahrtausend nachgewiesen; sie waren teilweise gefüllt mit Gegenständen aus Gold und Silber, die in reich geschmückten zeremoniellen Kesseln aufgeschichtet waren[3]. (Man findet Erinnerungen an diese Schächte, die mit der anderen Welt in Verbindung standen, und an unterirdische Schatzkammern in den mittelalterlichen Sagen und in der keltischen Folklore.)

Nicht weniger wichtig ist die von der Archäologie gegebene Bestätigung bezüglich der Verbreitung und Kontinuität des Schädel-Kultes. Angefangen von den mit stilisierten Köpfen geschmückten Kalkstein-Zylindern, die in Yorkshire entdeckt wurden und auf das 18. Jahrhundert v. Chr. zurückgehen, bis zum Mittelalter sind Schädel und Darstellungen „abgeschnittener Köpfe" in allen von keltischen Stämmen bewohnten Gegenden nachgewiesen. Man hat in die Mauervertiefungen der Heiligtümer gestellte oder in ihre Mauern eingelassene Schädel, Kopf-Skulpturen aus Stein, unzählige in den Quellen versenkte Holzbilder zutage gefördert. Die religiöse Bedeutung der Schädel wurde durch die klassischen Schriftsteller aufgedeckt, und trotz des Verbotes der Kirche spielte die Erhöhung des „abgeschnittenen Kopfes" in den mittelalterlichen Sagen und in der britannischen und irischen Folklore eine große Rolle[4]. Sicherlich handelt es sich hier um einen Kult, dessen Wurzeln in der Vorgeschichte liegen und der noch bis zum 19. Jahrhundert in mehreren asiatischen Kulturen überlebte[5]. Die ursprüngliche magisch-religiöse Bedeutung des „abgeschnittenen Kopfes" wurde später durch Glaubensvorstellungen verstärkt, die im Schädel die erste Quelle des *semen virile* und den Sitz des „Geistes" ansiedelten. Bei den Kelten bildete der Schädel par excellence das Behältnis einer geheiligten Kraft göttlichen

---

[2] *Anne Ross*, Pagan Celtic Britain 35. Eine Auswahl von Reproduktionen findet sich in dem Buch von *J.-J. Hatt*, Les Celtes et les Gallo-Romains 101 ff.
[3] *S. Piggot*, Ancient Europe 215 ff; *ders.*, The Druids 62 ff.
[4] Siehe *Anne Ross*, a.a.O. 97–164, Abbildungen 25–86, Bildtafeln 1–23.
[5] Siehe *M. Eliade*, Yoga 304 ff, 434–435; *ders.*, Schamanismus a.a.O.

Ursprungs, die den Besitzer gegen alle Arten von Gefahr schützte und ihm zugleich Gesundheit, Reichtum und den Sieg sicherte.

Insgesamt lassen die archäologischen Entdeckungen einerseits das Alter der keltischen Kultur, andererseits die Kontinuität bestimmter zentraler religiöser Ideen von der Vorgeschichte bis zum Mittelalter erkennen. Viele dieser Ideen und Gebräuche gehörten zum alten religiösen Bestand des Neolithikums, sie wurden aber frühzeitig von den Kelten assimiliert und teilweise in das von ihren indoeuropäischen Vorfahren geerbte theologische System integriert. Die von der Archäologie gezeigte erstaunliche kulturelle Kontinuität erlaubt dem Erforscher der keltischen Religionsgeschichte, späte Quellen zu benutzen, an erster Stelle die zwischen dem 6. und 8. Jahrhundert abgefaßten irischen Texte, aber auch die epischen Sagen und die Folklore, die in Irland noch bis zum Ende des 19. Jahrhunderts überlebten.

170. Das indoeuropäische Erbe

Daß die keltische Kultur archaisch ist, wird auch durch andere Quellen bekräftigt. Man findet in Irland eine Vielzahl von Ideen und Gebräuchen, die auch für das alte Indien belegt sind, und die Prosodie ist analog derjenigen des Sanskrit und des Hethitischen; wie Stuart Piggot sagt, handelt es sich um „Fragmente eines gemeinsamen Erbes aus dem zweiten Jahrtausend"[6]. Wie die Brahmanen maßen auch die Druiden dem Gedächtnis beträchtliche Wichtigkeit bei (siehe § 172). Die altirischen Gesetze waren in Versen abgefaßt, um leichter behalten werden zu können. Eine Parallelität der irischen und hinduistischen Gesetzestexte ergibt sich nicht nur hinsichtlich ihrer Form und Technik, sondern teilweise auch hinsichtlich ihrer Diktion[7]. Erinnern wir an andere Beispiele indokeltischer Parallelität: Fasten als Mittel einer Bestärkung für ein Rechtsgesuch; der magisch-religiöse Wert der Wahrheit[8]; die Einschaltung von Vers-Passagen in die erzählende Prosa, besonders innerhalb der Dialoge; die Bedeutung der Barden und ihre Beziehung zu den Herrschern[9].

Wegen des rituellen Verbotes der Schrift verfügen wir über keinen von einem

---

[6] The Druids 88. Nach Myles Dillon haben Druiden und Brahmanen Praktiken und Glaubensvorstellungen indoeuropäischer Herkunft bewahrt, die in der gälischen Welt bis ins 18. Jh. und in Indien bis heute überlebt haben; siehe M. Dillon, The Archaism of Irish Tradition 246. Siehe auch ders., Celt and Aryan 52 ff. Beim Studium der irischen und indischen Begräbnisriten hatte Hans Hartmann den Eindruck, die Struktur der irischen Mentalität sei näher an der des alten Indien als an der Englands oder Deutschlands, siehe H. Hartmann, Der Totenkult in Irland 207.

[7] D. A. Binchy, The Linguistic and Historical Value of the Irish Law Tracts, zitiert von M. Dillon, The Archaism 247.

[8] Nachweise siehe bei M. Dillon, The Archaism 247, 253 ff. Siehe auch ders., Celt and Aryan.

[9] G. Dumézil, Servius et la Fortune 221 ff und passim; J. E. Caerwyn Williams, The Court Poet in Medieval Ireland 99 ff. Fügen wir noch hinzu, daß man auch Analogien zur sumerisch-akkadischen Welt finden kann, die sich durch die Kontakte der Indoeuropäer mit den Völkern des antiken Nahen Ostens erklären, siehe H. Wagner, Studies in the Origins of Early Celtic Tradition 6 ff und passim.

dort Ansässigen abgefaßten Text über die Religion der auf dem Kontinent lebenden Kelten. Unsere einzigen Quellen sind die wenigen Beschreibungen der griechisch-römischen Schriftsteller und eine große Anzahl von darstellenden Monumenten, die meisten aus der gallisch-römischen Zeit. Im Gegensatz dazu haben die Insel-Kelten, die in Schottland, in Wales und vor allem in Irland konzentriert sind, eine reichhaltige epische Literatur hervorgebracht. Trotz der Tatsache, daß sie nach der Bekehrung zum Christentum abgefaßt wurde, setzt diese Literatur zum großen Teil die vorchristliche mythologische Tradition fort; dies trifft auch für die reiche irische Folklore zu.

Die Auskünfte der klassischen Autoren werden vielfach durch irische Dokumente bestätigt. In „De bello Gallico" (VI, 13) sagt Caesar, daß die Gallier zwei privilegierte Klassen – die der Druiden und der Ritter – und eine dritte, unterdrückte, die des „Volkes", kennen. Die gleiche – die wohlbekannte indoeuropäische Ideologie wiederholende – soziale Dreiteilung (§ 63) findet man auch in Irland kurz nach seiner Bekehrung zum Christentum: Unter der Herrschaft des *rig (phonetische Entsprechung zum *rāj* des Sanskrit, lat. *reg*) ist die Gesellschaft unterteilt in die Klasse der Druiden, die Militäraristokratie (die *flaith*, eigentlich „Macht", genaue phonetische Entsprechung der *kṣatra* des Sanskrit) und die Viehzüchter, die *bo airig*, freie Männer *(airig)*, die sich als Besitzer von Kühen (bo) bezeichnen[10].

Wir werden später noch Gelegenheit finden, auf das Überleben anderer Bestandteile des indoeuropäischen religiösen Systems hinzuweisen. Präzisieren wir aber schon jetzt, daß „die den indoiranischen und indokeltischen Gesellschaften gemeinsamen Bräuche" sich durch „die Existenz mächtiger Priesterkollegien" erklären, „denen die Bewahrung der geheiligten Traditionen oblag, die sie mit rigorosem Formalismus handhabten"[11]. Was die dreigeteilte indoeuropäische Theologie betrifft, so kann sie noch in der von Caesar überlieferten Götterliste wiedererkannt werden und überlebt in radikal historisierter Form in der irischen Tradition. Georges Dumézil und Jan de Vries haben gezeigt, daß die Führer des legendären Volkes Tuatha Dé Danann tatsächlich die Götter der ersten beiden Funktionen darstellen, während die dritte durch das Volk der Fomore dargestellt wird, die als frühere Bewohner der Insel betrachtet werden[12].

Caesar stellt das keltische Pantheon in einer *interpretatio romana* vor: „Der Gott, den sie am meisten verehren", schreibt der Konsul, „ist Merkur. Seine Statuen sind die zahlreichsten. Sie sehen in ihm den Erfinder aller Künste; sie betrachten ihn als Führer der Reisenden auf den Straßen, als denjenigen, dessen Macht am größten ist, zum Geldverdienen beizutragen und den Handel zu begünstigen. Nach ihm verehren sie Apoll, Mars, Jupiter und Minerva. Sie machen

---

[10] Vgl. G. Dumézil, L'idéologie tripartie des Indo-Européens 11.
[11] E. Benveniste, Le vocabulaire des institutions indo-européennes II, 10. Siehe auch später, bes. S. 38, die Beobachtungen von Vendryes.
[12] Siehe G. Dumézil, Mythe et Épopée I, 289; J. de Vries, Keltische Religion 151 ff.

sich über diese Götter ungefähr die gleichen Vorstellungen wie die anderen Nationen. Apoll vertreibt die Krankheiten, Minerva lehrt die Bestandteile der Arbeit und der Berufe, Jupiter übt seine Herrschaft über den Himmel aus, und Mars regiert die Kriege" (Bell. Gall. VI, 17).

Man hat viel über die Authentizität, und folglich über den Wert, dieser *interpretatio romana* des gallischen Pantheon gestritten. Doch Caesar kannte die Sitten und Glaubensvorstellungen der Kelten ziemlich gut. Er war schon Proconsul der Gallia Cisalpina, bevor er seinen Feldzug nach dem transalpinen Gallien begann. Aber da wir sehr wenig über die kontinentale keltische Mythologie wissen, wissen wir auch wenig über die von Caesar erwähnten Götter. Es ist überraschend, daß er nicht Jupiter an den Kopf der Liste stellt. Wahrscheinlich hatte der große himmlische Gott der Kelten seine Vorrangstellung bei den Stadtbewohnern, die mindestens vier Jahrhunderte den mittelmeerischen Einflüssen ausgesetzt waren, verloren. Dies ist ein generelles Phänomen innerhalb der Religionsgeschichte, ebenso im Nahen Osten der Antike (siehe § 48 ff) wie auch im vedischen Indien (§ 62) und bei den alten Germanen (§ 176). Aber die „Jupitergiganten"-Säulen, die sich in großer Zahl, vor allem zwischen dem Rhein, der Mosel und der Saône, finden und die auch von bestimmten germanischen Tribus errichtet wurden, führen einen archaischen Symbolismus fort, nämlich den des höchsten himmlischen Wesens. Man muß zunächst feststellen, daß diese Säulen nicht einen militärischen Triumph feiern wie die des Trajan und des Marc Aurel. Sie wurden nicht auf dem Forum oder in den Straßen, sondern außerhalb der Städte aufgestellt. Darüber hinaus wird dieser keltische Jupiter häufig mit einem Rad dargestellt[13]; das Rad aber spielt eine bedeutende Rolle bei den Kelten. Das Rad mit vier Speichen stellt das Jahr, das heißt den Zyklus der vier Jahreszeiten, dar. Tatsächlich sind die Ausdrücke für „Rad" und „Jahr" in den keltischen Sprachen die gleichen[14]. Wie Werner Müller erkannt hat, ist dieser keltische Jupiter folglich der kosmokratische himmlische Gott, der Herrscher über das Jahr, und die Säule symbolisiert die *axis mundi*. Auf der anderen Seite sprechen die irischen Texte von Dagda, „dem gütigen Gott", und es besteht Einigkeit darüber, daß er mit dem gallischen Gott gleichgesetzt werden kann, den Caesar mit dem Götternamen „Jupiter" belegte[15].

Die Archäologie hat die Aussage des Konsuls bezüglich der Popularität des „Merkur" bestätigt: mehr als 200 Statuen und Basreliefs und fast 500 Inschriften wurden gefunden. Wir kennen seinen gallischen Namen nicht, es war aber wahrscheinlich der gleiche wie der des Gottes Lug, der bei den Inselkelten eine wichtige Rolle spielt. Mehrere Städte tragen den Namen Lugs (z. B. Lugdunum

---

[13] Siehe die von W. *Müller*, Die Jupitergigantensäule und ihre Verwandten 46 ff, gegebenen Hinweise.
[14] Siehe die von W. *Müller*, a.a.O. 52 ff, zitierten Beispiele. Die Darstellungen des *annus* durch ein Wesen, das ein Rad mit vier oder zwölf Speichen trägt, sind für das Mittelalter gesichert; siehe die bei W. *Müller*, a.a.O. 51, reproduzierten Zeichnungen.
[15] *J. de Vries*, a.a.O. 37–40.

= Lyon), und ihm zu Ehren wurde in Irland ein Fest gefeiert, ein Beweis dafür, daß dieser Gott in allen keltischen Ländern bekannt war. Die irischen Texte stellen Lug als Heeresführer vor, der auf dem Schlachtfeld sich der Magie bedient, aber auch als Meister der Dichter und mythischen Vorfahren eines wichtigen Volksstammes. Diese Züge nähern ihn Wotan-Odin an, der seinerseits von Tacitus ebenfalls dem Merkur gleichgesetzt wurde. Man kann daraus schließen, daß Lug die Herrschaft unter ihrem magischen und militärischen Aspekt darstellt: Er ist grausam und fürchterlich, schützt aber die Krieger ebenso gut wie die Barden und Magier. Ebenso wie Odin-Wotan (§ 175) zeichnet er sich durch magisch-spirituelle Fähigkeiten aus, was seine Gleichsetzung mit Merkur-Hermes erklärt [16].

Dem Mars, so schreibt Caesar (Bell. Gall. VI, 17), weihen die Gallier „zu Beginn einer Schlacht alles, was sie einnehmen und erbeuten werden. Nach dem Sieg opfern sie ihm die lebendige Beute und versammeln den ganzen Rest an einem einzigen Ort." Wir kennen den keltischen Namen des gallischen Kriegsgottes nicht. Viele dem Mars gewidmete Inschriften tragen Beinamen: *Albiorix*, „König der Welt", *Rigisamos*, „der sehr Königliche", *Caturix*, „König der Schlacht", *Camulus,* „der Mächtige", *Segomo*, „der Siegreiche", usw. Bestimmte Beinamen sind unverständlich, aber selbst wenn man sie übersetzen kann, bereichern sie unsere Kenntnisse nicht. Das gleiche kann man über mehr als hundert dem Herkules gewidmete Inschriften sagen; ganz wie die dem Mars gewidmeten zeigen sie nur die Existenz eines Kriegsgottes an.

Bezieht man andere Informationen mit ein, so erscheint die Struktur dieses Gottes als relativ komplex. Dem griechischen Geschichtsschreiber Lukian von Samosata (2. Jahrhundert n. Chr.) zufolge war der keltische Name des Herakles *Ogmios*. Lukian hatte ein Bild dieses Gottes gesehen: es war ein kahlköpfiger Alter mit faltiger Haut, der eine große Anzahl Männer und Frauen nach sich zog, die mit Gold- und Bernsteinketten an seine Zunge gebunden waren. Obwohl sie nur schwach an ihn gebunden waren, wollten sie nicht fliehen, sondern folgten ihm „freudig und fröhlich, indem sie ihn mit Lobreden überschütteten". Ein Mann aus der Gegend erklärte ihm das Bild: Sie, die Kelten, stellten die Kunst des Wortes nicht durch Hermes dar, wie die Griechen, sondern durch Herkules, „denn Herkules ist viel stärker" (*Lukian*, Herkules 1–7). Dieser Text war Anlaß für widersprüchliche Interpretationen [17]. Man hat die angeketteten Menschen den Marut verglichen, die Indra begleiteten, und der Gruppe der Einherjar, die Odin-Wotan eskortierten (J. de Vries). Man hat andererseits Ogmios Varuṇa angenähert, dem „Meister des Bindens" (F. Le Roux). Wahrscheinlich hat der keltische „Mars" einige für den magischen Herrscher-Gott spezifische Merkmale angenommen und seine Funktion als Seelenführer verstärkt. (Wie wir

---

[16] *J. de Vries*, a.a.O. 55. Er fügt hinzu: „Dabei muß man aber bedenken, daß eine derartige Gleichsetzung nur einem Zipfel seines höchst komplizierten Wesens Ausdruck verleiht."

[17] Einige werden diskutiert in: *Françoise Le Roux*, Le Dieu celtique aux liens: de l'Ogmios de Lucien à l'Ogmios de Dürer 216 ff; *J. de Vries*, a.a.O. 73 ff.

sehen werden [§ 175], hatte Odin bei den Germanen im Gegenteil den Kriegsgott teilweise verdrängt.) Dem Ogmios entspricht in der epischen Literatur Irlands der Gott Ogma, der Kämpfer par excellence. Man schreibt ihm aber gleichzeitig auch die Erfindung der „ogamisch" genannten Schrift zu; man kann also sagen, daß er kriegerische Stärke und die „Wissenschaft" der Art Odins miteinander verbindet.

Caesar stellt „Apoll" als einen Gott der Heilkunst vor. Wir kennen seinen gallischen Namen nicht, aber die auf den Inschriften entdeckten Namen bestätigen im allgemeinen, daß er ein Heilkundiger war. Die irischen Texte sprechen von Diancecht, der den Tuatha Dé Danann heilt und wiedererweckt; er wird darüber hinaus in einer alten Exorzismus-Formel angerufen. Sein Name wird neben dem des Grobniu, des Schmiede-Gottes, genannt. Man kann ihn also als Vertreter der Götter betrachten, die Dumézil als spezifisch für die „dritte Funktion" erachtet. Was „Minerva" betrifft, deren gallischen Namen wir ebenfalls nicht kennen, die aber Caesar als Göttin des Kunsthandwerks und der Berufe ansieht (die demnach ebenfalls zur dritten Funktion gehört), so hat man sie der Göttin Brigantia angenähert, der Tochter der Dagda und Schutzgöttin der Dichter, Schmiede und Ärzte.

171. Kann man das keltische Pantheon rekonstruieren?

Das in der Verkleidung der *interpretatio romana* erscheinende Pantheon Caesars verdeckt eine religiöse Wirklichkeit, die uns der Vergleich mit den Traditionen der Inselkelten nur teilweise zugänglich macht. Was die auf den Monumenten und Inschriften der galloromanischen Zeit entdeckten Götternamen betrifft, so sind sie in ihrer Mehrzahl beschreibende oder topographische Beinamen der Mitglieder des Pantheons: einige Forscher haben sie zu Unrecht für Namen autonomer Gottheiten gehalten.

Die erste Information über die gallischen Namen der Götter wurde uns durch den Dichter Lucan im 1. Jahrhundert n. Chr. übermittelt. Er nennt „diejenigen, die durch ein schreckliches Opfer den grausamen Teutates und den schrecklichen Esus auf wilden Altären besänftigen und den Taranis mit einem nicht weniger grausamen Opfer als dem der skythischen Diana" (Pharsalia I, 444–446). Die Authentizität dieser Namen wird durch galloromanische Inschriften bestätigt, die Esus, Taranucnus (oder Jupiter Taranucus) und Mars Toutatis erwähnen. Der Autor eines mittelalterlichen Kommentars[18] hat versucht, sie zu erklären, aber die Auslegungen sind widersprüchlich. Der Kommentar liefert allerdings genaue Auskünfte über die Arten von Opfern, die jedem dieser Götter gebracht wurden: Für Teutates wird ein Mann dadurch erstickt, daß man ihn in einen Bottich taucht; für Esus wird das Opfer an einem Baum aufgehängt, und man

---

[18] Commenta Bernensia, wiedergegeben in: *J. Zwicker*, Fontes historiae religionis Celticae I, 51 ff.

läßt es verbluten; für Taranis – „den Meister der Schlachten und den größten der himmlischen Götter" – werden die Menschen in einer Holzpuppe verbrannt.

Eines der Bilder des Kessels von Gundestrup stellt eine bekleidete Person dar, die ein menschliches Opfer kopfüber in einen Behälter stürzt. Mehrere Krieger nähern sich dem Gefäß zu Fuß; über ihnen entfernen sich die Reiter davon. Jan de Vries (a. a. O.) glaubt, daß es sich um einen Initiationsritus handeln kann, der aber nicht zu Teutates in Beziehung steht. (Die irische Dichtung greift vielfach das Thema des Königs auf, der in einem glühenden Haus in einer Wanne ertrinkt, in die er sich gestürzt hatte, um dem Brand zu entgehen. Es handelt sich hier sicher um ein Ritual, das das Menschenopfer einschließt[19].) Seit dem 18. Jahrhundert wurde der Name Teutates durch „Stammesvater" übersetzt. Der Gott hat sicherlich im Stammesleben eine bedeutsame Rolle gespielt; er war Schutzgott des Krieges, seine Funktion war aber komplexer[20].

Was Taranis betrifft, so ist die Bedeutung seines Namens klar: Die Wurzel ist *taran, „Donner". Unter seiner zweiten Namensform, Tanaros, ist er dem germanischen Gott Donar nahe[21]. Ganz wie Donar wurde auch er dem Jupiter gleichgesetzt. Es ist also wahrscheinlich, daß die „Jupitergiganten"-Säulen Taranis, dem „Donnernden", dem alten keltischen Himmelsgott, geweiht waren.

Man findet das Theonym Esus in Eigennamen wieder, aber seine Etymologie ist unsicher[22]. Auf den Basreliefs von zwei Altären wird Esus beim Einhauen auf einen Baum dargestellt; muß man an ein Opfer durch Aufhängen denken? Jan de Vries glaubt, daß Esus als gallischer Gott dem skandinavischen Odin vergleichbar ist[23]. In Wirklichkeit wissen wir nichts Genaues.

Die Bildhauerkunst, die Ikonographie und die Inschriften haben Namen und Bilder anderer galloromanischer Gottheiten erkennbar gemacht. In einigen Fällen gelingt es, ihre Struktur auszumachen und ihre religiöse Funktion anzugeben, und dies dank der in den Traditionen der Inselkelten versteckten Mythologie. Aber gerade wegen der konservativen Tendenz, die den religiösen Genius der Kelten bestimmt, sind die Ergebnisse der Untersuchungen oft unbestimmt. Erinnern wir an ein berühmtes Beispiel: das Basrelief mit der Darstellung eines

---

[19] *M. L. Sjoestedt*, Dieux et Héros des Celtes 75, nennt einige kontinentale Parallelen. Für C. *Ramnoux*, La mort sacrificielle du Roi 217, hatten diese am Ende einer Regierungszeit oder eines Zyklus von Regierungen gebrachten Opfer die Regeneration der verflossenen Zeit zum Ziel (tatsächlich wurden sie auch an bestimmten Daten des Kalenders gebracht).
[20] *P. M. Duval*, Teutates, Esus, Taranis 50; *ders.*, Les Dieux de la Gaule 29 ff (über den Kriegsgott); für *J. de Vries*, a. a. O. 53, konnte er „ebensogut ein Merkur wie ein Mars sein"; *J.-J. Hatt* (Essai sur l'évolution de la religion gauloise 90) spricht ihm „ein doppeltes Gesicht, bald kriegerisch, bald friedlich", zu.
[21] Siehe *H. Birkhan*, Germanen und Kelten I, 310 ff, 313 ff.
[22] *J. de Vries* verbindet ihn mit der Wurzel *eis, die ungefähr „Energie, Leidenschaft" (a. a. O. 98) bedeutet.
[23] Ebd. 99; im gleichen Sinn äußert sich *P. M. Duval*, Teutates ... 51 ff; *ders.*, Les Dieux de la Gaule 34–35. Siehe auch *J.-J. Hatt*, Essai ... 97 ff (allerdings wenig überzeugend).

alten, vielleicht kahlköpfigen Mannes mit Ohren und Geweih eines Hirschs. Man hat natürlich an eine auf dem Kessel von Gundestrup dargestellte Szene gedacht: eine Person mit Hirschgeweih, die in einer Stellung dasitzt, die man ungenau als „Buddhastellung" charakterisiert hat, hat in einer Hand eine Kette, in der anderen eine Schlange mit Widderkopf; sie ist umgeben von wilden Tieren und einem sehr schönen Hirsch. Ähnliche Bilder wurden in Großbritannien gefunden[24]. Es ist bekannt, daß die Hirsch-Ikonographie und ihr religiöser Symbolismus archaischen Ursprungs sind. Eine in Val Cammonica gefundene eingravierte Szene, die ins vierte Jahrhundert v. Chr. zurückgeht, stellt einen Gott mit Hirschgeweih und eine gehörnte Schlange dar. Aber wie wir gesehen haben (§ 5), hatte auch der „Große Zauberer" oder „Herr der Tiere" aus der Grotte Trois Frères einen Hirschkopf und trug ein großes Geweih. Man konnte also Cerunnos als einen Gott der Art „Herr des Wildes" deuten[25].

Doch die religiöse Symbolik des Hirsches ist außerordentlich komplex. Auf der einen Seite ist der Hirsch in einem Bereich, der sich in der Vorgeschichte von China bis nach Westeuropa erstreckt, wegen der periodischen Erneuerung seines Geweihs[26] eines der Symbole der immerwährenden Schöpfung und der *renovatio*. Auf der anderen Seite wurde er als mythischer Vorfahre der Kelten und der Germanen betrachtet[27]; er war außerdem eines der bekanntesten Symbole der Fruchtbarkeit, aber auch Bestattungstier und Führer der Toten; er war vor allem das von Königen und Helden bevorzugte Wild: seine Tötung bei der Jagd wurde symbolisch gleichgesetzt mit dem tragischen Tod des Helden[28]. Folglich ist es wahrscheinlich, daß Cerunnos außer der eines „Herrn des Wildes" noch andere Funktionen innehatte. Man muß nur an den langen und schweren Kampf der Kirche gegen die rituelle Verkleidung als Hirsch denken (cervulo facere), um die religiöse Bedeutung des Hirschs (des bevorzugten Wildes der aristokratischen Kriegerschaft!) im Volk zu würdigen.

Das Beispiel von Cerunnos verdeutlicht die Schwierigkeit, einen vielwertigen religiösen Komplex ohne seinen besonderen mythisch-rituellen Kontext korrekt zu deuten. Mit einer ähnlichen Schwierigkeit wird man konfrontiert, wenn man versucht, die archäologischen Dokumente bezüglich der weiblichen Gottheiten zu analysieren; alles, was man sagen kann, besteht darin, daß die beträchtliche Zahl von Statuen und Ex-voto-Bildern ihre Bedeutung anzeigt. Die plastischen Darstellungen der *matres* und *matronae* zeigen ihre Eigenschaft als Göttinnen der Fruchtbarkeit und der Mutterschaft (Fruchtkorb, Füllhorn; Kinder an der Brust oder auf den Knien usw.). Wie Camille Jullian schreibt, waren sie „vielleicht zugleich namenlose und tausendfache Namen tragende Gottheiten, man

---

[24] *A. Ross*, a.a.O. 104 ff.
[25] Siehe die von *A. Ross* zitierten Sagen, 183.
[26] Vgl. *M. Eliade*, Images et Symboles 216. Bezüglich der religiösen Rolle des Hirsches siehe ders., De Zalmoxis à Gengis Khan 146 ff.
[27] Siehe *O. Höfler*, Siegfried, Arminius und die Symbolik 32 ff und Anm. 66–94.
[28] Siehe: De Zalmoxis... 146 ff und *H. Birkhan*, a.a.O. 454 ff.

nannte sie nicht, und sie hatten hundert Beinamen"[29]. Aber die Texte der Inselkelten präzisieren dies in bedeutsamer Weise. Die Mutter der Götter war eine Göttin: Danu in Irland, Dôn im Lande der Gallier. Aber darüber hinaus konnte man nicht König von Irland (Eriu) werden, ohne die Schutzgöttin zu heiraten, die den gleichen Namen trug; man kam mit anderen Worten durch einen *hieros gamos* mit der Göttin der Erde zur Herrschaft. Dieses mythisch-rituelle Szenario bildet eines der meistverwendeten und bleibendsten Themen der dortigen Literatur[30].

Es handelt sich hier wahrscheinlich um eine Variante des alten mythisch-rituellen Szenarios des Vorderen Orients, das die heilige Hochzeit zwischen dem Himmelsgott (oder dem des Gewitters oder der Sonne) und der Mutter Erde, die durch den Herrscher und eine Hierodule personifiziert wurden, darstellt. Dieser *hieros gamos* sicherte für einen bestimmten Zeitraum die Fruchtbarkeit des Landes und das Glück der Regentschaft. Das Überleben des archaischen Erbes in Irland wird durch den Ritus der Konsekration des Königs illustriert, der für das 12. Jahrhundert gesichert ist: Unter den Augen seiner Untertanen paart sich der König mit einer Schimmelstute, die getötet und dann gekocht wird; das Fleisch wird unter dem König und seinen Männern geteilt[31]. Die Herrschaft wird mit anderen Worten durch den hieros gamos zwischen dem König und einer hippomorphen Terra Mater erlangt. Nun wird aber eine gallische Göttin, *Epona (Regina)*, auf den Monumenten auf einem Pferd sitzend, vor einem Pferd stehend oder zwischen zwei und mehr Pferden dargestellt. Epona wurde als Göttermutter und Seelenführerin gedeutet[32]; ihre irische Entsprechung Rhiannun (< *Rīgantona, „Königin") war ebenfalls hippomorph[33].

Ganz wie die Ikonographie Großbritanniens der römischen Zeit stellt auch die dortige Literatur vorzugsweise in Triaden angeordnete Mutter-Göttinnen dar. Die berühmtesten sind die drei Machas, die die Schutzgöttin der Hauptstadt von Ulster verkörpern[34]. Der Zugang zum Thron ist an die Bedingung geknüpft, mit einer der Machas zu schlafen. Manchmal erscheint die Göttin als schreckliche Alte und verlangt, das Lager eines jungen Helden zu teilen. Streckt er sich aber neben ihr aus, so entpuppt sie sich als außergewöhnlich schönes junges Mädchen. Indem er sie heiratet, kommt der Held zur Herrschaft[35]. Das mythisch-rituelle Motiv von der durch einen Kuß verwandelten Alten, das man

---

[29] *C. Jullian*, Histoire de la Gaule VI, 42, Nr. 2, zitiert von *P. M. Duval*, Les Dieux de la Gaule 57.
[30] Siehe *Proinsias MacCaba*, Aspects of the Theme of King and Goddness in Irish Literature; *Rachel Bromwich*, Celtic Dynastic Themes and the Breton Law.
[31] *Geraldus Cambrensis*, Topographia Hibernica; *F. R. Schröder*, Ein altirischer Krönungsritus und das indogermanische Roßopfer, hat als erster diese Episode dem vedischen Ritual des *aśvamedha* angenähert.
[32] Siehe *H. Hubert*, Le mythe d'Epona.
[33] *J. Gricourt*, Epona – Rhiannon – Macha 25 ff.
[34] *J. Gricourt*, a. a. O. 26 ff, weist auf die Beziehungen Machas zum Pferd hin.
[35] Die Quellen werden von *A. C. L. Brown*, The Origin of the Grail Legend, Kap. VII, untersucht: „The hateful *Fée* who represents Sovereignty".

auch in den bretonischen Grals-Romanen findet, war in Indien schon zur Zeit der *Brahmanen* bekannt[36].

Im Epos hat die Königin Medb zahlreiche Liebhaber; sie hat mit anderen Worten allen Königen Irlands angehört. Man muß aber hinzufügen, daß die Frau in den keltischen Gesellschaften sich einer beträchtlichen Freiheit und eines ebensolchen religiösen und sozialen Ansehens erfreute. Das Ritual des „Männerkindbetts", das in Europa nur von Kelten und Basken (der vor-indoeuropäischen Bevölkerung) bekannt ist, läßt die magisch-religiöse Bedeutung der Frau erkennen. Neben anderen archaischen Sitten (z. B. bestimmten Bestattungsriten, der Todesmythologie usw.) zeigt das „Männerkindbett" das Überleben vor-indoeuropäischer Elemente an, die wahrscheinlich zu den autochthonen Bevölkerungsgruppen des Neolithikums gehörten.

Was die Göttinnen betrifft, so werden ihre vielfältigen Aufgaben als Gottheiten, die die Fruchtbarkeit, den Krieg, das Schicksal und das Wohlergehen bestimmen, auch für die Göttinnen der Germanen bezeugt, was auf ein wenigstens teilweises indoeuropäisches Erbe hinweist[37]. Diesem bis in die europäische Vorgeschichte und in die der Kelten zurückgehenden religiösen Komplex wurden fortlaufend mittelmeerische, römische – genauer den Synkretismus der hellenistischen Epoche betreffende – und christliche Einflüsse hinzugefügt. Um den keltischen religiösen Genius zu ermessen, muß man sich vor Augen halten, mit welcher Ausdauer bestimmte archaische Elemente – in erster Linie die mit den „Geheimnissen" der Weiblichkeit, des Schicksals, des Todes und des Jenseits in Verbindung stehenden Gebräuche und Glaubensvorstellungen – bewahrt wurden und wie sie von der Antike bis zur vor-modernen Zeit beständig wieder aufgewertet wurden.

172. Die Druiden und ihr esoterischer Unterricht

Die Seiten, die Julius Caesar den Druiden widmet (De bello Gallico VI, 13), stellen eine der wichtigsten Quellen über die keltische Religion dar. Der Prokonsul benutzt, ohne sie allerdings zu zitieren, die Informationen des Posidonius (2. Jahrhundert v. Chr.), er verfügt aber auch über andere Quellen. Die Druiden, so schreibt Caesar „überwachen die göttlichen Angelegenheiten, kümmern sich um die öffentlichen und privaten Opfer, regeln alle die Religion betreffenden Dinge. Eine große Anzahl von jungen Leuten kommen zur Belehrung zu ihnen, und sie erfreuen sich großer Achtung." Es sind die Druiden, die „allen Streit, öffentlichen und privaten, schlichten"; denen, die ihre Entscheidung nicht akzeptieren, verwehrt man den Zugang zu den Opfern, was einer Art bürgerlichem Tod gleichkommt. Ein einziger Führer übt die oberste Autorität

---

[36] Siehe *A. K. Coomaraswamy*, On the Loathly Bride 393 ff.
[37] Siehe *H. Birkhan*, Germanen und Kelten 542.

aus. „Wenn einer von ihnen ihm bei seinem Tod an Würde gleichkommt, folgt er ihm nach: sind mehrere gleich, so kämpfen sie durch Abstimmung der Druiden und manchmal mit Waffen um die Führung. Zu einer bestimmten Zeit im Jahr versammeln sie sich an einem geheiligten Ort im Land der Carnutes, den man für das Zentrum Galliens hält."

Die Druiden sind vom Militärdienst und von der Verpflichtung, Steuern zu bezahlen, befreit. Durch diese großen Vergünstigungen angezogen, kommen viele, um ihrem Unterricht zu folgen. „Man sagt, daß sie dort eine große Anzahl Verse auswendig lernen: einige bleiben also zwanzig Jahre in ihrer Schule. Sie sind der Ansicht, daß die Religion es verbietet, dies der Schrift anzuvertrauen, wie man es für die übrigen Dinge, öffentliche und private Rechnungen machen kann, für die sie sich des griechischen Alphabets bedienen." Caesar sagt, daß die Druiden diesen Brauch eingeführt haben, „weil sie ihre Lehre nicht im Volk verbreiten wollen", und auch, weil die Druiden-Schüler Gefahr laufen, das Gedächtnis zu vernachlässigen, wenn sie der Schrift vertrauen. Ihre Überzeugung ist, „daß die Seelen nicht untergehen, sondern nach dem Tod von einem Körper in den anderen wandern; das erscheint ihnen besonders geeignet, um den Mut durch Unterdrückung der Todesangst anzustacheln. Sie diskutieren auch viel über die Sterne und ihre Bewegungen, über die Größe der Welt und der Erde, über die Natur der Dinge, über die Macht und Gewalt der unsterblichen Götter, und sie geben der Jugend diese Spekulationen weiter."

Wie die Brahmanen sind auch die Druiden Priester (sie vollziehen die Opfer), aber gleichzeitig Lehrer, Gelehrte und Philosophen[38]. Ihr jährliches Treffen an einem „geheiligten Ort…, den man für das Zentrum Galliens hält", ist besonders bedeutungsvoll. Es handelt sich sicher um ein als „Mittelpunkt der Welt" betrachtetes zeremonielles Zentrum[39]. Dieser fast überall in der Welt gesicherte Symbolismus (siehe § 12) ist mit dem religiösen Konzept des geheiligten Raums und den Techniken zur Ortsweihe verschwistert: wie wir gesehen haben (siehe S. 125), schufen die Kelten schon in frühgeschichtlicher Zeit geheiligten Raum. Offensichtlich setzen die jährlichen Versammlungen der Druiden eine Einheitlichkeit ihrer religiösen Ideen voraus, trotz der unvermeidlichen Vielfalt der Götternamen und der den verschiedenen Stämmen eigenen besonderen Glaubensvorstellungen. Wahrscheinlich hatten die von den Druiden auf dem Boden Galliens vollzogenen öffentlichen Opferhandlungen die Liturgie des großen am *locus consecratus* gefeierten Opfers im Zentrum des Landes der Carnutes zum Vorbild[40].

---

[38] Vendryès hatte auf die Einheit des religiösen Vokabulars (vor allem der Ausdrücke für abstrakte Begriffe) bei den vedischen Indern, den Lateinern und den Kelten hingewiesen. Diese Tatsache zeigt, über welche spekulativen Fähigkeiten die „Spezialisten des Geheiligten" bei diesen drei arisch sprechenden Gruppen schon in frühgeschichtlicher Zeit verfügten: siehe Anm. 11 dieses Kapitels.
[39] Beispiele hierzu zitiert *Françoise Le Roux*, Les Druides 109 ff.
[40] Siehe *J. de Vries*, a.a.O. 191. Caesars Aussage über den „einzigen Führer", der die „höchste Autorität" unter den Druiden innehat, wird von den anderen klassischen Autoren nicht bestätigt.

Die Kelten vollzogen auch Menschenopfer, und nach den von Diodor von Sizilien benutzten Auskünften des Posidonius (V, 31) und nach Strabo (IV, 4) vollzogen sie diese in unterschiedlicher Art: das Opfer wurde mit dem Schwert getötet (und man sagte die Zukunft aus der Art seiner Konvulsionen und seinem Fall voraus), es wurde von Pfeilen durchbohrt oder aufgespießt. Caesar (Bell. Gall. VI, 16) berichtet, daß „diejenigen, die von schweren Krankheiten befallen sind oder in Schlachten großen Gefahren gegenüberstehen, Menschenopfer darbringen oder versprechen, sie darzubringen, und dafür auf die Dienste der Druiden zurückgreifen". Einige Gelehrte haben diese Tatsachen als Beweis der „Barbarei" der Kelten und des „primitiven", zugleich wilden und kindlichen Charakters der Druiden-Theologie gewertet. Aber in allen traditionellen Gesellschaften hatte das Menschenopfer durch einen kosmologischen und eschatologischen Symbolismus von besonderer Kraft und Komplexität Bedeutung, was seine Dauerhaftigkeit bei den alten Germanen, den Geto-Dakern, den Kelten und den Römern erklärt (die es im übrigen erst im Jahre 97 v. Chr. verboten haben). Dieses blutige Ritual deutet keineswegs auf die intellektuelle Unterlegenheit oder geistige Armut der Bevölkerung hin, die es praktiziert. Um nur ein einziges Beispiel zu nennen: Die Ngadju Dayak auf Borneo, die eine der kohärentesten und hochstehendsten Theologien der Religionsgeschichte ausgearbeitet haben, waren Kopfjäger (ganz wie die Kelten) und vollzogen Menschenopfer[41].

Alle Quellen weisen ausdrücklich auf die beträchtliche Bedeutung der Druiden bei der Belehrung der Jugend hin. Wahrscheinlich ließen sich nur die Schüler, die sich für das Druidentum vorbereiteten und die die Theologie und die Wissenschaften gründlich studieren mußten, zwanzig Jahre lang von ihren Lehrern ausbilden. Die Ablehnung der Schrift (die unsere Unwissenheit bezüglich der Lehre der Druiden erklärt) und die dem Gedächtnis und der mündlichen Weitergabe des Wissens beigelegte Bedeutung sind eine Fortsetzung der indoeuropäischen Tradition (siehe Bd. I, S. 386). Der Unterricht war geheim, weil er esoterisch, also für Nicht-Eingeweihte unzugänglich war; eine Konzeption, die an den Esoterismus der Upanishaden und der Tantras erinnert.

Was den Glauben an die Metempsychose betrifft, so ist die von Caesar gegebene Erklärung – die Lehre sei „besonders geeignet, den Mut durch Unterdrückung der Todesangst anzustacheln" – nur die rationalistische Interpretation eines Glaubens an das Weiterleben der Seele. Nach keltischer Überzeugung, so schreibt Lucan (Pharsalia I, 450ff), „beherrscht der gleiche Geist einen Körper im Jenseits". Pomponius Mela (III, 3) und Timäus (zitiert von Ammianus Marcellinus XV, 9, 8) erläutern, daß nach der Lehre der Druiden „die Seelen unsterblich sind". Diodor von Sizilien (V, 28, 6) berichtet, daß „die Seelen der Menschen unsterblich sind und für eine gewisse Anzahl von Jahren in einen anderen

---

[41] Vgl. La nostalgie des origines 159 ff, wo das Werk *H. Schärers*, Die Gottesidee der Ngadju Dajak in Süd-Borneo (Leiden 1964), kommentiert wird.

Körper kommen". Der Glaube an die Metempsychose wird auch in der irischen Literatur bestätigt[42]. Wegen des Fehlens jedes direkten Zeugnisses ist es schwer, genauer zu sagen, ob das Weiterleben der Seele für die Druiden die „Unsterblichkeit" und zugleich die Psychosomatose (wie in den Upanishaden) beinhaltete, oder ob es nur in einem unbestimmten „Überleben" der Seele bestand.

Da einige antike Autoren die Kelten mit der orphisch-pythagoreischen Lehre der Seelenwanderung in Zusammenhang brachten, haben viele moderne Gelehrte daraus geschlossen, die griechisch-römischen Schriftsteller interpretierten die keltischen Glaubensvorstellungen in der Sprache des Pythagoras, hätten mit anderen Worten einen den Kelten unbekannten Glauben „erfunden". Doch im 5. Jahrhundert vor Christus erklärte Herodot in der gleichen Art – durch Einfluß des Pythagoras – den Glauben der Geten an die „Unsterblichkeit" der Seele, eine Glaubensvorstellung, die der griechische Geschichtsschreiber selbst im übrigen nicht leugnete (§ 179). Tatsächlich erinnerten die antiken Autoren an Pythagoras gerade deswegen, weil die Konzeptionen der Geten und der Kelten Ähnlichkeiten mit der orphisch-pythagoreischen Lehre hatten.

Man hat auch die Information Caesars bezüglich der wissenschaftlichen Beschäftigung der Druiden in Zweifel gezogen: „sie diskutieren auch viel über die Sterne und ihre Bewegungen, über die Größe der Welt und der Erde" usw. Doch das in Coligny gefundene Kalender-Fragment zeugt von ziemlich fortgeschrittenen astronomischen Kenntnissen. In der Tat konnte man einen Zyklus von 19 Sonnenjahren konstruieren, der den 235 Mondmonaten entsprach, was die Vereinigung beider Systeme (des Mond- und Sonnensystems) erlaubte. Viele Autoren haben mit der gleichen Skepsis die Information Strabos bezüglich der astronomischen Kenntnisse der Geto-Daker betrachtet. Wie wir aber später sehen werden (§ 179), haben die Ausgrabungen die Überreste zweier „kalendarischer Tempel" in Sarmizecetuza und in Coştesti zutage gefördert, also in den zeremoniellen Zentren der Geto-Daker.

Die Unterdrückung der Druiden unter den Kaisern Augustus, Tiberius und Claudius hatte die Vernichtung des gallischen Nationalismus zum Ziel. Und dennoch gab es im 3. Jahrhundert, als der römische Druck beträchtlich nachließ, ein überraschendes Wiedererwachen der keltischen Religion, und die Druiden gewannen ihre Autorität zurück. Aber in Irland haben die Druiden, und ebenso die grundlegenden religiösen Strukturen, bis ins Mittelalter überlebt. Darüber hinaus hatte die Schöpfungskraft der keltischen Religiosität einen neuen Höhepunkt in der seit dem 12. Jahrhundert entstehenden Literatur, die sich um die Helden auf der Suche nach dem Gral rankte (siehe Bd. III).

---

[42] Siehe hierzu einige Beispiele in: F. Le Roux, Les Druides 128–129. Die Autorin bemerkt allerdings, daß in Irland die Metempsychose einigen mythischen oder göttlichen Wesen vorbehalten ist (S. 130).

173. Yggdrasil und die Kosmogonie der alten Germanen

Trotz der Verfügbarkeit viel reicherer Informationen, als sie etwa über die Kelten vorliegen, betonen die Historiker der germanischen Religion die Schwierigkeit ihres Unterfangens. Die Quellen sind unterschiedlicher Art und von ungleicher Qualität: archäologische Fundstücke, Schriften aus der römischen Zeit (an erster Stelle die Germania des Tacitus), Beschreibungen christlicher Missionare und, vor allem, die Gedichte der isländischen Skalden, die von einem wertvollen, von Snorri Sturluson im 13. Jahrhundert zusammengestellten Handbuch vervollständigt werden. Im übrigen hat sich nur in Island, das relativ spät (im Jahre 1000) christianisiert wurde, eine genügend vollständige mündliche Tradition erhalten, um uns in groben Zügen eine Rekonstruktion der Mythologie und des Kults zu erlauben. Man kann aber die Auskünfte bezüglich der Glaubensvorstellungen der norwegischen Emigranten in Island nicht ohne zusätzliche Beweise als für die Gesamtheit der germanischen Stämme gültig betrachten.

Trotzdem kann man ungeachtet schwerwiegender Lücken (wir haben keine Informationen über Goten und Burgunder) und der Unterschiedlichkeit der Glaubensvorstellungen, die Ergebnis verschiedenartiger Einflüsse sind (keltischer, römischer, orientalischer, nordasiatischer und christlicher Herkunft), denen die Stämme während ihrer Zerstreuung über halb Europa ausgesetzt waren, nicht an einer gewissen grundlegenden Einheit der Religion der Germanen zweifeln. Zunächst sind eine Vielzahl von Elementen, die für das indoeuropäische Erbe spezifisch sind, in den Traditionen verschiedener Stämme wiederzuerkennen (in erster Linie die göttliche Dreiteilung, das antagonistische und komplementäre Paar der Herrschergötter, die Eschatologie). Außerdem deuten die Namen der Tage darauf hin, daß alle germanischen Völker die gleichen großen Götter verehrten. Als die Germanen im 4. Jahrhundert die Sieben-Tage-Woche annahmen, ersetzten sie die Namen der römischen Gottheiten durch die ihrer eigenen. So wurde zum Beispiel der *dies Mercurii* durch den „Tag Odin-Wotans" ersetzt: im Althochdeutschen *Wuotanestac*, im Englischen *wednesday*, im Niederländischen *woensdag* und im Alt-Skandinavischen *Odhinsdagr*. Das beweist, daß Merkur in der ganzen germanischen Welt mit einem unter demselben Namen bekannten Gott identifiziert wurde: mit Odin-Wotan.

Man hat festgestellt, daß die letzte Phase der germanischen Religion vom leidenschaftlichen Interesse für den Mythos vom Ende der Welt bestimmt wurde. Es handelt sich hier im übrigen um ein allgemeines Phänomen, das seit dem 2. Jahrhundert v. Chr. für den Nahen Osten, den Iran, Palästina und den Mittelmeerraum gesichert ist und ein Jahrhundert später auch für das Römische Reich. Was aber die germanische Religion charakterisiert, ist die Tatsache, daß *das Ende der Welt schon in der Kosmogonie vorangekündigt wird.*

Der vollständigste Schöpfungsbericht ist durch Snorri überliefert (Gylfaginning 4–9); seine Hauptquelle ist ein wunderbares Gedicht, Völuspá („Vorankündigung der *volva*", der „Sehenden"), das zu Ende der heidnischen Zeit geschaffen wurde. Diesen „Vorankündigungen" zufolge (Strophe 3) gab es zu Anfang „weder Erde noch Himmelsgewölbe", sondern einen „riesigen Abgrund", *Ginnungagap*[43]. Dieses Bild, den orientalischen Kosmogonien verwandt, findet sich in anderen Texten wieder[44]. Snorri führt genauer aus, daß sich im Norden eine kalte und neblige Gegend erstreckte, Niflheimr, das mit der Welt der Toten gleichgesetzt wurde und wo eine Quelle floß, die elf Flüsse speiste; im Süden befand sich ein brennend heißes Land, Muspell, das durch den Riesen Surtr (den „Schwarzen") bewacht wurde. In der Folge des Zusammentreffens von Eis und Feuer wurde ein anthropomorphes Wesen, Ymir, im dazwischenliegenden Bereich geboren. Während seines Schlafs wurden unter seinem Arm aus seinem Schweiß ein Mann und eine Frau geboren, und einer seiner Füße zeugte mit dem anderen einen Sohn. Durch das schmelzende Eis kam eine Kuh zur Welt, Audhumbla; sie ernährte Ymir mit ihrer Milch. Durch das Ablecken des salzigen Eises gab Audhumbla ihm die Form eines Menschen, Buri. Dieser heiratete die Tochter eines Riesen, von der er drei Kinder bekam: Odin, Vili und Vé. Diese drei Brüder beschlossen, Ymir zu töten; der Blutstrom riß alle Riesen mit sich fort, außer einem, der sich mit seiner Frau auf geheimnisvolle Weise rettete. Daraufhin nahmen die Brüder Ymir in die Mitte des großen Abgrunds mit und erschufen, indem sie ihn zerstückelten, die Welt aus seinem Körper: aus seiner Haut formten sie die Erde, aus seinen Knochen die Felsen, aus seinem Blut das Meer, aus seinen Haaren die Wolken und aus seinem Schädel den Himmel.

Die auf dem Tod und der Zergliederung eines anthropomorphen Wesens begründete Kosmogonie erinnert an die Mythen von Tiamat (§ 21), Purusha (§ 73) und P'an Ku (§ 129). Die Schöpfung der Welt ist also Ergebnis eines blutigen Opfers; eine archaische und weitverbreitete religiöse Idee, die bei den Germanen wie bei anderen Völkern das Menschenopfer rechtfertigt. Tatsächlich sichert ein solches Opfer – die Wiederholung eines grundlegenden göttlichen Akts – die Erneuerung der Welt, die Wiederentstehung des Lebens, den Zusammenhalt der Gesellschaft. Ymir war bisexuell[45]: er zeugte ganz allein einen menschlichen Körper. Die Bisexualität bildet, das weiß man, den Ausdruck der Totalität schlechthin. Bei den Germanen wird die Idee der grundlegenden Totalität durch andere mythologische Traditionen verstärkt, denen zufolge Ymir, der Vorfahre der Götter, auch dämonische Riesen schuf (die den Kosmos bis zur End-Katastrophe bedrohen werden).

---

[43] *J. de Vries*, Ginnungagap 41 ff, interpretiert das Wort *ginnunga* als Ausdruck der Vorstellung von Betrug durch Magie, also als „Zauber, Magie".

[44] Dem „Wessobrunner Gebet" zufolge, einem Gedicht christlichen Ursprungs, das im 9. Jh. in Süddeutschland geschrieben wurde, gab es „weder Erde noch Himmelsgewölbe, weder Baum noch Gebirge... Die Sonne schien nicht und der Mond. Das wunderbare Meer bestand nicht."

[45] Der Name Ymir wurde dem Sanskritwort Yima, „zweigeschlechtlich", angenähert. Nach Tacitus (Germania 2) war der mythische Vorfahre der Germanen Tuisto. Dieser Name ist mit dem altschwedischen *tvistra*, „getrennt", verbunden und bezeichnet, wie Ymir, ein androgynes Wesen.

In Fortsetzung ihres kosmogonischen Werkes schufen die drei Brüder die Sterne und die Himmelskörper aus vom Muspell gesandten Funken; sie regelten ihren Lauf und legten so den Tagesrhythmus (Tag und Nacht) und die Abfolge der Jahreszeiten fest. Die Erde war kreisförmig und von außen von einem großen Ozean umgeben; an den Küsten errichteten die Götter die Wohnungen der Riesen. Im Inneren errichteten sie Midhgardh (wörtlich: „Bleibe in der Mitte"), die Welt der Menschen, durch eine aus den Wimpern Ymirs geformte Grenze geschützt. Mit der Hilfe von Hoenir, dem schweigsamen Gott, und von Lodhur, von dem wir fast nichts wissen, schuf Odin aus zwei Bäumen, Askr und Embla[46], die er am Strand gefunden hatte, das erste Menschenpaar: er belebte sie, Hoenir gab ihnen Intelligenz und Lodhur die Sinne und die anthropomorphe Gestalt. Ein anderer Mythos spricht von zwei menschlichen Wesen, die vom Kosmischen Baum Yggdrasil hervorgingen und die Welt bevölkerten. Während des Großen Winters von *ragnarök* (§ 177) werden sie im Stamme von Yggdrasil Unterschlupf finden und vom Tau seiner Zweige genährt werden. Nach Snorri wird dieses Paar unter dem Schutz des kosmischen Baums die Zerstörung der Welt überleben und die neue Welt bevölkern, die danach entsteht.

Der Baum Yggdrasil, der im Zentrum liegt, symbolisiert und bildet gleichzeitig das Universum. Sein Gipfel berührt den Himmel und seine Äste umarmen die Welt. Eine seiner Wurzeln ist im Land der Toten (Hel), die andere im Bereich der Riesen und die dritte in der Welt der Menschen verankert[47]. Seit seinem Erscheinen (also seit der Organisation der Welt durch die Götter) war Yggdrasil von Zerstörung bedroht: ein Adler begann, sein Blattwerk zu verschlingen, sein Stamm begann zu faulen, und die Schlange Niddhog machte sich ans Zernagen der Wurzeln. Eines nicht allzu fernen Tages wird Yggdrasil zusammenstürzen, und das bedeutet das Ende der Welt *(ragnarök)*.

Es handelt sich augenscheinlich um das bekannte Bild des Universums-Baumes, der in der Mitte der Welt liegt und die drei kosmischen Ebenen verbindet: Himmel, Erde und Hölle[48]. Wir haben bei mehreren Gelegenheiten den archaischen Ursprung und die weite Verbreitung dieses kosmologischen Symbols angedeutet. Bestimmte orientalische und nordasiatische Konzeptionen haben wahrscheinlich das Bild und den Mythos von Yggdrasil beeinflußt. Es ist aber wichtig, die besonderen germanischen Züge hervorzuheben: Der Baum – das heißt der Kosmos – kündigt durch sein Erscheinen selbst den Verfall und letztlich den Ruin an; das Schicksal, Urdhr, versteckt sich im unterirdischen

---

[46] Askr erinnert an die kosmische Esche; Embla ist vielleicht das gleiche Wort wie *elmla*, „die Ulme". Die von den Bäumen ausgehende Anthropogonie stellt eines der verbreitetsten Motive der archaischen Mythologien dar, das auch bei den Indoeuropäern nachgewiesen ist (siehe G. Bonfante, Microcosmo e macrocosmo nel mito indoeuropeo 1 ff).

[47] Nach Snorri taucht jede der drei Wurzeln in einen Brunnen. Der berühmteste ist der des weisesten der Götter, Mimir, in den Odin als Pfand sein Auge und das des Schicksals wirft *(Urdharbrunnr)*. Es ist aber wahrscheinlich, daß die ursprüngliche Tradition nur eine unterirdische Quelle kennt.

[48] Der gleiche Symbolismus zeigt sich bei der Säule Irminsul, die in der Glaubensvorstellung der Sachsen den Himmel stützte.

Brunnen, in den die Wurzeln von Yggdrasil tauchen, also im Zentrum des Universums selbst. Nach der Völuspá (Strophe 20) bestimmt die Göttin des Schicksals das Geschick jedes Lebewesens, nicht nur das der Menschen, sondern auch das der Götter und Riesen. Man könnte sagen, daß Yggdrasil das exemplarische und universelle Schicksal der Existenz verkörpert; jede Existenzart – die Welt, die Götter, das Leben, die Menschen – ist vergänglich und dennoch fähig, zu Beginn eines neuen kosmischen Zyklus wiederzuerstehen.

174. Die Asen und die Vanen. Odin und seine „schamanischen" Zaubereien

Nachdem sie das Paar der Vorfahren in Midhgardh angesiedelt hatten, haben die Götter ihre eigene Bleibe gebaut, Asgardh, ebenfalls in der Mitte der Welt, aber in der Höhe[49]. Das Pantheon ist in zwei Gruppen geteilt: in Asen und Vanen. Die bedeutendsten unter den Asen sind Tyr, Odin und Thor; die beiden ersten entsprechen dem Binom der Herrschergötter (im vedischen Indien Mitra und Varuṇa), während Thor, der Gott mit dem Hammer und besondere Feind der Riesen, an den martialischen Charakter Indras erinnert. Auf der anderen Seite sind die bedeutendsten unter den Vanen – Njördhr, Freyr und Freyja – durch ihren Reichtum und ihre Beziehungen zur Fruchtbarkeit, zum Vergnügen und zum Frieden bestimmt. Bei der Analyse der mythischen Struktur des Krieges zwischen Römern und Sabinern (§ 162) haben wir schon auf den Konflikt, der Asen und Vanen einander gegenüberstellte, hingewiesen. Dieser lange, harte und unentschiedene Krieg endet mit einer endgültigen Versöhnung. Die Hauptgottheiten der Vanen lassen sich bei den Asen nieder und vervollständigen durch die Fruchtbarkeit und den Reichtum, über die sie herrschen, das durch die juridische Macht, die Magie und die kriegerische Stärke dargestellte Ansehen.

Eine Vielzahl von Autoren hat sich bemüht, diese Sagenepisode als Erinnerung an einen historischen Konflikt zwischen den Vertretern zweier unterschiedlicher Kulturen zu deuten, die verschiedene religiöse Vorstellungen haben: den autochthonen Ackerbauern (für einige sind es die „Megalithenvölker") und ihren Eroberern (den „Streitaxtvölkern" oder den arischsprachigen Eindringlingen). Aber Georges Dumézil hat gezeigt, daß es sich um ein im Bericht von Snorri stark historisiertes indoeuropäisches Thema der Mythologie handelt[50]. Gewiß sind die Invasionen ackerbauender neolithischer Volksstämme in bewohntes Gebiet, die Unterwerfung der Autochthonen durch die militärisch überlegenen Eindringlinge und die darauffolgende Symbiose zwischen diesen beiden Gesellschaftstypen, beziehungsweise ethnisch verschiedenen Gruppen, durch die Archäologie bestätigte Tatsachen; sie bilden im

---

[49] Bekanntlich sind die topographischen Angaben des „Weltmittelpunkts" Ausfluß einer mythischen Geographie und nach einer imaginären Geometrie konstruiert.
[50] Vgl. *G. Dumézil*, Les Dieux des Germains 17 ff (Bibliographie S. 39) und *ders.*, Du mythe au roman 22 ff.

übrigen ein für die europäische Frühgeschichte spezifisches Phänomen, das sich in bestimmten Gegenden bis ins Mittelalter fortsetzt. Das mythologische Thema des Krieges zwischen Asen und Vanen aber geht dem Prozeß der Germanisierung voraus, da es integraler Bestandteil der indoeuropäischen Tradition ist. Wahrscheinlich hat der Mythos zahlreichen lokalen Kriegen als Vorbild und Rechtfertigung gedient, die mit der Versöhnung der Gegner und ihrer Integration in die gemeinsame Gesellschaft endeten.

Fügen wir aber hinzu, daß die wichtigsten Asen – Tyr, Odin und Thor –, auch wenn sie bestimmte spezifische Züge der Götter der ersten beiden Funktionen beibehalten – derjenigen der Herrschaft und des Krieges –, dennoch starken Modifikationen unterworfen waren; sie wurden auf der einen Seite im Einklang mit dem germanischen religiösen Geist, auf der anderen unter dem Einfluß der mittelmeerischen und nordasiatischen Vorstellungen geformt. Odin-Wotan ist der wichtigste der Götter, ihr Vater und ihr Herrscher. Man hat die Gemeinsamkeiten mit Varuṇa herausgestellt: alle beide sind sie die Herrscher schlechthin und Meister der Magie; sie „binden" und lähmen ihre Gegner; sie sind begierig auf Menschenopfer[51]. Aber wir werden gleich sehen, daß die Unterschiede nicht weniger bemerkenswert sind.

In einem Abschnitt des Gedichts Hávamál („Worte des Erhabenen", Strophen 139-142) erzählt Odin, wie er die Runen, Symbole der Weisheit und der magischen Kräfte, bekommen hat. Als er neun Nächte am Baum Yggdrasil gehangen hatte, „von der Lanze verletzt und dem Odin geopfert, ich selbst mir selbst geopfert, ohne Nahrung und Trank, da offenbarten sich die Runen auf meinen Ruf hin". Er erhielt so die Gabe der Geheimwissenschaft und der Poesie. Es handelt sich sicher um einen Initiationsritus paraschamanischer Art. Odin bleibt an den kosmischen Baum gehängt[52]; Yggdrasil bedeutet übrigens „Pferd (drasil) des Ygg", dies einer der Namen Odins. Der Galgen wird „Pferd" des Gehängten genannt, und man weiß, daß die Odin geweihten Opfer an Bäumen aufgehängt wurden. Durch die Selbstverletzung mit der Lanze und den Verzicht auf Wasser und Nahrung erleidet der Gott den rituellen Tod und erwirbt die geheime Weisheit vom Initiationstyp. Der schamanische Aspekt Odins wird auch durch sein Pferd mit acht Hufen, Sleipnir, und durch die beiden Raben, die ihn über alles Geschehen auf der Welt informieren, bestätigt. Ganz wie die Schamanen kann auch Odin seine Gestalt ändern und kann seinen Geist in Tiergestalt aussenden; er sucht und findet bei den Toten geheime Kenntnisse; er erklärt im Gedicht Hávamál, er kenne einen Zauber, der einen Gehängten zwingen könnte, vom Galgen zu kommen und sich mit ihm zu unterhalten; er ist der Kunst des *seidhr* kundig, einer okkulten Technik der schamanischen Art[53].

---

[51] Siehe G. Dumézil, Les Dieux des Germains 62 ff.
[52] Bezüglich der Rolle des kosmischen Baumes in den Initiationsriten der nordasiatischen Schamanen siehe: Schamanismus 49 ff, 168 ff, 189 ff, 259 ff.
[53] Es ist schwierig, den genauen „Ursprung" der schamanischen Elemente in den Religionen der alten Germanen anzugeben, besonders in der Mythologie und dem Kult Odin-Wotans. Einige gehen

Andere Mythen zeigen die Strategien, deren sich Odin bedient, und den Preis, den er zu zahlen bereit ist, um seine Weisheit, Allwissenheit und poetische Inspiration zu erhalten. Ein Riese, Mimir, war für seine Kenntnisse der Geheimwissenschaft bekannt. Die Götter enthaupteten ihn und schickten Odin seinen Kopf. Dieser konservierte ihn mit Hilfe von Pflanzen und konsultierte seitdem den Kopf des Riesen jedesmal, wenn er bestimmte Geheimnisse durchdringen wollte[54]. Nach Snorri (Gylfaginning 8) war Mimir der Wächter der Quelle der Weisheit zu Füßen des Yggdrasil. Odin erwarb das Recht, von ihr zu trinken, erst durch die Opferung eines Auges, das er in der Quelle versteckte (siehe Völuspá, Strophe 25).

Ein wichtiger Mythos berichtet vom Ursprung des „Getränkes der Poesie und der Weisheit": im Augenblick des Friedensschlusses zwischen Asen und Vanen spucken alle Götter in ein Gefäß; aus diesem zeremoniellen Speichel geht ein Wesen von außergewöhnlicher Weisheit hervor, genannt Kvasir[55]. Zwei Zwerge töten ihn, vermischen sein Blut mit Honig und schaffen so den Met. Wer von ihm trinkt, wird Dichter oder Weiser. Das Getränk ist im Jenseits versteckt, an einem schwer erreichbaren Ort, aber Odin gelingt es, seiner habhaft zu werden, und seitdem ist es allen Göttern zugänglich. Die poetische Inspiration wird von den Skalden „Becher Yggs", „Met Yggs", aber auch „Met der Zwerge", „Blut des Kvasir" usw. genannt[56]. Um zusammenzufassen: Als Folge seiner Initiation (die es ihm erlaubt, an die Runen zu gelangen), des Opfers eines Auges (das ihm das Recht gab, aus Mimirs Brunnen zu trinken) und des Raubs des Mets wird Odin unbestrittener Meister der Weisheit und aller Geheimwissenschaften. Er ist zugleich Gott der Dichter und der Weisen, der Ekstatiker und der Krieger.

175. Krieg, Ekstase und Tod

Im Unterschied zu Varuṇa ist Odin-Wotan ein Gott des Krieges: denn wie Dumézil schreibt, ist der Krieg „in der Ideologie und in der Praxis der Germanen in alles eingedrungen, hat alles koloriert" (Les Dieux des Germains 65). Aber in den traditionellen Gesellschaften, vor allem bei den alten Germanen, bildet der Krieg ein durch die Theologie gerechtfertigtes Ritual. Da ist zunächst die Annäherung zwischen militärischem Kampf und Opferhandlung: Sieger und Opfer bringen dem Gott eine blutige Gabe dar. Folglich wird der Heldentod

---

auf das indoeuropäische Erbe zurück, aber man darf nordasiatische Einflüsse nicht ausschließen. Auf jeden Fall nähert die Bedeutung, die den Ekstase-Techniken und Glaubensvorstellungen schamanischer Struktur beigelegt wurde, die germanische Religion dem asiatischen Schamanismus an.

[54] Die Jukagir-Schamanen konsultieren die Schädel ihrer Schamanen-Vorfahren (Schamanismus, 7. Kap.). Siehe das Haupt des Orpheus (§ 180).

[55] Es handelt sich um die Personifikation eines berauschenden Getränkes, das das Einverständnis zweier sozialer Gruppen verstärkt. G. Dumézil, Loki 102 ff; vgl. ders., Les Dieux des Germains 31 ff, hat eine indische Parallele aufgedeckt.

[56] Die Quellen werden angegeben von E. O. G. Turville-Petre, Myth and Religion of the North 38.

zur privilegierten religiösen Erfahrung. Außerdem nähert die ekstatische Natur des Todes den Krieger ebenso dem inspirierten Dichter wie dem Schamanen, dem Propheten und dem Seher und Weisen an. Dank dieser Erhöhung des Krieges, der Ekstase und des Todes erhält Odin-Wotan sein besonderes Gesicht.

Der Name Wotan kommt von „Wut". Es handelt sich um die besondere Erfahrung der jungen Krieger: sie verwandelte ihre Menschlichkeit durch einen Anfall aggressiver und Schrecken erregender Raserei und machte sie Raubtieren gleich. Nach der Ynglinga-Saga (Kap. VI) gingen die Gefährten Odins „ohne Panzer, wild wie Hunde und Wölfe, bissen in ihre Schilde und waren stark wie Bären und Stiere. Sie massakrierten die Menschen, und weder Feuer noch Stahl war ihnen gewachsen. Man nannte dies die Wut der *Berserker* (wörtlich: „Krieger in der Hülle [serkr] von Bären"). Man kannte sie auch unter dem Namen *ûlfhêdhnar*, „Mann im Wolfsfell".

Berserker wurde man nach einem Initiationskampf. So schnitt sich bei den Chatten, wie Tacitus schreibt, der Anwärter weder die Haare noch rasierte er sich, bis er einen Feind getötet hatte. Bei den Taifalern mußte der junge Mann ein Wildschwein oder einen Bären erlegen und bei den Herulern ohne Waffen kämpfen[57]. Durch diese Prüfungen erwarb sich der Anwärter die Lebensweise eines Wilden; er wurde in dem Maße zum gefürchteten Krieger, als er sich wie ein Raubtier benahm. Der Glaube an die durch die rituelle Bekleidung mit einer Löwenhaut erhaltene Lykanthropie wird im Mittelalter extrem populär und setzt sich in nördlichen Breiten bis ins 19. Jahrhundert fort.

Odin-Wotan ist Kriegs- und gleichzeitig Totengott. Er schützt mit magischen Mitteln die großen Helden, verrät und schlägt seine Schützlinge aber schließlich doch. Die Erklärung für dieses seltsame und widersprüchliche Verhalten scheint in der Notwendigkeit zu liegen, seine gefürchtetsten Krieger im Hinblick auf die eschatologische Schlacht *ragnarök* um sich zu versammeln. Tatsächlich wurden die berühmten Krieger, die in der Schlacht gefallen waren, von den Walküren in den himmlischen Palast Walhalla geführt[58]. Nach dem Empfang durch Odin verbrachten sie ihre Tage mit kriegerischen Übungen und bereiteten sich so auf die Endschlacht vor.

Als Schützer der *Männerbünde*, die, wie jede ekstatische und kriegerische Gesellschaft, die Dörfer terrorisierten, konnte Odin-Wotan nicht der Lieblingsgott der Landbevölkerung sein. Sein Kult, der auch Menschenopfer durch Erhängen enthielt, wurde vorzugsweise von den Königsfamilien, den militärischen Führern und ihrer Umgebung gefeiert. Man hat dennoch Ortsnamen mit dem Bestandteil „Odin" entdeckt, und sogar Namen, die mit den Bezeich-

---

[57] Siehe M. *Eliade*, Naissances mystiques 175 und Anm. 4; *ders.*, De Zalmoxis à Gengis-Khan, bes. 17ff („Les Daces et les Loups"). Tacitus beschreibt die Harier (am oberen Lauf der Oder und der Weichsel) mit ihren schwarzen Schilden und schwarz angemalten Körpern als eine „Gespensterarmee" (exercitus feralis), deren Anblick kein Feind ertragen konnte (Germania 43).

[58] *Valhöll* heißt „der Saal der Gefallenen". Die Walküren (deren Name „diejenigen, die die Toten auf dem Schlachtfeld auswählen", bedeutet) waren ursprünglich die dienstbaren Geister der Toten.

nungen für „Feld" oder „Wiese" verbunden waren. Das beweist nicht die „agrarische" Struktur Odins, sondern seinen „imperialistischen" Charakter, seine Neigung, sich Funktionen und Attribute anderer Gottheiten anzueignen.

Daß Odin-Wotan im religiösen Leben der Germanen die Hauptrolle spielt, erklärt sich durch das vielfältige Ansehen seiner magischen Herrschaft. Odin ist der Haupturheber der Schaffung der Welt, der Götter und des Menschen. (Von den anderen göttlichen Personen, die in den mythischen Zeiten der Anfänge aktiv waren, hat das kollektive Gedächtnis sich nur die Namen behalten.) Außerdem ist er dazu berufen, in der Endschlacht *ragnarök* die entscheidende Rolle zu spielen. Seine Eigenschaft als Herrschergott und gleichzeitig als Gott des Krieges und des Todes macht ebenso den geheiligten Charakter des Königtums wie die religiöse Hochschätzung des Todes auf dem Schlachtfeld verständlich, von Konzeptionen also, die die Kultur des germanischen Mittelalters bestimmen (siehe Bd. III).

176. Die Asen: Tyr, Thor und Baldr

Der Erste unter den Asen, Tyr (Tiwaz, Ziu), ist viel unscheinbarer. Ursprünglich war er der höchste Gott[59], denn einer der Namen der Götter, tiwar, ist die Pluralform von Tyr. Da die *interpretatio romana* ihn mit Mars gleichsetzte, wird er allgemein unter die Kriegsgötter eingeordnet. Tatsächlich gibt es bei Tyr einen ziemlich gut ausgearbeiteten militärischen Aspekt, aber seine ursprüngliche Berufung als „juristischer Gott" scheint noch durch. Er hat organische Beziehungen zum *Thing*, also den Volksversammlungen, bei denen die Rechtsstreitigkeiten ausgehandelt wurden. Es stimmt allerdings, daß die Versammlungen der Friedenszeit an die der Kriegszeit erinnerten, denn man versammelte sich bewaffnet und stimmte den Entscheidungen dadurch zu, daß man das Schwert oder die Axt in der Luft schwang oder mit dem Schwert auf den Schild schlug[60].

Die wichtigste mythische Episode, die außerdem die Berufung Tyrs charakterisiert, spielte sich am Anbeginn der Zeiten ab. Die Götter wußten, daß der Wolf Fenrir, den eine Riesin unter Beihilfe Lokis empfangen hatte, sie verschlingen sollte. Indem sie ihn davon überzeugten, daß es sich nur um ein Spiel handle, gelang es ihnen, den Wolf an einen feinen und unsichtbaren Zauberriemen zu binden. In seinem Mißtrauen hatte der junge Wolf das Spiel unter der Bedingung akzeptiert, daß einer der Götter seine Hand in sein Maul halte zum Unterpfand dafür, daß man ihm nicht übelwolle. Nur Tyr wagte es, diese Geste zu machen,

---
[59] Sein Name, *Tiwaz*, ist den anderen indoeuropäischen Namen des Himmels(-Gottes) verwandt: Dyaus, Zeus, Jupiter. Wahrscheinlich wurde, zumindest bei bestimmten germanischen Stämmen, der Himmelsgott unter dem Namen Irmin-Hermin verehrt (siehe weiter unten).
[60] Wie *J. de Vries* bemerkt, gibt es „vom germanischen Standpunkt aus keinen Widerspruch zwischen den Konzeptionen des „Kampfgottes" und des „Rechtsgottes" (Altgermanische Religionsgeschichte II, 13).

und sobald der Wolf fühlte, sich nicht befreien zu können, biß er ihm die Hand ab (Gylfaginning, Kap. 13,21). Zu Recht bemerkt Georges Dumézil, daß eine solche Geste, wie notwendig sie auch für die Rettung des Pantheons war, eine Verletzung des Schwures darstellte und folglich die Abwertung des Gottes als Herrscher und Juristen anzeigt[61].

Thor (Donar) war einer der populärsten Götter. Sein Name bedeutet „Donner", seine Waffe ist der Hammer Mjöllnir („der Zermalmende"), mythisches Bild des Blitzes und analog zu Indras *vajra* (siehe § 68). Sein roter Bart und sein sagenhafter Appetit nähern ihn dem vedischen Kämpfer an. Thor ist Verteidiger der Asen und ihrer göttlichen Bleibe. Viele Erzählungen stellen ihn im Kampf gegen die Riesen und bei ihrer Vernichtung mit dem Hammer dar[62]. Sein Hauptfeind ist die kosmische Schlange Jörnungan, die die Welt umschlingt und die Götter beim *ragnarök* bedrohen wird. Viele Texte und einige Zeichnungen zeigen ihn, wie er den Drachen aus dem Meer zieht.

Bilder von Thor, der immer mit seinem Hammer dargestellt ist, fanden sich in vielen Tempeln. Die Zeugen sprechen mehr von diesen Bildern als von denen der anderen Götter. Als Herr der Gewitter war Thor unter den Bauern beliebt, obwohl er keiner der großen landwirtschaftlichen Götter war. Aber er sicherte die Ernten und schützte die Dörfer vor Dämonen. Als Kriegsgott wurde er von Odin verdrängt. Die für Indra spezifische erotische Richtung kann man vielleicht in der rituellen Rolle des Hammers bei der Gelegenheit von Hochzeiten erkennen. Man hat die Veränderung bestimmter mythologischer Berichte, in denen Thor, Mjöllnir und die Riesen Hauptrollen spielten, in Richtung des Volkstümlichen bemerkt, zum Beispiel die Verkleidung Thors in eine Braut zur Täuschung des Riesen, der ihm den Hammer gestohlen hatte. Die Bedeutung der zugrunde liegenden Rituale war in Vergessenheit geraten, die mythologischen Berichte überlebten dank ihrer narrativen Qualitäten. Ähnliche Vorgänge erklären den „Ursprung" vieler literarischer Themen.

Durch seine Reinheit und seinen Adel, durch sein tragisches Geschick auch ist Baldr der interessanteste der Götter. Der Sohn Odins und der Göttin Frigg ist, so schreibt Snorri, „der Beste, und alle loben ihn. Er ist von so schönem Äußeren und so glänzend, daß er Licht ausstrahlt... Er ist der Verständigste der Asen, der im Reden Gewandteste und der Mildeste" (Gylfaginning, Kap. 11). Wir wissen wenig über seinen Kult, wissen aber, daß er allgemein geliebt wurde. Doch erst durch seinen Tod offenbarte Baldr seine Bedeutung im Weltendrama.

---

[61] Vgl. Les Dieux des Germains 75: „Was die göttliche Gesellschaft so an Wirksamkeit gewonnen hat, hat sie an moralischer und mystischer Stärke verloren: sie ist nur mehr die genaue Projektion der irdischen Gruppen oder Gesellschaften, deren einzige Sorge der Sieg und das Besiegen ist. Gewiß besteht das Leben aller menschlichen Gruppen aus Gewalt und Hinterlist, doch wenigstens beschreibt die Theologie eine göttliche Ordnung, wo zwar auch nicht alles perfekt ist, wo aber Mitra oder Fides einen Garanten bilden und als göttliches Vorbild leuchten."
[62] Die Beziehungen zwischen Thor und der axtschwingenden Gestalt in den Felszeichnungen aus der skandinavischen Bronzezeit sind schwer genau zu bestimmen.

Sein Mythos ist im übrigen der bewegendste der gesamten germanischen Mythologie.

In der Version Snorris hatte Baldr unheilvolle Träume, und die Götter beschlossen, ihn unverletzlich zu machen. Seine Mutter nahm den Schwur aller Dinge der Welt entgegen, ihm nichts Böses zu tun. Dann versammelten sich die Asen auf dem Thingplatz um Baldr und machten sich einen Spaß daraus, ihn mit Schwertern zu schlagen und alle Arten Wurfgeschosse nach ihm zu zielen. „Als Loki das sah, mißfiel es ihm." In Gestalt einer Frau ging er zu Frigg und fragte sie, ob alle Dinge geschworen hätten, Baldr zu verschonen. Frigg antwortete: „Ein kleiner Holzschößling, den man *mistilteinn*, ,Mistelzweig', nennt, schien mir zu jung, um von ihm einen Schwur zu verlangen." Loki riß ihn aus und ging zum Thing. Höðhr, der Bruder von Baldr, hielt sich im Hintergrund, weil er blind war, aber Loki gab ihm den Zweig und sagte: „Mach es wie die anderen, greif ihn an, ich werde dir die Richtung angeben, in der er steht." Von Loki geführt, zielt Höðr den Zweig auf seinen Bruder. „Das Geschoß durchbohrte Baldr, der tot auf die Erde fiel. Das war eines der größten Unglücke, die jemals bei den Göttern und bei den Menschen geschehen waren." Dennoch konnte keiner Loki strafen, weil sie sich auf heiligem Gebiet befanden (Gylfaginning, Kap. 33–35).

„Dieses Drama ist, wie aus der Struktur der Völuspá klar hervorgeht, der Schlußstein der Geschichte der Welt. Durch dieses Geschehen gibt es kein Mittel mehr gegen die Mittelmäßigkeit des gegenwärtigen Zeitalters. Sicher waren die Güte und Milde Baldrs auch bis dahin wirkungslos, da durch ein unglückliches Schicksal ‚keine seiner Meinungen standhielt und verwirklicht wurde'; doch wenigstens existierten sie, und ihre Existenz war Protest und Tröstung."[63]

Weil er nicht auf dem Schlachtfeld gestorben war, kam Baldr nicht nach Walhalla, sondern in den Bereich der Hel. Dem Boten, den Odin geschickt hatte, um die Befreiung Baldrs zu erbitten, antwortete Hel, sie würde es unter der Bedingung tun, daß „alle Dinge der Erde" ihn beweinten. Nachdem die Götter ihnen davon berichtet hatten, taten alle es: Menschen, Tiere, Steine und Bäume. Nur eine einzige Hexe weigerte sich, um Baldr zu weinen, und „man vermutet, daß es Loki war". Schließlich fängt Thor Loki, und die Götter ketten ihn an einen Stein an. Über ihm hängen sie eine Giftschlange auf, die ihr Gift auf sein Gesicht tropfen läßt. Seine Frau, so schreibt Snorri, ist bei ihm und hält ein Gefäß unter die vergiftete Flüssigkeit. Wenn das Gefäß voll ist, wird sie es ausleeren, aber bis dahin kommt ihm das Gift über das Gesicht; er schüttelt sich und dann bebt die Erde. Doch Loki wird sich im Augenblick des *ragnarök* befreien können, am Vortag des Endes der Welt.

---

[63] G. *Dumézil*, Les Dieux des Germains 95f.

177. Die Vanen-Götter – Loki – Das Ende der Welt

Die Vanen stehen alle mehr oder weniger direkt in Beziehung zur Fruchtbarkeit, zum Frieden und zum Reichtum. Njördhr, der älteste, heiratete seine Schwester und bekam die Kinder Freyr und Freyja. Da die alten Germanen Abscheu vor dem Inzest hatten, kann diese mythologische Tradition entweder Widerspiegelung der Sitten der vorindoeuropäischen Urbevölkerung sein[64] oder aber Unterstreichung des den Fruchtbarkeitsgöttern eigenen orgiastischen Charakters, der besonders die Götter des Ackerbaus auszeichnet. Tacitus (Germania 40) spricht von der Göttin Nerthus, „das heißt der Erdmutter"; das ist der gleiche Name wie Njördhr. Die Göttin fuhr in einem von einer Kuh gezogenen Wagen durch die Gegenden der einzelnen Stämme; ihr Kult wurde in einem heiligen Hain einer Insel des „Ozeans" zelebriert – und, so fügt der römische Geschichtsschreiber hinzu, „das ist die einzige Periode, während deren der Frieden und die Ruhe bekannt und geschätzt waren". Der Wagen und die Statue der Göttin wurden anschließend gebadet, und die Sklaven, die diesen Ritus vollzogen, wurden in den gleichen See getaucht. Tacitus' Bericht wurde wahrscheinlich beeinflußt von dem, was er über das Ritual zu Ehren der Kybele in Rom wußte; doch eine in der Sage von König Olaf erhaltene Geschichte bestätigt die Existenz dieser Art von Kult[65].

In der letzten Phase des skandinavischen Heidentums wurde Njördhr durch Freyr verdrängt. Sein Bild im Tempel von Uppsala war phallisch; sein Kult enthielt viele orgiastische Ausdrucksformen und das Menschenopfer; aber seine Mythologie ist nicht interessant. Was Freyja, ebenso wie Frigg *(*Frija)*[66] – vielleicht nur ein Beiname –, betrifft, so war sie die Göttin der Liebe und der Fortpflanzung schlechthin. Nach Snorri war sie die einzige Gottheit, die im Volk noch verehrt wurde, als er sein Werk abfaßte, und die große Anzahl von Ortsnamen mit dem Bestandteil „Freyja" bestätigt diese Meinung. Snorri fügt hinzu, daß Freyja ursprünglich eine Priesterin der Vanen war, die die Asen als erste in der Deutekunst des *seidhr* belehrte. Sie hatte die Fähigkeit, mit dem Jenseits zu kommunizieren, und konnte Vogelgestalt annehmen.

Loki ist ein rätselhafter und vieldeutiger Gott. Die Etymologie seines Namens ist unsicher; ihm kam kein Kult zu, und man weihte ihm keinen Tempel. Obwohl er selbst ein Ase ist, versucht er den Göttern zu schaden und wird am Ende der Welt gegen sie kämpfen; er wird es sein, der Heimdallr tötet. Sein Verhalten ist verwirrend: Auf der einen Seite ist er der Gefährte der Götter[67] und kämpft gerne gegen ihre Feinde, die Riesen; er läßt von den Zwergen bestimmte Zaubergegenstände schmieden, die wirkliche Bestandteile der Götter werden

---

[64] Snorri versichert, die Ehe zwischen Bruder und Schwester sei bei den Vanen üblich gewesen.
[65] Zusammenfassung bei *H. R. Ellis Davidson*, Gods and Myths of Northern Europe 93ff.
[66] Freyja wurde der Venus gleichgesetzt: dies Veneris, Freitag, Friday.
[67] Loki unternimmt mit Thor eine Reise ins Land der Dämonen und der Riesen; er begleitet Odin und Hoenir und hilft ihnen, den Zwerg Andvari zu berauben usw.

(den Ring Draupnir für Odin, den Hammer für Thor usw.). Auf der anderen Seite ist er bösartig, unmoralisch, kriminell: er ist Urheber des Mordes an Baldr und tut sich darauf etwas zugute. Seine dämonische Natur wird durch die Art seiner Nachkommenschaft bestätigt: der Wolf Fenrir und die Große Schlange sind seine Söhne; Hel, die Herrin des traurigen Landes, in das die Toten gehen, die nicht in Walhalla wohnen dürfen, ist seine Tochter.

Es gibt zahlreiche Mythen um Loki, aber sie ähneln oft den Volksmärchen und Schwänken. Er rühmt sich seiner Eroberungen: er hat der Frau Thyrs einen Sohn geschenkt, hat den Platz Thors neben dessen Frau eingenommen usw. Er spielt in fast allen Schwänken und Geschichten, die von Göttern und Riesen handeln, eine Rolle. Ein berühmtes und schreckliches Gedicht, Lokasenna, erzählt, wie Loki sich in den Saal einschlich, in dem die Götter feierten, und sie dort in unverschämter Art beschimpfte. Erst das Erscheinen Thors machte seinen Beschimpfungen ein Ende.

Seit mehr als einem Jahrhundert haben die Forscher Loki nacheinander als einen Gott des Feuers, des Donners, des Todes, als Spiegelung des christlichen Teufels oder als Helden der Zivilisation, dem Prometheus vergleichbar, erklärt[68]. 1933 hat Jan de Vries ihn in die Nähe des *trickster*, einer ambivalenten Figur, die für die nordamerikanischen Mythologien spezifisch ist, gestellt. Georges Dumézil hat eine einleuchtendere Erklärung vorgeschlagen, die gleichzeitig Loki, Hödr, Baldr und das Ende der Welt einbezieht. Der betrügerische Charakter Lokis, seine Bösartigkeit und seine Stellung unter den Feinden der Götter während der eschatologischen Schlacht machen ihn zur Entsprechung der sinistren Figur des Mahābhārata, Duryodhana, der Inkarnation des Dämons unseres Zeitalters schlechthin (vgl. § 191). Nach Dumézil zeigen die weite Ausdehnung und die Regelmäßigkeit der Übereinstimmung zwischen dem Mahābhārata und der Edda, daß ein ausgedehnter eschatologischer Mythos besteht, der die Beziehungen zwischen dem Guten und dem Bösen und die Zerstörung der Welt darstellt, ein Mythos, der schon vor der Zerstreuung der indoeuropäischen Völker bestanden haben muß[69].

Wie wir schon bemerkt haben (§ 173), waren die Germanen in der letzten Periode des Heidentums sehr um die Eschatologie bemüht. Das Ende der Welt war integraler Bestandteil der Kosmologie; und wie in Indien, im Iran und in Israel kannte man auch hier das Szenario und die wichtigsten Handlungsträgenden der Apokalypse. Die vollständigste und dramatischste Beschreibung liefern das Gedicht Völuspá und die Paraphrasierung Snorris. Man findet hier die altbekannten Klischees jeder apokalyptischen Literatur wieder: die Moral verfällt und verschwindet, die Menschen töten sich gegenseitig, die Erde bebt, die Sonne scheint nicht mehr, und die Sterne fallen vom Himmel; von ihren Ketten

---

[68] Darstellung der wichtigsten seit 1932 vorgeschlagenen Theorien in: *J. de Vries*, The Problem of Loki 10–22, und *G. Dumézil*, Loki 109 ff.
[69] Siehe *G. Dumézil*, Les Dieux des Germains 97 ff; *ders.*, Mythe et Épopée I, 238 ff.

befreit, bekämpfen sich die Ungeheuer auf der Erde; die Große Schlange kommt aus dem Ozean hervor und verursacht katastrophale Überschwemmungen. Man findet aber auch spezifischere Einzelheiten: einen langen Winter von drei Jahren *(fimbulvetr);* eine Horde von Riesen wird in einem Schiff ankommen, das mit den Nägeln der Toten gebaut wurde; andere werden unter dem Kommando des Surtr zu Lande ankommen und auf den Regenbogen steigen, um Asgardh, die Bleibe der Götter, anzugreifen und zu zerstören. Schließlich treffen sich das Heer der Götter und Helden und das der Ungeheuer und Riesen auf einer großen Ebene zur Entscheidungsschlacht. Jeder Gott greift einen Gegner an. Thor kämpft mit der kosmischen Schlange und schlägt sie, fällt aber sogleich, von ihr vergiftet, nieder. Odin wird von Fenrir verschlungen; sein junger Sohn Vidar besiegt den Wolf, stirbt aber kurze Zeit danach. Heimdallr greift Loki an, sie vernichten sich gegenseitig. Es fallen schließlich alle Götter und ihre Gegner in dieser eschatologischen Schlacht, mit Ausnahme von Surtr; dieser letzte Überlebende entzündet den kosmischen Brand – und jede Lebensspur geht zugrunde; zuletzt wird die gesamte Erde vom Ozean verschlungen, und der Himmel stürzt ein.

Und dennoch ist das nicht das Ende. Eine neue Erde kommt hervor, grün, schön, fruchtbar, wie sie es nie war, und von jedem Leiden gereinigt. Die Söhne der toten Götter werden wieder nach Asgardh kommen, Baldr und Hödhr werden aus der Hölle kommen und versöhnt sein. Eine neue Sonne, leuchtender als die frühere, wird ihren Lauf am Himmel aufnehmen. Und das durch Yggdrasil geschützte Menschenvolk wird der Grundstock einer neuen Menschheit werden[70]. Bestimmte Autoren haben im Mythos vom *ragnarök* verschiedene orientalische Einflüsse (iranische, christliche, manichäische usw.) zu erkennen geglaubt. Aber wie Dumézil gezeigt hat, handelt es sich um die skandinavische Version des indoeuropäischen eschatologischen Mythos; die eventuellen späteren Einflüsse haben nur buntere Bilder und ergreifendere Einzelheiten hinzugefügt.

Nach den erhaltenen Fragmenten zu urteilen, war die Religion der Germanen eine der komplexesten und ursprünglichsten Europas. Was zunächst ins Auge springt, ist ihre Eignung zur Bereicherung und Erneuerung des indoeuropäischen Erbes durch die Angliederung einer Anzahl von Ideen und Techniken anderen Ursprungs, aus dem Mittelmeerraum, dem Orient oder Nordasien. Man hat einen analogen Vorgang in der hinduistischen Synthese (§ 135) und der Bildung der römischen Religion (§ 161) bemerkt. Bei den Germanen wurde die religiöse Kreativität aber nicht durch die Bekehrung zum Christentum paralysiert. Eines der schönsten epischen Gedichte, Beowulf, das im 8. Jahrhundert in England verfaßt wurde, zeigt die Heldenmythologie vollständiger und tiefer als vergleichbare kontinentale Schöpfungen, und dies gerade dank der christlichen

---

[70] Dieses letzte Detail widerspricht dem eschatologischen Szenario, das wir gerade dargestellt haben: das Zusammenstürzen Yggdrasils beendet die Welt.

Einflüsse[71]. Eine der beeindruckendsten Schilderungen des *ragnarök* ist in ein Steinkreuz aus Gosforth (Cumberland) gehauen worden; auf der anderen Seite des Monuments ist die Kreuzigung dargestellt[72]. Tatsächlich entfalteten sich bestimmte germanische Religionsschöpfungen während des Hochmittelalters in der Folge der Symbiose oder in Opposition zum Christentum.

Das religiöse Ansehen des mittelalterlichen Königtums kommt letzten Endes von der alten Vorstellung der Germanen, der zufolge der König der Repräsentant des göttlichen Vorfahren ist: die „Macht" des Herrschers hängt von einer überirdischen geheiligten Kraft ab, die zugleich Grundlage und Gewähr für die Ordnung des Universums ist[73]. Was die Heldenmythologie betrifft, so setzt sie sich, bereichert und wieder aufgewertet, in der Einrichtung des Rittertums und in den Legenden vom heiligen Georg, von Sir Galahad oder Parzival fort (siehe Bd. III).

178. Die Thraker, „große Unbekannte" der Geschichte

Die älteste thrakische Kultur erscheint als die Synthese eines wichtigen Substrats aus der Bronzezeit und dem Beitrag der halbnomadischen Völker, die aus der Ukraine kamen. Die Ethnogenese der Thraker vollzieht sich in einer ziemlich weiten Region, zwischen dem Dnjestr, den Nordkarpaten und dem Balkan. Gegen Ende des 8. Jahrhunderts v. Chr. führen die Einfälle der Kimmerier bestimmte kaukasische Elemente in Kunst und Bewaffnung ein. Im 5. Jahrhundert schrieb Herodot, die Thraker seien das größte Volk nach den Indern. Aber ihre Rolle in der politischen Geschichte wurde ausgelöscht. Das Königreich der Odrysen (im Maritza-Tal), das stark genug war, Makedonien 429 anzugreifen, verlor seine Autonomie weniger als ein Jahrhundert später unter Philipp II. Alexander der Große setzte die Expansionspolitik seines Vaters fort: im Jahr 335 überquerte er die Donau, um die Geto-Daker zu unterwerfen und ihr Land zu erobern. Der Mißerfolg der Kampagne erlaubte es diesen Volksstämmen, unabhängig zu bleiben und ihre nationale Organisation zu verbessern. Während die Südthraker endgültig in den Kreis des Hellenismus integriert wurden, wurde Dakien erst im Jahre 107 unserer Zeitrechnung römische Provinz. Ein gleich unglückliches Schicksal scheint die religiösen Schöpfungen der Thraker und der Geto-Daker verfolgt zu haben. Die Griechen hatten ziemlich früh die Originalität und die Kraft der thrakischen Religion erkannt. Verschiedene Traditionen

---

[71] Vgl. *A. Margaret Arent*, The Heroic Pattern 149, 164 ff. Auf der anderen Seite ahmt die hagiographische Literatur das Modell des Heldenlebens, so wie es in den Heldensagen proklamiert wurde, nach (ebd. 165).
[72] *K. Berg*, The Gosforth Cross 27 ff; *H. R. Ellis Davidson*, Gods and Myths 207 ff. In derselben Kirche hat man einen Stein (wahrscheinlich das Bruchstück eines Kreuzes) gefunden, auf dem Thor beim Fischen der Großen Schlange dargestellt ist.
[73] Vgl. *O. Höfler*, Germanisches Sakralkönigtum I, XII ff, 350 ff.

siedelten den Ursprung der dionysischen Bewegung (§ 122) und eines großen Teils der Orpheus-Mythologie (§ 180) in Thrakien an. Und im Charmides (156b) sprach Sokrates mit Bewunderung von den Ärzten des „thrakischen Königs Zalmoxis", deren Lehre und Praxis derjenigen der griechischen Ärzte überlegen sei. Aber außer einigen wertvollen Auskünften, die von Herodot anläßlich des mythisch-rituellen Szenarios von Zalmoxis weitergegeben werden, sind die Informationen über die thrakische und thrakisch-getische Religion wenig zahlreich und ungenau. Es stimmt, daß – vor allem aus der römischen Kaiserzeit – viele religiöse Monumente vorhanden sind; doch wegen des Fehlens schriftlicher Zeugnisse ist ihre Deutung nur zögernd und vorläufig möglich. Ganz wie bei den Kelten bestand auch bei den thrakischen und geto-dakischen Priestern und Mönchen ein Mißtrauen gegenüber der Schrift. Das wenige, das wir über die Mythologie, die Theologie und die Riten wissen, wurde uns von griechischen und römischen Schriftstellern durch ihre *interpretatio graeca et romana* hindurch übermittelt. Hätte Herodot nicht bestimmte Gespräche mit den Griechen vom Hellespont aufgeschrieben, so wäre uns das mythisch-rituelle Szenario des Zalmoxis und sogar der Name Gebeleizis unbekannt. Gewiß hat sich das religiöse Erbe der Thraker, wie bei den Slawen und Balten, ja sogar bei den alten Germanen und den Abkömmlingen der Kelten, auch mit unvermeidlichen Veränderungen in den Volksbräuchen und der Folklore der Balkanvölker und der Rumänen erhalten. Aber die Analyse der europäischen Folklore-Traditionen in der Perspektive der allgemeinen Geschichte der Religionen steht noch in ihren Anfängen.

Nach Herodot (V, 7) verehrten die Thraker „Ares, Dionysos und Artemis"; doch ihre Könige verehrten Hermes, für dessen Nachkommen sie sich hielten. Von dieser kurzen und durch die *interpretatio graeca* noch rätselhafteren Auskunft ausgehend, hat man versucht, das ursprüngliche Pantheon der Thraker zu rekonstruieren. Seit Homer (Ilias XIII, 301 u. a.) und bis hin zu Vergil (Aen. III, 357) siedelte die Tradition in Thrakien das Vaterland des Ares an, des Kriegsgottes. Auf der anderen Seite waren die Thraker auch berühmt für ihre militärischen Tugenden und ihre Gleichgültigkeit dem Tod gegenüber; man könnte folglich annehmen, daß ein Gott vom Typ des „Ares" Anführer ihres Pantheons war. Doch wie wir gesehen haben (§ 176), wurde der alte Himmelsgott der Germanen, Tiwaz, von den Römern dem Mars zugeordnet. Es ist also möglich, daß der thrakische „Ares" ursprünglich ein Himmelsgott war, der Gott des Gewitters und des Krieges wurde[74]. In diesem Fall war „Artemis" eine chthonische Gottheit, analog zu den thrakischen Göttinnen Bendis oder Kotyto (Kotys). Herodot hätte sich dann dafür entschieden, sie „Artemis" (statt bei-

---

[74] Im übrigen ist der Gott Zbelsurdos bekannt, dessen zweite Namenshälfte, *-surdos*, von der Wurzel **suer* herkommt, was „donnern", „dröhnen" bedeutet; er war also der Gewittergott, der von den Griechen ganz korrekt Zeus Keraunos genannt wurde. Vgl. *M. Eliade*, De Zalmoxis à Gengis-Khan 58 und Nr. 87.

spielsweise „Demeter") zu nennen, weil die thrakischen Wälder und Gebirge so wild waren.

Wird diese Lesart akzeptiert, so kann man gleichermaßen die Existenz des exemplarischen Mythos von der Hierogamie zwischen dem Gewittergott und der Mutter Erde bei den ältesten Thrakern annehmen; „Dionysos" wäre dann die Frucht dieser Vereinigung. Die Griechen kannten die thrakischen Namen des Dionysos: die gängigsten waren Sabos und Sabazios[75]. Der Kult des thrakischen „Dionysos" erinnert an die von Euripides in den „Bacchantinnen" vorgestellten Riten (vgl. § 124). Die Zeremonien spielten sich bei Nacht in den Bergen und bei Fackellicht ab; wilde Musik (Töne aus Erzkesseln, Zimbeln und Flöten) feuerte die Gläubigen zu Freudenschreien und zu wildem und ausgelassenem Tanz im Kreis an. „Vor allem die Frauen verausgabten sich in diesen ungeordneten und erschöpfenden Tänzen; ihr Aufzug war seltsam; sie trugen ‚bessares', lange, wehende Gewänder, die allem Anschein nach aus Fuchshaut gemacht waren; darüber Ziegenhaut und auf dem Kopf wahrscheinlich Hörner."[76] In den Händen hielten sie dem Sabazios geweihte Schlangen, Dolche und Thyrsi. Wenn sie zum Paroxysmus, der „heiligen Verrücktheit", gekommen waren, ergriffen sie die für das Opfer ausgewählten Tiere und zerlegten sie in Stücke, zerrissen sie und verschlangen das rohe Fleisch. Die rituelle Omophagie vollendete die Identifikation mit dem Gott; die Teilnehmer nannten sich nun Sabos oder Sabazios[77].

Es handelt sich natürlich, wie bei den griechischen Bacchantinnen, um eine nur zeitweise „Vergöttlichung". Aber die Erfahrung der Ekstase konnte besondere religiöse Berufungen zur Folge haben, in erster Linie die Gabe des Orakels. Im Unterschied zur griechischen Dionysosbewegung stand die thrakische Mantik im Bezug zum „Dionysos"-Kult. Ein bestimmter Volksstamm, die Bessen, herrschte über das Orakel des „Dionysos"; der Tempel lag auf einem hohen Berg[78], und die Wahrsagerin sagte die Zukunft in „Ekstase" voraus wie die Pythia in Delphi.

Die ekstatischen Erfahrungen verstärkten die Überzeugung, daß die Seele nicht nur autonom, sondern auch einer *unio mystica* mit der Gottheit fähig ist. Die Trennung der Seele vom Körper in der Ekstase offenbarte einerseits die grundlegende Dualität des Menschen und andererseits die Möglichkeit einer rein geistigen Post-Existenz, der Folge der „Divination". Die archaischen Glaubensvorstellungen von einem Weiterleben der Seele, das nur vage und ungenau

---

[75] Siehe die von *E. Rohde*, Psyché 269, Nr. 1, zitierten Quellen. Ein anderes Theonym war Bassareus, was „mit einer langen Fuchshaut bekleidet" heißt. Bezüglich der in Athen vollzogenen Riten des Sabazios siehe: Geschichte der religiösen Ideen Bd. I, 335.
[76] *E. Rohde*, a.a.O. 274.
[77] Siehe die von *E. Rohde*, a.a.O. 275, Nr. 1, zitierten Quellen. Bezüglich des „Enthusiasmus", der den Abschluß der ekstatischen Vereinigung mit dem Gott bildete, vgl. ebd. 279, Nr. 1–5.
[78] *Herodot* (VII, 111) sieht die Bessen als eine Familie im Stamm der Satrer an, aber andere Autoren (Polybius, Strabo, Plinius u.a.) stellen sie genauer als ein eigenes Volk vor. Über die thrakische Mantik siehe: *E. Rohde*, a.a.O. 281 ff.

gesehen wurde, änderten sich fortschreitend und endeten schließlich in der Idee der Metempsychose und den verschiedenen Vorstellungen von der spirituellen Unsterblichkeit. Wahrscheinlich waren die ekstatischen Erfahrungen, die den Weg zu solchen Konzeptionen ebneten, nicht immer „dionysischen", das heißt orgiastischen Typs. Die Ekstase konnte genauso von bestimmten Kräutern oder durch Askese (Einsamkeit, vegetarische Diät, Fasten usw.) und Gebet hervorgerufen werden[79].

In ähnlichem Umkreis haben sich in Griechenland die unter dem Begriff der Orphik bekannten religiösen Praktiken und Konzeptionen entwickelt (siehe §§ 180 ff). Der Glaube an die Unsterblichkeit und die Gewißheit von der Glückseligkeit der vom Körper gelösten Seele führen bei bestimmten thrakischen Volksstämmen zu einer fast morbiden Hochschätzung des Todes und zur Verachtung der Existenz. Die Trausoi klagen bei der Geburt eines Kindes, bestatten aber ihre Toten in Freuden (Herodot V, 4). Viele antike Autoren erklärten die außergewöhnliche Tapferkeit der Thraker im Kampf mit ihren eschatologischen Überzeugungen. Martianus Capella (VI, 656) sprach ihnen sogar ein „wahres Verlangen nach dem Tod" zu (appetitus maximus mortis), denn „es scheint ihnen schön zu sterben". Wir erkennen diese religiöse Aufwertung des Todes in bestimmten folkloristischen Hervorbringungen der Rumänen und der südosteuropäischen Völker wieder[80].

Was „Hermes" betrifft, der nach Herodot nur von den „Königen", das heißt von der Militäraristokratie, verehrt wurde, so ist er schwer zu identifizieren. Herodot erwähnt mit keinem Wort den Sonnengott, obwohl ein solcher Gott durch andere Quellen reichlich belegt ist[81]. Man könnte also im thrakischen „Hermes" eine Sonnengottheit sehen. Einige Jahrhunderte später vervielfachte sich die Zahl der sogenannten „Reiter-Helden"-Monumente auf dem Balkan; der Reiter-Held wird mit Apoll gleichgesetzt[82]. Es handelt sich hier aber um eine spätere Konzeption, die keinesfalls die von Herodot erwähnte „königliche" Theologie erklärt.

---

[79] Hanfkörner bei den Thrakern (Pomponius Mela II, 21) und bei den Skythen (Herodot IV, 73), der Rauch bestimmter „Früchte" bei den Messagetern (Herodot I, 202). Strabo (VII, 3, 3) berichtet nach Posidonius, daß die Myssiener sich jeder fleischlichen Nahrung enthalten und sich mit Milch, Honig und Käse begnügen, weshalb sie zugleich „gottesfürchtig" (theosebeis) und „Läufer im Rauch" (kapnobatai) genannt werden. Diese Begriffe bezeichnen wahrscheinlich bestimmte religiöse Personen, nicht die Gesamtheit des Volkes. Die kapnobatai wären demnach Tänzer und „Schamanen", die das Hanffeuer benutzen, um ekstatische Trancezustände hervorzurufen (siehe: De Zalmoxis à Gengis-Khan 50, 67). Strabo ergänzt, daß es bei den Thrakern fromme Einsiedler gebe, die unter dem Namen ktistai bekannt seien, sich von Frauen fernhielten, ihr Leben den Göttern weihten und „frei von aller Angst" lebten (VIII, 3, 3).
[80] Vgl. De Zalmoxis à Gengis-Khan, Kap. V und VIII.
[81] Siehe R. Pettazzoni, The Religion of Ancient Thrace 84 ff.
[82] Siehe G. Kazarow, Die Denkmäler des Thrakischen Reitergottes in Bulgarien I, Nr. 528, 835 usw.; R. Pettazzoni, a.a.O. 87 ff.

179. Zalmoxis und das Erlangen der Unsterblichkeit

Der gleiche Geschichtsschreiber erklärt, die Geten seien „die tapfersten und gerechtesten der Thraker" (IV, 93). „Sie halten sich für unsterblich", fährt Herodot fort und erläutert, in welchem Sinn: „Sie glauben, daß sie nicht sterben und daß der Verschiedene zu Zalmoxis, einem göttlichen Wesen (daimon), kommen wird; einige unter ihnen nennen dieses gleiche göttliche Wesen Gebeleizis" (IV, 94). Hier erscheint der Name Gebeleizis zum ersten – und letzten – Mal in der Literatur. Schon W. Tomaschek hatte in diesem Theonym eine Parallele zum thrakischen Gott Zbelsurdos oder Zbeltiurdos entdeckt[83]. Folgt man Walde-Pokorny und Dečev, die seinen Namen von der Wurzel $^*g^uer$, „glänzen", ableiten[84], so ist Gebeleizis wie Zbelsurdos ein Gewittergott oder vielmehr ein alter Himmelsgott. Nachdem er die Opferung eines Boten an Zalmoxis erwähnt hat, ein Ritual, daß uns später noch beschäftigen wird, fügt Herodot hinzu: „Die gleichen Thraker schießen, wenn es donnert und blitzt, Pfeile in die Luft und gen Himmel und bedrohen diesen Gott, denn sie denken nicht, daß es außer ihrem eigenen einen anderen Gott gibt" (IV, 94).

Trotz der Zeugnisse von Herodot (die allerdings mit erstaunlicher Nachlässigkeit in Grammatik und Stilistik abgefaßt sind), ist es schwierig, Zalmoxis und Gebeleizis als einen einzigen Gott aufzufassen. Sie sind unterschiedlich strukturiert, und ihre Kulte gleichen sich überhaupt nicht. Wie wir später sehen werden, hat Zalmoxis nichts von einem Gewittergott an sich. Was das Bogenschießen betrifft, so kann man sich fragen, ob Herodot den Sinn dieses Rituals verstanden hat. Sehr wahrscheinlich war es nicht der Gott, der bedroht werden sollte (Gebeleizis), sondern die dämonischen Mächte, die sich in den Wolken zeigten. Es handelte sich mit anderen Worten um einen positiven kultischen Akt: man ahmte den Gott nach und wollte ihm dadurch indirekt helfen, indem man Pfeile gegen die Dämonen des Dunkels richtete[85]. Wie es darum auch bestellt sei, wir müssen resignieren: wir können Funktion und Geschichte von Gebeleizis nicht mit Hilfe eines einzigen Dokuments rekonstruieren. Die Tatsache, daß Gebeleizis nach Herodot nicht mehr genannt wird, bedeutet nicht notwendigerweise sein Verschwinden aus dem Kult. Man kann sich vorstellen, daß er entweder mit einer anderen Gottheit verschmolzen wurde oder unter einem anderen Namen weiterlebte[86].

---

[83] *W. Tomaschek*, Die alten Thraker II, 62.
[84] *A. Walde – J. Pokorny*, Vergleichendes Wörterbuch der indogermanischen Sprachen I, 643; *D. Dečev*, Charakteristik der Thrakischen Sprache 73, 81. Siehe aber auch *C. Poghirc*, Considerations philologiques et linguistiques sur Gébéleizis 359.
[85] Vgl. *M. Eliade*, De Zalmoxis à Gengis-Khan 59 ff.
[86] Die Tatsache, daß die Mythologie der rumänischen Folklore des Propheten Elija viele für einen Gewittergott charakteristische Elemente enthält, kann wenigstens als Beweis dafür gelten, daß Gebeleizis zur Zeit der Christianisierung Dakiens noch aktiv war, ganz gleich, wie sein Name zu dieser Zeit gelautet haben mag. Man kann auch annehmen, daß später ein durch den Großpriester und die Priesterklasse geförderter Synkretismus dazu führte, daß Gebeleizis und Zalmoxis gleichgesetzt wurden (siehe weiter unten 158).

Die wertvollsten unter den von Herodot zusammengetragenen Informationen beziehen sich auf Mythos und Kult des Zalmoxis. Nach Aussagen der Griechen vom Hellespont und vom Schwarzen Meer wäre Zalmoxis ein ehemaliger Sklave von Pythagoras: „Nach seiner Freilassung habe er große Reichtümer erworben und sei, so bereichert, in sein Land zurückgekehrt. Da die Thraker elend lebten und einfältigen Geistes waren", wollte Zalmoxis ihnen die Zivilisation bringen. Er „ließ sich einen Empfangssaal richten, in dem er die Führer seiner Mitbürger wie in einer Herberge bewirtete; im Laufe dieses Festes lehrte er sie, daß weder er noch seine Gäste, noch deren Nachkommen jemals sterben würden, sondern daß sie an einen Ort gehen würden, an dem sie ewig leben und sich vollkommener Glückseligkeit erfreuen würden". Währenddessen „ließ er sich eine unterirdische Bleibe einrichten", zu der er „hinabstieg und wo er drei Jahre lang lebte. Die Thraker trauerten um ihn und beweinten seinen Tod. Im vierten Jahr erschien er vor ihren Augen: und so wurde ihnen glaubhaft, was Zalmoxis sagte (...)." „Ich persönlich", so fügt Herodot hinzu, „weigere mich nicht, an das zu glauben, was man von der unterirdischen Bleibe erzählt, glaube aber auch nicht allzusehr daran; ich glaube aber, daß Zalmoxis viele Jahre früher als Pythagoras lebte. Ob er ein Mensch oder ein göttliches Wesen aus dem Lande der Geten war, lassen wir das auf sich beruhen" (IV, 95-96).

Es war ganz natürlich, daß dieser Text auf die antike Welt großen Eindruck gemacht hat, von den Zeitgenossen Herodots bis zu den letzten Neopythagoreern und Neuplatonikern. Die berichtete Geschichte ist kohärent: Die Griechen vom Hellespont oder Herodot selbst hatten das, was sie von Zalmoxis, seiner Lehre und seinem Kult wußten, in einen geistigen Horizont pythagoreischer Prägung integriert. Der Kult des geto-dakischen Gottes enthielt also den Glauben an die Unsterblichkeit der Seele und bestimmte Riten mit Initiationscharakter. Durch den Rationalismus und Euthemerismus Herodots oder seiner Informanten hindurch errät man den mysterienartigen Charakter des Kults[87]. In der Tat schreibt Herodot, daß die Geten „an ihre Unsterblichkeit glauben" (IV, 93), „denn sie glauben, daß sie nicht sterben werden und daß derjenige, der hinscheidet, zu Zalmoxis kommt" (IV, 94). Doch das Verbum *athanatizein* (vgl. V, 4) bedeutet nicht, „sich für unsterblich halten", sondern „sich unsterblich machen"[88]. Dieses „Unsterblich-Werden" konnte man vermittels einer Initiation erhalten, was den von Zalmoxis geschaffenen Kult den griechischen und hellenistischen Mysterien annähert (siehe § 205). Wir kennen die eigentlichen Zeremonien nicht, doch die von Herodot übermittelten Informa-

---

[87] Aus diesem Grund zögert Herodot vielleicht, Details zu nennen (vorausgesetzt, was nicht sicher ist, seine Informanten haben ihm darüber berichtet): Seine Diskretion bezüglich der Mysterien ist bekannt. Doch Herodot gibt zu, daß er nicht an die Version glaubt, Zalmoxis sei Sklave des Pythagoras gewesen, daß er im Gegenteil davon überzeugt ist, der getische *daimon* sei älter, und dieses Detail ist wichtig.

[88] Siehe *I. M. Linforth*, Oi athanatizontes, Herodotus IV, 93-94, in: Classical Philology 93 (1918) 23-33.

tionen deuten auf ein mythisch-rituelles Szenario mit den Bestandteilen „Tod" (Verborgen-Sein) und „Wiederkehr auf die Erde" (Epiphanie).

Der griechische Geschichtsschreiber berichtet außerdem (IV, 94) von dem besonderen Ritual für Zalmoxis: von der alle vier Jahre stattfindenden Aussendung eines Boten, der dem Gott mitteilen sollte, „was sie in jeder Situation wünschen". Einige Männer hielten drei kleine Wurfspeere, und derjenige, der vom Schicksal dazu bestimmt war, wurde in die Luft geworfen; beim Fallen wurde er von den Speerspitzen durchbohrt. Das Opfer machte die Übermittlung einer Botschaft möglich, *reaktualisierte* also mit anderen Worten *die direkten Beziehungen zwischen den Geten und ihrem Gott*, so wie sie anfangs bestanden, als Zalmoxis sich noch unter ihnen befand. Opfer und Aussendung des Boten stellten in gewissem Sinn eine symbolische (weil rituelle) Wiederholung der Begründung des Kults dar; es wurde damit die Epiphanie des Zalmoxis nach drei Jahren des Verborgen-Seins, und zugleich damit alles, was sie implizierte, nämlich die Gewißheit von der Unsterblichkeit und der Glückseligkeit der Seele, reaktualisiert.

Bestimmte antike Autoren und eine Anzahl moderner Forscher haben Zalmoxis einerseits mit Dionysos und Orpheus, andererseits mit mythischen oder stark mythisierten Figuren in Verbindung gebracht[89], deren Charakteristikum entweder eine Schamanentechnik oder die Mantik oder auch das Hinabsteigen zur Unterwelt, die „Katabasis", war. Was Herodot uns aber über Zalmoxis berichtet, fügt sich nicht in das System der Mythologien, Techniken und Glaubensvorstellungen des Schamanismus oder dessen, was an Schamanismus erinnert, ein. Ganz im Gegenteil nähern, wie wir gesehen haben, die charakteristischsten Bestandteile seines Kults *(andreon* und zeremonielle Festmahle, Verborgen-Sein in der „unterirdischen Bleibe" mit Epiphanie nach vier Jahren, „Unsterblich-Werden" der Seele und Belehrung bezüglich der glückseligen Existenz in einer anderen Welt) Zalmoxis den Mysterien an[90].

Zu Beginn der christlichen Zeit gibt Strabo (Geographie VII, 3, 5) eine neue Version des Zalmoxis-Mythos und stützt sich dabei vor allem auf die von Posidonius (135–50 v. Chr.) zusammengestellte Dokumentation. Zalmoxis war demnach Sklave des Pythagoras; er habe aber nicht die Lehre von der Unsterblichkeit von seinem Herrn gelernt, sondern „bestimmte, die Himmelskörper betreffende Dinge", also die Kunst, zukünftige Ereignisse anhand von Himmelszeichen vorauszusagen. Strabo fügt eine Reise nach Ägypten, in das Land der Magie schlechthin, hinzu. Dank seiner astronomischen Kenntnisse und seines Ansehens in Fragen der Magie und Prophetie gelang es Zalmoxis, vom König an der Herrschaft beteiligt zu werden. Als Großpriester und Prophet des „in ihrem Lande meistgeschätzten Gottes" zog sich Zalmoxis in eine Höhle

---

[89] Abaris, Aristeas von Prokonnesos, Hermotimos von Klazomenä, Epimenides von Kreta, Pythagoras, usw. Siehe 171 ff.
[90] Nur in diesem Sinn kann er mit dem Dionysos der dionysischen Mysterien verglichen werden (vgl. § 206).

am Gipfel des heiligen Berges Kogainon zurück, wo er nur den König und seine eigenen Bediensteten empfing, und später „wandte man sich an ihn wie an einen Gott". Strabo fügt hinzu, daß, „als Boerebista die Geten regierte, das fragliche Amt Decaeneus innehatte und daß auf die eine oder andere Art die pythagoreische Regel, sich der Lebewesen zu enthalten, noch so bestand, wie Zalmoxis sie gelehrt hatte"[91].

Es stellt sich heraus, daß in der neuen Etappe der geto-dakischen Religion, über die uns Posidonius und Strabo berichten, der Charakter des Zalmoxis merklich verändert ist. Zunächst besteht eine Gleichsetzung zwischen dem *Gott* Zalmoxis und seinem *Großpriester,* beide werden schließlich aber unter dem gleichen Namen divinisiert. Darüber hinaus findet sich keinerlei Anspielung auf einen Kult von mystischer Struktur, wie ihn Herodot darstellte. Insgesamt wird der Zalmoxis-Kult beherrscht von einem Großpriester, der allein auf einem Bergesgipfel lebt und zugleich Partner und erster Ratgeber des Königs ist; der Kult ist „pythagoreisch", weil er fleischliche Nahrung ablehnt. Es ist uns unbekannt, in welchem Ausmaß der Initiationscharakter und die eschatologische Struktur des „Mysteriums" des Zalmoxis zur Zeit Strabos noch bestand. Doch die Autoren sprechen von bestimmten Eremiten und Geistlichen, und es ist wahrscheinlich, daß diese „Spezialisten des Heiligen" die Mysterien-Tradition des Zalmoxis-Kults fortführten[92].

---

[91] In einer anderen Passage (VII, 3, 11), in der er den Werdegang des Boerebista beschreibt (70–44), charakterisiert Strabo den Decaeneus als „einen Magier (goes), als einen Mann, der nicht nur nach Ägypten gereist ist, sondern auch ernsthaft bestimmte Zeichen erlernt hat, mittels deren er den göttlichen Willen zu kennen vorgab, und der binnen kurzer Zeit als Gott betrachtet wurde."

[92] Vgl. De Zalmoxis à Gengis-Khan 67ff. Eine andere Einzelheit erscheint Strabo gleich wichtig: daß Zalmoxis – ganz wie, für ihn zeitlich näher, Decaeneus – seine wunderbaren Erfolge vor allem dank seiner astronomischen und mantischen Kenntnisse erreicht hat. Im 6. Jh. n. Chr., aber gestützt auf ältere Quellen, beschrieb Jordanes in außergewöhnlichen Begriffen das Interesse der dakischen Priester für die Astronomie und die Naturwissenschaften (Getica XI, 69–71). Der Nachdruck, den er auf die Kenntnis der Himmelskörper legt, kann Zeichen genauer Informationen sein. In der Tat scheinen die Tempel von Sarmizegetuza und Costești, deren urano-solarer Symbolismus offensichtlich ist, kalendarische Funktion zu haben. Siehe *H. Daicoviciu,* Il Tempio-Calendario dacico di Sarmizegetuza; *ders.,* Dacii 194ff, 210ff.

ZWEIUNDZWANZIGSTES KAPITEL

Orpheus, Pythagoras und die neue Eschatologie

180. Orpheus-Mythen: Kitharode und „Initiations-Begründer"

Es scheint unmöglich, über Orpheus und die Orphik zu schreiben, ohne eine Gruppe von Forschern zu verärgern: sei es die der Skeptiker und „Rationalisten", die die Bedeutung der Orphik in der Geschichte der griechischen spirituellen Entwicklung herunterspielen, sei es die der Bewunderer und „Enthusiasten", die ihn als eine Bewegung mit beträchtlicher Bedeutung ansehen[1].

Die Analyse der Quellen erlaubt es uns, zwei Arten von religiösen Realitäten zu unterscheiden: 1. die Mythen- und Sagen-Traditionen, die zu Orpheus in Verbindung stehen, und 2. die als „orphisch" betrachteten Ideen, Glaubensvorstellungen und Gebräuche. Der Kitharode wird zum ersten Mal im 6. Jahrhundert vom Dichter Ibykos von Rhegion erwähnt, der von „Orpheus mit dem berühmten Namen" spricht. Für Pindar ist er „der Phorminx-Spieler, der Vater des melodischen Gesangs" (Pyth. IV, 177). Aischylos beschwört ihn herauf als den, „der die ganze Natur mit seinem Charme bezaubert" (Agamemnon 1830). Auf einem Schiff, die Leier in der Hand, ist er dargestellt und ausdrücklich genannt auf einer Metope des 6. Jahrhunderts, die zum Schatz der Sikyonier in Delphi gehört. Seit dem 5. Jahrhundert wird die Ikonographie des Orpheus beständig bereichert: man sieht ihn beim Leierspiel, umringt von Vögeln, wilden Tieren oder auch thrakischen Gläubigen. Er wird von den Mänaden in Stücke gerissen oder ist im Hades bei den anderen Gottheiten. Ebenfalls aus dem 5. Jahrhundert stammen die ersten Anspielungen auf seinen Abstieg in die Unterwelt zum Zurückholen seiner Gattin Eurydike (Alkeste 357 ff). Er schei-

---

[1] Sogar die Bewertung der Quellen ist auf beiden Seiten verschieden: die Skeptiker betonen, daß die Dokumente spärlich und späten Datums seien, die anderen meinen, man dürfe das Abfassungsdatum eines Dokuments nicht mit dem Alter seines Inhalts verwechseln, wir seien also bei der nötigen kritischen Strenge im Gebrauch aller brauchbaren Zeugnisse durchaus in der Lage, die wesentliche Botschaft der Orphik zu erfassen. Diese Spannung zwischen zwei Methodologien entspricht einer tiefgreifenderen philosophischen Gegnerschaft, die es in Griechenland schon im 6. Jh. gab und die heute noch spürbar ist. „Orpheus" und „Orphik" sind auch heute noch Gegenstände, die in hervorragender Weise geeignet sind, fast automatisch leidenschaftliche Polemiken auf den Plan zu rufen.

tert, weil er zu früh den Kopf umdreht[2] oder weil die Mächte der Unterwelt sich seiner Unternehmung entgegenstellen[3]. Die Legende läßt ihn in Thrakien leben, „eine Generation vor Homer", doch auf den Keramiken des 5. Jahrhunderts wird er immer in griechischer Tracht dargestellt, wie er durch seine Musik wilde Tiere und Barbaren bezaubert[4]. In Thrakien ist er gestorben. Dem verlorenen Stück „Die Bassariden" des Aischylos zufolge stieg Orpheus jeden Morgen auf den Berg Pangaios, um die mit Apoll gleichgesetzte Sonne anzubeten; dadurch verärgert, sandte Dionysos die Mänaden gegen ihn aus, der Kitharode wurde zerrissen und seine Glieder verstreut[5]. Sein Kopf, der in den Hebron geworfen wurde, trieb singend bis nach Lesbos. Ehrfürchtig aufgefangen, diente er dort anschließend als Orakelstätte.

Wir werden Gelegenheit finden, an andere Anspielungen auf Orpheus in der Literatur des 6. und 5. Jahrhunderts zu erinnern. Stellen wir einstweilen nur fest, daß das Ansehen des Orpheus und die wichtigsten Begebenheiten seiner Biographie seltsam an die schamanischen Praktiken erinnern. Wie die Schamanen, ist auch er Heilkundiger und Musiker; er bezaubert und beherrscht die wilden Tiere; er steigt in die Unterwelt hinab, um Eurydike zurückzuholen; sein abgetrennter Kopf wird aufbewahrt und dient als Orakelstätte, wie noch im 19. Jahrhundert die Schädel der Yukagir-Schamanen[6]. All diese Elemente sind archaisch und heben sich vom griechischen Geist des 6. und 5. Jahrhunderts ab; doch wir kennen ihre Vorgeschichte im antiken Griechenland nicht, wissen also nichts über ihre eventuelle mythisch-religiöse Funktion vor ihrer Integration in die Orpheus-Legende. Außerdem stand Orpheus in Beziehung zu einer Reihe sagenhafter Persönlichkeiten – wie Abaris, Aristeas usw. –, die sich ebenfalls durch ekstatische Erfahrungen schamanischer oder paraschamanischer Art auszeichnen. All das würde ausreichen, den legendären Sänger „vor Homer" anzusiedeln, wie es die Tradition überlieferte und die orphische Propaganda wiederholte. Es ist dabei wenig bedeutsam, ob diese archaisierende Mythologie teilweise Ergebnis eines Anspruchs ist, der vielleicht durch bestimmte Ressentiments entstand. (Tatsächlich ist es möglich, hinter der Mythologie den Wunsch zu erkennen, Orpheus in die angesehenen Zeiten der „Ursprünge" zu projizieren und ihn folglich zum „Vorfahren Homers" zu erklären, und für älter und verehrungswürdiger als den Repräsentanten, das Symbol sogar der offiziellen Religion zu halten.) Bedeutsam ist hier die Tatsache, daß die archaischsten Elemente, zu denen die Griechen im 6. Jahrhundert Zugang haben konnten, ausge-

---

[2] Die Quellen werden bei *W. K. C. Guthrie*, Orpheus and Greek Religion 29ff und *I. M. Linforth*, The Arts of Orpheus, analysiert.
[3] „Er wagte es nicht, aus Liebe zu sterben wie Alkeste, sondern lebendig wollte er in den Hades eintreten. Deshalb haben sie (die Götter) ihm eine Bestrafung auferlegt und ihn durch die Hand der Frauen sterben lassen" (*Platon*, Gastmahl 179d).
[4] Vgl. *W. K. C. Guthrie*, Orpheus 40ff, 66 und Abb. 9, Bildtafel 6.
[5] *O. Kern*, Orphicorum fragmenta, Nr. 113, S. 33. Die Musen sammelten die Glieder und begruben sie in Leibetria, im Olympos-Massiv.
[6] *M. Eliade*, Schamanismus und archaische Ekstasetechniken 373.

wählt wurden⁷. Die Hartnäckigkeit, mit der sie auf seinem Aufenthalt, seinem Predigen und seinem tragischen Tod in Thrakien bestanden⁸, bestärkte die „Ursprünglichkeit" der Struktur seiner Person. Gleich bedeutsam ist auch, daß unter den wenigen in der griechischen Tradition überlieferten Abstiegen in die Unterwelt der des Orpheus am volkstümlichsten wurde⁹. Die Katabasis ist verbunden mit den Initiationsriten. Unser Sänger aber war als „Initiations-Begründer" und Begründer der Mysterien bekannt. Nach Euripides (Rhesos 943) zeigte er „die Flammen der unsagbaren Mysterien". Der Autor des „Contra Aristogiton A" (§ 11) bestätigte, daß Orpheus „uns die geheiligsten Initiationen gezeigt hat", wobei er sich wahrscheinlich auf die Mysterien von Eleusis bezog.

Schließlich bestätigen seine Beziehungen zu Dionysos und Apoll sein Ansehen als „Mysterienbegründer", denn sie sind die einzigen griechischen Götter, deren Kult Initiationen und „Ekstase" beinhaltete (allerdings Ekstase ganz verschiedener, sogar antagonistischer Art). Schon in der Antike haben diese Beziehungen Anlaß zu Kontroversen gegeben. Wenn Dionysos seine Mutter Semele aus dem Hades holt, so bemerkt Diodor (IV, 25, 4) die Analogie zum Abstieg des Orpheus auf der Suche nach Eurydike. Daß letzterer in Stücke gerissen wird, kann ebenfalls als dionysisches Ritual interpretiert werden, als *sparagmos* des Gottes in Tiergestalt (siehe § 124). Aber Orpheus war besonders als der Gläubige des Apoll schlechthin bekannt. Nach einer Legendenversion war er sogar der Sohn des Gottes und der Nymphe Kalliope. Seinen gewaltsamen Tod verdankt er der Verehrung, die er Apoll erwies. Das Musikinstrument des Orpheus war die apollinische Leier¹⁰. Schließlich maß Orpheus als „Initiations-Begründer" den Reinigungen besondere Bedeutung bei, und die *katharsis* war eine spezifisch apollinische Technik¹¹.

Einige Charakterzüge müssen festgehalten werden: 1. Obwohl sein Name und bestimmte Anspielungen auf den Mythos erst seit dem 6. Jahrhundert gesichert sind, *ist* Orpheus eine religiöse Persönlichkeit archaischen Typs. Man kann sich leicht vorstellen, daß er „vor Homer" gelebt hat, wenn man diesen Ausdruck entweder chronologisch oder geographisch versteht (das heißt, daß er in einer „barbarischen" Region gelebt hat, die noch nicht von den für die homerische Welt spezifischen geistigen Werten berührt war). 2. Sein „Ursprung" und

---

⁷ Zu einer Zeit, in der man die „barbarischen" Bevölkerungen Thrakiens und sogar die Skythen, die im Norden des Schwarzen Meers herumzogen, besser kannte.
⁸ Siehe die Aufzählung der Orte, in denen der Orpheus-Kult in Thrakien angesiedelt war, in: R. *Pettazzoni*, La religion dans la Grèce antique 114, Nr. 16.
⁹ Die *Katabasis eis Hadou* (O. *Kern*, Orph. fragm. Nr. 293 ff, S. 304 ff). Die Katabasis der Odyssee (XI, bes. Vers 566–631) enthält wahrscheinlich einen „orphischen" Einschub.
¹⁰ *W. K. C. Guthrie*, The Greeks and their Gods 315, erinnert an eine Stelle aus Alkeste (Vers 578), in der Apoll von Luchsen und Löwen umringt gezeigt wird und außerdem die Hirschkuh, die „zum Klang seiner Kithara tanzte".
¹¹ Apoll bringt die von Orpheus in Lesbos vorgebrachten Orakel zum Schweigen (*Philostratos*, Vita Apoll. 4, 14). Handelt es sich um ein Zeichen der Eifersucht des Gottes oder um das Ergebnis der Unvereinbarkeit der beiden Orakel-Techniken, deren eine „schamanisch", die andere pythisch ist?

seine Vorgeschichte entgleiten uns, aber Orpheus gehört sicher nicht der homerischen Tradition oder dem mittelmeerischen Erbe an. Seine Beziehungen zu den Thrakern sind ziemlich rätselhaft, weil er sich unter den Barbaren wie ein Grieche verhält, andererseits sich aber eines vorgriechischen magisch-religiösen Ansehens erfreut (Herrschaft über die Tiere und schamanische Katabasis). Morphologisch kann man ihn Zalmoxis annähern (§ 179), der auch Begründer von Mysterien (durch Vortäuschen einer Katabasis) und Zivilisationsheld der Geten ist, dieser Thraker, „die sich für unsterblich hielten". 3. Orpheus wird als der Initiationsbegründer schlechthin dargestellt. Wenn man ihn zum „Vorfahren Homers" erklärt, so geschieht das, um die Bedeutung seiner religiösen Botschaft besser hervorheben zu können. Diese bricht radikal mit der olympischen Religion. Wir kennen die wesentlichen Bestandteile der als von Orpheus „begründet" geltenden Initiation nicht. Bekannt sind nur die Präliminarien: vegetarisches Leben, Askese, Reinigung, religiöse Unterweisung (*hieroi logoi*, Bücher). Bekannt sind auch die theologischen Voraussetzungen: die Seelenwanderung und, daraus folgend, die Unsterblichkeit der Seele.

Die Bestimmung der Seele nach dem Tod bildete, wie wir gesehen haben (§ 97), das Ziel der eleusinischen Initiationen, aber der Dionysos- und Apollo-Kult schlossen ihrerseits auch das Schicksal der Seele ein. Es ist also einleuchtend, wenn man im 6. und 5. Jahrhundert in der mythischen Figur des Orpheus einen Mysterienbegründer sah, der sich von den traditionellen Initiationen anregen ließ und eine geeignetere Initiationsdisziplin vorschlug, die die Seelenwanderung und die Unsterblichkeit der Seele einbezog.

Von Beginn an erscheint die Figur des Orpheus unter dem doppelten Zeichen des Apoll und des Dionysos. Die „Orphik" wird sich in die gleiche Richtung entwickeln. Dafür ist dies nicht das einzige Beispiel. Melampos, der Wahrsager von Pylos, war, obgleich „Liebling des Apoll", zugleich derjenige, „der den Griechen den Namen des Dionysos erklärte, sein Opfer und die Phalos-(Helmhorn-)Prozession" (Herodot II, 49). Im übrigen hatte Apoll, wie wir gesehen haben (§ 90), eine bestimmte Beziehung zum Hades. Außerdem hatte er ja mit Dionysos Frieden geschlossen, als dieser gerade unter die Olympier aufgenommen wurde. Diese Annäherung der beiden antagonistischen Götter ist nicht ohne Bedeutung. Vielleicht drückt sich hierin die Hoffnung des griechischen Geistes aus, auf dem Umweg einer solchen Koexistenz der beiden Götter eine Lösung für die durch den Untergang der religiösen Werte der Homerzeit ausgelöste Krise zu finden?

181. Theogonie und Anthropologie in der Vorstellung der Orphiker: Seelenwanderung und Unsterblichkeit der Seele

Im 6. Jahrhundert wurde das religiöse und philosophische Denken vom Problem des Einen und des Vielfältigen beherrscht. Die religiösen Geister der Zeit stellten sich die Frage: „Welches ist die Beziehung zwischen jedem Individuum und der Gottheit, der es sich verwandt fühlt? Wie können wir die im Menschen wie im Gott implizierte potentielle Einheit realisieren?"[12] Eine gewisse Einheit des Göttlichen und des Menschlichen vollzog sich während der dionysischen Orgien, doch sie war nur zeitweilig und außerdem mit der Herabsetzung des Bewußtseins verbunden. Die „Orphiker" haben daraus im Einverständnis mit der bacchischen Lehre – das heißt der Teilhabe des Menschen am Göttlichen – den logischen Schluß gezogen: die *Unsterblichkeit*, und folglich die *Göttlichkeit, der Seele*. Indem sie dies taten, ersetzten sie die *orgia* durch die *katharsis*, die von Apoll gelehrte Reinigungstechnik.

Der Kitharode wurde das Symbol und Haupt der ganzen Bewegung, die zugleich „initiatisch" und „volkstümlich" ist und bekannt wurde unter dem Namen „Orphik". Was zur Unterscheidung dieser religiösen Bewegung genügt, ist die Bedeutung, die den geschriebenen Texten, den „Büchern", gegeben wurde. Platon bezieht sich auf eine Anzahl von Büchern, die Orpheus und Musäus zugeschrieben werden (der als sein Sohn oder Schüler galt) und von den Reinigungen und dem Leben nach dem Tod handeln. Er zitiert auch einige Hexameter theogonischer Natur als von Orpheus stammend. Auch Euripides spricht von orphischen „Schriften", und Aristoteles, der nicht an die Historizität des Orpheus glaubte, war mit den in den „sogenannten orphischen Versen"[13] enthaltenen Seelen-Theorien vertraut. Es ist einleuchtend, daß Platon einige dieser Texte gekannt hat (denn man konnte sie bei den Buchhändlern kaufen).

Ein zweites Charakteristikum ist die beträchtliche Variationsbreite der sogenannten „Orphiker". Neben den Autoren der Theogonien oder den Asketen und Visionären fand man auch das, was Theophrast später, in der klassischen Zeit, Orpheotelesten nannte („orphische Initiatoren"). Nicht mitgezählt sind dabei die vulgären Thaumaturgen (Läuterer und Wahrsager), die Platon in einer berühmten Passage beschreibt[14]. Dieses Phänomen ist in der Geschichte der

---

[12] *W. K. C. Guthrie*, The Greeks and their Gods 316ff. Die Ionier, die sich von der Religion wenig angezogen fühlten, stellten sich die philosophische Frage: „Wie ist die Beziehung zwischen der Vielfalt der Welt, in der wir leben, und der einzigartigen und ursprünglichen Substanz, aus der alles entstand?" Siehe auch *ders.*, A History of Greek Philosophy I, 132.
[13] *Platon*, Staat 364e, Kratylos 402b, Philebos 66c; *Euripides*, Hipp. 954; *Aristoteles*, De an. 410 b 28; Suidas stellt eine lange Liste von Werken zusammen, die dem Orpheus gewidmet sind (O. Kern, Orph. fragm. Nr. 223); siehe auch die kritische Analyse bei *L. Moulinier*, Orphée et l'Orphisme à l'époque classique 74ff.
[14] „... Gaukler und Wahrsager belagern die Türen der Reichen und überreden sie, sie hätten von den Göttern durch Opfer und Besprechungen die Macht erhalten, die Ungerechtigkeiten, die sie

Religionen sattsam bekannt: jede asketische, gnostische und soteriologische Bewegung ruft unzählige Pseudomorphosen und Initiationen teilweise kindischer Art hervor. Man denke nur an die falschen Asketen, die es in Indien seit der Zeit der Upanishaden massenweise gibt, oder an die grotesken Nachahmer der Yogins und Tantris. Nachahmungen gibt es in Hülle und Fülle, vor allem wenn man auf dem Offenbarungs- und Initiationscharakter einer soteriologischen Gnosis besteht. Denken wir hier nur an die unzähligen „Initiationen" und „Geheimbünde", die in Westeuropa nach dem Auftreten der Freimaurer und in Verbindung mit dem „Geheimnis der Rosenkreuzer" aufkamen. Folglich wäre es naiv, sich von den Orpheotelesten und Thaumaturgen beeindrucken zu lassen und an der Realität der orphischen Rituale und Ideen zu zweifeln. Einerseits wird von solchen Ekstatikern, Wahrsagern und Quacksalbern seit frühesten Zeiten berichtet: sie stellen ein Charakteristikum der „volkstümlichen Religionen" dar. Auf der anderen Seite beweist die Tatsache, daß seit dem 6. Jahrhundert eine Vielzahl von Thaumaturgen, Wahrsagern und Quacksalbern sich auf Orpheus berufen, daß bestimmte Gnosen und soteriologische Techniken bestanden, die als überlegen galten und wirksamer und angesehener schienen, so daß man sich bemühte, sie nachzuahmen oder wenigstens in den Genuß des mit dem Namen der sagenumwobenen Person verbundenen Aufsehens zu kommen.

Einige Andeutungen von Platon erlauben uns, den Kontext der orphischen Vorstellung von der Unsterblichkeit zu erkennen. Zur Bestrafung für ein ursprüngliches Verbrechen ist die Seele in den Körper *(soma)* wie in ein Grab *(sema)* eingeschlossen[15]. Folglich gleicht die körperliche Existenz eher einem Tod, und der Tod stellt den Beginn des wahren Lebens dar. Doch dieses „wahre Leben" erhält man nicht automatisch; die Seele wird nach ihren Fehlern und Verdiensten beurteilt und inkarniert sich nach einer bestimmten Zeit von neuem. Wie in Indien nach den Upanishaden handelt es sich auch hier um einen Glauben an die Unzerstörbarkeit der Seele, die dazu verurteilt ist, bis zu ihrer schließlichen Befreiung zu wandern. Schon für Empedokles, der das „orphische Leben" befolgte, war die Seele im Körper gefangen, weit entfernt von den Glückseligen und bekleidet mit dem „seltsamen Kleid des Fleisches" (Fragm. B 115 und 126). Auch für Empedokles beinhaltete die Unsterblichkeit die Metempsychose; dies war im übrigen die Begründung für sein vegetarisches Leben (das getötete Tier kann die Seele eines unserer nahen Verwandten in sich haben).

Doch die vegetarischen Praktiken hatten eine komplexere und tiefergehende

---

oder ihre Vorfahren etwa begangen hätten, wiedergutzumachen [...] Um ihre Riten zu rechtfertigen, haben sie jede Menge Bücher von Musaios und Orpheus bei der Hand, dem Sohn der Selene und der Musen. Mit diesen Autoritäten überzeugen sie nicht nur Einzelne, sondern ganze Städte davon, daß es für Lebende und Tote Absolution und Läuterungen gibt [...] diese heißen Initiationen und befreien uns von den Qualen der Unterwelt" (Staat 364b–365a).

[15] Kratylos 400c; Phaidon 62b über den „Kerker" oder das „Gefängnis" der Seele. Diese Stellen haben zu endlosen Kontroversen Anlaß gegeben.

religiöse Rechtfertigung. Mit der Verweigerung der fleischlichen Nahrung enthielten sich die Orphiker (und die Pythagoreer) der blutigen Opfer, die im offiziellen Kult obligatorisch waren. Eine solche Weigerung war sicher auch der Ausdruck der Entscheidung, sich von der Stadt loszulösen und letztendlich „auf die Welt zu verzichten"; sie verkündete aber auch die Ablehnung des griechischen religiösen Systems in seiner Gesamtheit, eines Systems, das durch das erste von Prometheus begründete Opfer entstand (§ 86). Indem er den Menschen den Verzehr des Fleisches vorbehielt und den Göttern die Knochen darbot, hat Prometheus den Groll des Zeus hervorgerufen; er hat außerdem den Prozeß in Gang gesetzt, der der „paradiesischen" Zeit ein Ende setzte, in der die Menschen in Gemeinschaft mit den Göttern lebten[16]. Die Rückkehr zu vegetarischen Praktiken zeigte zugleich die Entscheidung an, für den Fehler der Vorfahren zu büßen und, wenigstens teilweise, die ursprüngliche Glückseligkeit wiederzuerlangen.

Was man das „orphische Leben" (Nomoi VI, 782 c) nannte, enthielt Läuterung, Asketentum und eine Anzahl besonderer Regeln; doch das Heil wurde vor allem durch eine „Initiation", das heißt durch Offenbarungen kosmologischer und theosophischer Art, erlangt. Trägt man die wenigen Zeugnisse und Andeutungen der antiken Autoren (Aischylos, Empedokles, Pindar, Platon, Aristophanes usw.) zusammen und verbindet sie mit späteren Dokumenten, so kann man in groben Zügen das rekonstruieren, was man mangels eines besseren Begriffes „orphische Doktrin" nennen kann. Zu unterscheiden sind eine in einer Kosmogonie sich fortsetzende Theogonie und eine ziemlich einzigartige Anthropologie. Es ist besonders der Mythos von der Entstehung des Menschen, der die orphische Eschatologie begründet, die zugleich von der des Homer und von der eleusinischen sich abhebt.

Die sogenannte „Rhapsodien"-Theologie[17] hält nur einige Details der durch Hesiod überlieferten Genealogie fest. Die Zeit (Chronos) erzeugt im Aither das Ur-Ei, aus dem der erste der Götter, Eros oder Phanes, hervorgeht. Es ist Eros, Anfang der Schöpfung, der die anderen Götter und die Welt erschafft. Doch Zeus verschlingt Phanes und die gesamte Schöpfung und erschafft eine neue Welt. Das mythische Thema des Verschlingens einer Gottheit durch Zeus war gut bekannt. Hesiod erzählt, der Olympier habe seine Gattin Metis vor der wunderbaren Geburt der Athene verschlungen (§ 84). Doch in der orphischen Theogonie ist die Bedeutung nuancierter: man erkennt hier die Bemühung, aus einem kosmokratischen Gott den *Schöpfer* der Welt zu machen, die er regiert.

---

[16] *Hesiod*, Werke 90ff, 110ff. Bezüglich des mystischen und eschatologischen Werts des Vegetarismus siehe die von *W. K. C. Guthrie*, Orpheus 197ff, zitierten und kommentierten Texte und vor allem die Interpretation von *Sabbatucci*, Saggio sul misticismo greco 69ff. Siehe auch: *Detienne*, La cuisine de Pythagore 148ff.
[17] Damascius las im 5. Jh. n. Chr. noch ein Werk mit dem Titel: „Rhapsodien des Orpheus". Bestimmte Fragmente daraus sind sicher alt (aus dem 6. Jh. v. Chr.); siehe *W. K. C. Guthrie*, Orpheus 77ff, 142.

Außerdem ist die Episode Reflex der philosophischen Spekulation bezüglich der Erschaffung eines vielfältigen Universums von der Einheit aus [18]. Trotz der Veränderungen hat der Mythos noch eine archaische Struktur. Man hat zu Recht die Analogien zu den ägyptischen und phönizischen Kosmogonien hervorgehoben.

Andere Traditionen setzen als Anfang Nyx (die Nacht), die Uranos und Gaia zeugte, oder Okeanos, aus dem die Zeit (Chronos) hervorging, die anschließend Aither und das Chaos schuf, oder auch das Eine, das den Konflikt zeugte, durch dessen Werk die Erde von den Wassern und vom Himmel getrennt wurde. Kürzlich hat der Papyrus von Derveni [19] eine neue orphische Theogonie aufgedeckt, die um Zeus zentriert ist. Ein dem Orpheus zugeschriebener Vers verkündete: „Zeus ist der Anfang, die Mitte und die Vollendung aller Dinge" (Kol. 13,12). Orpheus hat *Moira* (das Schicksal) als das *Denken* des Zeus bezeichnet. „Wenn die Menschen sagen: ,Moira hat es gesponnen', so verstehen sie darunter, daß das Denken des Zeus bestimmt hat, was ist, was sein wird und auch was aufhören wird zu sein" (Kol. 15,5–7). Okeanos ist nur eine Hypostase von Zeus, wie Gaia (Demeter), die Mutter, Rhea und Hera nur unterschiedliche Namen einer Göttin sind (Kol. 18,7–11). Die Kosmogonie hat eine zugleich sexuelle und monistische Struktur: Zeus vollzog die Liebe „in der Luft" (oder „von oben") und schuf so die Welt. Aber der Text erwähnt keine Partnerin [20]. Der Autor verkündet die Einheit der Existenz, indem er bekräftigt, der *logos* der Welt sei gleich dem *logos* des Zeus (Kol. 15,1–3). Daraus folgt, daß der Name zur Bezeichnung der „Welt" „Zeus" ist (siehe *Heraklit*, Fragm. B 1, B 32). Der im Papyros Derveni erhaltene Text ist in mehrerlei Hinsicht bedeutsam: auf der einen Seite bestätigt er die Existenz wahrhaftiger orphischer Konventikel zu sehr früher Zeit, auf der anderen Seite illustriert er die monistische, fast „monotheistische" Tendenz einer bestimmten orphischen Theogonie.

Was den Mythos vom Entstehen des Menschen aus der Asche der Titanen betrifft, so ist er erst bei einigen späteren Autoren (1. und 2. Jahrhundert n. Chr.) eindeutig belegt [21]. Aber wie wir es auch anläßlich des mythisch-rituellen Themas von Dionysos-Zagreus zu zeigen versucht haben (§ 125), findet man Anspielungen in älteren Quellen. Trotz des Skeptizismus bestimmter Forscher ist es zulässig, Verweise auf die titanische Natur des Menschen im Ausdruck Pindars: „Sühne für eine alte Trauer" (Fragm. 133, Schr.) und in einer Stelle der „Nomoi" (701c) über diejenigen, die „die alte Natur der Titanen zeigen", zu sehen. Nach einer Information Olympiodors kann man vermuten, daß Xeno-

---

[18] W. K. C. *Guthrie*, The Greeks and their Gods 319.
[19] Entdeckt im Jahre 1962 in der Nähe der Stadt Derveni in Thessalien und datiert auf das 4. Jh. v. Chr. Es handelt sich um den Kommentar eines orphischen Textes, was das Alter und die hohe spekulative Qualität solcher Texte bestätigt.
[20] Diese Art von Kosmogonie erinnert an die memphitische Theologie (§ 26), das System des Pherekides und die autogene Schöpfung des Prajāpati (§ 76).
[21] *Plutarch*, De esu carn. I, Kap. VII (O. *Kern*, Orph. fragm. Nr. 210); Dion Chrysostomos XXX, 55. Die vollständigste Version findet sich bei *Clemens von Alexandrien*, Protrept. II, 17,2 und 18,2.

krates, der Schüler Platons, den Begriff des Körpers als „Gefängnis" mit Dionysos und den Titanen assoziierte[22].

Welche Interpretation man auch diesen wenigen unklaren Anspielungen gibt, sicher ist, daß der Titanen-Mythos im Altertum als „orphisch" angesehen wurde. Nach diesem Mythos hatte der Mensch zugleich an der titanischen Natur und an der Göttlichkeit teil, denn die Asche der Titanen enthielt auch den Körper des Kindes Dionysos. Doch durch die Läuterungen (katharmoi) und die Initiationsriten und indem man ein „orphisches Leben" führte, konnte man das titanische Element verlieren und ein *bacchos* werden; man trennte mit anderen Worten das göttliche, dionysische Wesen ab und übernahm es.

Es ist unnötig, das Neue und Originelle dieser Vorstellung besonders hervorzuheben. Erinnern wir an ihren mesopotamischen Vorläufer: die Schöpfung des Menschen durch Marduk aus der Erde (das heißt aus dem Körper des ursprünglichen Ungeheuers Tiamat) und dem Blut des Archidämons Kingu (siehe § 21). Doch die orphische Anthropogonie, so dunkel und tragisch sie auch zu sein scheint, enthält paradoxerweise doch ein Element der Hoffnung, das nicht nur in der mesopotamischen Weltanschauung, sondern auch in der homerischen Vorstellungswelt fehlt. Denn trotz seines titanischen Ursprungs hat der Mensch durch die ihm eigene Seinsform teil an der Göttlichkeit. Er ist sogar fähig, sich von dem in jeder profanen Existenz offensichtlichen Element des „Dämonischen" (Unwissenheit, Gewohnheit des Fleischessens) zu befreien. Man kann auf der einen Seite einen Dualismus feststellen, der dem platonischen sehr nah ist (Geist – Körper), auf der anderen Seite aber steht ein Ensemble von Mythen, Glaubensvorstellungen, Verhaltensweisen und Initiationen, die die Trennung des „Orphikers" von seinen Mitmenschen und letztendlich die Trennung der Seele vom Kosmos sichern. All das erinnert an eine Vielzahl von indischen Soteriologien und Techniken (§ 195) und antizipiert verschiedene gnostische Systeme (§ 229ff).

182. Die neue Eschatologie

Was die „orphische" Eschatologie betrifft, so kann sie in großen Linien, ausgehend von bestimmten Angaben Platons, Empedokles' und Pindars, rekonstruiert werden. Nach dem Tod kommt die Seele in den Hades. Nach Phaidon (108a) und Gorgias (524a) ist der Weg „weder eindeutig noch einfach, man muß mehrmals Umwege machen und übersetzen". In der Politeia (614c–d) wird genauer erläutert, daß es dem Gerechten erlaubt ist, den rechten Weg zu nehmen, während die Sünder auf den linken geschickt werden. Entsprechenden Angaben begegnet man in Versen, die auf Goldblätter geschrieben wurden und sich in Süditalien und auf Kreta fanden und die mindestens auf das 5. Jahrhundert

---

[22] *Olympiodor*, In Phaed. 84,22.

zurückgehen. „Heil dir, der du auf den rechten Wegen zu den geheiligten Wiesen und dem Wald der Persephone reist." Der Text enthält genaue Angaben: „Links von dem Bereich des Hades wirst du eine Quelle finden, an deren Seite eine weiße Zypresse wächst; nähere dich dieser Quelle nicht allzusehr. Du wirst aber eine andere finden: aus dem See des Gedächtnisses (Mnemosyne) kommt frisches Wasser, und Wächter findest du in Menge. Sage ihnen: ‚Ich bin das Kind der Erde und des Sternenhimmels, das wißt ihr; doch ich bin vor Durst ausgetrocknet und sterbe. Gebt mir schnell vom frischen Wasser, das aus dem See des Gedächtnisses fließt.' Und von sich aus werden die Wächter dir zu trinken geben von der geheiligten Quelle, und dann wirst du unter den anderen Helden herrschen."[23]

Im Er-Mythos erzählt Platon, alle für die Reinkarnation bestimmten Seelen seien verpflichtet, von der Lethe-Quelle zu trinken, um ihre Erfahrungen in der anderen Welt zu vergessen. Doch von den Seelen der „Orphiker" meinte man, sie würden sich nicht reinkarnieren; aus diesem Grund mußten sie das Wasser der Lethe meiden. „Ich sprang aus dem Kreislauf der harten Mühen und Schmerzen und habe mich schnellen Fußes zur ersehnten Krone gewandt. Ich habe mich an die Brust der Dame, der Königin der Unterwelt geflüchtet." Und die Göttin antwortet: „O Begünstigter, o Glückseliger! Du bist Gott geworden, Mensch, der du warst."[24]

Der „Kreislauf der harten Mühen" umfaßt eine bestimmte Anzahl von Reinkarnationen. Nach dem Tod wird die Seele gerichtet, zeitweilig an einen Ort der Bestrafung oder der Glückseligkeit geschickt und kehrt nach 1000 Jahren auf die Erde zurück. Ein gewöhnlicher Sterblicher muß den Kreislauf zehnmal durchlaufen, ehe er ihm entrinnt. Die „Orphiker" haben ausführlich die Qualen der Schuldigen, die „unendlichen, den Verdammten vorbehaltenen Übel" beschrieben[25]. Otto Kern hat sogar die These vertreten, die Orphik habe als erste

---

[23] Goldblätter von Petelia und Eleutherna. Siehe W. K. C. Guthrie, Orpheus 171 ff, und die neue Interpretation von G. Zuntz, Persephone 364 ff.

[24] Der Anfang des Textes ist bezeichnend. Der Eingeweihte richtet sich an die Götter der Unterwelt: „Ich komme aus einer Gemeinschaft der Reinen, o reine Herrscherin der Unterwelt, Eukles, Euboleus und ihr anderen unsterblichen Götter. Denn ich schmeichle mir, eurer glücklichen Rasse anzugehören. Aber das Schicksal hat mich geschlagen und die anderen unsterblichen Götter ..." (siehe allerdings auch die Lesart von G. Zuntz, a. a. O. 318). Eine andere Tafel enthüllt wichtige Einzelheiten: „Ich habe die Strafe erlitten, die meine unrechten Taten verdienten ... Jetzt komme ich flehend zur blendenden Persephone, damit sie mich in ihrer Güte zum Ort der Heiligen schicke." Die Göttin empfängt ihn gnädig: „Heil dir, der du ein Leiden durchgemacht hast, das du nie zuvor durchmachtest ... Heil, Heil, Heil dir, nimm den rechten Weg zu den geheiligten Wiesen und den Wäldern der Persephone."

[25] „In einen Sumpf getaucht, müssen sie eine Qual durchmachen, die ihrer moralischen Verderbnis entspricht (Staat 363 d und Phaidon 69 c), wie die Schweine es lieben, sich im Schlamm zu wälzen (siehe Plotin I, 6, 6), oder sie werden sich in der sinnlosen Anstrengung erschöpfen, ein durchbohrtes Faß zu füllen oder Wasser in einem Sieb zu tragen (Gorgias 493 b und Staat 363 e). Dies ist nach Platon ein Bild für die Unverständigen, die sich unersättlich immer unerfüllten Leidenschaften hingeben, in Wirklichkeit aber vielleicht die Bestrafung derer, die, weil sie sich den kathartischen Waschungen nicht unterzogen haben, im Hades ständig und vergeblich das Wasser für das läuternde Bad herbeitragen müssen" (F. Cumont, Lux perpetua 245).

die Hölle geschaffen[26]. Tatsächlich rechtfertigte die Katabasis des Sängers auf der Suche nach Eurydike alle Arten von Beschreibungen der Höllenwelt. Wir finden hier von neuem das „schamanische" Element, den dominierenden Zug des Orpheusmythos: Es ist bekannt, daß im gesamten Zentral- und Nordasien die Schamanen mit der unendlich detaillierten Beschreibung ihrer ekstatischen Abstiege in die Unterwelt eine ausufernde und spektakuläre Unterweltgeographie ausgearbeitet und verbreitet haben[27].

Landschaft und Weg, die von den Goldblättern skizziert werden – Quelle und Zypresse, rechter Weg –, ebenso wie der „Durst des Toten" haben in zahlreichen Bestattungsmythologien und -geographien Parallelen. Bestimmte orientalische Einflüsse dürfen nicht ausgeschlossen werden. Doch handelt es sich wahrscheinlich um ein uraltes gemeinsames Erbe, Ergebnis tausendjähriger Spekulationen über Ekstasen, Visionen und Verzückungen, Traumabenteuer und imaginäre Reisen; ein Erbe gewiß, das von den verschiedenen Traditionen unterschiedlich bewertet wurde. Der Baum an einer Quelle oder einem Brunnen ist ein beispielhaftes Bild des „Paradieses"; in Mesopotamien ist das Gegenstück dazu der Garten mit einem geheiligten Baum und einer Quelle, die vom Gärtner-König bewacht werden, dem Repräsentanten des Gottes (§ 22). Die religiöse Bedeutung der Goldblätter besteht also in der Tatsache, daß sie eine andere Konzeption der Postexistenz der Seele vorstellen als die der homerischen Tradition. Möglicherweise handelt es sich um archaische Glaubensvorstellungen und Mythologien des Mittelmeers und des Orients, die bis dahin im Volk und in exzentrischen Kreisen bewahrt wurden und sich seit einiger Zeit eines gewissen Ansehens unter den „Orphikern", den Pythagoreern und all denen, die das eschatologische Rätsel beschäftigte, erfreuten.

Bedeutungsvoller ist aber die neue Interpretation des „Durstes der Seele". Von Bestattungstrankopfern zum Stillen des Durstes der Toten wird aus zahlreichen Kulturen berichtet[28]. Auch die Vorstellung, das „Lebenswasser" sichere die Auferstehung des Helden, ist in Mythen und Folklore weit verbreitet. Für die Griechen ist der Tod mit dem Vergessen verbunden; die Toten sind diejenigen, die das Gedächtnis verloren haben. Nur bestimmte Privilegierte wie Teiresias oder Amphiaraos behalten ihr Gedächtnis nach dem Dahinscheiden. Um seinen Sohn Aithalides unsterblich zu machen, gibt ihm Hermes „ein unveränderliches Gedächtnis"[29]. Doch die Mythologie des Gedächtnisses verändert sich, wenn sich eine Lehre von der Seelenwanderung abzeichnet. Die Funktion der Lethe wird umgekehrt: ihre Wasser empfangen nicht mehr die Seele, die ge-

---

[26] *Pauly-Wissowa*, Realencyklopädie, Stichw. „Mysterien", 1287. *F. Cumont*, a.a.O. 246, ist geneigt, in der Orphik den Ursprung der ganzen „halluzinierenden Literatur" zu sehen, die über die Mythen des Plutarch und die Apokalypse des hl. Petrus bis zu Dante führt.
[27] Siehe *M. Eliade*, Schamanismus 416 ff.
[28] Siehe *M. Eliade*, Locum refrigerii... (in: Zalmoxis I [1938] 203 ff).
[29] „Sogar bei der Überquerung des Acheron überwältigt das Vergessen seine Seele nicht; und obwohl er einmal das Schattenreich, ein andermal das Sonnenlicht erblickt, behält er immer die Erinnerung an das, was er sah" (*Apollonios von Rhodos*, Argonautica I, 463).

rade den Körper verlassen hat, um sie die irdische Existenz vergessen zu lassen. Im Gegenteil, Lethe löscht die Erinnerung an die Himmelswelt in der Seele aus, die auf die Erde zurückkommt, um sich zu reinkarnieren. Das „Vergessen" symbolisiert nicht mehr den Tod, sondern die Rückkehr zum Leben. Die Seele, die so unklug war, von dem Lethe-Brunnen zu trinken („den Schluck des Vergessens und der Sünde", wie Platon ihn im Phaidros [248c] beschrieben hat), reinkarniert sich und wird von neuem in den Kreislauf des Werdens geworfen. Pythagoras, Empedokles und andere, die der Lehre von der Metempsychose anhingen, behaupteten, sich an ihre früheren Existenzen zu erinnern; es war ihnen also gelungen, im Jenseits das Gedächtnis zu bewahren[30].

Die Inschriftenfragmente der Goldblätter scheinen zu einem kanonischen Text zu gehören, einer Art Führer durch das Jenseits, der mit den ägyptischen und tibetanischen Totenbüchern vergleichbar ist. Einige Forscher haben ihren „orphischen" Charakter bestritten und sie für pythagoreischen Ursprungs gehalten. Es wurde sogar die These vertreten, die Mehrzahl der als „orphisch" betrachteten Ideen und Rituale stellten in Wirklichkeit eine pythagoreische Schöpfung oder deren Bearbeitung dar. Das Problem ist zu komplex, als daß seine Klärung auf einigen Seiten möglich wäre. Doch wir müssen feststellen, daß der eventuelle Beitrag des Pythagoras oder der Pythagoreer, sei er noch so beträchtlich, unser Verständnis des „orphischen" Phänomens nicht verändert. Sicherlich sind die Parallelen zwischen der Orpheus- und der Pythagoraslegende offensichtlich, wie auch ihr jeweiliges Ansehen nicht zu leugnen ist. Ganz wie der sagenumwobene „Initiationsbegründer" ist auch Pythagoras – historische Person und dennoch „göttlicher Mensch" schlechthin – durch eine großartige Synthese aus archaischen Elementen (darunter einigen „schamanischen") und gewagten Wiederaufwertungen asketischer und kontemplativer Techniken gekennzeichnet. Tatsächlich spielen die Pythagoraslegenden auf seine Beziehungen zu den Göttern und Geistern, auf seine Beherrschung der Tiere und auf seine gleichzeitige Anwesenheit an mehreren Orten an. Walter Burkert erklärt den berühmten „goldenen Schenkel" des Pythagoras durch einen Vergleich mit einer Initiation schamanischen Typs. (Tatsächlich gibt es bekanntermaßen die Anschauung, die sibirischen Schamanen bekämen während ihrer Initiation erneuerte Organe und teilweise mit Eisen verstärkte Knochen.) Schließlich bildet die Katabasis des Pythagoras noch ein schamanisches Element. Hieronymos von Rhodos erzählt, Pythagoras sei in den Hades hinabgestiegen und habe dort die Seelen Homers und Hesiods gesehen, die dort für das büßten, was sie Schlechtes über die Götter gesagt hätten[31]. Solche schamanischen Züge finden sich im

---

[30] Siehe M. Eliade, Aspects du mythe 150ff. Die Übung und das Pflegen des Gedächtnisses spielten in den pythagoreischen Bruderschaften eine große Rolle (*Diodor* X,5 und *Iamblichos*, Vita Pyth. 78ff). Das Motiv des „Vergessens" und der Wiedererinnerung, dessen erste Erwähnungen sich auf bestimmte griechische Sagengestalten des 6. Jahrhunderts beziehen, spielte in den kontemplativen und spekulativen Techniken der Inder eine bedeutsame Rolle; es wird wiederaufgegriffen vom Gnostizismus (§ 130).

[31] M. Eliade, De Zalmoxis a Gengis-Khan 117. Eine Aufzählung der Wunderlegenden, die sich auf

übrigen nicht ausschließlich in den Legenden um Orpheus und Pythagoras. Der Hyperboreer Abaris, ein Apollopriester, flog auf einem Pfeil (§ 91), Aristeas von Prokonnesos war berühmt für seine Ekstase, die mit dem Tod verwechselt werden konnte, für seine Anwesenheit an zwei Orten und seine Metamorphose in einen Raben, Hermotimos von Klazomenä, der von einigen antiken Autoren als eine frühere Inkarnation des Pythagoras betrachtet wurde, war fähig, seinen Körper für längere Zeit zu verlassen[32].

Zu den Ähnlichkeiten der Legenden-Biographien kommen noch die Parallelen zwischen den Lehren und Praktiken der „Orphiker" und der Pythagoreer: Glaube an die Unsterblichkeit und die Metempsychose, Bestrafung der Seele im Hades und ihre letztendliche Rückkehr in den Himmel, vegetarisches Leben, Bedeutung der Läuterungen und der Askese. Doch all diese Ähnlichkeiten und Parallelen beweisen nicht, daß die „Orphik" als autonome Bewegung nicht existiert habe. Es ist möglich, daß eine gewisse Anzahl „orphischer" Schriften das Werk von Pythagoreern ist, doch wäre die Annahme naiv, die eschatologischen Mythen, die „orphischen" Glaubensvorstellungen und Rituale seien von Pythagoras und seinen Schülern erfunden worden. Die beiden religiösen Bewegungen haben sich parallel entwickelt und sind Ausdruck des gleichen *Zeitgeistes* (vom Verf. dt. [Anm. d. Übers.]). Mit dem Unterschied allerdings, daß die pythagoreische „Sekte" sich unter der Leitung ihres Gründers nicht nur als geschlossene Gesellschaft esoterischen Typs organisierte, sondern daß die Pythagoreer ein System der „vollständigen Erziehung" entwickelten[33]. Darüber hinaus haben sie die aktive Politik nicht verachtet; während eines bestimmten Zeitabschnitts haben die Pythagoreer sogar die Macht in mehreren Städten Süditaliens innegehabt.

Doch das große Verdienst des Pythagoras ist es, den Grundstein für eine „Gesamtwissenschaft" ganzheitlicher Struktur gelegt zu haben, in der die naturwissenschaftliche Erkenntnis in eine Gesamtheit ethischer, metaphysischer und religiöser Prinzipien integriert war, die von verschiedenen „Körper-Techniken" begleitet wurden. Insgesamt hatte die Erkenntnis eine zugleich gnoseologische, existentielle und soteriologische Funktion. Das ist die „Gesamtwissenschaft" traditioneller Art[34], die man im Denken Platons ebenso finden kann

---

Pythagoras beziehen, mit Angabe ihrer Quellen und einer neueren Bibliographie findet sich in: *W. Burkert*, Weisheit und Wissenschaft 118 ff, 133 ff, 163 ff (= Lore and Science in Ancient Pythagoreanism 120 ff, 141 ff, 166 ff). Unter diesen Legenden fehlen allerdings die Hinweise auf die ekstatischen Reisen des schamanischen Typs.

[32] Siehe *M. Eliade*, De Zalmoxis à Gengis-Khan 45, Anm. 44 f. Vgl. andere ähnliche Beispiele ebd. 45 f.

[33] Durch Vervollständigung ihrer asketischen und moralischen Regeln im Studium der Musik, der Mathematik und der Astronomie. Aber wie man weiß, war das Ziel dieser Bereiche mystischer Art. Tatsächlich ist, wenn „alles Zahl ist" und „alles Harmonie der Gegensätzlichen", auch alles Lebendige (einschließlich des Kosmos, der auch „atmet") verwandt.

[34] Die Tatsache, daß nach Aristoteles diese Art „totaler Wissenschaft" ihr Ansehen verliert und sich die wissenschaftliche Forschung in Richtung auf eine Methodologie orientiert, die ihre ersten auffallenden Ergebnisse im 16. und 17. Jh. zeitigte, bedeutet keineswegs, daß diese holistische Vorge-

wie bei den Humanisten der italienischen Renaissance, bei Paracelsus oder den Alchemisten des 16. Jahrhunderts, „Gesamtwissenschaft", wie sie vor allem in der indischen und chinesischen Medizin und Alchemie sich verwirklichte.

Einige Autoren neigen dazu, die orphische Bewegung als eine Art „Kirche" oder den Pythagoreern vergleichbare Sekte zu betrachten. Es ist aber wenig wahrscheinlich, daß die Orphik sich als „Kirche" oder den Mysterienreligionen vergleichbare Geheimorganisation konstituiert hat. Was sie charakterisiert – zugleich „volkstümliche" und für die Eliten attraktive Bewegung zu sein, „Initiationen" zu enthalten und über „Bücher" zu verfügen –, nähert sie eher dem indischen Tantrismus oder dem Neotaoismus an. Auch diese Bewegungen bilden keine „Kirchen", sondern enthalten „Schulen", die parallele Traditionen darstellen – von einer Reihe zum Teil legendärer Meister verkörpert – und eine reiche Literatur besitzen[35].

Auf der anderen Seite kann man in den „Orphikern" die Nachfolger von Initiationsgruppen sehen, die in der archaischen Zeit verschiedene Funktionen unter den Namen Kabeiroi, Telchines, Kouretes, Korybantes, Daktyloi ausfüllten, von Gruppen, deren Mitglieder eifersüchtig bestimmte „Berufsgeheimnisse" wahrten (sie waren Metallverarbeiter und Schmiede, aber auch Heilkundige, Wahrsager und Initiationsmeister usw.). Nur haben die „Berufsgeheimnisse", die in Beziehung zu verschiedenen Techniken zur Beherrschung der Materie standen, den „Geheimnissen" Platz gemacht, die sich auf das Schicksal der Seele nach dem Tod beziehen.

Obwohl das Ansehen der Orphik nach den Perserkriegen abnahm, haben ihre zentralen Ideen – der Dualismus, die Unsterblichkeit und folglich die Göttlichkeit des Menschen, die Eschatologie –, vor allem durch die Interpretation Platons, nicht aufgehört, das griechische Denken zu beschäftigen. Die Strömung hat auch auf dem „populären" Niveau angehalten (die „Orpheotelesten"). Später, in der hellenistischen Epoche, kann man den Einfluß bestimmter orphischer Konzeptionen in den Mysterienreligionen bemerken, bis die Orphik in den ersten Jahrhunderten des Christentums zu neuer Beliebtheit gelangte, vor allem dank der Neuplatoniker und Neupythagoreer. Gerade diese Fähigkeit zur Entwicklung und Erneuerung, zum schöpferischen Eingreifen in eine Vielzahl von religiösen Synkretismen ist es, die die Bedeutung der „orphischen" Erfahrung offenbart.

Was die Figur des Orpheus selbst betrifft, so wurde sie unabhängig von der „Orphik" immer wieder neu interpretiert, von jüdischen und christlichen Theologen, von den Hermetikern und den Philosophen der Renaissance, von

---

hensweise ungenügend sei. Es handelt sich einfach um eine neue Perspektive und ein anderes *telos*. Die Alchemie war nicht eine embryonale Chemie, sondern eine ebenbürtige Disziplin innerhalb eines anderen Bedeutungssystems und mit einer anderen Zielsetzung als die Chemie.

[35] Und ganz wie im Fall des Tantrismus werden bestimmte orphische Texte neueren Datums als Offenbarungen einer alten Lehre ausgegeben – was im übrigen zumindest in bestimmten Fällen stimmen kann.

den Dichtern – von Poliziano zu Pope, von Novalis zu Rilke und Pierre Emmanuel. Orpheus ist eine der seltenen Figuren der griechischen Mythologie, die Europa – sei es nun christlich, illuministisch, romantisch oder modern – nicht hat vergessen wollen (siehe Bd. III).

183. Platon, Pythagoras und die Orphik

Nach der berühmten Formulierung von A. N. Whitehead ist die Geschichte der westlichen Philosophie nur eine Reihe von Fußnoten zur Philosophie Platons. Die Bedeutung Platons in der Geschichte der religiösen Ideen ist ebenfalls beträchtlich: das späte Altertum, die christliche Theologie, vor allem ab dem 4. Jahrhundert, die ismaelische Gnosis und die italienische Renaissance wurden tiefgreifend, wenn auch in unterschiedlicher Weise, von der religiösen Vision Platons geprägt. Diese Tatsache ist um so bezeichnender, als die erste und gleichbleibendste Berufung Platons nicht religiöser, sondern politischer Natur war. Tatsächlich strebte Platon danach, den idealen Staat zu errichten, der gemäß den Gesetzen der Gerechtigkeit und der Harmonie organisiert sein und in dem jeder Bewohner eine genau bestimmte und besondere Aufgabe erfüllen sollte. Schon seit einiger Zeit waren Athen und die anderen griechischen Städte von einer Reihe politischer, religiöser und moralischer Krisen erschüttert, die sogar die Grundlagen des sozialen Gebäudes bedrohten. Sokrates hatte die Hauptquelle der Desintegration im Relativismus der Sophisten und dem allgemeinen Skeptizismus gesehen. Dadurch, daß sie die Existenz eines absoluten und unveränderlichen Prinzips leugneten, bestritten die Sophisten implizit die Möglichkeit zur objektiven Erkenntnis. Um die Verirrungen ihrer Argumentation aufzudecken, hatte sich Sokrates auf die Maieutik konzentriert, eine Methode, die zur Selbsterkenntnis und zur Zucht der Seelenfähigkeiten führte. Die Erforschung der natürlichen Welt interessierte ihn nicht. Doch Platon bemühte sich, die Lehre seines Meisters zu vervollständigen, und studierte die Mathematik, um die Gültigkeit der Erkenntnis wissenschaftlich zu untermauern. Er war fasziniert von der pythagoreischen Konzeption der universellen Einheit, der unveränderlichen Ordnung des Kosmos und der Harmonie, die ebenso den Lauf der Planeten wie die Tonleitern der Musik beherrscht[36]. Mit der Ausarbeitung der Theorie der Ideen, außerirdischer und unveränderlicher Archetypen der irdischen Wirklichkeit, antwortete Platon den Sophisten und Skeptikern: die objektive Erkenntnis ist demnach möglich, denn sie stützt sich auf präexistente und ewige Modelle.

Für unseren Zusammenhang ist es unwesentlich, daß Platon teilweise von der

---

[36] Aristoteles schreibt etwas bösartig, das einzige Unterscheidungsmerkmal zwischen Platon und Pythagoras sei terminologischer Art (Metaphysik 987b, 10ff). Aber wie Burkert mit Recht schreibt, *sind* für Pythagoras die Dinge die Zahlen.

Ideenwelt als einem Modell der unseren spricht – in der die materiellen Objekte die Ideen so weit „imitieren", wie sie können – und teilweise versichert, die Welt der sinnlich wahrnehmbaren Realitäten habe an der Welt der Ideen „teil"[37]. War aber dieses Universum der ewigen Modelle in aller Form postuliert, so mußte erklärt werden, wann und wie die Menschen dazu gelangen, die Ideen zu erkennen. Zur Lösung dieses Problems eignete sich Platon bestimmte „orphische" und pythagoreische Lehren vom Geschick der Seele an. Gewiß hatte schon Sokrates auf dem unschätzbaren Wert der Seele bestanden, denn sie *allein* war für ihn Quelle der Erkenntnis. In Opposition zur traditionellen und von Homer sanktionierten Auffassung, die Seele sei „dem Rauch gleich", hatte Sokrates die Notwendigkeit, „seine Seele zu pflegen", unterstrichen. Platon geht wesentlich weiter: für ihn war die Seele – und nicht das Leben! – die wertvollste Sache, denn sie gehörte der idealen und ewigen Welt an. Er entleiht also der „orphisch"-pythagoreischen Tradition die Lehre von der Seelenwanderung und Wiedererinnerung (anamnesis) und gleicht sie seinem eigenen System an.

Für Platon ist Erkennen letzten Endes Sich-Erinnern (siehe vor allem Menon 81). Zwischen zwei irdischen Existenzen betrachtet die Seele die Ideen: sie teilt die reine und vollkommene Erkenntnis. Aber bei der Reinkarnation trinkt die Seele von der Lethe-Quelle und vergißt die durch direkte Betrachtung der Ideen erhaltene Erkenntnis. Doch ist diese Erkenntnis in inkarnierten Menschen latent noch vorhanden und kann dank der philosophischen Arbeit wieder aktualisiert werden. Die physischen Objekte helfen der Seele, sich zu sammeln und durch eine Art „Rückkehr zum Früheren" die ursprüngliche Erkenntnis, die sie im außerirdischen Leben besaß, wiederzufinden und wiederzuerwerben. Der Tod ist folglich die Rückkehr in einen ursprünglichen und vollkommenen Zustand, der zeitweise durch die Reinkarnation der Seele verlorengeht[38].

Die Philosophie ist eine „Vorbereitung auf den Tod" in dem Sinne, daß die Seele von ihr erfährt, wie sie sich nach ihrer Befreiung vom Körper beständig an der Welt der Ideen festhalten und wie sie dadurch eine neue Reinkarnation vermeiden kann. Kurz, das gültige Wissen und die einzige Politik, die die griechischen Stadtstaaten vor dem Untergang bewahren konnte, gründeten auf einer Philosophie, die ein ideales und ewiges Universum sowie die Seelenwanderung postulierte[39].

Die eschatologischen Spekulationen waren sehr im Schwange. Sicher bildeten die Lehren von der Unsterblichkeit der Seele, der Seelenwanderung und der Metempsychose keine Neuheiten. Im 6. Jahrhundert hatte Pherekydes von

---

[37] Siehe W. K. C. Guthrie, The Greeks and their Gods 345, ders., A History of Greek Philosophy, Bd. IV, 329 ff.

[38] M. Eliade, Aspects du mythe 153 f. Siehe ebd. 154 ff einige Bemerkungen über die Analogien zwischen der Ideentheorie und der platonischen Anamnesis und dem Verhalten der Menschen in den archaischen Gesellschaften (siehe auch: Der Mythos von der ewigen Wiederkehr [Düsseldorf 1953]).

[39] Erinnern wir daran, daß die indische Metaphysik die Lehre von der Seelenwanderung (samsāra) minutiös ausgearbeitet hat, ohne sie aber auf die Erkenntnistheorie zu beziehen, von der Politik ganz zu schweigen (§ 80).

Syros als erster die These vertreten, die Seele sei unsterblich und kehre immer wieder auf die Erde zu zurück, um sich zu inkarnieren[40]. Es ist schwierig, die etwaige Quelle dieser Glaubensvorstellung herauszufinden. Zur Zeit des Pherekydes war sie nur in Indien klar formuliert. Die Ägypter hielten die Seele für unsterblich und fähig, verschiedene Tiergestalten anzunehmen, doch man findet hier keinerlei Spur einer allgemeinen Theorie der Seelenwanderung. Auch die Geten glaubten an die Möglichkeit, „sich unsterblich zu machen", kannten aber Metempsychose und Seelenwanderung nicht[41].

Auf jeden Fall hat die Eschatologie des Pherekydes in der griechischen Welt keinerlei Echo gefunden. Es sind die „Orphik" und vor allem Pythagoras, seine Schüler und sein Zeitgenosse Empedokles, die die Theorie der Seelenwanderung und der Metempsychose popularisiert und vor allem systematisiert haben. Doch die kosmologischen Spekulationen Leukipps und Demokrits, die neueren astronomischen Entdeckungen und vor allem der Unterricht des Pythagoras hatten die Konzeption des Weiterlebens der Seele und, daraus sich ergebend, auch die des Jenseits vollkommen geändert. Da man jetzt wußte, daß die Erde eine Kugel ist, konnten weder der unterirdische Hades des Homer noch die „Inseln der Glückseligen", deren Lage man im äußersten Westen annahm, in einer mythischen Geographie der Erde angesiedelt werden. Eine pythagoreische Lehre verkündete, die „Inseln der Glückseligen" seien „die Sonne und der Mond"[42]. Schritt für Schritt drängten sich eine neue Eschatologie und eine andere Geographie auf: das Jenseits wurde nun in den Regionen der Sterne angesiedelt; die Seele ist demnach himmlischen Ursprungs (nach Leukipp und Demokrit ist sie „aus Feuer" wie die Sonne und der Mond) und wird in den Himmel zurückkehren.

Zu dieser Eschatologie leistete Platon einen entscheidenden Beitrag. Er erarbeitete eine neue und kohärentere „Seelenmythologie", schöpfte dabei aus der „orphisch"-pythagoreischen Tradition und bediente sich bestimmter orientalischer Quellen, integrierte aber all diese Elemente in eine ganz persönliche Sichtweise. Er läßt dabei die „klassische" Mythologie, die sich auf Homer und Hesiod gründete, außer acht. Ein langer Erosionsprozeß hatte die homerischen Mythen und Götter ihrer ursprünglichen Bedeutung entkleidet[43]. Außerdem

---

[40] *Cicero*, Tuscul. I, 38. Andere Hinweise siehe in: *M. L. West*, Early Greek Philosophy and the Orient 25, Nr. 1–2. Einer anderen Tradition zufolge hatte Pherekydes „die Geheimbücher der Phönizier" benutzt, es handelt sich aber hierbei um ein Klischee ohne dokumentarischen Wert (*M. L. West*, a. a. O. 3), obwohl die Einflüsse des Orients auf Pherekydes' Denken beträchtlich zu sein scheinen (*West*, 34ff).

[41] *Herodot* IV, 93ff. (Siehe § 179.)

[42] Dennoch schloß eine andere Tradition bei der Beschreibung der Katabasis des Pythagoras den Glauben an einen unterirdischen Hades ein.

[43] Schon Xenophon (um 565 geboren) zögerte nicht, das homerische Pantheon offen anzugreifen, vor allem den Anthropomorphismus der Götter. Er vertrat die These, es existiere „ein Gott über allen Göttern und allen Menschen; seine Gestalt und sein Denken haben nichts gemein mit denjenigen der Sterblichen" (Fragm. B, 23). Selbst ein so tief religiöser Schriftsteller wie Pindar weist die „unglaubhaften" Mythen zurück (1. Olymp. Gesang 28ff).

hätte die „Seelenmythologie" in der homerischen Tradition keinerlei Stütze gefunden. Andererseits hatte Platon selbst in seinen Jugend-Dialogen den *mythos* dem *logos* gegenübergestellt; im besten Fall ist der Mythos eine Mischung aus Dichtung und Wahrheit. Doch schon in seinem Meisterwerk, dem Gastmahl, scheut sich Platon nicht, lange über zwei mythische Motive zu sprechen, über den kosmogonischen Eros und, vor allem, über den primitiven Menschen, den er sich als bisexuelles Wesen in Kugelform vorstellt (Symp. 189e und 193d). Es handelt sich hierbei allerdings um Mythen von archaischer Struktur. Die Androgynie des ersten Menschen wird in mehreren alten Traditionen angenommen (zum Beispiel bei den Indoeuropäern)[44]. Die Botschaft des Androgynen-Mythos ist leicht durchschaubar: Die menschliche Vollkommenheit wird als Einheit ohne Aufspaltung gesehen. Doch Platon fügt eine neue Bedeutung hinzu: Die Kugelform und die Bewegungen des anthropomorphen Wesens entsprechen denen der Himmelskörper, denen dieses erste Wesen entsprang.

Es war vor allem der himmlische Ursprung des Menschen, der erklärt werden mußte, denn er begründete die „Seelenmythologie". Im Gorgias (493) findet sich zum ersten Mal ein eschatologischer Mythos: Der Körper ist das Grab der Seele. Sokrates verteidigt diese Eschatologie unter Hinweis auf Euripides und auf die „orphisch"-pythagoreischen Traditionen. Die Seelenwanderung wird hier nur implizit mitgemeint, aber dieses für die platonische Eschatologie grundlegende Thema wird, wie wir gesehen haben, im Menon (81a–e) analysiert. Im Phaidon wird präzisiert, die Seele komme nach einer langen Zeitspanne wieder auf die Erde. Der Staat nimmt die archaische Symbolik des „Mikro- und Makrokosmos" wieder auf und entwickelt sie in einem spezifisch platonischen Sinn durch das Aufzeigen einer Homologie zwischen der Seele, dem Staat und dem Kosmos. Doch das ist vor allem das Thema des Höhlengleichnisses (Staat VIII), das von der großen mythologischen Kreativität Platons zeugt.

Die eschatologische Vision erreicht ihren Höhepunkt im Phaidros: Hier wird zum ersten Mal das Schicksal der Seele mit den Himmelsbewegungen verbunden (246bff). Das oberste Prinzip des Kosmos wird als mit dem obersten Prinzip der Seele identisch erklärt. Es ist bedeutsam, daß im gleichen Dialog zwei exotische Symbolismen gebraucht werden: das mythische Bild des Vergleichs der Seele mit einem Wagenlenker und das der „Flügel der Seele". Das erste findet sich auch in der *Katha Upanishad* (I, 3, 3–6), aber mit dem Unterschied, daß bei Platon die Schwierigkeit beim Zügeln im Antogonismus der beiden Pferde begründet liegt. Was die „Flügel der Seele" betrifft, so „beginnen sie zu wachsen", wenn der Mensch „die Schönheit dieser Welt betrachtet (und) beginnt, an die Schönheit an sich zu denken" (249e). Das Wachsen der Flügel als Folge einer Initiation findet sich nachweislich in China, bei den Taoisten und in den

---

[44] Diese Konzeption wird vom Neoplatonismus und der christlichen Gnosis bis zur deutschen Romantik beharrlich immer wieder aufgegriffen (siehe *M. Eliade*, Méphistophélès et l'Androgyne 121 ff).

Geheimtraditionen der australischen Medizinmänner[45]. Das Bild ist verbunden mit der Vorstellung von der Seele als einer mit Flügeln bedachten spirituellen Substanz, die dem Vogel oder dem Schmetterling vergleichbar ist. Der „Flug" symbolisiert die Intelligenz, das Verständnis der geheimen Dinge oder der metaphysischen Wahrheiten[46]. Die Verwendung dieses uralten Symbolismus darf nicht verwundern. Platon „entdeckt" das „wieder" und entwickelt es, was man archaische Ontologie nennen könnte: Die Ideenlehre setzt die Lehre von den für die traditionelle Spiritualität charakteristischen beispielhaften Modellen fort.

Der kosmogonische Mythos des Timaios arbeitet bestimmte Angaben des Protagoras und des Gastmahls aus, es handelt sich aber um eine Neuschöpfung. Es ist bezeichnend, daß gerade der Pythagoreer Timaios in dieser äußersten kosmogonischen Vision Platons bekräftigt, der Demiurg habe die gleiche Anzahl Seelen geschaffen, wie Sterne existieren (Tim 41 d ff). Die Schüler Platons vollenden anschließend die Lehre von der „Unsterblichkeit der Sterne". Durch die Vermittlung dieser großartigen platonischen Synthese fanden die „orphischen" und pythagoreischen Elemente, die hier integriert wurden, ihre weiteste Verbreitung. Diese Lehre, in der man auch den babylonischen Beitrag (Göttlichkeit der Sterne) erkennen kann, wird ab der hellenistischen Epoche zur dominierenden Theorie[47].

Die von Platon erträumte politische Reform ist niemals über das Stadium eines Projekts hinausgelangt. Eine Generation nach seinem Tod brechen die griechischen Stadtstaaten angesichts des schwindelerregenden Vormarschs Alexanders des Großen zusammen. Das ist einer der seltenen Momente der Universalgeschichte, in dem das Ende einer Welt fast mit dem Beginn einer neuen Art von Zivilisation zusammenfällt, derjenigen, die sich während der hellenistischen Epoche ausbreitete. Es ist bezeichnend, daß Orpheus, Pythagoras und Platon zu den Inspirationsquellen der neuen Form der Religiosität zählen.

184. Alexander der Große und die hellenistische Kultur

Als Alexander im Jahre 323 im Alter von noch nicht 33 Jahren in Babylon starb, erstreckte sich sein Reich von Ägypten bis zum Pandschab. Im Laufe von zwölf Jahren und acht Monaten seiner Herrschaft hatte er die Stadtstaaten Griechen-

---

[45] Die Taoisten glauben, daß bei einem Menschen Federn am Körper zu wachsen beginnen, wenn er das Tao erlangt. Bezüglich der australischen Medizinmänner siehe: *M. Eliade*, Les religions australiennes 136 ff. Diese Bilder werden von den Neoplatonikern, den Kirchenvätern und den Gnostikern wiederaufgegriffen und weiterentwickelt.
[46] „Die Intelligenz ist der schnellste der Vögel", sagt der Rig Veda (VI, 9, 5). „Wer versteht, hat Flügel" (Pancavimça Brāhmaṇa IV, 13).
[47] Siehe *W. Burkert*, Lore and Science 360. Die Vorstellung, die Seele stehe in Beziehung zu dem Himmel und den Sternen, und sogar, sie komme vom Himmel und kehre dorthin zurück, wird von den ionischen Philosophen zumindest seit Heraklit und Anaxagoras geteilt (siehe *W. Burkert*, a. a. O. 362).

lands, Kleinasiens und Phöniziens unterworfen, das Reich der Achämeniden erobert und Porus besiegt. Und doch, trotz seines Genies und seiner halbgöttlichen Aura – er wurde als Sohn des Zeus-Ammon betrachtet – lernte Alexander in Beas die Grenzen seiner Macht kennen. Das Heer hatte gemeutert, es weigerte sich, den Fluß zu überqueren und weiter nach Indien vorzudringen, und der „Herr der Welt" mußte sich beugen. Das war seine größte Niederlage und bedeutete die Zerstörung seines unerhörten Plans: der Eroberung Asiens bis zum „äußeren Ozean". Dennoch war die unmittelbare Zukunft Indiens, und auch die Zukunft der geschichtlichen Welt allgemein, schon vorgezeichnet, als Alexander den Rückzug anordnete: Asien war nun „geöffnet" für mittelmeerische Einflüsse; von nun an werden die Verbindungen zwischen Orient und Okzident niemals mehr völlig abreißen.

Seit der Biographie von J. G. Droysen (1833) und vor allem seit dem Erscheinen des Buches von W. W. Tarn (1926) hat eine Vielzahl von Historikern das von Alexander mit der Eroberung Asiens verfolgte Ziel in unterschiedlicher, sogar widersprüchlicher Richtung interpretiert[48]. Es wäre naiv, auf wenigen Seiten zu versuchen, eine Kontroverse zu analysieren, die seit eineinhalb Jahrhunderten andauert. Doch in welcher Richtung auch die Feldzüge Alexanders interpretiert wurden, man ist sich doch darüber einig, daß ihre Konsequenzen tiefgreifend und unwiderruflich waren. Nach Alexander hatte sich das historische Profil der Welt radikal geändert. Die früheren politischen und religiösen Strukturen – die Stadtstaaten und ihre kultischen Einrichtungen, die Polis als „Mittelpunkt der Welt" und Reservoir beispielhafter Modelle, die aus der Sicherheit eines unveränderlichen Unterschieds zwischen Griechen und „Barbaren" hervorgegangene Anthropologie –, all diese Strukturen brechen zusammen. An ihrer Stelle behaupten sich zunehmend der Begriff der *oikumene* und die „kosmopolitischen" und „universalistischen" Tendenzen. Trotz aller Widerstände war die Entdeckung der grundlegenden Einheit der Menschheit unvermeidlich.

Aristoteles, der Lehrer Alexanders, vertrat die Theorie, die Sklaven seien durch ihre Natur selbst Sklaven und die „Barbaren" seien „naturaliter" Sklaven[49]. Doch in Susa heiratete Alexander zwei achämenidische Prinzessinnen und vereinte nach persischem Ritus neunzig seiner vertrautesten Gefährten mit Töchtern adliger persischer Familien. Gleichzeitig wurde die Hochzeit von 10 000 makedonischen Soldaten nach dem gleichen Ritus vollzogen. In der Folgezeit erhielten die Perser die ersten Ränge innerhalb der Armee und wurden sogar in die Phalanx aufgenommen. Die Makedonier waren weit davon entfernt,

---

[48] Es genügt, zum Beispiel die Monographien von A. R. Burn, R. D. Milns, F. Schachermeyr, F. Altheim, P. Green und R. L. Fox zu vergleichen.
[49] *Aristoteles*, Fragm. 658 (Rose). Siehe *Platon*, Politeia 470 C – 471 A. Im Gegensatz dazu vertrat Isokrates, der Rivale des Aristoteles, die These, der Begriff „Hellene" bezeichne jetzt den, der eine gewisse Erziehung besäße, und nicht den Abkömmling einer besonderen ethnischen Gruppe (Panegyr. 50).

die politischen Vorstellungen ihres Herrschers zu teilen. Da sie Sieger und Eroberer waren, sahen sie in den „Barbaren" nur besiegte Völker. Als die Makedonier in Opis meuterten – denn, wie es einer von ihnen ausdrückte, „du hast die Perser zu deinen Verwandten gemacht" –, rief Alexander aus: „Aber ich habe euch alle zu meinen Verwandten gemacht!" Die Sitzung wurde mit einem Versöhnungsessen abgeschlossen, zu dem nach der Überlieferung 3000 Personen geladen waren. Am Ende sprach Alexander ein Gebet um Frieden und wünschte, daß alle Völker seines Reiches Partner in der Verwaltung der Gemeinschaft würden. Er wünschte außerdem, daß alle Völker der Welt in Eintracht zusammenleben könnten und in der Einheit des Herzens und des Geistes (homonoia). „Er hatte zuvor gesagt, alle Menschen seien Söhne desselben Vaters und sein Gebet sei Ausdruck seines Glaubens, daß er einen Auftrag Gottes bekommen habe, der Versöhner der Welt zu sein."[50]

Alexander hat sich niemals als Sohn des Zeus bezeichnet, er nahm den Titel jedoch von den anderen an. Um die Vereinigung der Griechen und Perser zu sichern, führte er die iranische Zeremonie des „Gehorsams" *(proskynesis)* gegenüber dem König ein. (Er hatte schon die Gebräuche und die Etikette der achämenidischen Herrscher angenommen.) Für die Perser variierte die *proskynesis* je nach dem sozialen Rang dessen, der sie ausführte. Ein Flachrelief aus Persepolis zeigt Darius I. auf seinem Thron und einen adligen Perser, der ihm die Hand küßt. Aber Herodot versichert, Untertanen von niederem Rang verneigten sich vor dem Herrscher mit einer tiefen Verbeugung. Doch überrascht über den Widerstand seiner Gefährten, verzichtete Alexander schließlich auf die Proskynese; tatsächlich verzichtete er zur gleichen Zeit auf die Idee, der Gott seines Reiches zu werden[51]. Wahrscheinlich inspirierte ihn zu dieser Idee das Beispiel der Pharaonen, doch man muß auch bestimmte in Griechenland gerade im Werden begriffene Tendenzen in Rechnung stellen. Um nur ein Beispiel zu nennen: Aristoteles schrieb – sicher mit dem Gedanken an Alexander –, der Oberste Herrscher werde, wenn er komme, ein Gott unter den Menschen sein (Politik III, 13; 1284a). Auf jeden Fall akzeptierten die Nachfolger Alexanders in Asien und Ägypten es ohne Zögern, zum Gott erklärt zu werden.

Nach zwanzigjährigen Kämpfen zwischen den Diadochen wurde das, was vom Reich übrigblieb, zwischen drei makedonischen Dynastien aufgeteilt: Asien kam an die Seleukiden, Ägypten an die Lagiden (Ptolemäer) und Makedonien an die Antigoniden. Doch schon ab 212 begann Rom, sich in die Angelegenheiten der hellenistischen Königreiche einzuschalten und hat schließlich die mittelmeerische Welt insgesamt absorbiert. Als Oktavian im Jahre 30 Ägypten eroberte, erstreckte sich die neue *oikumene* von Ägypten und Makedonien bis

---

[50] *W. W. Tarn*, Alexander the Great 117.
[51] *W. W. Tarn*, a. a. O. 80. Der Philosoph Kallisthenes, der Alexander geraten hatte, diese Sitte ausschließlich für die Asiaten zu reservieren, war später an einem Komplott beteiligt und wurde exekutiert. Über das „Vorhaben Proskynesis" siehe *P. Green*, Alexander of Macedonia 372 ff.

nach Anatolien und Mesopotamien. Aber die Errichtung des Imperium Romanum bildete auch das Ende der hellenistischen Zivilisation.

Die von Alexander eingeleitete Einigung der geschichtlichen Welt vollzog sich in der ersten Zeit durch die massive Einwanderung der Hellenen in die orientalischen Regionen und durch die Verbreitung der griechischen Sprache und hellenischen Kultur. Das Umgangsgriechisch *(koine)* wurde von Indien und dem Iran bis nach Syrien, Palästina, Italien und Ägypten gesprochen und geschrieben. In den alten oder neugegründeten Städten bauten die Griechen Tempel und Theater und errichteten ihre *gymnasia*. Die Erziehung des griechischen Typs wurde fortschreitend von den Reichen und Privilegierten aller asiatischen Länder übernommen. Von einem Ende bis zum anderen der hellenistischen Welt wurden Wert und Bedeutung der „Bildung" und der „Weisheit" gepriesen. Die Bildung – immer auf eine Philosophie gegründet – erfreute sich eines fast religiösen Ansehens. Niemals in der Geschichte war Bildung so gefragt, zugleich als Mittel zum sozialen Aufstieg und als Instrument der spirituellen Vervollkommnung[52].

Die Modephilosophien, an erster Stelle die Stoa, die von einem Semiten aus Zypern, Zenon von Kition, gegründet wurde[53], aber auch die Lehren Epikurs und der Zyniker setzten sich in allen Städten der *oikumene* durch. Das, was man die „hellenistische „Aufklärung" genannt hat, ermutigte gleichermaßen zu Individualismus und Kosmopolitismus. Der Zerfall der Polis hatte das Individuum von seinen uralten Bindungen bürgerlicher und religiöser Art befreit; auf der anderen Seite zeigte ihm diese Befreiung seine Einsamkeit und Entfremdung in einem durch seine Rätselhaftigkeit und seine Größe beängstigenden Kosmos. Die Stoiker erboten sich, das Individuum zu stützen, indem sie die Entsprechungen zwischen der Stadt und dem Universum aufzeigten. Schon Diogenes, der Zeitgenosse Alexanders, hatte erklärt, er sei ein *„kosmopolites"*, ein „Weltbürger"[54] (anders ausgedrückt: Diogenes fühlte sich nicht als Bürger irgendeiner Stadt, irgendeines Landes). Doch die Stoiker haben die Idee verbreitet, alle Menschen seien *kosmopolitai* – Bürger der gleichen Bürgerschaft, des Kosmos –, wie auch immer ihre soziale Herkunft oder ihre geographische Lage sei[55]. „Mit seinem Idealstaat stellte Zenon eine blendende Hoffnung vor, die seitdem den Menschen nicht mehr verlassen hat; er träumte von einer nicht mehr in getrennte Staaten unterteilten Welt, die eine große Polis unter einem einzigen göttlichen Gesetz bildet, in der alle Bürger nicht durch von Menschen gemachte Gesetze,

---

[52] In West- und Mitteleuropa kann man erst im 17. Jahrhundert eine vergleichbare Begeisterung erkennen, nämlich die für die „neue Wissenschaft", also eine neue Methode der naturwissenschaftlichen Belehrung und Forschung, durch deren Vermittlung man die christliche Welt zu modernisieren und zu reformieren gedachte. (Siehe Bd. III.)

[53] Um 315 in Athen angekommen, eröffnete er um 300 seine Schule in der „Säulenhalle der Maler" *(stoa poikile)*. Epikur, in Samos als Sohn eines Atheners geboren, lehrte seit ungefähr 306 in Athen.

[54] *Diogenes Laertes*, Philosophenleben 6,22. Aber die Zyniker waren einzig am Wohlergehen des einzelnen interessiert und kümmerten sich nicht um die Gemeinschaft.

[55] M. *Hadas*, From Nationalism to Cosmopolitanism 107 ff und *ders.*, Hellenistic Culture 16 ff.

sondern kraft ihrer freiwilligen Zustimmung oder, wie Zenon es ausdrückt, aus Liebe versammelt sind."[56]

Auch Epikur propagierte den „Kosmopolitismus", aber sein Hauptziel war das Wohlergehen des einzelnen. Er glaubte an die Existenz der Götter, doch die Götter hatten weder mit dem Kosmos noch mit den Menschen etwas zu tun. Die Welt war für ihn ein Triebwerk, das auf rein mechanische Weise zustande gekommen ist und weder einen Urheber noch eine Bestimmung hat. Der Mensch war folglich frei, die Lebensweise zu wählen, die ihm am besten entsprach. Die Philosophie Epikurs hatte die Absicht, zu zeigen, daß Heiterkeit und Glück, wie sie durch die *ataraxia* gewonnen werden können, die bestmögliche Existenzweise bestimmen.

Der Begründer des Stoizismus formuliert sein System in Opposition zur Lehre Epikurs. Nach Zenon und seinen Schülern hat sich die Welt von der ursprünglichen Epiphanie des Gottes aus entwickelt, dem Feuerkeim, der zur Entstehung der „samenhaften Vernunft" *(logos spermatikos)*, also des Weltgesetzes, führte. Ebenso geht auch die menschliche Intelligenz aus einem göttlichen Funken hervor. In diesem monistischen Pantheismus, der eine einzige Vernunft postuliert, ist der Kosmos „ein Lebendes voller Weisheit" (Stoicorum veterum fragmenta, I, Nr. 171ff, II, Nr. 441–444ff). Deshalb entdeckt der Weise tief in seiner Seele den gleichen *Logos*, der auch den Kosmos bewegt und beherrscht (eine Vorstellung, die an die ältesten Upanishaden erinnert, siehe § 81). Der Kosmos ist also intelligibel und einladend, da er von der Vernunft durchdrungen ist. Wenn der Mensch weise lebt, verwirklicht er seine Identität mit dem Göttlichen und nimmt in Freiheit sein eigenes Schicksal an.

Es stimmt, daß die Welt und die Existenz nach einem genau vorherbestimmten Plan ablaufen; doch durch die einfache Tatsache, daß er die Tugend pflegt und seine Aufgaben erfüllt, daß er also den göttlichen Willen erfüllt, beweist der Weise seine Freiheit und überschreitet den Determinismus. Die Freiheit *(autarkia)* entspricht der Entdeckung von der Unverletzbarkeit der Seele. In bezug auf die Welt und die anderen ist die Seele unverletzlich; nur sich selbst kann der Mensch Schlechtes zufügen. Diese Hochschätzung der Seele bedeutet zugleich, daß alle Menschen grundlegend gleich sind. Doch um die Freiheit zu erlangen, muß man sich von den Gefühlen befreien und auf alles verzichten – „Körper, Besitz, Ruhm, Bücher, Macht" –, denn der Mensch ist „Sklave all dessen, was er begehrt", der Mensch ist „Sklave der *anderen*" (Epiktet IV, 4, 33). Die Gleichung „Besitz und Begehren = Sklaverei" erinnert an indische Lehren, besonders Yoga und Buddhismus (siehe § 143ff und 156ff). Auch der Ausruf des Epiktet gegenüber seinem Gott: „Ich habe an der gleichen Vernunft Anteil. Ich bin dir ebenbürtig!" (II, 16, 42), ruft die Erinnerung an unzählige indische Parallelen hervor. Analogien zwischen den indischen Metaphysikern und Soteriologen und denen der mittelmeerischen Welt vervielfältigen sich im 1. Jahr-

---
[56] *W. W. Tarn*, Hellenistic Civilisation 79.

hundert vor und nach Christus. Wir werden auf die Bedeutung dieses geistesgeschichtlichen Phänomens zurückkommen.

Wie die neuen Philosophien zielten auch die den hellenistischen Religionen eigenen Neuerungen auf das Heil des Individuums. Es gibt immer mehr geschlossene Gesellschaften, die Initiationen und eschatologische Offenbarungen beinhalten. Die Initiations-Tradition der Mysterien von Eleusis (siehe Bd. I, Kap. 12) wird von verschiedenen mysteriosophischen Religionen wiederaufgenommen und ausgeweitet, die sich um Gottheiten bildeten, von denen man annahm, sie hätten den Tod gekannt und besiegt (§ 205). Derartige Gottheiten standen dem Menschen näher, sie interessierten sich für seinen geistigen Fortschritt und sicherten sein Heil. Neben den Göttern und Göttinnen der hellenistischen Mysterien – Dionysos, Isis, Osiris, Kybele, Attis, Mithras – werden andere Gottheiten aus den gleichen Gründen populär: Helios, Herakles, Äskulap schützen das Individuum und stehen ihm bei[57]. Selbst vergöttlichte Könige erscheinen als wirkungsvoller als die traditionellen Götter: der König ist „Retter" (sotér), er verkörpert das lebendige Gesetz (nomos empsychos).

Der griechisch-orientalische Synkretismus, der die neuen Mysterienreligionen bestimmt, macht zu gleicher Zeit auch die mächtige spirituelle Reaktion des von Alexander besiegten Orients deutlich. Der Orient wird als Vaterland der ersten und angesehensten „Weisen" gepriesen, als das Land, in dem die Lehrer der Weisheit die esoterischen Lehren und Heilsmethoden am besten bewahrt haben. Die Legende von der Diskussion Alexanders mit den indischen Brahmanen und Asketen spiegelt die fast religiöse Bewunderung für die indische „Weisheit". Vom Orient aus verbreiten sich später bestimmte Apokalypsen (verbunden mit besonderen Geschichtsauffassungen), neue Formeln der Magie und der Angelologie und viele „Offenbarungen", die in der Folge ekstatischer Reisen in den Himmel und das Jenseits erlangt wurden (siehe § 202).

Wir werden später die Bedeutung der religiösen Schöpfungen der hellenistischen Zeit untersuchen (§ 205). Fügen wir hier einstweilen nur hinzu, daß aus der Sicht der Religionsgeschichte die von Alexander begonnene und im römischen Kaiserreich vollendete Einigung der geschichtlichen Welt vergleichbar ist mit der durch die Verbreitung des Ackerbaus entstandenen Einheit der neolithischen Welt. Auf der Ebene der bäuerlichen Gesellschaften bildete die vom Neolithikum ererbte Tradition eine Einheit, die sich während einiger Jahrtausende hielt, trotz der von den städtischen Zentren kommenden Einflüsse. Im Vergleich zu dieser grundlegenden Gleichförmigkeit, die sich bei den ackerbauenden Bevölkerungen Europas und Asiens zeigt, stellen sich die städtischen Gesellschaften des ersten Jahrtausends vor Christus als in religiöser Hinsicht recht unterschiedlich dar. (Man muß dazu nur die religiösen Strukturen einiger orientalischer, griechischer und römischer Städte vergleichen.) Doch während der hellenistischen Zeit nimmt die *oikumene* eine gemeinsame Sprache an.

---

[57] Siehe C. *Schneider*, Kulturgeschichte des Hellenismus II, 800ff, 838ff und 869ff.

DREIUNDZWANZIGSTES KAPITEL

Die Geschichte des Buddhismus von Mahākāśyapa bis zu Nāgārjuna

185. Der Buddhismus bis zum ersten Schisma

Der Buddha konnte keinen Nachfolger haben. Er hatte das Gesetz *(dharma)* geoffenbart und die Gemeinschaft *(saṃgha)* errichtet, jetzt mußte das Gesetz kodifiziert werden, das heißt, man mußte die Predigten des Erhabenen sammeln und den Kanon an Texten festlegen. Die großen Schüler, Śāriputra und Maudalyāyana, waren tot[1]. Was Ananda betraf, der 25 Jahre lang der treue Diener des Meisters war, so war er nicht Arhat: er hatte nicht die Zeit gefunden, die Meditationstechniken zu beherrschen. Die Initiative dafür, ein Konzil von 500 Arhats abzuhalten, ging von Mahākāśyapa aus, der ebenfalls vom Buddha hochgeschätzt wurde, allerdings einen strengen und intoleranten Charakter hatte, im Gegensatz zum liebenswürdigen Ananda.

Nach einmütiger Überlieferung fand das Konzil in einer großen Höhle nahe bei Rājagṛha statt, während der Regenzeit, die auf den Tod des Meisters folgte, und dauerte sieben Monate. Die Mehrzahl der Quellen berichtet von einer tiefgreifenden Spannung zwischen Mahākāśyapa und Ananda. Weil er kein Arhat war, wurde dem letztgenannten die Teilnahme am Konzil verwehrt. Ananda zog sich daraufhin in die Einsamkeit zurück und erlangte sehr schnell die Heiligkeit. Er wurde danach zugelassen oder betrat nach anderen Fassungen auf wunderbare Weise die Höhle, womit er seine yogischen Fähigkeiten unter Beweis stellte. Seine Anwesenheit war im übrigen unbedingt notwendig, denn Ananda war der einzige, der alle Reden des Meisters gehört und im Gedächtnis behalten hatte. Auf Fragen des Mahākāśyapa wiederholte Ananda dessen Reden. Seine Antworten stellen die Gesamtheit der *Sūtras* dar. Die Texte, die den „Korb" *(pitaka)* der Lehre, Vinaya, bilden, wurden von einem anderen Schüler, Upāli, zusammengetragen.

Kurze Zeit darauf hat Mahākāśyapa angeblich Ananda mehrerer Fehler beschuldigt (fünf oder sechs sollen es gewesen sein), die er begangen habe, während

---
[1] Śāriputra, der nur sechs Monate nach dem Erhabenen starb, hatte großen Einfluß auf die *bhikkhu:* er übertraf sie alle an „Weisheit" und Gelehrsamkeit. Bestimmte Schulen betrachteten ihn als den beachtlichsten Heiligen nach dem Buddha.

er dem Erhabenen diente. Die schwersten waren, die Aufnahme von Nonnen befürwortet und verabsäumt zu haben, den Erhabenen zu bitten, sein Leben zu verlängern bis zum Ende der bestehenden kosmischen Periode (siehe § 150). Ananda mußte diese Fehler öffentlich bekennen, triumphierte aber schließlich und wurde die wichtigste Person des *saṃgha*. Er hat angeblich den Rest seines Lebens (40, wenigstens aber 24 Jahre nach dem *parinirvāṇa*) am Beispiel des Meisters ausgerichtet, ist also umhergezogen und hat seine Lehre gepredigt.

Von der Geschichte des Buddhismus nach dem Konzil von Rājagṛha ist nur wenig bekannt. Die verschiedenen Listen von Patriarchen, die den *saṃgha* angeblich während des folgenden Jahrhunderts geführt haben, bilden keine gültigen Informationen. Sicher erscheint dagegen die Ausdehnung des Buddhismus nach Westen und sein Eindringen nach Dekkan. Es ist ebenfalls wahrscheinlich, daß die unterschiedlichen Lehrmeinungen und die verschiedenen Interpretationen des Vinaya sich weiter vermehren. 100 oder 110 Jahre nach dem *parinirvāṇa* macht eine ernsthafte Krise ein neues Konzil notwendig. Yaśas, ein Schüler Anandas, war empört über das Verhalten der Mönche von Vaiśālī, vor allem über die Tatsache, daß sie Gold und Silber annahmen. Es gelang ihm, die Zusammenkunft von 700 Arhats in Vaiśālī selbst zu veranlassen. Das Konzil verurteilte die beanstandeten Praktiken, und die Schuldigen wurden verpflichtet, den Urteilsspruch anzunehmen[2].

Doch die Zwistigkeiten setzten sich fort und verschärften sich, und es scheint sicher zu sein, daß verschiedene „Sekten" schon in der Mitte des 4. Jahrhunderts v. Chr. existierten. Einige Zeit nach dem Konzil von Vaiśālī verkündete ein Mönch, Mahādeva, in Pataliputra fünf aufsehenerregende Thesen bezüglich des Wesens der Arhat. Er sagte namentlich, 1. könne ein Arhat im Traum verführt werden (das heißt, Māras Mädchen können bei ihm einen Samenerguß hervorrufen), 2. sei er noch unwissend, 3. habe er auch Zweifel, 4. könne er auf dem Weg mit Hilfe eines anderen voranschreiten, 5. könne er die Konzentration erlangen, wenn er bestimmte Worte ausspreche. In einer solchen Erniedrigung des Arhat zeigt sich die Reaktion auf die übertriebene Selbsteinschätzung derer, die sich als „im Leben befreit" betrachteten. Sehr schnell teilten sich die Gemeinschaften in Anhänger und Gegner des Mahādeva. Das in Pataliputra versammelte Konzil konnte die Spaltung des *saṃgha* in die Anhänger der „fünf Punkte" – die vorgaben, in der Mehrzahl zu sein, und deshalb den Namen Mahāsāṃghika annahmen – und ihre Gegner, die von sich behaupteten, die Lehre der Alten *(sthavira)* zu vertreten, und sich Sthavira nannten, nicht verhindern.

---

[2] Das zweite Konzil bildet das letzte historische Ereignis, das in den verschiedenen Büchern der Lehre (Vinayapitaka) erwähnt wird. Von da an wird die Geschichte des Buddhismus in späteren Werken in fragmentarischer und unsteter Form festgehalten.

186. Zwischen Alexander dem Großen und Aśoka

Dieses erste Schisma war entscheidend und beispielgebend, denn andere Zwistigkeiten folgten ihm. Die Einheit des *saṃgha* war unwiederbringlich verloren, ohne daß dadurch die Verbreitung des Buddhismus behindert worden wäre. Während des Vierteljahrhunderts nach dem Schisma fanden zwei Ereignisse von einzigartiger Bedeutung für die Zukunft Indiens statt. Das erste war die Invasion Alexanders des Großen, die entscheidende Folgen für Indien hatte, das von nun an für die hellenistischen Einflüsse offen war. Doch in seiner Gleichgültigkeit gegenüber der Geschichte und seinem Mangel an historiographischem Bewußtsein behielt Indien keinerlei Erinnerung an Alexander und seine erstaunliche Unternehmung. Erst durch die Sagen, die später in Umlauf kamen (den sogenannten „Alexander-Roman"), nahm die *volkstümliche* indische Tradition Kenntnis von dem außergewöhnlichsten Abenteuer der antiken Geschichte. Doch die Ergebnisse dieser ersten richtigen Begegnung mit dem Okzident machten sich sofort in der indischen Kultur und Politik bemerkbar. Die griechisch-buddhistische Statue von Gandhara ist dafür nur ein, allerdings bedeutendes Beispiel, denn sie stellt die erste anthropomorphe Abbildung Buddhas dar.

Das zweite wichtige Ereignis war die Gründung der Maurya-Dynastie durch Čandragupta (320–296[?]), einen Prinzen, der in seiner Jugend Alexander kennengelernt hatte. Nach der Eroberung mehrerer Regionen im Nordwesten besiegte er die Nandas und wurde König von Magadha. Čandragupta legte den Grundstein für das erste indische „Kaiserreich", das auszudehnen und zu konsolidieren seinem Enkel Aśoka bestimmt sein sollte.

Zu Beginn des 3. Jahrhunderts vertrat Vatsīputra, ein von den Sthavira bekehrter Brahmane, die These von der Kontinuität der Person *(pudgala)* durch die Seelenwanderungen hindurch (siehe § 157). Es gelang ihm, eine Sekte zu gründen, die ziemlich mächtig wurde. Kurze Zeit danach erfuhren die Sthavira während der Regierungszeit Aśokas eine neue Spaltung wegen der von einigen unter ihnen vertretenen Theorie, „alles existiere" *(sarvam asti)*, die vergangenen, gegenwärtigen und zukünftigen Dinge. Aśoka berief ein Konzil ein, aber ohne Ergebnis. Die Neuerer erhielten den Namen Sarvāstivādin. Da der Herrscher ihnen feindlich gesonnen war, flüchteten sie nach Kaschmir und führten so den Buddhismus in dieser Gegend des Himalaya ein.

Das große Ereignis in der Geschichte des Buddhismus war die Bekehrung Aśokas (der von 274 bis 236 oder, nach einer anderen Berechnung, von 268 bis 234 regierte). Aśoka war nach seinem Sieg über die Kalingas, der den Feind 100 000 Tote und 150 000 Gefangene kostete, tief beunruhigt. Doch 13 Jahre zuvor hatte Aśoka sich eines noch widerwärtigeren Verbrechens schuldig gemacht. Als der Tod seines Vaters, des Königs Bindusāra, bevorstand, ließ Aśoka seinen Bruder töten und riß die Macht an sich. Doch dieser Brudermörder und unerbittliche Eroberer „sollte einer der tugendhaftesten Herrscher Indiens und

Die Geschichte des Buddhismus

eine der größten Figuren der Geschichte werden" (Filliozat). Drei Jahre nach seinem Sieg über die Kalingas bekehrte er sich zum Buddhismus. Er verkündete seine Bekehrung öffentlich und machte jahrelang Wallfahrten an die heiligen Stätten. Doch trotz seiner tiefen Hingabe an Buddha bewies Aśoka große Toleranz. Er war großzügig gegenüber den anderen Religionen des Kaiserreichs, und der Dharma, zu dem er sich bekannte, war zugleich buddhistisch und brahmanisch. In dem zweiten Felsenedikt heißt es, daß „der König, der Freund der Götter mit menschlichem Antlitz, alle Sekten ehrt, die *samanas* und die Laien, sowohl durch Großzügigkeit als auch durch verschiedene besondere Ehrungen. Aber weder auf Freigebigkeit noch auf Ehren legt der Freund der Götter so viel Wert wie auf den Fortschritt in dem, was das Wesentliche aller Glaubensrichtungen ist". Letztendlich ist dies die alte Vorstellung von der kosmischen Ordnung, deren beispielhafter Vertreter der kosmokratische Herrscher ist[3].

Doch dieser letzte große Maurya, der über fast ganz Indien herrschte, war auch ein glühender Verfechter des „Gesetzes", das er für der menschlichen Natur am angemessensten hielt. Er wollte den Buddhismus überall verbreiten und schickte seine Missionare bis nach Baktrien, Sogdiana und Ceylon. Der Überlieferung zufolge wurde Ceylon von seinem Sohn oder seinem jüngeren Bruder bekehrt. Das Ereignis hatte beträchtliche Folgen, denn diese Insel ist bis heute buddhistisch geblieben. Der Aufschwung, den Aśoka der Missionstätigkeit gegeben hatte, dauerte trotz der Verfolgungen durch die Nachfolger der Maurya und des Eindringens der Skythen in den folgenden Jahrhunderten an. Von Kaschmir aus verbreitete sich der Buddhhismus im östlichen Iran und kam durch Zentralasien bis nach China (im 1. Jahrhundert n. Chr.) und Japan (im 6. Jahrhundert). Von Bengalen und Ceylon aus drang er in den ersten Jahrhunderten n. Chr. bis nach Indochina und auf die Malaiischen Inseln vor.

„Alle Menschen sind meine Kinder. Wie ich für meine Kinder wünsche, daß sie alles Gute und alles Glück in dieser Welt und in der anderen haben, so wünsche ich es auch für alle Menschen", so hatte es Aśoka verkündet. Sein Traum von einem Reich – das heißt von der Welt –, das durch die Religion geeint sei, erlosch mit ihm. Nach seinem Tod verfiel das Maurya-Reich sehr schnell. Aber der messianische Glaube Aśokas und seine Energie bei der Verbreitung des Gesetzes haben die Umwandlung des Buddhismus in eine universelle Religion, die einzige universelle Heilsreligion, die Asien angenommen hat, möglich gemacht.

---

[3] Auf indirekte Weise wird hiermit noch ein Beweis dafür gegeben, daß der Buddhismus eine Vielzahl von grundlegenden Ideen des traditionellen indischen Denkens akzeptierte.

187. Unterschiedliche Lehrmeinungen und neue Synthesen

Durch seine messianische Politik hatte Aśoka den universellen Triumph des Buddhismus gesichert. Doch Aufschwung und Kreativität des buddhistischen Denkens haben anderswo ihre Quellen. Da ist zunächst die Spannung zwischen „Spekulativen" und „Yogins", die bei den einen wie bei den anderen eine beträchtliche Auslegungsarbeit und Vertiefung der Lehre bewirkt hat. Weiter sind da Unstimmigkeiten oder Widersprüche theoretischer Art in den kanonischen Texten, die die Schüler zwangen, dauernd zu den Quellen zurückzugehen, also zu den elementaren Prinzipien der Lehre des Meisters. Diese hermeneutische Anstrengung wirkte sich als beträchtliche Bereicherung des Denkens aus. Die „Schismen" und „Sekten" stellen in Wirklichkeit den Beweis dafür dar, daß die Lehre des Meisters nicht von einer „Orthodoxie" ausgeschöpft noch auch streng in eine Scholastik gebannt werden konnte[4].

Schließlich muß daran erinnert werden, daß der Buddhismus, wie jede andere religiöse Bewegung in Indien, „synkretistisch" war in dem Sinn, daß er beständig nicht-buddhistische Werte assimilierte und integrierte. Das Beispiel dafür hatte Buddha selbst gegeben, der einen Großteil des indischen Erbes akzeptiert hatte, nicht nur die Lehre von *karman* und *saṃsāra*, die Yoga-Techniken und die Analysen von der Brāhmaṇa- und Sāṃkhya-Art, sondern auch gemeinindische Bilder, Symbole und Themen der Mythologie, in der Bereitschaft, sie aus seiner Perspektive neu zu interpretieren. So ist es wahrscheinlich, daß die traditionelle Kosmologie mit ihren unzähligen Himmeln und Unterwelten und deren Bewohnern schon zur Zeit des Buddha akzeptiert wurde. Der Reliquien-Kult drängte sich sofort nach dem Parinirvāṇa auf; er hatte sicherlich Vorläufer in der Verehrung bestimmter bedeutender Yogins. Um die *stupas* herum bildete sich ein kosmologischer Symbolismus, dem es nicht an Originalität fehlt, der aber in groben Zügen schon vor dem Buddhismus bestand. Die Tatsache, daß so viele architektonische und künstlerische Monumente verschwunden sind, im Verein mit der Tatsache, daß eine große Zahl an Texten der alten buddhistischen Literatur verlorengingen, macht die Zeitbestimmungen ungenau. Es ist aber nicht zu bezweifeln, daß eine Vielzahl von Symbolismen, Ideen und Ritualen den dokumentarischen Zeugnissen, die sie sichern, vorausgingen, manchmal sogar um mehrere Jahrhunderte.

So entspricht der philosophischen Kreativität, die durch die neuen „Schulen" illustriert wird, ein langsamerer, aber ebenfalls schöpferischer Prozeß des „Synkretismus" und der Integration, der sich vor allem in der Masse der „Laien" verwirklicht[5]. Die *stupas*, von denen man annahm, sie bewahrten die Reliquien des

---
[4] Es stimmt, daß jede Schule und jede Sekte sich verpflichtet fühlte, ihre eigene Scholastik auszuarbeiten. Aber dieser Prozeß der Systematisierung wurde hervorgerufen und genährt von authentischen philosophischen Schöpfungen.
[5] Man darf das nicht als ein „volkstümliches" Phänomen betrachten, denn es ist vor allem inspiriert von den Vertretern der traditionellen indischen Kultur.

Buddha oder der Heiligen oder auch geheiligter Objekte, kommen wahrscheinlich vom Tumulus, in den man nach der Verbrennung die Asche des Toten gab. Auf einer Terrasse erhob sich die Kuppel, die von einem Rundweg umgeben war, der für die rituellen Rundgänge diente. Der *caitya* war ein Heiligtum mit einer bestimmten Anzahl von Pfeilern, das aus einem Vorhof und einem Triforium bestand. In einem kleinen gemauerten Zimmer fanden sich auf verschiedene Materialien geschriebene Texte. Mit der Zeit wurde der *caitya* dem Tempel ähnlicher und verschwand schließlich. Der Kult bestand in Verneigungen und rituellen Begrüßungen, Rundgängen und Opfern von Blumen, Parfüms, Sonnenschirmen usw. Ein Wesen zu verehren, das keine Beziehung zu dieser Welt mehr hat, ist nur scheinbar widersinnig. Denn die Annäherung an die Spuren des „physischen Körpers" des Buddha, der sich in den *stupas*, oder des „architektonischen Körpers", der sich in der Struktur des Tempels reaktualisiert, entsprechen einer Assimilation der Lehre, das heißt dem Aufnehmen seines „theoretischen Körpers", des *dharma*. Der später den Buddhastatuen zuteil werdende Kult oder die Wallfahrten zu den verschiedenen durch seine Gegenwart geheiligten Stätten (Bodh-Gāyā, Sārnath usw.) sind durch die gleiche Dialektik gerechtfertigt: die verschiedenen Objekte oder Aktivitäten, die dem saṃsāra angehören, sind fähig, das Heil des Gläubigen dank der großartigen und nicht rückgängig zu machenden soteriologischen Taten des Erweckten leichter zu bewirken[6].

Jahrhundertelang, und wahrscheinlich gleich nach seinem Tod, wurde der Erhabene in nicht-bildlicher Form dargestellt und verehrt: sein Fußabdruck, der Baum, das Rad. Diese Symbole vergegenwärtigten das Gesetz, indem sie die missionarische Tätigkeit des Buddha in Erinnerung riefen, den Baum der Erweckung und das „In-Gang-Setzen des Rads des Gesetzes". Als man zu Beginn der christlichen Zeit die ersten Statuen des Buddha schuf (das griechisch-indische Standbild von Gandhara), ließ die menschliche Gestalt den grundlegenden Symbolismus nicht in den Hintergrund treten. Wie Paul Mus gezeigt hat, übernimmt das Bild des Buddha die religiösen Werte des vedischen Altars. Auf der anderen Seite kommt der Heiligenschein, der die Buddhaköpfe umgibt (und den des Christus in der christlichen Kunst der gleichen Periode, im 1. bis 5. Jahrhundert) von einem Prototyp der achämenidischen Zeit, nämlich dem Strahlenring des Ahura Mazdā. (Im übrigen setzt dieser Prototyp alte mesopotamische Vorstellungen fort, siehe § 20.) Im Fall der buddhistischen Ikonographie unterstreicht der Symbolismus vor allem die Identität der Natur des Buddha mit dem Licht. Wie wir aber gesehen haben (§ 81), wurde das Licht seit dem Rig Veda als annäherndster bildlicher Ausdruck für den „Geist" betrachtet.

Das Leben der Mönche unterliegt mit dem Bau der Klöster *(vihāra)* be-

---

[6] Die älteste Tradition weiß zu berichten, daß der Buddha vor dem *parinirvāna* allen Gaben und Ehrungen, die ihm die Gläubigen im Lauf der Jahrhunderte zukommen lassen sollten, zugestimmt habe. Siehe Vasubandhu, Abhidharmakosa IV, 236–246.

stimmten Veränderungen. Die einzige Änderung, die uns hier interessiert, ist aber die Zunahme der belehrenden und gelehrsamen Werke. Trotz der großen Anzahl verlorener Bücher (deren Verlust dazu führte, daß wir von vielen Schulen und Sekten praktisch nichts wissen) beeindruckt die buddhistische Literatur in Pali und Sanskrit[7] durch ihre Ausmaße. Die Texte, die die „höhere Lehre", den dritten „Korb", den Abhidharmaptaka, bilden, wurden zwischen 300 v. Chr. und 100 n. Chr. ausgearbeitet. Es handelt sich hier um eine Literatur, die sich deutlich von den Sūtras abhebt, um rationalistische, didaktische, trokkene und unpersönliche Werke. Die Botschaft des Buddha wird in Form eines philosophischen Systems neu interpretiert und vorgestellt. Die Autoren bemühen sich aber, die Widersprüche aufzuklären, von denen es in den Sūtras sehr viele gibt.

Natürlich besitzt jede Sekte einen eigenen Abhidharmakośa, und die Unterschiede zwischen diesen Fassungen der „höheren Lehre" haben neue Kontroversen heraufbeschworen. Die Neuerungen sind teilweise sehr wichtig. Führen wir nur ein Beispiel dafür an: ursprünglich war das Nirvāṇa das einzige „Nicht-Zusammengesetzte" *(asaṃskṛta)*, aber jetzt erheben die Schulen, mit einigen Ausnahmen, den Raum, die Vier Wahrheiten, den Weg *(marga)*, den *pratityasamatpāda* oder sogar einige yogische Sammlungsübungen in den Rang des „Nicht-Zusammengesetzten". Was den Arhat anbelangt, so kann er einigen Schulen zufolge zu Fall kommen, während für andere sogar sein Körper im höchsten Maße rein ist; einige versichern, man könne schon im embryonalen Stadium oder im Traum Arhat werden, aber solche Theorien werden von anderen Meistern strengstens kritisiert.

Wegen ihrer Konsequenzen noch wichtiger war die Buddhologie. Für die Sthaviravādins war Śākyamuni ein Mensch, der *sich zum Buddha gemacht hat* und der folglich „Gott" wurde. Aber für andere Gelehrte war die Geschichtlichkeit des Śākyamuni-Buddha erniedrigend: Wie kann, auf der einen Seite, ein großer Gott Gott *werden?* Auf der anderen Seite mußte man sich damit abfinden, einen Retter zu akzeptieren, von dem man glaubte, er sei in seinem Nirvāṇa verloren. So verkündigte eine Schule, Lokottara, daß Śākyamuni, der schon vor mehreren kosmischen Perioden Buddha geworden war, den Himmel nicht verlassen habe, den er bewohnte. Derjenige, den die Menschen in Kapilavastu haben auf die Welt kommen, predigen und sterben sehen, war nur ein vom wirklichen Śākyamuni geschaffenes Wahnbild *(nirmitta)*. Diese gelehrte Buddhologie wurde vom Mahāyāna wiederaufgenommen und erweitert.

Die Thervādins in Ceylon waren von den schismatischen Zwistigkeiten nicht ausgenommen. Aber vor allem auf dem Kontinent setzte sich die Aufspaltung und Vervielfachung der Schulen mit immer größerer Intensität fort. Wie ihre Gegner, die Sthaviras, so spalteten sich auch die Mahāsāṃghikas mehrfach, erst in drei Gruppen, anschließend in eine bestimmte Anzahl von Sekten, deren

---

[7] Ein Teil ist nur in tibetanischer und chinesischer Übers. erhalten.

Namen hier nichts zur Sache tun. Was aber entscheidend wichtig ist: die Mahāsāṃghikas haben eine radikale Erneuerung des Buddhismus hervorgerufen oder möglich gemacht, die unter dem Namen Mahāyāna, wörtlich „das Große Fahrzeug", bekannt wurde.

188. Der „Weg der Boddhisattvas"

Erste Äußerungen des Mahāyāna kennen wir aus dem Ende des 1. Jahrhunderts v. Chr.; es sind die Prajñāpāramitāsūtras („Predigten über die Vervollkommung in der Weisheit"), Werke von unterschiedlicher Länge, recht schwer verständlich, die einen neuen Stil in Denken und Literatur des Buddhismus einführen. Die Ausdrücke Mahāyāna und Hīnayāna (wörtlich: „Kleines Fahrzeug", was den alten Buddhismus, Theravāda, bezeichnen soll) sind offensichtlich späteren Ursprungs. Die Gläubigen des neuen Wegs nannten ihn den „Weg der Boddhisattvas". Sie unterscheiden sich durch ihre größere Toleranz in Fragen der Lehre und durch ihre mehr mystisch strukturierte Buddhologie. Man ist sich darin einig, den Einfluß der Frömmigkeit der Laien anzuerkennen. Das Ideal stellt nicht mehr der einsame Arhat auf der Suche nach seinem Nirvāna dar, sondern der Boddhisattva, ein Laie, ein Vorbild an Menschenfreundlichkeit und Mitleid, der seine Erlösung zurückstellt, um das Heil der anderen zu erleichtern. Dieses religiöse Vorbild, das dem Rāma und dem Krishna ähnelt, verlangt nicht mehr den strengen Weg des Mönches von den Gläubigen, sondern die persönliche Hingabe vom Bhakti-Typ. Es ist allerdings wichtig, daran zu erinnern, daß der alte Buddhismus diesen Weg der Hingabe durchaus auch kannte. Nach dem Majjhimanikāya (I, 142) hat der Buddha selbst verkündet, wer ihm gegenüber „ein einfaches Gefühl des Glaubens oder der Zuneigung" habe, werde „ins Paradies kommen"[8]. Jetzt aber genügt die *Entscheidung, „für das Wohl der anderen" Buddha zu werden*, denn das Mahāyāna hat das Ideal des Adepten vollkommen verändert: er strebt nicht mehr nach dem Nirvāna, sondern danach, Buddha zu werden.

Alle buddhistischen Schulen erkennen die Bedeutung der Boddhisattvas an. Die Mahāyānisten aber verkünden die Überlegenheit des Boddhisattva über den Arhat; dieser nämlich hat sich nicht vollkommen vom „Ich" befreit: er sucht das Nirvāna für sich allein. Nach Meinung ihrer Kritiker haben die Arhats zwar die Weisheit, nicht aber das Mitleid entwickelt. Wie die Texte des Prajñāpāramitā immer wieder ausführen, haben dagegen die Boddhisattvas nicht den Wunsch, „ihr eigenes, privates Nirvāna zu erreichen. Im Gegenteil haben sie die im höchsten Grade schmerzhafte Welt der Existenz durchlaufen und zittern dennoch, obwohl sie begierig sind, die höchste Erleuchtung zu erreichen,

---

[8] Man könnte noch mehr Texte aufzählen (siehe Dīghanikāya II, 40; Dhammapada 288: „Wer beim Buddha Zuflucht nimmt ... wird zur Gemeinschaft der Götter kommen").

nicht vor Geburt und Tod. Sie haben sich zum Wohl der Welt in Bewegung gesetzt, für das Glück der Welt, aus Mitleid mit der Welt. Sie haben diese Entscheidung getroffen: Wir wollen ein Schutz werden für die Welt, eine Zuflucht für die Welt, ein Ort der Ruhe für die Welt, endlicher Trost der Welt, die Inseln der Welt, das Licht der Welt, die Führer der Welt, Heilbringer für die Welt."[9]

Diese Heilslehre ist um so mutiger, als das Mahāyāna eine neue und noch radikalere Philosophie entwickelt hat, die der „universellen Leere" *(śūnyatā)*. So wird gesagt, zwei Dinge seien für den Boddhisattva und sein Praktizieren der Weisheit nötig: „Die Lebewesen niemals verlassen und sehen, daß in Wirklichkeit alle Dinge leer sind."[10] Es mag paradox erscheinen, daß gerade im Augenblick des Mitleids für *alle Lebewesen* – nicht nur des Mitleids für die Menschen, sondern auch für Geister, Tiere und Pflanzen – die ganze Welt „leer" von Wirklichkeit sei. Der alte Buddhismus hatte auf der Irrealität selbst der Seele bestanden *(nairātmya)*. Das Mahāyāna verkündet, während es gleichzeitig den Lebenslauf des Boddhisattva preist, die Irrealität, das Nicht-Existieren der Dinge an sich, der *dharmas (dharma śūnyatā)*. Und doch ist dies kein Paradox. Die Lehre von der universellen Leere erleichtert, indem sie das Universum der „Realität" entleert, die Ablösung von der Welt und führt zur Auslöschung des Selbst – zum obersten Ziel des Buddha Śākyamuni und des alten Buddhismus.

Bei der Darstellung der *śūnyatā*-Philosophie werden wir wieder auf dieses Problem stoßen. Untersuchen wir zunächst die spezifisch mahāyānischen religiösen Schöpfungen. Was nämlich das „Große Fahrzeug" charakterisiert, ist einerseits der unbegrenzte Aufschwung der Laienfrömmigkeit und der soteriologischen Mythologien, die sie impliziert, andererseits die wunderbare, zugleich visionäre und extrem strenge Metaphysik seiner Meister. Diese beiden Tendenzen stehen keinesfalls im Widerstreit[11]; sie ergänzen sich vielmehr und beeinflussen sich gegenseitig.

Es gibt zahlreiche Boddhisattvas, denn es gab immer Retter, die Buddha wurden und den Schwur ablegten, die Erweckung zu erreichen zum Heil aller Lebewesen. Die bedeutendsten sind Maitreya Avalokiteśvara und Mañjuśri. Der Boddhisattva Maitreya (von *maitri* = die Güte) ist der nächste Buddha, der Nachfolger Śākyamunis. Avalokiteśvara[12] ist der berühmteste. Er geht sicher auf eine spätere Schöpfung zurück, die der (nicht nur buddhistischen) Frömmigkeit eigen ist, die sich in den ersten Jahrhunderten nach Christus bemerkbar macht. Avalokiteśvara stellt sich als eine Synthese der drei großen Götter des Hinduismus dar. Er ist Herr des Universums; Sonne und Mond kommen aus seinen Augen, von seinen Füßen kommt die Erde, aus seinem Mund der Wind;

---
[9] Ashṭasākaśrikā XV, 293, Übers. nach *E. Conze*, Le Bouddhisme 126.
[10] Vajracchedikā 3, zitiert von *E. Conze*, a.a.O. 128.
[11] Wie es manchmal im Hinayāna der Fall ist, wenn die *bhikkhus* sich von bestimmten Extravaganzen der Volksfrömmigkeit gestört fühlen.
[12] Man ist sich über den Sinn des Namens nicht einig: „Herr *(iśvara)*, der von oben schaut" (Burnouf) oder „der mitleidvoll nach unten schaut" (Conze) scheint am überzeugendsten.

er „hält die Welt in seiner Hand"; „jede Pore seiner Haut umschließt ein System der Welt" – das sind Formeln, die man auch über Vishnu und Shiva finden kann. Avalokiteśvara schützt gegen Gefahren jeder Art und weist kein Gebet zurück, er kann sogar unfruchtbaren Frauen Kinder schenken. Mañjuśrī („mildes Geschick"), verbunden mit dem Buddha Akṣobhya, verkörpert die Weisheit und schützt die Bildung. Er wird im chinesischen Buddhismus eine herausragende Rolle spielen.

Der Boddhisattva Avalokiteśvara ist mystisch verbunden mit dem Buddha Amitābha, aber der letztgenannte wurde in Indien erst sehr spät, im 7. Jahrhundert, populär; bis dahin hing sein Ansehen von seinen Beziehungen zu Avalokiteśvara ab. Doch nach dem 8. Jahrhundert sollte Amitābha in Tibet, China und Japan eine außerordentlich bedeutsame Rolle spielen. Es ist sinnvoll, ihn schon jetzt im Kontext mit der mahāyānistischen Frömmigkeit vorzustellen, da seine Mythologie und sein Kult eine überraschende Neuerung darstellen. Als er noch einfacher Mönch war, gelobte Amitābha, Buddha zu werden und ein „wunderbares Land" zu erobern, dessen Bewohner kraft ihrer Verdienste sich bis zu ihrem Eintritt ins Nirvāṇa einer unvergleichlichen Glückseligkeit erfreuten. Dieses Land, Sukhāvatī (das „glückliche") liegt in schwindelerregender Ferne im Westen: es ist in wunderbares Licht getaucht und gleicht dank seiner Juwelen, Blumen und Vögel einem Paradies. Seine Bewohner sind unsterblich; sie erfreuen sich außerdem des mündlichen Unterrichts von Amitābha.

Derartige Paradiese waren in Indien schon bekannt. Was Sukhāvatī von ihnen unterscheidet, ist die *extreme Leichtigkeit, mit der die Gläubigen eintreten können.* Es genügt nämlich, den Namen Amitābha gehört und an ihn gedacht zu haben: im Augenblick des Todes wird der Gott hinabsteigen und den Verstorbenen selbst ins Sukhāvatī-Paradies führen. Das ist der absolute Triumph der Hingabe. Doch die Rechtfertigung durch die Lehre kann im ältesten Buddhismus gefunden werden. In der chinesischen Fassung des Milinda-pañha wird gesagt, daß „die Menschen, selbst wenn sie in einer Existenz hundert Jahre lang Unrecht getan haben, wenn sie im Augenblick ihres Todes an den Buddha denken, alle nach ihrem Tod in der Höhe des Himmels wiedergeboren werden"[13]. Sicher ist das Sukhāvatī-Paradies nicht das Nirvāṇa; doch diejenigen, die dorthin gelangen, dank *eines einzigen Gedankens* oder *eines einzigen Worts,* sind dazu bestimmt, in der Zukunft und ohne irgendeine Anstrengung die endgültige Befreiung zu erlangen. Erinnert man sich an die extreme Härte des Wegs, den Buddha und der alte Buddhismus lehrten, so kann man die Kühnheit dieser neuen Theologie ermessen. Es handelt sich aber offensichtlich um eine mystische und fromme Theologie, die nicht zögert, im täglichen Leben die metaphysischen Entdeckungen der großen Meister des Mahāyāna anzuwenden.

Da es unendlich viele Buddhas gibt, gibt es auch eine unendliche Zahl von

---

[13] Übers. nach P. Demiéville, Version chinoise du Milinda-pañha 166. Die Pali-Fassung wurde unter dem Einfluß des singhalesischen Mönchtums geändert und weist einige Einschübe auf.

„Gebieten des Buddha" oder „Feldern des Buddha" *(buddhakṣetra)*. Sukhavatī ist nur eines unter diesen unzähligen Gebieten des Buddha. Dies sind transzendente Reiche, die durch die Verdienste oder Gedanken der Retter geschaffen wurden. Der Avatamsaka beschreibt sie als „ebenso zahlreich wie die Atome des Staubs", sie gehen aus einem „lieben Gedanken im Geist des Boddhisattva des Mitleids" hervor. Alle diese Gebiete des Buddha „gehen aus der Einbildungskraft hervor und haben unendliche Formen"[14]. Der imaginäre Charakter dieser Universen wird immer wieder von den Texten betont. Die „Felder des Buddha" sind mentale Konstruktionen, die im Denken der Menschen im Hinblick auf ihre Bekehrung errichtet werden. Auch hier hat der indische Genius nicht gezögert, die schöpferische Phantasie aufzuwerten, indem er sie als Heilsmittel benutzte.

189. Nāgārjuna und die Lehre von der Leere des Universums

Diese mythologischen Theologien werden begleitet von bestimmten neuen Theorien, die ebenfalls aus dem Bestreben hervorgingen, die egozentrischen Triebkräfte unwirksam zu machen. Die erste ist die Theorie von der Übertragung des Verdienstes *(parināma)*. Sie scheint dem Gesetz des *karman* zu widersprechen, setzt aber die Überzeugung des alten Buddhismus fort, daß das Beispiel des *bhikkhu*, der Arhat werden will, den Laien hilft und sie inspiriert. So aber, wie sie von den Anhängern des Mahāyāna interpretiert wird, ist die Lehre von der Übertragung des Verdienstes eine besondere Schöpfung dieser Zeit. Die Adepten werden dazu angehalten, ihre Verdienste für die Erleuchtung aller Lebewesen zu übertragen oder sie ihr zu widmen. Śāntideva sagt in einem berühmt gewordenen Werk, Bodhicaryāvatāra (7. Jahrhundert): „Durch das Verdienst, das von all meinen guten Taten ausgeht, möchte ich das Leiden aller Kreaturen lindern, ihr Arzt sein, der Heiler und Pfleger des Kranken, solange es Krankheit gibt (...) Mein Leben mit all meinen Wiedergeburten, all meinem Besitz, all dem Verdienst, das ich erworben habe oder erwerben werde, all das gebe ich ohne Hoffnung auf Gewinn für mich selbst dahin, damit das Heil aller Lebewesen begünstigt werde."[15]

Eine andere neue Theorie sagt, die „Natur des Buddha" sei in jedem menschlichen Wesen und sogar in jedem Sandkörnchen enthalten. Das heißt, unser eigenes „Buddha-Sein" zwingt uns dazu, Buddha zu werden. Das ist eine mit der Entdeckung der Upanishaden (der Identität *ātman-Brahman*) und dem hinduistischen Axiom, der Mensch könne die Gottheit nur anbeten, wenn er selbst göttlich werde, verbundene Idee. Diese Theorie wird im Mahāyāna wichtig, vor allem in der berühmten Lehre vom „Embryo des Tathāgata" *(tathagatagarbha)*. Sie ist ebenfalls verbunden mit einer anderen originellen Theorie zur Natur der

---

[14] Avataṃsaka-sūtra, zitiert von *E. Conze*, a.a.O. 154.
[15] Boddhicaryāvatāra III, 6ff, Übers. Finot.

Buddhas: der Lehre von den drei Körpern des Buddha *(trikāya)*. Der erste Körper, der des Gesetzes *(dharmakāya)*, ist transzendent, absolut, unendlich, ewig; er ist der spirituelle Körper des Dharma, also zugleich das vom Buddha *gepredigte Gesetz* und die *absolute Realität*, das *reine Sein*. (Man denkt dabei an den Körper Prajāpatis, der – in bestimmten Fällen – aus geheiligten Silben und magischen Formeln gebildet ist, siehe § 77.) Der zweite Körper, der *saṃbhogakāya* oder „Körper der Freude", ist die glorreiche Epiphanie des Buddha, die nur den Boddhisattvas zugänglich ist. Der „Körper der magischen Schöpfung" *(nirmāṇakāya)* schließlich ist das Trugbild, das die Menschen auf Erden sehen und das ihnen ähnlich ist, denn es ist materiell und vergänglich; es erfüllt aber eine entscheidende Funktion, denn nur durch dieses Trugbild hindurch können die Menschen das Gesetz empfangen und zum Heil gelangen.

Wie wir schon festgestellt haben, haben die Ausarbeitungen der Lehre und die mythologischen Konstruktionen, die das Mahāyāna charakterisieren, zum Ziel, das Heil der Laien zu erleichtern. Mit der Annahme einer gewissen Zahl von hinduistischen Elementen, seien sie volkstümlich (Kulte, *bhakti*) oder gelehrt, erneuerte das Mahāyāna das buddhistische Erbe und bereicherte es, ohne es deshalb zu verraten. Die Lehre von der Leere des Universums *(śūnyatāvāda)*, die von Nāgārjuna ausgearbeitet wurde (2. Jahrhundert n. Chr.), war auch unter dem Namen Mādhyamika, „mittlere", also als Entsprechung zum „Weg der Mitte", den Śākyamuni gepredigt hatte, bekannt. Wie um die Tendenz zur „Einfachheit", die in der mahāyānischen Frömmigkeit offensichtlich ist, auszugleichen, zeichnet sich die Lehre von der Leere *(śūnyavāda)* durch ihre Tiefe und ihren philosophischen Schwierigkeitsgrad aus.

Die indischen Gegner Nāgārjunas und einige westliche Forscher haben erklärt, der *śūnyavāda* sei eine nihilistische Philosophie, denn sie scheint die grundlegenden Lehren des Buddhismus zu leugnen. In Wirklichkeit handelt es sich um eine mit einer Soteriologie gekoppelte Ontologie, die sich bemüht, sich von den durch die Sprache entstehenden illusorischen Strukturen zu befreien: der *śūnyavāda* bedient sich deshalb einer paradoxen Dialektik, die zur *coincidentia oppositorum* führt, was in gewisser Weise an Nikolaus von Kues, Hegel und Wittgenstein erinnert. Nāgārjuna kritisiert jedes philosophische System und weist es zurück, indem er zeigt, daß es unmöglich ist, die letzte Wahrheit *(paramārthatā)* in der Sprache auszudrücken. Zunächst erinnert er daran, daß es zwei Arten von „Wahrheit" gibt: die konventionellen oder „in der Welt versteckten" Wahrheiten *(lokasaṃvṛtisatya)*, die ihre praktische Nützlichkeit haben, und die letzte Wahrheit, die allein zur Befreiung führen kann. Der Abhidharma, der vorgibt, die „hohe Wissenschaft" zu verbreiten, arbeitet in Wirklichkeit mit konventionellen Kenntnissen. Was aber schlimmer ist: der Abhidharma verdunkelt den Weg zur Befreiung mit seinen unzähligen Definitionen und Existenz-Kategorien (wie zum Beispiel *skandhas*, *dhātus* usw.), die im Grunde nur Produkte der Phantasie sind. Nāgārjuna setzt sich zum Ziel, die im Netz der Sprache gefangenen mentalen Energien zu befreien und richtig zu lenken.

Aus der Demonstration der Leere, also der Nicht-Realität all dessen, was zu existieren scheint oder gefühlt, gedacht und vorgestellt werden kann, ergeben sich mehrere Konsequenzen. Die erste: alle berühmten Formeln des alten Buddhismus, ebenso auch ihre systematischen Definitionen durch die Abhidharma-Autoren, erweisen sich als falsch. So existieren zum Beispiel die drei Stadien der Hervorbringung der Dinge – „Ursprung", „Dauer" und „Aufhören" – nicht; ebensowenig existieren die *skandhas*, die irreduktiblen Elemente *(dhātus)*, die Begierden, der Gegenstand der Begierde oder die Situation dessen, der begehrt. Sie existieren nicht, weil sie keine eigene Natur haben. Das *karman* selbst ist eine mentale Konstruktion, denn es gibt keine „Tat" im eigentlichen Sinn noch auch einen „Täter". Nāgārjuna leugnet auch den Unterschied zwischen der „Welt des Bedingten" *(saṃskṛta)* und des „Unbedingten" *(asaṃskṛta)*. „Vom Standpunkt der letzten Wahrheit aus kann der Begriff der Unbeständigkeit *(anityatā)* nicht als wahrer betrachtet werden als der der Beständigkeit" (Mūlamadhyamakakārikā XXIII, 13.14). Was die berühmte Theorie des bedingten Mit-Wirkens betrifft *(pratītyasamudpāda)*, so ist sie nur vom praktischen Standpunkt aus nützlich. In Wirklichkeit „nennen wir das bedingte Mit-Wirken *śūnya*, ‚leer'" (ebd. XXIV, 18). Ebenso haben die Vier Heiligen Wahrheiten, die der Buddha verkündete, keine eigene Natur: es handelt sich dabei um konventionelle Wahrheiten, die einzig auf der Ebene der Sprache nützlich sein können.

Die zweite Konsequenz ist noch radikaler: Nāgārjuna leugnet die Unterscheidung zwischen dem „Gebundenen" und dem „Befreiten", folglich die zwischen *saṃsāra* und Nirvāṇa. „Es gibt nichts, was den saṃsāra vom Nirvāṇa unterscheidet" (ebd. XXV, 19)[16]. Das soll nicht heißen, die Welt *(saṃsāra)* und die Befreiung (Nirvāṇa) seien „das gleiche", aber sie sind ununterschieden. Nirvāṇa ist eine „Hervorbringung des Geistes". Mit anderen Worten: selbst der Tathāgata erfreut sich vom Standpunkt der letzten Wahrheit aus keines autonomen und gültigen ontologischen Reichs.

Schließlich begründet die dritte Folge der Leere des Universums eine der originellsten Ontologien, die die Geistesgeschichte kennt. Alles ist leer, ohne „eigene Natur"; daraus darf man aber nicht schließen, es gebe eine „absolute Essenz", auf die sich *śūnya* (oder Nirvāṇa) bezieht. Erklärt man, das „Leere" *(śūnya)* sei unausdrückbar, unvorstellbar und unbeschreibbar, so schließt dies nicht ein, daß eine durch diese Attribute charakterisierte „transzendente Realität" existiert. Die Letzte Wahrheit enthüllt nicht etwa ein „Absolutes" vom vedantischen Typ; sie ist die Existenzweise, die der Adept entdeckt, wenn er die vollkommene Gleichgültigkeit gegenüber den „Dingen" *und ihrem Aufhören* erlangt. Die „Realisation" der Leere des Universums im Denken entspricht tat-

---

[16] Das Kapitel XXV der Mūlamadhyamakakārikā ist vollkommen der Analyse des Nirvāṇa gewidmet. Siehe *Frederick J. Streng*, Emptiness 74ff.

sächlich der Befreiung. Wer aber das Nirvāna erreicht, kann das nicht „wissen", denn die Leere transzendiert zugleich das Sein und das Nicht-Sein. Die Weisheit *(prajñā)* offenbart die Letzte Wahrheit mittels der „in der Welt versteckten Wahrheit": diese letztere wird nicht zurückgewiesen, sondern umgewandelt in eine „Wahrheit, die nicht selbst existiert"[17].

Nāgārjuna weigert sich, den *śūnyatāvāda* als eine Philosophie zu betrachten: sie ist eine zugleich dialektische und kontemplative Praxis, die dem Adepten, indem sie ihn von jeder theoretischen Konstruktion über die Welt und *das Heil* befreit, erlaubt, die unverrückbare Heiterkeit und Freiheit zu erlangen. Nāgārjuna weist unumstößlich die Vorstellung zurück, seine Argumente oder irgendeine andere philosophische Aussage seien gültig aufgrund einer ontologischen Grundlage, die außerhalb oder jenseits der Sprache existiere. Man kann vom *śūnya* nicht sagen, es existiere, noch auch, es existiere nicht oder es existiere und existiere zugleich nicht usw. Den Kritikern, die bemerken: wenn alles leer ist, so ist auch die von Nāgārjuna vollzogene Verneinung ein leerer Vorschlag, antwortet er, daß die Aussagen seiner Gegner ebenso wie seine Verneinungen keine autonome Existenz haben: sie existieren nur auf der Ebene der konventionellen Wahrheit (Mūlamadh. XIV, 29).

Der Buddhismus und das philosophische Denken Indiens im allgemeinen hat sich durch Nāgārjuna grundlegend geändert, wenn auch diese Änderung nicht sofort offensichtlich war. Nāgārjuna hat die immer vorhandene Tendenz des indischen Geistes zur coincidentia oppositorum zu ihrer äußersten Grenze geführt. Doch ist es ihm trotzdem gelungen, zu zeigen, daß der Lebenslauf des Boddhisattva trotz der Tatsache, daß „alles leer" ist, seine ganze Größe behält. Und das Ideal des Boddhisattva hat weiter die Mildtätigkeit und den Altruismus gefördert, wenn er auch, wie der Avataṃsaka sagt[18], „obwohl er im Nirvāna bleibt, den Saṃsāra manifestiert. Er weiß, daß es keine Lebewesen gibt, bemüht sich aber, sie zu bekehren. Er ist endgültig beruhigt *(śānta)*, scheint aber Leidenschaften zu empfinden *(kleśa)*. Er bewohnt den Körper des Gesetzes *(dharmakāya)*, manifestiert sich aber überall, in unzähligen Körpern lebender Wesen. Er taucht immer in tiefe Ekstasen unter *(dhyāna)*, erfreut sich aber der Gegenstände seiner Begierde..."

---

[17] Siehe F. J. Streng, a.a.O. 96.
[18] Chinesische Übers. von Sikṣānanda, zitiert von E. Lamotte, L'enseignement de Vimalakirti 36.

190. Der Jainismus nach Mahāvīra: Gelehrsamkeit, Kosmologie und Soteriologie

Der direkte Nachfolger Mahāviras war der *sthavira* (der Alte) Suddarman, von dem man annimmt, er habe die Worte des Meisters seinem Schüler, Jambū, weitergegeben. Sie sind also die einzigen Allwissenden *(kevalin)*, denn sie allein kennen die heiligen Texte vollständig. Wir kennen die Namen der *sthaviras*, die Jambū folgten. Der bedeutendste ist Bhadrabāhu, ein Zeitgenosse des Königs Ćandragupta, 170 (oder 162) nach Mahāvira gestorben, also im 3. Jahrhundert v. Chr. Bhadrabāhu war es, der den Jaina-Kanon festlegte und sogar mehrere Werke redigierte. Er war aber auch Zeuge und wahrscheinlich eine der Ursachen der Spaltung der Jaina-Kirche.

Der Überlieferung zufolge emigrierte Bhadrabāhu, der eine Hungersnot von 12 Jahren voraussah, mit einem Teil der Gemeinschaft nach Dekkan. Er beauftragte seinen Schüler Sthūlabhadra, sich um diejenigen zu kümmern, die nicht mitkamen. Einige Jahre später wurde in Pātaliputra ein Konzil einberufen, das dazu dienen sollte, alle heiligen Texte, die bis dahin mündlich weitergegeben worden waren, zu sammeln. Bhadrabāhu war auf dem Weg nach Nepal. Man schickte also Boten nach ihm, denen er einige alte Texte rezitieren sollte, die er allein kannte. Die Boten aber hörten ihm nur schlecht zu und behielten nur Fragmente dieser Abhandlungen, die die ursprüngliche Lehre enthielten. Nur Sthūlabhadra merkte sich zehn Werke von insgesamt vierzehn. Diese wahrscheinlich legendäre Episode sollte später die Unterschiede zwischen zwei Kanon-Fassungen rechtfertigen.

Als die Emigranten, die der Nacktheit treu geblieben waren, nach Magadha zurückkamen, waren sie schockiert über die Lockerung der Sitten bei den Mönchen, die zu Hause geblieben waren. Die Spannungen blieben über mehrere Generationen erhalten und wurden noch verschärft durch Kontroversen über bestimmte Details in den Ritualen und unterschiedliche Lehrmeinungen. Schließlich wurde im Jahr 77 v. Chr. der Bruch unvermeidlich, und die Gemeinschaft teilte sich in die Śvetāmbara, die „Weißgekleideten", und die Digambara, die „Luftgekleideten". Die Letztgenannten sprachen allen die Möglichkeit zur Befreiung ab, die nicht vollkommen nackt gingen (folglich auch den Frauen). Außerdem wiesen sie einige Elemente der Biographie Mahāviras zurück (beispielsweise, daß er verheiratet gewesen sei), und weil sie die alten Texte als verloren betrachteten, zweifelten die „luftgekleideten" Mönche die Authentizität des von den Śvetāmbara zusammengestellten Kanons an. Ein zweites Konzil fand in Valabhī in der zweiten Hälfte des 5. Jahrhunderts statt; es wurde von den Śvetāmbara organisiert, die die endgültige Fassung der heiligen Texte festlegen wollten.

Hier kann nicht über die verschiedenen Arten von Texten gesprochen werden, die die reichhaltige kanonische Literatur der Jainas bilden. Was die nach-kanonischen Texte betrifft, so ist ihre Anzahl beträchtlich[19]. Im Unterschied zum Buddhismus hat der Jainismus seine ursprünglichen Strukturen bewahrt. In der reichen philosophischen und rituellen Literatur finden sich nur wenig neue und schöpferische Ideen. Die berühmtesten Abhandlungen, wie der Pravacanasāra des Kundakunda (1. Jahrhundert n. Chr.) und der Tattvārtha des Umāsvāti (nicht datiert, aber nach dem Werk des Kundakunda abgefaßt), tun im wesentlichen nichts anderes, als in scholastischer Weise die schon von Mahāvira und seinen unmittelbaren Nachfolgern formulierten Konzeptionen in scholastischer Art zu systematisieren[20].

Die Lehre ist auch Heilslehre. Sie konzentriert sich in den „Drei Juwelen" des Jainismus: richtige Sicht, richtige Erkenntnis und richtiges Verhalten. Das letztere wird nur in der mönchischen Disziplin verwirklicht. Es werden vier Arten von „richtiger Sicht" unterschieden, deren erste rein visuell ist und deren letzte eine unbegrenzte transzendente Wahrnehmung darstellt. Wir werden die fünf Arten „richtiger Erkenntnis" hier nicht analysieren. Es genügt für unseren Zusammenhang, zwei für die Jaina-Logik kennzeichnende Thesen zu nennen: die „Lehre von den Standpunkten" *(naya-vāda)* und die „Lehre des Vielleicht" *(syād-vāda)*. In der ersten wird gesagt, man könne von jeder Sache mehrere komplementäre Aussagen machen. Ist sie auch von einem bestimmten Standpunkt aus wahr, so ist eine Aussage das nicht mehr, wenn man sie von einer anderen Perspektive aus prüft, sie bleibt aber mit der Gesamtheit der Äußerungen vereinbar. Die Theorie des „Vielleicht" *(syād)* schließt die Relativität oder Ambiguität des Wirklichen ein. Man bezeichnet sie auch als „Regel der sieben Unterteilungen", weil sie sieben Formen von Aussagen enthält: 1) das kann so sein, 2) das kann nicht so sein, 3) das kann so sein oder auch nicht usw. Die Theorie wurde von anderen indischen philosophischen Schulen verurteilt[21]. Dennoch bilden diese beiden logischen Methoden eine der originellsten Schöpfungen des jainistischen Denkens.

Die Analysen der Materie, der Seele, der Zeit und des Raums (diese beiden letztgenannten Kategorien wurden als „Substanzen" betrachtet), der Materie des Karma usw. wurden ausgearbeitet und systematisiert, wobei sich die Klassifikationen und Aufzählungen vervielfachten. Ein Charakteristikum, das Mahāvira vielleicht Makhali Gosāla entlehnt hat, ist die Vorstellung, die Taten prägten die Seele in der Art einer Färbung *(leśya)* und die Farben durchdrängen

---

[19] Neben philosophischen Abhandlungen findet man auch Epen (den hinduistischen Epen und den Purānas angeglichen), sagenhafte Biographien der Tīrthaṃkaras und selbst Märchen, Romane und Dramen, um nicht von der didaktischen und wissenschaftlichen Literatur zu sprechen. Mit Ausnahme der erzählenden Literatur (die im übrigen ebenfalls nicht ohne langatmige Belehrungen ist) ist die enorme Jaina-Produktion von Monotonie und Trockenheit gekennzeichnet.
[20] Diese Art von „Konservativismus" ist eine Besonderheit des traditionellen Indien und stellt in sich nichts Negatives dar. Die Jaina-Schriften allerdings zeichnen sich durch ihre schwere und trockene Handschrift aus.
[21] Wahrscheinlich bezog der Buddha sich auf den syād-vāda, als er gewisse Geistliche angriff, die jeder Frage auswichen, die ihnen gestellt wurde (Digha. I, 39–42).

auch die Körper. So zeigt sich Verdienst und Schuld der Seele in den sechs Farben der Körper: Schwarz, Blauschwarz und Grau charakterisieren die Bewohner der Unterwelt, Gelb, Rosa und Weiß sind die Farben der Lebewesen, die auf Erden leben, während das reine Weiß nur denen gehört, die sich zum Gipfel des Universums erheben.

Es handelt sich sicherlich hierbei um eine archaische Konzeption, die mit bestimmten Yoga-Praktiken verbunden ist. So ist in der Klassifikation der Lebewesen nach ihrer spirituellen Befähigung das achte Stadium, in dem die „erste Sammlung der Seele in ihrer reinen Essenz" sich vollzieht, auch unter dem Namen „erste weiße Sammlung" bekannt. Die Entsprechung zwischen Farbe und spirituellem Stadium findet sich auch in anderen indischen und außerhalb Indiens bestehenden Traditionen.

Wie die Natur *(prakṛti)* in der Sāṃkhya-Yoga-Konzeption, so entwickelt sich hier die Materie spontan und unbewußt, um der Seele zu dienen. Obwohl es ewig und ohne Anfang ist, existiert das Universum, damit sich die Seelen von seinen Strukturen befreien können. Wie wir aber gleich sehen werden, beinhaltet die Befreiung nicht die vollkommene und endgültige Abkehr vom Kosmos. Die Originalität der jainistischen Kosmologie liegt gerade in ihrem Archaismus. Sie hat traditionelle indische Konzeptionen, die von den hinduistischen und buddhistischen Kosmologien vernachlässigt wurden, bewahrt und aufgewertet. Der Kosmos *(loka)* wird vorgestellt als ein aufrecht stehender Mann mit angewinkelten Armen, die Fäuste auf die Hüften gestemmt. Dieser Makranthropos setzt sich aus einer niederen Welt (den unteren Extremitäten), einer mittleren Welt (rund um die Gürtellinie) und einer oberen Welt (Brust und Kopf) zusammen. Eine vertikale Achse durchquert, wie die *axis mundi*, die drei kosmischen Regionen. Die untere Welt enthält sieben übereinandergeschichtete „Länder" *(bhūmi)*, von denen jedes eine andere Farbe hat, vom tiefsten Schwarz bis zum Licht, das vom Glanz von 16 Steinarten erzeugt wird. Die oberen Zonen des ersten „Lands" werden von 18 Kategorien von Gottheiten bewohnt. Die sechs anderen „Länder" bilden die eigentliche Unterwelt, die aus 8 400 000 Höllen besteht, die von unterschiedlichen Arten von Verdammten bewohnt werden, deren Farben Grau, Blauschwarz und Schwarz sind. Ihre ungestalten Körper und die Qualen, die ihnen in den brennenden oder eisig kalten Höllenregionen auferlegt werden, entsprechen den traditionellen Klischees. Die Schuldigen, deren Verbrechen nicht vergeben werden können, werden auf ewig in den schrecklichsten Höllenschlund geworfen, *nigroda*, der zu Füßen des Makranthropos liegt.

Dieses Bild eines anthropomorphen Universums, dessen verschiedene Bereiche – die den Organen des kosmischen Menschen entsprechen – von Wesen verschiedener Farben bewohnt werden, ist archaischen Ursprungs. Nirgendwo anders in Indien wurde es besser aufbewahrt und treffender mit den Erfahrungen der „mystischen Lichter" verbunden als im Jainismus. Die mittlere Welt entspricht im wesentlichen der von der hinduistischen und buddhistischen

Kosmologie beschriebenen[22]. Die obere Welt, die oberhalb des Meru-Berges angesiedelt ist, teilt sich in fünf übereinanderliegende Bereiche, die den Rippen des Makranthropos, seinem Hals, seinem Kinn, seinen fünf Gesichtsöffnungen und seinem Haar entsprechen. Jeder Bereich enthält seinerseits mehrere „Paradiese", die von verschiedenen Arten von Gottheiten bewohnt werden. Was die fünfte Zone, den Gipfel des Universums und Haarknoten des Makranthropos, betrifft, so ist sie den befreiten Seelen reserviert. Das heißt, *der Befreite überschreitet nicht den Kosmos* (wie das beim buddhistischen „Nirvana" der Fall ist), sondern nur seine verschiedenen Stufen. Die befreite Seele erfreut sich einer unbeschreiblichen und ewigen Glückseligkeit im *siddha-kshetra*, dem „Feld der Vollkommenen", in Gesellschaft ihresgleichen, aber innerhalb eines makranthropischen Universums.

Schon zu Zeiten des Bhadrabāhu drang der Jainismus nach Bengalen und Orissa vor. Später faßten die Digambaras im Dekkan Fuß, und die Śvetāmbaras gingen nach Westen und ließen sich vor allem in Gujerat nieder. Die Traditionen beider Sekten halten sich etwas darauf zugute, unter den zu ihnen Bekehrten oder ihren Freunden eine große Zahl von Königen und Prinzen aufzählen zu können. Wie alle anderen indischen Religionen wurde auch der Jainismus von den Muslimen verfolgt (und erlebte Plünderungen, Tempelzerstörungen und das Verbot der Nacktheit). Er wurde außerdem Zielscheibe des hinduistischen Gegenangriffs, und seit dem 12. Jahrhundert war sein Verfall unumstößlich. Im Gegensatz zum Buddhismus wurde der Jainismus in Indien niemals eine volkstümliche und beherrschende Religion, es ist ihm auch nicht gelungen, jenseits der Grenzen des Subkontinents vorzudringen. Während aber der Buddhismus in seinem Ursprungsland vollkommen verschwunden ist, hat die Jaina-Gemeinschaft dort noch 1 500 000 Mitglieder, und dank ihrer sozialen Stellung und Position im kulturellen Leben ist ihr Einfluß beträchtlich.

---

[22] Sie hat die Form einer Scheibe, in der Mitte liegt der Berg Meru, dessen unterer Teil in den Bereich der Unterwelt taucht. Um diesen kosmischen Berg herum liegen 15 konzentrische Kontinente (die „Inseln", *dvipa*, genannt werden), unterteilt von kreisförmigen Meeren. Der mittlere Kontinent, *Jambudvipa*, wird durch Bergketten in 7 Bereiche geteilt. Die Menschen leben bloß in dieser mittleren Zone, dem Bharatavarśa (Indien). Die andern Insel-Kontinente stellen „Länder der Lust" dar *(bhogabhumi)*, denn ihre Bewohner müssen nicht arbeiten, um zu leben. Hier ist auch der Aufenthaltsort der Stern-Gottheiten.

VIERUNDZWANZIGSTES KAPITEL

Die hinduistische Synthese:
Das Mahābhārata und die Bhagavadgītā

191. Die Schlacht der achtzehn Tage

Mit seinen 90 000 Versen ist das Mahābhārata das längste Epos der gesamten Weltliteratur. So wie er uns überliefert wurde, enthält der Text Veränderungen und zahlreiche Einschübe, letztere vor allem in den „enzyklopädischen" Teilen (Gesänge XII und XIII). Es wäre allerdings müßig, die „Urfassung" des Gedichts wiederherstellen zu wollen. Was das Abfassungsdatum betrifft, so hat „dieser Begriff keinen Sinn für das Epos" (L. Renou). Man nimmt an, das Epos sei schon zwischen dem 7. und 6. Jahrhundert v. Chr. vollendet gewesen und habe seine heutige Form zwischen dem 4. Jahrhundert v. Chr. und dem 4. Jahrhundert n. Chr. angenommen (Winternitz).

Das Hauptthema bildet der Streit zwischen zwei Linien der Bharatiden: den Nachkommen des Kuru-Nachfahren Dhṛtarāṣṭra (den 100 Kauravas) und denen des Pāṇḍu (den 5 Pāṇḍavas). Duryodhana, der älteste der Kauravas, Sohn des blinden Königs Dhṛtarāṣṭra, wird von einem dämonischen Haß gegen seine Vettern verzehrt; er ist die Inkarnation des Dämonen Kali, des Dämonen des schlechtesten Weltzeitalters. Die fünf Pāṇḍavas – Yudhiṣṭhira, Arjuna, Bhima, Nakula und Sahadeva – sind Söhne des Pāṇḍu, des jüngeren Bruders des Dhṛtarāṣṭra. Sie sind in Wirklichkeit Söhne der Götter Dharma, Vāyu, Indra und der beiden Aśvins, und wir werden später die Bedeutung dieser göttlichen Abkunft ermessen können. Beim Tod des Pāṇḍu wird Dhṛtarāṣṭra König, bis Yudhiṣṭhira alt genug ist, die Macht übernehmen zu können. Doch Duryodhana will nicht auf die Macht verzichten. Unter den Fallen, die er seinen Vettern stellte, war die gefährlichste das In-Brand-Setzen eines mit Lack überzogenen Hauses, das zu bewohnen er sie überredet hatte. Die Pāṇḍavas flüchteten durch einen unterirdischen Gang und zogen sich mit ihrer Mutter incognito in einen Wald zurück. Es folgte eine Vielzahl von Abenteuern. Als Brahmane verkleidet, schafft es Arjuna, die Prinzessin Draupadī zur Frau zu erhalten, die die Inkarnation der Göttin Śrī ist, und nimmt sie in seine Zufluchtsstätte im Wald mit. Die Mutter, die Draupadī nicht sieht und glaubt, Arjuna bringe nur erbettelte Nahrung mit, ruft: „Erfreut Euch ihrer gemeinsam." So wird das junge Mädchen gemeinsame Frau der fünf Brüder.

Als er erfährt, daß die Pāṇḍavas beim Brand nicht ums Leben gekommen sind, beschließt Dhṛtarāṣṭra, der blinde König, ihnen die Hälfte des Königreichs zu überlassen. Sie erbauen sich eine Hauptstadt, Indraprastha, wo sich ihr Vetter Krishna mit ihnen vereint, der Anführer der Yādavas. Duryodhana fordert Yudhiṣṭhira zu einer Würfel-Partie heraus. Weil ein Würfel falsch ist, verliert Yudhiṣṭhira nach und nach seine ganze Habe, sein Königreich, seine Brüder und seine Frau. Der König erklärt die Partie für ungültig und gibt den Pāṇḍavas ihre Güter wieder. Kurze Zeit darauf aber läßt er eine neue Würfel-Partie zu; man einigt sich, die Verlierer sollten 12 Jahre im Wald leben und ein dreizehntes incognito. Yudhiṣṭhira spielt, verliert von neuem und geht mit seinen Brüdern und Draupadī ins Exil. Der dritte Gesang, Vanaparvan („Buch des Waldes"), ist mit 17500 Distichen der längste und auch am reichsten an literarischen Episoden: Die Eremiten erzählen den Pāṇḍavas die dramatischen Geschichten von Nala und Damayanti, Sāvitrī, Rama und Sītā. Der folgende Gesang berichtet von den Abenteuern des 13. Jahres, das die Vertriebenen unerkannt verbringen können. Im fünften Gesang („Buch der Vorbereitungen") scheint der Krieg unvermeidlich. Die Pāṇḍavas schicken Krishna als Botschafter: sie verlangen die Wiederherstellung ihres Königreiches oder wenigstens der fünf Dörfer, aber Duryodhana kommt ihren Forderungen nicht nach. Riesige Heere kommen von beiden Seiten zusammen, und der Krieg beginnt.

Der sechste Gesang enthält die berühmteste Begebenheit des ganzen Epos: es ist die Bhagavadgītā, die uns weiter unten noch beschäftigen wird. In den folgenden Gesängen werden die verschiedenen Augenblicke der Schlacht, die 18 Tage dauert, sehr detailliert erzählt. Die Erde ist von Toten und Verwundeten übersät. Die Führer der Kauravas fallen einer nach dem anderen, zuletzt Duryodhana. Nur drei Kauravas können entkommen, unter ihnen Aśvatthāman, in den der Gott Shiva eingedrungen ist. Mit einer Horde von Dämonen, die Shiva erzeugt hat, dringt Aśvatthāman nachts in das Lager der schlafenden Pāṇḍavas ein und tötet sie massenweise, mit Ausnahme der fünf Brüder, die gerade nicht im Lager sind. Von so vielen Morden traurig geworden, will Yudhiṣṭhira auf den Thron verzichten und als Einsiedler leben; seine Brüder aber, von Krishna und mehreren Weisen unterstützt, erreichen, daß er seine Entscheidung revidiert und das Pferdeopfer prunkvoll feiert (aśvamedha, siehe § 73). Nach mehreren Jahren der Zusammenarbeit mit seinem Neffen zieht sich Dhṛtarāṣṭra mit einigen Gefährten in den Wald zurück. Einige Zeit später sterben sie bei einem Brand, der durch ihre eigenen heiligen Feuer entzündet wurde. 36 Jahre nach der großen Schlacht sterben Krishna und sein Volk auf merkwürdige Weise: sie töten sich gegenseitig mit Schilfrohren, die sich durch Zauber in Keulen verwandelt haben. Die Hauptstadt bricht zusammen und fällt ins Meer. Yudhiṣṭhira fühlt, daß er alt wird, und übergibt die Herrschaft seinem Großenkel Parikṣit (der tot geboren und von Krishna wiedererweckt worden war). Er geht mit seinen Brüdern, Draupadī und einem Hund in den Himalaya. Einer nach dem anderen brechen seine Gefährten auf dem Weg zusammen. Nur

Yudhiṣṭhira und der Hund (in Wirklichkeit sein eigener Vater, Dharma) stehen bis zum Ende durch. Das Epos endet mit der Beschreibung eines kurzen Abstiegs Yudhiṣṭhiras in die Unterwelt, dem seine Himmelfahrt folgt.

192. Eschatologischer Krieg und Ende der Welt

Dieser ungeheure Krieg wurde von Brahmā beschlossen, der die Erde von einer Bevölkerung befreien wollte, die nicht aufhörte, sich zu vermehren. Brahmā verlangte von einer bestimmten Anzahl von Göttern und Dämonen, sie sollten sich inkarnieren, um einen schrecklichen Vernichtungskrieg heraufzubeschwören. Das Mahābhārata beschreibt das Ende der Welt *(pralaya)*, das gefolgt wird vom Entstehen einer neuen Welt unter der Herrschaft des Yudhiṣṭhira bzw. des Parikṣit[1]. Das Gedicht hat eine eschatologische Struktur, es zeigt die riesige Schlacht zwischen den Kräften des „Guten" und des „Bösen" (analog zu den Schlachten zwischen *deva* und *asura*), die Zerstörung der kosmischen Proportionen durch Feuer und Wasser, das Emporkommen einer neuen und reinen Welt, symbolisiert durch die wunderbare Auferstehung des Parikṣit. In gewissem Sinn kann man hier von einer grandiosen Aufwertung des alten mythisch-rituellen Szenario vom Neuen Jahr sprechen. Doch diesmal handelt es sich nicht um das Ende eines „Jahres", sondern um den Abschluß eines kosmischen Zeitalters. Die zyklische Theorie verbreitete sich seit den Purāṇas. Das soll aber nicht heißen, der eschatologische Mythos sei notwendigerweise eine Schöpfung des Hinduismus. Seine Konzeption ist archaischen Ursprungs und erfreut sich beträchtlicher Verbreitung. Außerdem sind analoge Mythen aus dem Iran und aus Skandinavien bezeugt. Nach der zoroastrischen Überlieferung ergreift am Ende der Geschichte Ohrmazd den Ahriman, die sechs Amesha Spenta fassen je einen Erddämonen, und die Inkarnationen des Bösen werden endgültig in die Finsternis gestoßen (siehe § 216). Wie wir gesehen haben (§ 177), findet sich eine ähnliche Eschatologie bei den alten Germanen: im Verlauf der Endschlacht *(ragnarök)* wird sich demnach jeder Gott um ein dämonisches Wesen oder Ungeheuer kümmern, mit dem Unterschied, daß die Götter und ihre Gegner sich gegenseitig bis zum letzten Mann töten werden, die Erde angezündet und schließlich ins Meer versenkt wird. Doch danach wird die Erde aus den Wassermassen wiedererstehen, und eine neue Menschheit wird sich eines glücklichen Lebens unter der Herrschaft des jungen Gottes Balder erfreuen.

Stig Wikander und Georges Dumézil haben die strukturellen Analogien zwischen diesen drei eschatologischen Kriegen glänzend analysiert. Man kann also schließen, daß der Mythos vom Ende der Welt bei den Indoeuropäern bekannt

---

[1] G. Dumézil, Mythe et Épopée I, 152 ff., sieht in der Herrschaft des Yudhiṣṭhira die Restauration der Welt. A. Hiltebeitel, The Mahābhārata and Hindu Eschatology 102, der der traditionellen indischen Interpretation folgt, meint, das „neue Zeitalter" beginne mit der Herrschaft Parikṣits.

Die hinduistische Synthese

war. Die Unterschiede sind natürlich deutlich, sie können sich aber durch unterschiedliche Orientierungen, die die jeweilige Besonderheit dieser drei indoeuropäischen Religionen bilden, erklären. Es stimmt, daß es keine Belege für den eschatologischen Mythos aus vedischer Zeit gibt. Das beweist allerdings nicht etwa, daß er nicht existiert habe[2]. Nach einer Formulierung Georges Dumézils (Mythe et Épopée I, 218ff) ist das Mahābhārata die „epische Übersetzung einer eschatologischen Krise", dessen, was die hinduistische Mythologie das Ende eines *yuga* nennt. Das Mahābhārata enthält aber einige vedische oder vor-vedische Elemente[3]. Es ist also erlaubt, den Mythos vom Ende eines Zeitalters unter die archaischen arischen Traditionen zu rechnen, zumal er auch im Iran bekannt war.

Man muß aber sofort hinzufügen, daß das Gedicht eine großartige Synthese darstellt, die beträchtlich reicher ist als die eschatologische Tradition Indoeuropas, die es fortsetzt. Bei der Beschreibung der Vernichtung unbegrenzter Menschenmassen und der tellurischen Katastrophen, die ihr folgten, macht das Mahābhārata Anleihen bei der flammenden Bildersprache der Purāṇas. Bedeutender sind die theologischen Entwicklungen und Neuerungen. Die „messianische" Idee vom *avatāra* wird streng und kraftvoll dargestellt. In der berühmten Theophanie der Bhagavadgītā (XI, 12ff) gibt sich Krishna dem Arjuna als Inkarnation des Vishnu zu erkennen. Wie festgestellt wurde[4], stellt diese Theophanie ebenfalls einen *pralaya* dar, der in gewisser Weise das „Ende der Welt", das in den letzten Gesängen des Epos beschrieben wird, vorwegnimmt. Die Offenbarung (Krishna-)Vishnus als Herr des *pralaya* hat große theologische und metaphysische Konsequenzen. In der Tat lassen sich hinter den Ereignissen, die den roten Faden des Mahābhārata bilden, die Gegenüberstellung und Komplementarität von Vishnu(-Krishna) und Shiva erkennen. Die „zerstörerische" Funktion des Letztgenannten wird ausgeglichen von der „schaffenden" Rolle des Vishnu(-Krishna). Ist einer dieser Götter – oder einer ihrer Repräsentanten – in der Handlung anwesend, so ist der andere abwesend. Aber auch Vishnu (-Krishna) ist Ursache von „Zerstörungen" und „Auferstehungen". Im übrigen stellen das Epos und die Purāṇas den negativen Aspekt dieses Gottes heraus[5].

---

[2] „Das Denken der vedischen Sänger richtet sich auf die Gegenwart, auf die augenblicklichen Dienste der Götter, deren vergangene mythische Taten Garanten dafür sind; die weiteste Zukunft interessiert sie nicht" (*G. Dumézil*, Mythe et Épopée I, 221).

[3] Stig Wikander hat festgestellt, daß die Väter der fünf Pāṇḍavas – Dharma, Vāyu, Indra und die Zwillinge – der auf die drei Funktionen bezogenen Liste der vedischen Götter entsprechen: Mitra-Varuṇa (= Dharma), Indra (= Vāyu und Indra) und die Aśvins. Diese Liste spiegelt nicht die religiöse Situation, die zu der Zeit herrschte, als das Gedicht vollendet war (einer Zeit, die von Vishnu und Shiva bestimmt war), noch auch die der vedischen Zeit, als Soma und Agni eine bedeutende Rolle spielten. Es folgt daraus, daß das Mahābhārata einen para-vedischen oder vor-vedischen Stand der Dinge vorstellt (siehe *G. Dumézil*, Mythe et Épopée I, 42ff).

[4] Siehe *M. Biardeau*, Études de mythologie hindoue III, 54.

[5] In den Purāṇas wird Vishnu häufig als wild, gefährlich und unverantwortlich, als „verrückt", geschildert; Shiva dagegen wird vielfach als derjenige vorgestellt, dem es gelingt, ihn zu beruhigen. Siehe dazu die von *D. Kinsley*, Through the Looking Glass 276ff, zitierten Texte.

Das heißt, daß Vishnu als höchstes Wesen die letzte Wirklichkeit darstellt; er beherrscht folglich ebenso die Schöpfung wie die Zerstörung der Welten. Er ist jenseits von Gut und Böse, wie im übrigen alle Götter, denn „Tugend und Sünde existieren, o König, nur unter den Menschen" (XII, 238,28). In yogischen und kontemplativen Kreisen war dies eine seit der Zeit der Upanishaden vertraute Vorstellung. Das Mahābhārata aber – und, genauer, an erster Stelle die Bhagavadgītā – macht sie allen Schichten der indischen Gesellschaft zugänglich und dadurch zum Allgemeingut. Beim Lobpreis Vishnus als höchsten Wesens unterstreicht das Gedicht die Komplementarität Shivas und Vishnus[6]. Von diesem Gesichtspunkt aus kann das Mahābhārata als Grundstein des Hinduismus betrachtet werden. In der Tat haben nämlich diese beiden Götter, verbunden mit der Großen Göttin (Shakti, Kālī, Durgā), den Hinduismus von den ersten Jahrhunderten bis heute beherrscht.

Die Komplementarität zwischen Shiva und Vishnu entspricht in gewisser Weise derjenigen zwischen den gegensätzlichen Funktionen, die für die großen Götter kennzeichnend sind (Schöpfung/Zerstörung usw.). Diese Struktur des Göttlichen zu verstehen, kommt einer Offenbarung gleich und bildet auch das Modell, dem man folgen muß, um die Befreiung zu erreichen. Auf der einen Seite nämlich beschreibt und preist das Mahābhārata den Kampf zwischen dem Guten und dem Bösen, dharma und adharma, einen Kampf, der das Gewicht einer universellen Norm bekommt, denn er beherrscht das kosmische Leben, die Gesellschaft und die persönliche Existenz; auf der anderen Seite erinnert das Gedicht aber daran, daß die letzte Wirklichkeit – der Brahman-ātman der Upanishaden – jenseits des Paares *dharma/adharma* und jedes anderen Gegensatzpaares liegt. Die Befreiung beinhaltet also mit anderen Worten das Verständnis der Beziehungen zwischen zwei „Arten" des Wirklichen: der *unmittelbaren*, das heißt historisch bedingten, und der *letzten* Realität. Der Monismus der Upanishaden hatte die Gültigkeit der unmittelbaren Realität geleugnet. Das Mahābhārata schlägt, vor allem in seinen didaktischen Teilen, eine weniger enge Lehre vor: auf der einen Seite wird hier der Monismus der Upanishaden bestätigt, gefärbt mit theistischen (vishnuistischen) Erfahrungen, auf der anderen Seite wird jede soteriologische Lösung akzeptiert, die der Schrift-Tradition nicht ausdrücklich widerspricht.

---

[6] Bezüglich der verschiedenen Aspekte dieser Komplementarität siehe *J. Gonda*, Visnuism and Sivaism 87ff.

193. Die Offenbarung Krishnas

Auf den ersten Blick kann es widersinnig erscheinen, daß das literarische Werk, das einen schrecklichen Vernichtungskrieg und das Ende eines *yuga* beschreibt, zugleich *das* Modell jeder vom Hinduismus geschaffenen spirituellen Synthese darstellt. Die Neigung zur Versöhnung der Gegensätze charakterisiert das indische Denken seit der Zeit der Brahmanas, aber erst im Mahābhārata kann man die Bedeutung ihrer Ergebnisse ermessen. Im wesentlichen kann man sagen, daß das Gedicht[7] 1. die Gleichwertigkeit des Vedānta (der Lehre der Upanishaden), des Sāṃkhya und des Yoga lehrt, 2. die Gleichheit der drei „Wege" *(marga)* aufzeigt, die durch die Rituale, die metaphysische Erkenntnis und die Yoga-Praktiken vertreten werden, 3. eine bestimmte Existenzweise in der Zeit rechtfertigen will, also die Geschichtlichkeit des Menschen annimmt und aufwertet, 4. die Überlegenheit eines vierten, soteriologischen „Weges" verkündet: der Hingabe an Vishnu(-Krishna).

Das Gedicht stellt Sāṃkhya und Yoga in ihrem vor-systematischen Stadium vor. Sāṃkhya bedeutet die „wahre Erkenntnis" *(tattva jñāna)* oder „Selbst-Erkenntnis" (ātmaboddha); in diesem Sinn setzt der Sāṃkhya die Spekulation der Upanishaden fort. Yoga bezeichnet jede Aktivität, die das Selbst zum Brahman führt und zugleich unzählige „Kräfte" verleiht. Meist entspricht diese Aktivität dem Asketismus. Der Ausdruck „Yoga" bedeutet manchmal „Methode", manchmal „Kraft" oder „Meditation"[8]. Die beiden *darśana* werden als gleichwertig angesehen. Nach der Bhagavadgītā „stellen nur beschränkte Geister Sāṃkhya und Yoga einander gegenüber, nicht aber die Weisen *(paṇḍitāḥ).* Wer wirklich Meister des einen ist, dem sind auch die Früchte beider sicher ... Sāṃkhya und Yoga sind nur eines" (V, 4–5).

Ebenfalls in der Bhagavadgītā wird die Entsprechung der drei „soteriologischen" Wege deutlich gezeigt. Diese berühmte Episode beginnt mit der „existentiellen Krise" Arjunas und schließt mit einer beispielhaften Offenbarung über die menschliche Grundsituation und die „Wege" der Befreiung. Als er ihn wegen des Krieges, in dem er seine Freunde und eigenen Vettern töten muß, betrübt sieht, eröffnet Krishna Arjuna die Mittel, seine Aufgabe des *kshatra* zu erfüllen, ohne sich vom *karma* fesseln zu lassen. Im wesentlichen beziehen sich die Offenbarungen Krishnas auf: 1. die Struktur des Universums, 2. die Seinsweisen, 3. die Wege, denen man folgen muß, um die endgültige Befreiung zu erlangen. Krishna aber fügt wohlweislich hinzu, daß dieser „alte Yoga" (IV, 3), der das „höchste Geheimnis" ist, keine Neuerung darstellt; er hat ihn schon dem Vivasvat gezeigt, der ihn anschließend dem Manu geoffenbart hat, und Manu

---

[7] Teilweise in den „pseudo-epischen" und didaktischen Teilen (Buch XII, XIII usw.).
[8] Dieser Bedeutungsvielfalt entsprechen wirkliche morphologische Unterschiede (siehe *M. Eliade*, Yoga 158ff).

hat ihn dem Ikshvāku weitergegeben (IV, 1). „Durch diese Tradition haben ihn die Rishi-Könige kennengelernt; mit der Zeit aber verschwand der Yoga von hier unten" (IV, 2). Immer, wenn die Ordnung *(dharma)* wankt, zeigt sich Krishna selbst (IV, 7), das heißt, er offenbart in einer für den gegebenen „historischen Augenblick" angemessenen Weise eine zeitlose Weisheit (die Lehre des *avatāra*). Wenn also die Bhagavadgītā historisch als eine neue spirituelle Synthese erscheint, so ist sie „neu" nur für unsere durch die Zeit und die Geschichte geprägten Augen".

Man könnte sagen, das Wesentliche der von Krishna geoffenbarten Lehre liege in der einfachen Formel: Verstehe mich, und folge mir nach! Denn alles, was er über sein eigenes Wesen und über sein „Verhalten" in Kosmos und Geschichte enthüllt, soll Arjuna als Vorbild dienen: er findet den Sinn seines Lebens in der Geschichte und erhält gleichzeitig die Befreiung, sobald er versteht, was Krishna *ist* und was er *tut*. Im übrigen besteht auch Krishna auf dem vorbildhaften und soteriologischen Wert des göttlichen Beispiels: „Alles, was der Anführer macht, machen die übrigen Menschen nach. Die Welt folgt der Regel, die er beachtet" (III, 21). Und er fügt mit Bezug auf sich selbst hinzu: „In den drei Welten gibt es nichts, das zu tun ich angehalten wäre (...) und dennoch bleibe ich tätig" (III, 23). Krishna beeilt sich, die tiefe Bedeutung dieser Aktivität zu enthüllen: „Wäre ich nicht immer unermüdlich und überall in Aktion, so folgten die Menschen meinem Beispiel. Die Welten würden aufhören zu existieren, wenn ich mein Werk nicht verrichtete; ich wäre Ursache der universellen Verwirrung und des Endes der Geschöpfe" (III, 23–24, nach der Übers. von E. Sénart).

Arjuna muß folglich das Verhalten Krishnas nachahmen: das heißt, er muß vor allem handeln, um nicht durch seine Passivität zur „universellen Verwirrung" beizutragen. Um aber „in der Art Krishnas" handeln zu können, muß er sowohl das Wesen des Göttlichen als auch die Arten, in denen es sich zeigt, kennen. Aus diesem Grund gibt Krishna sich zu erkennen: wenn der Mensch Gott kennt, kennt er gleichzeitig das Vorbild, dem er folgen muß. Krishna beginnt damit, daß er offenbart, daß das Sein und das Nicht-Sein in ihm liegen und daß jede Schöpfung – die der Götter ebenso wie die der Gesteine – von ihm ausgeht (VII, 4–6; IX, 4–5 u. a.). Er schafft die Welt unaufhörlich mittels seiner *prakṛti*, diese unaufhörliche Aktivität aber kettet ihn nicht an: *er ist nur*

" Das ist für die okzidentale Interpretation der indischen Spiritualität nicht folgenlos: denn wenn man auch das Recht hat, die Geschichte der indischen Lehren und Techniken zu rekonstruieren und sich zu bemühen, deren Neuerungen, Entwicklungen und nach und nach hinzukommende Änderungen festzustellen, so darf man dabei jedoch nicht vergessen, daß vom indischen Standpunkt aus der historische Kontext einer „Offenbarung" nur begrenzte Bedeutung hat: das „Erscheinen" oder „Verschwinden" einer soteriologischen Lehre in der Geschichte kann uns über ihren „Ursprung" nichts sagen. Nach der so nachdrücklich von Krishna bestätigten indischen Tradition *schaffen* die verschiedenen „geschichtlichen Augenblicke" – die zugleich Augenblicke in der Entwicklung des Kosmos sind – nicht die Lehre, sondern lassen nur *geeignete Formulierungen* der zeitlosen Botschaft entstehen. Siehe *M. Eliade*, Yoga 163 ff.

Betrachter seiner eigenen Schöpfung (IX, 8-10). Diese scheinbar widersinnige Aufwertung der Aktivität (des *karman*) bildet die wesentliche Lehre, die Krishna geoffenbart hat: bei der Nachahmung des Gottes, der die Welt erschafft und unterstützt, *ohne an ihr teilzuhaben*, kann der Mensch lernen, es genauso zu machen. „Es genügt nicht, sich des Handelns zu enthalten, um sich von der Tat zu befreien: Untätigkeit allein führt nicht zur Vollkommenheit", denn „jeder ist zum Handeln verurteilt" (III, 4-5). Selbst wenn er sich der Tat im strengen Wortsinn enthält, kettet ihn die ganze unbewußte Aktivität, die von den *guṇa* hervorgerufen wird (III, 5) weiter an die Welt und integriert ihn in den karmischen Kreislauf.

Zum Handeln verurteilt – denn „Handeln steht höher als Nicht-Handeln" (III, 8) –, muß der Mensch die vorgeschriebenen Taten vollbringen, mit anderen Worten, seine Aufgaben erfüllen, die Taten, die ihm aus seiner besonderen Situation heraus abverlangt sind. „Besser ist es, die eigenen Aufgaben *(svadharma)* zu erfüllen, sei es auch unvollkommen, als sich derer einer anderen Lebenssituation anzunehmen, sei es noch so vollkommen" *(paradharma:* III, 35). Die besonderen Aufgaben werden von den guṇa bestimmt (XVII, 8 ff: XVIII, 23 ff). Krishna wiederholt bei mehreren Gelegenheiten, daß die *guṇas* von ihm ausgehen, ihn aber nicht binden: „Nicht ich bin in ihnen, sie sind in mir" (VII, 12). Folgende Lehre ergibt sich daraus: Der Mensch muß seine „historische Situation", die durch die *guṇas* geschaffen ist, akzeptieren (muß sie akzeptieren, weil die *guṇas* ebenfalls von Krishna kommen) und den Notwendigkeiten, die sich aus dieser Situation ergeben, gemäß handeln, er muß es sich aber versagen, seinen Taten *einen Wert beizumessen* und folglich seiner eigenen Situation einen *absoluten Wert* zu geben.

194. „Auf die Früchte der eigenen Taten verzichten"

In diesem Sinn kann man sagen, die Bhagavadgītā bemühe sich, alle menschlichen Taten zu „retten", jede weltliche Handlung zu „rechtfertigen": denn durch die Tatsache, daß er sich der „Früchte" seiner Taten nicht erfreuen will, *formt der Mensch seine Taten in Opfer um*, das heißt in transpersonelle Kräfte, die zur Erhaltung der kosmischen Ordnung beitragen. Krishna nämlich erinnert daran, daß einzig die Taten, die das Opfer zum Gegenstand haben, nicht binden (III, 9). Prajāpati schuf das Opfer, damit die Menschen leben und sich vermehren könnten (III, 10 ff). Krishna aber offenbart, daß auch der Mensch an der Vervollkommnung des göttlichen Werkes mitarbeiten kann: nicht nur durch seine Opfer im eigentlichen Sinn (durch diejenigen also, die den vedischen Kult bilden), sondern durch *all seine Taten*, welcher Art sie auch seien. Wenn die verschiedenen Asketen und Yogins ihre psycho-physiologischen Aktivitäten „opfern", so lösen sie sich von diesen Aktivitäten und geben ihnen einen transpersonellen Wert (IV, 25 ff); wenn sie dies tun, haben „alle den richtigen

Begriff vom Opfer und löschen ihre Verunreinigungen durch das Opfer aus" (IV, 30).

Diese Umwandlung weltlicher Tätigkeiten in Rituale wird durch den Yoga ermöglicht. Krishna offenbart dem Arjuna, daß der „Tat-Mensch"[10] sich retten, also den Folgen seiner Teilhabe am Leben dieser Welt entziehen kann, *obwohl er fortfährt, zu handeln*. Er muß einzig folgendes beachten: *er muß sich von seinen Taten und ihren Folgen loslösen*, mit anderen Worten „auf die Früchte seiner eigenen Taten verzichten" *(phalatṛṣṇavairāgya), unpersönlich handeln*, ohne Leidenschaft, ohne Begierden, als würde er stellvertretend für einen anderen handeln. Hält er sich strikt an diese Regel, so werden seine Taten keine neuen karmischen Potentialitäten hervorbringen, noch ihn dem Kreislauf des Karma unterwerfen. „Gegenüber den Früchten seiner Taten gleichgültig, immer zufrieden, frei von jeder Bindung, handelt er nicht, so geschäftig er auch sein mag"... (IV, 20).

Das Neuartige der Bhagavadgītā besteht darin, auf diesem „Yoga des Handelns" bestanden zu haben, den man mit dem „Verzicht auf die Früchte der eigenen Taten" verwirklicht. Hier liegt auch der Hauptgrund für ihren unvergleichlichen Erfolg in Indien. Denn seither ist es jedem Menschen erlaubt, auf die Befreiung zu hoffen, dank des *phalatṛṣṇavairāgya*, selbst wenn er, aus welchen Gründen auch immer, gezwungen ist, das soziale Leben zu teilen, eine Familie und Sorgen zu haben, Funktionen auszufüllen, sogar „unmoralische" Dinge zu tun (wie Arjuna, der seine Gegner im Krieg töten muß). Gelassen zu handeln, ohne vom „Streben nach der Frucht" getrieben zu sein, heißt eine Selbstbeherrschung und Heiterkeit zu erlangen, die zweifelsohne nur der Yoga verleihen kann. Krishna drückt es so aus: „Obwohl er unbeschränkt handelt, bleibt er dem Yoga treu." Diese Interpretation der Yoga-Technik ist charakteristisch für die großartige Synthese-Leistung der Bhagavadgītā, die alle Berufungen vereinen wollte: die asketische, die mystische und die dem Handeln in der Welt geweihte.

Außer diesem jedermann zugänglichen Yoga, der im Verzicht auf die „Früchte der eigenen Taten" besteht, stellt die Bhagavadgītā auch summarisch eine Yoga-Technik im eigentlichen Sinn dar, die nur dem kontemplativen Weg zugänglich ist (VI, 11ff). Krishna legt fest: „Der Yoga ist der Askese *(tapas)* überlegen, überlegen sogar der Wissenschaft *(jñāna)*, überlegen dem Opfer" (VI, 46). Aber die yogische Meditation erreicht ihr letztes Ziel erst, wenn der Anhänger sich auf Gott konzentriert: „Mit heiterer und furchtloser Seele (...), mit einem Geist, der streng und ständig an Mich denkt, muß er den Yoga praktizieren, indem er Mich als höchstes Ziel nimmt" (VI, 14). „Wer Mich überall sieht und alle Dinge in Mir, den verlasse ich niemals, und er verläßt mich niemals. Wer, nachdem er sich in der Einheit festgemacht hat, mich anbetet, der Ich in

---

[10] Der „Tat-Mensch", das heißt derjenige, der sich aus dem bürgerlichen Leben nicht zurückziehen kann, um sein Heil mittels der Erkenntnis, der Askese oder der mystischen Hingabe zu erlangen.

allen Lebewesen wohne, dieser Yogin wohnt in Mir, *wie auch seine Lebensweise sein mag*" (VI, 30-31; Hervorhebungen vom Verf., M. E.).

Das bedeutet zugleich den Triumph der Yoga-Praktiken und den Lobpreis der mystischen Hingabe (bhakti) als höchsten „Weg". Außerdem zeigt sich in der Bhagavadgītā das Konzept der Gnade, womit sich die ausufernde Entwicklung schon anzeigt, die es in der mittelalterlichen vishnuitischen Literatur nehmen wird. Die entscheidende Rolle aber, die sie beim Aufschwung des Theismus hatte, erschöpft nicht die Bedeutung der Bhagavadgītā. Dieses unvergleichliche Werk, Höhepunkt der indischen Spiritualität, kann in vielerlei Beziehungen hoch geschätzt werden. Wegen der Betonung, die sie auf die Geschichtlichkeit des Menschen legt, ist die Lösung, die die Gītā anbietet, sicher die verständlichste und – das muß hinzugefügt werden – auch die angemessenste für das moderne Indien, das schon in den „Kreislauf der Geschichte" integriert ist. Denn das Problem, um das es in der Gītā geht, ist – in dem Okzident vertraute Begriffe übersetzt – das folgende: Wie kann man die widersinnige Situation bewältigen, die durch die doppelte Tatsache geschaffen ist, daß der Mensch sich einerseits in der Zeit *befindet*, der Geschichte *anheimgegeben* ist, daß er aber andererseits weiß, daß er „verdammt" sein wird, wenn er sich von der Vergänglichkeit und seiner eigenen Geschichtlichkeit aufbrauchen läßt, daß er also um jeden Preis *in der Welt* einen Weg finden muß, der sich auf eine transhistorische und zeitlose Ebene hin öffnet?

Wir haben die von Krishna vorgeschlagene Lösung gesehen: seine Aufgabe (svadharma) in der Welt erfüllen, ohne sich aber durch die Begierde nach den Früchten der eigenen Taten treiben zu lassen (phalatrṣṇavairāgya). Da das ganze Universum die Schöpfung und Epiphanie von Krishna(-Vishnu) ist, stellt es keine „schlechte Tat" dar, in der Welt zu leben und an ihren Strukturen teilzuhaben. Das schlechte Handeln besteht im Glauben, die Welt, die Zeit und die Geschichte verfügten über eine eigene und unabhängige Wirklichkeit, es existiere also *nichts anderes* außerhalb der Welt und der Zeitlichkeit. Die Vorstellung ist gewiß pan-indisch; in der Bhagavadgītā aber erfuhr sie ihren kohärentesten Ausdruck.

195. „Trennung" und „Totalisation"

Um die Rolle der Bhagavadgītā in der indischen Religionsgeschichte gebührend zu würdigen, muß man sich an die Lösungen erinnern, die der Sāṃkhya, der Yoga und der Buddhismus vorgeschlagen haben. Nach Ansicht dieser Schulen verlangte die Befreiung als Bedingung *sine qua non* die Loslösung von der Welt und die Negation des menschlichen Lebens als Existenzweise in der Geschichte[11]. Die Entdeckung des „universellen Schmerzes" und des unendli-

---

[11] Gewiß liegt die „klassische" Zeit der *darśanas* Sāṃkhya und Yoga mehrere Jahrhunderte nach der Abfassung der Bhagavadgītā. Ihre charakteristischen Tendenzen aber – besonders die Methoden,

chen Kreislaufs von Reinkarnationen[12] hatte die Suche nach dem Heil in eine bestimmte Richtung geführt: Die Befreiung *mußte* die *Weigerung* beinhalten, den vitalen Trieben und den sozialen Normen zu folgen. Sich in die Einsamkeit zurückzuziehen und asketisch zu leben waren unverzichtbare Vorbedingungen. Auf der anderen Seite wurde das Heil durch die Gnosis verglichen mit einem „Erwachen", einer „Befreiung aus den Banden" und dem „Abnehmen der Binde, die die Augen bedeckte" (siehe § 136). Insgesamt setzte das Heil einen Vorgang des Bruchs voraus: die Trennung von der Welt, dem Ort des Leidens und dem Gefängnis, das voll von Sklaven ist.

Die religiöse Abwertung der Welt wurde erleichtert durch das Verschwinden des Schöpfergottes. Für den Sāṃkhya-Yoga ist das Universum dank des „teleologischen Instinkts" der Ursubstanz (prakṛti) entstanden. Für den Buddha stellt sich das Problem nicht einmal; auf jeden Fall bestreitet Buddha die Existenz Gottes. Die religiöse Abwertung der Welt wird begleitet vom Lob des Geistes oder des Selbst (ātman, purusha). Selbst für Buddha, der doch das ātman als autonome und nicht weiter zurückführbare Monade zurückweist, ist die Befreiung dank einer Anstrengung „spiritueller" Art erreichbar.

Die fortschreitende Verhärtung des Dualismus Geist–Materie erinnert an die Entwicklung des religiösen Dualismus, der zur iranischen Formel von den beiden konträren Prinzipien führt, die das Gute und das Böse repräsentieren. Wie wir mehrfach bemerkt haben, war lange Zeit die Gegenüberstellung Gut–Böse nur eines von vielen Beispielen für Dyaden und Polaritäten – kosmischer, sozialer und religiöser Art –, die den rhythmischen Wechsel des Lebens und der Welt sicherten. Insgesamt war das, was man in den beiden antagonistischen Prinzipien des Guten und des Bösen abgesondert hat, anfangs nur *eine* unter zahlreichen Formeln, mittels deren die antithetischen, aber komplementären Aspekte der Wirklichkeit ausgedrückt wurden: Tag und Nacht, männlich und weiblich, Leben und Tod, Fruchtbarkeit und Unfruchtbarkeit, Gesundheit und Krankheit usw.[13] Das Gute und das Böse gehörten mit anderen Worten zum gleichen kosmischen und damit menschlichen Rhythmus, den das chinesische Denken im Wechsel der beiden Prinzipien *yang* und *yin* zu fassen suchte (§ 130).

Die Abwertung des Kosmos und des Lebens, die in den Upanishaden angelegt ist, fand ihren härtesten Ausdruck in den „dualistischen" Ontologien und den Trennungs-Methoden, die vom Sāṃkhya-Yoga und vom Buddhismus ausgearbeitet wurden. Man kann den Versteifungsvorgang, der die Etappen des indischen religiösen Denkens charakterisiert, mit der Verhärtung des iranischen Dualismus vergleichen, die von Zarathustra bis zum Manichäismus stattfand.

---

die im Hinblick auf die Trennung des Geistes von den psycho-mentalen Erfahrungen ausgearbeitet wurden – sind schon für die Zeit der Upanishaden bezeugt.
[12] Erinnern wir daran, daß die Schicksalhaftigkeit der Seelenwanderung den Selbstmord nutzlos machte.
[13] Siehe *M. Eliade*, Die Sehnsucht nach dem Ursprung (Wien 1973).

Die hinduistische Synthese

Auch Zarathustra betrachtete die Welt als eine „Mischung" des Spirituellen und des Materiellen. Der Gläubige, der sein Opfer richtig ausführte, trennte sein himmlisches Wesen (mēnōk) von der materiellen Erscheinung (gētē)[14]. Aber für Zarathustra und den Mazdäismus war das Universum das Werk von Ahura Mazda. Die Welt wurde erst später, von Ahriman, verdorben. Im Gegensatz dazu führten der Manichäismus und zahlreiche gnostische Sekten die Schöpfung auf dämonische Kräfte zurück. Welt, Leben und Mensch sind für sie Ergebnis einer Reihe dramatischer, zwielichtiger oder verbrecherischer Aktivitäten. Schließlich ist diese ungeheuere und eitle Schöpfung dem Untergang geweiht. Die Befreiung ist Ergebnis einer langen und schwierigen Anstrengung, den Geist von der Materie zu trennen, das Licht vom Dunkel, das es gefangenhält. Gewiß hatten die verschiedenen indischen Methoden und Techniken, die die Befreiung des Geistes durch eine Reihe von „Abtrennungen" immer radikalerer Art zum Ziel hatten, auch lange nach dem Erscheinen der Bhagavadgītā ihre Anhänger. Die Verweigerung des Lebens und vor allem der von den sozio-politischen Strukturen und von der Geschichte bedingten Existenz nämlich war nach den Upanishaden eine angesehene soteriologische Lösung geworden. Doch es war der Gītā gelungen, in einer gewagten Synthese alle indischen religiösen Richtungen zu integrieren, also auch die Askesepraktiken, die das Verlassen der Gemeinschaft und das Aussteigen aus den sozialen Verpflichtungen implizierten. Vor allem aber hatte die Gītā die Resakralisierung des Kosmos, des universellen Lebens und sogar der *historischen* Existenz des Menschen bewirkt. Wie wir gesehen haben, ist Vishnu-Krishna nicht nur der Schöpfer und Herr der Welt, er heiligt durch seine Gegenwart auch die gesamte Natur.

Auf der anderen Seite ist es auch immer Vishnu, der am Ende jedes kosmischen Zyklus periodisch das Universum zerstört. Es wird, mit anderen Worten, *alles* von Gott geschaffen und beherrscht. Folglich bekommen die „negativen Aspekte" des kosmischen Lebens, der individuellen Existenz und der Geschichte eine religiöse Bedeutung. Der Mensch ist nicht mehr gefangen in einem Kosmos, den er sich selbst geschaffen hat, denn die Welt ist das Werk eines persönlichen und allmächtigen Gottes. Und was noch mehr bedeutet: dieser Gott hat die Welt nach ihrer Schöpfung nicht verlassen, sondern ist weiterhin in ihr präsent und auf allen Ebenen aktiv, von den materiellen Strukturen des Kosmos bis zum Bewußtsein des Menschen. Kosmische Unglücke und historische Katastrophen, also die periodische Zerstörung des Universums, werden von Vishnu-Krishna beherrscht; *sie sind also Theophanien*. Das nähert den Gott der Bhagavadgītā Jahwe, dem Schöpfer der Welt und Herrn der Geschichte, wie ihn die Propheten gesehen haben, an (siehe § 121). Es ist im übrigen nicht unbedeutend, daß, wie auch die von der Gītā überlieferte Offenbarung während eines schrecklichen Vernichtungskrieges stattfand, die Propheten unter dem

---

[14] Siehe § 104. Wir folgen der Interpretation von G. Gnoli; siehe *M. Eliade*, Spirit, Light and Seed 18ff.

„Schrecken der Geschichte", unter der Bedrohung der bevorstehenden Auslöschung des jüdischen Volkes gepredigt haben.

Die Tendenz zur Totalisation des Wirklichen, die das indische Denken bestimmt, findet in der Bhagavadgītā mit am überzeugendsten ihren Ausdruck. Weil sie unter dem Zeichen eines persönlichen Gottes geschieht, verleiht diese Totalisation selbst den nicht zu leugnenden Manifestationen des „Bösen" und des „Unglücks", wie Krieg, Verrat und Mord, einen religiösen Wert[15]. Aber vor allem die Resakralisierung des Lebens und der menschlichen Existenz hat beträchtliche Folgen für die religiöse Geschichte Indiens gehabt. In den ersten Jahrhunderten nach Christus bemühte sich auch der Tantrismus, die organischen Funktionen (Ernährung, Sexualität usw.) in Sakramente umzuwandeln. Doch diese Art der Sakralisierung des Körpers und des Lebens war nur mittels einer extrem komplexen und schwierigen Yoga-Technik erreichbar. So war die tantrische Initiation einer Elite vorbehalten, während sich die Botschaft der Bhagavadgītā an alle Arten von Menschen richtete und zu allen Arten von religiöser Berufung ermutigte. Das war das Vorrecht einer Frömmigkeit, die einem zugleich persönlichen und unpersönlichen, schaffenden und zerstörenden, inkarnierten und transzendenten Gott entgegengebracht wurde.

---

[15] Von einem bestimmten Blickwinkel aus könnte man sagen, die Bhagavadgītā bringe die alte Vorstellung von der totalen Realität als Wechsel der gegensätzlichen, aber komplementären Prinzipien wieder.

FÜNFUNDZWANZIGSTES KAPITEL *

Die Prüfungen des Judentums:
Von der Apokalypse zur Verherrlichung der Tora

196. Die Anfänge der Eschatologie

Die Kapitel 40 bis 55 des *Buches Jesaja* stellen ein eigenes Werk dar, das unter dem Namen *Deutero-Jesaja* („der Zweite Jesaja") bekannt ist. Der Text ist in den letzten Jahren des Babylonischen Exils von einem unbekannten Autor, der wahrscheinlich nach einem Gerichtsverfahren hingerichtet wurde (vgl. Jes 52,13 – 53,12), verfaßt worden. Seine Botschaft steht in scharfem Gegensatz zu der der anderen Propheten, zunächst durch ihren Optimismus, aber auch durch eine kühne Interpretation der Geschichte seiner Zeit. Der Großkönig Kyros, das Werkzeug Jahwes (41,42), bereitet die Zerstörung Babylons vor. Wer auch immer meinte, an die Überlegenheit der babylonischen Götter glauben zu sollen, wird bald zuschanden werden, denn diese Götter sind Idole, kraftlos und ohnmächtig (40,19 ff; 44,12–20 usw.). Jahwe allein ist Gott: „Ich bin der Erste und der Letzte; außer mir gibt es keinen Gott" (44,6; vgl. auch 45,18–22). „Ich bin Gott und keiner sonst, der wahre Gott, dem niemand gleicht!" (46,9).

Es handelt sich um eine äußerst radikale Behauptung eines systematischen Monotheismus, weil sogar die Existenz der anderen Götter bestritten wird. „Warst du es nicht, der Rahab zerhieb, den Drachen durchbohrte? Warst du es nicht, der das Meer vertrocknen ließ, das Wasser der gewaltigen Flut, der die Tiefe des Meeres zum Wege schuf, daß die Erlösten durch sie hindurchziehen konnten?" (51,9f). Die Schöpfung wie die Geschichte, also das Exil und die Befreiung gleichermaßen, sind das Werk Jahwes. Die Befreiung der Deportierten wird interpretiert als ein neuer Exodus. Aber dieses Mal handelt es sich um eine triumphale Rückkehr: „Ich schaffe in der Wüste einen Weg und Pfade in ödem Land" (43,19). „Berge und Hügel brechen vor euch in Jubel aus... Zypressen wachsen statt der Dornen, statt der Nesseln sprossen Myrten" (55,12f; vgl. 40,9–11; 54,11–14). Der neue Exodus wird nicht in Eile geschehen: „Nicht in Hast sollt ihr ausziehen, nicht fluchtartig hinwegeilen. Denn Jahwe

---

* Wo in den Kapiteln 25–30 die Übersetzung in sachlicher Hinsicht vom französischen Original (Paris ¹1978) abweicht, geschieht dies mit dem Einverständnis des Verfassers (Anm. d. Übers. W. M.).

geht vor euch her, und eure Nachhut ist der Gott Israels" (52,12). Andere Völker werden einbezogen sein in die Erlösung, die sich ankündigt. „Wendet euch zu mir, und laßt euch retten, all ihr Enden der Erde! Denn ich bin Gott und keiner sonst" (45,22; vgl. 56,1-7 über die Proselyten Jahwes). Dennoch wird Israel immer im Besitz seiner Vorzugsstellung bleiben, der des überlegenen Volkes.

Der Fall Jerusalems, die Zerstörung des Königreiches Juda und das Exil waren also tatsächlich die von den großen Propheten angekündigten Gottesgerichte. Nun, da die Bestrafung beendet ist, erneuerte Jahwe den Bund. Diesmal würde der Bund ewig sein (55,3) und die Erlösung unwiderruflich (45,17; 51,6.8). Denn „mit ewiger Huld erbarme ich mich deiner, spricht Jahwe, dein Erlöser" (54,8). Befreit durch Jahwe, werden die Deportierten nach Zion zurückkehren „mit Jauchzen. Ewige Freude strahlt über ihren Häuptern, Jubel und Wonne begleiten sie, entflohen sind Leid und Kummer" (51,11).

Für den Enthusiasmus, die Überschwenglichkeit und die verklärenden Visionen, welche die Gewißheit des bevorstehenden Heils hervorbringt, gibt es keine Parallelen in der älteren Literatur. Hosea, Jeremia, Ezechiel verkündeten ihren Glauben an die Erlösung Israels. Aber der Verfasser des *Deutero-Jesaja* ist der erste Prophet, der eine Eschatologie ausarbeitet. Denn er kündet die Morgendämmerung einer neuen Ära an. Zwischen den beiden Epochen – der, die gerade zu Ende ging, und der neuen, die jeden Augenblick beginnen mußte – besteht ein radikaler Unterschied. Die anderen Propheten predigten nicht das Ende eines tragischen Zeitalters und das Herannahen eines anderen, vollkommenen und glücklichen, sondern das Ende des sündhaften Verhaltens Israels, seine Erneuerung durch eine aufrichtige Rückkehr zu Gott. Im Gegensatz dazu stellt der *Zweite Jesaja* den Anbruch der neuen Epoche als ein dramatisches Geschehen dar, das mehrere wunderbare, von Gott bestimmte Akte aufweist: 1. die Überwindung Babylons durch Jahwe (43,14f; usw.), durch sein Werkzeug Kyros (41,24 usw.) oder durch Israel (41,14–16); 2. die Erlösung Israels, d.h. die Befreiung der Exilierten (49,25f), den Weg durch die Wüste (55,12f), die Ankunft in Jerusalem (40,9–11) und die Sammlung aller in die Welt Verstreuten (41,8f); 3. die Rückkehr Jahwes nach Zion (40,9–11); 4. die Umwandlung des Landes durch Wiederaufbau (44,26) und die Vermehrung der Gemeinde (44,1–5), sogar durch paradieshafte Veränderungen (51,3); 5. die Bekehrung der Völker zu Jahwe und die Ablehnung ihrer Götter (51,4f)[1]. Dieses eschatologische Szenarium wird von den späteren Propheten aufgegriffen und entwickelt werden (§ 197). Aber keiner wird die visionäre Kraft und spirituelle Tiefe des *Zweiten Jesaja* erreichen.

Vier Gedichte, die *Gottesknechtslieder* genannt werden (42,1-4; 49,1-6; 50,49; 52,13 – 53,12), bringen auf eigentümliche und dramatische Weise die Leiden des jüdischen Volkes zum Ausdruck. Ihre Interpretation hat zu zahl-

---

[1] Vgl. *G. Fohrer*, Geschichte der israelitischen Religion 336f.

losen Kontroversen Anlaß gegeben. Sehr wahrscheinlich ist im „Knecht Jahwes" *('ebed jahweh)* die deportierte jüdische Elite personifiziert. Ihre Leiden werden als Sühne der Sünden des ganzen Volkes betrachtet. Der „Knecht Jahwes" hatte alle Drangsal auf sich genommen: „Meinen Rücken bot ich den Schlagenden dar... Ich verbarg nicht mein Antlitz vor Schmähung und Bespeien" (50,6). Die Prüfung der Deportation ist ein Opfer, durch welches die Sünden Israels hinweggenommen worden sind. „Unsere Krankheiten hat er getragen (...) Er ward durchbohrt um unserer Sünden willen, zerschlagen für unsere Missetaten. Zu unserem Frieden lag die Strafe auf ihm; durch seine Striemen ist uns Heilung geworden" (53,4f).

Das Neue Testament und die christliche Exegese haben im „Knecht Jahwes" die Antizipation des Messias gesehen. Denn „Jahwe ließ ihn treffen die Schuld von uns allen (...) Wie ein Lamm, das man zur Schlachtbank führt (...) und das seinen Mund nicht öffnet (...), ward er unserer Sünden wegen zu Tode getroffen" (53,6–8). Als freiwilliges Opfertier ist der „Knecht" „unter die Übeltäter gezählt worden, während er doch die Schuld der Vielen trug und für die Sünder eintrat" (53,12). Aber „nach der Mühsal seiner Seele wird er das Licht sehen und sich sättigen (...) und mit den Mächtigen die Beute teilen" (53,11f). Mehr noch: Jahwe wird seinen „Knecht" „zum Licht der Völker machen, daß mein Heil bis an die Grenzen der Erde reiche" (49,6).

Diese Texte gehören zu den Höhepunkten hebräischen religiösen Denkens. Die durch die Prüfungen des „Knechts Jahwes" hindurch erfolgende Proklamation des universalen Heils kündigt das Christentum an.

197. Haggai und Sacharja – eschatologische Propheten

Von ihrer Rückkehr im Jahre 538 an wurden die Deportierten neben anderen drängenden Problemen auch mit dem des Wiederaufbaus des Tempels konfrontiert. Das neue Heiligtum gehörte nicht mehr der Dynastie, sondern dem Volk, das die Kosten übernommen hatte. Der Grundstein wurde 537 gelegt; kurze Zeit später jedoch wurden die Arbeiten eingestellt. Erst um 520 wurde der Bau nach einem politischen Umschwung fortgesetzt. Die Krise, die das persische Reich erschütterte, rief eine neue Woge eschatologischer Begeisterung hervor. Serubbabel, der kurz zuvor zum Hochkommissar ernannt worden war, und der Hohepriester Josua konzentrierten ihre Anstrengungen auf den Wiederaufbau des Heiligtums; dabei wurden sie von den Propheten Haggai und Sacharja unterstützt. Im Jahre 515 wurde der Tempel eingeweiht, doch Serubbabel, der vom persischen Regime als wenig sicher angesehen wurde, war schon nicht mehr in Jerusalem.

Für die Enthusiasten, berauscht von den jüngsten prophetischen Botschaften, begann eine neue Reihe von Enttäuschungen. Da das Gottesgericht abgeschlossen war, fragte man sich, wann das von *Deutero-Jesaja* angekündigte eschatologische Zeitalter anbrechen würde. Für Haggai hatte die neue Ära im Augenblick der erneuten Grundsteinlegung durch Serubbabel begonnen (2,15-19). Und er sagte für den Tag der Fertigstellung ein Erdbeben, den Fall der „Könige der Völker", die Vernichtung ihrer Armeen und die Einsetzung Serubbabels zum messianischen König voraus (2,20-23)[2]. Als der Tempel jedoch schließlich geweiht wurde, stellte sich die Frage, warum das *Eschaton* auf sich warten ließ. Eine der plausibelsten Antworten erklärte die Verzögerung mit der Verderbnis der Gemeinde. Wie so oft in der Geschichte, veränderte aber das Ausbleiben der vom *Zweiten Jesaja* vorausgesagten universalen Transfiguration die Heilskonzeption, und allmählich erlosch die eschatologische Hoffnung.

An späterer Stelle werden wir die Konsequenzen dieser Verwirrung für die weitere Geschichte Israels ermessen. Immerhin darf man die Bedeutung des eschatologischen Prophetismus nicht unterschätzen. Haggai und Sacharja insistieren auf der radikalen Differenz zwischen den beiden Zeitaltern, dem alten und dem neuen. Für Sacharja ist ersteres charakterisiert durch Jahwes Zerstörungswille, letzteres durch sein Verlangen zu retten (1,1-6; 8,14f). Zunächst wird die Zerstörung der Völker stattfinden, die für Israels Tragödie verantwortlich sind (1,15), dann wird Jahwe die „Überfülle des Glücks" in Jerusalem austeilen (1,17; 2,5-9 usw.). Gott wird die Sünder aus Juda vertilgen (5,1-4), die Ungerechten aus dem Land entfernen (5,5-11) und die Deportierten sammeln (6,1-8 usw.). Schließlich wird das messianische Reich in Jerusalem aufgerichtet werden, und die Völker werden kommen, „Jahwe Zebaot in Jerusalem zu suchen und Jahwes Antlitz gnädig zu stimmen" (8,20-22; vgl. 2,15).

Ähnliche Prophetien begegnen in der sog. *Jesaja-Apokalypse* (Jes Kap. 24-27)[3]. Die gleichen Themen werden im 4. Jahrhundert vom *Deutero-Sacharja* (9,11-17; 10,3-12) und vom Propheten Joel wieder aufgegriffen werden[4]. Das eschatologische Szenarium enthält ganz oder teilweise folgende Motive: die Vernichtung der Völker, die Befreiung Israels, die Sammlung der Deportierten in Jerusalem, die Schaffung paradiesischer Zustände im Lande, die Errichtung der Gottesherrschaft oder eines messianischen Reiches, die schließlich erfolgende Bekehrung der Völker. Man kann in diesen Paradies-Bildern die eschatologische Umwandlung der Botschaft der „optimistischen Propheten" der vorexilischen Zeit ausmachen[5].

Seit *Deutero-Jesaja* wurde der Anbruch des *Eschaton* als nahe bevorstehend angesehen (vgl. Jes 56,1f; 61,2). Manchmal wagt es der Prophet, Jahwe in Erinnerung zu rufen, daß er mit der Wiederherstellung Jerusalems in Verzug ist (Jes

---

[2] Ähnliche Vorstellungen finden sich bei Sacharja (8, 9-13 usw.) wieder.
[3] Gott wird alle Feinde Israels richten, ihre Hauptstädte werden zerstört werden, doch die Überlebenden werden am messianischen Freudenmahl bei Jahwe auf dem Berg Zion teilnehmen (24, 21 bis 25,12).
[4] Nach der eschatologischen Schlacht gegen die an Jahwe und Israel schuldig gewordenen Völker wird eine paradiesische Epoche des Wohlstands und Friedens beginnen (Joel 4, 21-12; 4, 18-21).
[5] G. *Fohrer*, a.a.O. 349.

62,7). Doch er weiß, daß die Schuld dafür bei den Sündern liegt, denn „eure Frevel haben einen Abgrund geschaffen zwischen euch und eurem Gott" (59,2)[6]. Für den *Zweiten Jesaja* wie für die nachexilischen Propheten werden dem Beginn der neuen Ära großartige historische Umwälzungen vorausgehen (der Fall Babylons, der Angriff der Völker auf Jerusalem und in dessen Folge ihre Vernichtung).

Die Ausweitung der eschatologischen Erlösung auf andere Völker ist für die weitere Entwicklung der Religion Israels sehr bedeutsam. In *Deutero-Jesaja* (Jes 51,4–6) spricht Jahwe, an alle Völker gewandt, von seinem „Heil", das „wie das Licht kommen wird". „An jenem Tag wird der Mensch auf seinen Schöpfer hinschauen, und seine Augen werden auf den Heiligen Israels sehen" (17,7). Die universale Erlösung wird noch deutlicher von *Zefanja* (3,9) proklamiert: „Ja, alsdann will ich den Völkern reine Lippen schaffen, daß sie alle den Namen Jahwes anrufen und ihm im selben Joch dienen." Doch zumeist wird das Heil allen zugesagt, aber nur in Jerusalem, dem religiösen und nationalen Zentrum Israels, zu erlangen sein (Jes 2,2–4; 25,6ff; 56,7; Jer 3,17; Sach 8,20ff).

Neben solchen Prophetien, die sich nur auf die Welt der Geschichte beziehen, findet man Voraussagen von archaischerem Typus (vgl. § 12), die den Kosmos in seiner Totalität betreffen. Haggai (2,6) kündigt an, daß Jahwe „Himmel und Erde, das Meer und das Festland erschüttern wird". Das Endgericht wird von kosmischen, die Welt zerstörenden Katastrophen begleitet werden (Jes 34,4; 51,6). Aber Jahwe „wird einen neuen Himmel und eine neue Erde schaffen, und an das Frühere wird man nicht mehr denken" (Jes 65,17). Die neue Schöpfung wird unzerstörbar (66,22) und Jahwe ein „ewiges Licht" (60,20) sein. Selbst Jerusalem wird erneuert (Sach 2,5–9) und „mit einem neuen Namen genannt werden, den der Mund Jahwes bestimmen wird" (Jes 62,2). Wie in so vielen anderen eschatologischen Szenarien wird die Erneuerung der Schöpfung gewisse „paradiesische" Elemente mit sich bringen: unzählbare Reichtümer, Fruchtbarkeit ohnegleichen, Verschwinden der Krankheiten, Langlebigkeit, ewigen Frieden zwischen Menschen und Tieren, Beseitigung der Unreinheiten usw. Aber der Angelpunkt des in seiner ursprünglichen Vollkommenheit wiederhergestellten Universums wird Jerusalem sein, wahrhafter „Mittelpunkt der Welt".

---

[6] Der Prophet Maleachi (5. Jh.) lehnt es ab, den „Tag Jahwes" genau zu bestimmen. Wesentlich ist, sich innerlich vorzubereiten, denn der „Tag seines Kommens" (3,2) kann jederzeit überraschend eintreten.

198. Die Erwartung des messianischen Königs

Nach den eschatologischen Prophetien wird die erneuerte Welt von Jahwe[7] oder durch einen von Gott bestimmten König regiert werden, der in seinem Namen die Herrschaft ausüben wird. Dieser König, im allgemeinen der „Gesalbte" *(mašiaḥ)* genannt, sollte von David abstammen. Jesaja spricht von einem „Kind", einem „Sohn für Davids Thron" (9, 1–6), von einem „Sproß aus Isais Wurzel" (11,1), der mit Gerechtigkeit herrschen wird in einer paradiesischen Welt, wo „der Wolf bei dem Lamm wohnt und der Panther bei dem Böcklein lagert, Kalb und Löwenjunges gemeinsam weiden, gehütet von einem kleinen Knaben" (11,6). Sacharja verteilt die Messiaswürde auf die weltliche Autorität und die geistliche Vollmacht, auf Serubbabel und den Hohenpriester Josua (4, 1–6.10b–14). In einer anderen Vorhersage beschreibt er den messianischen König beim Einzug in Jerusalem als „gerecht und siegreich, demütig und auf einem Esel reitend" (9, 9f).

Man muß sich deutlich vor Augen halten, daß die Formel „der Gesalbte Jahwes" ursprünglich auf den regierenden König angewandt wurde. Die eschatologische Gestalt wurde also mit einem König verglichen. Später sprach man von der Salbung der Priester, der Propheten und der Patriarchen[8]. Von Jahwe „gesalbt" sein zeigte eine besonders enge Beziehung zu Gott an. Aber im Alten Testament ist der eschatologische „Messias" kein übernatürliches Wesen, das vom Himmel herabgestiegen wäre, um die Welt zu retten. *Die Erlösung ist ausschließlich das Werk Jahwes.* Der Messias ist ein Sterblicher, Sproß aus der davidischen Wurzel; er wird den Thron Davids einnehmen und mit Gerechtigkeit herrschen. Bestimmte Historiker sind zu dem Schluß gekommen, daß die messianische Erwartung in den Kreisen auftaucht, die in eschatologischer Begeisterung leben und zugleich der davidischen Monarchie treu geblieben sind. Diese Gruppen aber stellten nur eine Minderheit dar, weshalb die messianische Erwartung keinen bedeutsamen Einfluß ausgeübt habe[9]. Das Problem ist jedoch komplexer. Die Originalität des hebräischen religiösen Denkens unterliegt keinem Zweifel, aber die Königsideologie, die es hervorgebracht hatte, enthielt Analogien zu der „Erlöser"-Rolle des Königs in den großen orientalischen Monarchien[10].

Man hat die eschatologischen Prophetien der Botschaft der großen vorexilischen Propheten gegenübergestellt: Erstere würden keine radikale Verwandlung der Menschen und keine neue Qualität der Daseinshaltung erhoffen, sondern ein neues Zeitalter und in dessen Folge die Schaffung einer neuen Welt; der

---

[7] Jes 24,23; 33, 22; 43, 15; 44, 6; „Jahwe wird dann über sie König sein auf dem Berg Zion" (Mich 4, 7; vgl. 2, 13); Sach 9, 1–8 usw.
[8] Siehe *S. Mowinckel*, He That Cometh 56f.
[9] Vgl. *G. Fohrer*, a. a. O. 359.
[10] Vgl. unter anderem *G. Widengren*, Sakrales Königtum 30ff; *S. Mowinckel*, He That Cometh 280ff und passim; *H. Ringgren*, König und Messias; usw.

Mensch würde indirekt und in gewisser Weise automatisch durch dieses Wunder Jahwes verwandelt. Die eschatologischen Prophetien würden also ein Mißverständnis der Botschaft der großen Propheten und eine optimistische Illusion bezüglich des göttlichen Heilswillens für Israel in sich tragen[11]. Man muß jedoch feststellen, daß die Hoffnung einer kosmischen Erneuerung, die die Wiederherstellung des Menschen in seiner ursprünglichen Integrität umfaßt, eine zentrale Vorstellung der archaischen Religiosität, besonders der der steinzeitlichen Pflanzer (vgl. §§ 12f), darstellt. Der Gedanke, daß die Schöpfungswelt als das göttliche Werk par excellence allein in der Lage ist, das menschliche Dasein zu erneuern und zu heiligen, wird von jedweder Eschatologie aufgenommen, weitergedacht und neu zur Geltung gebracht. Gewiß erwuchs die eschatologische Erwartung nach dem Exil aus einer anderen religiösen Erfahrung als die der großen Propheten, doch war sie nicht weniger bedeutsam. Letzten Endes handelte es sich darum, die Hoffnungen auf eine spirituelle Vervollkommnung aufgrund persönlicher Anstrengungen aufzugeben und das Vertrauen auf die Allmacht Gottes und seine Heilsverheißungen zu stärken.

Es trifft zu, daß die Verzögerung des *Eschaton* schließlich das Ansehen der entgegengesetzten Orientierungen legalistischer und ritualistischer Art verstärkte. Doch sind die eschatologischen Hoffnungen nie endgültig verschwunden (vgl. § 203).

199. Die Ausbreitung des Legalismus

Während des zwei Jahrhunderte dauernden Friedens unter persischer Herrschaft wurde die legalistische Reform, die vor dem Exil begonnen und in der Gefangenschaft fortgesetzt worden war, endgültig gefestigt. In Babylon kam die Beschneidung neu zur Geltung als vorrangiges Symbol der Zugehörigkeit zum Volk Jahwes. Die Einhaltung des Sabbats wurde zum Prüfstein der Bundestreue (Jes 56, 1–8; 58, 13f). Die Sammlung ritueller Vorschriften, die das Buch *Leviticus* (Kap. 17–26) enthält, bekam während des Exils ihre endgültige Form. Sie wird „Heiligkeitsgesetz" genannt und dem Mose zugeschrieben. Sie regelt die Tieropfer, die sexuellen Beziehungen und deren Verbote, den Festkalender, die Einzelheiten des Kultus, wobei auf rituelle Reinheit und Unreinheit großer Wert gelegt wird. Wie die *Brāhmanas* (vgl. § 76) ritualisiert das „Heiligkeitsgesetz" die Lebensbezüge und das soziale Verhalten. Sein Ziel ist die Erhaltung der Reinheit Israels, um es für die Wiedererlangung des von Jahwe verheißenen Landes vorzubereiten. Das Überleben des Volkes wird nur insoweit möglich sein, als es seine ethnische und geistige Identität inmitten einer fremden und unreinen Welt bewahren wird.

Der Wiederaufbau des nationalen Lebens wird nicht mehr, wie bei den großen

---

[11] Vgl. G. Fohrer, 362f.

Propheten, von einer inneren, geistigen Umkehr, sondern von der effizienten Organisation der Gemeinde unter der absoluten Autorität des Gesetzes *(torah)* erwartet. Der Kult konzentriert sich weniger auf die Verehrung Gottes als auf die „Heiligkeit" Israels, d.h. auf seine rituelle Reinheit, die ständig durch Sünden bedroht ist. Der Sühne der öffentlichen Sünden kommt eine beträchtliche Bedeutung zu, die durch die Institution der Großen Versöhnung (jōm *hakkippurīm* unterstrichen wird. „Der Sühneapparat funktioniert so gut, daß er kaum die Hoffnung auf eine neue und bessere Ordnung zuläßt. Es gibt keine Spur von Eschatologie oder Messianismus in den Priestererzählungen. Für sie verfügt Israel über alle Einrichtungen, die zu seinem Heil und zu seiner Fortexistenz durch die Jahrhunderte notwendig sind."[12] Die Priesterschaft war die einzige Autorität, die die Anwendung des Gesetzes zu überwachen berufen war. Die Hierokratie, die in der persischen Periode das religiöse Leben beherrschte, war in ihren Strukturen schon im Exil grundgelegt worden.

Nehemia, ein am Hof des Königs Artaxerxes I. lebender Jude, wurde um 430 Statthalter von Judäa und erhielt die Erlaubnis, die Stadtmauern Jerusalems wieder zu errichten. Er leitete auch religiöse Reformen ein (u. a. forderte er die Entfernung der Priester, die mit nichtisraelitischen Frauen verheiratet waren). Die Geschichte eines anderen religiösen Führers, Esras, ist recht wenig bekannt; er führte wahrscheinlich in den ersten Jahren des 5. Jahrhunderts die Sendung Nehemias fort[13]. Auch er maß der „rituellen Reinheit" Israels erstrangige Bedeutung bei und veranlaßte die Auflösung der Mischehen. Sicherlich handelte es sich nicht um eine rassistische Maßnahme. Die Gefahr war religiöser Art, denn durch die Mischehen war die Integrität des Jahwismus bedroht. Dennoch führte die Reform Esras zu ethnischer Segregation und zur Festigung des Legalismus, der von nun an die Religion Israels beherrschte. Der Tradition entsprechend (Neh 8) rief Esra eine Versammlung „der Männer, der Frauen und aller im verständigen Alter" ein und verlas „das Gesetzbuch des Mose". Es ist nicht möglich, zu sagen, ob es sich um den *Pentateuch* oder nur um einen Teil daraus handelte. Aber seit dieser feierlichen Verlesung besitzt die Religion Israels „offiziell" heilige Schriften.

Sehr früh ist das Gesetz *(torah)* mit dem *Pentateuch* gleichgesetzt worden. Die mündliche Weitergabe der Tradition wird durch das Studium und die Erklärung der geschriebenen Texte ersetzt. Esra ist als der erste „Schriftgelehrte" oder „Lehrer des Gesetzes" angesehen worden. Der Schriftgelehrte wurde geradezu zum Modell religiösen Verhaltens. (Siehe weiter unten, S. 225f, das Lob des Schriftgelehrten bei Ben Sira.) Aber nach und nach erscheint eine neue Idee, nämlich die der mündlichen *Tora*. Neben dem geschriebenen Gesetz hätte Mose von Gott zusätzliche Anweisungen erhalten, die seitdem mündlich weiterge-

---

[12] A. Caquot, Le judaïsme depuis la captivite de Babylone 143.
[13] Doch nach *Morton Smith* (der den Schlußfolgerungen Kellermanns folgt) wäre es Nehemia, der die von Esra begonnenen Reformen fortführt; vgl. Palestinian Parties and Politics that Shaped the Old Testament 120f. Siehe ebd. 126f die Untersuchung des Reformwerks Nehemias.

geben wurden. Dieses exegetische Corpus stellte die *Mischna* („Wiederholung") dar. Im Grunde war dies eine Form der Legitimierung dessen, was man schon als „Esoterik", d.h. initiatorische Weitergabe geheimer Lehren, bezeichnen kann[14]. Mit der Zeit wurde das Werk der „Gelehrten" mit einer Autorität ausgestattet, welche der der *Tora* nahe kam (vgl. § 201).

Für unsere Zielsetzung wäre es unnütz, alle Werke aufzuzählen, die in den auf die Reform Esras folgenden Jahrhunderten erstellt, umgearbeitet oder ediert wurden. In dieser Zeit wurden die *Chronik*-Bücher, eine gewisse Anzahl von *Psalmen* und prophetische Schriften verfaßt[15] und viele ältere Texte überarbeitet. Ebenfalls in dieser Zeit verschärfte sich die Spannung zwischen jenen beiden gegensätzlichen religiösen Tendenzen, die man näherungsweise als „universalistisch" und „nationalistisch" bezeichnen könnte. Erstere führte die Hoffnung der eschatologischen Propheten fort, daß eines Tages die „Völker" Jahwe anbeten und als alleinigen Gott anerkennen werden. Die „Nationalisten" dagegen verkündeten den exklusiven Charakter der Offenbarung und konzentrierten ihre Anstrengungen auf die Verteidigung der ethnischen Integrität Israels. In Wirklichkeit jedoch war der Konflikt komplexer und nuancenreicher.

200. Personifizierung der göttlichen Weisheit

Die Konfrontation mit dem Hellenismus war das wichtigste Ereignis, das für die Geschichte des Judentums beträchtliche Folgen haben sollte. Schon seit der späten Bronzezeit sind die Griechen in ständiger Verbindung mit Palästina gestanden. Im ersten Jahrtausend vergrößerte sich ihr Zustrom ohne Unterbrechung und dauerte selbst unter der persischen Oberhoheit an. Aber erst nach den Siegen Alexanders nahm der Einfluß der hellenistischen Kultur beträchtliche Ausmaße an[16]. Griechische Sprache, Kultur und Institutionen (Schulen, Gymnasien usw.) breiteten sich überall aus, nicht nur in der Diaspora, sondern auch in Palästina, das nach dem Tod Alexanders (um 323) von den Ptolemäern, den Herrschern Ägyptens, regiert wurde[17].

Ebenso wie für die Römer war die Geschichte mit religiöser Bedeutung beladen, vor allem seit den Propheten. Anders gesagt, die historischen Ereignisse konnten, indem sie das politische Geschick Israels veränderten und bestimmten, zugleich wichtige Momente in der Heilsgeschichte ausmachen. Für die Hebräer unterschied sich die nationale Politik nicht von der religiösen Tätigkeit: Die rituelle Reinheit, also die Erhaltung Israels, war verbunden mit der politischen

---

[14] Eine ähnliche Exegese rechtfertigte die Geltung der Mahāyāna-Lehren und der tantrischen Techniken sowie die „Offenbarungen" apokalyptischer oder gnostischer Art im Hermetismus.
[15] Es ist zu erwähnen, daß mehrere Historiker das Buch *Ijob* in die nachexilische Zeit datieren.
[16] Vgl. *Morton Smith*, Palestinian Parties and Politics that Shaped the Old Testament 58f; 228f.
[17] *E. Bickermann*, Der Gott der Makkabäer 59f; *V. Tcherikover*, Hellenistic Civilization and the Jews 90f; *M. Hengel*, Judentum und Hellenismus 108ff.

Autonomie. Der wachsende Einfluß des Hellenismus machte sich in Palästina in verschiedenen politischen, religiösen und kulturellen Orientierungen bemerkbar. Die Aristokratie und gewisse Teile des Bürgertums bemühten sich, die von der hellenistischen *Aufklärung* hervorgebrachten Ideen und Institutionen einzuführen. Diese „liberale" und kosmopolitische Politik, die selbst die nationale Identität bedrohte, wurde von anderen sozialen Schichten abgelehnt, vor allem von religiös-konservativen Kreisen und von der Landbevölkerung. Die Spannung zwischen diesen beiden gegensätzlichen Tendenzen sollte zur Revolte der Makkabäer führen (§ 202).

Die unterschiedlichen ideologischen und religiösen Orientierungen, die das jüdische Volk von der Eroberung Alexanders (um 332) bis zur Umwandlung Palästinas in eine römische Provinz (um 69) zerrissen haben, haben zahlreichen Werken, die in Jerusalem oder der Diaspora verfaßt wurden, ihren Stempel aufgedrückt. Es ist genauerhin zu sagen, daß der Einflußbereich des *Zeitgeistes* so weit ging, daß man Spuren der hellenistischen Auffassungen selbst in den Werken wiederfindet, die in der Absicht, sie zu kritisieren und abzulehnen, verfaßt wurden.

Die Personifizierung der Weisheit *(hokmā)* gehört zu den originalsten religiösen Schöpfungen dieser Periode. Die neun ersten Kapitel des Buchs der *Sprüche* (wahrscheinlich geschrieben in der Mitte des 3. Jahrhunderts v. Chr.) verherrlichen die göttliche Herkunft der Weisheit und zählen ihre Eigenschaften auf. „Jahwe hat mich geschaffen am Anfang seines Waltens, als frühestes seiner Werke von urher. Ich ward vor aller Zeit gebildet, von Anbeginn, vor den Uranfängen der Erde. Als die Urfluten noch nicht waren, ward ich hervorgebracht..." (8,22-24). Die Weisheit hat „erfunden die Erkenntnis guter Pläne", durch sie „regieren die Könige (...), herrschen die Fürsten und richten die Edlen die ganze Erde" (8,12ff). Gewisse Autoren haben in dieser Konzeption den Einfluß der griechischen Philosophie gesehen. Jedoch taucht die *sophia* als göttliche und personifizierte Wesenheit relativ spät auf; man findet sie vor allem in hermetischen Schriften, bei Plutarch und bei den Neuplatonikern[18]. Andere Gelehrte haben semitische Parallelen nachgewiesen, die den griechischen Einflüssen vorausliegen, besonders die „Weisheit des Achikar" von Elephantine[19]. Man hat selbst Vorläuferinnen der *hokmā* im Kult der Mutter-Göttinnen (Isis oder Astarte) gesucht; aber die Weisheit ist keineswegs die Gefährtin Gottes; als Geschöpf des Herrn geht sie aus seinem Munde hervor.

Mit Recht haben Bousset und Greßmann die Bedeutung der „Zwischenwesen" zwischen Mensch und Gott im jüdischen religiösen Denken, besonders in der hellenistischen Epoche, unterstrichen[20]. Gewisse Weisheitsschulen haben

---

[18] *M. Hengel*, a.a.O. 275ff (alte Quellen und Bibliographie 277, Anm. 291).
[19] Vgl. die Studien von W. A. Albright, C. I. K. Story und H. Donner, die von *M. Hengel*, a.a.O. 278f analysiert werden.
[20] *W. Bousset – H. Greßmann*, Die Religion des Judentums im späthellenistischen Zeitalter (3. Aufl.) 319, 342f; vgl. *M. Hengel*, a.a.O. 279.

die ḥokmā als Mittlerin der Offenbarung in den Rang einer obersten Autorität erhoben. Aber wie wir gleich sehen werden, spiegeln die voneinander abweichenden und widersprüchlichen Interpretationen und Neubewertungen der Weisheit eine tiefe Krise wider, die das Profil des Judentums hätte radikal verändern können.

201. Von der Verzweiflung zu einer neuen Theodizee: Kohelet und Ecclesiasticus

Ecclesiastes (oder *Kohelet*[21]) wird allgemein, zusammen mit dem *Buch Ijob*, als ein pathetisches Zeugnis der Erschütterung angesehen, die durch den Zusammenbruch der Vergeltungslehre hervorgerufen wurde. Gegen die Theologie der Weisheitsliteratur insistiert der Verfasser des *Kohelet* auf der Unerklärbarkeit der Handlungen Gottes. Nicht nur das gleiche Schicksal erwartet den Toren und den Weisen (2,15ff), den Menschen und das wilde Tier („Wie dieses stirbt, so stirbt auch jener", 3,19), sondern „am Ort des Gerichtes, da ist Unrecht; auf dem Sitz des Gerechten, da sitzt der Verbrecher" (3,16). Der Verfasser urteilt nach seiner eigenen Erfahrung: Er hat ohne Unterschied „den Gerechten an seiner Gerechtigkeit untergehen und den Frevler in seiner Bosheit lange leben" (7,15) sehen. Ruhig, fast distanziert, wie ein Philosoph, kommt er immer wieder auf dieses Thema zurück: „Es gibt Gerechte, denen widerfährt, was Frevler verdient hätten" (8,14; vgl. 9,2). Alles in allem kann man nicht mehr von der „Gerechtigkeit" Gottes sprechen (5,7 usw.). Obendrein versteht man nicht mehr die Bedeutung der Schöpfung noch den Sinn des Lebens. „Man ist nicht imstande, die Vorgänge zu ergründen, die sich abspielen unter der Sonne, und wer könnte erklären, warum sich der Mensch mit Forschen abmüht, ohne es je zu erreichen?" (8,17). Denn man kann nicht „das Werk, das Gott vollbringt, von Anfang bis Ende erfassen" (3,11). Er verschwendet nicht mehr seinen Zorn und auch nicht mehr sein Erbarmen. Das Gefühl der Schuld wie die Hoffnung auf Vergebung sind in gleicher Weise vergeblich. Gott ist fern von den Menschen, er nimmt an ihrem Schicksal keinen Anteil mehr.

Der berühmt gewordene Refrain „Alles ist Nichtigkeit und Haschen nach Wind" findet seine Rechtfertigung in der Entdeckung der Unsicherheit und Ungerechtigkeit der menschlichen Existenz. Der Verfasser preist „die Toten eher als die Lebenden" glücklich und besonders „denjenigen, der noch gar nicht zum Dasein gelangt ist" (4,2f). Selbst die Weisheit ist nichtig (1,16f; 2,15; 9,11). Doch der *Ecclesiastes* lehnt sich nicht gegen Gott auf. Im Gegenteil, da das Schicksal des Menschen „in Gottes Hand" (9,1) ist, soll er sich „der Tage [erfreuen], die Gott ihm schenkt, denn dies ist sein Anteil" (5,17). Das einzige

---
[21] Die Bedeutung des Wortes ist ungewiß; *Kohelet* bezieht sich wahrscheinlich auf den „Versammlungsleiter" oder den „Redner"; vgl. M. Hengel, Judentum und Hellenismus 237.

„Glück, das dem Menschen zukommt", ist ein hedonistisches. „Wohlan denn, iß fröhlich dein Brot, und trinke wohlgemut deinen Wein! (...) Genieße das Leben mit der Frau, die du liebst. (...) Denn dies ist dein Anteil (...) Alles, was du zu tun findest, das tue, solange du es vermagst. Denn es gibt kein Tun und Planen, nicht Wissen und Weisheit in der *Scheol*, dahin du gehst" (9,7-10).

Man hat diesen rationalistischen Pessimismus mit bestimmten griechischen Philosophenschulen verglichen. Seit Voltaire haben zahlreiche Historiker und Exegeten den Einfluß der Stoa, Epikurs oder der kyrenaischen Hedoniker vermutet[22]. Die Einflüsse der hellenistischen Kultur auf das nachexilische Judentum waren mächtig und anhaltend (vgl. § 202). Bei *Kohelet* jedoch begegnet man ihnen nicht. Die griechischen Philosophen und Schriftsteller hatten auf drastische Weise die traditionellen Mythologien und Theologien kritisiert. Weit entfernt davon, die Existenz Gottes zu leugnen, proklamiert der Verfasser des *Kohelet* seine Realität und Allwirksamkeit[23]: Er wiederholt immer wieder, daß man sich seiner Gaben erfreuen soll. Außerdem verwirft *Kohelet* weder die kultische Praxis noch die Frömmigkeit. Es kann also nicht von Atheismus die Rede sein, sondern von einer Spannung zwischen Verzweiflung und Resignation, die durch die Entdeckung der Indifferenz Gottes hervorgerufen wurde. Mit Recht hat man jene Aufforderung, das Leben zu genießen, dem ägyptischen Harfnerlied (§ 30) und dem Rat Siduris an Gilgamesch (§ 23) zur Seite gestellt.

Weniger pathetisch als *Kohelet* läßt das Werk Ben Siras, das auch unter dem Namen *Ecclesiasticus* (oder *Siracide*) bekannt ist, dennoch besser die Krise erkennen, die Israel umtrieb. Das Buch wurde wahrscheinlich zwischen 190-175 von einem Schriftgelehrten *(sôfēr)*, einem Leiter einer Weisheitsschule, verfaßt und richtet sich an die jungen Hebräer, die durch die hellenistische *Aufklärung* fasziniert sind. Ben Sira ist ein Patriot, der von der entscheidenden (religiösen, aber auch politischen) Bedeutung der Reinheit des Gesetzes überzeugt ist. Er greift die Reichen an (13,3.18-23), weil sie die aktivsten Parteigänger des Kosmopolitismus und Universalismus sind. Vom Beginn seines Buches an wendet sich Ben Sira gegen die weltliche Ideologie des Hellenismus: „Alle Weisheit stammt vom Herrn!" ruft er aus (1,1). Dies macht es ihm möglich, die (in Gott präexistente) Weisheit mit der Tora zu identifizieren. Das Lob der Weisheit, der große Hymnus des Kapitels 24, bildet den Gipfelpunkt seines Buches. Die Weisheit proklamiert zugleich ihre erhabene Stellung („Ich ging hervor aus dem Munde des Allerhöchsten...") und ihr Herabkommen auf Jerusalem („So wurde ich in Zion eingesetzt, und [...] in Jerusalem übe ich meine Macht aus", 24,10f).

Der von den „Kosmopoliten", den Vertretern der „Aufklärung", vertretenen Auffassung stellt Sira den Weisheitslehrer, den idealen Schriftgelehrten, gegenüber, den er als einen in das Studium der Schriften vertieften Weisen beschreibt:

---

[22] Siehe die bibliographischen Belege bei *M. Hengel*, a.a.O. 211, Anm. 51.
[23] Vgl. *Hengel* 229.

„Er richtet seinen Geist und sein Sinnen auf das Gesetz des Allerhöchsten. Die Weisheit aller Vorfahren erforscht er, auch bemüht er sich um die Weissagungen ... Er sucht die verborgene Bedeutung der Sinnsprüche und erforscht die Geheimnisse der Gleichnisbilder" (39,1ff). Denn „alle Weisheit ist Furcht des Herrn, und in jeder Weisheit liegt die Erfüllung des Gesetzes" (19,20). In der Weisheitsliteratur, besonders in den *Sprüchen* und bestimmten *Psalmen*, galt als der wahrhaft „Gerechte" der Weise, der den göttlichen Ursprung der kosmischen Ordnung und des moralischen Lebens erkannte. *Die Weisheit war also den Menschen unabhängig von ihrer Religion zugänglich.* Sira jedoch verwirft diese „universalistische" Auffassung; er identifiziert die Weisheit mit der Frömmigkeit und dem Kult. Die *Tora* „ist nichts anderes als das Gesetz, das Mose verkündete" (24,23)[24]. Mit anderen Worten: *Die Weisheit ist Gottes Geschenk allein an Israel.* Denn Gott hat jedem Volk einen Führer vorangestellt, „aber Israel ist der Anteil des Herrn" (17,17).

Theologisch kehrt Ben Sira zu den traditionellen Positionen zurück. Er kritisiert die Auffassung, Gott stehe dem Schicksal der Menschen indifferent gegenüber; anders gesagt, er weist *Kohelet* wie die griechische Philosophie, die in den kosmopolitischen Kreisen Jerusalems in Mode war, zurück. Er bemüht sich vor allem um die Rechtfertigung der Vergeltungslehre: Er preist die Vollkommenheit des göttlichen Werkes (39,16; 42,15.22–25); er erinnert daran, daß die Frommen ein anderes Schicksal haben als die Übeltäter, denn „das Gute wurde von Anfang an für die Guten geschaffen wie für die Schlechten das Böse" (39,25). Nach langem „Nachdenken" kommt er zu dem Schluß: „Die Werke des Herrn sind alle gut" (39,33). Letztendlich gilt: „Der Herr allein wird als gerecht gepriesen werden" (18,2).

Diese kühne Wiederherstellung der traditionellen Theodizee geht einher mit einer herben Kritik der „Gegner der Weisheit", die mit den Apostaten und griechenfreundlichen „Freigeistern" in eins gesetzt werden. Sira betet für die Befreiung Israels von „fremden Völkern": „Erwecke deinen Zorn und ergieße deinen Grimm, beuge den Gegner und vernichte den Feind (...) Die Bedrücker deines Volkes seien dem Untergang geweiht!" (36,6.8).

Und dennoch ruft die Weisheit in dem berühmten Kapitel 24 in Erinnerung: „Ich allein habe den Kreis des Himmels umschritten, und in den Tiefen des Abgrundes bin ich gewandelt. In den Fluten des Meeres und auf der ganzen Erde, in jedem Volk und jeder Nation besaß ich Herrschaft" (24,5f). Anders gesagt: Die Weisheit wird dargestellt „als eine die ganze Welt, Natur und Menschheit (nicht nur die Juden) durchwaltende Potenz"[25]. Aber Ben Sira war

---

[24] Im „Lob der Väter" (44,1– 49,16) preist Ben Sira die großen Gestalten der biblischen Geschichte: Henoch, Noach, Abraham, Isaak und Jakob, Mose usw. – ein einzigartiger Text ohne Parallele in der Weisheitsliteratur. (Hengel stellt ihn neben die Heldenverherrlichung, *de viris illustribus*, in der hellenistischen Literatur; a.a.O. 248f.) Aber dem Verfasser geht der Atem aus, und das „Lob" wird lehrhaft und schließlich monoton.

[25] W. *Schencke*, Die Chokma (Sophia) in der jüdischen Hypostasenspekulation 27. Hengel (288) verweist auf den *Logos* der stoischen Philosophen, der den Kosmos erfüllt und durchwaltet: „Das

gezwungen, die universalistische Dimension der Weisheit einzuschränken und schließlich zu vergessen. In der Auseinandersetzung mit dem Hellenismus und seiner *Sophia* „konnte sich eine Weisheit im Judentum nur behaupten, wenn sie sich der Größe näherte, die die entscheidende Rolle in diesem Kampf spielte: dem Gesetz... Die Bedeutung der Chokma für die Gestaltung der jüdischen Religion im Kampf gegen den Hellenismus und seine *Sophia* ist nicht zu unterschätzen."[26]

202. Die ersten Apokalypsen: Daniel und 1. Henoch

Die Konfrontation mit dem Hellenismus erreichte ihre äußerste Zuspitzung unter der Herrschaft des Antiochus IV. Epiphanes (ca. 175–164). Seit einiger Zeit schon drohte der Gegensatz zwischen den beiden Parteien – den Tobiaden und den Oniaden – eine gewaltsame Form anzunehmen. Die Philhellenen forderten eine radikale Reform, um das biblische Judentum in eine Religion „modernen" Typs, den anderen synkretistischen Schöpfungen dieser Zeit vergleichbar, umzuwandeln. Einen gescheiterten Versuch einer Revolte von seiten der Oniaden ausnutzend, rieten ihre Gegner um 167 Antiochus, die Tora durch königlichen Erlaß außer Kraft zu setzen[27]. Der Tempel von Jerusalem wurde in ein synkretistisches Heiligtum des Zeus Olympios, der mit dem phönizischen Baal identifiziert wurde, verwandelt. Das Dekret untersagte unter Todesstrafe die Beobachtung von Sabbat und Festen, die Vornahme der Beschneidung und den Besitz biblischer Bücher. Überall in Palästina wurden den Göttern der Heiden Altäre errichtet und die Bewohner verpflichtet, ihnen Opfergaben darzubringen.

Seit der Eroberung Kanaans hatten die Israeliten, besonders unter der Monarchie, die Versuchung und die Gefahr des religiösen Synkretismus gekannt (vgl. §§ 113 ff). Aber der Anschlag des Antiochus Epiphanes war viel schwerwiegender. Es trifft zu, daß Antiochus nicht die Absicht hatte, Jahwe durch Zeus Olympios zu ersetzen, sondern einem Gott, der für die Heiden eigentlich namenlos war, einen Namen zu geben[28]. Übrigens hatten zahlreiche griechische und römische Autoren Jahwe mit Zeus in Verbindung gebracht[29]. Ein solcher Vergleich, der für die Traditionalisten ein Sakrileg darstellte, konnte von einem Großteil der griechenfreundlichen *Intelligentsia*, die von der grandiosen reli-

---

allgemeine Gesetz *(logos)*, das die rechte Vernunft darstellt, das durch alle Dinge hindurchgeht, ist identisch mit Zeus" (Zeno nach Diogenes Laertius 7, 88).
[26] *J. Fichtner*, Die altorientalische Weisheit in ihrer israelitisch-jüdischen Ausprägung 127; vgl. *Hengel* 291.
[27] Nach Bickermann sind es die griechenfreundlichen Extremisten Jerusalems, die Antiochus zu der äußerst gewalttätigen Unterdrückung veranlaßt haben; vgl. Der Gott der Makkabäer 120 f und passim. Die Verfasser der Verfolgungsedikts waren die Tobiaden selbst; vgl. *Hengel* 525 ff.
[28] *E. Bickermann*, a.a.O. 92 ff.
[29] Vgl. *M. Hengel*, a.a.O. 478 ff; *M. Simon*, Jupiter-Yahvé 49 f.

giösen und philosophischen Vision des Stoizismus fasziniert war, akzeptiert werden. Aber eine solche philosophische Interpretation war für die Mehrheit der Israeliten nicht nachvollziehbar: Sie sahen in Zeus lediglich einen der zahlreichen von den Heiden verehrten Götter. Außerdem hatte sich Antiochus, wie später der Historiker Josephus Flavius (Ant. Jud. 12,320 und 253) berichtet, zahlreicher Sakrilege (an erster Stelle steht der polytheistische Charakter des in Jerusalem eingeführten Kults), der Plünderung, der Intoleranz und besonders der Judenverfolgung schuldig gemacht[30].

Ein Priester, Mattatias, der der Familie der Hasmonäer angehörte, gab das Signal zum bewaffneten Aufstand. Von Anfang an wurde er unterstützt von einer Gruppe von Zeloten, den „Frommen" *(chasidim)*. Nach Mattatias' Tod übernahm einer seiner Söhne, Judas Makkabäus, die Führung des Krieges. Im Jahre 164 besetzte er den Tempel und stellte den Kult wieder her. Dieser auf religiösem Gebiet errungene Sieg wurde von den *Chasidim* als befriedigend angesehen. Die Makkabäer aber führten den Kampf für die politische Freiheit weiter, die sie schließlich um 128 errangen. Nach mehreren Jahrhunderten gab es nun wieder jüdische Könige, die aus der Familie der Hasmonäer genommen wurden[31]. Ihre Herrschaft war katastrophal, und im Jahre 63 nahm die Bevölkerung die römische Oberherrschaft mit Erleichterung auf.

Das Jahrhundert vom Anschlag des Antiochus Epiphanes bis zur Umwandlung Palästinas in eine römische Provinz durch Pompejus war für die Geschichte und die Religion des jüdischen Volkes entscheidend. Einerseits rief der Versuch der gewaltsamen Paganisierung ein Trauma hervor, das die Juden Palästinas niemals völlig vergessen sollten: Sie konnten nicht mehr an die Harmlosigkeit der Heiden glauben, und ein Abgrund trennte sie von nun an von der hellenistischen Kultur[32]. Andererseits hatte der militärische Sieg der Makkabäer einen erstaunlichen Zuwachs an politischem Einfluß für das jüdische Königreich zur Folge. Obendrein ermutigte die charismatische Gestalt des Judas Makkabäus in der Folgezeit zu weiteren bewaffneten Aufständen, nunmehr gegen die Römer. Aber der Aufstand von 66–70 endete mit der Zerstörung des zweiten Tempels und Jerusalems durch die Legionen des Titus. Und der Aufstand Bar Kochbars in den Jahren 132–135 wurde von Hadrian brutal erstickt.

Der Absicht des vorliegenden Werks entsprechend werden vor allem die religiösen Schöpfungen dieser Epoche unser Interesse finden. Wie zu erwarten war, werden die historischen Ereignisse der Zeit umgeformt, mit chiffrierten Botschaften beladen und in eine spezifische Sicht der Universalgeschichte eingerückt. Im Kreis der „Frommen" *(chasidim)* tauchen die ersten apokalyptischen

---

[30] Vgl. *M. Simon*, a.a.O. 51.
[31] Die Verfolgung und der Krieg der Makkabäer werden untersucht von: *E. Bickermann*, a.a.O.; *V. Tcherikover*, Hellenistic Civilization and the Jews 175–234; *S. K. Eddy*, The King is Dead 213–256. Siehe auch *Hengel* 503ff.
[32] Doch wirkten die synkretistischen Tendenzen in Samaria, im Ostjordanland und erst recht in der griechischsprechenden Diaspora weiter; vgl. *Hengel* 561ff.

Schriften auf, *Daniel* und der älteste Abschnitt des *Henoch-Buches*. Die „Frommen" bildeten eine recht abgeschlossene Gemeinschaft; sie bestanden auf dem absoluten Respekt vor dem Gesetz und auf der Dringlichkeit der Buße. Die beträchtliche Bedeutung, die der Buße beigemessen wurde, war die unmittelbare Konsequenz einer apokalyptischen Geschichtskonzeption. In der Tat hatte der Schrecken der Geschichte bislang unbekannte Ausmaße erreicht. Folglich, so sagten *Daniel* und *1. Henoch* voraus, nähert sich die Welt ihrem Ende; die „Frommen" müssen sich auf das unmittelbar bevorstehende Gericht Gottes vorbereiten.

In seiner vorliegenden Form wurde das *Daniel-Buch* um 164 fertiggestellt. Der Verfasser beschreibt eben vergangene oder gegenwärtige Ereignisse in der Form von mehrere Jahrhunderte zuvor verkündeten Prophezeiungen. Dieses Vorgehen *(vaticinia ex eventu)* ist kennzeichnend für apokalyptisches Schrifttum[33]. Es verstärkt das Vertrauen in die Weissagungen und hilft folglich den Gläubigen, die gegenwärtigen Prüfungen zu ertragen. So erzählt das *Daniel-Buch* einen Traum Nebukadnezzars (~ 605-562). Der König hatte eine Statue gesehen: ihr Haupt war aus Gold, ihre Brust und die Arme waren aus Silber, ihr Bauch und die Hüften aus Bronze, ihre Beine aus Eisen und Ton. Plötzlich löste sich ein Stein und traf die Statue: „Da zerfielen Eisen und Ton, Bronze, Silber und Gold mit einem Male zu Staub und wurden wie Spreu im Sommer auf der Tenne: der Wind trug sie fort, und keine Spur fand sich mehr davon" (2,35). Daniel interpretiert den Traum: Das Haupt aus Gold ist Nebukadnezzar; nach ihm wird ein anderes, weniger wertvolles Königreich errichtet werden und dann ein drittes aus Bronze, das die ganze Erde beherrschen wird. Das vierte, „hart wie das Eisen", wird die anderen auslöschen, wird aber schließlich selbst vernichtet werden. Dann „wird der Gott des Himmels ein Reich errichten, das niemals zerstört wird, und dieses Reich wird an ein anderes Volk übergehen" (2,44). Die aufeinanderfolgenden Reiche der Assyrer (d. i. das neubabylonische Reich), der Meder und Perser und schließlich jenes Alexanders stellen einen beschleunigten Prozeß des Niedergangs dar. Aber vor allem unter dem vierten (d. h. jenem des Antiochus Epiphanes) ist die Existenz Israels ernsthaft bedroht. Jedoch, so versichert *Daniel,* das Ende dieser Welt im Zerfall nähert sich, und Gott wird danach das ewige Reich errichten. *Daniel* erzählt außerdem einen seiner eigenen Träume, in welchem er vier riesige Tiere aus dem Meer heraussteigen sah. Die Tiere stellen die vier dem Untergang geweihten Reiche dar; in der Folge wird die Herrschaft über alle Reiche „dem Volk der Heiligen des Allerhöchsten" (7,27) verliehen werden.

Aufs Ganze gesehen, hatte der Verfasser des *Daniel-Buches*, indem er die großartigen Ereignisse der Vergangenheit, namentlich die Reihe der Katastrophen, die die Militärreiche zerstört hatten, in Erinnerung rief, ein ganz bestimmtes Ziel im Auge: seine Glaubensgenossen zu ermutigen und zu stärken.

---

[33] Vgl. das ägyptische „Töpferorakel", die Orakel des Hystaspes und der Sibylle usw.

Aber die dramatische Abfolge der vier Reiche bringt zugleich *eine einheitliche Konzeption der Universalgeschichte* zum Ausdruck. Gewiß verrät die mythologische Bildhaftigkeit einen orientalischen Ursprung. Das Thema der vier aufeinanderfolgenden Reiche, die durch die vier Metalle symbolisiert werden, begegnet bei Hesiod und im Iran. Was die vier Tiere betrifft, finden sich dafür zahlreiche Vorgänger: babylonische, iranische, phönizische[34]. In gleicher Weise ist der „große Äon", von dem der Verfasser des *1. Henoch* spricht (16,1), mit der Lehre vom „Großen Jahr" vergleichbar[35]. Doch bieten Daniel und die jüdischen Apokalypsen ein in den anderen Traditionen unbekanntes Element. Die Ereignisse, die die Universalgeschichte ausmachen, spiegeln nicht mehr den ewigen Rhythmus des kosmischen Zyklus wider und sind nicht mehr von den Sternen abhängig; *sie entwickeln sich nach dem Plan Gottes*[36]. In diesem im voraus erstellten Plan spielt Israel die zentrale Rolle; die Geschichte eilt ihrem Ende entgegen, mit anderen Worten: der endgültige Triumph Israels steht unmittelbar bevor. Dieser Triumph wird nicht allein ein politischer sein; die Vollendung der Geschichte ist ja gleichbedeutend mit dem Heil Israels, einem Heil, das seit jeher von Gott bestimmt und dem Geschichtsplan eingeschrieben ist trotz der Sünden seines Volkes.

203. *Die einzige Hoffnung: das Ende der Welt*

Wie in den anderen Traditionen wird das Ende der Welt in den jüdischen Apokalypsen durch zahlreiche Naturkatastrophen und abnorme kosmische Phänomene angekündigt: Die Sonne wird nachts scheinen und der Mond am Tage, in den Quellen wird Blut fließen, die Sterne werden ihre Bahnen verlassen, von den Bäumen Blut tropfen und Feuer aus dem Erdinnern hervorbrechen, die Steine werden zu schreien beginnen usw. (4. Esra 5,4–12). Das Jahr wird abgekürzt werden, die Menschen werden sich gegenseitig töten, Trockenheit und Hungersnot werden ausbrechen usw.[37] Und genau wie in der iranischen Tradition wird am Weltende das universale Gericht und also auch die Auferstehung der Toten stattfinden.

Das *Jesaja-Buch* (26,19) hatte schon von der Auferstehung gesprochen („Deine Toten leben wieder auf, und ihre Leichen werden auferstehen"), aber

---

[34] Vgl. *W. Baumgartner,* Danielforschung 214–222; *A. Bentzen,* Daniel 57–67; *A. Lacoque,* Le Livre de Daniel 49f.

[35] Vgl. *M. Eliade,* Kosmos und Geschichte 75ff, 93ff; *Hengel* 348ff.

[36] Bei seiner ekstatischen Himmelsreise sieht Henoch die Tafeln, auf denen die Geschichte in ihrer Totalität festgehalten war (1. Henoch 81,1ff). Zu diesem Motiv vgl. *G. Widengren,* The Ascension of the Apostle, bes. 27ff.

[37] Vgl. *Kosmos und Geschichte* 103ff; *P. Volz,* Eschatologie 150f. Diese den apokalyptischen Literaturen eigenen stereotypen Vorstellungen stammen aus einem archaischen mythisch-rituellen Szenarium: das Ende der Welt, auf das eine neue Schöpfung folgt (§ 12; vgl. Aspects du mythe, Kap. 4–5).

dieser Abschnitt ist schwer zu datieren. Der erste unbestreitbare Beleg findet sich in *Daniel 12,13:* „Du wirst dich erheben zu deinem Lose am Ende der Tage."[38] Es handelt sich wahrscheinlich um einen iranischen Einfluß, aber man muß ebenfalls altorientalische Vorstellungen von den Vegetationsgottheiten berücksichtigen (vgl. § 117). Die Lehre von der Auferstehung wird in der apokalyptischen Literatur (4. Esra; 1. Henoch 51,1-3; 61,5; 62,14f; die syrische Baruch-Apokalypse) und von den Pharisäern unermüdlich verkündet werden. Zur Zeit der Predigt Jesu war sie, mit Ausnahme der Sadduzäer, allgemein akzeptiert.

Das Endgericht wird von *Daniel* (7,9-14) als in der Gegenwart eines „Hochbetagten" erfolgend beschrieben, der mit einem „Gewand, weiß wie der Schnee", auf einem Flammenthron saß: „Gericht wurde gehalten, und es waren Bücher aufgeschlagen." In seinem ekstatischen Traum hatte Henoch ebenfalls den Herrn auf dem Thron sitzend und die „versiegelten Bücher" gesehen und war beim Gericht über die gefallenen Engel und die Abtrünnigen zugegen, die zum Sturz in einen Abgrund voll Feuer verurteilt wurden (90,20ff; Charles, Apocrypha I, 259f). Das Bild des „Allerhöchsten" auf „dem Thron des Gerichts" taucht in *4. Esra* wieder auf: Die Sünder sind „für den Glutofen der Gehenna" bestimmt, und die Tugendhaften werden im „Paradies der Seligkeit" (7,33-37; Charles II, 583) belohnt. Als Folge des Gerichts wird das Übel für immer ausgelöscht und die Verderbnis überwunden sein, und überall wird sich die Wahrheit durchsetzen (4. Esra 6,26-28; Charles II 576f). Die Vorstellung des Endgerichts durch das Feuer ist sehr wahrscheinlich iranischen Ursprungs (vgl. § 104).

In der Vision des Hochbetagten und des Gerichts sieht Daniel zugleich, wie ein Wesen „wie ein Menschensohn" vom Himmel herabsteigt: Es wurde vor den Hochbetagten geführt, und „Macht, Herrlichkeit und Königsherrschaft wurden ihm gegeben" (7,13f). Im „Menschensohn" (d.i. dem „Menschen") symbolisiert *Daniel* das Volk Israel auf dem Höhepunkt des eschatologischen Triumphes. Der Ausdruck wird im 1. Jahrhundert vor unserer Zeitrechnung großen Erfolg haben; es ist übrigens der Titel, den Jesus sich geben wird. Es handelt sich um eine mythologische Gestalt, die in der hellenistischen Welt recht vertraut ist, die des Anthropos oder des Urmenschen. Der Mythos ist indischiranischen Ursprungs (vgl. Puruṣa, Gayōmart), aber die unmittelbaren Vorgänger des „Menschensohnes" (= der „Mensch") sind im iranisch-„chaldäischen" religiösen Synkretismus zu suchen (vgl. §216). Die Vorstellung des Ersten Menschen, der ein eschatologisches Amt ausübt, ist nicht biblisch. Erst im Spätjudentum wird man von einem der Schöpfung präexistenten Adam sprechen[39].

---

[38] Aus der gleichen Epoche stammen 1. Henoch 90,33 und das Werk des Jason von Kyrene, das kurze Zeit nach dem Tode des Judas Makkabäus verfaßt wurde; vgl. *Hengel* 357.
[39] Dem Judentum war allerdings nicht bekannt, daß der Menschensohn eine Variante des Mythos vom Urmenschen darstellte. Die jüdische Apokalyptik preist die eschatologische Rolle des Men-

Die einheitliche Konzeption der Universalgeschichte machte es also möglich, die eschatologische Bedeutung der gegenwärtigen Epoche zu entziffern. Im Gegensatz zu den alten Kosmologien, die den fortschreitenden und unausweichlichen Niedergang der Welt durch eine Theorie zyklischen Typs erklärten (die in der indischen Lehre von den vier *yuga* ihren genauesten Ausdruck fand), verkündeten die Chasidim Jahwe als den einzigen Herrn der Geschichte. Im *Daniel-Buch* und im *1. Henoch* bleibt Gott die zentrale Figur: Das Übel ist nicht eindeutig personifiziert in einem Gegenspieler Jahwes. Das Übel entsteht durch den Ungehorsam der Menschen (1. Henoch 98, 4f) und durch die Auflehnung der gefallenen Engel.

In der apokalyptischen Literatur jedoch ändert sich die Grundstruktur merklich. Welt und Geschichte werden nun als von den Kräften des Bösen, d. h. von dämonischen, vom Satan befehligten Mächten, beherrscht angesehen. Wo Satan zum ersten Mal Erwähnung fand (Ijob 1, 6 ff; 2, 1 f; Sach 3, 1 ff), wurde er als zum himmlischen Hofstaat Jahwes gehörend dargestellt. Er war der „Widersacher", weil er die dem Menschen feindliche himmlische Gestalt war (vgl. § 115). Nun *inkarniert Satan das Prinzip des Bösen: Er wird zum Gegenspieler Gottes*. Außerdem nimmt eine neue Vorstellung klare Umrisse an: jene der zwei Weltalter (oder zwei Reiche): „dieses Reich" und das „andere Reich". So steht geschrieben: „Der Allerhöchste hat nicht ein einziges, sondern zwei Zeitalter geschaffen" (4. Esra 7, 50)[40]. In diesem Zeitalter wird – so ist es bestimmt – das „Reich Satans" triumphieren. Der hl. Paulus bezeichnet Satan als „den Gott dieser Welt" (2 Kor 4, 4). Seine Macht wird ihren Kulminationspunkt erreichen beim Herannahen der messianischen Ära, wenn sich die Katastrophen und abnormen Phänomene, die oben kurz erwähnt wurden (S. 230), vervielfachen. Aber im eschatologischen Kampf wird Jahwe Satan besiegen, alle Dämonen vernichten oder bändigen, das Übel ausrotten und dann sein Reich errichten, indem er Leben, Freude und Frieden für immer austeilt[41]. Gewisse Texte sprechen von einer Rückkehr ins Paradies und infolgedessen der Vernichtung des Todes (4. Esra 8, 52–54). Doch bleibt diese neugeschaffene Welt trotz ihrer Vollkommenheit und Ewigkeit eine *physische Welt*.

Die Gestalt Satans hat sich wahrscheinlich unter dem Einfluß des iranischen Dualismus entwickelt[42]. Es handelt sich jedenfalls um einen abgeschwächten Dualismus, denn Satan existiert nicht von Anfang an neben Gott, er ist nicht

---

schensohns, erwähnt jedoch nicht seine Präexistenz; vgl. *S. Mowinckel*, He That Cometh 420 f. *F. A. Borsch* hat auf überzeugende Weise das orientalische Mythologem des Königs als Ur-Menschensohn herausgearbeitet; vgl. The Son of Man in Myth and History 89 f.
[40] Im gleichen Werk findet sich die archaische Idee der unausweichlichen Degenerierung der Welt wieder: „Die Schöpfung ist schon gealtert; sie ist über ihre Jugendkraft schon hinaus" (4. Esra 5, 55).
[41] Der Zeitpunkt des *Eschaton* kann von den „Weisen" berechnet werden: siehe u. a. Dan 9, 22 ff; 1. Henoch 10, 12; 89; 90; 17; 2. Esra 4, 5; 14, 11; usw. Vgl. *W. Bousset*, Religion des Judentums (2. Aufl.) 283 f; *P. Volz*, Eschatologie (2. Aufl.) 141 f.
[42] Die Texte von Qumran erwähnen zwei von Gott geschaffene Geister, einen guten und einen bösen (vgl. § 223) – eine Lehre, die an den Zervanismus erinnert (§ 213).

ewig. Andererseits muß man eine ältere Tradition berücksichtigen, die Jahwe als absolute Totalität der Wirklichkeit, d. h. als *coincidentia oppositorum*, begriff, in der alle Gegensätze, also auch das „Böse" (vgl. § 59), nebeneinander existierten. Wir möchten nur an das berühmte Beispiel Sauls erinnern: „Der Geist Jahwes war von Saul gewichen, und es plagte ihn *ein böser Geist von Jahwe*" (1 Sam 16,14). Wie in anderen Religionen auch, bildet sich der Dualismus im Gefolge einer geistigen Krise aus, die die traditionelle theologische Sprache und ihre Postulate in Frage stellt und u. a. zur Personifizierung der negativen Aspekte des Lebens, der Wirklichkeit und der Gottheit führt. Was bisher als *ein Moment im universalen Prozeß* (der im Wechsel der Gegensätze: Tag – Nacht, Leben – Tod, Gut – Böse usw. gründet) begriffen wurde, wird von nun an isoliert, personifiziert und mit einer spezifischen und exklusiven Funktion ausgestattet, namentlich der des Bösen (vgl. § 195). Satan ist wahrscheinlich das Resultat sowohl einer „Aufspaltung" des archaischen Bildes von Jahwe (als Konsequenz des Nachdenkens über das Geheimnis der Gottheit) als auch des Einflusses der iranischen dualistischen Lehren. Jedenfalls wird die Satansfigur als Inkarnation des Bösen eine beträchtliche Rolle bei der Entstehung und in der Geschichte des Christentums spielen, bevor sie zur bekannten, in unzähligen Metamorphosen begegnenden Gestalt in den europäischen Literaturen des 18. und 19. Jahrhunderts wird.

Was das *Eschaton* und die neue Schöpfung betrifft, bietet die apokalyptische Literatur keine einheitliche Konzeption. Die Redaktoren bezeichnen übereinstimmend die Not und Pein der Gegenwart als „Geburtswehen" oder „messianische Wehen", denn sie gehen dem Kommen des Messias voraus und kündigen es an. Wie bei Jesaja und den nachexilischen Propheten wird der Messias immer noch als ein menschliches Wesen betrachtet; er ist niemand anderer als der König des Gottesvolkes[43]. Um nur ein Beispiel zu erwähnen: Die *Psalmen Salomons* (ein im 1. Jahrhundert v. Chr. verfaßtes Werk) geben ein Gebet wieder, das die Ankunft des Messias, des Sohnes Davids, beschleunigen soll, damit er auslösche „die ungerechten Beherrscher und Jerusalem reinige von der Anwesenheit der Heiden" (17, 22–24). „Er ist ein gerechter König (...), und unter seiner Herrschaft wird es keine Ungerechtigkeit geben, denn alle werden heilig sein, und ihr König wird der Messias sein" (17, 32).

Für manche gehört das Reich des Messias noch zum gegenwärtigen Äon; es stellt – namentlich das *millennium*[44] – gewissermaßen ein Übergangsregime dar. Dieses messianische Reich soll 400, 500 oder 1000 Jahre dauern. Auf es werden das allgemeine Gericht und die Zerstörung der Welt folgen. Der Messias selbst wird sterben, und alles wird zum „Urschweigen", d. h. zum Chaos, zurückkehren. „Aber nach sieben Tagen wird der Äon, der jetzt schläft, erwachen"

---

[43] Vgl. S. *Mowinckel*, He That Cometh 280f mit reichhaltiger Bibliographie.
[44] Diese Idee wird von den rabbinischen Spekulationen weiterentwickelt werden; vgl. G. F. *Moore*, Judaism II, 375f.

(4. Esra 7, 28ff; Charles II, 582). Mit anderen Worten: Es wird die neue Schöpfung, die Auferstehung und die ewige Glückseligkeit geben[45].

Mehrere Texte reihen den Messias unter die ewigen Wesen ein, neben Henoch, Elija und andere Gestalten, die von Gott in den Himmel erhoben wurden. Nach manchen rabbinischen Quellen wurde der Messias sofort nach seiner Geburt im Paradies oder, mit Elija, im Himmel versteckt[46]. Das *Testament der Zwölf Patriarchen* und die Texte von Qumran erwähnen zwei Messiasgestalten, einen Priester und einen König, wobei der priesterliche Messias die Vorrangstellung innehat. Das *Testament Levi* führt näherhin aus, daß während seiner Priesterschaft „alle Sünde verschwinden wird ... und er selbst die Pforten des Paradieses öffnen (...) und den Heiligen vom Baum des Lebens zu essen geben wird" (18, 9–12). Aufs Ganze gesehen, wird der priesterliche Messias die Folgen der Ursünde beseitigen[47].

Es soll noch erwähnt werden, daß die Verkündigung Jesu und die Ausbreitung des Christentums an das gleiche geistige Ferment gebunden sind, das für die jüdischen messianischen Hoffnungen und eschatologischen Spekulationen zwischen der Revolte der Makkabäer und der Zerstörung des zweiten Tempels charakteristisch ist (vgl. § 224).

204. Die Reaktion der Pharisäer: die Verherrlichung der Tora

Im Judentum wie in anderen Traditionen stärkten die apokalyptischen Visionen die Abwehrkraft gegen den Schrecken der Geschichte. Die Eingeweihten entdeckten in den Katastrophen der Gegenwart ein ermutigendes Vorzeichen. Je mehr sich die Situation des jüdischen Volkes verschlimmerte, desto größer wurde die Gewißheit, daß der gegenwärtige Äon sich seinem Ende näherte. So kündete letztlich die Vergrößerung der Schrecken die Nähe des Heils an. In Zukunft sollte die religiöse Wertung von durch historische Ereignisse hervorgerufenen Leiden noch oft wiederholt werden, und zwar nicht nur von Juden und Christen.

Es handelte sich nicht um eine Flucht vor dem Druck der Geschichte und auch nicht um einen aus Phantasiegebilden gespeisten Optimismus. Die apokalyp-

---

[45] *Sanhedrin* 99a, wo verschiedene rabbinische Lehrmeinungen zitiert werden; vgl. auch G. F. *Moore*, Judaism II, 375f.
[46] *Strack-Billerbeck*, Kommentar zum Neuen Testament aus Talmud und Midrasch II, 340.
[47] *H. Ringgren*, La religion d'Israël 350; *S. Mowinckel*, a.a.O. 382. Die Spekulationen über das messianische Zeitalter wurden in rabbinischen Kreisen der ersten nachchristlichen Jahrhunderte fortgesetzt. Die gleichen Motive kehren ohne Unterlaß wieder: die Vernichtung der Heiden, der Triumph der Juden, die den Gläubigen von Gott verliehenen Seligkeiten usw. (siehe die von *G. F. Moore*, Judaism II, 345f zitierten Quellen). Manche Texte fügen bei, daß sich an diesem Tag alle Völker zur Verehrung des einzigen Gottes, Jahwes, bekehren werden (Moore II, 371). Aber die den Verfassern der Apokalypsen teure Auffassung, daß der Zeitpunkt des *eschaton* berechnet werden könne, wird aufgegeben. Der Messias wird zu dem von Gott bestimmten Zeitpunkt kommen, bis dahin sollen die Gläubigen sühnen, Buße tun und dem Gesetz gehorchen (ebd. II, 350f).

tische Literatur stellte eine heilige Wissenschaft göttlichen Ursprungs und Wesens dar. Wie der Verfasser des *Daniel-Buches* (2, 20–22) schreibt, ist es Gott, „der den Weisen die Weisheit gibt". „Er ist's, der offenbart das Tiefe und Verborgene, der auch erkennt, was im Dunkel ist." Henoch, eine Legendengestalt und Prototyp des Weisen und Propheten der Urzeit[48], wird nun sehr populär. Er hatte dem Geschlecht vor der Sintflut und den gefallenen Engeln das nahe Gericht angekündigt. In der Gegenwart verkündet er eine neue Offenbarung und fordert Buße, denn das zweite Gericht rückt näher. Wie Daniel empfängt Henoch das heilige Wissen in seinen Träumen und seinen Visionen (1. Henoch 13, 8; 14, 1; 83, 1f; 93, 1f). Er wird von den Engeln in die himmlischen Geheimnisse eingeführt und unternimmt ekstatische Himmelsreisen (Kap. 12–36), bei denen Gott ihm erlaubt, die Tafeln zu sehen, auf denen der ganze Geschichtsverlauf von Anfang bis Ende aufgezeichnet ist.

Am Anfang der Zeit hatte Gott das geheime Wissen bestimmten für ihre Frömmigkeit und visionären Fähigkeiten bekannten Personen enthüllt. Diese Belehrung war esoterisch, „versiegelt", anders gesagt: den Profanen unzugänglich. Es wurde sodann an einige außergewöhnliche Wesen weitergegeben. Da aber die Urzeit der Endzeit *(eschaton)* entspricht, wird das heilige Wissen in der Gegenwart von neuem geoffenbart, und zwar wiederum einer beschränkten Gruppe Eingeweihter. In *1. Henoch* (1, 6) wird der Menschensohn als der Eingeweihte par excellence beschrieben, als „Meister aller Geheimnisse". Wenn er auf seinem Thron sitzen wird, „werden alle Geheimnisse der Weisheit aus seinem Munde hervorkommen" (ebd. 51, 3). Die Eigenschaften, die ihn am meisten auszeichnen, sind Weisheit und Einsicht[49]. Es ist noch darauf hinzuweisen, daß das Thema des „verborgenen (Heils-)Wissens" in der hellenistischen Epoche sehr verbreitet ist (§ 209) und die Rechtfertigung für alle gnostischen Schulen abgibt (§ 229)[50].

Die Verfasser der Apokalypsen haben diese Vorstellung der Weisheit, die im Himmel verborgen und den Menschen unzugänglich ist, breit entfaltet[51]. Die Visionen und ekstatischen Erfahrungen spielten eine entscheidende Rolle in der apokalyptischen Literatur (wie auch sonst überall in der hellenistischen Welt). Die Visionen und Ekstasen bestätigten die Authentizität des wahren „prophetischen Weisen". Außerdem reicherten die ekstatischen Erfahrungen nach und nach die Summe des geoffenbarten Wissens an. Das *Daniel-Buch* enthüllte nur die Universalgeschichte, während die sich auf die „Tradition des Henoch" berufenden Texte die ganze sichtbare und unsichtbare Welt erfassen: die irdische

---

[48] Nach der Tradition war Henoch einer der Patriarchen aus der Zeit vor der Sintflut: Er „wandelte mit Gott, dann war er nicht mehr, denn Gott hatte ihn hinweggenommen" (Gen 5, 24). Das Folgende verdankt viel den Analysen von *M. Hengel*, a.a.O. 371ff.
[49] Siehe weitere Beispiele bei *S. Mowinckel*, a.a.O. 375f; 385f.
[50] In Indien ist die Lehre von einer geheimen Gnosis, die auf dem Weg der Initiation mitgeteilt wird, seit der Epoche der Upanishaden bezeugt, wird aber vor allem in der tantrischen Literatur entwickelt werden (vgl. Bd. III).
[51] Vgl. *Hengel* 375.

und himmlische Geographie, die Astronomie und Astrologie, die Meteorologie und Medizin. Für die „Tradition des Henoch" enthüllten die kosmologischen Geheimnisse das Werk Gottes und priesen es zugleich. Wie Hengel bemerkt (179), waren die chasidischen Weisheitslehrer in der Auseinandersetzung mit dem Hellenismus noch stärker engagiert als Ben Sira, denn im Grunde besaßen sie vermittels der „apokalyptischen Offenbarungen" ein Wissen, das dem der Griechen überlegen war. Ihr Wissen umfaßte ja den Kosmos, die Geschichte und die himmlische Welt und überdies die Bestimmung des Menschen im *Eschaton* – eine der Vernunft unzugängliche Kenntnis. Diese Konzeption eines esoterischen umfassenden Heilswissens, das in ekstatischen Visionen erworben oder mittels Initiation weitergegeben werden konnte, ist auch in anderen religiösen Traditionen bezeugt und wird vom antiken Christentum übernommen werden.

Keine andere Strömung jüdischen Denkens hat so ausgiebig vom hellenistisch-orientalischen Gedankengut Anleihen aufgenommen wie die Apokalyptik. Dennoch bleibt das Fundament der Apokalyptik die alttestamentliche Konzeption der Heilsgeschichte[52]. Wir haben es hier mit einem recht wichtigen geistigen Phänomen zu tun, nämlich mit der *vom Synkretismus angeregten religiösen Kreativität*. Die Chasidim, die Verfasser der ersten Apokalypsen, haben ja Vorstellungen aufgenommen und assimiliert, die aus mehreren synkretistischen Systemen stammen; diese Vorstellungen haben aber das Judentum bereichert und die Hoffnung des jüdischen Volkes in einer äußerst schwierigen Epoche bestärkt. Übrigens läßt sich ein analoger Vorgang in anderen religiösen Strömungen beobachten. Unter der Führung des „Lehrers der Gerechtigkeit" trennte sich die chasidische Gruppe der „Essener" vom Rest der Gemeinde und beschloß, in der Wüste ein mönchähnliches Leben zu führen (vgl. § 223); die nächste Analogie für die zönobitische Organisation der Essener ist der geschlossene Konventikel griechischen Typs. Selbst die Pharisäer, die zweite von den Chasidim abgeleitete Gruppe, haben zahlreiche hellenistische Ideen in ihre Lehre vom Gesetz aufgenommen[53].

Aufs Ganze gesehen, haben das sakrilegische Vorgehen des Antiochus Epiphanes und die siegreiche Erhebung der Makkabäer über die Ausrichtung und zukünftigen Strukturen des Judentums entschieden. Der „Eifer gegen die Tora", der die Parteigänger des Antiochus beseelte, beflügelte den „Eifer *für* die Tora" und konsolidierte letztlich die Ontologie des Gesetzes[54]. Die Tora wurde in den Rang einer absoluten und ewigen Realität erhoben; sie wurde zum Modell, das der Schöpfung zugrunde liegt. Nach R. Šimôn ben Lāqîš (3. Jahr-

---

[52] *Hengel* 456f.
[53] Vgl. *Hengel* 566f. Siehe ebd. die Aufzählung der Glaubensvorstellungen und Ideen, die von den Juden aus der orientalisch-hellenistischen Kulturwelt übernommen wurden.
[54] *Hengel* 557. Die Eschatologie, d. h. die „zweite Frucht" in der Auseinandersetzung mit dem Hellenismus, stellte die einzige Kraft dar, die die Allgegenwart der Tora einschränken konnte; die Tora wird ja denn auch sowohl die geschichtliche Gegenwart wie die kosmischen Rhythmen beherrschen (ebd. 566ff).

hundert) hängt der Bestand der Welt daran, daß Israel die Tora annimmt; andernfalls würde die Welt ins Chaos zurückkehren[55]. Jedes der 248 Gebote und 365 Verbote, die die Tora ausmachen, erhält eine kosmische Bedeutung. Der Mensch, der mit 248 Gliedern und 365 Adern geschaffen wurde, spiegelt schon in seinem Aufbau sowohl das Werk (Kosmos) wie die Offenbarung Gottes (Gesetz) wider[56]. Als absolute Realität ist die Tora Quelle des Lebens. Wie Hillel schreibt, „gibt es viel Leben da, wo viel Tora ist" (Pirqe 'Abot 3,7).

Aber die Verherrlichung der Tora veränderte das Schicksal des Judentums grundlegend. Seit den Propheten lebte die hebräische Religiosität in der Spannung zwischen den „universalistischen" und den „partikularistischen" Tendenzen. Der Grund dieses starken und schöpferischen Gegensatzes war im wesentlichen der paradoxe Charakter der Offenbarung. Eine Offenbarung Gottes *in der Geschichte*, d. h. *beschränkt auf das jüdische Volk*, wurde ja als *universal gültig* proklamiert und zugleich als exklusiv den *Israeliten* gegeben verstanden. In der zweiten Hälfte des 2. Jahrhunderts v. Chr. befand sich das Judentum dank der überraschenden Ausbreitung der Diaspora und – zum Teil – einer missionarischen Propaganda auf dem Weg, eine Weltreligion zu werden. Aber die Reaktion gegen den Religionsfrevel des Antiochus führte zu dem, was man die „Fixierung auf den Buchstaben der Tora"[57] genannt hat. Eine solche „Fixierung" behinderte freilich den Aufstieg zur Weltreligion. Gewiß spielte das Gesetz eine entscheidende Rolle bei der Verteidigung der nationalen Identität, aber das Bewußtsein einer universalen Sendung konnte sich neben einer starken national-volkshaften Strömung nicht frei entfalten. Dies erklärt übrigens die Entscheidung der christlichen Urkirche, von jüdischem prophetischem Geist beseelt, Missionare zu den von den Israeliten so verachteten Samaritanern (Apg 8,4ff) und wenig später zu den Nichtjuden in Antiochien (Apg 11,19ff) zu senden. „An die Stelle der ,Tora-Ontologie' trat die Christologie als Ausdruck der freien, unverfügbaren Heilsoffenbarung Gottes in der Geschichte, die keine nationalen, historisch bedingten Schranken mehr anerkennt."[58] Das Fixiertsein auf die Tora und der Triumph des Legalismus setzten auch den eschatologischen Hoffnungen ein Ende. „Auch die apokalyptische Literatur starb allmählich aus, an ihre Stelle trat die jüdische Mystik" (Hengel 318).

Man muß jedoch hinzufügen, daß in der Perspektive des Judentums die Aufgabe der universalen Sendung der Preis war, den man für die Erhaltung der israelitischen Gemeinde bezahlen mußte. Schließlich war das Wesentliche die histo-

---

[55] R. Elizer b. Hyrkanos (ca. 100 n. Chr.) ist für folgenden Ausspruch berühmt: „Wenn die Tora nicht wäre, würden Himmel und Erde nicht bestehen." Der Text wird von Hengel 312 zitiert. Siehe weitere Quellen bei *G. F. Moore*, Judaism I, 266f, 450f.
[56] Zwei Jahrhunderte später wird der Tantrismus ein ähnliches anthropo-kosmisches System und Ritual bieten; vgl. Bd. III.
[57] Vgl. *Hengel* 568. Selbst in der Diaspora wurde die Vorrangstellung der Tora nicht in Frage gestellt. Die allegorische Interpretation hob den Literalsinn der Schriften nicht auf, und selbst Philo nahm die vorgeschriebenen Ge- und Verbote an.
[58] *Hengel* 570.

rische Kontinuität des jüdischen Volkes. Es handelte sich nicht nur um „Nationalismus", sondern vor allem um eine Theologie, die auf dem Begriff des „auserwählten Volkes" aufbaute. Israel war von Gott erwählt; es war *Sein Volk*. Folglich stellte das jüdische Volk eine durch den Willen Gottes geheiligte historische Realität dar. Die nationale Entfremdung war gleichbedeutend mit Apostasie, d. h. der *Profanisierung einer schon durch ihren Ursprung geheiligten ethnischen Struktur*. Die erste Aufgabe des jüdischen Volkes war also, seine Identität intakt zu erhalten bis zum Ende der Geschichte, anders gesagt: immer Gott zur Verfügung zu stehen.

SECHSUNDZWANZIGSTES KAPITEL

Synkretismus und Kreativität im hellenistischen Zeitalter: das Versprechen des Heils

205. Die Mysterienreligionen

Wie wir schon festgestellt haben (§ 184), macht das *Versprechen von Heil* die Neuheit und das grundlegende Charakteristikum der hellenistischen Religionen aus. Gewiß handelte es sich in erster Linie um *individuelles Heil*, die Herrscherkulte jedoch verfolgten ein entsprechendes Ziel[1]. Die Gottheiten, von denen man annahm, sie hätten den Tod und die Auferstehung gekannt, waren dem Menschen näher als die Stadtgottheiten. Ihr Kult enthielt eine mehr oder weniger ausführliche Initiation (Katechese, Riten, esoterische Belehrung), nach welcher der Neophyt im Konventikel zugelassen war. Die Zugehörigkeit zu einer Mysteriengemeinschaft hinderte keineswegs die Initiation in andere geheime Bruderschaften. Wie alle geistigen Strömungen dieser Zeit hat sich auch die Hoffnung auf Heil unter dem Vorzeichen des Synkretismus entwickelt.

Der religiöse Synkretismus ist in der Tat das dominierende Kennzeichen der Epoche. Als uraltes, vielfältig bezeugtes Phänomen hatte der Synkretismus bei der Entstehung der hethitischen, griechischen und römischen Religion, in der Religion Israels, im Mahāyāna-Buddhismus und im Taoismus eine wichtige Rolle gespielt. Was jedoch den Synkretismus in der hellenistischen und römischen Epoche auszeichnet, sind sein Umfang und seine überraschende Kreativität. Weit davon entfernt, Abnutzungs- oder Sterilitätserscheinungen zu zeigen, scheint der Synkretismus vielmehr die Bedingung jedweder religiösen Schöpfung zu sein. Wir haben seine Bedeutung im nachexilischen Judentum gesehen (§ 202). Später werden wir einen analogen Prozeß in bestimmten Schöpfungen der iranischen Religiosität entdecken (§ 212). Das Urchristentum breitet sich ebenfalls in einer synkretistischen Umwelt aus. Gewiß ist in der uns interessierenden Epoche ein einziger Gott – Serapis – das Ergebnis einer bewußt vollzogenen Verschmelzung zweier Göttergestalten. Aber die griechisch-orientalischen Mysterien, die eschatologisch-apokalyptischen Spekulationen, der

---
[1] Z. B. die Erhebung eines traditionellen Gottes in den Rang einer Schutzgottheit der Dynastie: Apollon für die Seleukiden, Zeus für die Lagiden, Athene für die Attaliden. Die Vergöttlichung der Herrscher und die synkretistischen Staatskulte – z. B. der des Serapis im Ägypten der Ptolemäer – hatten das gleiche Ziel.

Herrscherkult – um nur einige Beispiele zu nennen – zeigen anschaulich die Bedeutung und Lebenskraft synkretistischen Denkens.

Man könnte sagen, die Heilsversprechungen versuchten den furchterregenden Einfluß der Göttin Tyche („Zufall", lat. *Fortuna*) zu bannen. Tyche, kapriziös und unberechenbar, bringt unterschiedslos Glück und Unglück; sie manifestiert sich als *ananke* („Notwendigkeit") oder *heimarmene* („Schicksal") und zeigt ihre Macht besonders im Leben der größten Persönlichkeiten, wie etwa Alexanders[2]. Das Schicksal wird schließlich sogar mit astralem Fatalismus verbunden. Die Existenz der Menschen wird ebenso wie der Bestand von Städten und Staaten von den Sternen bestimmt. Diese Lehre und die Astrologie – als die Technik, die deren Prinzipien anwendet – entwickeln sich aus den Beobachtungen der Sternenbahnen durch die Babylonier. Gewiß war die Theorie der Entsprechung von Mikro- und Makrokosmos schon seit langem in Mesopotamien (§ 24) und auch andernorts in der asiatischen Welt bekannt. Nun jedoch fühlt sich der Mensch nicht mehr den kosmischen Rhythmen nur verbunden, sondern er entdeckt, daß er durch die Sternenbewegungen *determiniert* ist[3].

Dieser pessimistischen Konzeption konnte nur durch die Überzeugung, daß bestimmte göttliche Wesen vom Schicksal unabhängig, ja ihm sogar überlegen sind, die Grundlage entzogen werden. Bel wird als Herr des Zufalls, *Fortuna rector*, proklamiert. In den Isis-Mysterien versichert die Göttin dem Initiierten, daß sie das Leben über die vom Schicksal bestimmte Grenze hinaus verlängern könne. Im *Preis der Isis und Osiris* spricht die Göttin: „Ich habe das Schicksal überwunden, und das Schicksal gehorcht mir." Ja mehr noch: Tyche (oder Fortuna) wird zum Attribut der Isis[4]. Zahlreiche mysteriosophische und hermetische Texte versichern, daß die Initiierten nicht mehr vom Geschick determiniert sind[5].

Im Unterschied zur Initiation in die Mysterien von Eleusis, die ausschließlich im *telesterion* und zu einem bestimmten Zeitpunkt stattfanden (§ 97), konnten die Initiationen in die anderen Erlösungsreligionen an jedwedem Ort und zu jedem Zeitpunkt vorgenommen werden. Alle diese Initiationskulte nahmen für sich ein unvordenkliches Alter in Anspruch, auch wenn ihre Errichtung in man-

---

[2] Vgl. *W. W. Tarn*, Hellenistic Civilisation 340.
[3] Die Stoiker haben sich darum bemüht, den astrologischen Amoralismus zu korrigieren; sie interpretierten das Schicksal als Vorsehung, die das moralische Verhalten berücksichtigt, denn es war ja die Vorsehung, die die Planeten geschaffen hatte. Andererseits ist darauf hinzuweisen, daß im Gefolge der von den Babyloniern angestellten astronomischen Berechnungen der Weltlauf nun in von den Planeten beherrschte Perioden und Krisen unterteilt wurde. Diese neue Anschauung von einer Geschichte des Kosmos inspiriert bestimmte eschatologische Spekulationen (z. B. die jüdische Apokalyptik, § 202; das von Augustus am Ende der Bürgerkriege heraufgeführte Goldene Zeitalter usw.).
[4] Vgl. *A. D. Nock*, Conversion 101, 288f; *J. Bergman*, I Overcome Fate, Fate Harkens to Me 39f.
[5] Vgl. *A. D. Nock*, a.a.O. 102. Der Zufall *(casus infestus)* hat keine Macht mehr über die, die Isis dienen und sie verehren *(Apuleius*, Metamorphosen 11,15). Die Gnostiker sind nicht mehr Gefangene des *fatum* (Laktanz, Institutiones 2, 16); denn der Geist *(noûs)* ist Herr sowohl des Schicksals *(heimarmene)* wie des Gesetzes (Corpus Hermeticum 12,9).

chen Fällen noch kein Jahrhundert zurücklag. Es handelt sich dabei gewiß um eine allgemein verbreitete Vorstellung, die für den Zeitgeist der hellenistischen und römischen Epoche spezifisch ist; doch bringen die Erlösungsreligionen, wie wir sehen werden, gewisse archaische religiöse Elemente erneut zur Geltung. Mit Ausnahme des Dionysismus sind alle Mysterien orientalischen, nämlich phrygischen (Kybele und Attis), ägyptischen (Isis und Osiris), phönizischen (Adonis) und iranischen (Mithra) Ursprungs. Aber in hellenistischer Zeit und besonders unter den Kaisern besaßen die orientalischen Kulte keinen ethnischen Charakter mehr; ihre Strukturen und Heilslehren ließen eine universalistische Sehweise erkennen. Man kennt die wesentlichen Elemente ihrer öffentlichen Kulte; was die Geheimriten betrifft, d. h. die Initiation im eigentlichen Sinne, ist man auf einige summarische und änigmatische Angaben angewiesen.

Man weiß, daß sich der Postulant durch Eid verpflichtete, über alles, was er im Lauf der Zeremonien sehen oder hören würde, Stillschweigen zu bewahren. Er wurde dann mit der Heiligen Geschichte (dem *hieros logos*), der den Mythos vom Ursprung des Kults enthielt, bekannt gemacht. Wahrscheinlich kannte der Neophyt bereits den Mythos, aber er erhielt eine neue, esoterische Interpretation mitgeteilt, was einer Offenbarung des wirklichen Sinnes des göttlichen Schauspiels gleichkam. Der Initiation ging eine Zeit des Fastens und der Kasteiung voraus, dann wurde der Novize durch Sühnopfer gereinigt. In den Mithras- und Attis-Mysterien opferte man Stiere und Widder über einer mit einem Gitter bedeckten Grube: Das Blut tropfte auf den darunter befindlichen Mysten. Auf nicht geklärte Weise nahm der Neophyt rituell an einem liturgischen Szenarium teil, das sich um den Tod und die Auferstehung (oder die Wiedergeburt) der Gottheit drehte. Insgesamt setzte die Initiation eine Art *imitatio dei* ins Werk. Die meisten der fragmentarischen Angaben, über die wir verfügen, beziehen sich auf den symbolischen Tod und die symbolische Auferstehung des Mysten. Bei seiner Initiation in die Isis-Mysterien erleidet Lucius, der Held des Romans *Metamorphosen* von Apuleius, „einen freiwilligen Tod" und „nähert sich dem Reich des Todes", damit er den „Tag seiner geistigen Geburt erlange" (11, 21, 24). In den Kybele-Mysterien wird der Neophyt als *moriturus*, „im Sterben liegend", angesehen[6]. Auf diesen mystischen Tod folgte eine neue, geistige Geburt. Im phrygischen Ritus, schreibt Sallust, wurden die Initiierten „mit Milch ernährt, als ob sie wiedergeboren wären" *(De diis et mundo 4)*. Und in dem unter dem Namen *Mithrasliturgie* bekannten Text, der aber von hermetischer Gnosis durchdrungen ist, kann man lesen: „... und nachdem dieser heute von dir gezeugt ist, der aus so vielen Tausenden zur Unsterblichkeit berufen ist..." oder: „Durch die Geburt, die das Leben zeugt, geboren, werde ich in den Tod erlöst."[7]

---

[6] *Firmicus Maternus*, De errore profanarum religionum 18. Siehe weitere Beispiele bei *M. Eliade*, Das Mysterium der Wiedergeburt 194.
[7] *A. Dieterich*, Eine Mithrasliturgie 10, zitiert in: Das Mysterium der Wiedergeburt 194.

Im Verlauf der Zeremonien betrachtete oder handhabte der Neophyt gewisse heilige Gegenstände. Man teilte ihm gleichzeitig die Ausdeutung ihres Symbolismus mit; es handelte sich wahrscheinlich um eine esoterische Exegese, die ihre Heilsbedeutung erklärte und rechtfertigte. An einem bestimmten Zeitpunkt seiner Initiation nahm der Myste an einem rituellen Mahl teil. In der uns interessierenden Zeit hatte diese uralte Praxis vor allem eschatologische Bedeutung[8]. In den Mithras-Mysterien verliehen Brot und Wein den Initiierten Kraft und Weisheit in diesem und glorreiche Unsterblichkeit im anderen Leben[9]. Aufgrund der Initiation wurde der Neophyt den Göttern gleich. Apotheose, Vergöttlichung und „Demortalisation" *(apathanatismos)* sind Begriffe, die allen Mysterienkulten geläufig sind[10].

206. Mystischer Dionysos

In hellenistischer und römischer Zeit war Dionysos der populärste griechische Gott. Sein öffentlicher Kult wurde „gereinigt" und vergeistigt, wobei die Ekstase (die jedoch in den Dionysos-Mysterien weiterhin eine Rolle spielte) eliminiert wurde[11]. Außerdem war die Dionysos-Mythologie sehr lebendig. Die bildenden Künste, besonders die Sarkophag-Dekorationen, ließen sich in reichem Maße von den bekannten mythologischen Begebenheiten anregen, in erster Linie von den Kindheitsgeschichten des Dionysos (die wunderbare Geburt, die Getreideschwinge), der Befreiung der Ariadne und dem darauffolgenden *hieros gamos*. Die Mythologie, die Kultorte und die Monumente wiesen mit aller wünschenswerten Deutlichkeit auf die doppelte Natur des Dionysos hin: von Zeus und einer Sterblichen abstammend, verfolgt und dennoch siegreich, gemordet und wiedererstanden. In Delphi zeigte man sein Grab, seine Auferstehung aber war auf zahlreichen Monumenten bildlich dargestellt. Es war ihm gelungen, seine Mutter unter die Olympier aufsteigen zu lassen; vor allem hatte er Ariadne aus der Unterwelt zurückgeholt und geheiratet. In hellenistischer Zeit symbolisierte ja die Gestalt Ariadnes die menschliche Seele. Mit anderen Worten: Dionysos löste die Seele nicht nur vom Tod, sondern vereinigte sich mit ihr in mystischer Hochzeit (Schneider, a.a.O. II, 802).

Die Popularität des Dionysos wurde auch durch die Gemeinschaften der *Techniten* oder Dionysos-Künstler, die in Athen schon um 300 bezeugt sind, verbreitet. Es handelte sich um pararaligiöse Bruderschaften[12], jedoch ohne

---

[8] Siehe die von *F. Cumont*, Die orientalischen Religionen 311, Anm. 27, 322, Anm. 69 f, zitierten Dokumente.
[9] *F. Cumont*, Textes et Monuments figurés relatifs aux Mystères de Mithra I 320 f.
[10] Vgl. *R. Reitzenstein*, Die hellenistischen Mysterienreligionen 29 f; *S. Angus*, The Mystery Religions and Christianity 106 f.
[11] Vgl. *C. Schneider*, Kulturgeschichte des Hellenismus II, 801.
[12] Vgl. *H. Jeanmaire*, Dionysos 425 f.

Mysteriencharakter. Was die dionysischen Mysterien im strengen Sinne betrifft, haben wir das Kernproblem schon aufgezeigt (§ 125). Wir möchten nur noch daran erinnern, daß in den *Bacchantinnen* Dionysos die Mysterienstruktur seines Kultes proklamiert und die Notwendigkeit des Initiationsgeheimnisses erklärt: „Nur Eingeweihten wird er (d. i. der geheime Sinn der Orgien [d. Übers.]) mitgeteilt." – „Und welchen Nutzen trägt der Opferdienst?" fragt Pentheus. – „Unsagbar großen – du erfährst ihn nicht." (Zeilen 470–474; dt. Übers. von E. Buschor.) Letzten Endes ist das Initiationsgeheimnis gut gewahrt worden. Die Texte, die sich auf die Liturgie beziehen, sind fast alle verschwunden, mit Ausnahme einiger später orphischer Hymnen. Die archäologischen Dokumente der hellenistischen und römischen Zeit sind recht zahlreich, aber die Interpretation ihres Symbolismus – selbst wenn sie von der Mehrzahl der Gelehrten akzeptiert ist – vermag nicht die eigentliche Initiation aufzuhellen.

Über die geschlossene, also rituelle, d. h. initiatorische Struktur der dionysischen Thiasen kann kein Zweifel bestehen. Eine Inschrift aus Kyme (Anfang des 5. Jahrhunderts) beweist, daß die Bruderschaften ihre eigenen Friedhöfe hatten, wo nur die in die Bacchus-Mysterien Initiierten zugelassen waren[13]. Man konnte zeigen (gegen die Auffassung gewisser Gelehrter, die darin nur einen günstigen Rahmen für Gelage und profane Lustbarkeiten sahen), daß die dionysischen Grotten Kultorte darstellten. Die ältesten ikonographischen Zeugnisse, die bis ins 6. Jahrhundert zurückreichen, stellen Dionysos in einer Grotte liegend dar oder eine Mänade, die in einer Grotte vor einer großen Maske des Gottes tanzt. Die Texte spielen auf heilige Tänze und rituelle Mahlzeiten vor den dionysischen Grotten an; andererseits geben sie genauer zu erkennen, daß die Zeremonien des Nachts stattfanden, um ihr Geheimnis zu wahren. Bezüglich der Initiationsriten sind wir auf Hypothesen angewiesen. In seiner Abhandlung über die Einweihungsdarstellungen kommt Friedrich Matz, übrigens dem Beispiel anderer Gelehrter folgend, zu dem Schluß, daß der zentrale Vorgang der Initiation in der Enthüllung des Phallus bestand, der in einer Getreideschwinge *(liknon)* verborgen war[14]. Wahrscheinlich hatte diese Szene, die häufig dargestellt wurde, rituelle Bedeutung, aber Boyancé hat überzeugend nachgewiesen, daß die Texte das *liknon* in Verbindung mit allen möglichen Initiationen und nicht allein jener des Dionysos erwähnen.

Andererseits trägt auf einem Stuckrelief, das im Museum von Ostia aufbewahrt wird (Tafel XXV bei Matz) und das Dionysos und drei weitere namentlich bezeichnete Personen zeigt, die Ziste die Aufschrift: *Mysteria*. Die Ziste enthält die *crepundia* oder *signa*, d. h. die „mystischen Spielzeuge" (Kreisel, Raute, Knöchelchen und Spiegel), die schon im 3. Jahrhundert v. Chr. in den

---

[13] Vgl. *F. Cumont*, Die orientalischen Religionen, Tafel VIII, Abb. 1; Lux perpetua 252, Abb. 6; vgl. ebd. 405 f.
[14] *F. Matz*, Dionysiake telete 16. Vgl. *P. Boyancé*, Dionysiaca 35, Anm. 2; *M. Eliade*, Geschichte der religiösen Ideen I, 336.

Papyri von Gurub bezeugt sind. Mit diesen Spielzeugen gelang es den Titanen, das Kind Dionysos-Zagreus anzulocken, das sie dann niedermachten und in Stücke schnitten (vgl. § 125). Dieser Mythos ist uns nur durch einige christliche Autoren überliefert worden, er war aber zwei in die Mysterien Eingeweihten – Plutarch und Apuleius – und auch der orphischen Bruderschaft im hellenistischen Ägypten bekannt[15]. Nach den Monumenten zu urteilen, scheint das Vorzeigen des Phallus Teil „jener etwas schrecklichen Riten (gewesen zu sein), die dem Zutritt zur Gegenwart des Gottes vorausgingen"[16]. Boyancé meint, daß, „was im Mysten den Glauben, die Sicherheit eines göttlichen Beistandes hervorbrachte, die ihn eines privilegierten Loses im Jenseits zu versichern in der Lage war, nicht der Anblick eines solchen Gegenstandes gewesen sein konnte" (45). Der zentrale Vorgang der Initiation war die göttliche Gegenwart, die durch Musik und Tanz sinnlich erfahrbar wurde – ein Erlebnis, das „den Glauben an ein inniges Verhältnis zum Gott" hervorruft[17].

Dies sind gewiß völlig richtige Beobachtungen, sie erweitern aber nicht unsere Kenntnis des Initiationsrituals. Jedenfalls darf man festhalten, daß das Vorzeigen des Phallus einen religiösen Vorgang darstellte, denn es handelte sich um das Zeugungsorgan des Dionysos, der *Gott* und zugleich *Sterblicher* war, *der den Tod besiegt hatte*. Man braucht sich nur an die Sakralität des *linga* Shivas zu erinnern, um sich klarzumachen, daß in bestimmten kulturell-religiösen Kontexten das Zeugungsorgan eines Gottes nicht nur das Geheimnis seiner Schöpferkraft symbolisiert, sondern auch seine *Gegenwart* bewirkt. In der modernen westlichen Welt ist eine solche religiöse Erfahrung gewiß nicht nachvollziehbar. Denn im Unterschied zu den Mysterien hat das Christentum einen sakramentalen Wert der Sexualität nie gekannt. Man könnte die gleiche Feststellung hinsichtlich der dionysischen rituellen Mahlzeiten treffen, bei denen sich die Initiierten blumenbekränzt einer fröhlichen Trunkenheit, die als göttliche Besessenheit betrachtet wurde, überließen. Es ist für uns schwierig, die Sakralität einer solchen Lustbarkeit zu erfassen. Sie war jedoch die Antizipation der Glückseligkeit jenseits des Grabes, die den Initiierten der Dionysos-Mysterien versprochen war[18].

Späte Texte, die eine orphische Eschatologie widerspiegeln, betonen die Rolle des Dionysos als König der neuen Zeit. Trotz seines kindlichen Alters hat ihn

---

[15] *P. Boyancé*, Dionysiaca 55. Für die *crepundia* siehe auch *R. Turcan*, Les sarcophages romains à représentations dionysiaques 407f.
[16] *P. Boyancé*, a.a.O. 45. Vgl. *R. Turcan*, Du nouveau sur l'initiation dionysiaque 108.
[17] *P. Boyancé*, a.a.O. 44. Weitere Initiationsszenen werden von *R. Turcqn*, Les sarcophages 402ff untersucht. Die berühmten Fresken der Villa Item („Villa dei Misteri") in Pompeji beziehen sich wahrscheinlich auf den Dionysoskult. Aber entgegen der Auffassung derer, die in den Fresken initiatorische Episoden dargestellt sehen, meinen manche andere Autoren, daß sie weder etwas über die Mysterien enthüllen noch den Mythos des Gottes, noch Etappen einer Initiation bildlich darstellen; vgl. *G. Zuntz*, On the Dionysiac Fresco in the Villa dei Misteri 180f.
[18] Vgl. *F. Cumont*, Die orientalischen Religionen 202; *ders.*, Symbolisme funéraire 372; *ders.*, Lux perpetua 255f.

Zeus herrschen lassen über alle Götter des Universums (Fr. orph. 207). Die Epiphanie des göttlichen Kindes zeigt die neue Jugend des Universums, die kosmische Palingenesie, an [19]. (Das Kind als Zeichen der Wiedergeburt und Erneuerung führt den religiösen Symbolismus des Phallus fort.) Die sich an den Triumph des Dionysos knüpfenden Hoffnungen, also die einer periodischen Regenerierung der Welt, schließen den Glauben an die bevorstehende Wiederkehr des Goldenen Zeitalters ein. Dies erklärt die Popularität des Titels Neuer Dionysos, der im Umkreis unseres Zeitalters verschiedenen Personen von anderen (oder sich selbst) beigelegt worden ist [20].

207. *Attis und Kybele*

Der Kybele-Kult und die Attis-„Mysterien" veranschaulichen noch besser als die anderen religiösen Formen der Zeit die strukturelle Verschiedenartigkeit der synkretistischen Schöpfungen. Die phrygische Göttin, die 205–204 in Rom eingeführt wurde, um die von den karthagischen Armeen schwer bedrohte Republik zu retten (§ 168), hatte eine etliche Jahrtausende alte Geschichte. Der schwarze Stein, in dem Kybele rituell gegenwärtig war, zeugt vom Archaismus des Kults: Der Fels ist eines der ältesten Symbole der Erdmutter. Und es ist auch ein Fels – anders gesagt: die Große Mutter Kybele – der sich am Ursprung des Attis und seines Kults befindet. Nach dem von Pausanias (7, 17, 10–12) überlieferten Mythos wurde ein hermaphroditisches Ungeheuer, Agditis, aus einem von Zeus befruchteten Stein geboren [21]. Die Götter beschlossen, ihn zu kastrieren und in die Göttin Kybele zu verwandeln. Einer anderen Variante zufolge entspringt aus dem Blut des Hermaphroditen ein Mandelbaum. Als Nana [22], die Tochter des Flusses Sangarios, eine Mandel ißt, wird sie schwanger und gebiert ein Kind, Attis. Groß geworden, feierte Attis Hochzeit mit der Tochter des Königs, da schlich sich Agditis, der sie liebte, in den Festsaal. Die Anwesenden werden von Wahnsinn ergriffen, der König schneidet sich seine Geschlechtsteile ab, und Attis flieht, verstümmelt sich unter einer Pinie und stirbt. Verzweifelt versucht Agditis, ihn wiederzuerwecken, aber Zeus widersetzt sich diesem Vorhaben; er erlaubt lediglich, daß Attis' Leib unverweslich

---

[19] „Der Begriff der Palingenesie und die Idee, daß ein neuer Gott ein periodisch wiedererscheinender Gott ist, waren nicht allein offensichtlich mit jener Vorstellung verwandt, die den Wechsel von Epiphanien und Verschwinden *(aphanismoi)* eines sich in seinen jährlichen oder zweijährigen Parusien *(trieterides)* manifestierenden Gottes implizierte. Auf der Ebene kosmischer Dauer läßt sich dieser Begriff transponieren in die Form eines sich ebenfalls in kosmischer Dimension wiederkehrend vollziehenden Zyklus" *(H. Jeanmaire,* Dionysos 413f). Für die Bedeutung des dionysischen Symbolismus des Kindes siehe auch *R. Turcan,* Les sarcophages 394f, 405f, 433f.
[20] *H. Jeanmaire* (416) nennt Ptolemaios XI., den Triumvirn Antonius und später Trajan, Hadrian und Antoninus.
[21] Diese Episode erinnert an einen hurritisch-hethitischen Mythos: Kumarbi, „der Göttervater", benetzte mit seinem Samen einen Felsen; vgl. § 46.
[22] Nana ist eine weitere Epiphanie der Mutter (also von Agditis).

bleibt, und einziges Lebenszeichen werden das Wachsen seiner Haare und die Bewegung seines kleinen Fingers sein[23]. Da Agditis nichts anderes als eine Epiphanie der androgynen Großen Mutter darstellt, ist Attis Sohn, Geliebter und Opfer der Kybele zugleich. Die Göttin bedauert ihre Eifersucht, bereut und beweint ihren Liebling.

Diese archaische Mythologie und die blutigen Riten, von denen jetzt gleich die Rede sein wird, stellen den Grundstock einer Erlösungsreligion dar, die in den ersten Jahrhunderten der christlichen Zeit im ganzen Römischen Reich äußerst populär war. Mit Sicherheit veranschaulichte das mythisch-rituelle Szenarium das „Geheimnis" der Vegetation (vgl. § 12); das Blut und die Geschlechtsorgane, die Kybele geopfert werden, stellten die Fruchtbarkeit der Erdmutter sicher. Aber mit der Zeit wurde dieser uralte Kult mit neuen religiösen Bedeutungen ausgestattet; seine blutigen Riten wurden Erlösungsmittel. Wahrscheinlich war die soteriologische Funktion des Kults schon seit einiger Zeit bekannt. In Pessinus gab es eine geschlossene, mysterienartige Bruderschaft[24]. Lange bevor er in Rom eingeführt wurde, hat sich der Attis- und Kybele-Kult in Griechenland ausgebreitet, wo er wahrscheinlich bestimmte Veränderungen erfuhr. In Griechenland wie in Rom hatte der Widerwille gegen blutige Entmannungsriten und Eunuchenpriester Attis in einer untergeordneten Position gehalten. Lange Zeit über gab es in Rom keinen öffentlichen Kult des Gottes, obwohl zahlreiche Tonstatuetten, die bis ins 2. Jahrhundert v. Chr. zurückgehen, seine Präsenz beweisen. Erst unter Claudius und seinen Nachfolgern traten Attis und die Riten, die auf ihn zurückgingen, in den Vordergrund – ein Ereignis, dessen Wichtigkeit wir gleich hervorheben werden.

Die Feste wurden am Frühlingsäquinoktium[25], vom 15.–23. März, gefeiert. Am ersten Tag *(canna intrat*, „Eintritt des Schilfrohrs") trug die Bruderschaft der Kannophoren abgeschnittene Schilfrohre zum Tempel; der Legende nach hatte Kybele das Kind Attis am Ufer des Flusses Sangarios ausgesetzt gefunden. Nach sieben Tagen brachte die Bruderschaft der Dendrophoren eine geschlagene Pinie herbei *(arbor intrat)*. Der Stamm war mit Bändchen umwickelt, wie ein Leichnam, und in der Mitte war ein Bildnis von Attis angebracht. Der Baum stellte den toten Gott dar. Am 24. März, dem „Tag des Blutes" *(dies sanguinis)*, gaben sich die Priester (die Gallen) und die Neophyten zum Klang der Flöten, Zimbeln und Trommeln einem wilden Tanz hin, geißelten sich, bis Blut floß, und zerschnitten sich mit Messern die Arme; auf dem Höhepunkt der Raserei schnitten sich manche Neophyten ihre männlichen Organe ab und brachten sie der Göttin zum Opfer dar.

Den Trauerklagen der Nacht vom 24. zum 25. März folgte plötzlich ein Aus-

---

[23] Nach einer anderen Variante wird Attis von einem wilden Eber getötet – eine alte Überlieferung, denn Herodot (I, 34 f) erzählt sie in euhemeristischer Form.
[24] Vgl. *H. Hepding*, Attis 202 f; *H. Graillot*, Le culte de Cybèle 396 f.
[25] Die den Kalender betreffenden Nachrichten sind ziemlich spät (3. und 4. Jh. n. Chr.; vgl. Forschungsstand § 207). Aber es ist wichtig, die Struktur des Kults in seiner Blütezeit darzustellen.

bruch der Freude, als man am Morgen die Auferstehung des Gottes ankündigte[26]. Es war der Tag „der Freude", *Hilaria*. Nach einem „Ruhe"-Tag *(requietio)* fand am 27. März die große Prozession zum Fluß statt, wo man die Statue der Kybele wusch *(lavatio)*. Nach Auffassung mancher Autoren wurden die individuellen Initiationen am 28. März begangen; der Neophyte wurde geheiligt durch das Blut eines geopferten Stiers oder Widders *(taurobolium* und *criobolium)*. Wahrscheinlich ersetzte das Opfer den Ritus der Selbstverstümmelung des Mysten, denn dieser opferte der Göttin die Geschlechtsorgane der Opfertiere. Er war dann im „Brautgemach" *(pastos, cubiculum)* oder „unter dem Baldachin" zugelassen als mystischer Bräutigam der Kybele, ebenso wie der Galle, der in diesen sakrosankten Ort eintrat, um der Mutter die bei seiner Verstümmelung abgetrennten Teile zu opfern[27].

Was die eigentliche Initiation betrifft, ist das einzige Dokument, das wir besitzen, die von Klemens von Alexandrien zitierte Formel, die den Initiierten als Kennwort diente: „Ich habe vom Tamburin gegessen, ich habe von der Zimbel getrunken, ich habe den *kernos* getragen; ich bin unter den Baldachin getreten" *(Protrept. 2,15)*. Die Analogie mit dem *synthema* von Eleusis ist evident (vgl. § 98); sie kann erklärt werden entweder durch eine Entlehnung auf der einen oder anderen Seite oder durch Ableitung aus einer gemeinsamen, in mehreren Mysterienkulten in hellenistischer Zeit verwendeten Formel. Die Formel bezieht sich sicherlich auf Initiationsriten. Das Tamburin und die Zimbel sind die Lieblingsinstrumente der Kybele. Da Attis „frischgeschnittene Kornähre" *(Philosophumena* 5,8) genannt wurde, ist es wahrscheinlich, daß das rituelle Mahl im wesentlichen aus Brot und Wein bestand; Firmicus Maternus *(De errore* 18) interpretiert es denn auch als dämonisches, verderbliches Äquivalent des christlichen Abendmahls. Was den *kernos* betrifft, ist es wahrscheinlich, daß im Initiationskult des Attis dieses Tongefäß nicht für ein Nahrungsopfer Verwendung fand, sondern um die Geschlechtsorgane des Stiers oder des Widders zur Mutter „unter den Baldachin" zu tragen[28].

Wie wir sehen werden, versprachen die Attis- und Kybele-Mysterien, wenig-

---

[26] Mehrere Autoren haben mit dieser Szene eine Stelle bei dem christlichen Schriftsteller Firmicus Maternus (4. Jh.) in Verbindung gebracht, der die nächtlichen Klagen in der Umgebung einer auf einem Traggestell befindlichen Götterstatue beschreibt. Plötzlich bringt man Licht herbei, und ein Priester tröstet die Gläubigen: „Mut, Mysten, der Gott ist gerettet; auch für euch wird aus der Not Heil kommen" (De errore profanarum religionum 22). Firmicus Maternus gibt nicht genau an, um welchen Kult es sich handelt, aber seine Beschreibung scheint eher auf Osiris zuzutreffen; vgl. *H. Hepding*, Attis 106; *A. Loisy*, Les mystères païens et le mystère chrétien 102. Man darf jedoch nicht vergessen, daß zwischen beiden Religionen eine strukturelle Analogie besteht; vgl. *M. J. Vermaseren*, Cybele und Attis 116.
[27] Vgl. *H. Hepding*, a.a.O. 190f. Nach einer anderen Interpretation war der *pastos* (wörtlich das „Zimmer der Göttin") eine Höhle oder ein unterirdischer Ort im Tempel selbst oder in seiner Nähe; beim Eintritt vollzog der Myste einen *descensus ad inferos;* siehe *M. J. Vermaseren*, a.a.O. 117f. Man sollte hinzufügen, daß zur Zeit des Kaiserreichs das *taurobolium* und das *criobolium* zu allen Jahreszeiten ausgeführt werden konnte. Man feierte sie auch für die Gesundheit des Kaisers.
[28] Wir folgen der Interpretation von *H. Hepding*, a.a.O. 190f und *A. Loisy*, Les Mystères païens 109f. Vgl. auch *M. J. Vermaseren*, a.a.O. 118.

stens von einem bestimmten Zeitpunkt an, den Initiierten die „Unsterblichkeit". Im Augenblick ist wichtig, die Bedeutung der hauptsächlichen Riten, nämlich die Speiseverbote und die Selbstkastration der Gallen, näher zu untersuchen. Die hellenistischen Mysterienreligionen hatten trotz ihrer „Vergeistigung" zahlreiche archaische Momente bewahrt. Es handelt sich übrigens um ein Charakteristikum religiöser Bewegungen, die die individuelle Initiation fordern. Die Omophagie, der dionysische Ritus schlechthin, war dazu angetan, eine religiöse Erfahrung der primitiven Jäger zu reaktualisieren (§ 124). Was die Initiation in die Mysterien von Eleusis betrifft, so ermöglichte sie die Anamnese archaischer Sakramente, an erster Stelle des sakramentalen Werts des Korns und des Brotes (§ 99). Im allgemeinen kann man sagen, daß die Zeremonien mit initiatorischer Struktur bestimmte archaische Verhaltensweisen wieder entdecken und zahlreiche in Vergessenheit geratene rituelle Gegenstände wieder aufwerten. Man denke nur an die Messer aus Feuerstein, die für die initiatorischen Beschneidungen Verwendung finden, oder an die Rolle der Raute *(bull-roarer)* in der orphischen Mythologie und Initiation oder an die religiöse Funktion des „Geheimnisses" (§ 99).

Die hellenistischen Mysterien nehmen archaische rituelle Verhaltensweisen zur Hilfe – wilde Musik, frenetische Tänze, Tätowierungen, Verzehr halluzinogener Pflanzen –, um das Nahen der Gottheit zu beschleunigen, um gar die *unio mystica* zu erreichen. In den Attis-Mysterien besteht das den Neophyten auferlegte Fasten hauptsächlich im Entzug von Brot[29], denn der Gott ist „die frischgeschnittene Kornähre". Die erste initatorische Mahlzeit war in ihrem Kern nichts anderes als die Erfahrung des sakramentalen Werts von Brot und Wein – eine Erfahrung, die urbanen Bevölkerungen nur selten zugänglich sein dürfte. Was die Selbstverstümmelung der Gallen und mancher Gläubigen während ihrer ekstatischen Trancezustände betrifft, so stellt sie ihre absolute Keuschheit, mit anderen Worten: ihre totale Hingebung an die Gottheit, sicher[30]. Eine solche Erfahrung läßt sich nur schwer analysieren; außer den mehr oder weniger unbewußten Antrieben, die den Neophyten beherrschen, müssen das Verlangen nach ritueller Androgynie oder der Wunsch, seine Reserve an „heiligen Kräften" durch ein ungewohntes oder spektakuläres Gebrechen zu vergrößern, oder gar der Wunsch, sich durch eine totale *imitatio dei* außerhalb der traditionellen Gesellschaftsstrukturen gestellt zu fühlen, in Betracht gezogen werden. Letzten Endes ermöglichte der Attis- und Kybele-Kult, die religiösen Werte der Sexualität, des physischen Leidens und des Blutes wieder zu entdecken. Die Trance-

---

[29] Was nicht den (sc. Entzug) von Fasan nach sich zieht; „Abstinenz des Feinschmeckers" (gulosa abstinentia), sagte der hl. Hieronymus (Br. 107, ad Laetam), den *A. Loisy*, a. a. O. 89, Anm. 4, zitiert.
[30] Siehe die treffenden Beobachtungen von *Michel Meslin*, Réalités psychiques et valeurs religieuses dans les cultes orientaux 297. Es bleibt festzuhalten, daß die absolute Devotion nicht notwendigerweise die sexuelle Selbstverstümmelung einschloß. Die zeremonielle Keuschheit konnte auch durch eine symbolische Heirat sichergestellt werden. Der zweite Grad der Mithras-Initiation heißt *Nymphus*, der Myste wird Braut des Gottes; aber der Ritus ist rein geistig; vgl. *M. Meslin*, a. a. O. 302 f.

zustände befreiten die Gläubigen von der Autorität der Normen und Konventionen; in gewissem Sinne war dies die Entdeckung der Freiheit.

Die Tendenz, uralte Erfahrungen wiederzuerlangen, wurde konterkariert vom Bemühen, das Götterpaar Attis-Kybele zu „sublimieren" und ihren Kult neu zu interpretieren. Auch hier haben wir es mit einem für die religiösen Synkretismen der Zeit typischen Phänomen zu tun: dem Willen, sich die Tugenden der fernsten Vergangenheit wieder anzueignen und in Konkurrenz dazu die jüngsten Neuschöpfungen hochzuhalten. Die allegorische Interpretation, die von den Theologen und Philosophen der ersten nachchristlichen Jahrhunderte mühsam praktiziert wurde, identifizierte Attis mit den Prinzipien der Schöpfung und des dialektischen Prozesses Leben-Tod-Wiedergeburt. Paradoxerweise wurde Attis schließlich mit der Sonne assimiliert und so zum Mittelpunkt der solaren Theologie, die gegen Ende des Heidentums so populär war. Die ursprüngliche Bedeutung der Initiation – mystische Angleichung an den Gott – wurde mit neuen Werten angereichert. Eine römische Inschrift von 376 nennt „wiedergeboren für die Ewigkeit", wer das Taurobolium und das Kriobolium darbringt[31]. Es handelt sich wahrscheinlich um einen christlichen Einfluß. Aber das Versprechen der „Auferstehung" oder der „Wiedergeburt" war implizit im mythisch-rituellen Szenarium der *Hilaria* enthalten. Es ist naheliegend, daß die Theologen der Mysterien, als sie mit dem Erfolg der christlichen Mission konfrontiert wurden, mit Nachdruck die Idee der Unsterblichkeit als Konsequenz der von Attis vollzogenen Erlösung betont haben. Wie dem auch sei, sicher ist, daß die römischen Kaiser, vor allem die letzten Antonine, den phrygischen Kult kräftig gefördert haben, in der Hoffnung, den Aufstieg des Christentums dadurch aufzuhalten.

208. Isis und die ägyptischen Mysterien

Die ägyptischen Mysterien unterscheiden sich von anderen ähnlichen religiösen Vereinigungen durch die Tatsache, daß man ihren „Ursprung" und die Etappen ihrer Ausbreitung in Asien und Europa kennt. Am Anfang des 3. Jahrhunderts v. Chr. beschloß Ptolemaios Soter, seine Herrschaft mit Hilfe einer Gottheit, die sowohl von den Ägyptern wie den Griechen als höchste anerkannt würde, zu festigen. So erhob er Serapis (Sarapis) zur Würde eines großen Nationalgottes. Nach der von Plutarch überlieferten Tradition *(De Iside* 28) hatte Ptolemaios im Traum eine Statue des Gottes gesehen. Im Jahre 286 (oder 278) wurde die Statue von Sinope herbeigeschafft und im neu errichteten Tempel von Alexandria aufgestellt. Die Etymologie von Serapis und seine ursprüngliche Heimat

---

[31] *Taurobolio criobolioque in aeternum renatus* – Inschrift, die von *H. Hepding*, a. a. O. 89, zitiert wird. Bisweilen wiederholte man aber die Taurobolien nach 20 Jahren; vgl. *A. Loisy*, a. a. O. 119 f; *M. J. Vermaseren*, a. a. O. 106.

sind noch strittig. Man leitet im allgemeinen seinen Namen von *Oserapis,* d. h. „Osiris-Apis", ab[32]. Bezüglich seines Kults beauftragte Ptolemaios Soter zwei gelehrte Theologen, dessen Struktur festzulegen: den ägyptischen Priester Manethon und den Griechen Timotheos. Ersterer hatte mehrere Werke verfaßt, darunter eine Geschichte Ägyptens, und kannte die griechische Kultur recht gut; letzterer war Mitglied der berühmten Familie der Eumolpiden und Eingeweihter mehrerer Mysterien.

Der Erfolg des neuen Kults war gesichert aufgrund des beträchtlichen Ansehens, das Isis und Osiris genossen. Wie wir gesehen haben (§ 33), hatten die Theologen des Neuen Reiches eine großartige religiöse Synthese erarbeitet, indem sie Osiris und Re verbanden; diese beiden Hochgötter wurden zunächst als komplementär und schließlich als identisch angesehen. Die Popularität Osiris' stieg unaufhörlich, denn er war der einzige ägyptische Gott, der nach seiner Ermordung über den Tod triumphierte und durch die Bemühungen von Isis und Horus „wiederbelebt" wurde. In Abydos und anderswo wurden rituelle Szenarien, die verschiedene Episoden seiner Legende darstellten, vor den Tempeln aufgeführt. Herodot hatte an ähnlichen Zeremonien in Sais teilgenommen; er rückte sie in die Nähe griechischer Mysterien und verzichtete deshalb darauf, sie zu beschreiben (2, 61)[33]. Es steht außer Zweifel, daß sich gewisse osirische Geheimrituale, die im Innern der Tempel vollzogen wurden, auf das zukünftige Leben bezogen[34]. Aber es wäre gewagt, diese Geheimriten als wirkliche Initiationszeremonien zu interpretieren, die zugunsten einer lebenden Person im Hinblick auf deren „Heil" vorgenommen worden wären. Andererseits macht die Vorstellung Schwierigkeiten, daß ein erfahrener Theologe wie Manethon in die Isis-Mysterien keine älteren religiösen Traditionen integriert hätte. Man hat z. B. zeigen können, daß die Isis-Aretalogien keine Neuerfindungen darstellen; sie nehmen im Gegenteil archaische rituelle Formeln wieder auf, die in Verbindung mit der Königsideologie stehen[35]. Außerdem entwickeln die Isis-Mysterien, wie wir gleich sehen werden, gewisse im alten Ägypten praktizierte Zeremonien weiter.

Für unsere Zielsetzung wäre es müßig, die Chronologie und den wechselhaften Verlauf der Ausbreitung des Kults über die Grenzen Ägyptens hinaus genau zu verfolgen. Er breitete sich zuerst in Kleinasien und Griechenland aus und drang dann im 2. Jahrhundert v. Chr. in Italien und zu Beginn des 1. Jahrhunderts in Rom ein. Der ägyptische Kult wurde so populär, daß sich die Römer zu wiederholten Malen heftig den Entscheidungen des Senats, die Tempel zu

---

[32] Aber siehe *Ruth Stiehl,* The Origin of the Cult of Sarapis.
[33] Der Geschichtsschreiber hatte die gleichen Skrupel bezüglich der Mysterien von Samothrake (2, 51), von Eleusis (2, 171) und der Orphik (2, 123) gezeigt.
[34] Siehe einige bibliographische Angaben bei *F. Cumont,* Die orientalischen Religionen 248 ff, Anm. 104–113; vgl. auch *A. Loisy,* Les Mysteres paiens 136 f; *G. Nagel,* The „Mysteries" of Osiris in Ancient Egypt 124 f (Texte des Tempels von Abydos).
[35] *Jan Bergman,* Ich bin Isis 121–240.

zerstören, widersetzten. Wie die anderen Mysterien in hellenistischer und kaiserlicher Zeit kannten die Isis- und Serapis-Mysterien öffentliche Feste, einen täglichen Gottesdienst und Geheimriten, die die eigentliche Initiation darstellten. Man kennt die beiden erstgenannten zeremoniellen Systeme in ihren Grundlinien. Was die Initiation betrifft, gilt das Zeugnis des Apuleius im 11. Buch der *Metamorphosen* mit Recht als das wertvollste Dokument der gesamten alten Literatur über die Mysterien.

Die beiden großen öffentlichen Feste vergegenwärtigten bestimmte Episoden des Osiris- und Isis-Mythos. Das erste, das *Navigium* oder „Schiff der Isis", eröffnete die Schiffahrt im Frühjahr. Das zweite, die *Inventio* des Osiris, fand vom 29. Oktober bis 1. November statt. Auf drei Tage mit Fasten, Klagen und Pantomimenspiel, in dem die Suche nach dem niedergemetzelten und zerstückelten Osiris und die von Isis vollzogenen Trauerriten dargestellt wurden (vgl. § 29), folgten die Freude und das Frohlocken der Gläubigen, als man ihnen verkündete, daß der Leib des Gottes wiedergefunden, neugebildet und wiederbelebt worden sei[36]. Die täglichen Gottesdienste wurden bei Sonnenaufgang und am Nachmittag gefeiert. Bei Tagesanbruch öffnete man die Tore des Heiligtums, und die Zuschauer konnten die Götterstatuen betrachten und dem von den Priestern vollzogenen Kult beiwohnen.

Nach Apuleius besprengte der Oberpriester an dem von der Göttin im voraus festgesetzten Tag den Neophyten mit Wasser und machte ihm „im Geheimen einige Mitteilungen, die nicht für die unwürdige menschliche Sprache bestimmt sind". Dann trägt er ihm vor allen Anwesenden auf, sich zehn Tage lang fleischlicher Nahrung und des Weins zu enthalten. Am Abend der Initiation übergibt ihm die Versammlung der Gläubigen verschiedene Geschenke; dann wird er, mit einer Tunika aus Leinen bekleidet, vom Priester in die abgelegenste Kapelle des Heiligtums geführt. „Du fragst vielleicht begierig, eifriger Leser, was dann gesagt, was dann geschehen. Ich erzählte es, wäre es erlaubt, zu erzählen, du erführest es, wäre es erlaubt, zu hören. (...) Aber ich will dich, den vielleicht fromme Sehnsucht treibt, nicht länger durch Erwartung quälen. Höre also, aber glaube, denn ich sage die Wahrheit. An des Todes Grenze bin ich gekommen, der Proserpina Schwelle habe ich betreten, durch alle Elemente geführt, kehrte ich zurück. In tiefer Nacht schaute ich eine Sonne, leuchtend in schimmerndem Licht; die Götter drunten und droben konnte ich schauen und betete sie aus nächster Nähe an" (*Metam*. 11, 23).

Es handelt sich gewiß um eine Erfahrung des Todes und der Auferstehung, deren spezifischen Inhalt man jedoch nicht kennt. Der Neophyt steigt in die Unterwelt hinab und kommt zurück, indem er die vier kosmischen Elemente durchschreitet; er sieht die Sonne mitten in der Nacht scheinen – ein Bild, das sich auf den in tiefer Nacht die Unterwelt durchquerenden Osiris-Re beziehen

---

[36] Die Vorläufer gehen bis auf die heiligen Schauspiele zurück, die in Abydos seit der 12. Dynastie stattfanden.

könnte. Er nähert sich dann den anderen Göttern, betrachtet sie und betet sie aus der Nähe an. Man hat versucht, in diesem änigmatischen Satz Anspielungen auf den Weg des Neophyten zu entdecken: Dieser habe ihn durch verschiedene mit Götterstatuen geschmückte Säle, die die unterirdische Welt darstellten, geführt, um dann plötzlich in einem hell erleuchteten Raum zu enden. Andere Gelehrte haben parapsychologische Erfahrungen oder die Hypnose herangezogen. Was man wirklich behaupten kann, ist lediglich, daß der Myste sich am Ende mit Osiris-Re oder Horus identisch fühlte. Denn am Morgen steigt der Myste, mit zwölf rituellen Gewändern bekleidet, die die zwölf Stationen des Tierkreises symbolisieren, und mit einer Palmenkrone auf dem Haupt auf eine Estrade genau in der Mitte des Tempels. „So zum Abbild der Sonne geschmückt und aufgestellt wie ein Standbild", erscheint er gegenüber der Statue der Isis vor den Augen des Volkes. Für den Helden der *Metamorphosen* war dieser Tag „der Jahrestag seiner Wiedergeburt in den Mysterien". Die Initiation wurde am dritten Tag mit einem rituellen Festmahl abgeschlossen. Nach einem Jahr jedoch und wiederum auf Verlangen der Göttin wird der Neophyt in „die nächtlichen Mysterien des höchsten Gottes" (11, 28) eingeführt – eine Zeremonie, die wahrscheinlich in Beziehung zur *Inventio* des Osiris stand. Schließlich trägt ihm eine neue Vision der Göttin eine dritte Initiation auf; aber über diese letzten initiatorischen Prüfungen berichtet Apuleius nichts.

Wie wir gesehen haben (§ 33), erhoffte man im alten Ägypten eine posthume Identifizierung mit Osiris. Aber mittels seiner Initiation in die Mysterien erlangte der Neophyt schon *hier auf Erden* diese mystische Identifizierung mit dem Gott; anders gesagt: Die *lebende* Person wurde „divinisiert" und nicht die Seele in ihrem postmortalen Zustand. Wie Osiris von Isis „wiederbelebt" worden war, so war die „Divinisation" des Neophyten wesentlich das Werk der Göttin. Wir kennen die „existentielle Situation" des Mysten nicht, doch ist sicher, daß kein Initiierter an seinem privilegierten Schicksal bei den Göttern nach dem Tod zweifelte. Wenn wir bezüglich der eigentlichen Initiation auf Vermutungen angewiesen sind, erlauben es uns die Mitteilungen des Apuleius doch, die synkretistische Struktur des neuen Kults zu fassen. Die ägyptischen Elemente spielen eine wichtige Rolle: Das mythisch-rituelle Szenarium von Isis und Osiris inspiriert die beiden öffentlichen Feste und wahrscheinlich, wenigstens zum Teil, die Initiationsriten; die Erhebung der Isis in den Rang einer universalen, ja der einzigen Göttin und des Osiris zur Würde des höchsten Gottes setzt die schon für die archaische Epoche bezeugte Tendenz (vgl. § 33) fort, manche Gottheiten in den höchsten Rang zu erheben. Andererseits lassen der Abstieg des Mysten in die Unterwelt und sein Aufstieg durch die kosmischen Elemente hindurch eine spezifisch hellenistische Auffassung erkennen.

Die große Popularität der ägyptischen Mysterien in den ersten Jahrhunderten der christlichen Zeit und die Tatsache, daß gewisse Züge der Ikonographie und der Mythologie der Jungfrau Maria bei Isis entlehnt worden sind, lassen darauf schließen, daß es sich um eine authentische religiöse Schöpfung und nicht um ein künstliches, außer Übung geratenes *revival* handelt. Man darf die Götter der Mysterien als neue Epiphanien von Isis und Osiris betrachten. Außerdem werden diese hellenistischen Interpretationen von den neuorphischen und neuplatonischen Theologen weiterentwickelt werden. Dem Dionysos assimiliert (der auch getötet, zerstückelt und auferweckt wurde), veranschaulichte Osiris auf bemerkenswerte Weise die neuorphische Theologie: die Kosmogonie verstanden als ein Selbstopfer der Gottheit, als die Zerstreuung des Einen im Vielfältigen, und dann die „Auferstehung", d. h. die Versammlung des Vielfältigen in der ursprünglichen Einheit[37].

Die wechselseitige Identifizierung aller Götter führte schließlich zu einem „Monotheismus" synkretistischen Typs, der bei den Theosophen der Spätantike so beliebt war. Es ist bezeichnend, daß ein solch „monotheistischer" Universalismus vor allem die in erster Linie pathetischen Götter wie Dionysos und Osiris hervorhebt. Was Isis und Osiris betrifft, so werden ihre letzten Interpretationen und Aufwertungen durch die Mysterientheologen und neuplatonischen Philosophen jahrhundertelang als sinnfälliger Ausdruck des religiösen Genius der Ägypter in seiner Echtheit und Tiefe angesehen werden[38].

209. *Die Offenbarung des Hermes Trismegistos*

Unter „Hermetismus" versteht man die Gesamtheit der Glaubensvorstellungen, Ideen und Praktiken, die in der hermetischen Literatur überliefert sind. Es handelt sich um eine Sammlung von Texten unterschiedlichen Werts, die zwischen dem 3. Jahrhundert vor und dem 3. Jahrhundert nach Christus verfaßt wurden. Man unterscheidet zwei Kategorien: die zum populären Hermetismus (Astrologie, Magie, Geheimwissenschaften, Alchemie) gehörigen Schriften und die gelehrte hermetische Literatur, in erster Linie die 17 griechisch verfaßten Traktate des *Corpus Hermeticum*[39]. Trotz der Unterschiede in Plan, Inhalt und Stil besteht zwischen den beiden Textgruppen eine gewisse Einheitlichkeit in der Intention; diese erinnert an die Beziehung zwischen dem philosophischen und dem populären Taoismus (§ 133) oder an die Kontinuität zwischen den „klassischen" und „barocken" Ausdrucksformen des Yoga. Zeitlich gesehen, sind die Texte des populären Hermetismus älter, manche von ihnen reichen bis ins 3. Jahrhundert v. Chr. zurück. Der philosophische Hermetismus verbreitet sich vor allem im 2. Jahrhundert der christlichen Zeit.

Wie vorherzusehen war, spiegelt diese Literatur mehr oder weniger den jüdisch-ägyptischen Synkretismus (also auch bestimmte iranische Elemente)

---

[37] Vgl. *Macrobius*, In Somnium Scipionis 1, 12.
[38] Vgl. Bd. III.
[39] Man verfügt noch über die unter dem Namen *Asclepius* bekannte lateinische Übersetzung einer „Vollkommenen Rede" (*Logos teleios*), deren Original verloren ist, und über etwa 30 Auszüge, die im *Anthologium* des Stobaios (um 500) erhalten sind.

wider; außerdem ist der Einfluß des Platonismus erkennbar; aber vom 2. Jahrhundert v. Chr. an wird der gnostische Dualismus vorherrschend. „Durch ihre Akteure, ihre Szenerie, ihre Mythen gibt sich die hermetische Literatur als ägyptisch zu erkennen. Diese Behauptung stützt sich, wenigstens für einige alte Texte, auf eine gewisse Kenntnis des ptolemäischen oder römischen Ägypten, eine Kenntnis, deren realistischer Charakter keineswegs unterschätzt werden darf."[40] Die Gestalten (Thot, Agathodaimon, Ammon usw.), die Szenerie (Memphis und Theben, Hermopolis, Sais, Assuan usw.), gewisse Motive der pharaonischen Theologie (z. B. das Auftauchen des Urhügels in Theben oder Hermopolis), die Vertrautheit mit den antiken ägyptischen Traditionen[41] stellen Hinweise dar, die berücksichtigt werden müssen. Die Identifizierung Thoths mit Hermes war schon Herodot (2, 52) bekannt. Für die Schriftsteller der hellenistischen Zeit war Thoth der Schutzgott aller Wissenschaften, der Erfinder der Hieroglyphen und ein furchterregender Zauberer. Er soll die Welt durch das Wort erschaffen haben; die Stoiker hatten folglich Hermes mit dem *logos* identifiziert[42].

Die Schriften des populären Hermetismus haben in der Kaiserzeit eine wichtige Rolle gespielt; zunächst durch ihren „operationalen" Charakter: In einer Zeit, die von der Allmacht des Schicksals in Schrecken versetzt wurde, enthüllten diese Texte die „Geheimnisse der Natur" (die Lehre von der Analogie, die „Sympathie"-Beziehungen zwischen den verschiedenen kosmischen Ebenen), dank deren der *magus* sich ihre geheimen Kräfte dienstbar machte. Selbst der astrale Fatalismus konnte nutzbringend verwendet werden. In einer der astrologischen Schriften, dem *Liber Hermetis*[43], fand man keine Erwähnung des Problems des Todes und des zukünftigen Lebens; wichtig waren allein die Mittel zu einem glücklichen Leben auf der Erde. Die Erkenntnis jedoch, also die Beherrschung der Natur, wurde möglich gemacht durch die Gottheit. „Da es sich um die Entdeckung eines ganzen Netzes von Sympathien und Antipathien handelt, das in der Natur verborgen liegt, wie dieses Geheimnis durchdringen, wenn es nicht ein Gott enthüllt?"[44] Folglich stellt das Wissen hermetischen Typs ein Mysterium und zugleich die initiatorische Vermittlung dieses Mysteriums dar; die Erkenntnis der Natur erreicht man durch Gebet und Kult oder auf einem niedrigeren Niveau durch magischen Zwang[45].

---

[40] *Jean Doresse*, L'hermétisme égyptianisant 442.
[41] Die Papyri haben tatsächlich genau die griechischen Versionen gewisser Mythen wiedergegeben, z. B. den der Göttin Tefnut, in dem Thot-Hermes eine Rolle spielt; vgl. *Doresse* 449.
[42] *A.-J. Festugière*, La Révélation d'Hermès Trismégiste I, 71 f. Eine bis auf die ersten Ptolemäer zurückgehende Tradition erzählte, daß Thot, der erste Hermes, „vor der Sintflut" lebte; auf ihn folgte der zweite Hermes, der Trismegistos, dann dessen Sohn Agathodaimon und sein Enkel Tat. Diese Gestalten werden alle im Traktat *Korē Kosmū* genannt. Die Genealogie ist authentisch ägyptisch.
[43] Das griechische Original reicht ins 3. Jahrhundert v. Chr. zurück; vgl. *A.-J. Festugière*, a.a.O. 122 f.
[44] *A.-J. Festugière*, Hermétisme et mystique païenne 43.
[45] Ebd. 44.

In diesem amorphen Corpus von magischen Anleitungen und Traktaten, die die natürliche Magie und die Geheimwissenschaften betreffen, finden sich manchmal Konzeptionen, die für gelehrte Literatur kennzeichnend sind. In dem *Korē Kosmū* (14–18) wird die Schöpfung der Seelen als eine alchemistische Handlung beschrieben. Das Gebet, mit dem *Asclepius* schließt, findet sich auf griechisch in einer magischen Anleitung wieder. Die Bedeutung dieser „populären" hermetischen Literatur darf nicht unterschätzt werden. Sie hat die *Naturgeschichte* von Plinius und das berühmte mittelalterliche Werk *Physiologus* inspiriert und mit Material versorgt; ihre Kosmologie und ihre leitenden Ideen (die Lehre von den Sympathien und den Korrespondenzen, in erster Linie die Korrespondenz zwischen Makro- und Mikrokosmos) haben vom frühen Mittelalter bis gegen Ende des 18. Jahrhunderts beträchtlichen Erfolg gehabt; man findet sie nicht nur bei den italienischen Platonikern und bei Paracelsus wieder, sondern auch bei so unterschiedlichen Gelehrten wie John Dee, Ashmole, Fludd und Newton[46].

Ebenso wie die Gruppe der populären Texte werden die Schriften, die die gelehrte hermetische Literatur ausmachen, als von Hermes Trismegistos geoffenbart angesehen. Diese Traktate unterscheiden sich von ersteren durch ihr literarisches Genus und vor allem durch ihre Lehre. Schon 1914 hatte Bousset festgestellt, daß das *Corpus Hermeticum* zwei unvereinbare Theologien vorstellt; die eine, optimistische, ist monistisch-pantheistischen Typs; die andere, pessimistische, ist durch einen ausgeprägten Dualismus gekennzeichnet. Für erstere ist der Kosmos schön und gut, da von Gott durchdrungen[47]. Durch die Betrachtung der Schönheit des Kosmos gelangt man zur Gottheit. Gott, der sowohl Einer (C. H. 11,11 usw.) und Alles (12,22) ist, ist Schöpfer und wird „Vater" genannt. Der Mensch besetzt in der Triade den dritten Platz hinter Gott und dem Kosmos. Seine Aufgabe ist es, „die himmlischen Dinge zu bewundern und anzubeten, die irdischen Dinge zu hegen und zu verwalten" *(Asclepius,* § 8). Insgesamt gesehen, ist der Mensch die notwendige Ergänzung der Schöpfung; er ist „das sterbliche Lebewesen, die Zierde des unsterblichen lebendigen Seins" (C. H. 4,2).

In der pessimistischen Lehre dagegen ist die Welt von Grund auf schlecht; „sie ist nicht das Werk Gottes, jedenfalls nicht des Ersten Gottes, denn dieser Erste Gott befindet sich unendlich jenseits jeder Materie, er ist verborgen im Geheimnis seines Seins: Man kann also Gott nur erreichen, indem man der Welt entflieht, man soll sich hier unten wie ein Fremder verhalten"[48]. Denken wir beispielsweise nur an die Entstehung der Welt und das pathetische Drama des

---

[46] Siehe Bd. III; vgl. vorläufig Forgerons et Alchimistes (2., durchges. und verm. Aufl. 1977) 147f, 181f.
[47] Die Welt ist ein „unsterbliches Lebendiges" (Corpus Hermeticum 8,1); sie wird „Gott" oder „großer Gott" genannt; durch die Welt hindurch manifestiert sich „der unsichtbare Gott" (C. H. 5,2).
[48] *A.-J. Festugière,* Hermétisme et mystique païenne 37; vgl. *ders.,* Révélation I, 84f.

Menschen nach der ersten Abhandlung des *Corpus*, dem *Poimandres:* Der höhere Geist, der androgyne *noûs*, erschafft zuerst einen Demiurgen, der die Welt bildet, dann den *Anthropos*, den himmlischen Menschen; letzterer steigt in die untere Sphäre hinab, wo er sich, „getäuscht von der Liebe", mit der Natur *(Physis)* verbindet und den irdischen Menschen zeugt. Von nun an hört der göttliche *Anthropos* als eigene Person zu existieren auf, denn er beseelt den Menschen: Sein Leben wird in die menschliche Seele verwandelt und sein Licht in *noûs*. Deshalb ist unter den irdischen Wesen der Mensch als einziger sowohl sterblich als auch unsterblich. Mit Hilfe der Erkenntnis kann der Mensch jedoch „Gott werden". Dieser Dualismus, der die Welt und den Leib entwertet, unterstreicht die Identität zwischen dem Göttlichen und dem geistigen Element des Menschen. Ebenso wie die Gottheit ist der menschliche Geist *(noûs)* durch *Leben* und *Licht* charakterisiert. Da die Welt „die Totalität des Übels" (C. H. 4,4) ist, muß man sich der Welt ent-„fremden" (13,1), um die „Geburt der Gottheit" (13,7) zu vollenden; der erneuerte Mensch verfügt dann über einen unsterblichen Leib, er ist „Sohn Gottes, Alles in Allem" (13,2).

Diese Theologie, die mit einer spezifischen Kosmogonie und Soteriologie einhergeht, hat eine überaus „gnostische" Struktur (vgl. § 229). Aber es wäre unvorsichtig, die hermetischen Traktate, weil sie seinen Dualismus und Pessimismus teilen, mit dem Gnostizismus im eigentlichen Sinne in Verbindung zu bringen. Gewisse mythologische und philosophische Züge „gnostischen" Typs sind Teil des Zeitgeistes der Epoche: z. B. die Weltverachtung, die Heilsbedeutung einer Ur-Wissenschaft, die von einem Gott oder einem übermenschlichen Wesen geoffenbart und unter dem Zeichen des Geheimnisses mitgeteilt worden ist. Es kann hinzugefügt werden, daß die entscheidende Bedeutung, die der auf initiatorische Weise an einige Schüler vermittelten Erkenntnis beigemessen wird, an die indische Tradition (Upanishaden, Sāṃkhya und Vedânta) erinnert, ebenso wie der „unsterbliche Leib" des wiedergeborenen Menschen Analogien mit dem Hatha-Yoga, dem Taoismus und der indischen und chinesischen Alchemie aufweist.

210. *Initiatorische Aspekte des Hermetismus*

Bestimmte Gelehrte (Reitzenstein und Geffcken) haben den Hermetismus als eine religiöse Bruderschaft im eigentlichen Sinne betrachtet, mit eigenen Dogmen, Riten und eigener Liturgie, für die das *Corpus Hermeticum* das Heilige Buch dargestellt hätte. Nach Bousset, W. Kroll und Cumont verwirft Festugière diese Hypothese. Zunächst ist das Vorhandensein zweier gegensätzlicher und unvereinbarer Lehren inkompatibel mit dem Begriff einer Bruderschaft als „einer Menschengruppe, die bewußt ein Gedanken- und Lebenssystem gewählt hat"; sodann gibt es in der hermetischen Literatur keine Spur „von Zeremonien, die den Hermes-Gläubigen eigen wären. Nichts, was den Sakramenten der gnostischen Sekten gleicht: weder Taufe noch Kommunion, noch Sündenbekenntnis, noch Handauflegung zur Konsekration der Kultdiener. Kein Klerus: kein äußeres Anzeichen einer hierarchischen Organisation oder von Initiationsgraden. Man kann nur zwei Klassen von Individuen unterscheiden: diejenigen, die das Wort hören, und diejenigen, die es ablehnen. Diese Unterscheidung aber ist selbstverständlich geworden, sie hat in die Literatur mindestens seit Parmenides Eingang gefunden."[49]

Wenn sich die Hypothese einer geheimen, hierarchisch organisierten Bruderschaft nicht aufdrängt, so setzen dennoch die großen Traktate des gelehrten Hermetismus die Existenz geschlossener Gruppen voraus, die eine Initiation kennen, die jener der Alchemisten und der Tantriker vergleichbar ist. Es handelt sich, um einen Ausdruck aus dem *Asclepius* (§ 25) aufzugreifen, um eine *religio mentis:* Gott „empfängt reine, geistige Opfer" (C. H. 1, 3). Nichtsdestoweniger lassen sich eine spezifische religiöse Atmosphäre und gewisse rituelle Verhaltensweisen ausmachen: Die Schüler versammeln sich in einem Heiligtum; sie respektieren das Schweigegebot und bewahren über die Offenbarungen Stillschweigen; die Katechese vollzieht sich in zeremonieller Gemessenheit; die Beziehungen zwischen dem Lehrmeister und den Schülern sind religiös getönt. Der Mythos von der Taufe in einem Krater zeigt die Vertrautheit mit den Ritualen der Mysterien an[50]. Man kann ebenso die Kenntnis gewisser Praktiken mit dem Ziel der Ekstase vermuten: Hermes erzählt seinem Schüler Tat von einer ekstatischen Erfahrung, in deren Verlauf er in einen „unsterblichen Leib" eintritt, und Tat gelingt es, sie nachzuahmen (C. H. 13, 3, 13).

Man könnte sagen, daß wir es mit einem neuen Modell der Mitteilung esoterischer Weisheiten zu tun haben. Im Unterschied zu geschlossenen Vereinigungen mit hierarchischer Organisation, Initiationsriten und fortschreitender Offenbarung einer Geheimlehre schließt der Hermetismus, ebenso wie die Alchemie, lediglich eine gewisse Anzahl von Texten ein, die von einem „Lehrmeister" an einige sorgfältig vorbereitete (d. h. durch Askese, Meditation und bestimmte kultische Praktiken „rein" gemachte) Schüler übermittelt und interpretiert werden. Man darf nicht aus den Augen verlieren, daß die in den großen Traktaten des *Corpus Hermeticum* enthaltene Offenbarung eine höchste Gnosis darstellt, besonders die das Heil verschaffende esoterische Wissenschaft; die einfache Tatsache, sie verstanden und angenommen zu haben, kommt einer

---

[49] *A.-J. Festugière,* Hermétisme 38; vgl. *ders.,* Révélation I, 81 f.
[50] Nach dem 4. Traktat des *Corpus Hermeticum* hatte Gott am Anfang der Zeit einen Krater mit Geist *(noûs)* gefüllt: Die hineintauchen, werden „vollkommene Menschen". Festugière hat gezeigt, daß es sich um eine Vermischung zweier in den Mysterien praktizierter Riten handelt: 1. das Zusichnehmen eines heiligen, aus dem Krater genommenen Tranks und 2. ein Reinigungs- und Initiationsbad; vgl. *A.-J. Festugière,* Le baptême dans le Cratère (wiederveröffentlicht in: *ders.,* Hermétisme et mystique païenne 100–112) 108.

"Initiation" gleich[51]. Dieser neue Typ von Initiation, die sich individuell und rein geistig vollzieht und durch die aufmerksame Lektüre und Meditation eines esoterischen Textes möglich ist, hat sich in der Kaiserzeit und besonders nach dem Sieg des Christentums entwickelt. Dies ist einerseits die Konsequenz des beträchtlichen Ansehens, das die „Heiligen Bücher" mit der Reputation göttlichen Ursprungs genossen, und andererseits des Verschwindens der Mysterien und des Ausfallens anderer Geheimorganisationen nach dem 5. Jahrhundert unserer Zeitrechnung. In der Perspektive dieses neuen Initiationstyps impliziert die Überlieferung esoterischer Lehren keine „initiatorische Kette" mehr; der heilige Text kann jahrhundertelang vergessen sein, es genügt, daß er von einem kompetenten Leser wiederentdeckt wird, damit seine Botschaft wieder einsichtig und aktuell wird.

Die Weitergabe des Hermetismus stellt ein aufregendes Kapitel in der Geschichte der Esoterik dar: Sie hat sich durch die syrische und arabische Literatur vollzogen und vor allem dank der Sābier von Harran in Mesopotamien, die im Islam bis ins 11. Jahrhundert überlebten[52]. Neuere Forschungen haben gewisse hermetische Elemente im *Parzival* Wolframs von Eschenbach und in mehreren spanischen Texten des 13. Jahrhunderts ausfindig gemacht[53]. Die wirkliche „Renaissance" des Hermetismus in Westeuropa hat jedoch mit der lateinischen Übersetzung des *Corpus Hermeticum* begonnen, die Marsilius Ficinus im Auftrag Cosimos de Medici vorgenommen und 1463 vollendet hat. Aber die Wiederentdeckung des *Corpus Hermeticum* stellt, wie wir sehen werden (vgl. Bd. III), in Wirklichkeit eine gewagte und schöpferische Neuinterpretation des Hermetismus dar.

211. Die hellenistische Alchemie

Die Wissenschaftshistoriker unterscheiden drei Epochen in der Ausbildung der griechisch-ägyptischen Alchemie[54]: 1. die Epoche der technischen Rezepte, die sich auf die Verfahren der Legierung, der Färbung und der Goldimitation beziehen (z. B. die Papyri von Leiden und Stockholm, die aus dem 3. Jahrhundert v. Chr. stammen); 2. die philosophische Epoche, die höchstwahrscheinlich von

---

[51] Festugière hat auf angemessene Weise ein für die hellenistische Epoche kennzeichnendes Klischee analysiert: die Transposition eines metaphorisch verstandenen Ritus der Kultmysterien in das, was der Verfasser „literarisches Mysterium" nennt. Aber eine solche Transposition behält immer eine religiöse Bedeutung bei: sie regt die Imaginationstätigkeit des Lesers an und enthüllt ihm den tiefen Sinn der Mysterien.
[52] Die Sābier hatten als „Propheten" Hermes und Agathodaimon und kannten den 4. Traktat des *Corpus Hermeticum*, der den Titel „Der Krater" trägt, recht gut. Nach Henry und Renée Kahane ist „Krater" das gleiche Wort wie „Gral".
[53] R. und H. Kahane, The Krater and the Grail. Hermetic Sources of the Parzival; dies., Hermetism in the Alfonsine Tradition.
[54] Siehe M. Eliade, Schmiede und Alchemisten 174 ff.

Bolos von Mendes (2. Jahrhundert v. Chr.) eingeleitet wurde und die in den *Physika kai Mystika*, einem apokryphen, Demokrit zugeschriebenen Traktat zum Ausdruck kommt; 3. schließlich die Epoche der eigentlichen alchemistischen Literatur, jene des Zosimos (3. bis 4. Jahrhundert) und seiner Kommentatoren (4. bis 6. Jahrhundert). Obgleich das Problem des historischen Ursprungs der alexandrinischen Alchemie noch nicht gelöst ist, könnte man sich das plötzliche Auftauchen *alchemistischer Texte* im Umkreis der christlichen Ära als Folge des Zusammentreffens der esoterischen Strömung, die durch die Mysterien, den Neupythagorismus und den Neuorphismus, die Astrologie, die „orientalischen Offenbarungsweisheiten", den Gnostizismus usw. repräsentiert wird – einer esoterischen Strömung, die vor allem Angelegenheit der Gebildeten, der *Intelligentsia*, war –, und den „populären" Überlieferungen, welche die Hüter der Berufsgeheimnisse und der uralten Magien und Techniken waren, erklären. Ein analoges Phänomen läßt sich in China beim Taoismus und Neutaoismus und in Indien beim Tantrismus und Hatha-Yoga feststellen. In der mediterranen Welt haben diese „populären" Überlieferungen eine Geisteshaltung von archaischer Struktur bis in die hellenistische Epoche fortbestehen lassen. Wie wir gesehen haben (§ 209), ist das wachsende Interesse für die traditionellen Techniken und Wissenschaften, die sich mit den Substanzen, den Edelsteinen und den Pflanzen befassen, charakteristisch für diese ganze Epoche der Antike.

Welchen historischen Gründen ist die Entstehung alchemistischer Praktiken zuzuschreiben? Wir werden es ohne Zweifel niemals wissen. Es ist jedoch zweifelhaft, ob sich die Alchemie ausgehend von den Rezepten zur Herstellung oder Imitierung von Gold als selbständige Disziplin konstituiert hat. Der hellenistische Orient hatte alle seine metallurgischen Techniken von Mesopotamien und Ägypten übernommen, und man weiß, daß die Mesopotamier seit dem 14. Jahrhundert v. Chr. die Goldprobe durchzuführen verstanden. Eine Disziplin, die 2000 Jahre lang die abendländische Welt beschäftigt hat, mit den Bemühungen um die Herstellung von Gold verknüpfen zu wollen, hieße die außerordentlichen Kenntnisse übersehen, welche die Alten von den Metallen und ihren Legierungen besaßen; es hieße auch, ihre intellektuellen und geistigen Fähigkeiten unterschätzen. Die Verwandlung, das hauptsächliche Ziel der hellenistischen Alchemie, war bei dem damaligen Stande der Wissenschaft keine Absurdität, denn die Einheit der Materie war schon seit geraumer Zeit eine Grundthese der griechischen Philosophie. Es ist aber kaum anzunehmen, daß die Alchemie aus den Experimenten entstanden sein sollte, mit welchen man diese Grundthese zu bestätigen und die Einheit der Materie experimentell zu beweisen suchte. Man kann sich nur schwer vorstellen, daß eine geistige Technik und eine Soteriologie aus einer philosophischen Theorie hervorgehen könnten.

Andererseits zeigt der griechische Geist, sobald er seine Aufmerksamkeit der Wissenschaft zuwendet, eine außerordentliche Schärfe der Beobachtung und Urteilskraft. Was uns aber beim Lesen der griechischen Alchemisten-Texte auffällt, ist ihr Mangel an Interesse für die physisch-chemischen Phänomene, d. h.

gerade der Mangel an wissenschaftlichem Geist. So stellt Sherwood Taylor fest: „Alle diejenigen, die den Schwefel verwendeten, mußten die merkwürdigen Phänomene wahrnehmen, die sich bei seinem Schmelzen und der nachfolgenden Erhitzung der Flüssigkeit zeigen. Nun wird aber, obgleich der Schwefel Hunderte von Malen erwähnt wird, nie auf irgendeine seiner spezifischen Eigenschaften angespielt außer seiner Einwirkung auf die Metalle. Das steht in einem solchen Gegensatz zum Geiste der griechischen Philosophie, daß wir daraus schließen müssen, die Alchemisten hätten kein Interesse für die natürlichen Phänomene gehabt, die ihren Zwecken nicht dienten. Trotzdem ist es ein Irrtum, in ihnen nur Goldsucher zu sehen, denn der religiöse und mystische Ton, vor allem in den Spätwerken, paßt schlecht zur Gesinnung von Schatzsuchern (...). Man wird in der Alchemie keine Spur einer Wissenschaft finden (...). Nie bedient sich der Alchemist wissenschaftlicher Verfahren."[55] Die Texte der frühen Alchemisten zeigen, „daß diese Männer nicht am Goldmachen interessiert waren und in Wirklichkeit nicht das echte Gold meinten. Der Chemiker, der diese Arbeiten prüft, gewinnt davon den gleichen Eindruck wie ein Maurer, der einem Werk der Freimaurerei praktische Anweisungen entnehmen möchte" (Sherwood Taylor, A Survey 138).

Wenn also die Alchemie weder aus dem Wunsche, Gold nachzuahmen (die Goldprobe war zumindest seit 12 Jahrhunderten bekannt), noch aus einer wissenschaftlichen Technik der Griechen entstehen konnte (wir sahen, daß die Alchemisten kein Interesse für die physikalisch-chemischen Phänomene als solche hatten), sind wir gezwungen, anderswo nach den „Ursprüngen" dieser Lehre *sui generis* zu suchen. Viel eher als die philosophische Theorie von der Einheit der Materie hat wahrscheinlich die alte Vorstellung von der Erdmutter, Trägerin der Erz-Embryonen, den Glauben an eine künstliche, d. h. im Laboratorium vorgenommene Wandlung entstehen lassen. Wahrscheinlich war es die Begegnung mit der Symbolik, den Mythologien und Techniken der Bergleute, Schmelzer und Schmiede, die Anlaß zu den ersten alchemistischen Prozeduren gab. Vor allem aber muß die experimentelle Entdeckung der *lebenden* Substanz – als die sie von den Handwerkern empfunden wurde – die entscheidende Rolle gespielt haben. Tatsächlich ist es die Vorstellung von einem *verwickelten und dramatischen Leben der Materie*, die im Vergleich zur klassischen griechischen Wissenschaft das Besondere der Alchemie ausmacht. Es besteht Grund zur Annahme, daß die *Erfahrung* des *dramatischen Lebens* der Materie durch die Kenntnis der griechisch-orientalischen Mysterien möglich wurde.

Das Szenarium der „Leiden", des „Todes" und der „Auferstehung" der Materie ist von allem Anfang an in der griechisch-ägyptischen alchemistischen Literatur bezeugt. Die Wandlung, das *opus magnum*, das den Stein der Weisen zum Ziel hat, wird dadurch erreicht, daß man die Materie vier Phasen durch-

---

[55] F. *Sherwood Taylor*, A Survey of Greek Alchemy 110. Vgl. auch vom gleichen Verfasser Origins of Greek Alchemy 42f.

laufen läßt, die nach den Farben, welche die Ingredienzien annehmen, als *melansis* (Schwarz), *leukosis* (Weiß), *xanthosis* (Gelb) und *iosis* (Rot) bezeichnet werden. Das „Schwarz" (die *nigredo* der mittelalterlichen Autoren) symbolisiert den „Tod". Es muß aber betont werden: Die vier Phasen des *opus* sind schon in den pseudo-demokritischen *Physika kai mystika*, also in der ersten rein alchemistischen Schrift (2. bis 1. Jahrhundert v. Chr.), bezeugt. Mit zahllosen Varianten behaupten sich die vier (oder fünf) Phasen des Werkes *(nigredo, albedo, critrinitas, rubedo,* zuweilen *viriditas,* zuweilen *cauda pavonis)* in der ganzen Geschichte der arabischen und abendländischen Alchemie.

Doch mehr noch: Es ist das mystische Drama des Gottes – sein Leiden, sein Tod, seine Auferstehung –, das auf die Materie projiziert wird, um sie zu wandeln. Mit einem Wort, der Alchemist behandelt die Materie genau so, wie der Gott in den Mysterien behandelt wurde: Die mineralischen Stoffe „leiden", „sterben" und „stehen auf" zu einer neuen Daseinsform, d. h., sie werden verwandelt. In seinem *Traktat über die Kunst* (III, 1, 2 f) gibt Zosimos eine Vision wieder, die er im Traum hatte: Eine Person namens Ion offenbart ihm, daß sie mit einem Schwert durchbohrt, zerstückelt, enthauptet, abgehäutet und im Feuer verbrannt worden sei und daß sie das alles erlitten habe, „um ihren Körper in Geist verwandeln zu können". Erwacht habe Zosimos sich gefragt, ob alles das, was er im Traum geschaut habe, sich nicht auf den alchemistischen Prozeß der Zusammensetzung des Wassers beziehe, ob Ion nicht die Verkörperung, das Musterbild des Wassers sei. Wie Jung gezeigt hat, ist dieses Wasser die *aqua permanens* der Alchemisten, und seine „Qualen" durch das Feuer entsprechen dem Prozeß der *separatio*[56].

Bemerken wir, daß die Beschreibung des Zosimos nicht nur an die Zerstückelung des Dionysos und anderer „sterbender Götter" der Mysterien erinnert (deren „Leiden" auf einer gewissen Stufe den verschiedenen Momenten des Vegetationszyklus, vor allem den Qualen, dem Tod und der Auferstehung des „Korn-Geistes", vergleichbar ist), sondern daß sie auch eine auffallende Ähnlichkeit mit den Initiationsvisionen der Schamanen und ganz allgemein mit dem Grundschema aller archaischen Initiationen hat. In den schamanistischen Initiationen sind die Prüfungen, auch wenn sie im „zweiten Zustand" bestanden werden, manchmal von außerordentlicher Grausamkeit: Der zukünftige Schamane ist im Traum Zeuge seiner eigenen Zerteilung, seiner Enthauptung und seines Todes[57]. Wenn man die Universalität dieses initiatorischen Schemas und andererseits die Solidarität zwischen den Metallbearbeitern, den Schmieden und den Schamanen berücksichtigt, wenn man daran denkt, daß die alten mediterranen Bruderschaften der Metallurgen und Schmiede sehr wahrscheinlich über eigene Mysterien verfügten, gelangt man dazu, die Vision des Zosimos in einer den traditionellen Gesellschaften eigenen geistigen Welt anzusiedeln. Zugleich

---

[56] *C. G. Jung,* Die Visionen des Zosimus 153 f.
[57] Vgl. *M. Eliade,* Schamanismus 45 ff, 62 ff und passim.

ermißt man die große Neuerung der Alchemisten: *Sie haben die initiatorische Funktion des Leidens auf die Materie projiziert.* Aufgrund der alchemistischen Verfahren, die den „Qualen", dem „Tod" und der „Auferstehung" des Mysten entsprechen, wird die Substanz verwandelt, d. h., sie erhält eine transzendente Seinsweise: Sie wird zu „Gold". Das Gold ist, wie man weiß, das Symbol der Unsterblichkeit. Die alchemistische Wandlung kommt also einer Vervollkommnung der Materie[58] und für den Alchemisten der Vollendung seiner „Initiation" gleich.

In den traditionellen Kulturen wurden die Erze und Metalle als lebende Organismen angesehen: Man sprach von ihrer Schwangerschaft, ihrem Wachstum und ihrer Geburt, man sprach sogar von ihrer Hochzeit (vgl. § 15). Die griechisch-orientalischen Alchemisten haben alle diese archaischen Glaubensvorstellungen übernommen und neu zur Geltung gebracht. Die alchemistische Verbindung von Schwefel und Quecksilber wird fast immer mit Ausdrücken der „Hochzeit" bezeichnet. Diese Hochzeit ist aber eine mystische Vereinigung zweier kosmologischer Prinzipien. Darin liegt die Neuheit der alchemistischen Perspektive: Das Leben der Materie wird nicht mehr in Ausdrücken „vitaler" Hierophanien bezeichnet, wie in der Perspektive des archaischen Menschen, sondern es bekommt eine „geistige" Dimension; anders gesagt: indem die Materie die initiatorische Bedeutung des Dramas und des Leidens annimmt, nimmt sie zugleich auch die Bestimmung des Geistes an. Die „initiatorischen Prüfungen", die auf der geistigen Ebene Freiheit, Erleuchtung und Unsterblichkeit zum Ziele haben, führen auf der materiellen Ebene zur Wandlung und zum Stein der Weisen. Man könnte diese gewagte Aufwertung eines uralten mythisch-rituellen Szenariums (die Schwangerschaft und das Wachstum der Erze im Schoß der Erdmutter; der Ofen, einem neuen tellurischen Mutterschoß assimiliert, in dem das Erz seine Schwangerschaft beendet; der Bergmann und der Metallarbeiter, die den Platz der Erdmutter einnehmen, um das „Wachstum" der Erze zu beschleunigen und zu vollenden) mit der „Verwandlung" der alten Agrarkulte in Mysterienreligionen vergleichen. Später werden wir die Konsequenzen dieser Bemühungen ermessen, die Materie zu „spiritualisieren" und zu „verwandeln"[59].

---

[58] C. G. Jung, Psychologie und Alchemie 416f, spricht von der Erlösung der in der Materie gefangenen *anima mundi* durch das alchemistische Werk. Diese Konzeption, nach ihrem Ursprung und ihrer Struktur gnostisch, fügt sich übrigens in einen ganzen Strom eschatologischen Denkens ein, der schließlich zur Konzeption der Apokatastasis des Kosmos führen sollte. Doch die Alchemie postulierte, wenigstens in ihren Anfängen, keine Gefangenschaft der *anima mundi* in der Materie; diese wurde, wenn auch nur dunkel, noch als *Terra Mater* empfunden.
[59] Siehe Bd. III des vorliegenden Werkes.

SIEBENUNDZWANZIGSTES KAPITEL

Neue iranische Synthesen

212. Religiöse Strömungen unter den Arsakiden (247–220)

Nach dem Fall des Achämenidenreiches (ca. 330) wurde die iranische Religion in die ausgedehnte und komplexe synkretistische Bewegung hineingezogen, die die hellenistische Epoche kennzeichnet (vgl. § 205). Die Wiedereroberung der Unabhängigkeit eines Teils des Irans durch den Partherführer Arsakes, der, indem er sich im Jahre 247 zum König proklamierte, die neue nationale Dynastie der Arsakiden begründete, hielt diesen Prozeß nicht auf. Gewiß brachten die Parther eine eigenständige religiöse und kulturelle Tradition mit sich, die von den Reitern der Steppe stammte. Sehr wahrscheinlich stellen gewisse Elemente der Königsideologie, die seit den Arsakiden genauere Formen annehmen, das Erbe dieser unbezähmbaren Stämme dar, die seit Jahrhunderten am Rande der Imperien ein Nomadendasein führten. Aber die Anziehungskraft des Hellenismus erwies sich als unwiderstehlich, und die Arsakiden ermutigten zumindest bis zum 1. Jahrhundert n. Chr. die Hellenisierung (griechische Götter sind auf ihre Münzen geprägt). Es sei jedoch daran erinnert, daß das Modell, das man nachzuahmen suchte, der alexandrinische Hellenismus, selbst etliche semitische und asiatische Elemente absorbiert hatte.

Die zeitgenössischen Dokumente sind zahlreich und von großer Verschiedenheit: Schriften griechischer und lateinischer Autoren, Monumente, Inschriften, Münzen. Aber die Nachrichten, die sie über die iranischen Glaubensvorstellungen und religiösen Ideen beibringen, sind eher enttäuschend. Die religiöse Kreativität unter den Arsakiden läßt sich besser mit Hilfe späterer Dokumente fassen. Neuere Forschungen haben gezeigt, daß die späten Texte in parthischer Zeit artikulierte oder zur Geltung gekommene Glaubensvorstellungen und Ideen zum Ausdruck bringen. Dies war übrigens der Stil der Epoche: In der Folge unzähliger Konfrontationen und kultureller Austauschbeziehungen tauchten neue religiöse Formen auf der Basis älterer Konzeptionen auf.

Im wesentlichen zeigen uns die zeitgenössischen Quellen, daß 1. Mithra im ganzen Reich angebetet wird und dieser Gott in besonderen Beziehungen zu den

Königen steht[1]; 2. die Magier eine Kaste von Opferpriestern bilden, die vor allem blutige Opfer (Kühe und Pferde) vornehmen; Strabo schreibt, daß die Magier Anāhitā anbeteten, es gibt jedoch Anzeichen, daß sie auch am Mithra-Kult teilnahmen (sie spielten eine Rolle in seinen Mysterien); 3. der Kult des Feuers sehr populär ist; 4. im 2. und 1. Jahrhundert v. Chr. unter dem Namen *Orakel des Hystaspes* eine in Griechisch geschriebene Apokalypse umlief (Hystaspes ist die griechische Form von *Vishtāspa*), die gegen Rom gerichtet war (dessen Fall man ankündigte), sich aber in die iranische eschatologische Literatur einfügt[2].

Die großen religiösen Schöpfungen der parthischen Epoche sind indessen von anderer Art. Im 1. Jahrhundert v. Chr. beginnen sich die Mithras-Mysterien in der Mittelmeerwelt auszubreiten (das erste Dokument datiert aus dem Jahre 67 v. Chr.). Es ist die Vermutung erlaubt, daß in etwa der gleichen Zeit die Idee des messianischen Königs genauere Formen annimmt, und zwar nach wie vor in Verbindung mit einem mythisch-rituellen Szenarium, das um Mithra kreist; ungeachtet der Kontroversen scheint es wahrscheinlich, wie Widengren gezeigt hat, daß der Mythos vom Erlöser, wie er sich im gnostischen Perlenlied darbietet, in der Zeit der Arsakiden entstanden ist. Ebenfalls während dieser Epoche entwickelt sich schließlich die zervanitische Theologie, und bilden sich die Ideen bezüglich der Zeit, der Ewigkeit, der Präzedenz der „geistigen" Schöpfung vor der physischen und der absolute Dualismus heraus – Konzeptionen, die einige Jahrhunderte später unter den Sassaniden systematisiert und manchmal mühsam in Zusammenhang gebracht werden.

Man darf nicht die grundlegende Verwandtschaft zwischen all diesen religiösen Formen aus den Augen verlieren. Die Verschiedenheit der Ausdrucksformen erklärt sich aus den unterschiedlichen Zielen, die verfolgt werden. Es wäre z. B. vergeblich, die Elemente der Königsideologie in den geläufigen Manifestationen der Volksreligion oder den theologischen Spekulationen zu suchen. Ein gemeinsames Kennzeichen aller dieser Schöpfungen ist, daß sie trotz ihrer Fortführung älterer, manchmal archaischer Konzeptionen dennoch „offen" in dem Sinne bleiben, daß sie sich in den folgenden Jahrhunderten weiterentwikkeln. Die *Orakel des Hystaspes* nehmen die klassischen eschatologischen Motive, die wahrscheinlich indo-iranischen Ursprungs sind (die Verkürzung des Jahres, der allgemeine Niedergang, der Endkampf usw.), wieder auf; sie werden in den Pahlavi-Apokalypsen der Sassanidenzeit, in erster Linie im *Bahman Yasht*, ausgearbeitet werden. Andererseits rechtfertigen die *Orakel* ihre Prophezeiungen auf der Basis einer eschatologischen Chronologie von 7000 Jahren, wobei jedes Millennium von einem Planeten beherrscht wird, was babyloni-

---

[1] Die Divinisation lebender Herrscher, ein für die hellenistische Zeit kennzeichnendes Phänomen, ist bei den Arsakiden ebenfalls bezeugt; man kennt dafür mindestens drei Beispiele; vgl. *J. Duchesne-Guillemin*, La religion de l'Iran ancien 225, mit Bibliographie.
[2] *J. Bidez – F. Cumont*, Les Mages hellénisés I, 217; *G. Widengren*, Die Religionen Irans 199ff; *J. R. Hinnells*, The Zoroastrian doctrine of salvation 147f.

schen Einfluß verrät (vgl. die wohlbekannte Reihe: 7 Planeten, 7 Metalle, 7 Farben usw.). Aber die Interpretation dieses chronologischen Schemas ist iranisch: Während der ersten sechs Millennien kämpfen Gott und der Geist des Bösen um die Vorherrschaft; das Böse scheint siegreich, Gott schickt den Sonnengott Mithra (= Apollon, Helios), der das siebte Millennium beherrscht; am Ende dieser letzten Epoche endet die Macht der Planeten, und ein universaler Brand erneuert die Welt[3]. Diese Mytho-Chronologien mit eschatologischer Ausrichtung werden in der abendländischen Welt am Beginn der christlichen Zeit eine große Popularität erlangen.

Die eschatologische Hoffnung läßt sich ebenfalls in den auf die Geburt eines Erlöserkönigs (der mit Mithra assimiliert wird) bezogenen Traditionen ausfindig machen. Die traditionelle Konzeption des göttlichen Königs und Kosmokrators, der Mittler zwischen den Menschen und den Göttern ist, wird mit neuen soteriologischen Bedeutungen angereichert – ein Prozeß, der in einer Epoche, die von der Erwartung des Erlösers beherrscht ist, leicht zu verstehen ist. Die legendenhafte Biographie des Mithradates Eupator veranschaulicht in ausgezeichneter Weise diese eschatologische Hoffnung: Seine Geburt wird von einem Kometen angekündigt; der Blitz trifft das neugeborene Kind, aber hinterläßt nur eine Narbe; die Erziehung des zukünftigen Königs stellt eine lange Reihe von Initiationsprüfungen dar; bei seiner Krönung wird Mithradates, wie übrigens so viele andere Könige auch, für eine Inkarnation Mithras gehalten[4]. Ein analoges messianisches Szenarium gibt die Grundform für die christliche Weihnachtslegende ab.

213. Zervan und der Ursprung des Übels

Die Probleme, die durch Zervan und den Zervanismus aufgeworfen werden, sind noch weit von einer Lösung entfernt. Der Gott ist sicher archaisch[5]. Ghirshman glaubt, Zervan in einer Luristanbronze, die den Gott mit Flügeln und androgyn bei der Geburt der beiden Zwillinge (die aus seinen Schultern hervorkommen) darstellt, identifiziert zu haben; drei Prozessionen, Symbole der drei Lebensalter des Menschen, bringen ihm zu Ehren das *Barsom* herbei[6]. Wenn die Interpretation zutrifft, folgt daraus, daß der Mythos von Zervan als dem Vater von Ohrmazd und Ahriman schon lange vor der Zeit, aus der die er-

---

[3] F. Cumont, La Fin du monde selon les mages occidentaux 93f; J. Bidez – F. Cumont, Les Mages hellénisés I, 218f.
[4] Justin 37,2; Plutarch, Quaest. Conviv. 1,6,2; G. Widengren, a.a.O. 236ff; ders., La légende royale de l'Iran antique, passim.
[5] Widengren (Hochgottglaube im alten Iran 310) hat seinen Namen in den Täfelchen von Nuzi (13.–12. Jh.) wiederzuerkennen geglaubt. E. A. Speiser hat aber gezeigt, daß der Name als Zarwa(n), d.i. der Name einer hurritischen Göttin, gelesen werden muß; vgl. Annual of the American Schools of Oriental Research 16 (1936) 99, Anm. 47f.
[6] Ghirshman, Artibus Asiae (1958) 37f; J. Duchesne-Guillemin, a.a.O. 146.

sten schriftlichen Zeugnisse datieren, bekannt war. Nach der Mitteilung des Eudemos von Rhodos (2. Hälfte des 4. Jahrhunderts v. Chr.) „nennen die Magier... das intelligible und vereinigte Ganze teils ‚Raum', teils ‚Zeit'; daraus wären Ohrmazd und Ahriman oder das Licht und die Finsternis entstanden"[7]. Die Nachricht ist wichtig: Sie bestätigt uns, daß gegen Ende der achämenidischen Zeit den Iranern die Spekulationen über Raum–Zeit als gemeinsame Quelle der beiden Prinzipien, das Gute und das Böse, die in Ohrmazd und Ahriman inkarniert sind, vertraut waren.

Der awestische Terminus für „Zeit" ist *thwāša*, wörtlich „der Eilige" oder „der sich Beeilende"; Widengren meint, daß er von Anfang an das Himmelsgewölbe bezeichnete, als Epitheton für eine große Himmelsgottheit mit Schicksalscharakter[8]. Es ist also wahrscheinlich, daß Zervan ursprünglich ein Himmelsgott war, Quelle der Zeit und Ausspender des Glücks und des Unglücks, in letzter Instanz Herr des Schicksals[9]. Jedenfalls ist die Struktur Zervans archaisch: er erinnert an bestimmte primitive Gottheiten, in denen die kosmischen Polaritäten und Antagonismen aller Art nebeneinander koexistieren.

Im jungen *Awesta* (wahrscheinlich im 4. Jahrhundert v. Chr. verfaßte Texte) wird Zervan selten genannt, aber er steht immer in Beziehung mit der Zeit und dem Schicksal. Ein Text (*Vidēvdāt* 19, 29) erwähnt, daß die Seelen der Gerechten und Ungerechten, bevor sie die „von Mazdā geschaffene" Cinvat-Brücke erreichen (§ 103), den „von Zervan geschaffenen Weg" entlangwandern. Die eschatologische Funktion von Zeit-Schicksal, anders gesagt: die jedem Individuum zugemessene zeitliche Dauer, wird deutlich unterstrichen. In einem anderen Abschnitt wird Zervan vorgestellt als die unbegrenzte Zeit (*Vidēvdāt* 19,13 und 16); anderswo unterscheidet man zwischen *Zurvān akarāna*, „unbegrenzte Zeit", und *Zurvān daregō xvadāta*, „langherrschende Zeit" (*Yasht* 72, 10).

Dies alles setzt eine Theorie über das Entspringen der zeitlichen Dauer aus der Ewigkeit voraus. In den Pahlavi-Schriften geht die „langherrschende Zeit" aus der „unbegrenzten Zeit" hervor und kehrt dahin nach 12000 Jahren zurück (*Bundahishn* 1, 20; *Dēnkart* 282). Die Theorie der aus einer bestimmten Anzahl von Millennien bestehenden Zyklen ist alt; sie ist aber in Indien, im Iran und in Mesopotamien verschiedenartig ausformuliert worden. Obwohl sie gegen Ende der Antike populär und in unzähligen Apokalypsen und Prophezeiungen verwendet wurde, war der Theorie der Millennien im Iran, vor allem in zervanitischen Kreisen, ein besonderer Erfolg beschieden. Die Spekulationen über die Zeit und das Schicksal finden sich in überreichem Maß in den zervanitischen

---

[7] Der Text des Eudemos ist von *J. Bidez – F. Cumont*, Les Mages hellénisés II, 69f, herausgegeben worden; vgl. I, 62f.

[8] *G. Widengren*, Hochgottglaube 232f; *R. C. Zaehner*, Zurvan. A Zoroastrian dilemma 89f.

[9] Da nach Eudemos Zervan von den Magiern, d. h. ursprünglich im Land der Meder, verehrt wurde, ist es schwierig zu entscheiden, ob das Schweigen Zarathustras sich aus Gründen der Polemik erklärt oder die lediglich bescheidene Bedeutung, vielleicht sogar das Nichtvorhandensein dieses Gottes der Zeit und des Schicksals in der Umwelt des Propheten anzeigt.

Schriften: Sie werden ebensogut für die Erklärung des Ursprungs des Übels und seiner gegenwärtigen Vorherrschaft in der Welt herangezogen wie als rigoroseste Lösung für das Problem des Dualismus.

In seiner Abhandlung *Isis und Osiris* (46–47) gibt Plutarch nach Quellen aus dem 4. Jahrhundert v. Chr. die Lehre des „Magiers Zoroaster" wieder: „Oromazes, aus dem reinsten Licht geboren", und „Areimanios, aus dem Dunkel geboren", üben je 3000 Jahre lang die Macht aus und bekriegen sich während 3000 Jahren. Die Glaubensvorstellung, daß die Welt eine Dauer von 9000 Jahren, die in drei gleiche Perioden unterteilt sind (auf die Herrschaft des Ahriman folgt jene des Ohrmazd und dann 3000 Jahre Kampf), haben werde, findet sich in einem späten Text, der reich an zervanitischen Elementen ist, dem *Mēnōk i Xrat* (7, 11). Da der Zoroastrismus den Gedanken einer von Ahriman beherrschten Periode ausschließt, ist es wahrscheinlich, daß sich die von Plutarch benutzten Quellen auf zervanitische Konzeptionen beziehen. Außerdem schreibt Plutarch, daß Mithra, der sich zwischen Ohrmazd und Ahriman befindet (weshalb er als „Mittler" qualifiziert wird), die Perser gelehrt habe, diesen Göttern charakteristische Opfergaben darzubringen; eine Opfergabe chthonisch-unterirdischen Typs ist für den „Bösen Dämon" bestimmt – was ebenfalls keine zoroastrische Vorstellung ist[10].

Zervan wird von Plutarch nicht erwähnt, aber der Mythos von den Zwillingen und die Erklärung ihrer einander ablösenden Herrschaft werden in mehreren späten Quellen als spezifisch zervanitisch vorgestellt. Nach einem armenischen Kirchenvater, Eznik von Kolb, hatte Zervan (Zrwan, „was ‚Schicksal' oder ‚Glücksglanz' bedeutet") tausend Jahre lang Opfer dargebracht, um einen Sohn zu haben[11]. Und da er Zweifel an der Wirksamkeit seines Opfers hatte („Wozu soll das Opfer, das ich verrichte, eigentlich nützen?"), empfing er zwei Söhne: Ohrmazd „infolge des Opferverrichtens" und Ahriman „infolge des Zweifels daran". Zervan beschloß, den Erstgeborenen zum König zu machen. Ohrmazd erfuhr den Gedanken seines Vaters und offenbarte ihn dem Ahriman. Dieser durchstieß den Mutterleib[12] und stieg heraus. Aber als er Zervan erklärt hatte, daß er sein Sohn sei, antwortete dieser: „Mein Sohn ist wohlriechend und licht, und du bist dunkel und übelriechend". Dann wurde Ohrmazd geboren, „licht und wohlriechend", und Zervan wollte ihn zum König weihen. Aber Ahriman erinnerte ihn an sein Versprechen, den Erstgeborenen zum König zu machen. Um seinen Schwur nicht zu brechen, gestand Zervan ihm für 9000 Jahre die

---

[10] Der Plutarch-Text wird von G. *Widengren*, Rel. Irans 215ff, erörtert, wo ebenfalls die neuere Bibliographie aufgeführt ist.
[11] *Eznik*, Wider die Sekten, Buch 2, Kap. 8; der Text ist übersetzt von R. C. *Zaehner*, Zurvan 438f (dt. Übers. bei G. *Widengren*, a.a.O. 284 [Anm. d. Übers.]).
[12] Eznik hat sehr wohl verstanden, daß Zervan Hermaphrodit war. Aber andere späte Autoren sprechen von einer „Mutter" oder von der „Gattin" Zervans; vgl. R. C. *Zaehner*, a.a.O. 63f, 423, 428. Siehe die Texte von Eznik und von Theodor bar Konai, die bei J. *Bidez* – F. *Cumont*, a.a.O. II, 89–92 und *Zaehner* 421f wiedergegeben sind (vgl. ihre Erörterung ebd. 54f).

Herrschaft zu, worauf Ohrmazd herrschen würde. Dann – so fährt Eznik fort – „begannen Ohrmazd und Ahriman Geschöpfe zu machen. Und alles, was Ohrmazd machte, war gut und recht, was aber Ahriman tat, war böse und unrecht." Beachten wir, daß beide Götter Schöpfer sind, obwohl die Schöpfung des Ahriman ausschließlich schlecht ist. Dieser negative Beitrag zum kosmogonischen Werk (Berge, Schlangen und schädliche Tiere usw.) macht in zahlreichen von Osteuropa bis nach Sibirien verbreiteten[13] Mythen und volkstümlichen Kosmogonielegenden, in denen der Widersacher Gottes eine Rolle spielt, ein wesentliches Moment aus.

Wie ein wichtiger Pahlavi-Traktat, der *Große Bundahishn* (3, 20), bestätigt, „ist die ganze Schöpfung durch das Vollbringen des Opfers geschaffen worden". Diese Konzeption ist ebenso wie der Zervan-Mythos sicher indo-iranisch, denn man findet sie ebenfalls in Indien. Um einen Sohn zu erhalten, bringt Prajâpati das *Dākṣayāna*-Opfer[14] dar, und auch er hat Zweifel, während er opfert („Soll ich opfern? Soll ich nicht opfern?"). Prajâpati ist der Hochgott, der das Weltall aus seinem eigenen Leib hervorbringt und ebenfalls das Jahr, den Zeitzyklus, formt (§ 76). Der Zweifel mit seinen unheilvollen Folgen stellt einen rituellen Irrtum dar. Das *Übel ist also das Resultat eines technischen Unfalls, einer Unachtsamkeit des göttlichen Opferers.* Das Übel besitzt keine eigene ontologische Wertigkeit: Es ist von seinem unfreiwilligen Verursacher abhängig, der sich im übrigen beeilt, seiner Existenz von vorneherein eine Grenze zu setzen.

Das mythologische Thema der unheilvollen Konsequenzen des Zweifels hat zahlreiche Parallelen in fast überall auf der Welt bezeugten Mythen, die den Ursprung des Todes und des Übels durch Mangel an Aufmerksamkeit oder Voraussicht seitens des Schöpfers erklären. Man bemerkt den Unterschied zur älteren Auffassung, die auch von Zarathustra geteilt wird: Ahura Mazdā zeugt zwei Geister, aber *der böse Geist wählt frei seine Existenzweise* (vgl. § 103). Der Weise Herr hat keine direkte Verantwortung für das Auftauchen des Übels. Desgleichen enthält in so mancher archaischen Religion das Höchste Wesen eine *coincidentia oppositorum*, da es die Totalität des Wirklichen darstellt. Aber im zervanitischen Mythos wie in entsprechenden anderen Mythen ist das Übel vom Hochgott selbst geschaffen, wenn auch unbeabsichtigterweise. Auf jeden Fall spielt Zervan, wenigstens in der von Eznik übermittelten Tradition, keine Rolle bei der kosmischen Schöpfung: Er gibt sich selbst als *deus otiosus* zu erkennen, da er seinen Zwillingssöhnen die Symbole der Herrschaft übergibt (das *Barsom* an Ohrmazd und dem Pahlavi-Buch *Zātspram* zufolge „ein Werkzeug aus der eigentlichen Substanz der Finsternis" an Ahriman).

---

[13] Siehe unsere Studie Le Diable et le Bon Dieu in: De Zalmoxis à Gengis Khan 81-230.
[14] Vgl. S. Lévi, La doctrine du sacrifice dans les Brāhmanas (1898) 138.

214. Die eschatologische Funktion der Zeit

Soweit man in den aufeinanderfolgenden Schichten der Pahlavi-Texte und ihrer Überarbeitungen (die vorgenommen wurden, als der Mazdäismus offizielle Kirche des Sassanidenreiches [226–635] wurde, und noch nach der muslimischen Eroberung) Anhaltspunkte gewinnen kann, scheint der Zervanismus eher eine von den medischen Magiern[15] ausformulierte synkretistische Theologie als eine eigenständige Religion zu sein. Man bringt Zervan ja überhaupt keine Opfer dar. Außerdem wird dieser Gott, der den ersten Rang einnimmt, immer zusammen mit Ohrmazd und Ahriman erwähnt. Näherhin ist zu sagen, daß die Lehre von den Millennien Zervan immer in irgendeiner Weise implizierte, sei es als kosmischen Gott der Zeit, sei es als Symbol oder Personifikation der Zeit. Die 9000 oder 12 000 Jahre, die die Geschichte ausmachen, werden in Beziehung auf die Person Zervans selbst interpretiert. Nach gewissen syrischen Quellen[16] ist Zervan von drei Göttern, in Wirklichkeit seinen Hypostasen, umgeben, Ašōqar, Frašōqar und Zarōqar. Diese Namen finden ihre Erklärung durch die westischen Epitheta *aršōkara* („zum Mann machend"), *frašōkara* („glänzend machend") und *maršōkara* („alt machend")[17]. Es handelt sich offensichtlich um die erlebte Zeit, wie sie sich in den drei Abschnitten der menschlichen Existenz fassen läßt: Jugend, Reife, Alter. Auf kosmischer Ebene kann man jeden der drei Zeitabschnitte mit einer Periode von 3000 Jahren verbinden. Diese „Drei-Zeiten-Formel" kehrt in den Upanishaden und bei Homer wieder[18]. Andererseits wird eine analoge Formel in den Pahlavi-Texten verwendet; Ohrmazd beispielsweise „ist, war und wird sein", und man sagt, daß die „Zeit des Ohrmazd", *zamān i Ohrmazd*, „war, ist und immer sein wird"[19]. Aber auch Zervan (= Zamān) ist derjenige, „der alles war und sein wird"[20].

Aufs Ganze gesehen, sind die Bilder und Symbolismen für die Zeit ohne Unterschied sowohl in zoroastrischem wie in zervanitischem Kontext bezeugt. Die gleiche Situation besteht hinsichtlich des Zyklus von 12 000 Jahren. Er spielt in den zervanitischen Spekulationen eine Rolle. Zervan wird dargestellt als ein Gott mit vier Gesichtern, und verschiedene kosmologische Tetraden dienen zu seiner Umschreibung, was zu einem alten Himmelsgott der Zeit und des Schicksals durchaus paßt[21]. Erkennt man den Gott Zervan in der „unbegrenzten Zeit", *zamān i akanārak*, wieder, so scheint es, daß er Ohrmazd und Ahriman tran-

---

[15] Widengren hat die Verbindungen zwischen dem Zervanismus und den medischen Magiern hervorgehoben; vgl. Rel. Irans 289 f.
[16] Die Texte sind übersetzt von *R. C. Zaehner*, Zurvan 435, 439, 440 f. Vgl. den Kommentar von *J. Duchesne-Guillemin* 186 f und von *G. Widengren*, a.a.O. 286 ff.
[17] *H. S. Nyberg*, Questions de cosmogonie et de cosmologie mazdéennes 89 f; *R. C. Zaehner*, Zurvan 221 f; *G. Widengren*, a.a.O. 286 f.
[18] Siehe *G. Widengren*, a.a.O. 288 Anm. 28; vgl. *Homer*, Ilias 1,70.
[19] Siehe die Übersetzung von *R. C. Zaehner*, a.a.O. 278.
[20] Texte bei *R. C. Zaehner*, a.a.O. 232 und 283; vgl. *G. Widengren*, a.a.O. 287.
[21] Vgl. *H. S. Nyberg*, Questions de cosmogonie 57; *R. C. Zaehner*, a.a.O. 54, 97 f.

szendiert, denn es wird verkündet: „Die Zeit ist mächtiger als die beiden Schöpfungen..."²²

Man kann die Polemik zwischen der mazdäischen Orthodoxie, die nach und nach den Dualismus verschärft hat, und der zervanitischen Theologie verfolgen. Der Gedanke, daß Ohrmazd und Ahriman von Zervan gezeugte Brüder sind, wird in einem Abschnitt des *Dēnkart* verständlicherweise abgelehnt²³. Deshalb stellt sich in den orthodoxen Pahlavi-Schriften das Problem des Ursprungs der beiden Gegner nicht. Ohrmazd und Ahriman existieren von Ewigkeit her, aber der Widersacher wird in der Zukunft zu einem bestimmten Zeitpunkt zu existieren aufhören. Man versteht somit, warum die Zeit und die Millennienlehre auch für die Mazdäer zentrale Bedeutung besitzen.

Nach der Mazdā-Theologie ist die Zeit nicht nur unabdingbar bei der Schöpfung, sondern sie ist es auch, die die Zerstörung Ahrimans und die Zurückdrängung des Übels ermöglicht²⁴. Ohrmazd hat in der Tat die Welt geschaffen, um das Übel zu besiegen und zu vernichten. Die Kosmogonie hat schon eine Eschatologie und Soteriologie zur Voraussetzung. Deshalb ist die kosmische Zeit nicht zirkular, sondern linear: sie hat einen Anfang und wird ein Ende haben. Die Zeitdauer ist die indirekte Konsequenz des Angriffs Ahrimans. Indem er die lineare und begrenzte Zeit als Intervall schuf, in dem der Kampf gegen das Übel stattfinden wird, hat ihr Ohrmazd sowohl einen (eschatologischen) Sinn wie eine dramatische Struktur (ununterbrochener Kampf bis zum abschließenden Sieg) verliehen. Dies will nichts anderes besagen, als daß er die begrenzte Zeit als *Heilsgeschichte* geschaffen hat. Es macht im übrigen die große Originalität des mazdäischen Denkens aus, die Kosmogonie, die Anthropogonie und die Verkündigung Zarathustras als konstitutive Momente ein und derselben Heilsgeschichte zu interpretieren.

215. Die beiden Schöpfungen: mēnōk und gētīk

Nach dem ersten Kapitel des *Bundahishn* existieren Ohrmazd und Ahriman von Ewigkeit her; aber während Ohrmazd, der unendlich in der Zeit ist, von Ahriman im Raum begrenzt wird, ist Ahriman sowohl im Raum als auch in der Zeit begrenzt, denn zu einem bestimmten Augenblick wird er zu existieren aufhören. Anders gesagt: Im Mazdäismus ist Gott ursprünglich endlich, da er von seinem Gegenteil, Ahriman, begrenzt wird²⁵. Diese Situation hätte bis in alle

---

[22] Fragment des ersten Kapitels des *Bundahishn*, übersetzt von G. Widengren, a.a.O. 294.
[23] *Dēnkart* (M 829; 1-5); bezüglich der Exegese des gäthischen Textes über die beiden Geister (*Yasna* 40,3) vgl. J. Duchesne-Guillemin, a.a.O. 185f.
[24] Im *Bundahishn* (1,1; R.C. Zaehner, Teachings of the Magi 35) hat Ohrmazd noch drei Namen: die Zeit, der Raum und die Religion. Die Quaternität ist dem Zervanismus angepaßt, aber auch nötig, um die Schöpfung zu erklären; vgl. J. Duchesne-Guillemin, a.a.O. 309f.
[25] R.C. Zaehner, Teachings of the Magi 30.

Die beiden Schöpfungen: mēnōk und gētik

Ewigkeit fortgedauert, wäre Ahriman nicht zum Angriff übergegangen. Ohrmazd führt den Gegenstoß, indem er die Welt erschafft, was ihm erlaubt, unendlich auch im Raum zu werden. Somit trägt Ahriman zur Vervollkommnung von Ohrmazd bei, m. a. W.: das Böse unterstützt unbewußt und unbeabsichtigt den Triumph des Guten – eine Auffassung, die sich recht häufig im Laufe der Geschichte findet und für die sich Goethe begeisterte.

In seiner Allwissenheit sieht Ohrmazd den Angriff voraus und bringt eine „ideale" oder „geistige" Schöpfung hervor. Der verwendete Terminus, *mēnōk*, ist nur schwer zu übersetzen, denn er bezieht sich sowohl auf eine vollkommene wie auf eine.embryonale Welt. Nach dem *Dātastān i Dēnīk* (37, 3f) ist das, was *mēnōk* ist, vollkommen, und das *Dēnkart* (9, 37, 5) behauptet, daß die Welt am Anfang unsterblich war. Andererseits beschreibt das *Bundahishn* (1, 6) die Schöpfung im *mēnōk*-Zustand während der 3000 Jahre, die sie dauerte, als „ohne Gedanken, ohne Bewegung, fühllos"[26]. Aber vor allem der himmlische und geistige Charakter des *mēnōk*-Zustandes wird unterstrichen. „Ich bin aus der himmlischen Welt *(mēnōk)* gekommen", heißt es in einem Text des 4. Jahrhunderts; „nicht in der irdischen Welt *(gētik)* habe ich zu sein begonnen: Ich habe mich ursprünglich in geistigem Zustand manifestiert, mein Urzustand ist nicht der irdische Zustand"[27]. Es ist jedoch festzuhalten, daß es sich nicht um eine abstrakte Existenz, um eine Welt platonischer Ideen handelt: Der *mēnōk*-Zustand kann als eine zugleich geistige und konkrete Seinsweise definiert werden.

Man unterscheidet vier Abschnitte im kosmischen Drama und der Geschichte der Welt. Während der ersten Zeit vollzieht sich der Angriff Ahrimans und der Finsternis gegen die Lichtwelt Ohrmazds. (Es handelt sich um einen Dualismus akosmischen Typs, denn in der Lehre Zarathustras ist Ahura Mazdā der Schöpfer sowohl des Lichts wie der Finsternis; vgl. *Yasna* 44, 5.) Bevor er die Schöpfung vom geistigen *(mēnōk)* in den materiellen *(gētik)* Zustand überführt, fragt Ohrmazd die Fravashis (präexistierende, im Himmel wohnende Geister), ob sie eine leibliche Existenz auf der Erde akzeptieren, um gegen das Böse zu kämpfen[28], und die Fravashis stimmen zu. Dies beweist das Festhalten am inkarnierten Leben, an der Arbeit und in letzter Instanz an der Materie als einen für die Botschaft Zarathustras spezifischen Zug. Der Unterschied zum gnostischen und manichäischen Pessimismus ist offenbar[29]. Tatsächlich war ja die materielle Schöpfung *(gētik)* vor der Aggression Ahrimans in sich gut und vollkommen. Lediglich der Angriff Ahrimans zerstört sie, indem er das Böse hineinbringt. Das Ergebnis davon ist der Zustand der „Mischung" *(gumēčišn)*,

---

[26] Siehe weitere Texte, die bei J. *Duchesne-Guillemin*, a.a.O. 310f zitiert und kommentiert werden; vgl. auch *Mary Boyce*, A History of Zoroastrianism I, 229f.
[27] *Pand Nāmak i Zartusht* (= Zartushts Buch der Ratschläge), Strophe 2, übersetzt von H. Corbin, Le Temps cyclique dans le mazdéisme 151.
[28] *Bundahishn*, Kap. 1, übers. von R. C.aehner, Zurvan 336.
[29] Für den Mazdäismus stellte der radikale Dualismus Manis die Häresie schlechthin dar.

in dem sich von nun an die ganze Schöpfung befindet und der erst infolge der abschließenden Reinigung verschwinden wird. Ahriman und seine dämonischen Truppen verderben die materielle Welt, indem sie sie mit ihren schädlichen Schöpfungen durchdringen und beschmutzen und vor allem indem sie sich im Leib des Menschen festsetzen. Bestimmte Texte geben nämlich zu verstehen, daß Ahriman auf die materielle Schöpfung Ohrmazds nicht mit einer *gētik*-Schöpfung negativer Art antwortet: Um die Welt zu verderben, reicht es für ihn aus, sie zu durchdringen und zu bewohnen. „Folglich wird Ahriman, wenn er seine Wohnung in den Leibern der Menschen nicht mehr haben wird, von der ganzen Welt vertilgt sein."[30]

Die Aggression Ahrimans wird in pathetischen Worten beschrieben: Er zerreißt die Peripherie des Himmels, dringt in die materielle Welt *(gētik)* ein, verschmutzt die Gewässer, vergiftet die Vegetation und führt so den Tod des Urstiers herbei[31]. Er greift Gayōmart, den Ersten Menschen, an, und die Prostituierte verunreinigt ihn und durch ihn alle Menschen. (Gayōmart war es indessen vorherbestimmt, nach dem Angriff noch 30 Jahre zu leben.) Sodann wirft sich Ahriman auf das heilige Feuer und verunreinigt es, wobei er den Rauch hervorruft. Aber auf dem Höhepunkt seiner Macht ist Ahriman dennoch Gefangener der materiellen Welt, denn der Himmel schließt sich und schließt ihn damit in der Schöpfung wie in einer Falle ein[32].

216. Von Gayōmart zu Saoshyant

Gayōmart ist der Sohn Ohrmazds und Spandarmats, der Erde; wie andere mythische Makroanthropoi hat er eine runde Form und „glänzt wie die Sonne" (vgl. *Platon,* Symp. 189 D f). Als er stirbt, entstehen aus seinem Körper die Metalle; sein Samen wird durch das Licht der Sonne gereinigt, und ein Drittel fällt zur Erde und bringt den Rhabarber hervor, woraus das erste Menschenpaar, Marshyak und Marshyānak, geboren werden wird. Anders gesagt: Das Urpaar stammt vom mythischen Ahnen (Gayōmart) und der Erdmutter, und ihre erste Form ist pflanzlich – ein in der Welt ziemlich verbreitetes Mythologem. Ohrmazd trägt ihnen auf, das Gute zu tun, keine Dämonen anzubeten und sich der Nahrung zu enthalten. Marshyak und Marshyānak preisen in der Tat Ohrmazd als Schöpfer, geben aber der Versuchung Ahrimans nach und rufen aus, daß er

---

[30] *Dēnkart* 6, 264, übers. von *S. Shaked,* Some notes on Ahreman 230.
[31] Aus seinem Mark nehmen die Nähr- und Heilpflanzen ihren Ursprung, sein Sperma bringt die nützlichen Tiere hervor. Man erkennt den Nachklang eines Mythos des „Hainuwele"-Typs; vgl. § 11. Über die Tötung des Stiers vgl. *J. Duchesne-Guillemin,* a.a.O. 323 f; *Mary Boyce,* a.a.O. 138 f, 231.
[32] Ahriman kann den Himmel nicht mehr angreifen, denn die Fravashis verteidigen nun mit Lanzen bewaffnet die „Festen des Himmels"; vgl. *R. C. Zaehner,* Dawn and Twilight of Zoroastrianism 270.

der Verursacher der Erde, des Wassers und der Pflanzen sei. Wegen dieser „Lüge" wird das Paar verdammt, und ihre Seelen bleiben bis zur Auferstehung in der Hölle.

Dreißig Tage lang leben sie ohne Nahrung, trinken dann aber Milch von einer Ziege und täuschen Unzufriedenheit vor; dies war eine zweite Lüge, die die Dämonen stärkte. Man kann diese mythische Episode auf zwei Arten interpretieren: als Veranschaulichung 1. der Sünde der „Lüge" oder 2. der Sünde, gegessen zu haben, d. h. die *conditio humana* zu fundieren; in zahlreichen archaischen Mythen hat ja das Urpaar keine Nahrung nötig; außerdem werden nach iranischer Glaubensvorstellung die Menschen am Ende der Zeit auf die Gewohnheit des Essens und Trinkens verzichten[33]. Nach nochmals dreißig Tagen schlachten Marshyak und Marshyānak ein Stück Vieh und braten es. Einen Teil übergeben sie dem Feuer und einen anderen den Göttern, indem sie es in die Luft werfen, aber ein Geier trägt diesen Teil weg. (Wenige Zeit später ißt als erster ein Hund vom Fleisch.) Dies kann bedeuten, daß Gott das Opfer nicht angenommen hat, aber auch, daß der Mensch kein Fleisch verzehren soll. Fünfzig Jahre lang haben Marshyak und Marshyānak keinerlei sexuelle Begierde. Dann aber vereinigen sie sich, und aus ihrer Verbindung gehen zwei Zwillinge hervor, die „so köstlich" sind, daß die Mutter den einen und der Vater den anderen verschlingt. Nun beseitigt Ohrmazd den Wohlgeschmack der Kinder, damit ihre Eltern sie von nun an am Leben lassen[34]. Später haben Marshyak und Marshyānak weitere Zwillingspaare, die zu Ahnen aller menschlichen Rassen werden.

Der Mythos von Gayōmart (awestisch *gaya maretan*, „sterbliches Leben") ist höchst bedeutsam für die Einschätzung der Arbeit der zoroastrischen Theologen bei ihrer Neuinterpretation der traditionellen Mythologie. Wie Ymir oder Puruṣa ist Gayōmart ein androgyner Ur-Makroanthropos, aber seine Tötung wird anders bewertet. Nicht mehr die gesamte Welt wird aus seinem Körper geschaffen, sondern lediglich die Metalle – m. a. W.: die Planeten –, und aus seinem Samen der Rhabarber, der das erste Menschenpaar hervorbringt. Wie in der spätjüdischen Spekulation Adam mit sowohl kosmologischen Attributen wie hervorragenden geistigen Fähigkeiten ausgestattet ist, wird Gayōmart in eine außergewöhnliche Stellung erhoben. In der mazdäischen Heilsgeschichte hat er seinen Platz neben Zarathustra und Saoshyant. Gayōmart erhält ja in der materiellen Schöpfung (*gētē*) als erster die Offenbarung der Guten Religion[35]. Da er nach dem Angriff Ahrimans noch dreißig Jahre lang lebte, konnte er die Offenbarung an Marshyak und Marshyānak weitergeben, die sie dann ihren Nachkommen mitgeteilt haben. Die mazdäische Theologie verkündet Gayōmart als

---

[33] *Bundahishn*, übers. von *R. C. Zaehner*, Teachings of the Magi 145; vgl. *ders.*, Zurvan 352.
[34] *Greater Bundahishn* 14, § 14, übers. von *R. C. Zaehner*, Teachings 73; eine andere Übersetzung bei *A. Christensen*, Le premier homme et le premier roi I, 19f.
[35] *Dēnkart* 7, 1, 4, übers. von *Molé*, Culte, mythe et cosmologie dans l'Iran ancien 504.

den Vollkommenen und Gerechten Menschen schlechthin, von gleichem Rang wie Zarathustra und Saoshyant[36].

Die Verherrlichung Gayōmarts, das Werk der späten Theologen, endet schließlich in der Erlösung der *conditio humana*. Der Mensch ist ja gut und mit einer Seele und einem unsterblichen Leib geschaffen worden, genau wie Gayōmart. Der Tod kam durch Ahriman infolge der Sünde der Ahnen in die materielle Welt hinein. Wie Zaehner bemerkt[37], ist aber für den Zoroastrismus die Ursünde weniger ein Akt des Ungehorsams als ein Fehlurteil: Die Ahnen irren sich, als sie Ahriman als den Schöpfer betrachten. Ahriman hat jedoch die Seele Gayōmarts und folglich auch jene der Menschen nicht töten können. Diese nun ist die mächtigste Verbündete Ohrmazds; denn in der materiellen Welt verfügt allein der Mensch über Entscheidungsfreiheit. Aber die Seele kann nur durch den Leib, den sie bewohnt, wirken; der Leib ist das Instrument oder das „Kleid" der Seele. Außerdem ist der Leib nicht aus Finsternis gemacht (wie die Gnostiker behaupten), sondern aus der gleichen Substanz wie die Seele; anfangs war der Leib glänzend und wohlriechend, aber die Konkupiszenz hat ihn übelriechend gemacht. Nach dem eschatologischen Gericht indessen wird die Seele einen auferstandenen, glorreichen Leib antreffen[38].

Insgesamt gesehen sichert sich der Mensch dank seiner Freiheit, zwischen dem Guten und dem Bösen wählen zu können, nicht nur sein Heil, sondern vermag am Erlösungswerk Ohrmazds mitzuwirken. Wie wir gesehen haben (§ 104), trägt jeder Opferer zur „Umgestaltung" der Welt bei, indem er den Zustand der Reinheit, welcher der vom Angriff Ahrimans hervorgebrachten „Mischung" (*gumēčišn*) vorausging, für seine Person wiederherstellt. Denn für den Mazdäismus ist die materielle Schöpfung – d. h. die Materie und das Leben – *gut in sich selbst* und verdient es, gereinigt und wiederhergestellt zu werden. Die Lehre von der Auferstehung der Leiber verkündet ja den unschätzbaren Wert der Schöpfung. Dies ist die entschiedenste und gewagteste religiöse Wertung der Materie, die man vor den westlichen „Philosophen-Chemikern" des 17. Jahrhunderts kennt (vgl. Bd. III).

Während der 3000 Jahre, die die Ermordung Gayōmarts und das Auftauchen des Urpaares von der Ankunft Zarathustras trennen, gab es eine Reihe legendärer Herrschaften, deren berühmteste die des Yim (Yima), des Aždahāk und des Frētōn sind. Zarathustra *erscheint im Zentrum der Geschichte*, gleich weit von Gayōmart und vom zukünftigen Erlöser, Saoshyant, entfernt. (Nach einer Tradition des 4. Jahrhunderts wird Saoshyant von einer Jungfrau geboren werden, die im Kasaoya-See badet, dessen Wellen in wunderbarer Weise Zarathustras Samen aufbewahren.) Wie wir gesehen haben (§§ 104, 112), wird die

---

[36] Siehe die von *Molé* zitierten Texte und seinen Kommentar, a.a.O. 485f, 521.
[37] The Dawn and the Twilight of Zoroastrianism.
[38] Siehe die von *R. C. Zaehner*, a.a.O. 273f übersetzten und kommentierten Abschnitte des *Dēnkart*.

eschatologische Erneuerung *(frašo-kereti)* nach einem von Saoshyant vollzogenen Opfer stattfinden. Die Pahlavi-Bücher beschreiben detaillierter die Episoden dieses eschatologischen Szenariums. Zunächst, während der letzten dreitausend Jahre, werden sich die Menschen nach und nach von Fleisch, von Milch und von Pflanzen enthalten, um sich nur noch von Wasser zu ernähren. Nach dem *Bundahishn* geschieht ebendieses mit den Greisen, die sich ihrem Ende nähern.

Die Eschatologie nimmt die Taten und Handlungen der Ahnen wieder auf, um sie zu annullieren. Die Dämonin Až (die Begehrlichkeit), die keine Macht mehr über die Menschen hat, wird gezwungen sein, die Dämonen zu verschlingen. Dem Umbringen des Urstieres durch Ahriman entspricht das eschatologische Opfer des Ochsen Hathayōs, das von Saoshyant und Ohrmazd vollzogen wird. Der aus seinem Fett und Mark zubereitete Trank wird, mit weißem *Haoma* vermischt, die auferstandenen Menschen unsterblich machen. Als Erster Mensch wird Gayōmart auch der erste Auferweckte sein. Die Kämpfe, die am Beginn stattfanden, werden wiederholt werden: Der Drache Aždahāk erscheint wieder, und man verlangt, daß Frētōn auferweckt würde, der ihn *in illo tempore* besiegt hatte. Im Endkampf stehen sich die beiden Armeen gegenüber, wobei jeder Kämpfer seinen genau bestimmten Gegner hat. Ahriman und Až sind die letzten, die unter den Streichen Ohrmazds und Srosh' fallen[39].

Nach manchen Quellen wird Ahriman für immer zur Machtlosigkeit verdammt; nach anderen wird er durch das Loch, durch welches er in die Welt eingedrungen war, zurückgedrängt oder wird vernichtet[40]. Eine gigantische Feuersbrunst läßt die Metalle der Gebirge schmelzen, und in diesem Strom von Feuer – verbrennend für die Bösen, wie warme Milch für die Gerechten – werden die auferstandenen Leiber drei Tage lang gereinigt. Die Verbrennung endet damit, daß die Berge verschwinden, die Täler ausgefüllt und die mit der Hölle kommunizierenden Öffnungen verschlossen werden. (Die ebene Erde ist bekanntlich ein Bild der paradiesischen Welt, und zwar sowohl der ursprünglichen wie der eschatologischen.) Nach der Erneuerung werden die Menschen, vom Risiko zu sündigen befreit, ewig leben und sowohl fleischlich-leibliche (z.B. werden die Familien wieder vereint sein) wie geistig-geistliche Glückseligkeiten genießen.

---

[39] Siehe *Bundahishn* 34, 23; *J. Duchesne-Guillemin*, a.a.O. 350f; *R.C. Zaehner*, Dawn and Twilight 309f. Es handelt sich gewiß um einen indoeuropäischen eschatologischen Mythos, der noch im brahmanischen Indien und bei den Germanen erhalten ist; vgl. §§ 177, 192.
[40] *Mēnōk i Xrat* 8,11–15; *Dēnkart* 12,13, § 297; vgl. die weiteren Quellen, die von *J. Duchesne-Guillemin*, a.a.O. 351, *R.C. Zaehner*, a.a.O. 314f und 351, *G. Widengren*, Rel. Irans 203ff angeführt werden.

217. Die Mysterien des Mithra

Nach Plutarch (*Pomp.* 24,5) „begingen" die Seeräuber Kilikiens „heimlich die Mysterien" des Mithra; nach ihrer Niederwerfung und Gefangennahme durch Pompejus haben sie diesen Kult im Westen verbreitet. Dies ist der erste ausdrückliche Hinweis auf die Mithras-Mysterien[41]. Man kennt den Prozeß nicht, der den iranischen Gott, den das *Mihr Yasht* (vgl. § 109) preist, in den Mithra der Mysterien verwandelt hat. Sein Kult hat sich wahrscheinlich im Umkreis der in Mesopotamien und Kleinasien lokalisierten *magoi* entwickelt. Herrschergott par excellence war Mithra zum Protektor der parthischen Herrscher geworden. Das Grabmal des Antiochus I. von Kommagene (69–34 v. Chr.) zeigt den Gott, wie er dem König die Hand reicht. Aber der Königskult des Mithra enthielt, wie es scheint, kein geheimes Ritual; seit dem Ende der Achämenidenzeit wurden die großen Zeremonien der *Mithrakāna* öffentlich begangen.

Die Mythologie und Theologie der Mithras-Mysterien sind uns vor allem aufgrund bildlicher Darstellungen zugänglich. Die literarischen Dokumente sind wenig zahlreich und beziehen sich hauptsächlich auf den Kult und die Hierarchie der Initiationsgrade. Eine der Mythen erzählt die Geburt des Mithra aus einem Fels *(de petra natus)*, genau wie der anthropomorphe Ullikummi (§ 46), der phrygische Agditis (§ 207) und ein berühmter Heros der ossetischen Mythologie[42]. Aus diesem Grunde spielte die Höhle eine entscheidende Rolle in den Mithras-Mysterien. Einerseits zog sich der parthische König am Tag vor seiner Inthronisation nach einer von Al-Bīrūnī überlieferten Tradition in eine Grotte zurück, und seine Untertanen kamen herbei und verehrten ihn wie einen Neugeborenen, genauer: wie ein Kind von übernatürlicher Abstammung[43]. Die armenischen Traditionen sprechen von einer Höhle, in der sich Meher (d. i. Mihr, Mithra) einschloß und aus der er einmal im Jahr heraustrat. Der neue König war tatsächlich der reinkarnierte neugeborene Mithra[44]. Man begegnet diesem iranischen Thema in den christlichen Weihnachtslegenden in der lichterfüllten Grotte von Betlehem wieder[45]. Kurzum: Die wunderbare Geburt des Mithra war integraler Bestandteil eines großen iranisch-synkretistischen Mythos vom Kosmokrator-Erlöser.

Die wesentliche mythologische Episode umfaßt den Raub des Stiers durch Mithra und dessen Opferung – nach gewissen Monumenten zu urteilen – auf Geheiß der Sonne *(Sol)*. Die Darbringung des Stiers ist auf fast allen mithrischen

---

[41] Alle anderen literarischen, epigraphischen und archäologischen Quellen über den Kult und sein Eindringen im Westen gehen lediglich bis auf die ersten Jahrhunderte der christlichen Zeit zurück.
[42] Vgl. G. *Dumézil*, Légendes sur les Nartes 192f.
[43] Al-Bīrūnī, India (Übers. Sachau) II,10.
[44] G. *Widengren*, Iranisch-semitische Kulturbegegnung 65; ders., Die Religionen Irans 239. Siehe weitere Beispiele in S. *Hartmann*, Gayōmart 60, Anm. 2, 180, Anm. 6. Vgl. auch *I. Gershevitch* in: Mithraic Studies 85f, 356.
[45] Vgl. M. *Eliade*, Méphistophélès et l'Androgyne 61f; ders., De Zalmoxis à Gengis Khan 37f.

Reliefs und Malereien dargestellt. Mithra erfüllt seinen Auftrag widerwillig; den Kopf abwendend, ergreift er mit einer Hand die Nüster des Stiers und stößt ihm mit der anderen das Messer in die Seite. „Aus dem Körper des sterbenden Tieres entstanden alle heilsamen Kräuter und Pflanzen... Aus seinem Rückenmark sproßte das Getreide, welches das Brot, und aus seinem Blute der Weinstock, der den heiligen Trank der Mysterien liefert."[46] In zoroastrischem Kontext erscheint das Opfer des Stiers durch Mithra rätselhaft. Wie wir gesehen haben (§ 215), ist die Tötung des Urstiers das Werk Ahrimans. Ein später Text (*Bundahishn* 6, E 1-4) zählt indessen die segensreichen Wirkungen dieses Opfers auf: Aus dem Samen des Urstiers, der durch das Mondlicht gereinigt wurde, entstehen die Tierarten, und aus seinem Leib wachsen die Pflanzen. Unter morphologischem Gesichtspunkt betrachtet, erklärt sich dieser „schöpferische Mord" leichter in einer Religion agrarischen Typs als in einem Initiationskult[47]. Andererseits wird, wie wir gerade gesehen haben (§ 216), der Ochse Hathayōs am Ende der Zeiten von Saoshyant und Ohrmazd geopfert werden und wird der Trank aus seinem Fett und Mark die Menschen unsterblich machen. Man könnte also die Tat Mithras diesem eschatologischen Opfer annähern; in diesem Fall könnte man sagen, daß die Initiation in die Mysterien die eschatologische Erneuerung, m. a. W.: das Heil des Mysten, vorwegnimmt[48].

Die Opferung des Stiers findet in Gegenwart der Sonne und des Mondes in einer Höhle statt. Die kosmische Struktur des Opfers wird angezeigt durch die 12 Tierkreiszeichen oder die 7 Planeten und die Symbole der Winde und der vier Jahreszeiten. Zwei Gestalten, Cautes und Cautopates, wie Mithra bekleidet und jeder mit einer brennenden Fackel in der Hand, betrachten aufmerksam die Tat des Gottes; sie stellen zwei weitere Epiphanien Mithras in seiner Eigenschaft als Sonnengott dar (*Pseudo-Dionysios* spricht in der Tat von dem „dreifachen Mithra", Epist. 7).

Die Beziehungen zwischen *Sol* und Mithra werfen ein Problem auf, das noch nicht gelöst ist; einerseits trägt *Sol*, obwohl er unter Mithra steht, ihm auf, den Stier zu opfern; andererseits wird Mithra auf den Inschriften *Sol invictus* genannt. Manche Szenen stellen *Sol* vor Mithra kniend dar, andere zeigen, wie sich die beiden Götter die Hand reichen. Wie dem auch sei, Mithra und Sol besiegeln ihre Freundschaft durch ein Festmahl, bei dem sie das Fleisch des Stiers teilen. Das Mahl findet in der kosmischen Höhle statt. Die beiden Götter werden durch Helfer bedient, die Tiermasken tragen. Dieses Festmahl ist Modell für die ritu-

---

[46] *F. Cumont*, Die Mysterien des Mithra 122. Vgl. *ders.*, Textes et Monuments figurés relatifs aux Mystères de Mithra I, 179f, 186f.
[47] G. Widengren erinnert an ein spätes babylonisches Ritual, *Kalu*, das im Blick auf die Sicherung der kosmischen Fruchtbarkeit ein Stieropfer umfaßte; vgl. Iranisch-semitische Kulturbegegnung 51f.
[48] Für eine analoge Interpretation der Stiertötung siehe *J. R. Hinnells* in: Mithraic Studies 305f. Außerdem haben seit H. Windischmann (1859) mehrere Iranologen die frappierenden Ähnlichkeiten zwischen Mithra und Saoshyant bemerkt. Siehe zuletzt *J. R. Hinnells*, a.a.O. 311 (Anm. 132 Quellenangaben).

ellen Mahlzeiten, bei denen die Mysten, mit Masken geschmückt, die ihre Initiationsgrade anzeigen, den Vorsteher *(Pater)* des Konventikels bedienen. Man vermutet, daß wenige Zeit später die Auffahrt des *Sol* zum Himmel stattfindet, eine Szene, die auf mehreren Reliefs dargestellt ist. Danach erhebt sich Mithra seinerseits zum Himmel; manche Bilder stellen ihn hinter dem Sonnenwagen herlaufend dar.

Mithra ist der einzige Gott, dem nicht das tragische Schicksal der Mysteriengottheiten zuteil wird. Man kann also daraus schließen, daß das Szenarium der Mithras-Initiation keine an Tod und Auferstehung erinnernden Prüfungen enthielt. Vor der Initiation verpflichteten sich die Postulanten durch Schwur *(sacramentum)*, das Geheimnis der Mysterien zu wahren. Ein Text des hl. Hieronymus *(Br. 107, ad Laetam)* und zahlreiche Inschriften haben uns die Nomenklatur der sieben Initiationsgrade überliefert: Rabe *(corax)*, Bräutigam *(nymphus)*, Soldat *(miles)*, Löwe *(leo)*, Perser *(Perses)*, Sonnenläufer *(heliodromus)* und Vater *(pater)*. Zu den ersten Graden waren selbst Kinder von sieben Jahren an zugelassen; wahrscheinlich erhielten sie eine bestimmte religiöse Erziehung und lernten die Gesänge und Hymnen. Die Gemeinschaft der Mysten war in zwei Gruppen geteilt: die „Diener" und die „Teilnehmer", wobei diese letztere Gruppe aus den Initiierten vom Grade *leo* an bestand[49].

Die Einzelheiten der Initiation in die verschiedenen Grade kennen wir nicht. In ihrer Polemik gegen die mithrischen (vom Satan inspirierten!) „Sakramente" erwähnen die christlichen Apologeten die „Taufe", die den Neophyten wahrscheinlich in das neue Leben einführte[50]. Es ist wahrscheinlich, daß dieser Ritus dem Neophyten, der sich auf den Grad des *miles* vorbereitete, vorbehalten war[51]. Man weiß, daß man ihm eine Krone zeigte, aber der Myste mußte sie zurückweisen, indem er sagte, daß Mithra „seine alleinige Krone sei"[52]. Er wurde sodann auf der Stirn mit dem rotglühenden Eisen bezeichnet *(Tertullian*, De praescr. haeret. 40) oder mit einer brennenden Fackel gereinigt *(Lukian*, Menippus 7). Bei der Initiation in den Grad *leo* goß man Honig auf die Hände des Kandidaten und bestrich ihm die Zunge. Der Honig aber war die Nahrung der Glückseligen und der Neugeborenen[53].

---

[49] Vgl. *F. Cumont*, Textes et Monuments figurés I, 317 und II, 42, wo sich ein Fragment aus *Porphyrius*, De abstinentia 4,16 zitiert findet.
[50] *Tertullian*, De praescr. haeret. 40 (vgl. Textes et Monuments II,51).
[51] *A. Loisy*, Mystères païens et mystère chrétien 173. Man kennt die spezifische Initiationsprüfung des *corax* nicht; nach Porphyrius (De abst. 4,16) sind die „Raben" Helfer. (Es sei daran erinnert, daß der Rabe der Bote ist, der Mithra die Anordnung der Sonne, den Stier zu opfern, überbringt.) Die für den *Nymphus*-Grad spezifischen Embleme waren eine Fackel (die Hochzeitsfackel), ein Diadem (Anspielung auf Venus) und eine Lampe, Symbol des „neuen Lichts", das für den Mysten von nun an zugänglich war.
[52] *Tertullian*, De corona 15 (= Textes et Monuments II, 50).
[53] *Porphyrius*, De antro nymph. 15 (= Textes et Monuments II, 40). Man strich Honig auf die Zunge der Neugeborenen. In der iranischen Tradition stammte der Honig vom Mond. Vgl. *F. Cumont*, a.a.O. I,320.

Nach einem christlichen Autor des 4. Jahrhunderts verband man den Kandidaten die Augen, während sie eine frenetische Truppe umgab, wobei die einen den Schrei des Raben nachahmten und mit den Flügeln schlugen und die anderen wie Löwen brüllten. Bestimmte Kandidaten mußten mit durch Hühnerdärme zusammengebundenen Händen über einen mit Wasser gefüllten Graben springen. Dann kam jemand mit einem Schwert, zerschnitt die Därme und bezeichnete sich als Befreier[54]. Initiationsszenen aus den Gemälden des Mithräums von Capua machen manche dieser initiatorischen Prüfungen wahrscheinlich. Eine der besterhaltenen Szenen wird von Cumont folgendermaßen beschrieben: „Der Einzuweihende sitzt nackt mit verbundenen Augen da, die Hände vielleicht auf den Rücken gebunden. Der Mystagog nähert sich ihm von hinten, wie um ihn nach vorn zu stoßen. Vor ihm geht ein Priester in orientalischer Kleidung mit hoher phrygischer Mütze, mit vorgehaltenem Schwert gegen ihn vor. In anderen Szenen ist der nackte Myste kniend oder auch auf den Boden ausgestreckt."[55] Man weiß auch, daß der Myste an einem simulierten Mord teilnehmen mußte und man ihm ein Schwert zeigte, das vom Blut des Opfers gefärbt war[56]. Sehr wahrscheinlich enthielten gewisse Initiationsrituale Kämpfe gegen ein Schreckgespenst. Der Historiker Lampridius schreibt, daß Kaiser Commodus die Mithras-Mysterien durch eine wirkliche Tötung eines Menschen verunglimpfte (Commodus 9 = Textes et Monuments II,21). Man vermutet, daß bei der Initiation eines *miles* in den „Vater"-Rang Commodus den Kandidaten getötet hat, obgleich er seine Tötung nur simulieren sollte.

Jeder der sieben Grade wurde durch einen Planeten beschützt: *corax* durch Merkur, *nymphus* durch Venus, *miles* durch Mars, *leo* durch Jupiter, *Perses* vom Mond, *heliodromus* durch die Sonne und *pater* durch Saturn. Die astralen Beziehungen sind deutlich dargestellt in den Mithräen von Santa Prisca und Ostia[57]. Andererseits spricht Origenes (Contra Celsum 6,22) von einer Leiter mit sieben Sprossen aus verschiedenen Metallen (Blei, Zinn, Bronze, Eisen, Metallegierung, Silber und Gold), die mit verschiedenen Gottheiten in Verbindung standen (das Blei mit Kronos, das Zinn mit Aphrodite usw.). Sehr wahrscheinlich spielte eine solche Leiter eine rituelle Rolle – die wir allerdings nicht kennen – und diente dem Mithras-Konventikel zugleich als Symbol.

---

[54] *Pseudo-Augustin*, Quaest. vet. et novi Test. 114,12 (= Textes et Monuments II,8). Manche Autoren zweifeln an der Authentizität dieser Nachricht, aber „ihr roher Charakter bezeugt" – wie Loisy sagt – „ihre Authentizität; was unser Autor darüber sagt, könnte vermuten lassen, daß man eine symbolische Interpretation davon gab, deren Sinn er nicht kannte oder die wiederzugeben er nicht für nötig hielt" (a.a.O. 183).
[55] *F. Cumont*, Die orientalischen Religionen, Tafel VI,2. Weitere Zeichnungen des Mithräums von Capua sind abgebildet bei *M. J. Vermaseren*, Mithras Abb. 51-53, 109f.
[56] *F. Cumont*, Die Mysterien des Mithra 148.
[57] *Ferrua*, Il mitreo sotto la chiesa di Santa Prisca 72f; *G. Becatti*, Scavi di Ostia II: I Mitrei (Rom 1954) 108f.

218. „Wenn das Christentum angehalten worden wäre..."

Wenn man die Mithras-Mysterien erörtert, scheint es unvermeidlich, den berühmten Satz von Ernest Renan zu zitieren: „Wenn das Christentum in seinem Wachstum durch irgendeine tödliche Krankheit angehalten worden wäre, wäre die Welt mithrisch geworden" (Marc Aurèle 579). Renan war wahrscheinlich beeindruckt vom Ansehen und der Popularität, die die Mithras-Mysterien im 3. und 4. Jahrhundert genossen; er war gewiß überrascht von ihrer Ausbreitung in allen Provinzen des Römischen Reiches. Diese neue Mysterienreligion setzte sich in der Tat wegen ihrer Kraft und Originalität durch. Dem Geheimkult des Mithra war es gelungen, das iranische Erbe mit dem griechisch-römischen Synkretismus zu verbinden. In seinem Pantheon fanden sich die Hauptgötter der klassischen Welt Seite an Seite mit Zervan und anderen orientalischen Gottheiten. Außerdem hatten die Mithras-Mysterien die für die Kaiserzeit eigentümlichen geistigen Strömungen assimiliert und integriert: die Astrologie, die eschatologischen Spekulationen, die Sonnenreligion (von den Philosophen als solarer Monotheismus gedeutet). Trotz des iranischen Erbes war Latein die liturgische Sprache. Im Unterschied zu den anderen orientalischen Erlösungsreligionen, die von einer exotischen (ägyptischen, syrischen, phrygischen) Priesterschaft geleitet wurden, rekrutierten sich die Leiter der Mysterien, die *patres*, aus den Bevölkerungen Italiens und der römischen Provinzen. Außerdem unterschied sich der Mithrazismus von den anderen Mysterien durch das Fehlen orgiastischer oder monströser Riten. Als Religion vor allem der Soldaten beeindruckte dieser Kult die Außenstehenden durch die Disziplin, die Mäßigung und die Moral seiner Mitglieder – Tugenden, die an die altrömische Tradition erinnerten.

Die Verbreitung des Mithrazismus ist außergewöhnlich groß: von Schottland nach Mesopotamien, von Nordafrika und Spanien bis nach Zentraleuropa und in den Balkan. Die Mehrzahl der Heiligtümer sind in den ehemaligen römischen Provinzen *Dacia, Pannonia, Germania* gefunden worden. (Der Kult scheint weder nach Griechenland noch nach Kleinasien eingedrungen zu sein.) Man muß jedoch berücksichtigen, daß ein Konventikel maximal 100 Mitglieder aufnahm. Folglich überstieg die Zahl der Adepten selbst in Rom, wo es zu einem bestimmten Zeitpunkt etwa 100 Heiligtümer gab, nicht die Zahl von 10 000[58]. Der Mithrazismus war ein Geheimkult, der fast ausschließlich dem Militär vorbehalten war; seine Ausbreitung folgte den Bewegungen der Legionen. Das Wenige, das man von den Initiationsritualen weiß, erinnert mehr an die Initiationen der indoeuropäischen „Männerbünde" (§ 175) als an jene der ägyptischen oder phrygischen Mysterien. Denn Mithra war, wie wir bemerkt haben, der einzige Mysteriengott, der den Tod nicht gekannt hatte. Und als einziger unter den Geheimkulten ließ der Mithrazismus keine Frauen zu. Ein solches Verbot

---
[58] Vgl. *G. Widengren*, The Mithraic Mysteries 53.

machte zu einer Zeit, da die Teilnahme der Frauen an den Erlösungskulten ein vorher nie gekanntes Ausmaß erreicht hatte, die Bekehrung der Welt zum Mithrazismus allerdings schwierig, wenn nicht gar ganz unwahrscheinlich.

Und dennoch fürchteten die christlichen Apologeten die eventuelle „Konkurrenz" des Mithrazismus, denn sie sahen in den Mysterien eine diabolische Nachahmung der Eucharistie. Justin (Apol. 66) schrieb es den „bösen Dämonen" zu, den sakramentalen Gebrauch von Brot und Wasser vorgeschrieben zu haben; Tertullian (De praescr. 40) sprach von der „Opferung des Brotes". Das rituelle Mahl der Initiierten erinnerte ja an das Festmahl von Mithra und *Sol* nach dem Stieropfer. Es ist schwierig, näher zu bestimmen, ob solche Festmahlzeiten für die Mithras-Initiierten sakramentale Mähler darstellten oder eher anderen in der Kaiserzeit ziemlich gängigen festlichen Mahlzeiten glichen[59]. Wie dem auch sei, die religiöse Bedeutung der Mithras-Mähler (ebenso wie die der anderen Mysterienkulte) läßt sich nicht leugnen, weil sie sich nach einem göttlichen Vorbild vollzogen. Gerade die Tatsache, daß die Apologeten sie als diabolische Nachahmungen der Eucharistie heftig anprangerten, zeigt ihren sakralen Charakter an. Was die Initiationstaufe betrifft, so wurde sie auch von anderen Kulten praktiziert. Aber die Ähnlichkeit des Mithrazismus erweist sich für die christlichen Theologen des 2. und 3. Jahrhunderts als noch verwirrender; das Zeichen, das auf der Stirn mit dem glühenden Eisen angebracht wurde, erinnerte sie an die *signatio*, einen Ritus, der zum Taufsakrament gehörte; außerdem feierten die beiden Religionen vom 2. Jahrhundert an die Geburt ihres Gottes am gleichen Tag (25. Dezember) und hatten ähnliche Glaubensvorstellungen über das Ende der Welt, das Letzte Gericht und die Auferstehung der Leiber.

Diese Glaubensvorstellungen und mythisch-rituellen Szenarien gehörten aber zum Zeitgeist der hellenistischen und römischen Epoche. Wahrscheinlich zögerten die Theologen der verschiedenen synkretistischen Erlösungsreligionen nicht, bestimmte Ideen und Formeln, deren Wert und Erfolg sie erkannt hatten, zu übernehmen. (Wir haben schon auf den Fall der phrygischen Mysterien verwiesen, § 207.) Von Wichtigkeit war letzten Endes allein die persönliche Erfahrung und die theologische Interpretation des mythisch-rituellen Szenariums, die sich in der Bekehrung und den initiatorischen Prüfungen offenbarte. (Es genügt der Hinweis auf die verschiedenen Bewertungen der Sakramente bei den Nichtchristen und in der Geschichte des Christentums[60].)

Mehrere Kaiser haben, vor allem aus politischen Gründen, den Mithrazismus unterstützt. In Carnuntum weihten Diokletian und andere *Augusti* im Jahre 307 oder 308 dem Mithra, dem „Wohltäter des Reiches", einen Altar. Aber der Sieg Konstantins an der Milvischen Brücke (312) besiegelte das Schicksal des Mithrazismus. Der Kult kam unter der sehr kurzen Herrschaft Julians nochmals zu

---
[59] Vgl. *J. P. Kane*, The Mithraic cult meal in its Greek and Roman environment 343f.
[60] Vgl. *John R. Hinnells*, Christianity and the Mystery Cults 20.

Ansehen; dieser Philosoph-Kaiser bekannte sich als Mithras-Anhänger. Nach seinem Tod 363 folgte eine Periode der Toleranz, aber das Edikt Gratians setzte 382 der offiziellen Unterstützung des Mithrazismus ein Ende. Verboten und verfolgt, verschwand der Geheimkult des Mithra wie alle Erlösungsreligionen und esoterischen Konventikel als geschichtliche Realität. Aber andere Schöpfungen des iranischen religiösen Genius fuhren fort, die Welt, die sich im Prozeß der Christianisierung befand, zu durchdringen. Vom 3. Jahrhundert an erschütterte der Erfolg des Manichäismus die Grundlagen der Kirche, und der Einfluß des manichäischen Dualismus dauerte während des gesamten Mittelalters an. Andererseits wurden zahlreiche iranische religiöse Ideen – namentlich einige Motive der Weihnachtsgeschichte, die Angelologie, das Thema des *magus*, die Theologie des Lichts, gewisse Elemente der gnostischen Mythologie – schließlich vom Christentum und vom Islam assimiliert; in bestimmten Fällen kann man ihre Spuren vom Hochmittelalter bis zur Renaissance und Aufklärung verfolgen[61].

---

[61] Siehe Bd. III des vorliegenden Werkes.

ACHTUNDZWANZIGSTES KAPITEL

Die Entstehung des Christentums

219. Ein „dunkler Jude": Jesus von Nazaret

Im Jahre 32 oder 33 unserer Zeitrechnung war ein junger Pharisäer namens Saulus, der sich durch den Eifer, mit dem er die Christen verfolgte, hervorgetan hatte, von Jerusalem nach Damaskus unterwegs. „Plötzlich umstrahlte ihn ein Licht vom Himmel. Er fiel zu Boden und hörte eine Stimme, die ihm zurief: ‚Saul, Saul, warum verfolgst du mich?' Er fragte: ‚Wer bist du, Herr?' Dieser antwortete: ‚Ich bin Jesus, den du verfolgst. Doch steh auf, geh in die Stadt, dort wird man dir sagen, was du tun sollst.' Seine Reisegefährten standen sprachlos da. Sie hörten zwar die Stimme, sahen aber niemand. Saulus erhob sich vom Boden. Obwohl er aber die Augen aufschlug, sah er nichts. Da nahm man ihn bei der Hand und führte ihn nach Damaskus. Er blieb drei Tage blind und aß und trank nicht." Schließlich legte ihm Hananias, ein Jünger, der in einer Vision von Jesus belehrt worden war, die Hände auf, und Saulus fand sein Augenlicht wieder. „Sogleich wurde er getauft; dann nahm er Nahrung zu sich und kam wieder zu Kräften."[1]

Dies trug sich zwei oder drei Jahre nach der Kreuzigung zu. (Man kennt das genaue Datum der Tötung Jesu nicht: Sie könnte im Jahre 30 oder 33 stattgefunden haben. Folglich kann die Bekehrung des Paulus frühestens im Jahre 32, spätestens im Jahre 36 angesetzt werden.) Wie wir sehen werden, stellt der Glaube an den auferstandenen Christus das grundlegende Element des Christentums dar, besonders des Christentums des heiligen Paulus[2]. Diese Tatsache ist von großer Wichtigkeit, denn seine *Briefe* stellen die ersten Dokumente dar, die von der Geschichte der christlichen Gemeinde berichten. Die *Briefe* sind nun aber von einer unvergleichlichen Glut durchdrungen: der Gewißheit der Auferstehung und folglich des Heils durch Christus. „Endlich", schreibt der große Hellenist Wilamowitz-Moellendorff, „endlich redet einer auch griechisch von einer frischen inneren Lebenserfahrung"[3].

---

[1] Apg 9, 3–5.18 f. Der Verfasser der Apostelgeschichte erzählt noch zweimal die Begegnung mit dem auferstandenen Christus auf dem Weg nach Damaskus; 22, 4–21; 26, 12–20.
[2] Im *1. Korintherbrief* stellt er sorgfältig die Liste derer auf, denen der auferstandene Christus erschienen ist.
[3] *Wilamowitz-Moellendorff*, zitiert nach G. Bornkamm, Paulus 33.

Die Entstehung des Christentums

Eine weitere Tatsache muß hervorgehoben werden: die Kürze der Zeit – einige Jahre –, die die ekstatische Erfahrung des Paulus von dem Ereignis trennt, das die Berufung Jesu offenbar machte. Im Jahre 15 des Prinzipats des Tiberius (also im Jahre 28-29) begann ein Asket, Johannes der Täufer, in der Gegend am Jordan umherzuziehen; „er predigte eine Taufe der Umkehr zur Vergebung der Sünden" (Lk 3,1 ff). Der Historiker Flavius Josephus beschreibt ihn als einen „ehrenhaften Menschen", der die Juden ermahnte, Tugend, Gerechtigkeit und Frömmigkeit zu üben (Ant. Jud. 18,2,§§ 116-119). Er war in der Tat ein wirklicher Prophet, schwärmerisch, jähzornig und heftig, in offener Rebellion gegen die politischen und religiösen Hierarchien des Judentums. Als Haupt einer millenaristischen Sekte verkündete Johannes der Täufer das unmittelbare Bevorstehen des Reiches, aber ohne den Titel Messias in Anspruch zu nehmen. Sein Aufruf hatte beträchtlichen Erfolg. Unter den Tausenden, die aus ganz Palästina herbeiströmten, um die Taufe zu empfangen, befand sich auch Jesus aus Nazaret in Galiläa. Nach christlicher Überlieferung erkannte Johannes der Täufer in ihm den Messias.

Den Grund, warum sich Jesus taufen ließ, kennt man nicht. Aber sicher ist, daß ihm die Taufe die Messiaswürde offenbarte. In den Evangelien ist das Mysterium dieser Offenbarung ausgedrückt im Bild des Geistes Gottes, der wie eine Taube herabsteigt, und der Stimme vom Himmel her, die spricht: „Dieser ist mein geliebter Sohn..." (Mt 3,16; vgl. Mk 1,11; Lk 3,22). Sogleich nach der Taufe zog sich Jesus in die Wüste zurück. Die Evangelien berichten genauerhin, daß er „vom Geist in die Wüste geführt" wurde, um von Satan versucht zu werden (Mk 1,12; Mt 4,1-10; Lk 4,1-13). Der mythologische Charakter dieser Versuchungen ist evident, aber ihr Symbolismus erhellt die spezifische Struktur der christlichen Eschatologie. Morphologisch betrachtet, besteht das Szenarium aus einer Reihe initiatorischer Prüfungen, jenen Gautama Buddhas vergleichbar (vgl. § 148). Jesus fastet 40 Tage und 40 Nächte lang, und Satan „versucht" ihn: Zuerst verlangt er Wunder von ihm („Befiehl, daß diese Steine zu Brot werden"; er nimmt ihn mit auf die Zinne des Tempels in Jerusalem und sagt zu ihm: „Wenn du Gottes Sohn bist, stürze dich hinab."); dann bietet er ihm die absolute Macht an: „alle Reiche der Welt mit ihrer Herrlichkeit". Anders gesagt: Satan bietet ihm die Macht an, das Römische Reich zu vernichten (mithin den militärischen Triumph der Juden, den die Apokalypsen angekündigt haben), unter der Bedingung, daß Jesus vor ihm niederfällt[4].

Einige Zeit lang praktizierte Jesus die Taufe, ebenso wie Johannes der Täufer

---

[4] Gewiß ist das Szenarium der „Versuchungen" später, nach dem Scheitern des Aufstandes von 66-70, d. h. nach der Zerstörung des Tempels durch die Römer, in die legendenhaften Traditionen integriert worden, die in den Evangelien gesammelt sind. Aber im symbolischen Horizont, in dem sich die Kirche entwickelte, stellten die „Versuchungen" Vorausdeutungen der Wunder Jesu (denn wenige Zeit später wird er Wasser in Wein wandeln und Brote und Fische vermehren) und des Sieges des Christentums dar (denn obwohl das römische Imperium nicht durch einen bewaffneten Aufstand zerstört worden ist, wird es schließlich besiegt werden, d. h. christlich werden).

und wahrscheinlich mit noch mehr Erfolg (vgl. Joh 3,22-24; 4,12f). Aber als er erfuhr, daß der Prophet von Herodes gefangengenommen worden war, verließ Jesus Judäa und begab sich in seine Heimat. Flavius Josephus erklärt die Tat des Herodes aus der Angst: Er fürchtete den Einfluß des Täufers auf die Massen und hatte Angst vor einer Rebellion. Wie dem auch sei, seine Gefangennahme löste die Predigt Jesu aus. Von seiner Ankunft in Galiläa an verkündete Jesus das Evangelium, d.h. die Frohe Botschaft: „Die Zeit ist erfüllt, und das Reich Gottes ist ganz nahe. Kehret um und glaubt an die Frohe Botschaft."[5] Die Botschaft bringt die eschatologische Hoffnung zum Ausdruck, die die jüdische Religiosität seit mehr als einem Jahrhundert mit wenigen Ausnahmen beherrschte. Nach den Propheten und nach Johannes dem Täufer sagte Jesus die unmittelbar bevorstehende Verwandlung der Welt voraus: Dies ist das Wesentliche seiner Predigt (vgl. § 220).

Umgeben von seinen ersten Jüngern, predigte und lehrte Jesus in den Synagogen und unter freiem Himmel, wobei er sich vor allem an die Niedrigen und Entrechteten wandte. Er gebrauchte die traditionellen didaktischen Mittel, indem er auf die Heilsgeschichte und die bekanntesten biblischen Gestalten Bezug nahm, indem er aus dem uralten Reservoir von Bildern und Symbolen schöpfte und vor allem indem er die bildhafte Sprache der Gleichnisse benutzte. Wie so viele andere „göttliche Menschen" der hellenistischen Welt war Jesus Arzt und Wundertäter, der alle möglichen Krankheiten heilte und den Besessenen Linderung brachte. Infolge bestimmter Wunder wurde er der Hexerei verdächtigt, eines Verbrechens, auf dem die Todesstrafe stand. „Durch Beelzebul, den obersten der Dämonen, treibt er die Dämonen aus", sagten einige. „Andere aber forderten ein Zeichen vom Himmel, um ihn zu versuchen."[6] Sein Ansehen als Exorzist und Wundertäter ist bei den Juden nicht in Vergessenheit geraten; eine Überlieferung des 1. oder 2. Jahrhunderts erwähnt Jeschu, der „Zauberei trieb und Israel verführte"[7].

Es dauerte nicht lange, bis die Verkündigung Jesu die beiden politisch und religiös einflußreichen Gruppen, die Pharisäer und die Sadduzäer, beunruhigte. Erstere waren irritiert durch die Freiheiten, die der Nazarener sich gegenüber der Tora herausnahm. Die Sadduzäer ihrerseits waren darum besorgt, Unruhen zu vermeiden, die infolge jedweder messianischen Propaganda ausbrechen konnten. Das Reich Gottes, das Jesus predigte, erinnerte manche ja an den religiösen Fanatismus und die politische Intransigenz der Zeloten. Diese lehnten es ab, die Autorität der Römer anzuerkennen, denn für sie „war Gott allein Herr-

---

[5] Mk 1, 15. Mt 4, 17 spricht vom Reich der Himmel, aber die beiden Formulierungen sind synonym.
[6] Lk 11, 15 f. Lukas hat wohl gesehen, daß das Verlangen nach einem „Zeichen" und die Anklage der Hexerei eine narrative Einheit darstellen; die anderen Evangelien berichten davon getrennt; Mk 3, 22; 8, 11; Mt 12, 24.38; 16, 1; vgl. *C. H. Dodd*, The Founder of Christianity 179, Anm. 11.
[7] Vgl. B Sanhedrin 43a. Der gleiche Text enthält noch andere Informationen, deren Wichtigkeit man später sehen wird, denn sie sind unabhängig von den christlichen Quellen (vgl. 288 Anm. 12). Die rabbinischen Quellen werden angeführt und erörtert von *J. Klausner*, Jesus von Nazareth 17-57.

scher und Meister" (Josephus, Ant. Jud. 18,1,6, § 23). Zumindest einer der zwölf
Apostel, Simon der Eiferer[8], war ein ehemaliger Zelot (Mk 3,18). Und *Lukas*
berichtet, daß nach der Kreuzigung ein Jünger sagte: „Wir aber hofften, daß er
es sei, der Israel erlösen werde" (24,21).

Übrigens bringt eine der spektakulärsten und geheimnisvollsten Episoden, die
von den Evangelien erzählt werden, das Mißverständnis bezüglich des von Jesus
verkündeten Reiches zum Vorschein[9]. Nachdem er einen Teil des Tages gepredigt hat, erfährt Jesus, daß die 5000 Leute, die ihm zu den Ufern des Sees Tiberias
gefolgt waren, nichts zu essen hatten. Da ließ er sie niedersitzen; nachdem er
auf wunderbare Weise einige Brote und einige Fische vermehrt hatte, aßen sie
alle zusammen. Es handelt sich um einen archaischen rituellen Akt, mittels
dessen die mystische Solidarität einer Gruppe bestärkt oder wiederhergestellt
wird. In diesem Falle könnte das gemeinsame Mahl die symbolische Antizipation des *eschaton* bedeuten, denn Lukas (9, 11) berichtet, daß Jesus zu ihnen vom
Reich Gottes gesprochen hatte. Aber in ihrer Begeisterung über dieses neue
Wunder verstand die Menge dessen tiefe Bedeutung nicht und sah in Jesus den
sehnsüchtig erwarteten „Propheten-König", der Israel erlösen sollte. „Jesus
merkte, daß sie kommen und ihn ergreifen würden, um ihn zum König zu machen" (Joh 6, 15). Da zerstreute er die Menge und zog sich mit seinen Jüngern
auf ein Boot zurück und setzte über den See Tiberias.

Das Mißverständnis könnte als eine fehlgeschlagene Revolte interpretiert
werden. Jedenfalls wurde Jesus von der Menge verlassen. Nach Johannes
(6, 66f) blieben ihm allein die Zwölf treu. Sie waren es, mit denen Jesus im Frühjahr 30 (oder 33) das Osterfest in Jerusalem zu feiern beschloß. Über das Ziel
dieses Unternehmens wurde und wird noch ausführlich diskutiert. Wahrscheinlich wollte Jesus seine Botschaft im religiösen Zentrum Israels verkünden,
um eine in dem einen oder dem anderen Sinne entscheidende Antwort herbeizuführen[10]. Als er nahe bei Jerusalem war, „meinten die Leute, das Reich Gottes
werde gleich erscheinen" (Lk 19, 11). Jesus zog in die Stadt ein wie ein messianischer König (Mk 11, 9f), vertrieb die Käufer und Verkäufer aus dem Tempel und
predigte dem Volk (11, 15ff). Am folgenden Tag ging er wieder in den Tempel
und erzählte das Gleichnis von den mörderischen Winzern, die, nachdem sie die
vom Herrn gesandten Diener getötet hatten, den Sohn ergriffen und töteten.
„Was wird der Herr des Weinbergs tun?" schloß Jesus. „Er wird kommen, wird
die Winzer zugrunde richten und den Weinberg anderen geben" (12,9).

Für die Priester und Schriftgelehrten war die Bedeutung des Gleichnisses klar:
Die Propheten wurden verfolgt, und der letzte Gesandte, Johannes der Täufer,
war vor kurzem getötet worden. Jesus zufolge stellte Israel noch immer den

---

[8] Vgl. *S. C. F. Brandon*, Jesus and the Zealotes 44–47, 243–245.
[9] Die Episode wird von den vier Evangelien berichtet (Markus und Mattäus erzählen sie zweimal);
Mk 6, 30–44; 8, 1–10; Mt 14, 13–21; 15, 32–39; Lk 9, 10–17; Joh 6, 1–5.
[10] *C. H. Dodd*, a.a.O. 139f; *R. M. Grant*, Augustus to Constantine 43.

Weinberg Gottes dar, aber seine religiöse Hierarchie war verdammt; das neue Israel wird andere Anführer haben[11]. Außerdem gab Jesus zu verstehen, daß er der Erbe des Weinbergs war, der „vielgeliebte Sohn" des Herrn – eine Messias-Proklamation, die blutige Repressalien des Besatzers hervorrufen konnte. Nun ist es aber, wie der Hohepriester Kajafas sagen wird, „besser, daß ein Mensch für das Volk stirbt, als wenn das ganze Volk zugrunde geht" (Joh 11,50). Man mußte schnell eingreifen, ohne jedoch die Anhänger Jesu zu alarmieren. Die Festnahme mußte heimlich während der Nacht stattfinden. Am Vorabend des Pascha-Festes beging Jesus das Letzte Mahl mit seinen Jüngern. Dieses letzte Liebesmahl wird zum zentralen Ritus des Christentums werden: die Eucharistie, deren Bedeutung uns später beschäftigen wird (§ 220).

„Nach dem Lobgesang gehen sie hinaus zum Ölberg" (Mt 26,30). Die Überlieferung hat von dieser Leidensnacht die Erinnerung an zwei Vorkommnisse bewahrt, die heute noch das christliche Bewußtsein beunruhigen. Jesus kündigt Petrus an, daß er ihn, „ehe der Hahn kräht", dreimal verleugnen wird (Mt 26,34; vgl. Mk 14,26–31). Jesus sah nun aber in Petrus seinen verläßlichsten Jünger, jenen, der der Gemeinschaft der Gläubigen als Stütze dienen sollte. Gewiß war seine Verleugnung nichts anderes als eine Bestätigung der menschlichen Schwäche. Aber eine solche Tat setzt keineswegs die Würde und die charismatischen Tugenden des Petrus außer Kraft. Die Bedeutung dieses peinlichen Vorfalls ist evident: In der Heilsökonomie zählen die menschlichen Tugenden ebenso wenig wie die Sünden; was wichtig ist, ist Buße zu tun und die Hoffnung nicht zu verlieren. Ein großer Teil der Geschichte des Christentums wäre schwerlich zu rechtfertigen ohne den Präzedenzfall Petrus; seine Verleugnung und seine Reue (Mt 26,75) sind in gewisser Weise zum exemplarischen Modell des gesamten christlichen Lebens geworden.

Nicht weniger exemplarisch ist folgende Szene, die sich „an einem Ort namens Getsemani" abspielt. Jesus nimmt Petrus und zwei andere Jünger mit sich und sagt zu ihnen: „Meine Seele ist betrübt bis in den Tod. Bleibet hier und wachet mit mir" (Mt 26,38). Nachdem er sich einige Schritte entfernt hat, „fällt er auf sein Angesicht nieder und betet: ‚Mein Vater, wenn es möglich ist, so gehe dieser Kelch an mir vorüber. Doch nicht wie ich will, sondern wie du willst'" (26,39). Aber als er zurückkam, fand er seine Jünger schlafend vor. Er sagte zu Petrus: „So konntet ihr nicht eine Stunde mit mir wachen?" (26,40). „Wachet und betet", empfiehlt er ihnen von neuem. Vergeblich – als er zurückkam, „fand er sie wieder schlafend, denn die Augen waren ihnen schwer geworden" (26,41; vgl. Mk 14,32–42; Lk 22,40–46). Nun stellt, wie man seit dem Abenteuer Gilgameschs weiß (§ 23), der Sieg über den Schlaf, das „Wach-bleiben", die härteste Initiationsprüfung dar, denn sie zielt auf die Verwandlung der profanen Seinsweise, auf das Erlangen der „Unsterblichkeit". In Getsemani hat sich die „initiatorische Wache" – obwohl sie auf einige Stunden begrenzt war – als über die

---

[11] Vgl. *C. H. Dodd*, a.a.O. 150.

menschlichen Kräfte gehend erwiesen. Auch dieses Scheitern wird zu einem exemplarischen Modell für die Mehrheit der Christen werden.

Wenige Zeit später wurde Jesus von der Wache des Hohenpriesters, die wahrscheinlich durch römische Soldaten verstärkt war, festgenommen. Es ist schwierig, die folgenden Ereignisse genau zu fassen. Die Evangelien berichten von zwei getrennten Urteilen. Das Synhedrium befand Jesus der Gotteslästerung schuldig. Denn als er vom Hohenpriester gefragt wurde: „Bist du der Christus (d. h. der Messias), der Sohn des Hochgelobten?", antwortete er: „Ich bin es" (Mk 14, 61 f; vgl. Mt 26, 57–68; Lk 22, 54.66–71). Die Gotteslästerung wurde mit Steinigung bestraft, aber es ist nicht sicher, ob zu der Zeit das Synhedrium das Recht hatte, die Todesstrafe zu verhängen. Jedenfalls wurde Jesus danach von Pontius Pilatus, dem Präfekten von Judäa, gerichtet. Wegen Aufruhrs angeklagt („Bist du der König der Juden?"), wurde er zum Tod durch Kreuzigung, der typisch römischen Todesstrafe, verurteilt. Nach seiner Verspottung (mit einem Purpurmantel bekleidet und mit einer Dornenkrone auf dem Haupt grüßten ihn die Soldaten: „Sei gegrüßt, König der Juden!") wurde Jesus zwischen zwei „Räubern" gekreuzigt. Mit diesem Terminus – *lestes* – bezeichnete Josephus häufig Aufständische. „So war der Kontext der Exekution Jesu eindeutig die Unterdrückung einer jüdischen Revolte gegen die römische Herrschaft und ihre Kollaborateure in Judäa. Jede Verkündigung der Ankunft des Reiches Gottes implizierte in den Augen der Jerusalemer Autoritäten die Wiederherstellung eines jüdischen Königreiches."[12]

Die Verhaftung, der Prozeß und die Hinrichtung Jesu führten zur Zerstreuung der Gläubigen. Kurz nach der Verhaftung verleugnete ihn Petrus, sein Lieblingsjünger, dreimal. Es ist sicher, daß die Verkündigung Jesu und vielleicht sogar sein Name dem Vergessen anheimgefallen wären ohne eine einzigartige und außerhalb des Glaubens unbegreifliche Episode: die Auferstehung des Hingerichteten. Die von Paulus und den Evangelien überlieferte Tradition mißt dem leeren Grab und den zahlreichen Erscheinungen des auferstandenen Jesus entscheidende Bedeutung bei. Was auch immer die Natur dieser Erfahrungen sein mag, sie bilden die Quelle und das Fundament des Christentums. Der Glaube an den auferstandenen Jesus Christus hat eine Handvoll demoralisierter Flüchtlinge in eine Gruppe Entschlossener verwandelt, die ihrer Unbezwingbarkeit sicher waren. Man könnte fast sagen, daß auch die Apostel die Initiationsprüfung der Verzweiflung und des geistigen Todes durchgemacht haben, bevor sie, zu einem neuen Leben wiedergeboren, die ersten Missionare des Evangeliums wurden.

---

[12] *R. M. Grant*, Augustus to Constantine 43. Die rabbinische Tradition berichtet, daß Jesus von den jüdischen Autoritäten gerichtet und verurteilt wurde, am Vortag des Osterfestes gehängt zu werden; vgl. *J. Klausner*, Jesus von Nazareth 29 ff.

220. Die Frohe Botschaft: Das Reich Gottes ist ganz nahe

Rudolf Bultmann sprach von der „unerträglichen Plattheit" der Biographien Jesu. Die Zeugnisse sind in der Tat wenig zahlreich und schlecht abgesichert. Die ältesten, die Paulusbriefe, vernachlässigen fast ganz das historische Leben Jesu. Die synoptischen Evangelien, die zwischen 70 und 90 verfaßt wurden, sammeln die von den ersten christlichen Gemeinden mündlich überlieferten Traditionen. Aber diese Traditionen beziehen sich sowohl auf Jesus wie auf den auferstandenen Christus. Das macht ihren dokumentarischen Wert nicht notwendigerweise hinfällig; denn das wesentliche Element des Christentums, wie übrigens jeder Religion, die sich auf einen Stifter beruft, ist gerade die *Memoria*. Die *Erinnerung an Jesus* konstituiert das Modell eines jeden Christen. Doch die von den ersten Zeugen übermittelte Tradition war „exemplarisch" und nicht nur „historisch"; sie bewahrte die bedeutsamen Strukturen der Ereignisse und der Verkündigung Jesu auf, nicht jedoch die exakte Erinnerung an die Tätigkeit Jesu. Das Phänomen ist wohlbekannt, und zwar nicht allein in der Religionsgeschichte.

Andererseits ist die Tatsache zu beachten, daß die ersten Christen, Juden aus Jerusalem, eine apokalyptische Sekte innerhalb des palästinensischen Judentums darstellten. Sie waren in der unmittelbaren Erwartung der zweiten Ankunft Christi, der Parusie; was sie beschäftigte, war das *Ende der Geschichte* und nicht die Historiographie der eschatologischen Erwartung. Außerdem hat sich, wie zu erwarten war, um die Gestalt des auferstandenen Meisters ziemlich früh eine Mythologie gebildet, die an jene der Erlösergötter und des göttlich inspirierten Menschen *(theios anthropos)* erinnert. Diese Mythologie, mit der wir uns später beschäftigen werden (§ 222), ist besonders wichtig: Sie hilft uns, die dem Christentum eigene religiöse Dimension und zugleich seine spätere Geschichte zu verstehen. Die Mythen, die Jesus von Nazaret in eine Welt von Archetypen und transzendenten Gestalten projiziert haben, sind ebenso „wahr" wie seine Taten und Worte: Diese Mythen bestätigen ja die Kraft und Kreativität seiner ursprünglichen Botschaft. Übrigens aufgrund dieser universalen Mythologie und Symbolik wird die religiöse Sprache des Christentums ökumenisch und auch außerhalb seines ursprünglichen Verbreitungsgebietes zugänglich.

Übereinstimmung herrscht darin, daß die synoptischen Evangelien uns das Wesentliche der Botschaft, in erster Linie die Verkündigung des Reiches Gottes, überliefert haben. Wie wir schon gesagt haben (S. 285), beginnt Jesus sein Werk des Dienstes in Galiläa, indem er die „Frohe Botschaft Gottes" verkündet: „Die Zeit ist erfüllt und das Reich Gottes sehr nahe" (Mk 1,15) [13]. Das *eschaton* steht unmittelbar bevor: „Unter denen, die hier stehen, sind einige, die den Tod nicht

---

[13] Die heutige Exegese akzeptiert vier Aussprüche über das Reich Gottes als echt: Mk 1,15a; Lk 11,20; Lk 17,20f; Mt 11,12. Vgl. *N. Perrin*, Was lehrte Jesus wirklich? 63ff; *ders.*, The New Testament: An Introduction 288f.

kosten werden, bis sie das Reich Gottes in Macht gekommen sehen" (Mk 9,1; vgl. 13,30). „Jenen Tag aber oder die Stunde kennt niemand, auch nicht die Engel im Himmel, auch nicht der Sohn, sondern nur der Vater" (Mk 13,32). Andere Formulierungen Jesu geben indessen zu verstehen, daß das Gottesreich schon gegenwärtig ist. Nach einem Exorzismus sagt er: „Wenn aber ich durch den Finger Gottes die Dämonen austreibe, so ist das Reich Gottes zu euch gekommen" (Lk 11,20). Bei einer anderen Gelegenheit sagt Jesus, daß seit den Tagen Johannes' des Täufers „das Reich Gottes Gewalt leidet und Gewalttätige es an sich reißen" (Mt 11,12). Der Sinn scheint zu sein: Das Gottesreich wird gehemmt durch die Gewalttäter, aber es ist schon gegenwärtig[14]. Im Unterschied zum apokalyptischen Syndrom, das in der Literatur der Epoche häufig angesprochen wird, kommt das Gottesreich ohne Katastrophen, ja sogar ohne äußere Zeichen. „Das Reich Gottes kommt nicht so, daß man es beobachten könnte. Auch wird man nicht sagen können: ‚Siehe, hier! Siehe, dort!' Denn, wißt, das Reich Gottes ist mitten unter euch" (Lk 17,20f). In den Gleichnissen wird das Gottesreich verglichen mit der fortschreitenden Reifung der von selbst wachsenden Saat (Mk 4, 26–29), mit dem Senfkorn (30–32), mit der Hefe, die den Teig aufgehen läßt (Mt 13,33).

Es ist möglich, daß diese beiden unterschiedlichen Verkündigungsweisen des Gottesreiches – in sehr naher *Zukunft*, in der *Gegenwart* – aufeinanderfolgenden Phasen des Wirkens Jesu entsprechen[15]. Man kann sie auch als zwei Übermittlungsgestalten der gleichen Botschaft begreifen: 1. das von den Propheten und Apokalypsen angekündigte Hereinbrechen des Reiches, anders gesagt, „das Ende der Welt der Geschichte", und 2. die Antizipation des Gottesreiches, die sich durch jene vollzieht, die aufgrund der Vermittlung Jesu schon in der atemporalen Gegenwart des Glaubens leben[16].

Es ist vor allem diese zweite Möglichkeit der Vermittlung der Botschaft, die die Messiaswürde Jesu hervortreten läßt. Es steht außer Zweifel, daß seine Jünger ihn als Messias erkannt haben, wie die Bezeichnung „Christus" (das griechische Äquivalent für „der Gesalbte", d. h. „Messias") beweist. Jesus verwendet niemals diesen Ausdruck für sich selbst; er akzeptiert ihn allerdings, wenn er von anderen gebraucht wird (Mk 8,29; 14,61). Es ist wahrscheinlich, daß Jesus die Bezeichnung Messias vermieden hat, um den Unterschied zwischen der Frohen Botschaft, die er verkündete, und den nationalistischen Formen des jüdischen Messianismus anzuzeigen. Das Reich Gottes war nicht die Theokratie, die die Zeloten mit Waffengewalt errichten wollten. Jesus bezeichnete sich selbst vor allem mit dem Ausdruck Menschensohn. Dieser Terminus, der anfangs nur ein Synonym für „der Mensch" war (vgl. § 203), wurde

---
[14] Vgl. *E. Käsemann*, Das Problem des historischen Jesus 210f; *N. Perrin*, Was lehrte Jesus wirklich? 77.
[15] *M. Simon*, Le Judaïsme et le Christianisme antique 86.
[16] Bultmann folgend, spricht Perrin von „der Erfahrung der existenzialen Wirklichkeit"; vgl. *ders.*, The New Testament 290.

schließlich – implizit in der Verkündigung Jesu und explizit in der christlichen Theologie – zur Bezeichnung für Gottessohn. Doch in dem Maße, wie man wenigstens in großen Linien die „Persönlichkeit" Jesu zu rekonstruieren vermag, kann man ihn mit der Gestalt des leidenden Knechts (Jes 40–55; vgl. § 196) vergleichen. „Nichts gibt das Recht, die Verse, in denen er von den Prüfungen spricht, die ihn erwarten, als nicht authentisch zurückzuweisen. Sein ganzes Werk wird unerklärbar, wenn man die Annahme ablehnt, daß er die Möglichkeit des Leidens, der Erniedrigung und ohne Zweifel auch des Todes gesehen und akzeptiert hat. Als er nach Jerusalem hinaufzog, hat er sicherlich, ohne vielleicht die Möglichkeit eines siegreichen Eingreifens Gottes auszuschließen, das Risiko dieses Vorgehens auf sich genommen."[17]

„Meinet nicht", erklärt Jesus, „ich sei gekommen, das Gesetz oder die Propheten aufzulösen. Ich bin nicht gekommen aufzulösen, sondern zu erfüllen" (Mt 5, 17). Ebenso wie die Propheten preist er die Reinheit des Herzens gegenüber einem rituellen Formalismus; er kommt unablässig auf die Gottes- und Nächstenliebe zurück. In der Bergpredigt (Mt 5, 3–12; Lk 6, 20–23) spricht Jesus die Seligkeiten an, die die Barmherzigen und Menschen reinen Herzens, die Sanftmütigen und Friedfertigen, die Trauernden und die Verfolgten um der Gerechtigkeit willen erwarten. Dies ist der Evangelientext, der über die christliche Welt hinaus am populärsten ist. Und dennoch bleibt für Jesus Israel immer das von Gott erwählte Volk. Es sind die verlorenen Schafe des Hauses Israel, zu denen er gesandt worden ist (Mt 15, 24), und nur ausnahmsweise wendet er sich an die Heiden: Er lehrt seine Jünger, sie zu meiden (Mt 10, 6). Aber er scheint „alle Völker" bei der Errichtung des Reiches zugelassen zu haben (Mk 13, 10; Mt 8, 11). Die Propheten und Johannes den Täufer fortführend, verfolgte das Werk Jesu die radikale Umwandlung des jüdischen Volkes, anders gesagt: das Auftauchen eines Neuen Israel, eines neuen Gottesvolkes. Das *Pater noster* (Lk 11, 2–4; Mt 6, 9–13) ist eine wunderbare Zusammenfassung der „Methode", dies zu erreichen. Als Ausdruck hebräischer Frömmigkeit verwendet das Gebet die erste Person nicht im Singular, sondern nur im Plural: *Unser* Vater, gib *uns unser* tägliches Brot heute, vergib *uns unsere* Sünden, erlöse *uns* vom Bösen. Der Inhalt ist vom Kaddisch-Gebet der alten Synagoge abgeleitet; er spiegelt die Sehnsucht nach einer religiösen Urerfahrung wider: nach der Epiphanie Jahwes als *Vater*. Aber der von Jesus vorgelegte Text ist knapper und bewegender[18]. Doch muß jedes Gebet vom *wahren Glauben*, d. h. dem von Abraham bezeugten (vgl. § 57), durchdrungen sein. „Denn bei Gott ist alles möglich" (Mk 10, 27). Entsprechend „ist alles dem möglich, der glaubt"

---

[17] *M. Simon*, a.a.O. 87. Über die Verschmelzung der beiden Idealfiguren des Messias und des leidenden Knechts in der Person Jesu vgl. *C. H. Dodd*, a.a.O. 103 f.
[18] Die Exegeten betonen auch den Unterschied zwischen der Formulierung des ältesten Kaddisch-Textes („Möge Gott seine Herrschaft zu deinen Lebzeiten und in deinen Tagen aufrichten...") und der von Jesus gebrauchten („Dein Reich komme..."); vgl. *N. Perrin*, Was lehrte Jesus wirklich? 56 ff und die ebd. genannte Literatur.

(Mk 9, 23). Dank der geheimnisvollen Fähigkeit des abrahamitischen Glaubens wird die Seinsweise des gefallenen Menschen radikal verändert. „Alles, um was ihr betet und bittet, *glaubt*, daß ihr es empfangen habt, und *es wird euch zuteil werden*" (Mk 11, 24; vgl. Mt 21, 22). Anders gesagt, das Neue Israel erscheint auf geheimnisvolle Weise durch die Kraft abrahamitischen Glaubens. Dies erklärt übrigens den Erfolg der christlichen Mission, die den Glauben an den auferstandenen Jesus Christus predigte.

Als Jesus mit seinen Jüngern das Letzte Abendmahl feierte, „nahm er Brot, sprach das Segensgebet, brach es und gab es ihnen mit den Worten: ,Nehmt, das ist mein Leib.' Dann nahm er einen Kelch, sprach das Dankgebet und gab ihn ihnen, und sie tranken alle daraus. Und er sprach zu ihnen: ,Das ist mein Blut, das Blut des Bundes, das für viele vergossen wird.'"[19] Ein heutiger Exeget zögert nicht zu schreiben: „Es gibt keine Worte Jesu, die sicherer bezeugt wären."[20] Nur Lukas überliefert die Einfügung Jesu: „Tut dies zu meinem Gedächtnis" (22, 19)). Obwohl Paulus die Authentizität dieser Tradition bestätigt (1 Kor 11, 24), gibt es kein Mittel zum Beweis dafür, daß diese Worte von Jesus gesprochen worden sind. Der Ritus setzt die jüdische Hausliturgie fort, namentlich die Segnung des Brotes und des Weines. Jesus praktizierte sie oft; wenn Zöllner und Sünder zugegen waren, verkündete das Mahl wahrscheinlich das Gottesreich[21].

Für die ersten Christen stellte das „Brotbrechen" (Apg 2, 42) den wichtigsten kultischen Akt dar. Einerseits war es die Reaktualisierung der Gegenwart Christi und infolgedessen des Reiches, das er errichtet hatte; andererseits war der Ritus eine Antizipation des messianischen Mahls am Ende der Zeiten. Aber die Worte Jesu lassen eine noch tiefere Bedeutung erkennen: die Notwendigkeit seines freiwilligen Opfers, um den „neuen Bund"[22], das Fundament des Neuen Israel, zu schaffen. Dies impliziert die Überzeugung, daß neues religiöses Leben nur durch den Opfertod hindurch erscheint; die Auffassung ist, wie man weiß, archaisch und überall verbreitet. Es ist schwierig zu bestimmen, ob diese rituelle Gemeinschaft mit seinem Leib und Blut von Jesus als mystische Identifikation mit seiner Person betrachtet wurde. Paulus behauptet dies (1 Kor 10, 16; vgl. 12, 27; Röm 12, 5; Eph 4, 12), und trotz der Originalität seines theologischen Denkens und seiner theologischen Sprache ist es möglich, daß er eine authentische Jerusalemer Tradition fortsetzt[23]. Jedenfalls war das von den ersten Chri-

---

[19] Mk 14, 22-24; vgl. Mt 26, 26; Lk 22, 19; 1 Kor 11, 24. Johannes (6, 51) überliefert eine parallele Version, die wahrscheinlich auf einer abweichenden Übersetzung des aramäischen Originals des Diktums beruht.
[20] *C. H. Dodd*, a. a. O. 10.
[21] Die Anwesenheit „Unberührbarer" beleidigte und entrüstete gewiß die jüdischen Rigoristen.
[22] Die Gemeinschaft von Qumran betrachtete sich ebenfalls als Volk eines Neuen Bundes; vgl. § 223.
[23] Paulus arbeitet diesen Gedanken aus, indem er ihn vertieft; er identifiziert die christliche Gemeinde, das Neue Israel, mit dem „Leib Christi", wobei jeder Christ „in Christus" ist, ebenso wie Christus „in ihm" ist; siehe S. 297.

sten gemeinsam eingenommene Mahl eine Nachahmung des letzten Aktes Jesu; es war zugleich Erinnerung des Abendmahls und rituelle Wiederholung des freiwilligen Opfers des Erlösers.

Morphologisch betrachtet, erinnert die Eucharistie an die kultischen Liebesmahlzeiten, die in der mediterranen Welt der Antike, speziell in den Mysterienreligionen, praktiziert wurden [24]. Ihr Ziel war die Konsekration und somit das Heil der Teilnehmer mittels der Vereinigung mit einer Gottheit von mysteriosophischer Struktur. Die Konvergenz mit dem christlichen Ritus ist bedeutsam: Sie bringt die in der Zeit ziemlich geläufige Hoffnung auf eine Identifikation mit der Gottheit zum Ausdruck. Manche Autoren haben versucht, die Eucharistie durch Einflüsse orientalischer Erlösungsreligionen zu erklären, die Hypothese ist jedoch ohne Fundament (vgl. S. 297). Insofern das ursprüngliche Liebesmahl auf eine *imitatio Christi* zielte, stellte es virtuell ein Sakrament dar. Es sei schon jetzt gesagt, daß dieser zentrale Ritus – der wichtigste im christlichen Kult zusammen mit der Taufe – im Laufe der Jahrhunderte vielfältige, voneinander abweichende Theologien freigesetzt hat; noch in unseren Tagen trennt die Interpretation der Eucharistie den römischen Katholizismus von den reformatorischen Kirchen (vgl. Bd. III).

221. Die Entstehung der Kirche

Am Pfingsttag des Jahres 30 waren die Jünger Jesu alle versammelt. „Da entstand plötzlich vom Himmel her ein Brausen, wie von einem daherfahrenden gewaltigen Wind, und erfüllte das ganze Haus, in dem sie saßen. Und es erschienen ihnen Zungen wie von Feuer, die sich zerteilten, und je eine ließ sich auf jeden von ihnen nieder. Und alle wurden mit dem Heiligen Geist erfüllt und begannen, in anderen Sprachen zu reden..." (Apg 2, 2–4). Die Feuer-Epiphanien des göttlichen Geistes stellen ein in der Religionsgeschichte ziemlich bekanntes Thema dar: Man findet sie in Mesopotamien (§ 20), im Iran (§ 104), in Indien (Buddha, Mahāvīra usw.; § 152). Aber der Kontext von Pfingsten hebt auf ein näher bestimmtes Ziel ab: Der gewaltige Wind, die Feuerzungen und die Glossolalie erinnern an bestimmte jüdische Traditionen von der Theophanie am Sinai[25] (vgl. § 59). M.a.W.: Die Herabkunft des Heiligen Geistes wird als eine neue Offenbarung Gottes interpretiert, die in Analogie zu jener am Sinai steht. Am Pfingsttag entsteht die christliche Kirche. Erst nachdem sie den Heiligen Geist empfangen haben, beginnen die Apostel die Verkündigung des Evangeliums und vollbringen zahlreiche „Zeichen und Wunder" (Apg 2, 43).

An diesem Tag richtet Petrus an die Menge den ersten Aufruf zur Bekehrung. Er und seine Mitbrüder legen Zeugnis ab von der Auferstehung Jesu Christi:

---

[24] Siehe u. a. *A. D. Nock*, Early Gentile Christianity and its Hellenistic Background 73f, 138f.
[25] Die Quellen werden angeführt von *E. Trocmé*, Le livre des Actes et l'histoire 202f.

„Gott hat ihn auferweckt" (2, 24.32 usw.). Das Wunder wurde schon von David vorausgesagt (2, 31); die Auferstehung ist also das von den Propheten angekündigte eschatologische Ereignis (2, 17–21). Petrus verlangt von den Juden, daß sie Buße tun und „ein jeder sich taufen lasse auf den Namen Jesu Christi zur Vergebung der Sünden; dann werdet ihr die Gabe des Heiligen Geistes empfangen" (2, 38). Auf diese erste Rede hin, die zum exemplarischen Modell des *Kerygmas* (der christlichen „Verkündigung") wurde, erfolgten zahlreiche Bekehrungen (3000 nach Apg 2, 41). Bei einer anderen Gelegenheit (Petrus hatte gerade einen von Geburt an Lahmen geheilt; 3, 1–9) ermahnt er die Juden, zuzugeben, daß sie sich getäuscht haben – übrigens aus Unwissenheit heraus –, als sie Jesus verurteilt haben, und Buße zu tun, indem sie sich taufen lassen (3, 13–19).

Die Apostelgeschichte gewährt uns einen Einblick in das Leben der ersten christlichen Gemeinde von Jerusalem (die der Verfasser mit dem griechischen Wort *ekklesia* bezeichnet). Offensichtlich befolgen die Gläubigen weiterhin die traditionelle religiöse Disziplin (Beschneidung der männlichen Kinder, rituelle Reinigungen, Sabbatruhe, Gebete im Tempel). Aber sie versammeln sich häufig zur Unterweisung, zum Brotbrechen, zu Liebesmahlzeiten und Lobgebeten (2, 42.46). Die Apostelgeschichte, die zahlreiche Beispiele für Predigten an Ungläubige anführt, erzählt indessen nichts über die Unterweisung für die Gemeindemitglieder. Was die wirtschaftliche Organisation betrifft, führt die *Apostelgeschichte* aus, daß „alle Gläubigen alles miteinander gemeinsam hatten; sie verkauften ihren Besitz und ihre Habe und teilten den Erlös nach den Bedürfnissen eines jeden" (2, 44 f). Sie standen in der Erwartung des zweiten Kommens Christi.

Trotz ihrer strikten Beobachtung der mosaischen Bräuche erregten die Christen Jerusalems die Feindseligkeit der Hohenpriester und der Sadduzäer (4, 1–3). Petrus und Johannes wurden, als sie im Tempel predigten, festgenommen, vor das Synhedrium zitiert, dann aber freigelassen (4, 1–3). Ein anderes Mal werden alle Apostel festgenommen und dann vom Synhedrium freigelassen (5, 17–41). Später, wahrscheinlich im Jahre 43, wurde auf Befehl des Herodes Agrippa I., der sich der Unterstützung des Hauses Hannas' versichern wollte, einer der Apostel enthauptet (12, 1 ff). Die Haltung der Pharisäer war nuancierter. Gamaliel, der Lehrer des Saulus, verteidigt die Apostel vor dem Synhedrium. Die Pharisäer, die den Bekehrten des Jerusalemer Stammes (den „Hebräern") günstig gesonnen waren, standen den unter den Juden der Diaspora gewonnenen Proselyten (den „Hellenisten") jedoch feindlich gegenüber; sie warfen ihnen ihre Abwendung vom Tempel und vom Gesetz vor (6, 13 f). Aus diesem Grunde wurde im Jahre 36–37 Stephanus, der erste Martyrer des christlichen Glaubens, gesteinigt (7, 58–60). „Saulus aber stimmte seiner Ermordung zu" (8, 1). Am gleichen Tag wurden die „Hellenisten" aus Jerusalem vertrieben und zerstreuten sich über das Land Judäa und Samaria (8, 1). Von dieser Zeit an sind die Apostel und ihr Haupt Jakobus „der Herrenbruder" die Führer der Kirche von Jerusalem.

Es läßt sich jetzt schon eine gewisse Spannung zwischen den „Hebräern" und den „Hellenisten" ausmachen. Erstere sind konservativer und legalistischer trotz ihrer Erwartung der Parusie. Sie befolgen treu den jüdischen Kodex der rituellen Vorschriften und sind die Vertreter par excellence der mit dem Terminus Judenchristentum bezeichneten Bewegung[26]. Ihren strikten Gesetzesgehorsam weist Paulus zurück (vgl. S. 298). Tatsächlich ist ein rabbinischer Legalismus bei jenen, die die Auferstehung Christi verkündeten und Zeugnis davon ablegten, nur schwer zu begreifen. Die „Hellenisten" waren eine kleine Gruppe von Juden in Jerusalem, die sich zum Christentum bekehrt hatten. Der Tempelkult stand bei ihnen nicht hoch in Geltung. In seiner Rede ruft Stephanus aus: „Der Allerhöchste wohnt nicht in Gebäuden von Menschenhänden" (Apg 7, 48). Die Vertreibung der „Hellenisten" beschleunigt den Prozeß der Missionierung unter den Juden der Diaspora und, als Ausnahme, unter den Heiden in Antiochien (11, 19). In der Diaspora entwickelt sich die Christologie. Der Titel „Menschensohn" – der im Griechischen keinen Sinn mehr hat – wird ersetzt durch „Gottessohn" oder „Herr" *(Kyrios)*; der Terminus „Messias" wird ins Griechische übersetzt, *Christos*, und wird schließlich zum Eigennamen: Jesus Christus.

Sehr früh wendet sich die Mission den Heiden zu. In Antiochien in Syrien bildet sich die erste bedeutende Gemeinde von Bekehrten heidnischer Abstammung; hier wird die Bezeichnung „Christen" zum erstenmal verwendet (Apg 11, 26)[27]. Von Antiochien aus strahlt die christliche Mission in die hellenistische Welt hinein. Die Konfrontation einer jüdisch-messianischen Bewegung mit griechischer Religiosität und griechischem Denken wird für die Entwicklung des Christentums entscheidende Konsequenzen haben. Es ist das unschätzbare Verdienst des heiligen Paulus, die Problemlage richtig erfaßt und den Mut zu einem unermüdlichen Kampf für die Durchsetzung der Lösung gehabt zu haben, die er für die einzig richtige und stimmige hielt.

Geboren wahrscheinlich Anfang des 1. Jahrhunderts in Tarsus in Kilikien[28], kommt er nach Jerusalem, um bei Gamaliel, „dem beim ganzen Volke angesehenen Gesetzeslehrer" (Apg 5, 34), zu studieren. Er beschreibt sich selbst als „Hebräer, Sohn von Hebräern, dem Gesetze nach ein Pharisäer, dem Eifer nach ein Verfolger der Kirche" (Phil 3, 5f; vgl. Gal 1, 13f). Als er seinen antichristlichen Auftrag ausführte, erschien ihm Christus auf dem Weg nach Damaskus.

---

[26] Norman Perrin schreibt ihnen die Erzählstoffe und die Aussprüche Jesu zu, die in den Evangelien überliefert sind; die Judenchristen sind außerdem durch ihr Interesse für die Prophetie gekennzeichnet; vgl. *N. Perrin*, The New Testament 45f. Aber das Problem ist komplexer; vgl. *J. Daniélou*, Théologie du Judéo-Christianisme 17f; *M. Simon / A. Benoit*, Le Judaïsme et le Christianisme antique 258f.
[27] *E. Peterson* hat den politischen Klang des Namens „Anhänger von Chrestos" aufgezeigt; vgl. Frühkirche, Judentum und Gnosis 64ff. Sueton, der erste lateinische Schriftsteller, der die neue Sekte erwähnt, berichtet, daß Kaiser Claudius im Jahre 49 die Juden aus Rom vertrieb, weil „auf Betreiben des Chrestos" Unruhen erregten *(Judaei impulsore Chresto tumultuantes)*.
[28] Er fügt seinem biblischen Namen Saul den römischen Beinamen Paulus hinzu, da sein Vater römischer Bürger ist.

Als einziger von denen, die Jesus nicht gekannt haben, erhält er den Titel Apostel. Er ist ja in der Tat vom auferstandenen Christus bekehrt worden; das Evangelium, das er predigte, hatte er nicht von einem Menschen empfangen oder gelernt, „sondern durch eine Offenbarung Jesu Christi" (Gal 1, 11f; 1 Kor 2,16). Zum „Heidenapostel" geworden, unternimmt Paulus weite Missionsreisen durch Kleinasien, Zypern, Griechenland und Mazedonien. Er predigt in zahlreichen Städten, gründet Kirchen, hält sich lange in Korinth und in Rom auf. Von den Juden denunziert und in Jerusalem gefangengenommen, wird er nach zwei Jahren Gefängnis dem Gericht des Kaisers überstellt. In Rom lebte er zwei Jahre lang in überwachter Freiheit, doch die *Apostelgeschichte* bricht plötzlich ihren Bericht ab, und das Ende des Apostels kennt man nicht. Er starb als Martyrer in Rom zwischen 62 und 64.

Trotz der 15 Kapitel (von 28), die ihm die *Apostelgeschichte* widmet, trotz der 14 *Briefe*, die ihm zugeschrieben werden[29], bleibt unsere Kenntnis des Lebens, des Apostolats und des Denkens des heiligen Paulus fragmentarisch. Seine tiefe und persönliche Interpretation des Evangeliums wurde mündlich vorgetragen, und zwar wahrscheinlich auf unterschiedliche Weise vor Glaubenden und Ungläubigen. Die *Briefe* stellen keineswegs Kapitel einer systematischen Abhandlung dar. Sie führen aus, erhellen und präzisieren bestimmte Fragen der Lehre oder der Praxis – Fragen, die mit Sorgfalt in seiner Unterweisung erörtert werden, die aber von der Gemeinde nicht richtig verstanden wurden oder deren typisch paulinische Lösungen kritisiert, manchmal sogar von anderen Missionaren zurückgewiesen wurden. Dem muß man jedoch sofort hinzufügen, daß die *Briefe* das älteste und wichtigste Dokument der Urkirche darstellen; sie spiegeln die schwersten Krisen des entstehenden Christentums, aber auch den schöpferischen Wagemut des ersten christlichen Theologen wider.

222. Der Apostel der Heiden

Theologie und Kerygma des heiligen Paulus leiten sich her von seiner ekstatischen Erfahrung auf dem Weg nach Damaskus. Einerseits erkennt er im Auferstandenen[30] den Messias, den Sohn, von Gott gesandt, um die Menschen von der Sünde und vom Tod zu erlösen. Andererseits stellt die Bekehrung eine Beziehung mystischer Teilhabe an Christus her. Paulus interpretiert seine Erfahrung in Analogie zur Kreuzigung (Gal 2,19): Er besitzt nun „den Sinn Christi" (1 Kor 2,16) oder „den Geist Gottes" (7,40). Er zögert nicht zu verkünden: „Christus spricht in mir" (2 Kor 13,3; Röm 15,18). Er erwähnt eine mystische Entrückung „bis zum dritten Himmel" und die „Offenbarungen",

---

[29] Übereinstimmend wird die Echtheit von fünf oder sechs anerkannt, worunter die wichtigsten sind: *Römerbrief, 1. und 2. Korintherbrief, Galaterbrief.* Aber die übrigen Briefe bringen das gleiche paulinische Denken zum Ausdruck oder führen es weiter.
[30] Paulus ist der letzte gewesen, dem der auferstandene Christus erschien (1 Kor 15,8).

die er vom Herrn erhielt (2 Kor 12,1–4.7). Diese „Zeichen und Wunder" wurden ihm vom Geist Gottes gegeben, „um die Heiden zum Gehorsam zu führen" (Röm 15,18). Trotz dieser privilegierten Erfahrung nimmt Paulus keineswegs einen von den anderen verschiedenen Ausnahmestatus in Anspruch. Jeder Glaubende vollzieht die mystische Vereinigung mit Christus im Sakrament der Taufe. Denn „auf Jesus Christus getauft, sind wir alle auf seinen Tod getauft worden; wir sind durch die Taufe auf den Tod mit ihm begraben, damit, wie Christus durch die Herrlichkeit des Vaters von den Toten auferweckt wurde, so auch wir in einem neuen Leben wandeln" (Röm 6,3f). Durch die Taufe hat der Christ „Christus angezogen" (Gal 3,27); er ist Glied eines mystischen Leibes geworden. Getauft in *einem* Geist, „um *einen* Leib zu bilden, Juden und Griechen, Sklaven und Freie, sind wir alle mit *einem* Geist getränkt worden" (1 Kor 12,13).

Tod und Auferstehung durch Untertauchen in Wasser stellen ein wohlbekanntes mythisch-rituelles Szenarium dar, das zu einem überall bezeugten Wasser-Symbolismus gehört[31]. Aber Paulus verbindet das Sakrament der Taufe *mit einem kurz zuvor geschehenen historischen Ereignis: dem Tod und der Auferstehung Jesu Christi.* Außerdem verschafft die Taufe dem Gläubigen nicht nur neues Leben, sondern vollbringt seine Verwandlung in ein Glied des mystischen Leibes Christi. Eine solche Konzeption war für das traditionelle Judentum unvorstellbar. Sie unterscheidet sich einerseits von den zeitgenössischen Taufpraktiken, z. B. jener der Essener, bei denen die vielfältigen Waschungen wesentlich eine reinigende Funktion hatten (vgl. S. 303). Das Sakrament der Eucharistie ist dem Judentum ebenfalls fremd. Ebenso wie die Taufe nimmt die Eucharistie den Gläubigen in den mystischen Leib Christi, die Kirche, auf. Beim Kommunizieren der eucharistischen Gestalten empfängt er den Leib und das Blut des Herrn (1 Kor 10,16f; vgl. 11,27–29). Für Paulus ist das Heil gleichbedeutend mit der mystischen Identifikation mit Christus. Jene, die den Glauben haben, haben Jesus Christus in sich (2 Kor 13,5). Die Erlösung wird durch ein freies Geschenk Gottes vollzogen, insbesondere durch die Inkarnation, den Tod und die Auferstehung Jesu Christi.

Die grundlegende Bedeutung, die der heilige Paulus der Gnade beimißt (Röm 3,24; 6,14.23 usw.), entspringt wahrscheinlich seiner eigenen Erfahrung: Ungeachtet alles dessen, was er gedacht und getan hatte – bis hin zur Billigung der Steinigung des Stephanus –, hat Gott ihm das Heil geschenkt. Folglich ist es unnütz für den Juden, die rituellen und moralischen Vorschriften der Tora zu befolgen: Durch sich selbst kann der Mensch nicht das Heil erlangen. Genau genommen hat der Mensch infolge der Aufrichtung des Gesetzes Bewußtsein der Sünde erlangt; bevor er das Gesetz kannte, wußte er nicht, ob er Sünder war oder nicht (Röm 7,7ff). Unter dem Gesetz sein bedeutet „den Elementen der Welt untertan" (Gal 4,3) sein. Dies läuft auf die Aussage hinaus, daß „alle, die

---

[31] Vgl. Die Religionen und das Heilige, §§ 64ff; Ewige Bilder und Sinnbilder, Kap. 5.

nach dem Gesetz leben, unter dem Fluch stehen" (Gal 3, 10). Was die Heiden betrifft, so sind sie, obwohl sie Gott durch die Werke seiner Schöpfung erkennen könnten, „zu Toren geworden in ihrem Streben nach Weisheit" und sind in der Idolatrie versunken, der Quelle von Erniedrigung und Perversion (Röm 1, 20–32). Insgesamt also vollzieht sich für die Juden wie für die Heiden die Erlösung ausschließlich durch den Glauben und die Sakramente. Das Heil ist „Gottes Gnadengeschenk", „das ewige Leben in Christus Jesus, unserem Herrn" (Röm 6,23)[32].

Eine solche Theologie mußte Paulus in fatalen Gegensatz zu den Judenchristen von Jerusalem bringen. Letztere verlangten von den bekehrten Heiden die vorhergehende Beschneidung und untersagten ihnen die Anwesenheit bei den gemeinsamen Mahlzeiten und der Feier der Eucharistie. Nach einem Konflikt, von dem Paulus (Gal 2, 7–10) und die Apostelgeschichte (15) widersprüchliche Darstellungen geben, kommen die beiden Parteien bei einer Zusammenkunft in Jerusalem zu einer Kompromißlösung. Die bekehrten Heiden sind gehalten, sich lediglich „von Götzenopferfleisch, von Blut, von Ersticktem und von der Unzucht" (Apg 15, 29) zu enthalten. Es ist wahrscheinlich, daß diese Entscheidung in Paulus' Abwesenheit gefällt wurde. Der Heidenapostel hätte sie sicherlich nicht angenommen, denn sie hielt an der jüdischen Observanz teilweise fest. Jedenfalls bekräftigte die Versammlung von Jerusalem den unerwarteten Erfolg der christlichen Heidenmission – ein Erfolg, der zu dem in Palästina erlittenen halben Mißerfolg in Kontrast stand.

Aber Paulus wurde auch mit manchen Krisen konfrontiert, die seine eigenen Kirchen, die Gemeinden, die er gegründet hatte, bedrohten. In Korinth waren die Gläubigen geradezu begierig nach den vom Heiligen Geist geschenkten geistlichen Gaben oder „Charismen". Es handelt sich dabei übrigens um eine in der hellenistischen Welt recht verbreitete religiöse Praxis: das Verlangen nach *enthusiasmos*. Die „Charismen" umfaßten die Gabe der Heilung, die Macht, Wunder zu wirken, die Prophetie, die Glossolalie, die Gabe, Zungenreden auszulegen usw. (1 Kor 12,4ff). Berauscht von ihren Ekstasen und Fähigkeiten, meinten manche Gläubigen, den Besitz des Geistes und somit die Freiheit erlangt zu haben; sie glaubten, daß ihnen von nun an alles erlaubt sei (6, 12), selbst die Prostitution (6, 15f)[33]. Paulus erinnert sie daran, daß die Leiber „Glieder Christi sind" (6, 15). Er stellt außerdem eine Rangordnung der Charismen auf:

---

[32] Man sollte präzisieren, daß der *Römerbrief*, in dem die Gnadentheologie und die Soteriologie des Kreuzes entwickelt werden, die wichtigste Schrift des heiligen Paulus ist. Zahlreiche Theologen betrachten den *Römerbrief* als das wichtigste Buch des Neuen Testamentes überhaupt. Die Exegese dieses tiefen, gewagten und änigmatischen Textes hat viele Spekulationen angefacht und Krisen heraufbeschworen, die das Christentum seit 15 Jahrhunderten gespalten und zugleich erneuert haben. Eine der bedeutsamsten Theologien der Gegenwart wurde eingeleitet durch den berühmten Kommentar von Karl Barth (siehe Bd. III).

[33] Das Phänomen ist breit bezeugt in der indischen Religionsgeschichte (vgl. § 146) und im Gnostizismus (§ 230); man wird ihm auch in gewissen christlichen und islamischen Strömungen der Mystik begegnen (vgl. Bd. III).

Das wichtigste ist das des Apostels, dann jenes des Propheten, dann an dritter Stelle die Geistesgabe der *didaskaloi* oder Lehrer (12, 28; vgl. 14, 15). Kurzum: Paulus weist das Streben nach höheren Gaben nicht ab, aber er fügt hinzu: „Ich will euch einen Weg zeigen, der über alle hinausführt" (12, 31). Und es folgt das Hohelied der Liebe, einer der Gipfelpunkte paulinischen Denkens: „Wenn ich mit Menschen- und mit Engelszungen redete, habe aber die Liebe nicht, so bin ich ein tönendes Erz und eine gellende Schelle. Wenn ich die Prophetengabe hätte und alle Geheimnisse wüßte und alle Erkenntnis besäße, und wenn ich die Fülle des Glaubens hätte, so daß ich Berge zu versetzen vermöchte, habe aber die Liebe nicht, so bin ich nichts", usw. (13, 1–13).

Wahrscheinlich ließ Paulus das Streben nach Charismen zu, weil er die Notwendigkeit eingesehen hatte, die Botschaft des Evangeliums in die hellenistischen Kreisen vertraute religiöse Sprache zu übersetzen. Besser als jeder andere kannte er die Schwierigkeit, „Christus, den Gekreuzigten, den Juden ein Ärgernis, den Heiden eine Torheit" (1 Kor 1, 23), zu predigen. Die Auferstehung der Leiber, eine von der Mehrheit der Juden geteilte Glaubensvorstellung, schien den Griechen, die ausschließlich an der Unsterblichkeit der Seele interessiert waren, sinnlos[34]. Nicht weniger schwierig zu verstehen war die Hoffnung auf eine eschatologische Erneuerung der Welt; die Griechen suchten im Gegenteil möglichst sichere Mittel, um sich von der Materie zu befreien. Der Apostel versucht sich anzupassen. Je mehr er in die hellenistischen Kreise eindringt, desto weniger spricht er von der eschatologischen Erwartung. Man entdeckt außerdem recht bedeutsame Neuerungen. Er verwendet nicht nur häufig das hellenistische religiöse Vokabular *(gnosis, mysterion, sophia, kyrios, soter)*, sondern übernimmt auch bestimmte dem Judentum und Urchristentum fremde Auffassungen. So eignet sich Paulus beispielsweise die für den Gnostizismus grundlegende dualistische Idee vom „psychischen Menschen" an, der dem „geistigen Menschen" gegenüber- und untersteht[35]. Ein weiterer dualistischer Zug bringt Gott in einen Gegensatz zur Welt, die gegenwärtig von ihren „Fürsten" (1 Kor 2, 8), anders gesagt: von den „Elementen" (Gal 4, 3.9), beherrscht wird. Die paulinische Theologie bleibt indessen in ihrem Grunde biblisch. Er weist die Unterscheidung – auf der die Gnostiker insistieren – zwischen dem höheren Erlösergott und dem schlechten Demiurgen, der für die Schöpfung verantwortlich ist, zurück. Der Kosmos wird vom Bösen beherrscht infolge des

---

[34] Die Auferstehung des Erlösers bringt die Auferstehung der Christen (1 Kor 15, 12 ff). Paulus teilt auch die griechische Auffassung einer unmittelbar nach dem Tod zuteil werdenden Unsterblichkeit (Phil 1, 23; vgl. 2 Kor 5, 8). Doch die postmortale Existenz ist nicht völlig desinkarniert; der „geistige *(pneumatikos)* Leib" wird nach dem Tod weiterleben (oder – um seinen Ausdruck zu gebrauchen – „auferstehen"; 1 Kor 15, 44 ff). Die Lehre vom „geistigen Leib" ist in weiteren Traditionen bezeugt (Indien, Tibet usw.). Die Originalität des heiligen Paulus liegt darin, diese Lehre mit der Auferstehung verbunden zu haben; aber diese Lösung hat andere Probleme aufgeworfen.
[35] 1 Kor 2, 14 f. „Der erste Mensch ist aus Erde, ist irdisch; der zweite Mensch stammt aus dem Himmel" (15, 47).

Falls des Menschen, aber die Erlösung entspricht einer zweiten Schöpfung, und die Welt wird ihre ursprüngliche Vollkommenheit wiederfinden.

Die paulinische Christologie entwickelt sich von der Auferstehung her; dieses Ereignis offenbart die Natur Christi: er ist der Sohn Gottes, der Erlöser. Das christologische Drama erinnert an ein der Epoche wohlbekanntes soteriologisches Szenarium, dessen erste Ausdrucksformen jedoch sehr viel älter sind[36]: Der Erlöser steigt zum Wohl der Menschen vom Himmel auf die Erde herab und kehrt nach Vollendung seines Auftrags zum Himmel zurück.

In seinem ältesten Brief, dem *1. Thessalonicherbrief*, der 51 von Korinth aus geschrieben wurde, gibt Paulus ein „Wort des Herrn"[37] über die Parusie kund: „Er selbst, der Herr, wird bei dem Befehlsruf, wenn die Stimme des Erzengels und die Posaune Gottes erschallt, herniedersteigen vom Himmel, und die Toten in Christus werden zuerst auferstehen. Darauf werden wir, die noch leben und übriggeblieben sind, mit ihnen vereinigt und auf Wolken dem Herrn entgegen in die Luft entrückt werden. So werden wir immerdar mit dem Herrn sein" (4,16f). Sechs Jahre später, im Jahre 57, erinnert er die Römer daran, daß „das Heil uns viel näher ist als damals, da wir gläubig wurden. Die Nacht ist vorgerückt, der Tag hat sich genaht" (Röm 13,11f). Die Erwartung der Parusie darf jedoch nicht das Leben der christlichen Gemeinden in Unordnung bringen. Er insistiert auf der Notwendigkeit, zu arbeiten, um das Brot zu verdienen, das man ißt (2 Thess 3,8-10), und verlangt, die geltenden Gesetze zu respektieren, sich den Autoritäten unterzuordnen und Steuern und Abgaben zu bezahlen (Röm 13,1-7). Die Konsequenzen dieser ambivalenten Wertung der *Gegenwart* (während der Erwartung der Parusie nimmt die Geschichte ihren Fortgang und muß berücksichtigt werden) werden nicht lange auf sich warten lassen. Trotz der seit dem Ende des 1. Jahrhunderts vorgeschlagenen Lösungen läßt das Problem der *historischen Gegenwart* noch heute dem christlichen Denken keine Ruhe.

Die beträchtliche Autorität des heiligen Paulus in der Alten Kirche ist zum großen Teil das Ergebnis der Katastrophe, die das Judentum erschütterte und die Entwicklung der judenchristlichen Tendenz lähmte. Zu seinen Lebzeiten war die Bedeutung des Apostels recht bescheiden. Aber kurze Zeit nach seinem Tod bricht im Jahre 66 der Krieg der Juden gegen Rom aus; er endet im Jahre 70 mit dem Untergang Jerusalems und der Zerstörung des Tempels.

---

[36] Die archaischen Mythologien kennen mehrere Typen übernatürlicher Wesen (Gottessöhne, Demiurgen, Kulturheroen, messianische und millennaristische Gestalten usw.), die herabsteigen, um die Menschen zu belehren oder zu retten, und dann zum Himmel zurückkehren. Man entdeckt analoge Auffassungen in der hinduistischen *(avatar)* und buddhistischen Theologie (die Boddhisattvas).

[37] Vgl. 1 Kor 15, 51: „Ich werde euch ein Geheimnis sagen."

223. Die Essener in Qumran

Während des Krieges griff zu Beginn des Sommers 68 eine Abteilung der Armee Vespasians das mitten in der Wüste an den Ufern des Toten Meeres gelegene „Kloster" von Qumran an und zerstörte es. Wahrscheinlich wurden die Verteidiger umgebracht; aber unmittelbar vor dem Desaster hatten sie noch Zeit, eine beträchtliche Zahl von Manuskripten in großen Tonkrügen zu verbergen. Ihre Entdeckung zwischen 1947 und 1952 hat unsere Kenntnis der jüdischen apokalyptischen Bewegungen und der Ursprünge des Christentums erneuert. Die Gelehrten haben tatsächlich in der Klostergemeinschaft vom Toten Meer die geheimnisvolle Sekte der Essener identifiziert, die bis dahin nur aufgrund dürftiger Nachrichten von Flavius Josephus, Philo und Plinius dem Jüngeren bekannt waren[38]. Unter den bis heute entzifferten und herausgegebenen Manuskripten befinden sich neben Kommentaren zu etlichen Büchern des Alten Testamentes einige eigenständige Abhandlungen. Die wichtigsten seien genannt: die „Rolle des Krieges der Söhne des Lichts gegen die Söhne der Finsternis", die „Sektenregel", die „Hymnenrolle" und der „Habakuk-Kommentar".

Mit Hilfe dieser neuen Dokumente kann man die großen Linien der Geschichte der Sekte rekonstruieren. Ihre Ahnen waren die Chasidim, an deren religiöse Glut und deren Rolle im Makkabäer-Krieg man sich erinnert (vgl. § 202). Der Gründer der Gemeinschaft von Qumran, der von seinen Schülern „Lehrer der Gerechtigkeit" genannt wurde, war ein zadokidischer Priester, gehörte also der legitimen, ultraorthodoxen Priesterklasse an. Als Simon (142–134) zum „Fürsten und Hohenpriester auf immer" ausgerufen wurde und das Amt des Hohenpriesters unwiderruflich von den Zadokiden auf die Hasmonäer übertragen wurde, verließ der „Lehrer der Gerechtigkeit" mit einer Gruppe von Gläubigen Jerusalem und zog sich in die Wüste Juda zurück. Wahrscheinlich dürfte der in den Qumran-Texten mit Abscheu genannte „Frevelpriester" Simon sein; er hatte den „Lehrer der Gerechtigkeit" bis in sein Exil verfolgt und soll sogar einen Angriff auf Qumran geplant haben, als er vom Statthalter von Jericho ermordet wurde (1 Makk 16, 11 ff). Die näheren Umstände des Todes des „Lehrers der Gerechtigkeit" kennt man nicht[39]. Seine Schüler und Gläubigen verehrten ihn als den Gesandten Gottes. Wie Mose den Alten Bund möglich gemacht hatte, so hatte der „Lehrer der Gerechtigkeit" ihn erneuert; durch die Gründung von Qumran hatte er die messianische Ära antizipiert.

---

[38] Die Widersprüche zwischen den beiden Kategorien von Dokumenten – den Handschriften von Qumran und den Zeugnissen der klassischen Autoren – erklären sich einerseits aus der ungenügenden Informiertheit letzterer und andererseits aus der Komplexität dieser apokalyptischen Sekte. Die Gemeinschaft von Qumran stellt nicht den Essenismus in seiner Gesamtheit dar; es scheint sicher, daß essenische Kerngruppen in weiteren Gegenden Palästinas existierten.
[39] A. *Dupont-Sommer* – und ihm folgend weitere Forscher – beschuldigen den „Frevelpriester", seine Ermordung veranlaßt zu haben; vgl. Die essenischen Schriften 38 ff. Diese Untat ist in den Dokumenten jedoch nicht ausdrücklich bezeugt; siehe die Analyse der Texte bei F. M. *Cross*, Die antike Bibliothek von Qumran 150–153.

Seit der Veröffentlichung der ersten Texte haben die Spezialisten bedeutsame Analogien zwischen den Auffassungen und religiösen Praktiken der Essener und jenen des Urchristentums festgestellt. Aufgrund dieser neuen Dokumente kennt man nun die historische und geistige Umwelt (den „Sitz im Leben") einer jüdisch-apokalyptischen Sekte. Die essenischen Parallelen erhellen gewisse Aspekte der Verkündigung Jesu und zahlreiche von den Verfassern des Neuen Testamentes häufig gebrauchte Ausdrücke. Es gibt aber auch Unterschiede, und diese sind nicht weniger wichtig. Die Gemeinschaft von Qumran war streng monastisch; die ersten Christen lebten in der Welt, sie bildeten eine missionarische Gemeinschaft. Die beiden Sekten waren in gleicher Weise apokalyptisch und messianisch: Ebenso wie die Christen betrachteten sich die Essener als das Volk des Neuen Bundes. Aber sie erwarteten einen eschatologischen Propheten (der nach dem Neuen Testament in der Person Johannes' des Täufers schon gekommen war) und zwei Messiasgestalten: den Messias-Priester, der sie heiligen, und den Messias-König, der Israel in den Krieg gegen die Heiden führen sollte – einen Krieg, den Gott selbst siegreich beenden würde. Die „Rolle des Krieges der Söhne des Lichts gegen die Söhne der Finsternis" stellt ja den Schlachtplan für diesen eschatologischen Weltbrand dar. Auf eine Mobilmachung von 6 Jahren werden 29 Jahre Krieg folgen. Die Armee der Söhne des Lichts wird aus 28 000 Infanteriekämpfern und 6000 Reitern bestehen, die durch eine große Zahl von Engeln verstärkt werden[40]. Auch die Christen erhofften ein zweites Kommen Christi in Herrlichkeit, als Richter und Erlöser der Welt; aber der Lehre Jesu folgend, teilten sie nicht die Ideologie des Heiligen Krieges.

Für Essener wie Christen wird der Messias am Ende der Zeit erscheinen und ein ewiges Reich in Besitz nehmen. In beiden messianischen Lehren existieren priesterliche, königliche und prophetische Elemente nebeneinander. In der Qumran-Literatur indessen ist die Konzeption eines präexistenten Messias (des Zweiten Adam, des Menschensohnes) nicht bezeugt; außerdem ist der Messias noch nicht zum himmlischen Erlöser geworden, und die beiden Messiasgestalten sind noch nicht zu einer einzigen verschmolzen wie in der Christologie der Urkirche[41]. Als eschatologische Gestalt wird der „Lehrer der Gerechtigkeit" die Neue Zeit errichten. Seine Schüler messen ihm einen messianischen Rang bei: jenen des Lehrers, der den wahren, esoterischen Sinn der Schriften enthüllt und außerdem mit prophetischen Kräften ausgestattet ist. Manche Texte geben zu erkennen, daß der Lehrer am Ende der Tage auferstehen wird[42]. Ein Experte,

---

[40] Siehe *Y. Yadin*, The Scroll of the War of the Sons of Light against the Sons of Darkness; *A. Dupont-Sommer*, a.a.O. 180ff.

[41] *F. M. Cross*, a.a.O. 199f. Der *Hebräerbrief* stellt Jesus vor als einen zugleich priesterlichen und königlichen Messias nach „der Ordnung Melchisedeks" (6. 20; 7, 1-25 usw.). Cross vermutet darin das Bemühen, die Christologie an die messianischen Erwartungen der Essener anzupassen oder, genauer, in *einer* Gestalt die Erfüllung aller messianischen Sehnsüchte vorzustellen (a.a.O. 199).

[42] Der wichtigste und am meisten erörterte ist eine Passage von der „Damaskusschrift", die *Numeri* 21,18 kommentiert; siehe die Übersetzungen und Analysen bei *A. Dupont-Sommer*, a.a.O. 143ff und *F. M. Cross*, a.a.O. 143ff.

F. M. Cross jr., meint: „Haben die Essener wirklich mit der Wiederkunft ihres Lehrers als priesterlicher Messias gerechnet, so haben sie dieser Hoffnung höchst unzureichend Ausdruck verliehen" (207); dies kontrastiert mit dem Nachdruck, mit dem das Neue Testament diesen Gedanken entwickelt.

Die Organisation und die rituellen Systeme der beiden apokalyptischen Sekten zeigen erstaunliche Ähnlichkeiten, aber man stellt auch gewisse, nicht weniger wichtige Unterschiede fest. Die Essener waren zugleich Priester- und Laiengemeinschaft. Die religiöse Tätigkeit (Unterweisung, Kult, Exegese) wurde von einem erblichen Priestertum geleitet; die Laien hatten die Verantwortung für die materiellen Ressourcen. Die Führungsgruppe nannte sich *rabbîm* (wörtlich die „Vielen") – ein Terminus, den man im Neuen Testament wiederfindet (die „Versammlung", die ihre Vorsteher wählt; vgl. Apg 15, 12). Zwölf Laien und drei Priester bildeten den inneren Kreis. Das höchste Amt war das des „Aufsehers" *(mebäqqêr);* dieser oberste Führer sollte sich wie ein „Hirt" verhalten *(Damaskusschrift* 13, 7–9). Seine Funktion erinnert an die des „Hirten" oder *episkopos* bei den Christen.

In Qumran gab es nach der Initiationstaufe, die den Neophyten in die Gemeinschaft eingliederte, noch jährliche rituelle Reinigungen. Wie das „Brotbrechen" von den Christen, so wurde von den Essenern ihr gemeinsames Mahl als Antizipation des messianischen Festmahls verstanden[43]. Viele Mitglieder der Gemeinschaft verzichteten auf die Ehe, denn sie betrachteten sich alle als Soldaten im Heiligen Krieg. Es handelte sich nicht um eine wirkliche asketische Haltung, sondern um eine vorübergehende, durch das unmittelbar bevorstehende *eschaton* auferlegte Askese[44]. Man muß noch einen weiteren Punkt der Ähnlichkeit unterstreichen: die ähnliche hermeneutische Methode der essenischen Exegeten und der Autoren des Neuen Testaments, die ohne Analogien im rabbinischen Judentum und auch bei Philon ist. Indem sie ein spezifisches Vorgehen *(pescher)* anwandten, entdeckten die Essener in den Prophezeiungen des Alten Testamentes genaue Hinweise auf die Geschichte ihrer eigenen Zeit und folglich Vorhersagen, die unmittelbar bevorstehende Ereignisse betrafen. Wer Zugang zur „Erkenntnis" hatte, d.h., wer in die vom „Lehrer der Gerechtigkeit" geoffenbarte apokalyptische Gnosis eingeweiht war, wußte, daß der letzte Krieg vor seinem Ausbruch stand. Übrigens schätzte die gesamte jüdische apokalyptische Literatur, wie wir gesehen haben (§ 202), das esoterische Wissen sehr hoch. Ebenso maßen die Christen, vor allem von der zweiten Generation an, der Gnosis einen besonderen Wert bei; sie waren voller Ungeduld, die Vorzeichen der Parusie zu entziffern. Für die Essener war die religiöse Erkenntnis vor allem geoffenbarte Erkenntnis, und zwar eschatologischen Charakters. Man hat eine parallele Auffassung in den Paulusbriefen und im Mattäus- und Johannesevan-

---

[43] Vgl. die von *Cross* 91–96, 211f angeführten und kommentierten Texte.
[44] Die Texte werden von *Cross* 100–104, 214 analysiert. Vgl. 1 Kor 7, 29–31: „Die Zeit ist knapp bemessen... Mögen die, welche Frauen haben, so leben, als hätten sie keine..."

gelium festgestellt. Die Unterweisung auf einer höheren Stufe und sogar die Sakramente der Gemeinschaft wurden als esoterisch betrachtet. Denn das Reich Gottes ist nicht dem „Fleisch", sondern nur dem „Geist" zugänglich[45]. Kurzum, bei den Juden wie bei den Christen sind geheime Gnosis und Esoterik Teil der apokalyptischen „Methode". Nach der Zerstörung Qumrans und der Zerstreuung der Essener haben sich wahrscheinlich manche, die entkamen, christlichen Kreisen Palästinas angeschlossen. Jedenfalls haben sich die apokalyptisch-esoterischen Traditionen im Christentum der beiden ersten Jahrhunderte gehalten und haben gewisse gnostische Tendenzen gefördert (vgl. § 228).

Die Analogien zwischen der theologischen Sprache der Essener und jener des Johannesevangeliums sind ebenfalls bemerkenswert. Man findet in den Qumran-Texten zahlreiche spezifisch johanneische Ausdrücke, wie z. B. „Licht des Lebens" (8, 12), „Kinder des Lichts" (12, 36), „wer die Wahrheit tut, kommt zum Licht" (3, 21), „Geist der Wahrheit und Geist des Trugs" (1 Joh 4, 6)[46]. Nach der Lehre der Essener ist die Welt das Schlachtfeld zwischen zwei Geistern, die Gott im Anfang schuf: dem Geist der Wahrheit (auch: „Fürst des Lichts" und „Engel der Wahrheit" genannt) und dem Geist des Frevels oder der Schlechtigkeit; dieser letztere ist niemand anders als Belial, der „Fürst der Finsternis", Satan. Der Krieg zwischen diesen beiden Geistern und ihren geistigen Schlachtreihen spielt sich sowohl zwischen den Menschen wie im Herzen eines jeden „Sohns des Lichts" ab (*Sektenregel* 4, 23–26). Man hat das essenische eschatologische Szenarium mit gewissen johanneischen Texten verglichen. Die *Sektenregel* (3, 17–23) erinnert daran, daß über die Söhne der Gerechtigkeit, obwohl sie vom Fürsten des Lichts geführt werden, manchmal durch den Engel der Finsternis Verwirrung kommt. In entsprechender Weise spricht der *1. Johannesbrief* von den „Kindern Gottes" und den „Kindern des Teufels" und ermahnt die Gläubigen, sich nicht vom Teufel verführen zu lassen (3, 7–10; 4, 1–6). Aber während die Essener in der Erwartung des eschatologischen Krieges stehen, ist in der johanneischen Literatur trotz der Tatsache, daß der Kampf noch andauert, die Krise schon überwunden, denn Jesus Christus hat schon über das Böse triumphiert.

Auf eine weitere Differenz ist hinzuweisen: In der johanneischen Literatur wird der Geist gewöhnlich als der Geist Gottes oder Christi verstanden (1 Joh 4, 13); in der Sektenregel erweist sich der Fürst des Lichts oder der Geist der

---

[45] Vgl. Joh 3, 5: „Wer nicht aus Wasser und Geist geboren wird, kann nicht in das Reich Gottes eingehen." Für den esoterischen Charakter des „Wissens" (= Gnosis) in der Literatur von Qumran und im Neuen Testament siehe *F. Nötscher*, Zur theologischen Terminologie der Qumranischen Texte 15 f; *W. D. Davies*, „Knowledge" in the Dead Sea Scrolls and Mt 11, 25–30; *J. Jeremias*, Die Abendmahlsworte Jesu 58 f; *K. G. Kuhn*, Die Sektenschrift und die iranische Religion, bes. 299 f.
[46] Die Äquivalente in den Qumran-Texten werden zitiert von *Cross* 188, Anm. 13–17. Der Dualismus Licht-Finsternis oder vor allem die Verherrlichung des Lichts als Epiphanie par excellence des Geistes zeigen den Einfluß iranischer Ideen an. Aber man darf nicht vergessen, daß sich im Alten Testament und in anderen semitischen Religionen eine ähnliche Bildwelt findet; vgl. *M. Eliade*, Méphistophélès et l'Androgyne 64 f.

Wahrheit als Helfer der Söhne des Lichts. Dennoch scheint die von Johannes erwähnte Gestalt des Parakleten (14, 17; 15, 26; 16, 13 usw.) aus einer der qumranischen ähnlichen Theologie zu stammen. Christus verheißt, ihn zu senden, damit er für die Gläubigen Zeugnis ablege und Fürbitte leiste, aber der Paraklet wird nicht in eigenem Namen sprechen. Eine solche Funktion, die man vom Heiligen Geist nicht erwartete, war den Exegeten immer rätselhaft gewesen. Die Texte von Qumran erlauben uns nun, den Ursprung der Parakletengestalt zu verstehen. Morphologisch gesehen, ist er identisch mit einer Gestalt aus dem himmlischen Hofstaat Jahwes, nämlich mit dem Engel oder Gottesboten[47]. Aber die iranischen Einflüsse, in erster Linie der religiöse Dualismus und die Angelologie, haben die beiden Engel des Hofstaats Jahwes (vgl. § 203) in die Inkarnation zweier entgegengesetzter Prinzipien verwandelt: Gut – Böse, Wahrheit – Trug, Licht – Finsternis. Die Essener ebenso wie der Verfasser des johanneischen Corpus teilten diese synkretistische, stark vom iranischen Dualismus beeinflußte palästinensische Theologie und Eschatologie.

Trotz der genannten zahlreichen Ähnlichkeiten zeigen der Essenismus und das Urchristentum unterschiedliche Strukturen und verfolgen divergierende Ziele. Die essenische Eschatologie leitet sich von der priesterlichen Tradition ab; die christliche Eschatologie ist im Prophetismus des Alten Testamentes verwurzelt. Die Essener bewahrten und verstärkten das priesterliche Absonderungsbestreben; die Christen bemühten sich hingegen, alle sozialen Schichten zu erreichen. Die Essener schlossen von ihrem messianischen Mahl alle aus, die unrein waren und an körperlichen oder seelischen Gebrechen litten; für die Christen ist eines der Zeichen des Gottesreiches gerade, daß die Kranken geheilt (die Blinden sehen, die Stummen sprechen usw.) und die Toten lebendig werden. Die Auferstehung Jesu und die Gabe des Heiligen Geistes, die geistliche Freiheit, die die Disziplin des Gesetzes ablöste, stellen letztlich das zentrale „Ereignis" dar, das die beiden messianischen Gemeinschaften unterscheidet[48].

224. Die Zerstörung des Tempels; die Verzögerung der Parusie

Da sich die Judenchristen weigerten, am messianischen Krieg gegen die Römer teilzunehmen, wurde ein Teil von ihnen im Jahre 66 nach Pella im Transjordanland evakuiert; andere flüchteten in die Städte Syriens und Kleinasiens und nach Alexandria. Die Bedeutung der Weigerung entgeht den Aufständischen nicht: Die Christen[49] kündigen die Solidarität mit dem nationalen Geschick Israels auf *(Eusebius,* Kirchengeschichte III, 5, 3). Das Ereignis markiert den Bruch der Kirche mit dem Judentum. Aufgrund einer ähnlichen Handlungsweise wird jedoch das Judentum überleben. Der wichtigste religiöse Führer des Jahr-

---
[47] *F. M. Cross,* a.a.O. 194, Anm. 34, erinnert an den kanaanäischen Prototyp des Engelsboten.
[48] *Cross* 216ff.
[49] Vier Jahre zuvor, im Jahre 62, war Jakobus, das Haupt der judenchristlichen Gemeinde in Jerusalem, als Martyrer gestorben.

hunderts, R. Jochanan ben Zakkai, der sich dem bewaffneten Aufstand heftig widersetzt hatte, wurde während der Belagerung in einem Sarg aus der Stadt gebracht. Wenige Zeit später erhielt er von Titus die Erlaubnis, in Jabne, einem Dorf in der Nähe von Jaffa, eine Elementarschule zu errichten. Dank dieser Schule werden die geistigen Werte des jüdischen Volkes, das in nationaler Hinsicht besiegt und vom Untergang bedroht ist, gerettet werden.

Der Untergang der Heiligen Stadt und die Zerstörung des Tempels haben die religiöse Ausrichtung der Juden wie der Christen schlagartig verändert. Für erstere stellte die Zerstörung des Tempels ein noch schwierigeres Problem dar als jenes, dem ihre Vorfahren sechs Jahrhunderte zuvor gegenüberstanden. Denn die Propheten hatten, indem sie die Katastrophe vorhersagten, zugleich deren Grund freigelegt: Jahwe schickte sich an, sein Volk für seine unzähligen Treulosigkeiten zu strafen. Dagegen hatten dieses Mal die Apokalypsen den Endsieg Gottes im eschatologischen Kampf gegen die Kräfte des Bösen als sicher verkündet. Die Antwort auf diese unerwartete und unverstehbare Katastrophe wurde in Jabne gegeben: Das Judentum wird fortdauern, aber „reformiert", d. h. ohne die vergeblichen apokalyptischen Hoffnungen und Messianismen und ausschließlich der Lehre der Pharisäer folgend (vgl. § 204). Die Konsequenzen dieser Entscheidung waren zunächst die Stärkung des Gesetzes und der Synagoge, die Aufwertung der *Mischna* und schließlich der Talmud. Aber die zweite Zerstörung des Tempels prägte die Entwicklung des Judentums grundlegend; da man ihnen ihr Heiligtum, den einzigen Ort, wo der *Kult* vollzogen werden konnte, weggenommen hatte, waren die Gläubigen auf *Gebete* und religiöse *Unterweisung* angewiesen[50].

Während des Krieges vollzog sich auch bei den Christen ein Wiederaufleben des apokalyptischen Enthusiasmus, nämlich der Hoffnung, daß Gott mit seinem Eingreifen nicht zögern werde, und zwar gerade durch die Beschleunigung der zweiten Ankunft Christi. Das Markusevangelium spiegelt diese eschatologische Hoffnung wider und führt sie weiter[51]. Aber die Verzögerung der Parusie warf bedrängende Fragen auf. Im wesentlichen lassen sich die Antworten, die darauf gegeben wurden, in drei Kategorien klassifizieren: 1. behauptet man noch stärker das unmittelbare Bevorstehen der Parusie (z. B. *2. Petrusbrief*); 2. wird die Parusie in eine fernere Zukunft verlegt und eine theologische Rechtfertigung dieser verlängerten Zwischenzeit geboten: sie ist die für die Missionstätigkeit der Kirche bestimmte Periode (z. B. Mattäus- und Lukasevangelium); 3. die Parusie hat schon stattgefunden, denn die Kreuzigung und Auferstehung Jesu stellen in Wahrheit das „Endereignis" *(eschaton)* dar, und das „neue Leben" ist den Christen schon zugänglich (z. B. Johannesevangelium)[52].

---

[50] Vgl. *Judah Goldin*, On change and adaptation in Judaism 290f.
[51] Nach der Katastrophe von 70 beginnen die Christen, die Jerusalemer Traditionen über das Leben, das Wirken, den Tod und die Auferstehung Jesu zu sammeln und schriftlich festzuhalten; dies sind die ersten Evangelien.
[52] Vgl. *N. Perrin*, Introduction 41.

Diese dritte Erklärung wird sich schließlich durchsetzen. Sie liegt im übrigen auf der Linie der Paradoxien, denen sich schon die ersten Gläubigen gegenübersahen: Jesus, der Messias, unterschied sich in Wirklichkeit keineswegs von den übrigen Menschen; obwohl er Gottes Sohn war, wurde er erniedrigt und starb am Kreuz. Aber die Auferstehung bestätigte seine Gottheit. Und dennoch wurde dieser offenkundige Beweis nicht allgemein angenommen. (Für die Mehrheit der Juden implizierte die Ankunft des Messias notwendigerweise die nationale Befreiung und die *offensichtliche* Verwandlung der Welt.) So erwartete man nun denn die Parusie, damit die Bekehrung der Ungläubigen beschleunigt würde. Der Verfasser des Johannesevangeliums und sein Kreis von Gläubigen antworten in gewagter Weise auf das Ausbleiben der Parusie. Das Reich Gottes ist schon errichtet; es ist nur nicht automatisch und allgemein *offenbar*, genau wie der in der historischen Person Jesu inkarnierte Messias der Mehrheit der Juden nicht als solcher gegolten hat – und die Gottheit Christi den Ungläubigen immer noch nicht offenbar ist. Aufs Ganze gesehen handelt es sich um einen in der gesamten Religionsgeschichte immer gleichen, wohlbekannten dialektischen Vorgang: Die Epiphanie des Heiligen in einem profanen Gegenstand ist zugleich ein Verbergen, denn das Heilige ist nicht allen, die dem Gegenstand begegnen, in dem es sich manifestiert hat, *evident*. Im vorliegenden Fall hat sich das Heilige – das Reich Gottes – in einer historisch genau umschriebenen menschlichen Gemeinschaft, der Kirche, manifestiert.

Diese Neubewertung der Parusie eröffnet der religiösen Erfahrung und der theologischen Spekulation zahlreiche Möglichkeiten. Anstelle des vertrauten Szenariums – die Parusie als konkrete und eklatante Manifestation des Triumphes Gottes, die in der Vernichtung des Bösen und dem Ende der Geschichte ihre Bestätigung findet – taucht die Überzeugung auf, daß das geistliche Leben *in dieser Welt* sich fortschreitend zu vervollkommnen vermag und daß die Geschichte verwandelt werden kann, anders gesagt, daß die historische Existenz zur Vollkommenheit und Glückseligkeit des Reiches Gottes gelangen kann. Gewiß wird das Reich in erster Linie den Gläubigen „evident" sein, aber die christliche Gemeinde insgesamt kann nur exemplarisches Modell eines geheiligten Lebens und folglich Anstoß zur Bekehrung sein. Diese Neuinterpretation der Dialektik des Heiligen, die mit der Identifikation des Gottesreiches mit der Kirche eingeleitet wurde, setzt sich noch bis in unsere Tage fort. Auf paradoxe Weise manifestiert sie sich vor allem in den vielfältigen „Entsakralisierungen" (Entmythologisierung der Evangelien und der Tradition, Banalisierung der Liturgie, Simplifizierung des sakramentalen Lebens, antimystische Tendenzen und Abwertung des religiösen Symbolismus, ausschließliches Interesse für die ethischen Werte und die soziale Funktion der Kirchen usw.) – „Entsakralisierungen" also, die sich in der christlichen Welt unserer Tage vollziehen (vgl. Bd. III).

NEUNUNDZWANZIGSTES KAPITEL

Heidentum, Christentum und Gnosis in der Kaiserzeit

225. Jam redit et Virgo...

Während der Kult der Großen Mutter Kybele unter dem Patronat der römischen Aristokratie stand (vgl. S. 121), wurde der Erfolg der anderen orientalischen Religionen, die später eingeführt wurden, vom städtischen Proletariat und von den zahlreichen in Rom ansässigen Fremden getragen. Während der beiden letzten Jahrhunderte der Republik hatte die traditionelle Religion – d. h. die öffentlichen Kulte – nach und nach ihren Einfluß verloren. Manche priesterlichen Funktionen (z. B. der *flamen Dialis*) und eine Reihe von Sodalitäten kamen außer Gebrauch. Wie auch überall sonst in hellenistischer Zeit breitete sich die Religiosität unter dem Zeichen der Göttin *Fortuna (Tyche)* und des astralen Fatalismus (§ 205) aus. Die Magie und die Astrologie zogen nicht nur die Massen an, sondern auch manche Philosophen (die Stoiker sahen die Astrologie als gesichert an). Während der Bürgerkriege zirkulierte eine große Zahl von Apokalypsen orientalischer Provenienz; jene, die unter dem Namen *Sibyllinische Orakel* bekannt waren, kündigten den nahen Niedergang der römischen Macht an. Außerdem schien der alte quälende Gedanke vom Ende Roms[1] diesmal durch die blutigen Ereignisse der zeitgenössischen Geschichte seine Bestätigung zu finden. Horaz verhehlte nicht seine Befürchtungen um das künftige Schicksal der Stadt *(Epode 16)*.

---

[1] „In allen geschichtlichen Krisen haben zwei Untergangsmythen das römische Volk geängstigt: 1. Das Leben der Stadt ist beendet, da seine Dauer auf eine bestimmte Anzahl von Jahren begrenzt ist (die ‚mystische Zahl', die sich dem Romulus durch die von ihm erblickten zwölf Adler offenbarte). 2. Das ‚Große Jahr' wird der ganzen Geschichte, also auch der Roms, durch die allgemeine *ekpyrosis* ein Ende bringen. Die Geschichte Roms hat es selbst übernommen, diese Befürchtungen bis zu einem recht fortgeschrittenen Zeitpunkt zu entkräften. Denn 120 Jahre nach der Gründung Roms begriff man, daß die zwölf von Romulus erblickten Adler nicht eine Lebensdauer von 120 Jahren für die Stadt bedeuteten, wie es viele gefürchtet hatten. Am Ende von 365 Jahren konnte man feststellen, daß es sich auch nicht um ein ‚Großes Jahr' handelte, in dem jedes Jahr der Stadt einem Tag entsprochen hätte. Und man vermutete, das Schicksal gestehe Rom eine andere Art ‚Großes Jahr' zu, nämlich eines, das sich aus zwölf Monaten zu je hundert Jahren zusammensetzte" (Kosmos und Geschichte 111).

Jam redit et virgo...

Als Caesar den Rubikon überschritt, kündigte der Neupythagoreer Nigidius Figulus den Beginn eines kosmisch-historischen Dramas an, das der Stadt Rom und gar dem Menschengeschlecht ein Ende bereiten würde *(Lucanus, Pharsalia 639, 642–45)*. Aber die Regierung des Augustus, die auf die langen und blutigen Bürgerkriege folgte, schien eine *pax aeterna* aufzurichten. Die durch die beiden Mythen – vom „Alter" Roms und vom Großen Jahr – hervorgerufenen Befürchtungen erwiesen sich als grundlos. Denn einerseits hatte Augustus Rom von neuem gegründet, und folglich brauchte man um seinen Bestand nicht mehr zu fürchten, und andererseits hatte sich der Übergang vom Eisernen zum Goldenen Zeitalter ohne kosmische Katastrophe vollzogen. So ersetzte Vergil das letzte *saeculum*, das der Sonne – durch das der Weltenbrand ausgelöst werden sollte –, durch das Jahrhundert Apollons; so vermied er die *ekpyrosis* und betrachtete die Bürgerkriege geradezu als Zeichen des Übergangs vom Eisernen zum Goldenen Zeitalter. Später, als die Regierungszeit des Augustus wirklich das Goldene Zeitalter heraufgeführt zu haben schien, bemühte sich Vergil, die Römer hinsichtlich der Dauer ihrer Stadt zu beruhigen. In der *Aeneis* (1, 255f) wendet sich Jupiter an Venus und versichert ihr, er werde den Römern keinerlei räumliche oder zeitliche Begrenzung auferlegen: „Das Reich ohne Ende habe ich ihnen gegeben" *(imperium sine fine dedi)*. Nach der Veröffentlichung der *Aeneis* wurde Rom die *urbs aeterna* genannt und Augustus als zweiter Gründer der Stadt proklamiert. Sein Geburtsdatum, der 23. September, wurde angesehen als „Ausgangspunkt des Alls, dessen Existenz Augustus gerettet und dessen Gesicht er verändert hat"[2]. Damals verbreitete sich die Hoffnung, Rom könne sich *ad infinitum* periodisch erneuern. So vermöchte Rom, befreit von den Mythen, von den zwölf Adlern und der *ekpyrosis*, sich auszubreiten, wie Vergil verkündet *(Aeneis* 6, 798), bis in die Regionen, „die jenseits der Wege der Sonne und des Jahres liegen" *(extra anni solisque vias)*.

Wir haben es hier mit einer äußersten Anstrengung zu tun, die Geschichte vom *astralen Schicksal* oder dem *Gesetz der kosmischen Zyklen* zu befreien und über den Mythos von der ewigen Erneuerung Roms den archaischen Mythos von der *jährlichen Erneuerung* des Kosmos mittels seiner *periodischen Neuschöpfung* (durch die Opferer oder durch den Herrscher) wiederzufinden. Es ist zugleich der Versuch, *der Geschichte kosmische Valenz zu verleihen*, d. h. die geschichtlichen Ereignisse und Katastrophen als wirkliche *kosmische Brände* oder *Auflösungen* zu betrachten, die periodisch dem Universum ein Ende bereiten müssen, um seine Erneuerung zu ermöglichen. Die Kriege, die Zerstörungen, die von der Geschichte hervorgerufenen Leiden sind nicht mehr nur *Vorzeichen* des Übergangs von einem kosmischen Zeitalter zu einem anderen, *sondern machen selbst schon diesen Übergang aus*. So erneuert sich die Geschichte in jeder Friedensepoche, und folglich beginnt auch eine neue Welt;

---

[2] *J. Carcopino*, Virgile et le mystère de la IVe églogue 200.

letztlich *wiederholt* der Herrscher (wie das Beispiel des Mythos, der sich um Augustus gebildet hat, zeigt) die *Schöpfung des Kosmos*[3].

In der 4. *Ekloge* kündigt Vergil an, daß das Goldene Zeitalter im Konsulat des Asinius Pollio (um 40, d. h. vor dem endgültigen Sieg des Oktavianus) wiederbeginnt. „Neu entspringt jetzt frischer Geschlechter erhabene Ordnung *(magnus ab integro saeclorum nascitur ordo)*. Schon kehrt wieder die Jungfrau *(iam redit et Virgo)*, Saturn hat wieder die Herrschaft" (dt. Übers. v. Th. Haecker). Ein „goldenes Geschlecht" erhebt sich überall in der Welt, und Apollon ist sein Herr (5–10). Vergil verbindet all diese die Wiederkehr des Goldenen Zeitalters anzeigenden Zeichen mit der Geburt eines Kindes, dessen Identität man nicht kennt, in dem jedoch viele Gelehrte den Sohn Pollios sehen. Über die Bedeutung dieses inspirierten, änigmatischen Gedichts hat man lange diskutiert und tut es noch. Für unsere Absicht genügt es, die visionäre Kraft Vergils zu unterstreichen: Als wahrer *vates* hat er den sowohl kosmischen wie religiösen Kontext des Endes der Bürgerkriege erfaßt und die eschatologische Funktion des mit Oktavianus Augustus' Sieg eingetretenen Friedens erspürt.

Die Regierungszeit des Augustus bringt in der Tat eine schöpferische Renaissance der traditionellen römischen Religion[4]. Nach Sueton (Aug. 90–92) verhielt sich Augustus wie ein echter Römer von ehedem, indem er auf Träume und andere warnende Zeichen achtete, die Kundgebungen der Götter befolgte, Göttern und Menschen gegenüber *pietas* übte. „Diese *religio* – und nicht stoische Theologie – haben auch sonst entscheidende Handlungen des Kaisers diktiert... In *pietas* und *religio* wird die religiöse Haltung, werden die Ideale der römischen Vergangenheit bewußt aufgenommen und erneuert."[5] Augustus verfügt die Wiederherstellung der in Trümmer liegenden Heiligtümer und erbaut eine große Zahl neuer Tempel. Er stellt die Priesterämter wieder her, die lange Zeit unbesetzt geblieben waren (z. B. den Posten des *flamen Dialis*), und erweckt ehrwürdige Sodalitäten wie jene der Titii, der Luperci und der Arvales zu neuem Leben. Die Zeitgenossen zweifelten nicht an der Echtheit der Veränderung. „Im Liede des Dichters wie in öffentlicher Begehung wurde diese Ankunft der neuen Zeit gefeiert" *(Altheim,* a.a.O. 217). Und die Kunstwerke des Jahrhunderts des Augustus bezeugen augenscheinlich die Erneuerung der religiösen Erfahrung und Denkweise.

Die Geschichte übernahm es, sobald Augustus gestorben war, das „Goldene Zeitalter" Lügen zu strafen, und die Römer begannen wieder, in der Erwartung einer drohenden Katastrophe zu leben. Aber das Jahrhundert des Augustus ist das exemplarische Vorbild für die Zivilisation des christlichen Abendlandes ge-

---

[3] Kosmos und Geschichte 112f.
[4] Es ist das Verdienst von *Franz Altheim,* die religiöse Authentizität der Reformen Augustus' betont zu haben; vgl. Römische Religionsgeschichte II, 214ff. Die folgenden Seiten verdanken viel seinen Analysen.
[5] *F. Altheim,* Römische Religionsgeschichte II, 220.

blieben. Außerdem haben Vergil und teilweise auch Cicero die Theologie der Literatur und im allgemeinen die Theologie der Kultur inspiriert, die für das Mittelalter spezifisch ist und sich in der Renaissance fortgesetzt hat.

226. Die Bedrängnisse einer religio illicita

Julius Caesar wurde nach seinem Tod zum Gott unter den Göttern proklamiert, und im Jahre 29 wurde ihm auf dem Forum ein Tempel geweiht. Die Römer waren mit einer posthumen Apotheose der großen Führer einverstanden, verweigerten ihnen aber die Divinisation zu Lebzeiten[6]. Augustus ließ sich nur in den Provinzen göttliche Ehren erweisen, in Rom war er nur „Sohn Gottes", *Divi filius*. Doch der kaiserliche *genius* wurde bei öffentlichen und privaten Festmählern verehrt.

Die Vergöttlichung der „guten" Kaiser und infolgedessen die Organisation des Kaiserkults werden nach Augustus allgemein üblich[7]. Doch Tiberius wurde nicht zum Gott erhoben, weil Caligula es verabsäumte, dem Senat den Antrag vorzulegen. Was Caligula betrifft, so hatte er Sorge dafür getragen, vor seinem Tod sich vergöttlichen zu lassen; die Erinnerung an ihn wurde von den Senatoren verurteilt. Claudius, Vespasian und Titus erfuhren die Apotheose, jedoch nicht Galba, Otho und Vitellius, die sie nicht verdienten, auch Domitian nicht, der Feind des Senats. Nachdem der Sukzessionsmechanismus einmal gesichert war, wurden alle großen Kaiser des 2. Jahrhunderts divinisiert; dies geschah jedoch nicht im 3. Jahrhundert, als die Kaiser zu rasch aufeinanderfolgten[8].

Vom 2. Jahrhundert an war die Weigerung, den Kaiserkult zu begehen, der hauptsächliche Grund für die Verfolgung der Christen. Am Anfang wurde den antichristlichen Maßnahmen, mit Ausnahme des von Nero befohlenen Blutbades, vor allem durch die Feindseligkeit der öffentlichen Meinung Vorschub geleistet. Im Laufe der beiden ersten Jahrhunderte wurde das Christentum als *religio illicita* betrachtet; die Christen wurden verfolgt, weil sie eine geheime, offiziell nicht erlaubte Religion ausübten. Im Jahre 202 veröffentlicht Septimius Severus das erste antichristliche Dekret, das die Mission verbietet. Wenige Zeit später geht Maximinus gegen die kirchliche Hierarchie vor, jedoch ohne Erfolg. Bis zur Herrschaft des Decius entwickelt sich die Kirche im Frieden. Doch im Jahre 250 verpflichtet ein Edikt des Decius alle Bürger, den Göttern des Reiches Opfer darzubringen. Die Verfolgung war von kurzer Dauer, aber sehr streng, was die große Zahl der Abgefallenen erklärt. Dank ihrer Bekenner und Martyrer ging die Kirche jedoch siegreich aus dieser Prüfung hervor. Auf die von Valerian

---

[6] Doch hatte Caesar eine Statue auf dem Capitol und eine weitere im Quirinus-Tempel mit der Inschrift: *Deo invicto*. Im Jahre 44 hatte er offiziell den Titel „göttlicher Julius" erhalten.
[7] Es handelt sich nicht um einen Einfluß des hellenistischen Ostens. Schon Cicero schrieb, daß „die Geister tapferer und guter Männer von Natur aus göttlich sind" (De leg. II, 11, 27).
[8] Die Quellen werden angeführt von *Robert Grant*, Augustus to Constantine 17.

257–258 verfügte Unterdrückung folgte eine lange Periode des Friedens (260–303). Dem Christentum gelang es, überall im Reich und in alle sozialen Schichten (bis in die kaiserliche Familie ...) einzudringen.

Die letzte Verfolgung, jene des Diokletian (303–305), war die längste und blutigste. Trotz der dramatischen Situation des Reiches zeigte sich die öffentliche Meinung diesmal den Christen gegenüber weniger feindlich. Diokletian hatte den Entschluß, diese exotische, antinationale Religion zu vernichten, gerade mit dem Ziel gefaßt, die Reichsidee zu stärken; er wollte die altrömischen religiösen Traditionen wiederbeleben und vor allem das quasi-göttliche Bild des Kaisers aufwerten. Aber das Erbe der Reform des Augustus war nach und nach zerbröckelt. Die Kulte Ägyptens und Kleinasiens genossen eine erstaunliche Popularität; sie erfreuten sich außerdem kaiserlichen Schutzes. Commodus (185–192) hatte sich in die Isis- und Mithras-Mysterien einweihen lassen, und Caracalla (211–217) hatte den Kult des syrischen Sonnengottes, des *Sol invictus*, unterstützt. Einige Jahre später führte der syrische Kaiser Elagabal, der selbst Priester des Gottes von Emesa war, seinen Kult in Rom ein. Elagabal wurde 222 ermordet und der syrische Gott aus der Stadt verbannt. Doch gelang es Aurelian (270–275), wie wir sehen werden (S. 348), mit Erfolg den Kult des *Sol invictus* wieder einzuführen. Aurelian hatte eingesehen, daß es vergeblich war, einzig und allein die große religiöse Vergangenheit Roms hochzuhalten, daß man zudem die ehrwürdige römische Tradition in eine solare Theologie monotheistischer Struktur, die einzige Religion, die universal zu werden im Begriff stand, integrieren mußte.

Schon vor den großen Verfolgungen, gegen Ende des 2. Jahrhunderts, haben mehrere Theologen und christliche Polemiker ihre Religion vor den Autoritäten und der heidnischen Intelligentsia zu rechtfertigen und zu verteidigen versucht. Aber ihr Unternehmen war zum Scheitern verurteilt. Naiv und ungeschickt, haben manche Apologeten (Tatian, Tertullian) das Heidentum und die hellenistische Kultur heftig angegriffen. Der wichtigste, Justin (er erleidet um 165 den Martyrertod), bemüht sich um den Nachweis, daß das Christentum die heidnische Kultur nicht verachte; er zollt der griechischen Philosophie hohes Lob, erinnert aber daran, daß sie von der biblischen Offenbarung inspiriert sei. Die Argumente des alexandrinischen Judentums aufnehmend, behauptet Justin, Platon und die anderen griechischen Philosophen hätten die lange vor ihnen vom „Propheten" Mose vorgetragene Lehre gekannt. Der Mißerfolg der Apologeten war überdies vorhersehbar. Für die Autoritäten machte sich das Christentum nicht nur des Atheismus und der Majestätsbeleidigung schuldig, sondern wurde auch aller möglichen Arten von Verbrechen, von Orgien und Inzest bis Kindermord und Anthropophagie, verdächtigt. Für die heidnische Elite war das Wesentliche der christlichen Theologie – die Inkarnation des Erlösers, sein Leiden und seine Auferstehung – ganz einfach unverständlich. Jedenfalls machte die fanatische Intransigenz dieser neuen Erlösungsreligion die Hoffnung auf eine friedliche Koexistenz mit den polytheistischen Religionen illusorisch.

Für die christliche Mission stellten die Verfolgungen eine große Gefährdung dar. Aber dies war nicht die einzige Gefahr, die die Kirche bedrohte. Die Isis- und Mithras-Mysterien, der Kult des *Sol invictus* und der solare Monotheismus stellten eine gefürchtete Konkurrenz dar, zumal sie sich offiziellen Schutzes erfreuten. Außerdem bedrohte die Kirche von innen her eine viel subtilere Gefahr: die verschiedenen Häresien und in erster Linie der Gnostizismus. Die Häresien und Gnosen tauchen seit Beginn des Christentums auf. In Ermangelung eines Kanons war das einzige Mittel, die Echtheit des Glaubens und der rituellen Praktiken zu prüfen, die apostolische Tradition. Um 150 waren alle Apostel gestorben, aber die Weitergabe ihres Zeugnisses war durch eine bestimmte Anzahl von Texten, die sie verfaßt oder angeregt hatten, und durch die mündliche Überlieferung gesichert.

Indes waren die beiden Wege apostolischer Tradition – der schriftliche und der mündliche – so angelegt, daß sie mehr oder weniger vieldeutige Veränderungen erfahren konnten. Neben den vier Evangelien und der Apostelgeschichte, die von allen christlichen Gemeinden angenommen wurden[9], waren unter den Namen der Apostel noch andere Texte im Umlauf: das Thomasevangelium, das Evangelium der Wahrheit, das Evangelium des Pseudo-Mattäus, die Petrus- und Johannesakten usw. Die Mehrzahl dieser Werke, die als „Apokryphen" bezeichnet werden (weil sie bisher „verborgen" gebliebene Offenbarungen enthielten), trug eine esoterische Lehre vor, die den Aposteln vom auferstandenen Christus mitgeteilt worden sei und sich auf den geheimen Sinn der Ereignisse seines Lebens bezog. Diese geheime, durch die mündliche Tradition bewahrte und überlieferte Unterweisung war es, worauf sich die Gnostiker beriefen.

227. Die christliche Gnosis

Das Problem der Esoterik und in deren Gefolge der Initiation sollte unzählige Kontroversen verursachen, vor allem und zunächst während der Krise, die der Gnostizismus auslöste. Angesichts der überspannten Prätentionen mancher gnostischer Autoren haben die Kirchenväter die Existenz einer von Jesus gegebenen Geheimunterweisung, die durch seine Jünger fortgeführt worden wäre, geleugnet, und hierin ist ihnen in der Folgezeit die Mehrzahl der alten und modernen Historiker gefolgt. Aber die Tatsachen widersprechen dieser Meinung. Die Esoterik, anders gesagt, die initiatorische Übermittlung von Lehren und Praktiken, die einem kleinen Kreis von Adepten vorbehalten sind, ist für alle großen Religionen im hellenistischen Zeitalter und im Umkreis der christlichen

---
[9] Es ist bedeutsam, daß in der zweiten Hälfte des 2. Jahrhunderts diese Texte von allen großen Kirchen der damaligen Zeit angenommen wurden als die einzigen Schriften, die die apostolische Tradition darstellen. Von nun an besitzt das Christentum einen Kanon – das *Neue Testament* – und wird eine „Buchreligion".

Ära bezeugt. In unterschiedlichem Grade findet man das Initiationsszenarium (geheime Unterweisung und Riten, Aufteilung der Gläubigen, Geheimhaltungsschwur usw.) im offiziellen Judentum und in den jüdischen Sekten, bei den Essenern (z. B. *Sektenregel* 9,16f; 6,13–23), bei den Samaritanern und den Pharisäern[10].

Die Praxis einer gewissen esoterischen Unterweisung wird auch im Markusevangelium erwähnt (vgl. 4,10f; 7,17f; 10,10f). Seit den Anfängen der Kirche unterscheidet man innerhalb der Gemeinde drei Grade, die ein initiatorisches Lehrwesen voraussetzen: die „Anfänger", die „Fortgeschrittenen" und die „Vollkommenen". Nach Origenes „haben die Evangelisten die Erklärung, die Jesus von den meisten Gleichnissen gab, verborgen gehalten (Com. Mt. 14, 2). Noch deutlicher spricht Klemens von Alexandrien. Er weist auf seine Lehrer hin, „die die wahre, unmittelbar von den heiligen Aposteln Petrus und Jakobus, Johannes und Paulus stammende Überlieferung der seligen Lehre unversehrt bewahrten, indem immer ein Sohn sie von seinem Vater übernahm, (und die) mit Gottes Hilfe auch zu uns kamen" (Stromateis I, 1, 11, 3). Es handelt sich um Belehrungen, die einer gewissen Zahl von Gläubigen vorbehalten sind und die mündlich überliefert werden (13,2) und geheimbleiben müssen; diese Belehrungen stellen die gnostische Überlieferung dar (15,2). In einem anderen Werk führt Klemens aus: „Jakobus dem Gerechten, Johannes und Petrus gab der Herr nach seiner Auferstehung die Gnosis; diese gaben sie den anderen Aposteln, die anderen Apostel gaben sie den 70, von denen Barnabas einer war."[11]

Die Kriterien, die die Auswahl der Jünger, die der Einführung in die Gnosis würdig waren, leiteten, und vor allem die näheren Umstände und die Stufen der Initiation festzustellen, ist unmöglich. Eine gewisse Unterweisung „esoterischen" Typs wurde nach und nach allen Gläubigen gegeben; sie erstreckte sich auf den Symbolismus der Taufe, der Eucharistie und des Kreuzes, auf die Erzengel und auf die Interpretation der Apokalypse. Was die Geheimnisse betrifft, die den „Vollkommenen" und denen, die es werden sollten, geoffenbart wurden, so bezogen sie sich wahrscheinlich auf die Mysterien von Christi Abstieg und Auffahrt durch die sieben von Engeln bewohnten Himmel (vgl. Eph 4,9) und auf die individuelle Eschatologie, d. h. den mystischen Weg der Seele nach dem Tod. Dieser mystische Weg wird nun von Pseudo-Dionysios mit der mündlichen Tradition der Apostel in Verbindung gebracht. „So wird uns das Vorhandensein einer von der bischöflichen Sukzession verschiedenen Sukzession gnostischer Lehrer oder spiritueller Lehrmeister deutlich, die den

---

[10] Siehe die von *Morton Smith*, Clement of Alexandria and a Secret Gospel of Mark 197–199, angeführten und kommentierten Quellen. Ausgehend von dieser Tradition geheimer Lehren und Praktiken des Judentums, wird die *Merkabah*-Literatur, in erster Linie die *Hekalot*-Texte, entstehen (ebd. 198).

[11] Fragment der *Hypotyposeis*, das von *Eusebius*, Hist. Eccl. II, 1, 3f überliefert wurde; vgl. *Jean Daniélou*, Les traditions secrètes des Apôtres 200.

Glauben der Apostel weitergaben (...), die jedoch die charismatische Tradition der apostolischen Zeit und der Apostel fortsetzen."[12]

Die esoterischen Überlieferungen der Apostel setzen eine das Mysterium des Aufstiegs der Seele und die Geheimnisse der himmlischen Welt betreffende jüdische Esoterik fort. Diese Lehren finden sich aber auch bei den Mandäern. Außerdem besitzen sie Ähnlichkeiten mit gewissen ägyptischen (vgl. § 53) und iranischen eschatologischen Traditionen. Man findet sie neben anderen Ideen und Glaubensvorstellungen, die von den jüdischen und christlichen abweichen, bei zahlreichen gnostischen Autoren, und zwar sowohl heidnischen wie christlich-heterodoxen. Man versteht, warum von einem bestimmten Zeitpunkt an die Gnosis und Esoterik in den Augen der kirchlichen Hierarchie suspekt wurden. Unter Berufung auf eine mündliche, geheime apostolische Tradition konnten gewisse Gnostiker Lehren und Praktiken in das Christentum einführen, die dem Ethos des Evangeliums radikal entgegengesetzt waren. Es waren nicht die „Esoterik" und die „Gnosis" als solche, die sich als gefährlich erwiesen, sondern die „Häresien", die sich unter dem Deckmantel des „initiatorischen Geheimnisses" einschlichen.

Gewiß konnte es, solange das „Buch" und die Dogmen nicht festgelegt waren, übertrieben erscheinen, bestimmte gewagte Interpretationen der Lehre Christi als häretisch zu qualifizieren. Aber in zahlreichen Fällen war die „Häresie" – d. h. die falsche Interpretation der evangelischen Botschaft – evident; z. B. als man die Gültigkeit des Alten Testaments ablehnte und Gott-Vater als den böswilligen, stupiden Demiurgen betrachtete; ebenso als man die Welt verdammte und das Leben als zufällige oder dämonische Schöpfung herabwürdigte oder als man die Inkarnation, den Tod und die Auferstehung des Sohnes leugnete. Es trifft zu, daß auch Paulus diese Welt als vom Satan beherrscht ansah und die jüdischen und christlichen Apokalypsen die künftige Zerstörung der Erde vorhersagten. Aber weder der heilige Paulus noch die Verfasser der Apokalypsen bestritten den göttlichen Ursprung der Schöpfung.

228. Annäherungen an den Gnostizismus

Den Ursprung der geistigen Strömung, die unter dem Namen „Gnostizismus" bekannt ist, zu bestimmen, bereitet große Schwierigkeiten. Aber man muß sie von den zahlreichen früheren oder gleichzeitigen Formen von Gnosis unterscheiden, die jeweils integraler Bestandteil der verschiedenen Religionen der Epoche (des Zoroastrismus, der Mysterien, des Judentums, des Christentums) waren, Gnosen also, die – wie wir gerade gesehen haben – eine esoterische Unterweisung beinhalten. Es sei hinzugefügt, daß fast alle mythologischen und eschatologischen Themen, von denen die gnostischen Autoren Gebrauch

---

[12] *J. Daniélou*, a. a. O. 208 f.

machten, früher sind als der Gnostizismus *stricto sensu*. Manche sind im alten Iran und im Indien der Upanishaden, in der Orphik und im Platonismus bezeugt; andere kennzeichnen den Synkretismus hellenistischen Typs, das biblische und zwischentestamentliche Judentum oder die ersten Ausdrucksgestalten des Christentums. Was jedoch den Gnostizismus *stricto sensu* definiert, ist nicht eine mehr oder weniger organische Integration einer Reihe disparater Elemente, sondern die gewagte, einzigartig pessimistische Neuinterpretation einiger Mythen, Ideen und Theologumena von großer Verbreitung in der Epoche[13].

Eine Formel der valentinianischen Gnosis, die von Klemens von Alexandrien überliefert wird, verkündet, daß man die Erlösung erlangt, indem man erkennt, „wer wir waren und was wir wurden, wo wir waren und wohin wir geworfen wurden, zu welchem Ziel wir eilen und wovon wir freigekauft sind, was Geburt ist und was Wiedergeburt" (Excerpta ex Theodoto 78, 2). Im Unterschied zu den Upanishaden, zum Sāṃkhya-Yoga und zum Buddhismus – welche Ausführungen über die erste Ursache des menschlichen Unglücks sorgfältig vermeiden – besteht die erlösende Erkenntnis, die von den Gnostikern gelehrt wird, vor allem in der Offenbarung einer „geheimen Geschichte" (genauer gesagt: einer den Nichtinitiierten verborgen bleibenden): der Ursprung und die Schöpfung der Welt, der Ursprung des Übels, das Drama des göttlichen Erlösers, der auf die Erde herabgestiegen ist, um die Menschen zu retten, und der Endsieg des transzendenten Gottes, welcher Sieg sich als Abschluß der Geschichte und Vernichtung des Kosmos äußern wird. Es handelt sich um einen *totalen Mythos*: Er erzählt alle entscheidenden Ereignisse seit der Entstehung der Welt bis zur Gegenwart und bestärkt, indem er ihre Interdependenz aufweist, die Glaubwürdigkeit des *eschaton*. Dieser totale Mythos ist uns in zahlreichen Versionen bekannt. Wir werden einige davon weiter unten erwähnen und dabei vor allem bei jener großartigen verweilen, die Mani ausgearbeitet hat (§ 233).

Um auf die valentinianische Formel zurückzukommen: Der Gnostiker erfährt, daß sein *wahres Sein* (i. e. sein geistiges Sein) göttlichen Ursprungs und Wesens ist, obwohl es gegenwärtig in einem Körper gefangen ist; er erfährt ebenso, daß es eine transzendente Region bewohnte, dann aber in diese untere Welt geworfen wurde, daß es schnell auf das Heil zugeht und schließlich aus seinem fleischlichen Gefängnis befreit werden wird; er entdeckt schließlich, daß, während seine Geburt einem Fall in die Materie gleichkam, seine „Wieder-geburt" rein geistiger Natur sein wird. Halten wir die grundlegenden Gedanken fest: Der Dualismus Geist-Materie, göttlich (transzendent) – antigöttlich, der Mythos vom Fall der Seele (= Geist, göttlicher Teil), d. h. die Inkarnation in

---

[13] So haben zum Beispiel die gnostischen Lehrer den Mythos vom Abstieg Christi in die Welt neu interpretiert, indem sie ihn von seinem biblischen Kontext – der Messias, der vom Schöpfergott gesandt ist – lösten und ihn auf eine ganz andere „geheime Geschichte" bezogen (die Schöpfung stellt eine unheilvolle Tragödie dar und muß folglich einem Demiurgen oder einem dämonischen Wesen, einer wahrhaften Inkarnation des Bösen, zugeschrieben werden).

einem Körper (der mit einem Gefängnis gleichgesetzt wird) und die Gewißheit der Befreiung (des „Heils") durch die Gnosis.

Auf den ersten Blick könnte man sagen, daß man es hier mit einer übertriebenen antikosmischen und pessimistischen Weiterentwicklung des orphischplatonischen Dualismus zu tun habe[14]. In Wirklichkeit ist das Phänomen komplexer. Das Drama der Menschheit, besonders der Fall und die Erlösung, spiegelt das göttliche Drama wider. Gott sendet ein Urwesen oder seinen eigenen Sohn in die Welt, um die Menschen zu retten. Dieses transzendente Wesen nimmt alle erniedrigenden Konsequenzen der Inkarnation auf sich, es gelingt ihm jedoch, einigen Erwählten die wahre, erlösende Gnosis zu offenbaren, bevor es schließlich wieder in den Himmel zurückkehrt. Manche Varianten weiten den Abstieg des Sohnes oder transzendenten Wesens im Sinne einer stärkeren Dramatik aus: Jener wird von dämonischen Mächten gefangengenommen und verliert, betäubt durch das Eintauchen in die Materie, seine eigene Identität. Gott schickt nun einen Boten, der ihn „erweckt" und ihm so hilft, sein Selbstbewußtsein wiederzufinden. (Dies ist der Mythos vom „erlösten Erlöser", der in großartiger Weise im *Lied von der Perle* erzählt wird; vgl. § 230.)

Trotz einiger iranischer Parallelen ist *unmittelbares* Vorbild des von Gott gesandten Erlösers offensichtlich Jesus Christus. Die 1945 in Nag Hammadi in Oberägypten entdeckten Texte beweisen den judenchristlichen Ursprung einiger wichtiger gnostischer Schulen[15]. Und dennoch sind ihre Theologien und Moralsysteme radikal unterschieden von den jüdischen und christlichen. Zunächst ist für die Gnostiker der wahre Gott nicht der Schöpfergott, d.h. Jahwe. Die Schöpfung ist das Werk niederer, ja sogar diabolischer Mächte, oder der Kosmos stellt auch die mehr oder weniger dämonische Nachäffung einer höheren Welt dar – Vorstellungen, die für die Juden wie für die Christen unvorstellbar sind. Gewiß hatte im späten Heidentum die Kosmogonie jegliche positive religiöse Bedeutung verloren. Aber die Gnostiker gehen noch weiter. Die Schöpfung der Welt ist nicht nur kein Beweis für die Allmacht Gottes mehr, sie wird erklärt durch einen Unfall in den höheren Regionen oder als das Ergebnis des Urangriffs der Finsternis gegen das Licht (vgl. den manichäischen Mythos, § 233). Die inkarnierte Existenz ist, weit davon entfernt, in den Rahmen einer „Heilsgeschichte" eingeordnet zu sein, wie sie von Juden und Christen gedacht wurde, gerade die Bestätigung und Illustration des Falles der Seele. Für den

---

[14] Vgl. §§ 181ff. Denken wir daran, daß für Platon der Demiurg nicht die Inkarnation des Bösen ist. Die Welt ist ein „Kosmos", also vollkommen und harmonisch. Für Plotin ebenso wie für die Stoiker sind die Gestirne Götter, deren Betrachtung die Annäherung an die intelligiblen Wesenheiten erleichtert; vgl. *Plotin*, Enneaden III, 9; IV, 8 usw. Die Inkarnation der Seele ist für Plotin ein „Fall", da die Seele ihre spirituelle Fülle und ihre Autonomie verliert (IV, 8, 5.16); sie ist aber zugleich ein frei angenommener Abstieg, um den in der unteren Welt befindlichen Existenzen zu helfen (IV, 8, 7.1).

[15] So stellt zum Beispiel das in Nag Hammadi gefundene *Evangelium nach Thomas* die vollständige Version der *Logia* dar, die in den Oxyrhynchos-Papyri Jesus zugeschrieben werden und seit 1897 bekannt sind; vgl. *H.-Ch. Puech*, En quête de la Gnose II, 33f, 65f und passim.

Gnostiker ist das einzige Ziel, nach dem es zu streben gilt, die Befreiung dieses göttlichen Teils und dessen Aufstieg zu den himmlischen Sphären.

Wir haben gesehen (§§ 181f), daß der „Fall" des Menschen, d. h. die Inkarnation der Seele, schon die orphischen und pythagoreischen Theologen beschäftigte: Man erklärte ihn entweder als Bestrafung für eine im Himmel begangene Sünde oder als das Ergebnis einer von der Seele selbst getroffenen unglückseligen Wahl. In den ersten Jahrhunderten der christlichen Zeitrechnung wurden diese beiden Mythen von zahlreichen gnostischen und anderen Autoren erweitert und modifiziert[16]. Da die Welt das Ergebnis eines Unfalls oder einer Katastrophe ist, da sie beherrscht und gelenkt wird von den Mächten des Bösen, entdeckt sich der Gnostiker als seiner eigenen Kultur völlig entfremdet und verwirft alle ihre Normen und Institutionen. Die durch die Gnosis erreichte innere Freiheit erlaubt es ihm, völlig frei über sich zu verfügen und nach seinem Gutdünken zu handeln. Der Gnostiker ist Teil einer Elite, das Ergebnis einer vom Geist getroffenen Wahl. Er gehört zur Klasse der *Pneumatiker* oder „Spirituellen" – den „Vollkommnen", den „Königssöhnen" –, die allein gerettet werden[17]. Ebenso wie die *rishis*, die *sannyāsi* und die Yogis fühlt sich der Gnostiker frei von den Gesetzen, die die Gesellschaft regieren: Er befindet sich jenseits von Gut und Böse. Und um den Vergleich mit den indischen Gegebenheiten fortzusetzen: Den sexuellen Techniken und orgiastischen Riten der tantrischen Schulen der „linken Hand" (vgl. Bd. III, Kap. 38) entsprechen die Orgien der libertinistischen gnostischen Sekten (in erster Linie der Phibioniten[18]).

---

[16] Der orphisch-pythagoreische Gedanke der Inkarnation als Strafe wurde in Verbindung mit dem biblischen Mythos vom Fall der Engel von gewissen christlichen oder halbchristlichen Gnostikern (Valentin, Markion, Bardesanes), von Mani, vom Verfasser von *Korē Kosmū* und wahrscheinlich von Origenes übernommen. Was den freiwilligen Abstieg der Seele betrifft, so wurde dieser durch Narzißmus – die Seele verliebte sich in ihr eigenes Bild, das sich in der materiellen Welt spiegelte – oder durch Ehrgeiz hervorgerufen. Diese Konzeption ist bezeugt bei Numenius von Apamea, beim Verfasser des *Poimandres*, bei Plotin; vgl. die von E. R. Dodds, Pagan and Christian in an Age of Anxiety 23f gesammelten Belege.

[17] Eine zweite Klasse, die *Psychiker*, umfaßt jene, die eine Seele *(psyche)* haben und als solche befähigt sind, nach oben gezogen zu werden, die aber ohne Geist *(pneuma)* sind. Die dritte Klasse schließlich, die „Fleischlichen" *(Somatiker* oder *Hyliker)*, sind völlig in die Materie eingetaucht und zum Verschwinden verdammt. Die eitle Agitation dieser beiden Kategorien von Individuen legt eine geheime, esoterische Weitergabe der Belehrung nahe.

[18] „Eher als um eine Kritik oder Kontestation handelt es sich hier um eine hartnäckige, heftige Revolte ... von großer Reichweite und schwerwiegenden Konsequenzen: gegen die conditio humana, die Existenz, die Welt, Gott selber. Sie kann ebenso gut zur Vorstellung eines Endereignisses führen, das *eversio, revolutio,* Aufhebung und Umkehrung der gegenwärtigen Situation, gegenseitige Substitution der Linken und der Rechten, des Äußeren und des Inneren, des Unteren und Oberen sein wird, wie zum Nihilismus – zum Nihilismus der ‚libertinistischen Gnostiker', die, sich über jegliches natürliche oder moralische Gesetz hinwegsetzend, ihre Körper und die Welt gebrauchen und mißbrauchen, um sie herabzusetzen, zu ‚erschöpfen', zu verneinen und zu vernichten; zum Nihilismus eines Basilides, für den jedes Sein, jedes Ding, das Universum in der Totalität seines Werdens dazu bestimmt sind, in der Nacht des ‚Großen Nichtwissens', im Frieden des ‚Nichtseins' ihre endgültige Erfüllung zu finden" *(H.-Ch. Puech,* En quête de la Gnose I, S. XXII).

229. Von Simon dem Magier zu Valentin

Die christlichen Apologeten bezeichnen Simon den Magier als den ersten Häretiker und Vater aller Häresien. Nach manchen Historikern ist Simon kein Gnostiker im strengen Sinne, doch seine Schüler sind es nach der Katastrophe von 70 geworden[19]. Der Apostel Petrus stieß mit der simonischen Bewegung in Samaria zusammen, wo Simon sich als „die Kraft Gottes, die die Große genannt wird"[20], ausgab. Er wurde in der Tat als der „erste Gott" angebetet, und seine Gefährtin, Helena, von Simon in einem Bordell in Tyros entdeckt, wurde als letzte, am meisten der Welt verfallene Verkörperung des „Gedankens" Gottes *(Ennoia)* betrachtet. Von Simon erlöst, ist Helena-Ennoia zum Mittel der universalen Erlösung geworden. Simon der Magier interessiert den Religionshistoriker vor allem wegen der Hochschätzung Helenas und wegen der Mythologie, die sich um sie rankt. Die Verbindung des „Magiers" mit der Prostituierten schafft das universale Heil, weil diese Verbindung in Wirklichkeit die Wiedervereinigung Gottes mit der göttlichen Weisheit ist.

Die Erinnerung an dieses exzentrische Paar hat wahrscheinlich die Legende von Faust, dem Archetyp des Zauberers, entstehen lassen. Tatsächlich war Simon in Rom als *Faustus* („der Gesegnete") bekannt, und seine Gefährtin war in einem vorigen Leben Helena von Troja. Aber in den ersten Jahrhunderten der christlichen Zeit fand vor allem die letzte Auseinandersetzung zwischen dem Apostel Petrus und dem Magier Erwähnung. Nach der Legende kündigte Simon in Rom seine Himmelfahrt vor einer großen Menge von Zuschauern an, doch das vom Apostel gesprochene Gebet ließ ihn kläglich zu Boden fallen.

Das Beispiel Markions ist aus mehreren Gründen lehrreich. Er wird um 85 im Pontus geboren; als Sohn des Bischofs von Sinope bewahrt er weitgehend die orthodoxen Gepflogenheiten. Aber er entwickelt den paulinischen Antijudaismus ins Maßlose. Markion verwirft das Alte Testament und stellt einen eigenen Kanon auf, der nur das Lukasevangelium und die 10 Paulusbriefe umfaßt. Er fügt ein Handbuch bei, die *Antithesen*, in dem er die Prinzipien seiner Theologie darlegt. Im Jahre 144 sucht Markion in Rom vergeblich die Presbyter als Anhänger zu gewinnen. Er wird exkommuniziert, arbeitet seine Lehre in einem nach wie vor radikalen Sinne aus und gründet eine wahre Kirche. Als hervorragendem Organisator gelingt es ihm, eine große Zahl christlicher Gemeinden im Mittelmeerbecken für sich einzunehmen. Diese neue Theologie hatte großen Erfolg und wurde deshalb von den orthodoxen Autoren unablässig angegriffen. Aber seit der Mitte des 3. Jahrhunderts ist der Markionismus im Niedergang und verschwindet im Abendland in weniger als hundert Jahren.

Markion teilt im wesentlichen den gnostischen Dualismus, jedoch ohne Ein-

---

[19] Vgl. *R. M. Grant*, Gnosticism and Early Christianity 70 f; *J. Daniélou*, Geschichte der Kirche I, 85 f.
[20] Apg 8, 10. Es ist jedoch nicht sicher, daß der Magier und der Simon der Apostelgeschichte ein und dieselbe Person sind; vgl. *H. Jonas*, The Gnostic Religion 103.

schluß der apokalyptischen Implikationen. Sein dualistisches System stellt das Gesetz und die Gerechtigkeit, die vom Schöpfergott des Alten Testamentes errichtet worden sind, der Liebe und dem Evangelium gegenüber, die vom guten Gott geoffenbart sind. Letzterer sendet seinen Sohn Jesus Christus, um die Menschen von der Knechtschaft des Gesetzes zu erlösen. Jesus nimmt einen Leib an, der fühlen und leiden kann, obwohl er nicht materiell ist. In seiner Verkündigung preist Jesus den guten Gott, aber er hütet sich, zu sagen, daß es sich nicht um den Gott des Alten Testamentes handelt. Überdies ist es die Predigt Jesu, wodurch Jahwe von der Existenz eines transzendenten Gottes erfährt. Er rächt sich, indem er Jesus seinen Verfolgern ausliefert. Aber der Tod am Kreuz bringt das Heil, denn durch sein Opfer kauft Jesus die Menschheit vom Schöpfergott frei. Doch die Welt ist weiterhin unter der Herrschaft Jahwes, und die Gläubigen werden bis an das Ende der Tage verfolgt werden. Erst dann wird sich der gute Gott zu erkennen geben: Er wird die Gläubigen in sein Reich aufnehmen, während der Rest der Menschheit ebenso wie die Materie und der Schöpfer endgültig vernichtet werden.

Ein anderer Samaritaner, Menander, führte den Gnostizismus in Antiochien ein. Er gab sich als der vom Himmel gekommene Erlöser zur Rettung der Menschen aus (*Irenäus*, Adversus haereses I, 23, 8). Diejenigen, die er taufte, wurden über die Engel erhoben. Sein Erbe, Satornil (tätig in Antiochien etwa zwischen 100 und 130), stellte den verborgenen Gott dem Gott der Juden gegenüber, der lediglich Oberhaupt der Schöpferengel sei. Er verurteilt die Ehe, die er zum Werk Satans erklärt (Adv. haer. I, 24, 2). Seine Theologie ist vom Dualismus beherrscht. Nach Irenäus war Satornil der erste, der von zwei Arten von Menschen sprach: denjenigen, die am himmlischen Licht teilhaben, und denen, die es nicht empfangen haben.

Kerinth, ein Judenchrist und Zeitgenosse des Johannes (Adv. haer. III, 3, 4), lehrt, daß die Welt von einem Demiurgen, der nichts von dem wahren Gott wußte, erschaffen worden sei: Dies ist der erste Ausdruck des Gnostizismus im strengen Sinne. Nach Kerinth ist Jesus der Sohn Josefs und Marias; bei seiner Taufe ist Christus in der Gestalt einer Taube auf ihn herabgestiegen und hat ihm den Unbekannten Vater geoffenbart; vor dem Leiden ist er dann wieder zu Gott-Vater aufgestiegen (Adv. haer. I, 28).

Der judenchristliche Gnostizismus, der in Asien und Syrien verbreitet war, drang auch in Ägypten ein. Kerinth ließ sich in Alexandrien nieder, wo um 120 Karpokrates eine ähnliche Lehre verkündete: Jesus ist der Sohn Josefs, doch eine „Kraft" heiligte ihn (Adv. haer. I, 23, 1). Wer an dieser Kraft Anteil erhält, wird Jesus gleich und fähig, die gleichen Wunder zu vollbringen. Ein spezifischer Zug an der Gnosis des Karpokrates ist ihr radikaler Amoralismus, „aus dem man schließen muß, daß sich die gnostische Revolution nicht nur gegen den jüdischen Gott, sondern auch gegen das Gesetz richtete"[21]. Basilides, ein weiterer Alexan-

---

[21] *J. Daniélou*, Geschichte der Kirche I, 89.

driner und Zeitgenosse des Karpokrates, faßt als erster die Lehren der Schüler Simons des Magiers zu einer Synthese zusammen. Er arbeitet eine weitläufige, verwickelte Kosmologie gnostischen Typs aus, indem er auf spektakuläre Art und Weise die Himmel und die sie regierenden Engel vermehrt: Er zählt deren 365![22] Basilides verwirft das jüdische Gesetz völlig: Jahwe ist nur einer der Schöpferengel, obwohl er sich bemüht, sie alle zu beherrschen und zu unterwerfen (Adv. haer. I, 24, 4).

Der wichtigste gnostische Lehrer ist ohne Zweifel Valentin, der zu den größten Theologen und Mystikern seiner Zeit zählt. In Ägypten geboren und in Alexandrien erzogen, lehrte er in Rom zwischen 135–160. Aber da es ihm nicht gelang, das Bischofsamt zu erreichen, brach er mit der Kirche und verließ die Stadt[23]. Bei der Ausarbeitung seines grandiosen Systems setzt sich Valentin zum Ziel, die Existenz des Bösen und den Fall der Seele nicht in einer dualistischen Perspektive – i. e. durch die Intervention eines Gegengottes –, sondern durch ein im Innern der Gottheit selbst sich abspielendes Drama zu erklären. Eine Zusammenfassung kann der Größe und Gewagtheit der valentinianischen Synthese nicht gerecht werden. Aber eine Zusammenfassung hat dennoch den Vorteil, die unzähligen Genealogien, „Emanationen" und „Projektionen" zu übergehen, die mit pathetischer Monotonie aufgezählt werden, um den Ursprung aller kosmischen, vitalen, psychischen und spirituellen Wirklichkeit zu erklären und ihr Drama zu erzählen[24].

Nach Valentin ist der Vater, das absolute und transzendente Erste Prinzip, unsichtbar und unbegreifbar. Er vereinigt sich mit seiner Gefährtin, dem Gedanken *(Ennoia)*, und zeugt 15 Äonenpaare, die zusammen das Pleroma bilden[25]. Der letzte der Äonen, *Sophia,* beschwört, geblendet von dem Verlangen, den Vater zu erkennen, eine Krise herauf, in deren Verlauf das Böse und die Leiden in Erscheinung treten. Aus dem Pleroma vertrieben, schaffen *Sophia* und die von ihr hervorgebrachten abnormen Geschöpfe eine untere Weisheit. Oben wird ein neues Paar geschaffen, Christus und sein weiblicher Partner, der Heilige Geist. Schließlich zeugt das Pleroma, in seiner ursprünglichen Vollkommenheit

---

[22] Siehe die von *H. Leisegang,* Die Gnosis 198 ff wiedergegebenen und kommentierten Texte. Vgl. auch die zutreffenden Bemerkungen von *R. M. Grant,* Gnosticism and Early Christianity 142 f.
[23] Bis um 1950 waren unsere einzigen Quellen für die Theologie Valentins die Auszüge und Zusammenfassungen, die durch Irenäus, Klemens von Alexandrien und Hippolyt – die übrigens vor allem Werke seiner Schüler benutzt hatten – erhalten geblieben sind. Aber das in Nag Hammadi entdeckte *Evangelium der Wahrheit* gibt, obwohl es nicht das Werk Valentins ist, mit Gewißheit sein Denken wieder. Weitere Texte aus Nag Hammadi (zum Beispiel die *Abhandlung über die Drei Naturen* und der *Brief an Rheginos über die Auferstehung)* gehören zur valentinianischen Schule.
[24] Die von solchen Genealogien und kaskadenartigen Reihen von Manifestationen ausgehende Faszination ist ein spezifischer Zug der Epoche. Die Tendenz, die Zwischenstationen und die vermittelnden Agenten zwischen dem Absoluten und den verschiedenen Klassen der Wirklichkeit zu vermehren, findet sich auch bei den Philosophen (z. B. Plotin), aber bei den gnostischen Autoren – besonders Basilides, Valentin, Mani – ist sie eine Obsession und zugleich eine Klischeevorstellung geworden.
[25] Der Terminus *Pleroma* („Fülle") bezeichnet die die Urgottheit umgebende geistige Welt; sie besteht aus der Totalität der Äonen.

wiederhergestellt, den Erlöser, der ebenfalls Jesus heißt. In die unteren Regionen hinabgestiegen, fügt der Erlöser die „unsichtbare Materie" mit den aus der unteren Weisheit kommenden hylischen (materiellen) Elementen zusammen, und mit den psychischen Elementen bildet er den Demiurgen, i.e. den Gott der *Genesis*. Dieser weiß nichts von der Existenz einer höheren Welt und betrachtet sich als den einzigen Gott. Er erschafft die materielle Welt und bildet, indem er sie mit seinem Atem belebt, zwei Arten von Menschen, die „Hyliker" und die „Psychiker". Aber die geistigen Elemente, die aus der oberen *Sophia* kommen, mischen sich ohne dessen Wissen in den Atem des Demiurgen und lassen die Klasse der „Pneumatiker" entstehen[26]. Um die geistigen, in der Materie gefangenen Teilchen zu retten, steigt Christus auf die Erde hinab und offenbart, ohne sich im eigentlichen Sinne zu inkarnieren, die befreiende Erkenntnis. So steigen, durch die Gnosis erweckt, die Pneumatiker, *und nur sie allein*, zum Vater auf.

Wie Hans Jonas bemerkt, hat im System Valentins die Materie einen geistigen Ursprung und erklärt sich aus der göttlichen Geschichte. Die Materie ist ja ein Zustand oder eine „Affektion" des absoluten Wesens, genauerhin der „äußere, verdichtete Ausdruck" dieses Zustands. Das Nichtwissen (die „Verblendung" der *Sophia*) ist die erste Ursache der Existenz der Welt[27] – ein Gedanke, der an indische Konzeptionen (die von gewissen Vedanta-Schulen und vom Sāṃkhya-Yoga geteilt werden) erinnert. Und genau wie in Indien kennzeichnen das Nichtwissen und das Wissen zwei Ontologietypen. Das Wissen macht die Urbedingung des Absoluten aus; die Unwissenheit ist die Folge einer Verwirrung im Innern dieses gleichen Absoluten. Doch das durch Wissen verschaffte Heil kommt einem kosmischen Ereignis gleich (vgl. Jonas 175). Die Erlösung des letzten „Pneumatikers" wird von der Vernichtung der Welt begleitet sein.

230. Gnostische Mythen, Bilder und Metaphern

Die Amnesie (anders gesagt, das Vergessen der eigenen Identität), der Schlaf, die Trunkenheit, die Betäubung, die Gefangenschaft, der Fall, das Heimweh zählen zu den spezifisch gnostischen Symbolen und Bildern, obwohl sie keine Schöpfungen der Lehrer der Gnosis sind. Indem sich die Seele der Materie zuwendet und nach den Freuden des Körpers verlangt, verliert sie ihre eigene Identität. „Sie vergißt ihren ursprünglichen Aufenthaltsort, ihr wahres Zentrum, ihr ewiges Sein."[28] Die dramatisch am meisten ausgestaltete und bewegendste Darstellung des gnostischen Mythos von der Amnesie und der Anamnese findet sich im *Lied von der Perle*, das in den *Thomasakten* erhalten ist. Ein Prinz kommt

---

[26] Das ist die Erklärung für die Existenz von drei Menschenklassen, eine Glaubensvorstellung, die alle Gnostiker teilen; vgl. S. 318.
[27] Hans Jonas, The Gnostic Religion 174.
[28] Lehre einer späten gnostischen Sekte, der Harraniten; vgl. *H. Jonas*, a.a.O. 63.

aus dem Osten, um in Ägypten „die Eine Perle (zu suchen), die in der Mitte des Meeres ist, das der zischende Drache umschließt". In Ägypten wird er von Männern des Landes aufgegriffen. Sie geben ihm von ihren Gerichten zu essen, und der Prinz vergißt seine Identität. „Ich vergaß, daß ich ein Königssohn war, und diente ihrem König. Und die Perle vergaß ich, um derentwillen mich meine Eltern entsandt hatten. Und durch die Schwere ihrer Speisen versank ich in tiefen Schlaf." Aber die Eltern des Prinzen erfuhren, was mit ihm geschehen war, und schrieben ihm einen Brief. „Auf, erhebe dich von deinem Schlaf und höre auf die Worte unseres Briefes. Erinnere dich, daß du ein Königssohn bist. Siehe die Versklavung, in die du geraten bist. Entsinne dich der Perle, derentwegen du nach Ägypten geschickt wurdest." Der Brief flog wie ein Adler, ließ sich auf ihm nieder und wurde Wort. „Bei seiner Stimme, dem Geräusch seines Rauschens, erwachte ich und erhob mich von meinem Schlaf. Ich nahm ihn auf und küßte ihn und löste sein Siegel und las... Ich entsann mich, daß ich ein Sohn königlicher Eltern sei... Ich erinnerte mich an die Perle, um derentwillen ich nach Ägypten gesandt worden war, und ich begann den laut schnaubenden Drachen zu beschwören. Ich versenkte ihn in Schlummer und Schlaf, dann sprach ich über ihn den Namen meines Vaters aus. Und ich ergriff die Perle und wandte mich um, in mein Vaterhaus zurückzukehren."[29]

Dies ist der Mythos vom „erlösten Erlöser", *Salvator salvatus*, in seiner gelungensten Form. Es sei hinzugefügt, daß man für jedes mythische Motiv Parallelen in den verschiedenen gnostischen Texten findet[30]. Die Bedeutung der Bilder ist leicht zu fassen. Das Meer ebenso wie Ägypten sind die gängigen Symbole für die materielle Welt, in welche die Seele des Menschen und der zu ihrer Befreiung gesandte Erlöser gefallen sind. Als er von den himmlischen Regionen hinabsteigt, legt der Held sein „strahlendes Gewand" ab und zieht das „schmutzige Gewand" an, um sich nicht von den Bewohnern des Landes zu unterscheiden; das ist die „fleischliche Hülle", der Körper, in den er sich inkarniert. Während seines Aufstiegs begegnet ihm irgendwann sein glänzendes Lichtgewand, „ihm selbst gleich", und er begreift, daß dieses „Spiegelbild" sein wahres Selbst ist. Die Begegnung mit dem transzendenten „Spiegelbild" erinnert an die iranische Auffassung des himmlischen Bildes der Seele, der *daēnā*, die dem Verstorbenen am dritten Tag nach seinem Tod entgegentritt (vgl. Bd. I, 303f, 419). Wie Jonas bemerkt, stellt die Entdeckung des transzendenten Prinzips innerhalb des Selbst das zentrale Element der gnostischen Religion dar[31]. Das Thema der

---

[29] Der Text ist übersetzt und kommentiert u. a. bei *H. Leisegang*, Die Gnosis 366–370; *Jonas*, a. a. O. 112–124; *R. M. Grant*, Gnosticism. A Sourcebook 116f. (Im dt. Text ist die Übers. von *K. Schubert*, in: *R. Haardt* [Hrsg.], Die Gnosis [Salzburg 1967] 138–143 zugrunde gelegt [Anm. d. Übers.].)
[30] *H. Jonas* erinnert an eine gewisse Anzahl von Parallelen für das „schmutzige Gewand" und das „himmlische Gewand", den Drachen, den Brief und die Auffahrt; vgl. a. a. O. 116ff. Siehe auch *H.-Ch. Puech*, En quête de la Gnose II, 118f (= Annuaire du Collège de France 1962–63).
[31] A. a. O. 124. Im Evangelium nach Thomas (Logion 84) sagt Jesus zu seinen Jüngern: „Wenn ihr eure Bilder seht, die vor euch entstanden sind, die weder sterben noch sich offenbaren, wieviel werdet ihr ertragen?" (Übers. in *R. Haardt* 200). Das „Bild" *(eikon)*, d. h. das Selbst (das transzen-

Amnesie, die durch Eintauchen in das „Leben" (= die Materie) hervorgerufen wird, und der Anamnese, die durch die Taten, Gesänge oder Worte eines Boten erreicht wird, findet sich ebenfalls in der religiösen Folklore im mittelalterlichen Indien. Eine der populärsten Legenden erzählt von der Amnesie Matsyendranāths. Dieser Yogalehrer verliebte sich in eine Königin und ließ sich in ihrem Palast nieder, wobei er seine Identität völlig vergaß oder, nach einer anderen Variante, Gefangener der Frauen „in dem Land Kadalī wurde". Als sein Schüler Goraknāth von der Gefangenschaft Matsyendranāths erfährt, erscheint er vor ihm in der Gestalt einer Tänzerin und beginnt zu tanzen, wobei er änigmatische Lieder singt. Nach und nach erinnert sich Matsyendranāth an seine wahre Identität: Er begreift, daß der „fleischliche Weg" zum Tode führt, daß sein „Vergessen" im Grunde das Vergessen seiner wahren, unsterblichen Natur war und daß der „Liebreiz Kadalīs" die Trugbilder des profanen Lebens darstellt. Goraknāth erklärt ihm, daß es die Göttin Durgā war, die das „Vergessen" hervorgerufen hat, das ihn beinahe die Unsterblichkeit gekostet hätte. Diese Zauberei, fügt Goraknāth hinzu, symbolisiert den ewigen Fluch des Nichtwissens, der von der „Natur" (i. e. Durgā) auf das menschliche Sein gelegt ist[32].

Die „Ursprünge" dieses folkloristischen Themas reichen bis in die Zeit der Upanishaden zurück. Man erinnert sich an die Lehrfabel der *Chāndogya Upanishad* (der Mensch, der von Dieben ergriffen und mit verbundenen Augen weit weg von der Stadt geführt wird) und den Kommentar Śamkaras: Die Diebe und die Binde stellen das Nichtwissen und die Illusion dar; der, welcher die Binde wegnimmt, ist der Lehrer, der das wahre Wissen offenbart; das Haus, das er erreichen kann, symbolisiert sein *ātman*, das Selbst, das mit dem absoluten Sein, *Brahman*, identisch ist (vgl. oben S. 47). Der Sāmkhya-Yoga stellt eine ähnliche Position vor: Das Selbst *(puruṣa)* ist schlechthin ein „Fremdes", es hat nichts zu tun mit der Welt *(prakṛti)*. Genau wie bei den Gnostikern ist das Selbst (der Geist, das *pneuma*) „isoliert, indifferent, bloß untätiger Zuschauer" im Drama des Lebens und der Geschichte (vgl. § 136).

Einflüsse in der einen oder anderen Richtung sind nicht ausgeschlossen; wahrscheinlicher ist aber, daß wir es mit parallelen geistigen Strömungen zu tun haben, die sich im Anschluß an Krisen entwickeln, die mehrere Jahrhunderte zuvor in Indien (Upanishaden), in Griechenland und im östlichen Mittelmeer (Orphik und Pythagoreismus), im Iran und in der hellenistischen Welt zum Ausbruch kamen. Zahlreiche von den gnostischen Autoren gebrauchte Bilder und Metaphern haben eine ehrwürdige Geschichte, ja sogar Vorgeschichte, und ein großes Verbreitungsgebiet. Eines der bevorzugten Bilder ist das vom Schlaf, der dem Nichtwissen und dem Tod assimiliert wird. Die Gnostiker behaupten, daß die Menschen nicht bloß schlafen, sondern den Schlaf lieben. „Warum wollt

---

dente Ich), wird auch als ein „Engel" beschrieben; vgl. *H.-Ch. Puech*, a.a.O. II, 130f, 142f. – Die Begegnung des transzendenten Ich mit dem „Engel" kann mit der unaussprechlichen Einheitserfahrung *ātman-Brahman* verglichen werden.

[32] Vgl. *M. Eliade*, Yoga 309ff.

ihr den Schlaf lieben und mit den Strauchelnden straucheln?" fragt der *Ginzā*[33].
„Wer hört, erwacht aus schwerem Schlaf", steht in der *Johannesapokalypse* geschrieben[34]. Wie wir sehen werden, findet sich das gleiche Motiv im Manichäismus. Aber solche Formeln sind kein Monopol der Gnostiker. Der *Epheserbrief* enthält folgendes anonyme Zitat: „Wach auf, du Schläfer, steh auf von den Toten, und Christus wird dir aufleuchten" (Eph 5, 14). Schlaf (Hypnos) ist der Zwillingsbruder von Thanatos (Tod); in Griechenland wie in Indien und im Gnostizismus hat der Vorgang des „Erweckens" eine „soteriologische" Bedeutung (im weitesten Wortsinn genommen: Sokrates „erweckt" seine Gesprächspartner, manchmal gegen ihren Willen).

Es handelt sich um einen archaischen, überall verbreiteten Symbolismus. Der über den Schlaf davongetragene Sieg und das lang andauernde Wachen stellen eine recht typische Initiationsprüfung dar. Bei bestimmten australischen Stämmen dürfen die Novizen, während sie initiiert werden, drei Tage lang nicht schlafen, oder man untersagt ihnen auch, sich vor dem Morgen schlafen zu legen[35]. Man erinnert sich an die Initiationsprüfung, in der der berühmte Held Gilgamesch kläglich versagt: Es gelingt ihm nicht, wach zu bleiben, und er vergibt so seine Chance, die Unsterblichkeit zu erlangen (vgl. § 23). In einem nordamerikanischen Mythos vom Typ Orpheus und Eurydike bringt es ein Mann dazu, in die Unterwelt hinabzusteigen, wo er seine soeben verstorbene Gattin wiederfindet. Der Herr der Unterwelt verspricht ihm, er könne seine Frau wieder auf die Erde mit zurücknehmen, wenn er die ganze Nacht zu wachen vermag. Aber zweimal, und selbst nachdem er den ganzen Tag über geschlafen hatte, um nicht müde zu sein, gelingt es ihm nicht, bis zum Morgen zu wachen[36]. Man sieht also, daß „nicht schlafen" nicht nur über die physische Müdigkeit triumphieren heißt, sondern vor allem eine geistige Kraft unter Beweis stellen. „Wach" bleiben, völlig bewußt sein, will sagen: *in der Welt des Geistes gegenwärtig sein*. Jesus schärft seinen Jüngern immer wieder ein zu wachen (vgl. z. B. Mt 24, 42). Und die Nacht von Getsemani ist besonders tragisch geworden aufgrund der Unfähigkeit der Jünger, mit Jesus zu wachen (vgl. oben S. 287f).

In der gnostischen Literatur werden das Nichtwissen und der Schlaf auch in Termini der „Trunkenheit" ausgedrückt. Das *Evangelium der Wahrheit* vergleicht den, „der die Gnosis hat", mit „jemand, der trunken war und von seiner Trunkenheit ernüchtert worden ist und, wiederum zu sich zurückgekehrt, sein Eigenes wiederhergestellt hat"[37]. Das „Erwachen" impliziert die Anamnese, die

---

[33] Zitiert von *H. Jonas*, a.a.O. 70. In einem anderen Zusammenhang erzählt der *Ginzā*, wie „Adam vom Schlaf erwachte und seine Augen zum Ort des Lichts erhob"; vgl. Jonas 74.
[34] Vgl. *J. Doresse*, Les livres secrets des gnostiques d'Égypte I, 227. „Ich bin die Stimme, die vom Schlaf im Äon der Nacht erweckt", so beginnt ein gnostisches Fragment, das bei Hippolyt erhalten ist (Refut. V, 14, 1).
[35] *M. Eliade*, Das Mysterium der Wiedergeburt 38f.
[36] Vgl. Schamanismus 298f.
[37] Evangelium der Wahrheit 22, 18–20; *James M. Robinson*, The Nag Hammadi Library 40 (der Text ist übers. von *Georges W. Mac Rae*; dt. Übers. im Text nach *R. Haardt* 178).

Wiederentdeckung der wahren Identität der Seele, d. h. das Wiedererkennen ihres himmlischen Ursprungs. „Wach auf, glänzende Seele, vom Schlaf der Trunkenheit, in den du gefallen bist...", heißt es in einem manichäischen Text. „Folge mir zu dem erhöhten Ort, wo du zu Anbeginn weiltest." In der mandäischen Tradition wendet sich der himmlische Bote an Adam, nachdem er ihn aus tiefem Schlaf geweckt hat: „Schlummere und schlaf nicht mehr, vergiß nicht, was der Herr dir aufgetragen hat."[38]

Insgesamt gesehen, werden die meisten dieser Bilder – Nichtwissen, Amnesie, Gefangenschaft, Schlaf, Trunkenheit – in der gnostischen Verkündigung zu Metaphern, um den *geistigen Tod* anzuzeigen. Die Gnosis verleiht das *wahre* Leben, d. h. Erlösung und Unsterblichkeit.

231. Der gemarterte Paraklet

Mani wurde am 14. April 216 in Seleucia-Ktesiphon in Babylonien geboren. Nach der Überlieferung hörte sein Vater Patek an drei aufeinanderfolgenden Tagen eine Stimme, die ihm befahl, kein Fleisch zu essen, keinen Wein zu trinken und sich von den Frauen fernzuhalten. In seiner Verwirrung schloß sich Patek einer gnostischen Täufersekte an, den Elkasaiten[39]. Das Kind kam mißgebildet zur Welt (es war wahrscheinlich lahm). Als es vier Jahre alt war, nahm es sein Vater zu sich, um es in der elkasaitischen Gemeinschaft zu erziehen. Über 20 Jahre lang (von 219/220 bis 240) wuchs Mani heran und wurde in einem stark von judenchristlichem Eifer geprägten Milieu erzogen. Man darf folglich die Wichtigkeit der christlichen Elemente in der manichäischen Synthese nicht unterschätzen. Die religiöse Berufung Manis äußerte sich jedoch in Opposition zur christlichen Theologie und Eschatologie und zum christlichen Ritus. Zwei Offenbarungen, die er im Alter von 12 und 24 Jahren empfangen hatte und die ihn seine eigene Sendung entdecken ließen, zwangen ihn, mit der Sekte der Elkasaiten zu brechen. Mani selbst hat uns den Inhalt dieser Offenbarungen überliefert. Ein Engel teilte ihm die Botschaften des „Königs des Lichtparadieses" mit (des höchsten guten Gottes des Manichäismus). In der ersten Botschaft wurde von ihm verlangt, die Gemeinschaft seines Vaters zu verlassen. Zwölf Jahre später, im Jahre 240, nötigte ihn die zweite Botschaft zum Handeln: „Nun ist die Zeit für dich gekommen, dich öffentlich kundzutun und laut deine Lehre zu verkünden."[40]

---

[38] Vgl. *H. Jonas*, a. a. O. 83 f; *H.-Ch. Puech*, a. a. O. II, 210 f; vgl. auch *M. Eliade*, Aspects du mythe 159 f.
[39] Heterodoxe judenchristliche Sekte, die im Jahre 100 im Land der Parther von Elchasai gegründet wurde.
[40] *Fihrist* 50, Übersetzung *H.-Ch. Puech*, Le manichéisme 43. Nach manichäischer Tradition verließ der Prophet die Täufersekte aus freien Stücken. Er scheint jedoch eher von der Hierarchie ausgeschlossen worden zu sein.

Von der geistigen Leistung, die den schwächlichen jungen Mann in den unermüdlichen Apostel einer neuen Erlösungsreligion verwandelte, wissen wir fast nichts. Wir kennen ebensowenig die Gründe, die ihn dazu bestimmt haben, von 240/241 bis Anfang 242 oder 243 seine erste Missionsreise nach Indien zu unternehmen[41]. Jedenfalls hat der Kontakt mit einigen Repräsentanten der indischen Spiritualität Konsequenzen sowohl für Mani wie für Indien gehabt. Von dem neuen König Shāpūr I. gerufen, begibt sich Mani nach Bēth Lapaṭ (Gundēshāpūr), der Hauptstadt der Sassaniden. Shāpūr war von dem Propheten tief beeindruckt und räumte ihm und seinen Missionaren Predigtfreiheit im ganzen Reich ein. Dies war die offizielle Anerkennung der neuen Religion; das Datum wurde ehrfürchtig festgehalten: 21. März 242 (oder, nach einer anderen Rechnung, 9. April 243).

Über die Biographie Manis während der Regierungszeit Shāpūrs I. von 242–273 sind wir schlecht unterrichtet. Es läuft darauf hinaus, zu sagen, daß wir fast nichts vom Leben des Propheten kennen außer dem Anfang (die beiden Offenbarungen, die „Bekehrung" Shāpūrs) und dem Ende (die Ungnade, in die er gefallen ist; der Tod). Was gesichert scheint, ist, daß er ziemlich gute Beziehungen zum König unterhielt und daß er lange Predigtreisen durch das ganze iranische Reich bis in dessen äußersten Osten unternahm. Er schickte im übrigen zahlreiche Missionsabordnungen in das Innere des Reiches und ins Ausland (nach Ägypten, nach Baktrien usw.).

Im April 272 stirbt Shāpūr, und sein Sohn Hōrmizd wird sein Nachfolger. Mani beeilt sich, ihn zu treffen. Er erhält vom neuen Herrscher die Erneuerung der Schutzbriefe und die Erlaubnis, sich nach Babylonien zu begeben. Aber kaum ein Jahr später stirbt Hōrmizd, und der Thron fällt an seinen Bruder Bahram I. Auf die Vorladung, sich vor dem König zu zeigen, kommt Mani nach Gundēshāpūr nach einer Reise, die als „seine letzte Missionstournee", als der „Abschiedsbesuch des Apostels an den Orten seiner Jugend und bei den Kirchen, die er gezeugt hatte", angesehen werden kann[42].

Und wirklich, sofort nach seiner Ankunft wird er vom Führer der Magier, dem unerbittlichen Mōbed Kartēr, unter Anklage gestellt: Die Predigt Manis, so bringt der Initiator der mazdäischen Intoleranz vor, macht die Untergebenen von der offiziellen Religion abspenstig. Die Unterhaltung mit dem König verläuft in einer spannungsgeladenen Atmosphäre. Als Mani den göttlichen Charakter seiner Mission vorbringt, fährt ihn Bahram an: „Warum wurde die

---

[41] „Geschah dies, um sich irgendeiner Maßnahme der Regierung zu entziehen, welche die Anfänge der manichäischen Propaganda beunruhigt hätten? Geschah es, um sich über die buddhistischen Glaubensvorstellungen zu unterrichten oder, im Gegenteil, um den Spuren des Apostels Thomas zu folgen und die in dem Land schon gegründeten christlichen Gemeinden für seine Verkündigung zu gewinnen?" *(Puech* 44).
[42] *H.-Ch. Puech,* Le manichéisme 50. Der Tradition zufolge wandte sich Mani an seine Gefährten mit den Worten: „Betrachtet mich und sättigt euch an mir, meine Kinder, denn was meinen Körper betrifft, werde ich mich von euch entfernen" (vgl. *François Decret,* Mani et la tradition manichéenne 67).

Offenbarung dir gegeben und nicht Uns, die Wir Herren des Landes sind?" Mani kann nur antworten: „So ist es Gottes Wille."[43] Er wird verurteilt, in Ketten gelegt und ins Gefängnis geworfen. Die Ketten (drei an den Händen, drei an den Füßen und eine am Hals) verbieten ihm jede Bewegung, und ihr Gewicht (etwa 20 Kilo) verursacht schreckliche Schmerzen. Die Passion – die die Manichäer mit dem christlichen Ausdruck „Kreuzigung" bezeichnet haben – dauert 26 Tage[44]. Nichtsdestoweniger kann der Prophet den Besuch seiner Religionsgenossen empfangen, und die Überlieferung hat in bearbeiteter Form zahlreiche erbauliche Episoden aufbewahrt. Mani stirbt am 26. Februar 277 im Alter von 60 Jahren. Sein Körper wurde zerstückelt, das Haupt am Stadttor ausgestellt, und die Reste den Hunden vorgeworfen.

Unmittelbar nach dem Tod des Propheten ordnete Bahram eine unerbittliche Unterdrückung der Bewegung an. Die manichäische Kirche schien im Begriff, endgültig unterzugehen. Dennoch wuchs sie jahrhundertelang unaufhörlich und breitete sich im Westen bis zur Iberischen Halbinsel und im Osten bis nach China aus.

232. Die manichäische Gnosis

Der Manichäismus ist vor allem Gnosis und als solche Teil der großen gnostischen Strömung, die wir soeben vorgestellt haben. Aber im Unterschied zu den anderen Sektengründern bemühte sich Mani, eine universale Religion, die für alle zugänglich und nicht nur auf eine esoterische, Initiierten vorbehaltene Belehrung beschränkt wäre, zu gründen. Er erkennt den Wert verschiedener früherer Religionen an, betrachtet sie aber als unvollständig. Andererseits beansprucht er, in seiner Kirche die wesentlichen Elemente aller Heiligen Schriften und aller Weisheit integriert zu haben: „Wie ein Fluß sich in einen anderen Fluß ergießt, um einen mächtigen Strom zu bilden, so haben sich die alten Bücher in meinen Schriften zusammengefügt; und sie haben eine große Weisheit gebildet, wie es in den vorhergehenden Generationen keine gab" (Kephalaia 154; dt. nach der Übers. von *H. Ch. Puech*, a.a.O. 69). Mani räumt Jesus in der Tat eine hervorragende Rolle ein und macht sich die Idee des Parakleten zu eigen; er entlehnt aus Indien die Theorie der Seelenwanderung; vor allem übernimmt er zentrale iranische Vorstellungen, in erster Linie den Dualismus Licht–Finsternis und den eschatologischen Mythos. Der Synkretismus war ein charakteristisches Symptom der Epoche. Im Falle Manis war er auch eine taktische Notwendigkeit.

---

[43] *H.-Ch. Puech*, a.a.O. 51; vgl. *Decret* 68.
[44] In einem bewegenden Gebet fleht Mani seinen Gott an: „Ich habe den Weg den erhabenen Söhnen gewiesen. Ganz und gar hab ich deinen Befehl vollbracht, dessentwegen ich in diese Welt gesandt war. Nun laß mich gelangen zur Ruhe der Erlösung, auf daß ich nicht mehr sehe der Feinde Gestalt und nicht mehr höre ihre gewaltige Stimme. Diesmal gib mir den großen Siegeskranz" (*F. C. Andreas*, Mitteliranische Manichaica aus Chinesisch-Turkestan III, 863).

Er wollte seine Kirche bis in die äußersten Winkel des persischen Reiches ausbreiten. Folglich war er gezwungen, eine religiöse Sprache zu benutzen, die ebenso den östlichen wie den westlichen Regionen vertraut war. Trotz scheinbar heterogener Elemente bietet der Manichäismus dennoch die innere Einheitlichkeit einer kraftvollen, originären Schöpfung.

Als Universalreligion wie der Buddhismus und das Christentum war der Manichäismus gezwungen, eine missionarische Religion wie diese beiden Kirchen zu sein. Nach Mani muß der Prediger „unablässig in der Welt umherirren, indem er die Lehre predigt und die Menschen in der Wahrheit führt"[45]. Schließlich ist der Manichäismus – und hier stimmt er mit dem Zeitgeist überein – eine „Buchreligion". Um die Kontroversen und Häresien, die den Zoroastrismus, den Buddhismus und das Christentum erschüttert hatten, zu vermeiden, verfaßte Mani selbst sieben Traktate, die den Kanon darstellen. Außer dem ersten, dem *Shābuhragān*, den er in Mittelpersisch verfaßte, sind alle anderen in Syrisch oder Ostaramäisch geschrieben. Von diesem umfangreichen Werk hat sich nur sehr wenig erhalten, und zwar lediglich in Übersetzungen; aber die Zahl und die Verschiedenheit der Sprachen, in denen diese Fragmente bis zu uns gelangt sind (Sogdisch, Koptisch, Türkisch, Chinesisch usw.), zeigen den beispiellosen Erfolg der manichäischen Verkündigung.

Wie in allen Richtungen der Gnosis und wie im Sāṃkhya-Yoga und im Buddhismus beginnt der Weg zur Erlösung mit einer rigorosen Analyse der conditio humana. Schon allein durch die Tatsache, daß er auf dieser Erde lebt, d. h., daß er eine inkarnierte Existenz besitzt, leidet der Mensch, was besagen will, daß er in den Fängen des Bösen ist. Die Befreiung kann nur durch Gnosis erreicht werden, das einzig wahre Wissen, *jenes, das rettet*. In Übereinstimmung mit der gnostischen Lehre kann ein vom Bösen beherrschter Kosmos nicht das Werk des transzendenten, guten Gottes sein, sondern nur das seines Widersachers. Die Existenz der Welt setzt also einen früheren, präkosmischen Zustand voraus, genau wie die leidvolle, gefallene Existenzweise des Menschen eine glückselige Ursituation voraussetzt. Das Wesen der manichäischen Lehre läßt sich in zwei Formeln zusammenfassen: die *beiden Prinzipien* und die *drei Zeitmomente*[46]. Diese beiden Formeln stellen nun aber auch das Fundament der nach-gāthischen iranischen Religiosität dar. Man könnte also sagen, daß der Manichäismus die iranische Ausdrucksgestalt der Gnosis in synkretistischer Epoche ist. Einerseits hat Mani gewisse traditionelle iranische Vorstellungen neu interpretiert; andererseits hat er in sein System etliche Elemente unterschiedlichen (indischen, judenchristlichen, gnostischen) Ursprungs integriert.

---

[45] *Al-Bīrūnī*, Chronology 190; *Puech* 64.
[46] Nach einem Turfan-Text, übersetzt von *Pelliot* (JA [1913] 110f), mußte der, der „in die Religion eintreten" wollte, wissen, daß zwei von Natur aus absolut verschiedene Prinzipien, das Licht und die Finsternis, und drei Momente existieren: der frühere Moment, als die Welt noch nicht zum Sein gekommen und das Licht von der Finsternis getrennt war; der mittlere, dazwischenliegende Moment, nachdem die Finsternis die Region des Lichts angegriffen hatte; und schließlich der spätere Moment, da die beiden Prinzipien von neuem getrennt sein werden.

Den Gläubigen lieferte der Manichäismus nicht nur eine Moral und eine soteriologische Methode, sondern auch und vor allem ein totales, absolutes Wissen. Das Heil ist die unvermeidliche Wirkung der Gnosis. Das Wissen entspricht einer Anamnese: Der Adept erkennt sich als ein Lichtpartikel, mithin als einen Teil der göttlichen Natur, denn es gibt eine Konsubstantialität zwischen Gott und den Seelen. Das Nichtwissen ist die Folge der Vermischung des Geistes mit dem Körper, des Geistes mit der Materie (der in Indien und anderswo seit dem 5. Jahrhundert v. Chr. vorherrschenden Konzeption). Aber für Mani wie für alle anderen gnostischen Lehrer umfaßte die erlösende Gnosis auch die Kenntnis der verborgenen (oder vergessenen) Geschichte des Kosmos. Der Adept erlangte das Heil, weil er vom Ursprung des Universums, vom Grund für die Erschaffung des Menschen, von den vom Fürsten der Finsternis angewandten Methoden und den vom Vater des Lichts entwickelten Gegenmethoden Kenntnis hatte. Die „wissenschaftliche Erklärung" gewisser kosmischer Phänomene, in erster Linie der Mondphasen, beeindruckte die Zeitgenossen. Tatsächlich spielen in dem von Mani ausgearbeiteten großen kosmogonisch-eschatologischen Mythos die Natur und das Leben eine wichtige Rolle: Das Drama der Seele ist eine Widerspiegelung der Morphologie und der Bestimmung des universalen Lebens.

233. Der Große Mythos: der Fall und die Erlösung der göttlichen Seele

Am Anfang, in der „früheren Zeit", existieren die beiden „Naturen" oder „Substanzen", das Licht und die Finsternis, das Gute und das Böse, Gott und die Materie, voneinander abgegrenzt. Im Norden herrscht der „Vater der Größe" (dem Gott-Vater der Christen und Zervan im Iran assimiliert), im Süden der „Fürst der Finsternis" (Ahriman oder für die Christen der Teufel). Doch die „ungeordnete Bewegung" der Materie treibt den Fürsten der Finsternis an die obere Grenze seines Reiches. Als er den Glanz des Lichtes wahrnimmt, erfaßt ihn das Verlangen, es zu erobern. Da beschließt der Vater, selbst den Gegner zurückzudrängen. Er „ruft", i. e. projiziert aus sich heraus, die „Mutter des Lebens", die ihrerseits eine neue Hypostase, den „Urmenschen" (Ohrmizd in den iranischen Überlieferungen), projiziert. Mit seinen fünf Söhnen, die in Wirklichkeit seine „Seele", eine „Rüstung" aus fünf Lichtern sind, steigt der Urmensch zur Grenze hinab. Er greift die Finsternis an, wird aber besiegt, und seine Söhne werden von den Dämonen (den Archonten) verschlungen. Diese Niederlage ist der Beginn der kosmischen „Mischung", stellt aber zugleich den endgültigen Triumph Gottes sicher. Denn die Dunkelheit (die Materie) besitzt nun einen Anteil von Licht, d. h. einen Teil der göttlichen Seele, und der Vater führt, indem er deren Befreiung vorbereitet, zugleich den Endsieg über die Finsternis herbei.

In einer zweiten Schöpfung „ruft" der Vater den Lebendigen Geist; dieser steigt in die Finsternis hinab und ergreift den Urmenschen bei der Hand[47] und führt ihn zu seiner himmlischen Heimat, dem Paradies des Lichts, empor. Der Lebendige Geist schafft, die dämonischen Archonten niederstreckend, die Himmel aus ihrer Haut, die Berge aus ihren Knochen, die Erde aus ihrem Fleisch und ihren Exkrementen. (Man erkennt hier den alten Mythos von der Schöpfung durch das Opfer eines Riesen oder Urungeheuers vom Typ Tiamat, Ymir, Puruṣa.) Außerdem vollbringt er eine erste Befreiung des Lichts, indem er aus den Teilen, die unter dem Kontakt mit der Finsternis nicht zu sehr gelitten hatten, die Sonne, den Mond und die Sterne erschafft.

Schließlich nimmt der Vater eine letzte Berufung vor und bringt durch Emanation den „Dritten Gesandten" hervor. Dieser gestaltet den Kosmos zu einer Art Maschine um mit dem Zweck, die noch gefangenen Lichtpartikel auszuschöpfen und endgültig zu befreien. In der ersten Hälfte des Monats steigen die Partikel zum Mond empor, der dadurch zum Vollmond wird; in der zweiten Hälfte wird das Licht vom Mond zur Sonne und schließlich in seine himmlische Heimat transferiert. Aber es blieben noch die Partikel, die von den Dämonen verschlungen worden waren. Im Hinblick darauf zeigt sich der Gesandte den männlichen Dämonen in Gestalt einer betörenden nackten Jungfrau, während ihn die weiblichen Dämonen als einen schönen nackten Mann erblicken (schmutzige, „dämonische" Interpretation der androgynen Natur des himmlischen Gesandten). Von der Begierde ergriffen, geben die männlichen Archonten ihren Samen und mit ihm das Licht, das sie verschlungen hatten, ab. Der Samen fällt zur Erde und bringt alle Pflanzenarten hervor. Die weiblichen Dämonen, die schon schwanger waren, haben beim Anblick des schönen jungen Mannes Fehlgeburten, die auf die Erde fallen, die Knospen der Bäume fressen und sich dadurch das darin enthaltene Licht einverleiben.

Durch die Taktik des Dritten Gesandten alarmiert, beschließt die Materie, personifiziert als „Konkupiszenz", ein sicheres Gefängnis um die noch gefangenen Lichtpartikel zu schaffen. Zwei Dämonen, ein männlicher und ein weiblicher, verschlingen alle Fehlgeburten, um die Totalität des Lichts in sich aufzunehmen, und vereinigen sich dann. Auf diese Weise werden Adam und Eva geboren. Wie Henri-Charles Puech schreibt, „wird unser Geschlecht also infolge einer Reihe ekelhafter kannibalischer und sexueller Verhaltensweisen geboren. Es bewahrt die Stigmata dieses diabolischen Ursprungs: den Körper, der die animalische Form der Archonten ist, und die *libido*, die Begierde, die den Menschen dazu treibt, sich zu paaren und seinerseits zu reproduzieren, d. h. dem Plan der Materie entsprechend die Lichtseele ohne Ende in ihrer Gefangenschaft festzuhalten, indem die Fortpflanzung sie von einem Körper in den anderen überträgt, ‚umfüllt'" (a.a.O. 81).

Da sich nun aber die größte Lichtmenge in Adam versammelt findet, wird er

---

[47] Der Handschlag wird das manichäische Ritual par excellence werden.

mit seiner Nachkommenschaft das hauptsächliche Objekt der Erlösung. Das eschatologische Szenarium wiederholt sich: Genau wie der Urmensch vom Lebendigen Geist gerettet wurde, wird Adam, gemein und ohne Bewußtsein, vom Erlöser, dem „Sohn Gottes", der mit Ohrmizd oder „Lichtjesus" identifiziert wird, erweckt. Die Inkarnation der Erlösenden Intelligenz („der Gott des *Noûs*", der „*Noûs*") kommt, um in Adam seine in der Finsternis verirrte und verkettete Seele zu retten (Puech 82). Wie in den anderen gnostischen Systemen umfaßt die Erlösung drei Stadien: die Erweckung, die Offenbarung des erlösenden Wissens und die *anamnesis*. „Adam prüfte sich selbst und erkannte, wer er war..." „Die Seele des Glückseligen wurde wissend und stand auf."[48]

Dieses soteriologische Szenarium wird zum Modell jeder gegenwärtigen und künftigen Erlösung durch Gnosis. Bis zum Weltende bemüht sich ein Teil des Lichts, d. h. der göttlichen Seele, den anderen, in der Welt, in dem Körper der Menschen und Tiere und in allen Pflanzenarten eingeschlossenen Teil zu „erwecken" und letztlich zu erlösen. Vor allem die Bäume, die dem leidenden Christus, dem *Jesus Patibilis*, als Galgen dienen, enthalten ein großes Quantum göttlicher Seele. Der Manichäer Faustus drückt es so aus: „Jesus, das Leben und das Heil der Menschen, hängt an jedem Holz."[49] Die Fortdauer der Welt verlängert die Kreuzigung und die Agonie des historischen Jesus. Gewiß werden die Lichtpartikel, d. h. die Seelen der glückseligen Verstorbenen, durch die „Gefäße" Mond und Sonne ohne Unterlaß zum himmlischen Paradies befördert. Doch andererseits wird die Enderlösung durch alle diejenigen verzögert, die nicht dem von Mani gewiesenen Weg folgen, d. h. die Fortpflanzung nicht meiden. Denn da das Licht im Sperma konzentriert ist, verlängert jedes Kind, das zur Welt kommt, lediglich die Gefangenschaft eines göttlichen Partikels.

In der Beschreibung der „Dritten Zeit", dem eschatologischen *finale*, macht Mani Anleihen bei der apokalyptischen Bilderwelt, die in ganz Westasien und in der hellenistischen Welt vertraut ist. Das Drama beginnt mit einer Reihe schrecklicher Heimsuchungen (von den Manichäern „Großer Krieg" genannt), die der Kirche der Gerechtigkeit und dem Letzten Gericht, bei dem die Seelen vor dem Richterstuhl *(bēma)* Christi gerichtet werden, vorausgehen. Nach einer kurzen Herrschaft werden sich Christus, die Auserwählten und alle Personifikationen des Guten zum Himmel erheben. Die Welt wird, nachdem sie in Brand gesteckt und durch eine Feuersbrunst von 1468 Jahren gereinigt worden ist, vernichtet werden. Die letzten Lichtpartikel werden in einer „Statue", die sich zum Himmel erhebt, zusammengefaßt werden[50]. Die Materie mit allen ihren Personifikationen, den Dämonen und ihren Opfern, den Verdammten, werden in

---

[48] Theodor bar Kônai in *Fr. Cumont*, Recherches sur le Manichéisme I, 47; Turfan-Fragment S 9, veröffentlicht von Henning und übersetzt von Puech 82.
[49] Ausdruck, der vom hl. *Augustin*, Contra Faustum 20, 2 wiedergegeben wird.
[50] Nach gewissen manichäischen Schulen werden jedoch nicht alle Lichtpartikel gerettet werden, anders ausgedrückt, eine gewisse Zahl von Seelen wird für die Ewigkeit in der Materie gefangen bleiben.

einer Art „Klumpen" (dem *bôlos*) eingeschlossen und auf den Grund eines riesigen Grabens geworfen werden, der durch einen Felsen versiegelt wird. Diesmal wird die Trennung der beiden Substanzen endgültig sein, denn die Dunkelheit wird nie mehr in das Lichtreich eindringen können.

234. Der absolute Dualismus als mysterium tremendum

Man hat in dieser grandiosen Mythologie die wesentlichen Themen der iranischen Spiritualität und der hellenistischen Gnosis wiedererkannt. Mühselig und mit etlichen Details „erklärt" Mani die Gründe für die Verfallenheit des Menschen, indem er die verschiedenen Epochen des Falls und der Gefangenschaft der göttlichen Seele in der Materie nachzeichnet. Verglichen z. B. mit dem Lakonismus, ja dem Schweigen der indischen Gnosen (Sāṃkhya-Yoga und Buddhismus), scheinen die manichäische Theologie, Kosmogonie und Anthropogonie jede mögliche Frage nach den „Ursprüngen" zu beantworten. Man versteht, warum die Manichäer ihre Lehre als „wahrer", d. h. „wissenschaftlicher" als die anderen Religionen betrachteten: deshalb, weil sie die Totalität der Wirklichkeit durch eine Ursache-Wirkungs-Kette erklärte. Es gibt geradezu eine gewisse Ähnlichkeit zwischen dem Manichäismus und dem wissenschaftlichen Materialismus, und zwar dem alten und dem modernen: Für den einen wie für den anderen sind die Welt, das Leben und der Mensch das Resultat eines Zufalls. Sogar der Konflikt zwischen den beiden Prinzipien war infolge einer Zufälligkeit ausgebrochen: Der Fürst der Finsternis befand sich in der Nähe des Lichts infolge dessen, was Alexander von Lykopolis die „ungeordnete Bewegung" der Materie nannte. Und alle „Schöpfungen", angefangen von der Bildung der Welt bis zum Erscheinen des Menschen, sind, wie man gesehen hat, nur Akte der Verteidigung des einen oder anderen Protagonisten.

Selten erreichte eine akosmische Philosophie oder Gnosis den tragischen Pessimismus, der das System Manis durchwaltet. Die Welt wurde aus einer dämonischen Substanz geschaffen, den Körpern der Archonten (obgleich der kosmogonische *Akt* von einem göttlichen Wesen ausgeführt wurde), und der Mensch ist das Werk dämonischer Mächte in ihrer abstoßendsten Verkörperung. Es ist wenig wahrscheinlich, daß es einen anderen, noch tragischeren und mehr erniedrigenden anthropogonischen Mythos gibt. (Auch an diesem Punkt stellt man eine Analogie mit der zeitgenössischen Wissenschaft fest: Für Freud z. B. haben der Kannibalismus und der Inzest beträchtlich zum Werden des Menschen, so wie er ist, beigetragen.)

Die menschliche Existenz ebenso wie das Leben allgemein sind nur Stigmata einer göttlichen Niederlage. Wenn nämlich der Urmensch von Beginn an siegreich gewesen wäre, hätten weder der Kosmos noch das Leben, noch der Mensch existiert. Die Kosmogonie ist eine verzweifelte Tat Gottes, um einen Teil seiner selbst zu retten, ebenso wie die Erschaffung des Menschen eine verzweifelte Tat der Materie ist, um die gefangenen Lichtpartikel festzuhalten. Trotz seines unehrenhaften Ursprungs wird der Mensch zum Zentrum und zum Hauptgegenstand des Dramas, denn er trägt einen Partikel der göttlichen Seele in sich[51]. Dennoch handelt es sich um ein Mißverständnis, denn Gott interessiert sich nicht für den *Menschen* als solchen, sondern für die *Seele,* die göttlichen Ursprungs ist und dem Erscheinen der menschlichen Gattung vorausgeht. Kurzum: Es handelt sich immer um die Anstrengung Gottes, sich selbst zu retten. Auch in diesem Falle kann man von einem „erlösten Erlöser" sprechen. Dies ist außerdem der einzige Augenblick, in dem sich die Gottheit als aktiv erweist, denn im allgemeinen sind die Initiative und die Aktivität auf seiten des Fürsten der Finsternis. Dies ist es, was die manichäische Literatur, speziell die Hymnen, die den Fall und die Drangsale der Seele beschreiben, so pathetisch macht. Manche manichäischen *Psalmen* sind von großer Schönheit, und das Bild des *Jesus Patibilis* hat seinen Platz unter den bewegendsten Schöpfungen menschlicher Frömmigkeit.

Da der Körper dämonischer Natur ist, schreibt Mani, wenigstens für die „Erwählten"[52], strengsten Asketismus vor, jedoch bei Verbot des Selbstmords. Hat man einmal die Prämissen akzeptiert – die beiden Prinzipien und den Urangriff des Bösen –, so scheint das ganze System solide konstruiert. Man kann nicht, man *darf* nicht religiös bewerten, was dem Widersacher Gottes zugehört: die Natur, das Leben, die menschliche Existenz. Die „wahre Religion" besteht darin, aus dem von den dämonischen Kräften errichteten Gefängnis zu fliehen und zu der endgültigen Vernichtung der Welt, des Lebens und des Menschen beizutragen. Die „Erleuchtung", die man durch Gnosis erhält, genügt zum Heil, weil sie ein bestimmtes Verhalten hervorruft, das den Gläubigen von der Welt trennt. Die Riten sind unnütz außer einigen symbolischen Handlungen (dem Friedenskuß, dem brüderlichen Gruß, dem Handschlag), Gebeten und Gesängen. Das Hauptfest, das *bēma,* preist, obwohl es an das Leiden Manis erinnert, den „Stuhl" des Apostels, d. h. die Lehre der erlösenden Gnosis.

Die Predigt und die „Unterweisung" stellen in der Tat die wirkliche religiöse Tätigkeit der Manichäer dar. Im 3., aber vor allem im 4. Jahrhundert vermehren sich die Missionen in ganz Europa, in Nordafrika und in Kleinasien. Das 5. Jahrhundert markiert einen gewissen Rückschritt, und im 6. Jahrhundert scheint der Manichäismus in Europa vom Verschwinden bedroht, aber er überlebt immer in gewissen Zentren (z. B. in Afrika im 8. Jahrhundert). Außerdem inspiriert er im Sassanidenreich des 5. Jahrhunderts die Bewegung Mazdaks; es ist wahrscheinlich, daß die Paulikianer in Armenien im 7. Jahrhundert und der Bogomilismus in Bulgarien im 10. Jahrhundert gewisse manichäische Themen wieder

---

[51] Paradoxerweise wohnt dieser göttliche Funke dem Sperma inne. Mani nimmt die archaische indo-iranische Idee der Identität von Geist, Licht und *semen virile* auf.
[52] Ebenso wie die anderen gnostischen Sekten unterteilt der Manichäismus die Gläubigen in eine untere Klasse, die Hörer oder Katechumenen, und eine Elite, die „Erwählten".

aufgegriffen haben (vgl. Bd. III). Andererseits trägt ein neuer, starker Schub die Predigt vom Ende des 7. Jahrhunderts an nach Zentralasien und nach China, wo der Manichäismus bis in das 14. Jahrhundert überlebt[53]. Hinzugefügt sei, daß die manichäischen kosmologischen Ideen direkt oder indirekt in Indien und Tibet einen gewissen Einfluß ausgeübt haben (vgl. Kap. 36). Ja noch mehr: Eine gewisse „manichäische Tendenz" ist noch integraler Bestandteil der europäischen Spiritualität.

Alle diese Erfolge der Verkündigung dürfen uns nicht die Tatsache aus dem Blick verlieren lassen, daß der Manichäismus als die Häresie schlechthin betrachtet wurde und daß er nicht nur von den Christen, den Magiern, den Juden und Moslems, sondern auch von Gnostikern, wie den Mandäern, und von den Philosophen, wie z. B. Plotin, heftig kritisiert wurde.

---

[53] Im Jahre 763 bekehrte sich der *qaghan* der Uiguren, und der Manichäismus wurde Staatsreligion im Uigurenreich bis zu seiner Zerstörung durch die Kirgisen 840. In China werden im 7. Jahrhundert manichäische „Tempel" errichtet, und die „Religion des Lichtes" war am Rande des Taoismus und Buddhismus bis ins 14. Jh. aktiv (*Puech* 64–67 und Anm. 257).

DREISSIGSTES KAPITEL

Die Götterdämmerung

235. Häresien und Orthodoxie

Die erste systematische Theologie ist die Konsequenz der Krisen, die im Laufe des 2. Jahrhunderts die Großkirche in gefährlicher Weise erschüttert haben. Indem sie die „Häresien" der gnostischen Sekten – in erster Linie den antikosmischen Dualismus und die Ablehnung der Inkarnation, des Todes und der Auferstehung Jesu Christi – kritisierten, haben die Kirchenväter nach und nach die orthodoxe Lehre entwickelt. Im wesentlichen bestand die Orthodoxie in der Treue zur alttestamentlichen Theologie. Die Gnostiker galten als die Häretiker schlechthin, gerade weil sie ganz oder teilweise sogar die Prinzipien hebräischen Denkens zurückgewiesen haben. In der Tat waren die gnostischen Ideen – die Präexistenz der Seele im Ur-Einen, der akzidentelle Charakter der Schöpfung, der Fall der Seele in die Materie usw. – und die biblische Theologie, Kosmogonie und Anthropologie nicht kompatibel. Man konnte sich nicht Christ nennen, ohne die Lehren des Alten Testamentes bezüglich der Entstehung der Welt und der Natur des Menschen zu teilen: Gott hatte das Schöpfungswerk mit der Erschaffung der Materie begonnen und es vollendet, indem er den Menschen körperlich, geschlechtlich und frei nach dem Bild und Gleichnis seines Schöpfers schuf. Anders ausgedrückt: Der Mensch wurde mit den Virtualitäten eines Gottes ausgestattet geschaffen. Die „Geschichte" ist die Zeitdauer, in der der Mensch seine Freiheit zu gebrauchen und sich zu heiligen lernt, auf einen Nenner gebracht: in der er seine Lehrzeit als Gott absolviert[1]. Denn das Endziel der Schöpfung ist eine geheiligte Menschheit. Dies erklärt die Bedeutung von Zeitlichkeit und Geschichte und die entscheidende Rolle der menschlichen Freiheit; denn der Mensch kann nur Gott werden im Gegenzug zu dem, was er ist.

Diese Konzeptionen wurden vom Christentum übernommen. Der heilige Paulus preist die durch Christus geschenkte neue Geburt: „Wenn einer in Christus ist, so ist er ein neues Geschöpf" (2 Kor 5, 17); weder die Beschneidung

---

[1] Wir folgen der Interpretation von Claude Tresmontant, dem großartigen Exegeten hebräischen Denkens; siehe La Métaphysique du christianisme 531 und Biblisches Denken und hellenistische Überlieferung. Ein Versuch, Kap. I-II.

noch das Nichtbeschnitten-Sein gelten etwas, „sondern es geht darum, ein neues Geschöpf zu sein" (Gal 6, 15), ein „neuer Mensch" (Eph 2, 15) oder eine einzige neue Menschheit. Wie Claude Tresmontant schreibt, „kommt in dieser Perspektive nicht die *Rückkehr* zu unserer früheren, ursprünglichen Seinsweise wie in den gnostischen Mythen in Frage, sondern im Gegenteil ohne Blick zurück das Streben nach dem, was vor uns liegt, nach der Schöpfung, die kommen wird und schon kommt. Das Christentum ist keine Lehre von der *Rückkehr* wie die Gnosis oder der Neuplatonismus, sondern eine Lehre von der Schöpfung."[2]

Paradoxerweise bietet das Christentum trotz der Parusieverzögerung und der sich verschärfenden Verfolgungen das Bild einer „optimistischen Religion". Die gegen die Gnostiker entwickelte Theologie verherrlicht die Schöpfung, heißt das Leben gut, akzeptiert die Geschichte, selbst wenn sie nur aus Schrecken besteht. Genau wie R. Jochanan ben Zakkai, der in seiner Schule von Jabne die Kontinuität des Judentums bewahrte, betrachtete die Kirche die Zukunft mit Hoffnung und Vertrauen. Gewiß werden bestimmte Haltungen, die Lebensfeindlichkeit verraten (Asketismus, Mönchtum, Lob der Jungfräulichkeit usw.), wie wir gleich sehen werden, in den verschiedenen Kirchen akzeptiert und manchmal auch übertrieben. In einer Epoche jedoch, die von der Verzweiflung beherrscht und durch fast ebenso antikosmische, pessimistische Philosophien wie jene der Gnostiker geprägt ist[3], heben sich die Theologie und Praxis der Kirche durch ihre Ausgewogenheit ab.

Für die Kirchenväter geht die Orthodoxie einher mit der apostolischen Sukzession: Die Apostel haben die Lehre direkt von Christus empfangen und sie an die Bischöfe und ihre Nachfolger weitergegeben[4]. Was den Grund für die Häresien betrifft, so sahen ihn Irenäus und Hippolyt in der Verseuchung der Schrift durch die griechische Philosophie.

Diese These wurde 1934 von Walter Bauer kritisiert[5]. Der deutsche Gelehrte stellt zunächst fest, daß sich der Gegensatz Orthodoxie–Häresie erst recht spät, am Anfang des 2. Jahrhunderts, herausbildet. Das Urchristentum war ziemlich komplex, umfaßte vielfältige, verschiedenartige Ausdrucksformen. Die ersten Formen des Christentums kamen denen, die später als häretisch angesehen

---

[2] Vgl. La Métaphysique du christianisme 71. Es ist kennzeichnend, daß die Kirchenväter im allgemeinen den Prinzipien des offiziellen Judentums folgten, wobei sie die jüdischen Spekulationen gnostischen Typs außer acht ließen.
[3] Erinnert sei an jenes Paradox, das von den Historikern oft mit Schweigen übergangen wird: Die wichtigsten gnostischen Lehrer ebenso wie Markion und gewisse klassische Autoren (Epiktet, Plutarch) haben ihre tragischen, höchst pessimistischen Philosophien in einer Epoche des Friedens und der Prosperität, dem „Goldenen Jahrhundert" der Antonine, entwickelt; vgl. *E. R. Dodds*, Pagan and Christian in an Age of Anxiety 4.
[4] Auch die Häretiker beriefen sich auf einen Apostel (e.g. Basilides auf den Dolmetscher des Petrus und somit auf Petrus selbst), aber die Kirchenväter haben diese vorgeblichen Sukzessionen zurückgewiesen, weil sie geheim und nicht verifizierbar waren. Wie Irenäus schrieb (Adv. haer. 3, 4, 3), „gab es vor Valentin keine Valentinianer noch vor Markion Markioniten".
[5] Rechtgläubigkeit und Ketzerei im ältesten Christentum (²1964, engl. 1971). Siehe die kurze, aber klare Darstellung von *A. Benoit*, Le Judaïsme et le Christianisme antique 297f.

wurden, in Wirklichkeit ziemlich nahe. Walter Bauer kommt zu dem Schluß, daß drei große christliche Zentren – Edessa, Alexandrien, Kleinasien – in den beiden ersten Jahrhunderten häretisch waren; die Orthodoxie hielt erst später Einzug. Das einzige orthodoxe Zentrum von Anfang an war Rom. Folglich ist der Sieg der Orthodoxie in der Antike mit dem Sieg des römischen Christentums identisch. „So gelingt es Rom, im Urchristentum mit seinen wechselnden, vielfältigen Formen und seinen verschiedenen, manchmal gegensätzlichen Strömungen eine besondere Form zu fixieren, die den Namen Orthodoxie bekommt, weil sie sich durchsetzen konnte; auf sie bezogen, werden die anderen Tendenzen als häretisch qualifiziert werden."[6]

Bauers Erklärung bleibt jedoch, wie André Benoit feststellt, rein historisch; sie zieht nicht den spezifischen Lehrgehalt der Orthodoxie und der Häresie in Betracht. Es ist das Verdienst H. E. Turners, eine theologische Untersuchung der beiden gegensätzlichen Positionen vorgenommen zu haben[7]. Nach Turner „unterscheidet sich (die Häresie) von der Orthodoxie einerseits durch die Zurückweisung der von der Kirche ausdrücklich definierten Lehren und andererseits durch die Herabminderung des spezifischen Inhalts des christlichen Glaubens; insgesamt stellt sie eine Abweichung vom traditionellen Glauben dar" (A. Benoit 303). „Die Orthodoxie erscheint als ein kohärentes, wohlgeordnetes Gedankensystem, während die Häresie, die sich fortschreitend von den ursprünglichen Lehrgrundlagen entfernt und Faktoren von Auflösung, Verstümmelung, Verdrehung und Archaismus einführt, als ein Ensemble fragmentarischer, unfertiger und letztlich inkohärenter Theorien erscheint" (ebd. 306). Vom Standpunkt der Geschichte des christlichen Denkens aus „ist der Sieg der Orthodoxie jener der Kohärenz über die Inkohärenz, jener einer gewissen Logik über phantastische Hirngespinste, jener einer auf wissenschaftliche Weise ausgearbeiteten Theologie gegenüber unorganisierten Lehren... Die Orthodoxie erscheint als an eine juridische Institution, an eine Gesellschaft mit einer eigenen Geschichte und Politik gebunden. Aber sie erscheint auch als an ein Gedankensystem, an eine Doktrin gebunden. Sie hat Elemente sowohl von der juridischen Institution wie von der Theologie" (ebd. 307).

Zusammenfassend läßt sich die Orthodoxie bestimmen durch: 1. die Treue zum Alten Testament und zur apostolischen Überlieferung, wie sie in den Dokumenten bezeugt ist; 2. den Widerstand gegen die Exzesse der mythologisierenden Imagination; 3. die dem systematischen Denken (also der griechischen Philosophie) erwiesene Reverenz; 4. die Wichtigkeit, die den sozialen und politischen Institutionen, kurz: dem juridischen Denken, dem Spezifikum des römischen Genius, beigemessen wird. Jedes dieser Elemente hat bedeutsame theologische Schöpfungen hervorgebracht und in einem mehr oder weniger großen Ausmaß zum Sieg der Großkirche beigetragen. Jedoch hat jedes dieser Elemente

---

[6] *A. Benoit*, a.a.O. 300.
[7] *E. H. W. Turner*, The Pattern of the Christian Truth; das Werk wird von A. Benoit 302f erörtert.

zu bestimmten Zeiten der Geschichte des Christentums auch oft ziemlich schwere Krisen verursacht und zur Verarmung der ursprünglichen Tradition beigetragen.

236. Das Kreuz und der Lebensbaum

Wegen der antignostischen Polemik wurden die esoterische Unterweisung und die Tradition der christlichen Gnosis in der Großkirche fast ganz erstickt. (Später wird die kirchliche Hierarchie gegenüber den mystischen Erfahrungen einen ähnlichen Verdacht an den Tag legen; vgl. Bd. III.) Das ist vielleicht der höchste Preis, den das Christentum für die Erhaltung der Einheit der Kirche hat zahlen müssen. Von nun an werden die christliche Gnosis und die esoterische Unterweisung in reduzierter und verschleierter Form am Rande der offiziellen Institutionen weiterleben. Manche esoterischen Traditionen (an erster Stelle jene, die in den Apokalypsen und den Apokryphen erhalten sind) werden eine große Verbreitung in Volkskreisen finden, jedoch in Verbindung mit Mythen und Legenden, die aus häretischen gnostischen Systemen, namentlich dem Manichäismus, stammen (vgl. S. 343).

Für die Zielsetzung dieses Kapitels wäre es unnütz, bei gewissen Schwierigkeiten der Urkirche zu verweilen, z. B. der Kontroverse über die Osterfrage (gegen Ende des 2. Jahrhunderts) oder Fragen der Disziplin (z. B. die Lossprechung von Gläubigen, die nach ihrer Taufe schwere Sünden begangen haben usw.).

Schwerwiegender und bedeutungsvoller für die allgemeine Religionsgeschichte sind die durch die dogmatischen Formulierungen der Christologie hervorgerufenen Kontroversen und Krisen, ein Problem, das unsere Aufmerksamkeit später finden wird. Halten wir für den Augenblick nur fest, daß man zwei parallele und komplementäre Tendenzen hinsichtlich der Integration des vorchristlichen religiösen Erbes unterscheiden kann; man beobachtet, so könnte man sagen, wiederholte und verschiedenartige Anstrengungen, um der Botschaft Christi eine universale Dimension zu verleihen. Die erste und ältere Tendenz manifestiert sich in der Assimilierung und Neubewertung von Symbolismen und mythologischen Szenarien biblischen, orientalischen oder heidnischen Ursprungs. Die zweite Tendenz, die vor allem in den theologischen Spekulationen vom 3. Jahrhundert an greifbar wird, bemüht sich darum, das Christentum mit Hilfe griechischer Philosophie, namentlich der neuplatonischen Metaphysik, zu „universalisieren".

Schon der heilige Paulus stattet das Sakrament der Taufe mit einem Symbolismus archaischer Struktur aus: ritueller Tod und Auferstehung, Neugeburt in Christus. Die ersten Theologen führen dieses Szenarium aus: Die Taufe ist ein Abstieg in den Wasserabgrund zum Zweikampf mit dem Meerungeheuer; das Vorbild ist das Hinabsteigen Christi in den Jordan. Eine andere Wertung ist die

Taufe als *Antitypos* der Sintflut. Nach Justin ist Christus, der neue Noach, siegreich dem Wasser entstiegen und zum Haupt eines neuen Geschlechts geworden. Die Nacktheit bei der Taufe hat ebenfalls rituelle und zugleich metaphysische Bedeutung: Sie ist das Ablegen des alten Kleides der Verderbnis und der Sünde, jenes, mit dem Adam nach dem Sündenfall bekleidet wurde. Alle diese Themen finden sich auch anderswo: Die „Wasser des Todes" sind ein Leitmotiv der altorientalischen, asiatischen und ozeanischen Mythologien. Die rituelle Nacktheit bedeutet Integrität und Vollkommenheit: Das „Paradies" impliziert das Nichtvorhandensein von „Kleidern", d.h. das Nichtvorhandensein von „Abnützung" (dem archetypischen Bild der Zeit). Die Meerungeheuer begegnen in einer Reihe von Traditionen; das Hinabsteigen auf den Grund des Abgrundes ist eine Initiationsprüfung für Heroen. Gewiß ist für den Christen die Taufe ein Sakrament, weil sie von Christus eingesetzt worden ist. Aber sie übernimmt darum nicht weniger das Initiationsritual der Prüfung (= Kampf gegen das Ungeheuer), des symbolischen Todes und der symbolischen Auferstehung (= Geburt des neuen Menschen)[8].

Die Taufe schafft weiterhin nach Paulus die Versöhnung der Gegensätze: „Da gibt es nicht mehr Sklaven und Freie, Mann und Weib" (Gal 3,28). Anders ausgedrückt: Der Getaufte erlangt die ursprüngliche androgyne Seinsweise wieder. Der Gedanke ist im *Thomasevangelium* klar ausgesprochen: „Und wenn ihr das Männliche und das Weibliche zu einem Einzigen macht, damit das Männliche nicht männlich und das Weibliche nicht weiblich sei,... dann werdet ihr eingehen in das Königreich."[9] Es ist überflüssig, auf das Archaische und die allgemeine Verbreitung des Symbols des Androgynen als exemplarischen Ausdrucks der menschlichen Vollkommenheit näher einzugehen. Wahrscheinlich wurde wegen der beträchtlichen Bedeutung, die von den Gnostikern der Androgynie beigemessen wurde, dieser Symbolismus nach Paulus immer weniger angesprochen. Aber er verschwand niemals vollständig aus der Geschichte des Christentums[10].

Noch gewagter ist die Assimilierung des Symbolismus des Weltbaums durch die christliche Bildkunst, Liturgie und Theologie. Auch in diesem Falle haben wir es mit einem archaischen, allgemein verbreiteten Symbolismus zu tun. Das Kreuz, das aus dem Holz des Baumes von Gut und Böse gemacht ist, ist mit dem Kosmischen Baum identisch oder ersetzt ihn. Es wird als ein Baum beschrieben, der „von der Erde bis zum Himmel reicht", als unsterbliche Pflanze, die „sich im Mittelpunkt des Himmels und der Erde erhebt, als starke Stütze

---

[8] Vgl. *M. Eliade,* Die Religionen und das Heilige, §§ 64 f; Ewige Bilder und Sinnbilder 189 ff.
[9] Logion 22, Übersetzung *Haardt* 192 f; vgl. Logion 106: „Wenn ihr die Zwei zu Eins macht, werdet ihr Söhne des Menschen werden."
[10] Siehe *M. Eliade,* Méphistophélès et l'Androgyne 129 f; *Wayne A. Meeks,* The Image of the Androgyne: Some Uses of a Symbol in Earliest Christianity, bes. 180 f. Die Mythologie des Androgynen taucht mit Scotus Eriugena wieder auf, setzt sich mit Jakob Böhme, Baader und der deutschen Romantik fort und wird in gewissen zeitgenössischen Theologien wieder aktuell.

des Universums", „als Baum des Lebens, auf dem Kalvarienberg gepflanzt".
Zahlreiche patristische und liturgische Texte vergleichen das Kreuz mit einer
Leiter, einer Säule oder einem Berg, charakteristischen Ausdrucksformen des
„Mittelpunkts der Welt". Das ist der Beweis dafür, daß sich *das Bild des
Mittelpunkts natürlicherweise* der christlichen Einbildungskraft aufdrängte.
Gewiß hat das Bild des Kreuzes als Baum von Gut und Böse und Kosmischer
Baum seinen Ursprung in den biblischen Traditionen. Durch das Kreuz (= der
Mittelpunkt) aber vollzieht sich die Kommunikation mit dem Himmel, und zugleich wird das Universum insgesamt „heil". Der Begriff *Heil* ist also nichts anderes als eine Wiederaufnahme und Ergänzung der Begriffe *ewige Wiederkehr*
und *kosmische Erneuerung, universale Fruchtbarkeit* und *Sakralität, absolute
Wirklichkeit* und schließlich *Unsterblichkeit,* alles Begriffe, die im Symbolismus
des Weltbaums zusammen vorkommen[11].

Andere archaische Themen sind nach und nach in das Szenarium der Kreuzigung integriert worden. Da Jesus Christus im Mittelpunkt der Welt gekreuzigt
wurde, da, wo Adam geschaffen und begraben worden war, floß sein Blut über
das „Haupt Adams", taufte ihn somit und erlöste ihn von seiner Sünde[12]. Und
da das Blut des Heilands von der Erbsünde erlöst hat, wird das Kreuz (=
Lebensbaum) zur Quelle der Sakramente (symbolisiert durch das Olivenöl, das
Getreide, den Weinstock, mit denen die Heilpflanzen assoziiert werden)[13].
Diese mythologischen Themen, von den christlichen Autoren vor allem seit dem
3. Jahrhundert entwickelt, haben eine lange und komplizierte Vorgeschichte:
Aus dem Blut oder dem Körper eines getöteten Gottes oder Urwesens wachsen
Wunderpflanzen. Aber schon jetzt muß unterstrichen werden, daß diese von
den christlichen Autoren aufgegriffenen Szenarien und archaischen Bilder einen
unvergleichlichen Erfolg in der religiösen Folklore Europas gehabt haben.
Unzählige Volkslegenden und -lieder sprechen von den Blumen und Heilpflanzen, die unter dem Kreuz oder auf dem Grab Jesu wachsen. In der rumänischen Volkspoesie beispielsweise bringt das Blut des Erlösers das Getreide,
das Chrisam und den Weinstock hervor. „... Und mein Leib fiel / da wo er fiel /
kam gutes Getreide..." „... Nägel schlug er ein / mein Blut schoß hervor / und
wo es hintropfte / floß guter Wein." „Aus den Seiten sind Blut und Wasser
geflossen. / Aus dem Blut und dem Wasser – der Weinstock. / Aus dem Weinstock – die Früchte. / Aus den Früchten – der Wein: / das Blut des Herrn für
die Christen."[14]

---

[11] Vgl. Die Religionen und das Heilige, §§ 99 ff; Ewige Bilder und Sinnbilder 203 ff.
[12] Vgl. z. B. The Book of the Cave of Treasures 53.
[13] Siehe die Belege in unserer Studie: La Mandragore et les mythes de la naissance miraculeuse 23 f.
[14] Texte angeführt in: La Mandragore 24–26.

237. Dem „kosmischen Christentum" entgegen

In einem der letzten Kapitel des III. Bandes werden wir die Bedeutung der christlichen Folklore und ihre Relevanz für die allgemeine Religionsgeschichte untersuchen. Aber schon jetzt muß man auf die Rolle dessen hinweisen, was wir die „Universalisierung" der christlichen Botschaft mittels mythologischer Bildkunst und durch einen fortdauernden Prozeß der Assimilierung des vorchristlichen religiösen Erbes genannt haben. Zunächst sei daran erinnert, daß die Mehrzahl der angesprochenen Symbole (die Taufe, der Lebensbaum, das Kreuz, dem Lebensbaum assimiliert, der Ursprung der sakramentalen Substanzen – Öl, Chrisam, Wein, Getreide – aus dem Blut des Erlösers) gewisse im offiziellen Judentum oder in den zwischentestamentlichen Apokryphen bezeugte Symbole weiterführt und fortentwickelt. Manchmal handelt es sich um archaische Symbole (z. B. Kosmischer Baum, Lebensbaum), die schon in neolithischer Zeit zu finden und im Nahen Osten seit der sumerischen Kultur klar zur Geltung gekommen sind.

In anderen Fällen haben wir es mit religiösen Praktiken heidnischen Ursprungs zu tun, die von den Juden in griechisch-römischer Zeit übernommen wurden (z. B. die rituelle Verwendung des Weines, das Symbol des Lebensbaums in der jüdischen Kunst usw.)[15]. Schließlich stammt eine große Zahl mythologischer Bilder, Gestalten und Themen, die von christlichen Autoren verwendet werden und die zu bevorzugten Gegenständen der Volksbücher und der europäischen religiösen Folklore werden sollen, von den jüdischen Apokryphen. Insgesamt gesehen, übernimmt und entwickelt die christliche mythologische Imagination die für die kosmische Religiosität spezifischen Motive und Szenarien, die im biblischen Kontext jedoch schon eine Neuinterpretation erfahren haben. Indem sie ihre eigene Wertung hinzufügten, haben christliche Theologie und mythologische Imagination lediglich einen Prozeß fortgesetzt, der mit der Eroberung Kanaans begonnen hatte (vgl. § 60).

In theologischer Sprache ausgedrückt, könnte man sagen: Viele archaische Traditionen wurden, indem sie in ein christliches Szenarium integriert wurden, „erlöst". Es handelt sich um ein Phänomen der Homologisierung verschiedener, vielfältiger religiöser Welten. Man stellt einen analogen Prozeß schon am Ende der Antike, vor allem aber im Hochmittelalter in der Verwandlung gewisser mythologischer Götter oder Heroen in christliche Heilige fest. Wir werden später die Bedeutung der Verehrung der Heiligen und ihrer Reliquien untersuchen (vgl. Kap. 32). Aber schon jetzt müssen wir an eine der Konsequenzen dieses Kults denken: Die „Christianisierung" heidnischer religiöser Traditionen – also deren Weiterleben im Rahmen christlicher Erfahrung und Imagination – trägt zur kul-

---

[15] Siehe *E. Goodenough*, Jewish Symbols in the Greco-Roman Period VI, 136f, XII, 123f (die religiöse Verwendung des Weines), VII, 87f, XII, 126f (der Lebensbaum). Aber die Zahl heidnischer Symbole, die vom Judentum assimiliert wurden, ist sehr viel größer: Stier, Löwe, Victoria, Adler, Muschel, Vogel, Schiffe usw.; siehe die Zusammenfassung der Bde. XI–XII in Bd. XII, 132–183.

turellen Vereinheitlichung der *Oikumene* bei. Um nur ein einziges Beispiel zu nennen: Die zahllosen drachentötenden Heroen und Götter, von Griechenland bis nach Irland, von Portugal bis zum Ural, werden alle zum gleichen Heiligen: Sankt Georg. Es ist die spezifische Bestimmung eines jeden religiösen Universalismus, den Provinzialismus zu überwinden[16]. Nun stellt man aber schon im Laufe des 3. Jahrhunderts überall im Reich verschiedene Bestrebungen nach Autarkie und Autonomie fest, die die Einheit der römischen Welt bedrohen[17]. Nach dem Zerfall der urbanen Zivilisation kommt dem Prozeß der Homologisierung und Vereinheitlichung der vorchristlichen religiösen Traditionen eine beachtliche Rolle zu.

Das Phänomen ist wichtig, weil es kennzeichnend ist für die religiöse Kreativität folkloristischen Typs, welche nicht die Aufmerksamkeit der Religionsgeschichtler gefunden hat. Es handelt sich um eine Kreativität, die sich parallel zu jener der Theologen, Mystiker und Künstler vollzieht. Man kann von einem „kosmischen Christentum" sprechen, weil einerseits das christologische Mysterium auf die gesamte Natur projiziert wird und andererseits die historischen Elemente des Christentums vernachlässigt werden; man insistiert im Gegenteil auf der liturgischen Dimension der Existenz in der Welt. Die Konzeption eines Kosmos, der durch den Tod und die Auferstehung des Heilands erlöst und durch die Schritte Gottes, Jesu, der Jungfrau und der Heiligen geheiligt ist, ermöglichte es, und sei es auch nur sporadisch und symbolisch, eine Welt voll von Eigenschaften und Schönheiten wiederzufinden, von denen die Kriege und ihre Schrecken die geschichtliche Welt entblößten[18].

Es ist jedoch auch zu sagen, daß die christliche Folklore sich zugleich aus mehr oder weniger häretischen Quellen speist und bisweilen Mythen, Dogmen oder Szenarien von erstrangiger Wichtigkeit für die Theologie übergeht. Beispielsweise ist es kennzeichnend, *daß die biblische Kosmogonie aus der europäischen Folklore verschwunden ist*. Die einzige in Südosteuropa bekannte „populäre" Kosmogonie ist von dualistischer Struktur: Sie sieht Gott und den Teufel am Werk[19]. In den europäischen Traditionen, wo diese Kosmogonie nicht bezeugt ist, *gibt es überhaupt keinen kosmogonischen Mythos*[20].

Wir werden auf das Problem, wie Gestalten und Szenarien, die den jüdischen, christlichen und häretischen Apokalypsen und Apokryphen vertraut waren, in der europäischen Folklore weitergelebt haben, zurückkommen (vgl. Bd. III).

---

[16] Man findet ähnliche Vorgänge in Indien (Hinduisierung einheimischer Göttergestalten und Kulte), in China (besonders im volkstümlichen Taoismus), im Judentum (zur Zeit der Eroberung Kanaans und im Mittelalter) und im Islam.
[17] Vgl. *R. Rémondon*, La crise de l'Empire romain (1970) 322.
[18] Über das „kosmische Christentum" siehe unser Buch: De Zalmoxis à Gengis-Khan, Kap. VII, bes. 241f und Bd. III des vorliegenden Werkes.
[19] Es handelt sich um den Mythos, der von manchen Gelehrten als der „kosmogonische Tauchsprung" bezeichnet wird; wir haben ihn untersucht in: De Zalmoxis à Gengis-Khan, Kap. III, 81–130.
[20] Das ist in Frankreich der Fall; vgl. *Paul Sébillot*, Folklore de France (1905) 182.

Die Götterdämmerung

Die Fortdauer dieser Klasse archaischer Traditionen bis ins 20. Jahrhundert unterstreicht ihre Wichtigkeit in der religiösen Welt der Landbevölkerungen. Es ist z. B. höchst bedeutsam, daß ein im Mandäismus und Manichäismus sehr häufig angesprochenes Motiv, dessen Ursprung jedoch wahrscheinlich sumerisch ist, in der Todesmythologie und dem Bestattungsritual der Rumänen und anderer Völker Osteuropas noch eine wesentliche Rolle spielt. Die mandäischen und manichäischen Schriften sprechen von „Zollgrenzen" an jedem der sieben Himmel und von „Zöllnern", die „die Ware" der Seele (i. e. ihre Werke und religiösen Verdienste) auf der himmlischen Reise prüfen[21]. In der religiösen Folklore und in den Begräbnissitten der Rumänen ist die Rede von einem „Weg des Toten" über die sieben „Zollgrenzen der Atmosphäre" hinweg *(vămile văzduhului)*.

Genannt seien einige iranische Symbole und Szenarien, die sowohl von der christlichen Theologie wie von der Mythologie assimiliert worden sind. Die iranische Idee der Auferstehung der Leiber ist mit dem jüdischen Erbe übernommen worden. „Der Vergleich des Auferstehungsleibes mit dem himmlischen Kleid erinnert zweifellos an die Investituren, von denen die mazdäische Theologie voll ist. Und die Tatsache, daß die Leiber der Gerechten glänzen werden, erklärt sich am besten aus der persischen Religion des Lichtes."[22] Die Bilderwelt von Weihnachten – der Stern oder die Lichtsäule, die über der Grotte leuchtet – wurde aus dem iranischen (parthischen) Szenarium der Geburt des Kosmokrator-Erlösers entlehnt. Das *Protevangelium des Jakobus* (18,1ff) spricht von einem blendenden Licht, das die Grotte von Betlehem erfüllte. Als es sich zurückzuziehen begann, erschien das Jesuskind. Das will besagen, daß das Licht gleichen Wesens wie Jesus oder eine seiner Epiphanien war.

Es ist aber der anonyme Autor des *Opus imperfectum in Matthaeum*, der neue Elemente in die Legende eingetragen hat. Ihm zufolge lebten die zwölf Magier-Könige in der Nähe des „Siegesberges". Sie kannten die geheime Offenbarung Sets über das Kommen des Messias und bestiegen jedes Jahr den Berg, wo sich eine Grotte mit Quellen und Bäumen daneben befand. Sie beteten hier drei Tage lang zu Gott und erwarteten die Erscheinung des Sterns. Er erschien schließlich in der Gestalt eines kleinen Kindes, und dieses trug ihnen auf, nach Judäa zu gehen. Vom Stern geführt, sind die Magier-Könige zwei Jahre lang unterwegs. Nach Hause zurückgekehrt, erzählen sie von dem Wunder, dessen Zeugen sie gewesen sind. Und als der Apostel Thomas in ihr Land kommt, bitten die Magier-Könige um die Taufe[23].

Mit einigen sehr anregenden Erweiterungen findet sich diese Legende in einem syrischen Werk, der *Chronik von Zuqnīn*, wieder. Man erfährt darin, daß

---

[21] Vgl. die von *G. Widengren*, Mesopotamian Elements in Manicheism 82f („The Customers and the Merchandise") und *R. Murray*, Symbols of Church and Kingdom 174f, 247f zitierten Texte.
[22] *J. Duchesne-Guillemin*, La religion de l'Iran ancien 265.
[23] Patrologia Graeca LVII, 637f; vgl. *M. Eliade*, Méphistophélès et l'Androgyne 61f mit Bibliographie.

die zwölf „weisen Könige" aus dem Lande Shyr kommen, korrumpiert für Shyz, dem Geburtsort Zarathustras. Der „Siegesberg" ist eine Nachbildung des iranischen Kosmischen Bergs, Hara Barzaiti, d. h. des *Axis mundi,* der Himmel und Erde verbindet. Am „Mittelpunkt der Welt" verbirgt also Set das Buch, das die Prophezeiung über das Kommen des Messias enthält, und hier kündigt der Stern die Geburt des Kosmokrator-Erlösers an. Nach den iranischen Traditionen ist ja das über dem heiligen Berg leuchtende *xvarnah* das Zeichen, das Saoshyant, den aus Zarathustras Samen auf wunderbare Weise geborenen Erlöser, ankündigt[24].

238. Die Entwicklung der Theologie

Wie wir schon gesagt haben, ist die christliche Theologie, die sich während der gnostischen Krise des 2. Jahrhunderts artikuliert hat, wesentlich durch die Treue zum Alten Testament bestimmt. Irenäus, einer der ersten und wichtigsten christlichen Theologen, interpretiert die Erlösung, d.h. die Inkarnation Jesu Christi, als Fortsetzung und Vollendung des Werks, das mit der Erschaffung Adams begonnen, aber durch den Sündenfall zerstört worden ist. Christus rekapituliert den existentiellen Weg Adams, um die Menschheit von den Konsequenzen der Sünde zu befreien. Während jedoch Adam Prototyp der gefallenen, dem Tode geweihten Menschheit ist, ist Christus Schöpfer und exemplarisches Modell einer neuen Menschheit, die mit dem Versprechen der Unsterblichkeit gesegnet ist. Irenäus sucht – und findet – antithetische Parallelen zwischen Adam und Christus: Ersterer ist aus jungfräulicher Erde geschaffen, Christus aus der Jungfrau geboren; Adam ist ungehorsam, als er von der Frucht des verbotenen Baumes ißt, Christus ist gehorsam, als er sich an den Baum des Kreuzes schlagen läßt usw.

Man kann die Lehre von der Rekapitulation als eine doppelte Bemühung verstehen, um einerseits die biblische Offenbarung in ihrer Gesamtheit aufzunehmen und andererseits die Inkarnation als Vollendung eben dieser Offenbarung zu rechtfertigen. Die ersten Strukturen des heiligen Kalenders, d.i. der liturgischen Zeit, setzen die jüdischen Institutionen fort; aber es gibt immer das christologische *Novum.* Justin bezeichnet den Sonntag als den „ersten Tag", indem er ihn sowohl auf die *Auferstehung* wie auf die *Schöpfung der Welt* bezieht.

Dieses Bemühen um die Betonung des universalen Charakters der christlichen Botschaft, indem man sie mit der Heilsgeschichte Israels – der einzigen wahrhaft universalen Geschichte – verbindet, vollzieht sich parallel zur Bemühung um Assimilation der griechischen Philosophie. Die Theologie des Logos, genauerhin das Mysterium seiner Inkarnation, eröffnet der Spekulation Perspektiven,

---

[24] Vgl. Méphistophélès et l'Androgyne 62–64.

die im Horizont des Alten Testamentes verschlossen waren. Aber diese gewagte Neuerung war nicht ohne Risiken. Der Doketismus, eine der ersten Häresien von gnostischer Struktur und Provenienz, veranschaulicht auf dramatische Weise den Widerstand gegen die Idee der Inkarnation. Für die Doketen (vom Verb *dokeo*, „scheinen", „erscheinen") konnte der Erlöser nicht die Erniedrigung der Inkarnation und des Leidens am Kreuz auf sich nehmen; ihnen zufolge „schien" Christus ein Mensch zu sein, denn er hatte eine Erscheinung von menschlicher Gestalt angezogen. Anders gesagt, das Leiden und der Tod wurden *von jemand anders* (dem Menschen Jesus oder Simon von Zyrene) erduldet.

Die Kirchenväter hatten dennoch recht, das Dogma von der Inkarnation mit Heftigkeit zu verteidigen. In der Perspektive der Religionsgeschichte stellt die Inkarnation die letzte und vollkommenste Hierophanie dar: Gott hat sich in einem *konkreten, historischen* Menschen voll und ganz inkarniert – d.h. in einem Menschen, der in einer genau bestimmbaren, irreversiblen historischen Zeitlichkeit tätig ist –, ohne sich jedoch in seinen Körper einzuschließen (da der Sohn gleichen Wesens wie der Vater ist). Man könnte sagen, daß die *kenosis* Jesu Christi nicht nur die Krönung aller Hierophanien seit Anbeginn der Zeiten darstellt, sondern sie alle auch *rechtfertigt*, d.h. ihre Gültigkeit beweist. Wenn man die Möglichkeit einer Inkarnation des Absoluten in einer historischen Person zuläßt, erkennt man damit zugleich die Gültigkeit der universalen Dialektik des Heiligen an; m.a.W., man erkennt an, daß unzählige vorchristliche Generationen nicht Opfer einer Illusion gewesen sind, als sie die Präsenz des Heiligen, d.i. des Göttlichen, in den kosmischen Gegenständen und Rhythmen verkündet haben.

Die vom Dogma der Inkarnation des Logos aufgeworfenen Probleme finden sich verstärkt in der Trinitätstheologie wieder. Die theologischen Spekulationen hatten gewiß ihre Quelle in der *christlichen Erfahrung*. Seit den Anfängen der Kirche kannten die Christen Gott unter drei Gestalten: 1. den Vater, Schöpfer und Richter, der sich im Alten Testament geoffenbart hatte; 2. den Herrn Jesus Christus, den Auferstandenen; 3. den Heiligen Geist, der die Macht zur Erneuerung des Lebens und zur Vollendung des Reiches hatte. Aber zu Beginn des 4. Jahrhunderts schlug Arius, ein Priester aus Alexandrien, eine kohärentere und philosophischere Interpretation der Trinität vor. Arius verwirft die Trinität nicht, leugnet aber die Wesensgleichheit der drei göttlichen Personen. Für ihn ist Gott *einer* und *ungeschaffen;* der Sohn und der Heilige Geist sind *später* vom Vater geschaffen worden, sind ihm also unterlegen. Arius nahm einerseits die Lehre vom Christus-Engel, d.i. dem mit dem Erzengel Michael identifizierten Christus (eine Lehre, die in Rom Anfang des 2. Jahrhunderts bezeugt ist), wieder auf und andererseits gewisse Thesen von Origenes, die den Sohn als eine zweite Gottheit vorstellten. Die Interpretation des Arius hatte einen gewissen Erfolg, sogar unter den Bischöfen, aber auf dem Konzil von Nizäa 325 nahm man das Symbolum an, das den Arianismus verwirft. Die Theologie des Arius hatte jedoch noch recht mächtige Verteidiger, und die Kontroverse zog sich über mehr als ein halbes Jahrhundert hin[25]. Es war Athanasius (gest. 373), der die Lehre von der Wesensgleichheit *(homoousios)* des Vaters und des Sohnes ausarbeitete, die Lehre, die von Augustinus in der Formel: *una substantia – tres personae* zusammengefaßt wurde. Es handelte sich nicht um eine Kontroverse nur zwischen Theologen: Das Trinitätsdogma erregte die Volksmengen leidenschaftlich. Denn wenn Jesus Christus nur eine zweite Gottheit war, wie konnte man dann glauben, daß er die Macht zur Rettung der Welt hatte?

Die Trinitätstheologie hat immer wieder Probleme aufgeworfen; seit der Renaissance definieren sich die rationalistischen Philosophen in erster Linie durch ihren Antitrinitarismus (vgl. Bd. III). Die Trinitätstheologie hat indessen das Verdienst, zu gewagten Spekulationen ermutigt und so den Christen gezwungen zu haben, sich vom Rahmen der alltäglichen Erfahrung und Logik freizumachen[26].

Die fortschreitende Heiligung und letztlich die Vergöttlichung Marias sind vor allem das Werk der Volksfrömmigkeit. Gegen Ende des 1. Jahrhunderts, dem Zeitraum des *Johannesevangeliums*, hatte die Kirche schon die religiöse Bedeutung Marias anerkannt. Am Kreuz sagt Jesus zu seiner Mutter: ‚,,Frau, siehe da, dein Sohn.' Dann sagt er zu dem Jünger: ‚Siehe da, deine Mutter!'" (Joh 19, 26 f.) Die Bedeutung Marias leitet sich aus ihrer Mutterschaft ab: Sie ist *Deipara,* ,,Gottesgebärerin". Der Ausdruck ist zum ersten Mal am Anfang des 3. Jahrhunderts bezeugt; aber als ihn die Monophysiten[27] in einem häretischen Sinn gebraucht haben, wurde *Deipara* durch einen klareren Ausdruck ersetzt, *Theotokos,* ,,Gottesmutter". Aber sie war immer eine jungfräuliche Mutter, und das Dogma von der immerwährenden Jungfräulichkeit Marias wurde auf dem Konzil von Ephesus verkündet[28].

Auch in diesem Fall läßt sich die Arbeit der Assimilation und Neubewertung einer archaischen, allgemein verbreiteten Idee im Vollzug erfassen. Die Theologie Marias, der Jungfrau-Mutter, ist die Wiederaufnahme und Vervollkommnung uralter asiatischer und mediterraner Konzeptionen von *Parthenogenese* (Fähigkeit zur Selbstbefruchtung) Großer Göttinnen (vgl. z. B. Hera, § 93). Die marianische Theologie stellt die Transformation der ältesten und bedeutungsvollsten Huldigung dar, die seit vorgeschichtlicher Zeit dem religiösen Mysterium der Weiblichkeit erwiesen wird. Im abendländischen Christentum wird die Jungfrau Maria mit der Gestalt der göttlichen Weisheit identifiziert werden. Die Kirche des Ostens wird dagegen neben der Theologie der *Theotokos* die Lehre von der himmlischen Weisheit, *Sophia,* entwickeln, in welcher sich der als weib-

---

[25] Der Arianismus wurde 388 endgültig besiegt.
[26] Unter diesem Gesichtspunkt kann man sie mit der Metaphysik Nāgārjunas (§ 189), der Kabbala und den Methoden der Zen-Meister (vgl. Bd. III) vergleichen.
[27] Häretische Bewegung (Anfang des 5. Jahrhunderts), deren Anhänger meinen, daß in Christus Menschheit und Gottheit in einer einzigen Entität *(physis)* verschmolzen sind.
[28] Aber erst gegen 1000 findet sich im Abendland das Dogma, wonach die Jungfrau ohne Sünde empfangen worden sei.

liche Figur aufgefaßte Heilige Geist entfaltet. Etliche Jahrhunderte später wird die Sophianologie für die intellektuellen Eliten der östlichen Christenheit eine ähnliche Rolle spielen wie der Neuthomismus in der Erneuerung der katholischen Philosophie.

239. Zwischen Sol Invictus und In hoc signo vinces...

Wie wir gesehen haben (S. 312), hatte Aurelian (270–275) die Wichtigkeit einer solaren Theologie monotheistischer Struktur für die Sicherung der Einheit des Reiches richtig eingeschätzt. Er führte den Gott aus Emesa in Rom wieder ein, wobei er aber dessen Struktur und Kult radikal veränderte. Die syrischen Elemente wurden sorgfältig ausgeschieden und der Gottesdienst römischen Senatoren übertragen. Man setzte den Jahrestag des *Deus Sol Invictus* auf den 25. Dezember fest, den „Geburtstag" aller orientalischen Sonnengottheiten.

Der universalistische Charakter des Sonnenkultes und der Sonnentheologie wurde ebenso von den griechischen und römischen Gläubigen des Apollo-Helios wie von den Verehrern Mithras und der syrischen Baal-Gottheiten erkannt oder erahnt. Außerdem waren die Philosophen und Theosophen in großer Zahl Adepten eines Monotheismus solarer Struktur. In der Tat wurden die Tendenzen zum Monotheismus und Universalismus, die für das Ende des 3. Jahrhunderts kennzeichnend sind, im 4. Jahrhundert dominant. Die zahlreichen religiösen Synkretismen, die Mysterien, das Emporkommen der christlichen Logos-Theologie, der sowohl auf den *Imperator* wie das *Imperium* angewandte Sonnensymbolismus verdeutlichen anschaulich die Faszination, die vom Begriff des Einen und der Mythologie der Einheit ausging.

Vor seiner Bekehrung war Konstantin (306–337) ein Anhänger des Sonnenkults und sah im *Sol Invictus* das Fundament seines Reiches. Die Sonne ist sehr häufig auf den Bildmonumenten, den Münzen und den Inschriften dargestellt. Aber im Unterschied zu Aurelian, für den der *Sol Invictus* der höchste Gott war, betrachtete Konstantin die Sonne als das vollkommenste Symbol Gottes. Die Unterordnung der Sonne unter den höchsten Gott war sehr wahrscheinlich die erste Konsequenz seiner Bekehrung zum Christentum; aber die Idee war schon von dem Neuplatoniker Porphyrius geäußert worden[29].

Die Zeugnisse über das Zeichen, das Konstantin vor der Entscheidungsschlacht an der Milvischen Brücke, bei der sein Gegner Maxentius den Tod fand, gesehen hat, sind nicht einheitlich. Nach Laktanz wurde Konstantin „während des Schlafes aufgefordert, die Schilde mit dem himmlischen Zeichen zu versehen und sich so in den Kampf zu begeben: Er gehorchte und ließ auf die Schilde den Namen Christi schreiben" (*De mortibus persecutorum* 48). Doch Eusebius, der

---

[29] Vgl. *F. Altheim*, Römische Religionsgeschichte II (Berlin ²1956) 141ff; *ders.*, Der unbesiegte Gott, Kap. V.

Bischof von Caesarea, erzählt in seiner *Vita Constantini* (1,28f) eine abweichende Geschichte: „Um die Mitte des Tages, da sich die Sonne zu neigen begann, hat er mit eigenen Augen – so hat Konstantin selbst gesagt – oben am Himmel über der Sonne das Zeichen des Kreuzes, aus Licht gebildet, und dabei die Worte gesehen: ‚Durch dieses wirst du siegen.' Staunen aber hat bei diesem Gesichte ihn und alle Soldaten, die bei ihm waren, ergriffen (...) Konstantin fragte sich, was diese Erscheinung wohl bedeute; in der folgenden Nacht ist ihm im Schlaf der Christus Gottes erschienen mit dem gleichen Zeichen, das ihm am Himmel gezeigt worden war, und hat ihm aufgetragen, Feldzeichen nach dem am Himmel geschauten Zeichen machen zu lassen, um sie im Kampf als Schutzpanier zu gebrauchen."

Die Echtheit dieser Zeugnisse wird immer noch diskutiert und ebenso die Frage, ob das von Konstantin gesehene Zeichen christlich oder heidnisch war[30]. Wie dem auch sei, die Bekehrung Konstantins brachte die offizielle Christianisierung des Reiches. Die ersten christlichen Symbole erscheinen auf den Münzen seit 315, und die letzten heidnischen Bilder verschwinden im Jahre 323. Die Kirche erhält einen privilegierten Rechtsstatus, d. h., daß der Staat die Gültigkeit der Entscheidungen des bischöflichen Gerichts selbst in zivilen Fragen anerkennt. Die Christen haben Zugang zu den höchsten Posten, restriktive Maßnahmen gegen die Heiden werden häufiger. Unter Theodosius dem Großen (379–395) wird das Christentum Staatsreligion und das Heidentum endgültig verboten; die Verfolgten werden zu Verfolgern.

Das Christentum hatte ja seine Kraft und Vitalität vor der Bekehrung Konstantins gezeigt. Gegen 300 war in Antiochien und Alexandrien die christliche Gemeinde die zahlreichste und am besten organisierte religiöse Gruppe. Außerdem verlor der Antagonismus Kirche–Reich nach und nach von seiner Intransigenz. Die letzten Apologeten, Laktanz (240–um 320) und Eusebius von Caesarea (263–um 339), verkündeten, daß das Christentum die einzige Hoffnung zur Rettung des Reiches sei.

Die Gründe für den schließlich erreichten Sieg der christlichen Verkündigung sind vielfältig. Zunächst der unerschütterliche Glaube und die moralische Kraft der Christen, ihr Mut vor der Folter und dem Tod, der selbst von ihren größten Gegnern, Lukian von Samosata, Mark Aurel, Galenus, Celsus, bewundert wurde. Andererseits war die Solidarität der Christen beispiellos; die Gemeinde sorgte für die Witwen, Waisen und Greise und kaufte Gefangene von Piraten frei. Bei Epidemien und Belagerungen von Städten waren die Christen die einzigen, die Verwundete versorgten und Tote begruben. Für alle Entwurzelten des Reiches, für die Massen, die an Einsamkeit litten, für die Opfer kultureller und sozialer Entfremdung war die Kirche die einzige Hoffnung, Identität zu erlangen und einen Sinn für die Existenz zu finden oder wiederzufinden. Da keine Schranken sozialer, rassischer und intellektueller Art existierten, konnte jeder-

---

[30] Siehe den Forschungsstand bei *A. Benoit*, Le Judaïsme et le Christianisme antique 308f.

mann Mitglied dieser optimistischen, paradoxen Gemeinschaft werden, wo ein mächtiger Bürger, Kammerherr des Kaisers, sich vor einem Bischof, seinem ehemaligen Sklaven, niederwarf. Sehr wahrscheinlich hat keine Gesellschaft in der Geschichte, weder vorher noch nachher, eine gleich große Egalität, Caritas und Bruderliebe gekannt, wie sie in den christlichen Gemeinden der vier ersten Jahrhunderte gelebt wurden.

Die am wenigsten erwartete Neuerung, die beträchtliche Konsequenzen in der religiösen, kulturellen und sozialen Geschichte Europas gehabt hat, war das Mönchtum, das durch Trennung von der Welt und einen sehr strengen Asketismus gekennzeichnet ist[31]. Das Phänomen ist im 3. Jahrhundert nicht nur in Ägypten, wie man bis vor kurzem glaubte, sondern auch in Palästina, Syrien und Mesopotamien jeweils unabhängig aufgetaucht[32]. Der heilige Antonius gründet das ägyptische Mönchtum, aber es ist Pachomius (etwa 290–347), der 320 in der Wüste der Thebais (wo sich um das Ende des 4. Jahrhunderts etwa 7000 Mönche befanden) das mönchische Leben organisiert. Wie Peter Brown bemerkt, hatten die Mönche freiwillig die „Antikultur" gewählt – die Wüste und die Grotten[33]. Ihr beachtliches Ansehen ist die Konsequenz einerseits ihres Sieges über die Dämonen und andererseits ihrer Herrschaft über die wilden Tiere. Eine neue Idee taucht auf: Die Mönche, diese wahren „Heiligen", sind mächtig genug, um den Teufeln zu befehlen und durch ihre Gebete den Willen Gottes zu beeinflussen. In der Tat hatten allein die Mönche den Mut, gewissen Entscheidungen des Kaisers Widerstand zu leisten. Hoch oben auf seiner Säule überwachte der heilige Symeon Stylites Gerichtsverfahren, machte Prophezeiungen, heilte, ermahnte und beriet die hohen Funktionäre.

Gegen Ende des 4. Jahrhunderts beobachtet man von Mesopotamien bis Nordafrika eine Woge von Gewalttaten, die von Mönchen begangen werden: 388 zünden sie die Synagoge von Callinicum am Euphrat an und terrorisieren die syrischen Dörfer, in denen sich heidnische Tempel befinden; 391 ruft sie der Patriarch von Alexandrien, Theophilus, um die Stadt vom Serapeion, dem großen Serapis-Tempel, zu „reinigen". Zur gleichen Zeit dringen sie mit Gewalt in die Häuser der Heiden ein, um nach Götzenbildern zu suchen. Und 415 begeht eine Gruppe fanatischer Mönche eines der abscheulichsten Verbrechen der Geschichte: Sie lynchen Hypatia, die edle Philosophin Alexandriens, die ihr Schüler, der Bischof Synesius, als „Mutter, Schwester, Lehrerin und Wohltäterin" (*Ep.* 16) anspricht.

Im Osten beschützen die Bischöfe die Mönche, um ihre eigene Situation zu stärken; Bischöfe und Mönche setzen sich zusammen an die Spitze des Volkes

---

[31] *A.-J. Festugière,* Ursprünge christlicher Frömmigkeit: Bildung oder Heiligkeit; *A. Vööbus,* History of Asceticism in the Syrian Orient I–II; *J. Lacarrière,* Les hommes ivres de Dieu.
[32] Es trifft zu, daß sich das ägyptische Mönchtum schnell entwickelt und dank seiner Literatur, die es berühmt gemacht hat, einen beträchtlichen Einfluß ausgeübt hat.
[33] *Peter Brown,* The World at Late Antiquity 101f; vgl. auch vom gleichen Autor: The Rise and Function of the Holy Man in Late Antiquity.

und diktieren ihre Auffassungen. Wie Peter Brown feststellt, „verwandeln diese Exzentriker das Christentum in eine Massenreligion" (a. a. O. 107). Um so mehr überrascht die Leistung, die vor allem im Abendland von ihren Nachfolgern, den Mönchen des Hochmittelalters, vollbracht wurde (vgl. Bd. III).

240. Der Autobus, der in Eleusis hält...

Kein historisches Ereignis markiert das „offizielle" Ende des Heidentums besser als die Brandschatzung des Heiligtums von Eleusis im Jahre 396 durch Alarich, den König der Goten. Aber andererseits veranschaulicht auch kein anderes Beispiel besser den geheimnisvollen Prozeß der verborgenen Fortdauer der heidnischen Religiosität. Im 5. Jahrhundert gibt der Historiker Eunapios, der selbst Eingeweihter der Mysterien von Eleusis war, die Prophezeiung des letzten legitimen Hierophanten wieder. In Eunapios' Gegenwart sagt der Hierophant voraus, daß sein Nachfolger illegitim und sakrilegisch sein wird; er wird noch nicht einmal Bürger Athens sein; und schlimmer noch, er wird jemand sein, der, „anderen Göttern geweiht", durch seinen Eid gebunden sein wird, „ausschließlich ihre Zeremonien zu leiten". Wegen dieser Entweihung wird das Heiligtum zerstört werden und der Kult der beiden Göttinnen für immer verschwinden.

In der Tat, so fährt Eunapios fort, wurde ein Eingeweihter der Mithras-Mysterien hohen Rangs (er hatte dort den Grad *Pater* inne) Hierophant. Er war der letzte Hierophant von Eleusis, denn wenige Zeit später strömten die Goten Alarichs durch den Engpaß der Thermopylen, ihnen folgten „Männer in Schwarz", die christlichen Mönche – und das älteste und wichtigste religiöse Zentrum Europas wurde endgültig zerstört[34].

Wenn auch das Initiationsritual in Eleusis verschwand, so verließ jedoch Demeter nicht den Ort ihrer hochdramatischen Theophanie. Zwar hatte im übrigen Griechenland der heilige Demetrios, der damit zum Schutzheiligen des Ackerbaus wurde, ihren Platz eingenommen. Aber in Eleusis sprach man und spricht man immer noch von der heiligen Demetria, einer Heiligen, die sonst unbekannt ist und die niemals kanonisiert wurde. Bis Anfang des 19. Jahrhunderts wurde eine Statue der Göttin von den Bauern des Dorfes rituell mit Blumen überhäuft, denn sie sicherte die Fruchtbarkeit der Felder. Aber trotz des bewaffneten Widerstandes der Bewohner wurde die Statue 1820 von E. D. Clarke weggenommen und der Universität von Cambridge geschenkt[35]. Es war auch Eleusis, wo 1860 ein Priester dem Archäologen F. Lenormant die Geschichte der heiligen Demetria erzählte; sie war eine alte Frau aus Athen; ein „Türke" nahm ihr die Tochter weg, aber einem tapferen *pallikar* gelang es,

---

[34] *Eunapios*, Bioi Sophiston 42f (ed. Boissade 1822); vgl. *G. E. Mylonas*, Eleusis 8; *K. Kerényi*, Die Mysterien von Eleusis 32ff.
[35] *J. C. Lawson*, Modern Greek Folklore and Ancient Greek Religion 80f.

sie zu befreien – und 1928 hörte Mylonas die gleiche Geschichte von einer Neunzigjährigen aus Eleusis[36].

Die bewegendste Episode der christlichen Mythologie der Demeter ereignete sich Anfang Februar 1940; sie wurde von der athenischen Presse ausführlich berichtet und diskutiert[37]. An einer der Haltestellen des Autobusses Athen–Korinth stieg eine Alte zu, „mager und ausgemergelt, aber mit großen, sehr lebhaften Augen". Da sie kein Geld hatte, um den Fahrschein zu bezahlen, ließ sie der Kontrolleur an der nächsten Station aussteigen; es war genau die Station Eleusis. Aber dem Fahrer gelang es nicht, den Autobus wieder in Marsch zu setzen; schließlich beschlossen die Reisenden zusammenzulegen, um der Alten den Fahrschein zu bezahlen. Sie stieg wieder in den Autobus, der nun wieder ansprang. Da sagte ihnen die Alte: „Ihr hättet das früher tun sollen, aber ihr seid Egoisten; und da ich bei euch bin, werde ich euch noch etwas sagen: Ihr werdet für die Art und Weise, wie ihr lebt, bestraft werden; sogar das Gras und das Wasser werden euch fehlen!" „Sie hatte ihre Drohung noch nicht beendet", fährt der Autor des Artikels in *Hestia* fort, „da war sie schon verschwunden... Niemand hatte sie aussteigen sehen. Man betrachtete sich und betrachtete die Fahrscheinabschnitte, um sich zu überzeugen, daß wirklich ein Ticket ausgegeben worden war."

Zitieren wir, um zu schließen, die verständige Bemerkung Charles Picards: „Ich glaube, daß die Hellenisten angesichts der Anekdote im allgemeinen kaum widerstehen werden, in aller Deutlichkeit gewisse Erinnerungen an die berühmte *homerische Hymne* wachzurufen, in der die Mutter der Kore als *alte Frau* verkleidet im Haus des eleusinischen Königs Keleos ebenfalls prophezeite, in einem Zornesausbruch den Menschen ihre Gottlosigkeit vorwarf und schon damals schreckliche Katastrophen für die ganze Gegend ankündigte" (ebd. 103f).

---

[36] F. Lenormant, Monographie de la voie sacrée éleusinienne 399f; J. C. Lawson, a.a.O. 81f; G. E. Mylonas, a.a.O. 12.
[37] Wir verwenden einen Artikel, der in „Hestia" vom 7. Februar 1940 erschienen und von Ch. Picard, Déméter, puissance oraculaire 102f, übersetzt worden ist.

FORSCHUNGSSTAND
KRITISCHE BIBLIOGRAPHIE

126.

Von der reichhaltigen Literatur über die vorgeschichtlichen Kulturen Chinas weisen wir hin auf: *William Watson*, Early Civilization in China (London 1966, mit ausgezeichneter Einführung); *Li Chi*, The Beginnings of Chinese Civilization (Seattle und London 1957, Neuauflage 1968); *Cheng Tê-k'un*, Archeology in China: I. Prehistoric China (Cambridge 1959); *W. Watson*, Cultural Frontiers in Ancient East Asia (Edinburgh 1971, siehe vor allem das erste Kapitel „Neolithic frontiers in East Asia" 9–37); *Carl Hentze*, Funde in Alt-China. Das Welterleben im ältesten China (Göttingen 1967, faßt die Ansichten des Autors, die er in mehreren früheren Werken vertreten hat, zusammen); *Ping-ti Ho*, The Cradle of the East. An Inquiry into the indigenous Origins of Techniques and Ideas of Neolithic and Early Historic China, 5000–1000 B.C. (Hong-Kong und Chikago 1975).

Bezüglich der Entdeckung des chinesischen Neolithikums (der Yang-Shao-Kultur) siehe *J. G. Andersson*, Children of the Yellow Earth (London 1934). In seinem neuen Werk vertritt *Ho* die These vom autochthonen Ursprung des chinesischen Ackerbaus, der Metallurgie und der Schrift (siehe The Cradle of the East, bes. 341 ff). *Li Chi* seinerseits hat – nach anderen Archäologen – bestimmte westliche Einflüsse beleuchtet (d. h. mesopotamischen Ursprungs), die er in der Ikonographie von An-yang fand (a. a. O. 26 ff). Es ist auf jeden Fall sicher, daß die chinesische Kultur, wie alle anderen Kulturen, fortwährend von Ideen und Techniken westlichen, nördlichen oder südlichen Ursprungs bereichert wurde. Auf der anderen Seite ist China, wie immer wieder gesagt worden ist, ein „Fenster zum Pazifik". Der Einfluß des kosmologischen Symbolismus der Chinesen und seiner künstlerischen Ausdrucksformen ist in der religiösen Kunst bestimmter Bevölkerungsgruppen von Borneo, Sumatra und Neuseeland wie auch bei den Volksstämmen der Nordwestküste Amerikas erkennbar. Siehe unter anderen: Two Studies of Art in the Pacific Area (I: *Mindo Badner*, The Protruding Tongue and Related Motifs in the Art Style of the American North-western Coast, New Zealand and China; II. *Robert Heine-Geldern*, A Note on Relation between the Art Style of the Maori and of Ancient China, in: Wiener Beiträge zur Kulturgeschichte und Linguistik XV [Horn – Wien 1966]); Early Chinese and Pacific Basin. A photographic exhibition (New York 1968).

Über die religiösen Vorstellungen siehe: *Hermann Köster*, ‚Zur Religion' in der chinesischen Vorgeschichte, in: Monumenta Serica 14 (1949–55) 188–214; *Ping-ti Ho*, a. a. O. 279 ff; *Bernard Karlgren*, Some fecundity Symbols in Ancient China, in: Bulletin of the Museum of Far Eastern Antiquities, Nr. 2 (Stockholm 1930) 1–54; *C. Hentze*, Funde in Alt-China 20 ff, 219 ff; *ders.*, Bronzegerät, Kultbauten, Religion im ältesten China der

Shang-Zeit (Antwerpen 1951); *ders.*, Das Haus als Wohnort der Seele (Stuttgart 1961). Bezüglich des „death pattern" siehe *Hanna Rydh*, Symbolism in Mortuary Ceramics, in: Bulletin..., Nr. 1 (Stockholm 1929) 71-121.

127.

Über die Kulturen des Bronzezeitalters siehe: *Cheng Tê-k'un*, Archaeology in China: II. Shang China (Cambridge 1960); *Kwang-Chih Chang*, The Archaeology of Ancient China (New Haven 1964) 185-225; *W. Watson*, Cultural frontiers in Ancient East Asia 38ff (bes. 42ff).

Bezüglich der religiösen Vorstellungen siehe: *Herlee G. Creel*, The Birth of China: A Study of the formative period of Chinese civilization (New York 1937) 174-216; *Chang*, The Archaeology of Ancient China 251ff; *Cheng Tê-k'un*, Archaeology in China II, 213ff; *C. Hentze*, Bronzegerät, Kultbauten, Religion im ältesten China der Shang-Zeit; *W. Eichhorn*, Zur Religion im ältesten China, in: Wiener Zeitschrift für indische Philosophie 2 (1958) 33-53; *F. Tiberi*, Der Ahnenkult in China, in: Annali del Pontificio Museo Missionario Etnologico 27 (1963) 283-475; *Ping-ti Ho*, a.a.O. 289ff; *Tsung-tung Chang*, Der Kult der Shang-Dynastie im Spiegel der Orakelinschriften: Eine paläographische Studie zur Religion im archaischen China (Wiesbaden 1970; siehe dazu die Kritik von *Paul L. M. Serruys*, Studies in the Language of the Shang Oracle Inscriptions, in: T'oung Pao 60 [1974] 12-120); *M. Christian Deydier*, Les Jiaguwen. Essai bibliographique et synthèse des études (Paris 1976; über die wahrsagenden Inschriften auf Knochen und auf Schildkrötenpanzern); *David N. Keightley*, The religious commitment: Shang Theology and the Genesis of Chinese political Culture, in: HR 17 (1978) 211-225.

Zur Scapula-Deutung siehe *Eliade*, der Schamanismus Kap 5, Anm. 38 (Bibliographie).

Über den Symbolismus der T'ao-t'ieh-Maske siehe die Arbeiten von *C. Hentze*, vor allem Bronzegerät... der Shangzeit 215ff; Funde in Alt-China 171ff, 195ff und Antithetische T'ao-t'ieh-Motive, in: IPEK 23 (1970/73) 1-20.

Nicht weniger bedeutsam ist der Symbolismus der Zikade. Da ihre Larve aus der Erde (also dem Symbol der Dunkelheit) kommt, ist die Zikade ein Emblem der Auferstehung; aus diesem Grund legt man sie in den Mund des Toten (siehe *Hentze*, Frühchinesische Bronzen und Kultdarstellungen [Antwerpen 1937] 37ff). Zeichnungen stilisierter Zikaden finden sich auf der Zunge der T'ao-t'ieh-Maske, die den Dämon der Finsternis darstellt, der Licht und Leben schuf (ebd. 66ff).

128.

Über die Kultur der Chou-Zeit siehe *Ch'eng tê-k'un*, Archaeology in China, III: Chou-China (Cambridge 1963); *Kwang-Chih Chang*, a.a.O. 256ff und 263ff. Über die Religion zur Zeit der Chou siehe *Ping-ti Ho*, a.a.O. 322ff; *Hentze*, Funde in Alt-China 218ff und die in den beiden folgenden Paragraphen zitierten Werke.

In den „klassischen Büchern" finden sich ungefähr zehn Namen für den höchsten Gott, unter denen die berühmtesten Shang-ti („Herr von oben") und Huang-ti („Erhabener Herrscher") lauten. Grundlage all dieser Theonyme sind die Bestandteile Ti (Herr) und T'ien (Himmel). Die himmlische Struktur des Gottes ist offensichtlich: Shang-ti sieht alles (Shih-ching III, 1, 7, 1), er hört alles (V, 16, 3, 14); T'ien überwacht die Menschen (Shu-ching IV, 9, 1, 3), er hört und sieht alles (III, 3, 5, 7), er ist hellsehend (Shih-ching

III, 3, 2, 11–12), und sein Ratschluß ist unfehlbar (Shuh-ching IV, 3, 2, 5), er versteht und beobachtet alles (IV, 8, 2, 3) usw.

Über den Kult des höchsten himmlischen Gottes siehe: *B. Schindler*, The development of Chinese conceptions of Supreme Beings, in: Asia Major: Introductory volume (1923) 298–366; *H. H. Dubs*, The Archaic Royal Jou Religion, in: T'oung Pao 47 (1958) 217–259; *J. Shih*, The Notion of God in the Ancient Chinese Religion, in: Numen 16 (1969) 99–138. Nach *Joseph Shih* war Ti ein erhabener und T'ien ein persönlicher Gott. Unter den Chou wurden diese beiden Theonyme verwendet, um ein und denselben Gott anzurufen; siehe auch *ders.*, La religione della Cina, in: Storia delle Religioni V (Turin 1971) 497–577, 539ff (Il Dio Supremo).

Im Unterschied zu den anderen Religionen sind die Bücher über die allgemeine Geschichte der chinesischen Religion nicht zahlreich. Weisen wir auf die nützlichsten hin: *L. Wieger*, Histoire des croyances religieuses et des opinions philosophiques en Chine depuis l'origine jusqu' à nos jours (Hien-hien 1917) (ein sehr persönlich geschriebenes und mit Vorsicht zu gebrauchendes Werk); *Jan J. M. de Groot*, The Religious System of China, 6 Bde. (Leiden 1892–1910, Neudruck Taipeh 1964) (für Dokumentationszwecke unersetzlich); *Marcel Granet*, La religion des Chinois (Paris 1922); *Henri Maspero*, Les religions chinoises (Bd. I der Mélanges posthumes) (Paris 1950); *C. K. Yang*, Religion in Chinese Society (Berkeley 1967) (wichtiges Werk, das allerdings keine Gesamtdarstellung der Geschichte der chinesischen Religion ist); *D. H. Smith*, Chinese Religions (New York 1968) (siehe aber den Bericht Daniel Overmeyers, in: HR 9 [1969–70] 256–260). *Laurence G. Thompson*, Chinese Religion: An Introduction (Belmont 1969), stellt vor allem die religiösen Vorstellungen und Praktiken nach den Han dar; *Werner Eichhorn*, Die Religionen Chinas (Stuttgart 1973) (hervorragende Zusammenfassung); Religion and Ritual in Chinese Society, hrsg. von *Arthur P. Wolf* (Stanford 1974). Eine kurze, aber brillante Darstellung gibt *Max Kaltenmark*, La religion de la Chine antique, und: Le taoisme religieux, in: Histoire des religions, hrsg. von Henri Charles Puech, I (1970) 927–957, 1216–1248.

Treffende Analysen der Glaubensvorstellungen und der religiösen Einrichtungen finden sich in den Büchern von *Marcel Granet*, Fêtes et chansons anciennes de la Chine (1919); Danses et Légendes de la Chine ancienne (1926); La pensée chinoise (1934); siehe auch *Henri Maspero*, La Chine antique (1927, Neuausgabe 1955).

Über die Erde als Mutter siehe *Berthold Laufer*, Jade, A Study of Chinese Archaeology and Religion (Field Museum, Chicago 1912) 144ff (gegen die dort vertretenen Ansichten siehe *B. Karlgren*, Some fecundity symbols in ancient China 14ff); *M. Granet*, Le dépôt de l'enfant sur le sol. Rites anciens et ordalies mythiques, erschienen in: Revue Archéologique (1922), wiederabgedruckt in: Études sociologiques sur la Chine (1953) 159–202. Nach *Édouard Chavannes* (Le T'ai Chan. Essai de monographie d'un culte chinois [Paris 1910], bes. 520–25) ist die Personifizierung des Bodens als Große Erdgöttin ein neueres Phänomen: es scheint während der Han-Dynastie entstanden zu sein, im 2. Jh. v. Chr.; vor diesem Datum haben angeblich nur lokale Kulte existiert, die sich um Bodengötter rankten (a. a. O. 437). Doch Granet hat gezeigt, daß diese Götter sehr alte weibliche oder „neutrale" Gottheiten ersetzten, die ihnen vorangegangen waren. Es handelt sich hier um eine allgemeine Erscheinung (siehe *Eliade*, La Terre-Mère et les hiérogamies cosmiques [1953], wiederveröffentlicht in: Mythes, rêves et mystères [1957] 207–253).

Eine detaillierte Analyse der Provinz- und Randkulturen, die teilweise in die chinesische Kultur integriert sind, bietet W. Eberhard, Kultur und Siedlung der Randvölker Chinas (Bd. 36 [Erg.-Bd.] des T'oung Pao [Leiden 1942]); Lokalkulturen im alten China, Bd. I (Bd. 37 [Erg.-Bd.] des T'oung Pao [Leiden 1943]). Eine verbesserte und erweiterte Ausgabe von Bd. II ist unter dem Titel: „The Local cultures of South and East China" (Leiden 1968) erschienen.

Über den chinesischen Schamanismus siehe Eberhard, The Local Cultures 77 ff, 304 ff, 468 ff; siehe Eliade, Schamanismus und die archaische Ekstasetechnik; J. Thiel, Schamanismus im alten China, in: Sinologica 10 (1968) 149–204; John S. Major, Research Priority in the Study of Ch'u religion, in: HR 17 (1978) 226–243, bes. 236 ff.

129.

Die wichtigsten kosmogonischen Texte wurden übersetzt von M. Kaltenmark, La naissance du monde en Chine, in: La Naissance du Monde, Sources orientales I (Paris 1959) 453–468. Das Problem der chinesischen Mythologie, bes. der kosmogonischen Mythen, wurde von unterschiedlichen Blickwinkeln aus diskutiert von Henri Maspero, Légendes mythologiques dans le Chou King, in: JA 204 (1924) 1–100; B. Karlgren, Legends and Cults of Ancient China, in: Bulletin of the Museum of Far Eastern Antiquities, Nr. 18 (1946) 199–365 (unersetzlich wegen seines dokumentarischen Reichtums; siehe aber die Kritik der Karlgrenschen Methode im Bericht von W. Eberhard, in: Artibus Asiae 9 [1946] 355–64); Derk Bodde, Myths of Ancient China, in: S. N. Kramer (Hrsg.), Mythologies of the Ancient World (New York 1961) 369–408); J. Shih, The Ancient Chinese Cosmogony, in: Studia Missionaria 18 (1969) 111–130; N. J. Girardot, The Problem of Creation Mythology in the Study of Chinese Religion, in: HR 15 (1976) 289–318 (kritische Analyse des Vorgehens in jüngster Zeit).

Bezüglich des Mythos von P'an Ku siehe Maspero, Légendes mythologiques 47 ff; E. Erkes, Spuren chinesischer Weltschöpfungsmythen, in: T'oung Pao 28 (1931) 355–368; W. Eberhard, The Local Cultures 442–443; Bodde, 382 ff; Girardot, The Problem of Creation Mythology 298 ff.

Über das Abbrechen der Verbindung zwischen Himmel und Erde siehe Maspero, Légendes mythologiques 95–96; ders., Les religions chinoises 186 ff; Bodde, Myth of ancient China 389 ff; siehe Eliade, Mythes, rêves et mystères 80 ff.

Über Nü-kua siehe Bodde, a.a.O. 386 ff. über den Mythos von Yü dem Großen, dem Bezwinger der über die Ufer getretenen Wasser, siehe M. Granet, Danses et légendes 466 ff und 482 ff.

Über den Ursprung und die zeremonielle Struktur der chinesischen Riten siehe P. Wheatley, The Pivot of the Four Quarters. A Preliminary into the Origins and Character of the Ancient Chinese City (Chicago 1971) 30 ff, 411 ff und passim; siehe auch W. Müller, Die heilige Stadt (Stuttgart 1961) 149 ff.

Über die Kosmologie und den Symbolismus des Raums siehe Granet, La pensée chinoise 342 ff; Schuyler Camman, Types of Symbols in Chinese Art, in: Studies in Chinese Thought, hrsg. von Arthur F. Wright (Chicago 1953) 195–221; ders., Evolution of Magic Squares in China, in: JAOS 80 (1960) 116–24; The Magic Square of three in old Chinese philosophy and religion, in: HR 1 (1961) 37–80; Eliade, Centre du monde, temple, maison, in: Le Symbolisme Cosmique des monuments religieux (Serie orientale Roma, Bd. XIV) (Rom 1957) 57–82; H. Köster, Symbolik des chinesischen Universismus (Stuttgart 1958), bes. 14 ff, 48 ff; R. A. Stein, Architecture et pensée religieuse en Extrême-

Orient, in: Arts Asiatiques 4 (1957) 163–186; *ders.*, L'habitat, le monde et le corps humain en Extrême-Orient et en Haute-Asie, in: JA 245 (1957) 37–74. Über den Ming-t'ang siehe *Granet,* La pensée chinoise 102ff, 178ff, 250ff; *R. A. Stein,* Architecture et pensée religieuse 164ff; *H. Köster,* Symbolik 34ff und 48ff.

130.

Über die Morphologie der verschiedenen Symbolismen der Polarität und des Wechsels siehe unsere Studie: Remarques sur le dualisme religieux: duades et polarités (1967); wiederabgedruckt in: Die Sehnsucht nach dem Ursprung. Von den Quellen der Humanität (Wien 1973). Über die Polarität in der chinesischen Kosmologie siehe *Granet,* La pensée chinoise 86ff, 149ff; *C. Hentze,* Bronzegerät 192ff; *ders.,* Tod, Auferstehung, Weltordnung (Zürich 1955) 150ff; *H. Köster,* Symbolik 17ff.

Bei der Analyse der Liebeslieder, die im Shih-ching erhalten sind, hat Marcel Granet die Struktur der jahreszeitlichen Feste, die von den Bauern wahrscheinlich seit dem Neolithikum gefeiert wurden, beleuchtet (siehe: Fêtes et Chansons anciennes de la Chine). „Es waren in der Tat im wesentlichen Feste der Jugend, die mit der Hochzeit in Verbindung standen: die Gruppen der beiden Geschlechter kamen wegen der Exogamie aus zwei verschiedenen Dörfern und ließen sich auf poetische Kampfspiele ein, deren Themen verbindlich und der rituellen Landschaft entliehen waren. Das war fast immer eine Landschaft des Wassers und des Gebirges, und all ihre Bestandteile waren geheiligt... (Die Feste) entsprachen kritischen Augenblicken des bäuerlichen Lebens, denen, in denen die Ackerbauern ihre Lebensform änderten. In der schönen Jahreszeit verstreuten sie sich über die Felder, wo sie in Hütten lebten, während des Winters fanden sie sich im Familien-Weiler zusammen. Es besteht eine Beziehung zwischen den heiligen Stätten der bäuerlichen Gemeinschaften auf der einen Seite und den Gebirgen, Flüssen und geheiligten Wäldchen des klassischen Rituals auf der anderen Seite: die einen wie die anderen waren Zentren der Ahnen und die wichtigsten Heiligtümer des feudalen Kults, der Tempel der Ahnen, die Altäre des Bodengotts und des Erntegotts, waren nur Abwandlungen der alten heiligen Stätten. So sind auch bestimmte königliche Kulthandlungen nur Übertragungen der bäuerlichen Feste" (*M. Kaltenmark,* Religion de la Chine antique 952).

Bezüglich des Begriffs Tao siehe *Granet,* La pensée 300ff; *J. Needham,* Science and Civilization in China II (1956) 36ff; *Köster,* Symbolik 16ff, 51ff; *Ellen Marie Chen,* Nothingness and the Mother Principle in Early Chinese Taoism, in: International Philosophical Quarterly 9 (1969) 391–405; *H. Welch,* Taoism, The Parting of the Way (1957, 2., veränderte Aufl. 1965) 50ff; *M. Kaltenmark,* Lao tseu et le taoisme (Paris 1965) 30ff; *Wing-tsit Chan,* The Way of Lao tzu (New York 1963) 31ff.

Über die kosmogonischen Fragmente des Tao-te-ching siehe *N. J. Girardot,* Myth and meaning in the Tao te ching: Chapter 25 and 42, in: HR 16 (1977) 294–328, und die in § 129 zusammengestellte Bibliographie. Über die „Gottheit des Tals", die „Dunkle Frau", siehe § 132.

131.

Konfuzius war der erste, der seine Unterweisung als Mittel der spirituellen und politischen Reform betrachtete. Er hielt keine Unterrichtsstunden im eigentlichen Sinn, sondern führte mit seinen Schülern Gespräche. Im Alter von 50 Jahren gab man ihm einen Posten in der Verwaltung des Reichs, doch demissionierte er kurze Zeit später, als er merkte, daß er über keinerlei Macht verfügte. Enttäuscht reiste er während mehr als 10 Jahren durch alle Staaten des Reichs. Mit 67 Jahren kehrt er auf Bitten seiner früheren Schüler in sein Heimatland zurück, wo er noch 5 Jahre lebte.

Die Tradition spricht Konfuzius zahlreiche Werke, vor allem die „Klassischen Bücher" zu, es ist aber sehr unwahrscheinlich, daß er sie verfaßt hat, und man zweifelt sogar daran, daß er sie herausgegeben hat. Eine Sammlung seiner Notizen und Unterhaltungen wurde später von seinen Schülern unter dem Titel Lun-yü („Gespräche", im Englischen ist der Titel „Analects" gebräuchlich) herausgegeben. Wir haben die Übersetzungen von *J. Legge*, The Analects of Confucius (neue Ausgabe, New York 1966), *L. Giles*, The Sayings of Confucius (neue Auflage, New York 1962) und *W. E. Couvreur*, Entretiens de Confucius et de ses disciples (Paris, Neuauflage o. J.) und *James R. Ware*, The Sayings of Confucius (New York 1955), benutzt.

Von der uferlosen Literatur über Konfuzius seien genannt: *H. G. Creel*, Confucius and the Chinese Way (New York 1949, Neuaufl. 1960); *Lin Yutang*, The Wisdom of Confucius (New York 1938); *Liu Wu-Chi*, Confucius, His Life and Times (New York 1955); *Etiemble*, Confucius (Paris 1956); *Daniel Leslie*, Confucius (Paris 1962); *J. Munro*, The Concept of Man in Early China (Stanford 1969) 49–83 („The Confucian Concept of man"); *Herbert Fingarette*, Confucius – The Secular as Sacred (New York 1972) und die Auswahl von Texten, die *A. F. Wright*, Confucianism and Chinese Civilisation (New York 1967), veröffentlicht hat.

132.

Es gibt eine große Zahl von Übersetzungen des Tao-te-ching (allein in englischer Sprache 35, die zwischen 1868 und 1955 veröffentlicht wurden). Mehr als einmal kann man dazu kommen, an die Beobachtung Marcel Granets bezüglich der Übersetzung von Stanislas Julien (1842) zu denken: „Vollkommen gewissenhaft, verrät sie zwar den Text nicht, erlaubt es aber auch nicht, ihn zu verstehen" (La pensée chinoise 503, Anm. 1). Wir haben die Übersetzung von *A. Wailey*, The Way and its Power (London 1934), wegen ihrer literarischen Vorzüge und die von *Wing-tsit Chan*, The Way of Lao Tzu (New York 1962), wegen des Reichtums und der Genauigkeit des Kommentars benutzt. Aber in den im Text zitierten Fragmenten wird die Übersetzung *M. Kaltenmarks* aus seinem wunderbaren kleinen Buch „Lao tseu et le taoïsme" (Paris 1963) wiedergegeben. (Die deutsche Übers. geht von diesen Übersetzungen aus [Anm. d. Übers.].)

Die Arbeiten *Waleys* und *Chans* enthalten lange Einleitungen, in denen zahlreiche Probleme, die sich durch die Geschichte des Textes stellen, untersucht werden. Siehe auch *Jan Yün Hua*, Problems of Tao and Tao Te Ching, in: Numen 22 (1975) 208–234 (der Autor stellt die neuesten Untersuchungen Fung Yu-lans über den alten Taoismus vor); ders., The Silk Manuscripts on Taoism, in: T'oung Pao 63 (1977) 66–84 (über die neuerdings in einem aus dem Jahre 168 stammenden Grab entdeckten Manuskripte). Der Kommentar Ho-shangs wurde von *E. Erkes*, Ho-shang-kung's Commentary on Lao-tse, translated and annotated (Ascona 1950) übersetzt.

Unter den Gesamtdarstellungen möchten wir hinweisen auf: *H. Maspero*, Le taoïsme (Mélanges posthumes II) (Paris 1950); *Fung Yu-lan*, History of Chinese Philosophy I (Princeton 1952) 170ff; *M. Kaltenmark*, Lao tseu et le taoïsme; *H. Welch*, Taoism. The Parting of the Way (Boston 1957, neue, durchgesehene Aufl. 1965); *Nicole Vandier-Nicolas*, Le taoisme (Paris 1965); *Etiemble*, En relisant Lao-tseu, in: La Nouvelle Revue Française 171 (1967) 457–476; *Herrlee G. Creel*, What is Taoism? (Chicago 1970).

Ein Teil der Referate des Kolloquiums über den Taoismus (Bellagio, 7. - 14. September, 1968) wurde in History of religion 9 (1969–70) 107–255 veröffentlicht. Siehe vor allem: *H. H. Welch,* The Bellagio Conference on Taoist Studies (107–136); *A. F. Wright,* A Historian's Reflection on the Taoist Tradition (248–255). Bezüglich der augenblicklichen Ausrichtungen in der Erforschung des Taoismus siehe: *N. J. Girardot,* Part of the way: four Studies on Taoism, in: HR 11 (1972) 319–337.

Weisen wir auf einige neuere Studien hin: *Donald Munro,* The Taoist Concept of Man, in: The Concept of Man in Early China (Stanford 1969) 117–139; *J. J. L. Duyvendak,* The Philosophy of Wu-wei, in: Asiatische Studien I (1947) 81–102; *W. Liebenthal,* The Immortality of the Soul in Chinese Thought, in: Monumenta Niponica 8 (1952) 327–397; *M. Kaltenmark,* Ling-pao: Note sur un terme du taoisme religieux, in: Bibliothèque de l'Institut des Hautes Études Chinoises XIV (Paris 1960) 551–588; *Kimura Eiichi,* Taoism and Chinese Thought, in: Acta Asiatica 27 (1974) 1–8; *M. Strickmann,* The Longest Taoist Scriptures, in: HR 17 (1978) 331–354. Die Beziehungen zwischen dem „philosophischen Taoismus", wie er im Tao-te-ching und bei Chuang-tzu seinen Ausdruck findet, und dem „religiösen Taoismus" oder der Suche nach der Unsterblichkeit mittels verschiedener subtiler physiologischer Techniken und mittels der Alchemie stellen noch ein umstrittenes Problem dar. Einige Autoren bestehen auf den Unterschieden, die den „philosophischen Taoismus" vom Unsterblichkeitskult trennen. Diesen Autoren (zum Beispiel *A. C. Graham, H. H. Welch, Fung Yu-lan*) zufolge wurde die erste große Periode des Taoismus durch das Eindringen des Aberglaubens (Magie und Volksreligion) zurückgedrängt, außerdem durch die buddhistischen Vorstellungen und Praktiken. Ergebnis dieser Zurücksetzung ist der „Neo-Taoismus" oder die „taoistische Religion". Siehe hierzu, unter anderen, *Creel,* a.a.O. 1–24, 37ff; *A. C. Graham,* The Book of Lieh-tzu (London 1960) 10ff und 16ff (siehe die Kritik dieser Position durch die Rezension von *K. Schipper* in: T'oung Pao, N.S. 51 [1964] 288–292). Dagegen stellen die französischen Sinologen und ihre Schüler (*G. Maspero, M. Kaltenmark, K. Schipper, Anna Seidel* u. a.) die strukturelle Einheit dieser beiden „taoistischen Schulen" heraus. Siehe die Diskussion einiger neuerer Werke, die das unterschiedliche methodische Vorgehen erhellen, bei *N. Girardot,* Part of the Way: Four Studies on Taoism 320–324, und vor allem im Artikel von *N. Sivin,* On the word ‚Taoist' as a source of perplexity. With special reference to the relations of Science and Religion in traditional China, in: HR 17 (1978) 303–330 (siehe bes. 313ff die Prüfung einiger neuerer Interpretationen japanischer Forscher).

Bezüglich der chinesischen Vorstellungen von der Unsterblichkeit siehe *Ying-shih Yu,* Life and Immortality in the Mind of Han China, in: HJAS 25 (1964–65) 80–122; *Ellen Marie Chen,* Is there a doctrine of physical Immortality in the Tao te Ching?, in: HR 12 (1973) 231–29. *J. Needham* hat den „magischen, wissenschaftlichen, demokratischen und politisch revolutionären Charakter" des Taoismus hervorgehoben (Science and Civilisation in China II [1956] 35). Nach Needham waren die Taoisten nicht nur dem Konfuzianismus gegenüber, sondern auch dem Feudalsystem in seiner Gesamtheit gegenüber feindlich gesinnt (ebd. 11; 100–132). *N. Sivin* allerdings hat die Fundiertheit dieser Beteuerungen in Zweifel gezogen; niemand konnte den Antifeudalismus der Taoisten oder ihre Identifikation mit den Anfängen einer wissenschaftlichen Bewegung nachweisen (siehe: On the word ‚Taoist' 309ff).

Die Schriften Chuang-tzus wurden mehrfach in die wichtigsten europäischen Sprachen übersetzt. Die von *J. Legge,* The writings of Kwan-zze (SBE Bd. 39 und 40) (London

1891), ist die bekannteste. Siehe jetzt B. *Watson*, The Complete Works of Chuang Tzu (New York 1968). Eine dt. Übers. schuf *Richard Wilhelm*, Dschuang Dsi. Das Wahre Buch vom Südlichen Blütenland (Nachdruck Düsseldorf 1951 und weitere Auflagen).

Über Chuang-tzu vgl.: *A. Waley*, Three Ways of Thought in Ancient China (London 1939, Neuausgabe New York 1956) 3–79; *Yu-lan Fung*, Lao Tzu and Chuang Tzu. The Spirit of Chinese Philosophy (London 1947); *A. C. Graham*, Chuang-tzu's essay on Seeing things as equal, in: HR 9 (1969/70) 137–159.

133.

Über die taoistischen Techniken, die zur physischen Unsterblichkeit führen sollen, siehe *H. Maspero*, Le taoïsme 89–116; *H. H. Welch*, Taoism 97ff; *M. Kaltenmark*, Lao tseu et le taoïsme 146ff.

Über die taoistischen Unsterblichen siehe: *L. Giles*, A Gallery of Chinese Immortals (London 1948); *M. Kaltenmark*, Le Lie-sien Tchouan. Biographies légendaires des Immortels taoïstes de l'antiquité (Peking 1953, Übers. und Kommentar).

Über die „Befreiung des Leichnams" siehe: *H. Maspero*, Le taoïsme 98ff; *H. H. Welch*, Taoism 108ff.

Über den „magischen Flug" der Yogin und der Alchemisten siehe *M. Eliade*, Yoga 434ff, Schamanismus Kap 13 und Schmiede und Alchemisten 152ff. Über die Legende von den drei heiligen Bergen, die sich mittem im Meer befanden und denen sich niemand annähern konnte, siehe *Szu-ma Ch'ien*, Shih-chi (nach der Übers. von *É Chavannes*, Les mémoires historiques de Sse-ma Ts'ien III, 436f): „Früher konnten die Menschen dorthin gelangen: da finden sich die Glückseligen und das Elixier, das den Tod verhindert; da sind alle Menschen, Vögel und Vierfüßler weiß, die Paläste sind aus Gold und Silber; als diese Menschen dort noch nicht waren, sahen sie sie von weitem wie eine Wolke; als sie dort ankamen, waren die drei heiligen Berge vom Wasser umgeworfen... Letztendlich konnte niemand dorthin gelangen" (siehe Bd. II 152–153). Es handelt sich um Länder, die einer mythischen Geographie angehören und die sich in der Folge ekstatischer Erfahrungen vor urdenklichen Zeiten herauskristallisiert haben; siehe auch die Legenden der Hindus über die *rishi*, die sich zu der mysteriösen nördlichen Region namens Cvetadvipa in die Lüfte aufschwingen; ebenso konnte der See Anavatapta nur von denen erreicht werden, die die übernatürliche Kraft besaßen, in den Lüften zu fliegen; Buddha und die Arhats kamen im Handumdrehen zum Anavatapta (siehe: Yoga 336ff). Der Kranich ist der Vogel der Unsterblichen schlechthin; sie waren dafür bekannt, mehr als tausend Jahre zu leben, und „konnten mit eingeknicktem Hals atmen, eine Technik, die den Atem geschmeidig macht und die die Taoisten nachahmen" (*Kaltenmark*, Lao tseu 153). Siehe auch *J. de Groot*, The Religious System of the Chinese IV, 232f, 295 und 395. Über den Tanz der Kraniche siehe *Granet*, Danses et légendes 216ff.

Über die Zinnober-Felder und die „drei Würmer" siehe *Maspero*, Le taoïsme 91ff; *Welch*, a.a.O. 106–109, 121, 130–132.

Bezüglich des Alters der Atemtechnik in China siehe *H. Wilhelm*, Eine Chou-Inschrift über Atemtechnik, in: Monumenta Serica 13 (1948) 385–388.

Über die Technik, die darin besteht, „die Lebenskraft zu ernähren", bleibt die Darstellung *H. Masperos* grundlegend: Les procédés de ‚nourrir le principe vital' dans la religion taoïste ancienne, in: JA (1937) 177–252, 353–430; siehe auch *ders.*, Le taoïsme 107–114. Für eine vergleichende Analyse der indischen, islamischen und christlichen (hesychastischen) Atemtechniken siehe: Yoga 67–75.

Kritische Bibliographie zu Seite 37-39

„Die Bedeutung der Embryonalen Atmung kommt daher, daß der Mensch aus Atem gemacht ist. Zu Beginn der Welt bildeten die Neun Atem das Chaos; als das Chaos sich verstreute, trennten sie sich: die reinen und subtilen stiegen auf und bildeten den Himmel, die unreinen und grobschlächtigen stiegen hinab und wurden die Erde. Die ersten Götter, die größten unter ihnen, bildeten sich spontan durch die Verbindung der Atemströme, dann wurden die niederen Götter geschaffen und gezeugt. Später erzeugte der Gelbe Kaiser Huang-ti Menschen, indem er Statuen aus Erde an den Endpunkten der vier Himmelsrichtungen aufstellte; er setzte sie 300 Jahre lang jeder Art von Atem aus; als sie davon gut durchdrungen waren, konnten sie sprechen und sich bewegen und verhalfen verschiedenen menschlichen Rassen zum Leben. So ist der menschliche Körper aus dem unreinen Atem gemacht, der die Erde geformt hat, aber der Lebensatem, der ihn beseelt, ist der reine Atem, der zwischen Himmel und Erde zirkuliert. Damit er unsterblich werden kann, muß man den unreinen Atem vollkommen durch den reinen ersetzen; das ist das Ziel der Embryonalen Atmung. Während der gewöhnliche Mensch beim Essen von Getreideerzeugnissen die Materie seines Körpers jeden Tag durch eine ebenso plumpe Materie ersetzt, ersetzt der Taoist sie, wenn er sich von der Atemluft ernährt, durch eine immer reinere Materie" (*Maspero*, Le taoïsme 114).

Halten wir den Parallelismus mit der orphischen Anthropogonie und Eschatologie fest (vgl. § 181).

Für die Taoisten ist der gesamte menschliche Körper von Gottheiten und transzendenten Wesen angefüllt; siehe die Beschreibung dieses Pantheons in: *Maspero*, Le taoïsme 116–137. Man kann mit den Göttern mittels der mystischen Meditation oder mittels der Ekstase in Verbindung treten (ebd. 137–147).

Bezüglich der taoistischen Sexualtechniken siehe: *J. Needham*, Science and Civilization in China II (Cambridge 1956) 146–152; *Akira Ishihara* und *H. S. Levy*, The Tao of Sex. An annotated translation of the XXVIII section of the Essence of Medical Prescriptions (Tokyo 1968, Neuausgabe New York 1970) (allerdings sind die analysierten Techniken nicht ausschließlich taoistisch).

Ein von *Maspero*, Les procédés... 385, übersetzter Text beschreibt die Technik, den „Samen zurückkommen zu lassen und das Gehirn wiederherzustellen", wie folgt: „Das Prinzip... besteht darin, zu kopulieren, damit die Essenz (d. h. der Samen) sehr stark in Bewegung versetzt wird, (dann,) wenn er am Austreten ist, ergreift man (den Penis) schnell mit den beiden mittleren Fingern der linken Hand hinter dem Scrotum und vor dem Anus, zieht kräftig und stößt den Atem lang durch den Mund aus, während man gleichzeitig die Zähne mehrmals fletscht, ohne den Atem zurückzuhalten. Wenn man die Essenz dann losläßt, kann sie nicht austreten, sondern kommt vom Jadestamm (dem Penis) zurück und steigt auf, um ins Gehirn einzutreten. Diesen Vorgang geben die Unsterblichen sich weiter; beim Trinken von Blut schwören sie, ihn nicht jedermann weiterzugeben." Vgl. auch *van Gulik*, Erotic colour prints 78.

In der „Biographie des wirklichen Menschen der reinen Transzendenz", von der Maspero glaubt, sie reiche ins 5. Jh. v. Chr. zurück, wird die Methode der Rückkehr des Samens unter die fünf Rezepte des unsterblichen Meisters Tsiang eingeordnet. „Durch vollkommene Meditation muß man jeden äußeren Gedanken entfernen; dann können Mann und Frau die Methode des ewigen Lebens praktizieren. Dies Vorgehen ist absolut geheim: Übertragt es nur den Weisen!... Man muß jedesmal, wenn man (dies Vorgehen) praktiziert, in die Meditation eintreten: man muß zunächst das Bewußtsein des eigenen Körpers und der äußeren Welt verlieren." Nachdem sie ein Gebet gesprochen haben, halten „die Männer den Geist auf die Nieren gerichtet, wobei sie die Essenz (das Sperma) heftig zurückhalten und den Atem destillieren, der der Wirbelsäule folgt und in den Nihuan aufsteigt (das ist das im Kopf lokalisierte Zinnober-Feld), gegen die Strömung: das nennt man huan-yüan, ‚zum Ursprung zurückkehren lassen'; die Frauen lassen den Geist auf das Herz gerichtet, das die Geister ernährt, ein unveränderliches Feuer destilliert, sie lassen den Atem von den Brüsten bis zu den Nieren hinabsteigen, von wo er durch die Wirbelsäule wieder aufsteigt und ebenfalls zum Ni-huan kommt: das nennt man ‚das Wirkliche umformen', huan-chen. Im Lauf von 100 Tagen kommt man zur Transzendenz. Praktiziert man dies Vorgehen sehr lange Zeit, so wird man spontan ‚wirklicher Mensch' und geht ewig lebend durch die Jahrhunderte. Das ist die Methode, nicht zu sterben" (Übers. nach Maspero, Les procédés... 386 f).

Über den „mysteriösen Embryo" des neuen unsterblichen Körpers siehe *Welch*, Taoism 108 ff und 120 ff.

Über die Beziehung zwischen den taoistischen Techniken und dem tantrischen Yoga siehe *Eliade*, Yoga 254 ff und 425 ff; *Needham*, Science and Civilization II, 425 ff; *R. H. Van Gulik*, Sexual Life in Ancient China (Leiden 1961) 339 ff; *J. Filliozat*, Taoïsme et Yoga, in: JA 257 (1969) 41–88. Siehe auch *Lu K'uan Yu*, Taoist Yoga. Alchemy and Immortality (London 1970); das Buch ist die Übersetzung des Werkes eines modernen Autors: „No evidence of Taoist origin or particular association is given" (*Sivin*, in: HR 17, 319, Anm. 27).

134.

Bezüglich der chinesischen Alchemie kann man die wichtigsten bibliographischen Hinweise in unseren Büchern Yoga (dt. Übers. Zürich 1960, frz. Original, „Le Yoga", Paris 1954) und Schmiede und Alchemisten (1960, frz. Original, „Forgerons et alchimistes", Paris 1956, neue, verb. Aufl. 1977) und vor allem in *J. Needham*, Science and Civilization in China V, 2 (Cambridge 1974) 2 ff, 381 ff finden. Vermerken wir die wichtigsten Werke: *A. Waley*, Notes on Chinese Alchemy, in: BSOAS 6 (1930) 1–24; *H. H. Dubs*, The Beginnings of Alchemy, in: Isis 38 (1947) 62–86; *Nathan Sivin*, Chinese Alchemy: Preliminary Studies (Cambridge/Mass. 1968) (siehe unsere Zusammenfassung in: HR 10 [1970] 178–182); *J. Needham*, Science and Civilization V, 3 (1976) (die Geschichte der Alchimie wird in den beiden im Augenblick in Vorbereitung befindlichen letzten Bänden fortgesetzt werden).

Unter den Übersetzungen alchemistischer Texte seien vor allem erwähnt: *Lu-Ch'iang Wu/T. L. Davis*, An ancient chinese treatise on alchemy entitled Ts'an T'ung Ch'i, written by Wei Po-Yang about 142 A. D., in: Isis 18 (1932) 210–289; *ders.*, Ko Hung on the Yellow and the White, in: Proceedings of the American Academy of Arts and Science 71 (1935) 221–284. Diese letztgenannte Arbeit enthält die Übersetzung der Kap. 4 und 6 der Abhandlung von Ko Hung (Pao P'u Tzu); die Kap. 1–3 sind übersetzt von *E. Feifel*, in: Monumenta Serica 6 (1941) 113–211 (siehe ebd. 9 [1944] eine Neuübersetzung des Kap. 4 von Feifel) und die Kap. 7–11 von *T. L. Davis / K. F. Chen*, The Inner chapters of Pao-p'u-tzu, in: Proceedings of American Academy of Arts and Science 74 (1940–1942) 287–325. Über den Wert der Übersetzungen von T. L. Davis und seinen Mitarbeitern siehe *J. Needham*, Science and Civilization V, 2, S. 6 und *N. Sivin*, Chinese Alchemy 15. *J. R. Ware* hat eine vollständige Übersetzung des Nei P'ien des Ko Hung vorgelegt in: Alchemy, Medicine and Religion in the China of A. D. 320: The Nei P'ien of Ko Hung

(Cambridge/Mass. 1966) (siehe unsere Bemerkungen in: HR 8 [1968] 84f). Das Werk Sivins (Chinese Alchemy 145–214) enthält eine mit Anmerkungen versehene Übersetzung des Tang ching yao chüeh („Essential formulas from the alchemical classics"), eines dem Sun Szu-mo (6. Jh. n. Chr.) zugeschriebenen Werkes. Siehe auch *R. C. Spooner/C. H. Wang*, The Divine Nine Turn *Tan Sha* Method, a Chinese Alchemical Recipe, in: Isis 38 (1947) 235–242.

Nach *H. H. Dubs* stammt das erste Dokument aus dem Jahre 144 v. Chr.; in diesem Jahr bedroht ein kaiserliches Edikt all diejenigen mit öffentlicher Hinrichtung, die beim Nachmachen von Gold in flagranti erwischt werden (der Text ist bei *Dubs*, The Beginnings of Alchemy 63, abgedruckt). Wie aber *Needham* gezeigt hat (Science and Civilization V, 2, S. 47ff), stellt das Nachmachen von Gold nicht im eigentlichen Sinne eine alchemistische Methode dar.

H. H. Dubs glaubt, der Ursprung der Alchemie müsse im China des 4. vorchristlichen Jahrhunderts gesucht werden. Diesem Autor zufolge konnte die Alchemie nur in einer Gesellschaft entstehen, in der das Gold noch wenig bekannt war und in der man die Methoden zur Dosierung der Menge reinen Metalls noch nicht kannte; in Mesopotamien aber waren diese Methoden schon im 14. Jh. v. Chr. bekannt, was den mittelmeerischen Ursprung der Alchemie unwahrscheinlich macht (*Dubs*, a. a. O. 80ff). Diese Meinung wurde aber von den Historikern der Alchemie nicht akzeptiert (siehe u. a. *F. Sh. Taylor*, The Alchemists [New York 1949] 75). *Dubs* glaubt, die Alchemie sei im Westen durch chinesische Reisende eingeführt worden (a. a. O. 84). Doch nach *Laufer* ist es nicht auszuschließen, daß die „wissenschaftliche" Alchemie in China Ergebnis eines ausländischen Einflusses ist (siehe *Laufer*, in: Isis [1929] 330f). Über das Eindringen mittelmeerischer Vorstellungen nach China siehe *Dubs*, a. a. O. 82f, Anm. 122–123. Über die Wahrscheinlichkeit des mesopotamischen Ursprungs der chinesischen alchemistischen Ideologie siehe *H. E. Stapleton*, The Antiquity of Alchemy, in: Ambix V (1953) 1–43, 15ff. Bei einer kurzen Diskussion des chinesischen Ursprungs der Alchemie (S. 19–30) weist *Sivin* die Hypothese von Dubs zurück (S. 22f). Die radikalste Kritik kam von *Needham* (Bd. V 2, S. 44ff) trotz der Tatsache, daß auch er – wenn auch aus anderen Gründen – die These vertritt, die Alchemie sei eine chinesische Schöpfung. Nach Needham war die Kultur des alten China das einzige Milieu, in dem sich der Glaube an ein Elixier gegen den Tod herausbilden konnte, das das höchste Werk des Alchemisten sei (S. 71, 82, 114f). Die beiden Vorstellungen – die vom Elixier und die von der alchemistischen Herstellung des Goldes – werden in China im 4. Jh. v. Chr. zum ersten Mal integriert (S. 12ff). Doch Needham gibt zu, daß die Beziehung zwischen Gold und Unsterblichkeit in Indien vor dem 6. Jh. v. Chr. bekannt war (S. 118ff).

In einem neu erschienenen Artikel hat *N. Sivin* die Aufmerksamkeit auf den „gemeinchinesischen" Charakter der taoistischen Techniken und der Alchemie gelenkt; siehe: On the word „Taoist" as a source of perplexity 316ff. Im gleichen Artikel analysiert Sivin treffend die Bedeutung Ko Hungs, der von der Mehrheit der Forscher als „der größte Alchemist der chinesischen Geschichte" (Needham) betrachtet wird (*Sivin*, a. a. O. 323f). Bis in die letzten Jahre betrachteten die westlichen Forscher die „äußere Alchemie" oder Iatro-Chemie (wai-tan) als „exoterisch" und die „innere Alchemie" oder yogische Alchemie (nei-tan) als „esoterisch". Ist diese Dichotomie auch für bestimmte späte Autoren wie P'eng Hsiao (9.–10. Jh.) zutreffend, so war doch zu Beginn der wai-tan „ebenso esoterisch wie seine yogische Entsprechung" (*Sivin*, Chinese Alchemy 15, Anm. 18). Tatsächlich läßt sich Sun Szu-mo, der große Iatro-Chemist des 7. Jahrhunderts, der die „äußere Alchemie" repräsentiert, vollkommen in die taoistische Tradition einordnen (vgl. das in Schmiede und Alchemisten 146 nach der Übersetzung von *Sivin,* a.a.O. 146–148 zitierte Fragment).

Für den alchemistischen Symbolismus der Atmung und des Sexualakts siehe *R. H. van Gulik,* Erotic colour prints of the Ming period with an essay on Chinese sex life from the Han to the Ch'ing dynasty, B.C. 206 – A.D. 1644 (Tokio 1951) 115ff.

Nicht nur der Tod Lao-tzus, sondern auch seine Geburt wurden als Kosmogonie interpretiert; siehe *Kristofer Schipper,* The Taoist body, in: HR 17 (1978) 355–386, bes. 361–374.

Über die Vergöttlichung Lao-tzus siehe *Anna Seidel,* La divination de Lao tseu dans le Taoïsme des Han (Paris 1969); vgl. auch *dies.,* The image of the Perfect Ruler in Early Taoist Messianism. Lao-tzu and Li Hung, in: HR 9 (1969–70) 215–247.

Über die taoistischen Bewegungen mit messianischer Struktur siehe *P. Michaud,* The Yellow Turbans, in: Monumenta Serica 17 (1958) 47–127; *W. Eichhorn,* Description of the Rebellion of Sun En and earlier taoist rebellions, in: Mitteilungen des Instituts für Orientforschung 2 (1954) 325–352; *H. S. Levy,* Yellow Turban Religion and Rebellion at the End of the Han, in: JAOS 76 (1956) 214–227; *R. A. Stein,* Remarques sur les mouvements du Taoïsme politico-religieux au IIe siècle ap. J.-C., in: T'oung Pao 50 (1963) 1–78. Siehe auch Bd. III, Kap. 35 (Bibliographien) dieses Werkes.

135.

Bezüglich der Hinduisierung des Subkontinents unter der Integration lokaler Elemente siehe *Eliade,* Yoga 110ff und 392ff (Bibliographie); *J. Gonda,* Les religions de l'Inde I (Paris 1962) 236ff, 268ff (Bibliogr.).

Es existiert eine reichhaltige Literatur über die Morphologie und Geschichte des Hinduismus. Nennen wir die nützlichsten Werke: *L. Renou* und *J. Filliozat,* L'Inde classique I (1947) 381–667; *L. Renou,* L'Hindouisme (Collection „Que sais-je?", 1951); *J. Gonda,* Les religions de l'Inde I, 257–421; *Anne-Marie Esnoul,* L'Hindouisme, in: Histoire des Religions, hrsg. unter Leitung von H. Ch. Puech, I (1970) 996–1104; *dies.,* L'Hindouisme (Anthologie) (1973).

Siehe auch: *J. E. Carpenter,* Theism in Mediaeval India (London 1926) (bes. wertvoll für die Dokumentation); *J. Gonda,* Aspects of Early Visnuism (Utrecht 1954); *ders.,* Change and Continuity in Indian Religion (Den Haag 1964); *ders.,* Viṣṇuism and Śivaism: A Comparison (London 1970); *Arthur L. Herman,* The Problem of Evil and Indian Thought (Delhi-Varanasi-Patna 1976) 146ff; *Stella Kramrisch,* The Indian Great Goddess, in: HR 14 (1975) 235–265, bes. 258ff (der Androgyn und die Göttin), 263ff (Devi); *J. C. Heestermann,* Brahmin, Ritual and Renouncer, in: Wiener Zeitschrift zur Kunde des Süd- und Ostasien 11 (1864) 1–37; *V. S. Agrawala,* Śiva Mahādeva, The Great God (Benares 1966); *Madeleine Biardeau,* Clefs pour la pensée hindoue (Paris 1972); *Wendell Charles Beane,* Myth, Cult and Symbols in Śakta Hinduism. A Study of the Indian Mother Goddess (Leiden 1977), bes. 42ff und 228ff; *Wendy Doniger O'Flaherty,* Ascetism and Erotism in the Mythology of Śiva (London 1973).

Siehe auch die Bibliographie zu Kap. 24, § 191–194.

Wir werden die verschiedenen Phasen des Shivaismus und des Vishnuismus in Bd. III, Kap. 31 und 32 vorstellen.

136.

Über das Leitmotiv „sich vom Leiden befreien" siehe *Eliade,* Yoga 20ff. Über die Analogien zwischen dem indischen Symbolismus des Raubs und der Befreiung aus den Banden und bestimmte Aspekte der gnostischen Mythologie siehe *Eliade,* Aspects du mythe (1963) 142 ff (Mythologie vom Gedächtnis und vom Vergessen).

137.

Über die Kontinuität der vedischen Vorstellungen in den Upanishaden siehe *F. Edgerton,* The Upanishads: what do they seek, and why, in: JAOS 49 (1929) 97–121, bes. 100ff.

Das allgemeine Problem der Kontinuität in der indischen Religion behandelt *J. Gonda,* Continuity and Change (siehe bes. 38 ff und 315 ff). *Ananda K. Coomarawamy* hat mehrfach den „traditionellen" (d. h. von historischen Umschwüngen unabhängigen) Charakter der indischen Metaphysik behandelt (siehe: Selected Papers I–II, hrsg. von Roger Lipsey [Princeton 1977]).

138.

Über den prä-systematischen Vedānta siehe die einschlägigen Kapitel in den Geschichten der indischen Philosophie von *S. N. Dasgupta* und *S. Radhakrishnan; H. von Glasenapp,* Die Philosophie der Inder. Eine Einführung in ihre Geschichte und ihre Lehren (Stuttgart 1949); *William Beidler,* The Vision of Self in Early Vedanta (Delhi-Patna-Benares 1975), bes. 104ff und 227ff.

Wir haben das Paradox des körperlichen (sterblichen) und des unkörperlichen (unsterblichen) Brahman in den mittleren Upanishaden untersucht (§ 82), wir haben außerdem an die mythologischen Vorgänger dieser metaphysischen Spekulation erinnert (§ 68). Eine analoge Tendenz zur coincidentia oppositorum findet sich in der Sāṃkhya-Philosophie und bes. im „teleologischen Instinkt", der die kosmische Substanz *(prakṛti)* dazu führt, bei der Befreiung des Geistes *(purusha)* mitzuhelfen; siehe § 140. Fügen wir noch hinzu, daß die coincidentia oppositorum, die den Brahman charakterisiert (als Totalität des Wirklichen oder als absolutes Sein), sich auch in einer Vielzahl von Mythen ausdrückt, vor allem in den Mythen, die sich auf die menschliche Grundsituation beziehen. So gehen zum Beispiel die Manifestationen des Bösen (die Dämonen und Ungeheuer z. B.) aus dem Körper des Gottes selbst hervor (in erster Linie aus seinen Exkrementen); das Böse ist mit anderen Worten wie das Gute göttlichen Ursprungs: es ist integraler Bestandteil der Göttlichkeit. Siehe dazu die brahmanischen und puranischen Mythen, die *W. D. O'Flaherty,* The Origins of Evil in Hindu Mythology (Berkeley 1976) 139ff, zitiert und kommentiert. Es ist wichtig hinzuzufügen, daß dieses Motiv auch in anderen Mythologien nachgewiesen ist: der Teufel oder der Tod gehen aus der Spucke, den Exkrementen oder dem Schatten des Schöpfers hervor; siehe dazu *Eliade,* De Zalmoxis à Gengis-Khan 87ff (bulgarische Legende), 87 (mordwinische Legende), 101 (wogulischer Mythos).

139.

Die Bibliographie der Sāṃkhya-Texte und ihrer Kommentare findet sich in unserem Buch Yoga. Unsterblichkeit und Freiheit 373 ff. Hinzuzufügen ist: *Corrado Pensa* (Übers.), Isvarakṛṣṇa, Sāṃkhya-kārikā con il commento di Gaudapada (Turin 1960); *Anne-Marie Esnoul* (Übers.), Les strophes de Sāṃkhya (Sāṃkhya-kārikā) avec le commentaire de Gaudapada. Texte sanskrit et traduction annotée (Paris 1964).

Für die kritische Bibliographie siehe Yoga 376 f. Hinzuzufügen ist: *J. A. B. van Buitenen*, Studies in Sāṃkhya, in: JAOS 80 (1956) 153–157; 81 (1957) 15–25, 88–107; *Pulinbihari Chakravarti*, Origin and Development of the Samkhya System of Thought (Kalkutta 1952); *Gerald James Larson*, Classical Sāṃkhya. An Interpretation of its History and Meaning (Delhi-Varanasi-Patna 1969). Larsons Werk enthält eine kritische Sichtung der Interpretationen der Sāṃkhya-Philosophie von *Richard Garbe* bis zu *S. Radhakrishnan* (S. 7–76).

Über die Sāṃkhya-Vorstellungen in den Upanishaden siehe *Eliade*, Yoga, und *E. H. Johnston*, Some Sāṃkhya and Yoga Conceptions of the Śvetāsvatara Upanishad, in: JRAS (1930) 855–78; ders., Early Sāṃkhya (London 1937); *J. A. B. van Buitenen*, Studies…, bes. 88 ff, 100 ff; *Larson*, a.a.O. 99 ff.

Bezüglich der ontologischen Struktur des *purusha* („Selbst") siehe Yoga 25 ff; *Larson*, a.a.O. 181 ff.

Wie wir gesehen haben, wird die fast magische Macht der „Gnosis" in den Upanishaden unablässig gepriesen (siehe § 80). Denn einzig dank der metaphysischen (esoterischen) Erkenntnis gelingt es den *rishis*, die „Unwissenheit" zu vernichten und die Befreiung zu erlangen, sie schaffen es also, die menschliche Grundsituation zu überschreiten. Man kann die quasi-magische Kraft der „Gnosis" auf der einen Seite mit den von den Ritualen ausgelösten Kräften und auf der anderen Seite mit den durch Askese und Yoga-Praktiken (siehe § 76 ff) erhaltenen „magischen Fähigkeiten" vergleichen. In diesem Punkt setzt der Sāṃkhya die Tradition der Veden und Upanishaden fort. *F. Edgerton*, The Beginnings of Indian Philosophy (London 1965) 22 ff, hat mit Recht den „magischen" Charakter der Erkenntnis in den Upanishaden hervorgehoben. Siehe auch *Corrado Pensa*, Some internal and comparitive problems in the field of Indian Religions, in: Problems and Methods of the History of Religions (Leiden 1971) 102–122, 144 ff.

Die Meditation der Sāṃkhya-Art wurde von *Gerhard Oberhammer*, Strukturen yogischer Meditation (Wien 1977) 17–56, untersucht.

140.

Über die Modalitäten und die „Entwicklung" der Substanz *(prakṛti)* siehe Yoga 27 ff.

Bezüglich der Theorien zur Entstehung der Welt muß der Unterschied zwischen Sāṃkhya und Yoga hervorgehoben werden: während für den Yoga die Welt wegen der Unkenntnis über die wirkliche Struktur des Geistes entsteht (siehe Yoga-Sūtra II, 23–24), meinen die Sāṃkhya-Autoren, das Heraufkommen *(pariṇāma)* der Substanz *(prakṛti)* sei durch einen „teleologischen Instinkt" „zugunsten des purusha" hervorgerufen (Sāṃkhya-Kārikā 31, 42 usw.; siehe Yoga 29 ff). Diese Anstrengung der Sāṃkhya-Philosophie, den Dualismus *purusha/prakṛti* zu überschreiten, kann man mit den Spekulationen der Upanishaden, vor allem der mittleren Upanishaden, vergleichen (Katha,

Śvetāśvatara, Maitri), die sich auf die beiden Modalitäten des Brahman – „spirituelle" und „materielle", „absolute" und „relative" usw. – beziehen (siehe § 82). Siehe auch C. *Pensa,* Some internal and comparitive problems 109 ff.

141.

Siehe die in Yoga 38 ff und 100 ff zitierten und kommentierten Texte.

142.

Über die Yoga-Praktiken, ihren Ursprung und ihre Geschichte siehe *Eliade,* Yoga 55–109 (Techniken der Autonomie), 110–151 (Yoga und Brahmanismus) und 152–170 (Der Sieg des Yoga). Über Patañjali und die Texte des klassischen Yoga siehe ebd. 377 ff. Siehe ebd. 379, eine Liste der bis 1954 erschienenen Werke über den Yoga. Nennen wir hier die wichtigsten: *S. N. Dasgupta,* A Study of Patañjali (Kalkutta 1920); *ders.,* Yoga as Philosophy and Religion (London 1924); *ders.,* Yoga philosophy in relation to other Systems of Indian Thought (Kalkutta 1930); *J. W. Hauer,* Die Anfänge der Yoga-Praxis (Stuttgart 1922); *ders.,* Der Yoga als Heilung (Stuttgart 1932); *ders.,* Der Yoga. Ein indischer Weg zum Selbst (Stuttgart 1958); *Alain Daniélou,* Yoga. The method of réintegration (London 1949); *Jacques Masui,* Yoga, science de l'homme intégral (textes et études publiés sous la direction de Jacques Masui) (Paris 1953); *P. Masson-Oursel,* Le Yoga (Paris 1954); *T. Brosse,* Études expérimentales des techniques du Yoga (précédé d'une étude de *J. Filliozat:* La nature du yoga dans la tradition) (Paris 1963); *Jean Varenne,* Le Yoga et la tradition hindoue (Paris 1973).

Die Yoga-Sūtras wurden mit den Kommentaren von Vyāsa und Vācaspati-mishra zusammen übersetzt von *J. H. Woods,* The Yoga-System of Patañjali (Cambridge/Mass. 1914). *Jean Varenne* (Übers.), Huit Upanishads du Yoga (Paris 1971); die Übersetzung der Yoga-darsana Upanishad ist veröffentlicht in dem Buch Le Yoga et la tradition hindoue (232–255).

Die Yoga-Sūtras bestehen aus vier Kapiteln oder Büchern *(pāda):* das erste, das 51 Aphorismen *(sūtras)* enthält, ist das „Kapitel über die yogische Enstase" *(samāddhipāda);* das zweite, das 55 Aphorismen enthält, heißt *sādhanapāda* (Kapitel über die Verwirklichung); das dritte mit 55 Sūtras behandelt die „wunderbaren Kräfte" *(vibhūti).* Das vierte und letzte Kapitel schließlich, der *kaivalyapāda (kaivalya* = Isolierung, Einsamkeit), hat nur 34 Sūtras und stellt wahrscheinlich eine spätere Hinzufügung dar.

Welches auch die Lebensdaten Patañjalis sein mögen (2. Jh. v. Chr. oder 3. und sogar 4. Jh. n. Chr.), die vom Autor der Yoga-Sūtras dargestellten Techniken der Askese und der Meditation haben sicher ein beträchtliches Alter; es sind nicht seine Entdeckungen und nicht die seiner Zeit; sie wurden Jahrhunderte vor ihm erprobt. Im übrigen ist nicht auszuschließen, daß der Originaltext der Yoga-Sūtras mehrfach umgeändert wurde, um an neue „philosophische Situationen" angepaßt zu sein. Dieser Ausgangstext wurde von zahlreichen Autoren meditiert und kommentiert. Das erste uns bekannte dieser Werke ist der Yoga-Bhāshya des *Vyāsa* (6.–7. Jh.), ein Kommentar, der um 850 von *Vācaspatimishra* in seiner Tattvavaisāradi mit Anmerkungen versehen wurde. Diese beiden Texte gehören zu den wichtigsten Beiträgen, die das Verständnis der Yoga-Sūtras eröffnen. Siehe *Eliade,* Patañjali et le Yoga (Paris 1962) 10 ff.

143.

Über die Yoga-Techniken siehe *Eliade*, Yoga 55-109; Patañjali et le Yoga 53-101; *J. Varenne*, Le Yoga et la tradition hindoue 114-150.

Über die „Zügelungen" *(yama)* und „Disziplinen" körperlicher und psychischer Art *(niyama)* siehe *Eliade*, Yoga 56 ff; *Varenne*, a. a. O. 121 ff; *C. Pensa*, On the Purification Concept in Indian Tradition with special regard to Yoga, in: East and West, N. S. 19 (1969) 1-35, bes. 11 ff.

Über die yogischen Stellungen und die Atemdisziplinierung *(prāṇāyama)* siehe Yoga 61-75 und 391-92; *Varenne*, a. a. O. 141 ff; *Gerhard Oberhammer*, Strukturen yogischer Meditation, in: Österr. Akademie der Wiss., Phil.-Hist. Klasse, 322. Bd. (Wien 1977) 71 ff und 135 ff.

144.

Über die Rolle Iśvaras im klassischen Yoga siehe *Dasgupta*, Yoga as Philosophy and Religion 85 ff; *Eliade*, Yoga 82 ff. Iśvara wird im Rigveda, im Samaveda und im Yajurveda überhaupt nicht, im Atharvaveda sechsmal zitiert. Aber vor allem in den ältesten Upanishaden und im Bhagavad-Gītā ist Iśvara das Ziel aller, die die Befreiung suchen; siehe *J. Gonda*, Change and Continuity in Indian Religion (Den Haag 1965) 139 ff (Iśvara im Atharvaveda), 144 ff (in den Upanishaden und im Bhagavad-Gītā), 158 ff (Iśvara in der Philosophie und im klassischen Yoga).

145.

Über die siddhi oder „wunderbaren Fähigkeiten" siehe *S. Lindquist*, Die Methoden des Yoga (Lund 1932) 169-182; *ders.*, Siddhi und Abhiññā. Eine Studie über die klassischen Wunder des Yoga (Uppsala 1935); *J. W. Hauer*, Der Yoga 326 ff; Yoga 94 ff und 392 (Bibliographie); *A. Janaček*, The methodical Principle in Yoga according to Patañjali's Yogasūtra, in: ArOr 19 (1951) 514-567, bes. 551 ff; *C. Pensa*, On the Purification Concept in Indian Tradition 6 ff und 16 ff.

Über den samadhi siehe Yoga 100 ff; *Hauer*, Der Yoga 336 ff; *Varenne*, a. a. O. 169 ff; *Oberhammer*, Strukturen yogischer Meditation 135 ff.

Außerhalb des Yoga „mit acht Gliedern", wie ihn Patañjali beschreibt (d. h. der Serie von Übungen und Meditationen, von den „Zügelungen" bis zum samadhi), kennt die indische Tradition auch den „sechsgliedrigen Yoga" (ṣaḍaṅga-yoga). In dieser Reihe fehlen die ersten drei „Glieder" *(yama, niyama, āsana)*, es erscheint aber ein in der Tradition Patañjalis unbekanntes „Glied": *tarka* (wörtlich: „Überlegung", hier im Sinne von „höchste Erkenntnis"). Siehe *A. Zigmund-Cerbu*, The Ṣaḍaṅgayoga, in: HR, B (1963) 128-134; *C. Pensa*, Osservazioni e riferimenti per lo studio dello ṣaḍaṅga-yoga, in: Istituto Orientale di Napoli, Annali 19 (1969) 521-528. Dieses „sechsgliedrige" yogische System hat im späten Buddhismus und im Tantrismus eine bedeutsame Rolle gespielt (siehe Bd. III). Siehe auch *Günter Grönbold*, Ṣaḍ-aṅga-yoga (Inaugural-Dissertation München 1969), bes. 118 ff (Kalācakra-Tantra), 122 ff (die Liste der Meister, die den Ṣaḍaṅga-Yoga gelehrt haben sollen).

146.

Bezüglich der endgültigen Befreiung und der Situation eines jīvan-mukta („Lebend-Befreiten") siehe Yoga 103 ff; siehe auch *Roger Godel*, Essai sur l'expérience libératrice (Paris 1951); *Varenne*, a. a. O. 162–63. „Weil sie sich per definitionem ‚jenseits von Gut und Böse' befinden, müssen diese ‚Übermenschen' die weltlichen Werte nicht beachten: alles ist ihnen erlaubt, und man kann sich vorstellen, daß die Zahl der Yogin groß ist, die vorgeben (oder ehrlich glauben), den samadhi erreicht zu haben, und dies ausnutzen, um auf dieser Erde „ihr Paradies zu leben". Metaphysisch sind sie in diesem Handeln in dem Maß gerechtfertigt, in dem ihre Taten zugleich ohne Ursache und ohne Wirkung sind. Ohne Ursache deshalb, weil der *jīvan-mukta* per definitionem von jeder Begierde befreit ist (denn alle *vāsanās* wurden zerstört), ohne Wirkung deshalb, weil die befreite Seele nicht vom *karman* affiziert werden kann. In einer solchen Situation ist jede Handlung zweckfrei, weshalb man auch vom *jīvan-mukta* sagt, er sei im Zustand absoluter Einsamkeit" (*Varenne, 162*).

147.

Von der reichhaltigen Literatur über Śākyamunis Biographie nennen wir nur die wichtigsten Werke: *E. J. Thomas*, The Life of Buddha as Legend and History (London 1927); *A. Foucher*, La vie de Bouddha d'après les textes et les monuments de l'Inde (Paris 1949): *H. von Glasenapp*, Buddha: Geschichte und Legende (Zürich 1950). Der historische Wert der Traditionen wurde von *Ernst Waldschmidt*, Die Überlieferung vom Lebensende des Buddha, in: Abh. d. Akademie der Wissenschaften in Göttingen, Phil.-Hist. Klasse, 3. Reihe, Nr. 29 und 30 (1944, 1948), untersucht; *E. Lamotte*, La légende du Buddha, in: RHR 134 (1947) 37–71; *ders.*, Histoire du bouddhisme indien des origines à l'ère Saka (Löwen 1958) 16 ff; *André Bareau*, La légende de la jeunesse du Bouddha dans les Vinayapiṭaka anciens, in: Oriens Extremus 9 (1962) 6–33; *ders.*, Recherches sur la biographie du Buddha dans les Sūtrapiṭaka et les Vinayapiṭaka anciens, I: De la quête de l'éveil à la conversion de Śariputra et de Maudgalyana (Paris 1963); II: Les derniers mois, le parinirvāna et les funérailles (Paris 1970) (Veröffentlichung der École française d'Extrême Orient); *ders.*, The Superhuman Personality of the Buddha and its Symbolism in the Mahāparinirvānasūtra of the Dharmaguptaka, in: Myths and Symbols. Studies in Honor of Mircea Eliade (Chicago 1969) 9–21; *ders.*, Le parinirvāna du Bouddha et la naissance de la religion bouddhique, in: BEFEO 64 (1974) 275–299. Die letzten Interpretationen wurden von *Frank E. Reynolds*, The Many Lives of Buddha. A Study of Sacred Biography and Theravāda Tradition, in: *F. E. Reynolds / Donald Capps* (Hrsg.), The Biographical Process (Den Haag 1976) 37–61. Nach der Darstellung der für die Forscher in der zweiten Hälfte des 19. und zu Beginn des 20. Jahrhunderts charakteristischen methodologischen Positionen – der „myth-oriented" (E. Senart, H. Kern, A. K. Coomaraswamy) und der der „Historizisten" (H. Oldenburg, T. W. und Caroline A. F. Rhys Davids) – analysiert Reynolds einige jüngere Versuche zur Integration dieser beiden Perspektiven: der des „Mythos" und der der „Geschichte". *Benjamin I. Schwartz* hat mit Recht auf den trügerischen Charakter der soziologischen Interpretationen des Auftretens des Buddhismus und allgemein der Heilsbewegungen hingewiesen: „If Buddhism did indeed emerge within an urban commercial environment, as Prof. Thapar suggests, it hardly strikes us as a particulary ‚bourgeois' philosophy. While she stresses the political and social doctrine of early Buddhism, one has the feeling that the heart of Buddhism does not lie here" (siehe: The Age of Transcendence, in: Wisdom, Revelation and Doubt: Perspectives on the First Millennium B. C., in: Daedalus [Spring 1975] 1–7, Zitat S. 4.)

Über den Symbolismus des „Großen Menschen" *(mahāpuruṣa)* siehe: *A. K. Coomaraswamy*, The Buddha's cūḍā, hair, and uṣṇīṣa, crown, in: JRAS (1928) 815–840; *Stella Kramrisch*, Emblems of the Universal Being, in: Journal of Indian Society for Oriental Art (Kalkutta) 3 (1935) 148–160; *A. Wayman*, Contributions regarding the thirty-two characteristics of the Great Person, in: Liebenthal-Festschrift, hrsg. von *K. Roy* (Sino-Indian Studies 5) (Santiniketan 1957) 243–260.

Das Motiv von den „Sieben Schritten" findet sich bei der Geburt Mariens wieder (siehe das Protoevangelium nach Jakobus, Kap. 6, und den Kommentar Henri de Lubacs in: Aspects du Bouddhisme [Paris 1951] 126–127).

Man hat die Vorstellung Boddhisattvas im Tempel einer Episode des Pseudo-Matthäus (Kap. 23) angenähert: „Als die selige Maria mit dem kleinen Kind in den (ägyptischen) Tempel eintrat, fielen alle Götzenbilder auf die Erde." Es stellt sich aber heraus, daß die beiden Berichte einander entgegengesetzte Aussagen machen: die ägyptischen Götzenbilder werden für immer gestürzt, denn Christus zerstört den Kult der falschen Götter – während die brahmanischen Gottheiten sich vor dem zukünftigen Retter verbeugen (siehe *Foucher*, La vie du Bouddha 55 ff).

Die Episode vom rishi Asita wird ausführlich in Lalita-Vistara 101 ff wiedergegeben; siehe die Übersetzung der Stelle bei *Foucher*, a. a. O. 61–63, wo auch über die wichtigste Ikonographie berichtet wird (S. 358). Man hat die Voraussage des Asita mit der Episode vom alten Simeon, der das Kind Jesus in seine Arme nahm und Gott lobte („denn meine Augen haben das Heil gesehen, das du bringen wirst...", Lk 2, 8–20.25–35), in Verbindung gebracht; siehe dazu den Kommentar *Fouchers*, a. a. O. 63 f. Siehe auch: *J. Brinktrine*, Die buddhistische Asita-Erzählung als sog. Parallele zur Darstellung Jesu im Tempel, in: Zeitschr. f. Missionswissenschaft und Religionswissenschaft 38 (1954) 132–34; *F. G. W. de Jonge*, L'épisode d'Asita dans le Lalitavistara, in: Asiatica. Festschrift für F. Weller (Leipzig 1954) 312–325; *C. Regamey*, Encore à propos du Lalitavistara et de l'épisode d'Asita, in: Asiatische Studien 27 (1973) 1–34.

148.

Bezüglich der Suche nach der Erleuchtung siehe *A. Foucher*, La vie du Bouddha 112 ff.

Über die Materialisten (Lokāyata) siehe die in Yoga 380 aufgeführte Bibliogr. Hinzuzufügen ist: *Debeprasad Chattopadhyaya*, Lokāyata. A Study in Ancient Indian Materialism (Neu-Delhi 1959). Bezüglich der Versuchung durch Māra siehe *E. Windisch*, Mara und Buddha (Leipzig 1895), wo eine große Anzahl von Berichten übersetzt ist (S. 87 ff); siehe ebd. 214 ff die vergleichende Analyse mit der Versuchung Jesu (Lk 4, 1–13). Die buddhistischen Quellen über Māra werden zitiert und kommentiert von *J. Masson*, La religion populaire dans le Canon bouddhique pali (Löwen 1962) 204–205, Anm. 121. Siehe *E. Lamotte*, L'Enseignement de Vimalakirti (Löwen 1962) 204–205, Anm. 121. Siehe auch *J. Przyluski*, La place de Mara dans la mythologie bouddhique, in: JA 210 (1927) 115–123; *A. Wayman*, Studies in Yama and Mara, in: IIJ 3 (1959) 44–73, 112 131; *T. O. Ling*, Buddhism and the mythology of evil (London 1962); *J. W. Boyd*, Satan and Mara. Christian and Buddhist Symbols of Evil (Leiden 1975). *G. Fussman*, Pour une problématique nouvelle des religions indiennes anciennes, in: JA 265 (1977) 21–70, bes. 52 ff, hat kürzlich gezeigt, daß Māra in einigen Regionen ein früherer höchster Gott war.

149.

Die Quellen über die Erleuchtung sind zusammengestellt bei *Foucher*, a.a.O. 363f. Über den vergleichenden Symbolismus des Baums der Erweckung siehe *H. de Lubac*, Aspects du Bouddhisme 55 ff. Über das „göttliche Auge" (divyacakṣu) siehe die Verweise auf die Texte des Pali-Kanons und die neueste Literatur in: *E. Lamotte*, L'enseignement de Vimalakīrti 168f, Anm. 57. Die Pali- und Sanskrit-Quellen über die Predigt von Benares werden zitiert in *Lamotte*, Histoire I, 28, Anm. 1. Über den „rope-trick", den Buddha verwandte, siehe *Eliade*, Méphistophélès et l'Androgyne 200ff. Über die „wunderbaren Fähigkeiten" (siddhi) und ihr Verbot durch den Buddha siehe Yoga 186ff und weiter unten, § 159.

Über die arhats siehe *A. Bareau*, Les controverses relatives à la nature de l'Arhat dans le Bouddhisme ancien, in: IIJ 1 (1957) 241–250.

Über den Symbolismus des *cakravartin* (= universeller Herrscher) siehe: *J. Auboyer*, The symbolism of sovereignity in India according to iconography, in: Indian Art and Letters 12 (1938) 26–36; *K. V. Soundara Rajan*, The Chakravarti concept and the Chakra (wheel), in: Journal of Oriental Research (Madras) 27 (1962) 85–90. Siehe auch *A. J. Prince*, The concepts of Buddhahood in earlier and later Buddhism, in: Journal of the Oriental Society of Australia 7 (1970) 87–118.

Über die ersten Bekehrungen siehe *A. Foucher*, a.a.O. 211–240, 368–371. Die Geschichte der ersten buddhistischen Gemeinschaft *(samgha)* wird erzählt im Mahāvagga, das von *T. W. Rhys Davids* und *Hermann Oldenburg*, in: Vinaya Texts I (Oxford 1881), übersetzt wurde.

150.

Die verschiedenen Stadien der Buddha-Legende werden von *Lamotte*, Histoire 718–756 analysiert. Siehe auch die weiter oben (§ 147) zitierten Studien von *E. Waldschmidt*. Über das Schisma von Devadatta siehe *A. M. Hocart*, Buddha and Devadatta, in: Indian Antiquary 52 (1923) 267–272; 54 (1925) 98f; *E. Waldschmidt*, Reste von Devadatta-Episoden, in: ZDMG 123 (1964) 552ff; *B. Mukherjee*, Die Überlieferung von Devadatta, dem Widersacher des Buddha, in den Kanonischen Schriften (München 1966); *E. Lamotte*, Le Bouddha insulta-t-il Devadatta?, in: BOAS 33 (1970) 107–115.

Über die letzte Mahlzeit des Buddha siehe *A. Bareau*, La nourriture offerte au Bouddha lors de son dernier repas, in: Mélanges d'Indianisme ... Louis Renou (Paris 1968) 61–71; siehe *ders.*, La transformation miraculeuse de la nourriture offerte au Bouddha par le brahmane Kasibharādvaja, in: Études tibétaines dédiées à Marcelle Lalou (Paris 1971) 1–10.

Über die Beerdigung des Buddha siehe *C. Vaudeville*, La légende de Sundara et les funérailles du Bouddha dans l'Avadānaśataka, in: BEFEO 53 (1964) 71–91.

Über die Reliquien des Buddha siehe: *J. Przyluski*, Le partage des reliques du Buddha, in: Mélanges Chinois et bouddhiques 4 (1935–36) 341–367; *B. C. Law*, An account of the Six Hair Relics of the Buddha (Chakesadhatuvamsa), in: Journal of Indian History 30 (1952) 193–204; *E. Waldschmidt*, Der Buddha preist die Verehrungswürdigkeit seiner Reliquien, veröffentlicht in dem Band: Von Ceylon bis Turfan (Göttingen 1967) 417–427.

151.

Über die Asketen und Mönche zur Zeit des Buddha siehe die in Yoga 409 gemachten Literaturangaben. Hinzuzufügen ist *J. Filliozat*, L'Inde classique II, 511–516; *E. Lamotte*, Histoire I, 6ff.

152.–153.

Die wichtigsten Übersetzungen der Jaina-Texte sind: *H. Jacobi*, Gaina Sūtras (SBE, Bd. XXII, XLV) (Oxford 1887); *W. Schubring*, Worte Mahāviras (Quellen zur Religionsgeschichte, Bd. 14) (Göttingen 1926); ders., Die Jainas (Religionsgeschichtliches Lesebuch 7) (Tübingen 1927).

Bibliographie und Allgemeines: *C. L. Jain*, Jaina Bibliography (Kalkutta 1945); *L. Alsdorf*, Les études jaina. État présent et tâches futures (Paris 1965); *J. Deleu*, Die Mythologie des Jinismus, in: Wörterbuch der Mythologie II, 207–284 (ebd. 212–213, die kanonischen Schriften der Jainas). Gesamtdarstellung: *H. von Glasenapp*, Der Jainismus (Berlin 1925); *A. Guérinot*, La religion djaina (Paris 1926); *E. Leumann*, Buddha und Mahavira (München 1926); *W. Schubring*, Die Lehre der Jainas nach den alten Quellen dargestellt (= Grundriß der indo-arischen Philologie und Altertumskunde III, 7, Berlin 1935); *C. della Casa*, Il gianismo (Turin 1962); *C. Caillat*, Les expiations dans le rituel ancien des religieux jaina (Paris 1965); ders., Le Jinisme, in: Histoire des Religions I (1970) 1105–1145. Siehe auch die Bibliographie § 190.

Vor allem die Mythologie der doppelten „Geburt" Mahāviras regte die jainistische Kunst und Ikonographie an. Siehe *W. N. Brown*, Miniatures paintings of the Jaina Kalpasutra (Washington, Smithsonian Institution 1934); *T. N. Ramachandran*, Tiruparuttikuṉṟam and its temples (Madras Government Press 1934); *Ananda K. Coomaraswamy*, The Conqueror's Life in Jaina Painting, in: Journal of the Indian Society of Oriental Art (Kalkutta, Dez. 1935) 1–18.

Über das Licht, das in der Nacht der Geburt Mahāviras leuchtete, siehe Akaranga Sūtra II, 15,7 (= Gaina Sūtras, Teil I, Übers. H. Jacobi, SBE, Bd. XXII [Oxford 1884] 191).

Über die Mythologie und Ikonographie Pārśvas und Tīrthaṃkaras siehe *Heinrich Zimmer*, Philosophies of India 181–234; *J. Deleu*, Die Mythologie des Jinismus 252–253, 270–273.

154.

Über Makhali Gosāla und die Ājīvikas siehe die Bibliographie in Yoga 409f. Die vollständigste Quelle über Gosāla ist die Jaina-Abhandlung Bhagavati. Die beste Monographie, die auch die Tamil-Quellen benutzt, ist: *A. L. Bashams*, History and Doctrines of the Ajivikas. A vanished Indian religion (London 1951). Der Begriff *ājīvika* wurde mit der Wurzel *ajiva*, „Lebensart oder Beruf einer Gruppe von Menschen", erklärt, er könnte aber auch vom Ausdruck *ā jīvāt*, „lang wie das Leben", herrühren und eine Anspielung auf die grundlegende Lehre sein, die eine beträchtliche Anzahl von Existenzen vor der Befreiung postulierte.

155.

Eine große Anzahl von Pali-Texten ist in englischer Übersetzung zugänglich. Nennen wir nur die wichtigsten: Dialogues of the Buddha (Dīghanikāya), übers. von *T. W. und C. A. Rhys Davids*, 3 Bde. (Sacred Books of the Buddhists 2-4) (Oxford 1899-1921); Further Dialogues of the Buddha (Majjhimanikāya), übers. von *Lord Chalmers*, 2 Bde. (Sacred Books of the Buddhists 5-6) (Oxford 1926-27); The Book of Kindred Sayings (Samyuttanikāya), übers. von *C. A. F. Phys Davids* und *F. L. Woodward* (Pali Text Society, Translation Series 7, 10, 13-14, 16) (London 1917-1930); The Book of Gradual Sayings (Anguttaranikāya), Übers. von *F. L. Woodward* und *E. M. Hare* (P. T. S., Translation Series 22, 24-27) (London 1932-36); Minor Anthologies I, Dhammapada, Khuddakapātha, Übers. von *T. W. Rhys-Davids* (Sacred Books of the Buddhists 7) (Oxford 1931); Minor Anthologies II, Udāna „Verses of uplift" and Itivu taka „As is was said", Übers. von *F. L. Woodward* (Sacred Books of the Buddhists 8) (Oxford 1935).

Unter den nützlichsten Anthologien ist zu nennen: *H. C. Warren*, Buddhism in translation (Cambridge/Mass. 1896, mehrere Neuausgaben); *Edward Conze*, Buddhist Texts through the Ages (Oxford 1954; Harper Torchbooks, New York 1964); *E. Conze*, Buddhist Scriptures (Harmondsworth 1959); *E. J. Thomas*, Early Buddhist Scriptures (London 1935); *Lilian Silburn*, Le Bouddhisme (Paris 1977).

Eine Bibliographie der Übersetzungen stellte *André Bareau*, Le bouddhisme indien, in: Les Religions de l'Inde III (Paris 1966) 9-246, auf den Seiten 240-243, zusammen. Siehe ebd. 227-234 die Geschichte der Forschungen über den indischen Buddhismus.

156.

Es gibt eine ziemlich reichhaltige Literatur über die grundlegenden Prinzipien der Lehre des Buddha. Die besten Gesamtdarstellungen sind: *Ed. Conze*, Buddhism: its essence and development (Oxford 1951; Harper Torchbooks 1959) 11-69; *Walpola Rahula*, L'enseignement du Bouddha d'après les textes les plus anciens (Paris 1961); *A. Barreau*, a. a. O. 13-82. Siehe auch *M. Walleser*, Die philosophische Grundlage des älteren Buddhismus (Heidelberg 1904); *Hermann Oldenberg*, Buddha, sein Leben, seine Lehre und seine Gemeinde (Berlin 1881, ⁹1921); *ders.*, Die Lehre der Upanishaden und die Anfänge des Buddhismus (Göttingen 1915); *E. Lamotte* und *J. Przyluski*, Bouddhisme et Upaniṣad, in: BEFEO 32 (1932) 141-169; *A. K. Warder*, On the relationship between Early Buddhism and other Contemporary Systems, in: BSOAS 18 (1965) 43-63.

157.

Über die Formel von den zwölf Ursachen siehe *Surendranath Dasgupta*, A History of Indian Philosophy I (Cambridge 1922) 84 ff; *A. Bareau*, Le bouddhisme indien 40 ff; *W. Rahula*, a. a. O. 79 ff; *B. C. Law*, The Formulation of the Pratityasamutpāda, in: JRSA (1937) 287-292; *A. C. Banerjee*, Pratityasamutpāda, in: Indian Historical Quarterly (Kalkutta) 32 (1956) 261-264; *Thera Narada*, Kamma, or the Buddhist Law of Causation, in: B. C. Law Volume, Tl. II (Poona 1946) 158-175. Siehe auch: *L. de la Vallée-Poussin*, Bouddhisme. Études et matériaux. Théorie des Douze Causes (Gent 1913).

Über die Lehre vom *anatta* siehe *L. de la Vallée-Poussin*, Nirvāna (Paris 1925); *Ed. Conze*, Le bouddhisme 16 ff; *ders.*, Buddhist Thought in India (London 1962) 34 ff;

W. Rahula, a.a.O. 77ff. Siehe auch *Maryla Falk*, Nairatmya and Karman, in: Louis de la Vallée-Poussin Memorial Volume (Kalkutta o.J.) 429–464.

Über die Probleme des ältesten Buddhismus siehe *Frank Reynolds*, The Two Wheels of Dhamma: A Study of Early Buddhism, in: The Two Wheels of Dhamma (Chambersburg/Pennsylvania 1972) 6–30; siehe *ders.*, A bibliographical Essay on Works related to Early Theravada and Sinhalese Buddhism, a.a.O. 107–121).

158.

Eine ausgezeichnete Geschichte der westlichen Interpretationen des Nirvāna gibt *Guy Richard Welbon*, The Buddhist and its western Interpreters (Chicago – London 1968); siehe vor allem die Kapitel über *Hermann Oldenberg* (S. 194–220), *T. W.* und *C. A. F. Rhys Davids* (S. 221–248) und über die Kontroverse zwischen *L. de la Vallée-Poussin* und *Th. Stcherbatsky* (S. 248–296). Als erste Interpretation *L. de la Vallée-Poussins* siehe: The way to Nirvāna: Six Lectures on ancient Buddhism as a Discipline of Salvation (Cambridge 1917), Nirvāna (Paris 1925) und den Artikel „Nirvāna" in: Indian Historical Quarterly 4 (1928) 247–248. Für die Sichtweise *Stcherbatskys* siehe: The Central Conception of Buddhism and the Meaning of the Word „Dharma" (London 1923) und: The Conception of Buddhist Nirvāna (Leningrad 1927). Doch nach einer langen Kontroverse ließ sich jeder der beiden Beteiligten von der Interpretation seines Kontrahenten überzeugen (siehe *Th. Stcherbatsky*, Die drei Richtungen in der Philosophie des Buddhismus, in: Rocznik Orjentalisty czny 10 (1934) 1–37 und *L. de la Vallée-Poussin*, Buddhica, in: HJAS 3 (1938) 137–160.

Friedrich Heiler, Die buddhistische Versenkung (München 1918), hat das Konzept des Nirvāna mit Begriffen aus der religiösen Erfahrungswelt untersucht.

Über den „Weg des Nirvāna" und den Symbolismus der Initiation siehe *M. Eliade*, Yoga. Unsterblichkeit und Freiheit 171 ff. Über die Beziehungen zwischen Yoga und Buddhismus siehe *L. de la Vallée-Poussin*, Le bouddhisme et le Yoga de Patañjali, in: Mémoires Chinois et Bouddhiques 5 (Brüssel 1937) 223–242; *M. Eliade*, Yoga 176ff; siehe ebd. 407 (bibliographische Angaben). Hinzuzufügen ist: *Gerhard Oberhammer*, Strukturen yogischer Meditation (Wien 1977) 102ff.

159.

Über die buddhistischen Meditationstechniken siehe Yoga 176ff und die dort (S. 408ff) gemachten bibliographischen Angaben; *G. Constant Lounsberry*, Buddhist Meditation in the Southern School (London 1950); *E. Conze*, Buddhist Meditation (London 1956).

Über die jhain und dhammayoga siehe *L. de la Vallée Poussin*, Le Bouddha et les Abhijñās, in: Le Muséon 44 (1931) 335–342; *Eliade*, Yoga 186 und 409 (Bibliographie zu den „wunderbaren Kräften").

160.

Über die Arhats siehe Yoga 184ff; *E. Conze*, Le Bouddhisme 91ff; *A. Bareau*, Le bouddhisme indien 60ff, 123ff; siehe auch: *Isaline Horner*, The Early Buddhist Theory of Man Perfected: A Study of the Arhat (London 1936).

Über die mystische Struktur des asaṃskṛta siehe *A. Bareau*, L'Absolu en philosophie bouddhique. Évolution de la notion d'asaṃskṛta (Thèse pour le doctorat ès Lettres, Paris 1951).

Über die Bilder der Vernichtung und der bedingten Welt (der „Zerstörung des Hauses" durch den Buddha und des von den Arhats „zerbrochenen Daches") siehe *M. Eliade*, Bilder und Symbole; *ders.*, Briser le Toit de la maison: Symbolisme architectonique et physiologie subtile, in: Studies in Mysticism and religion, presented to Gershom G. Scholem (Jerusalem 1967) 131–139.

161.

Die uferlose Literatur über das frühe Italien und die Anfänge Roms wird zusammengestellt von *Jacques Heurgon*, Rome et la Méditerranée occidentale jusqu'aux guerres puniques (1969) 7–50. Das Werk *Pietro de Franciscis*, Primordia civitatis (Rom 1959), enthält mehrere Kapitel über die archaischen Sozialstrukturen und religiösen Vorstellungen (107–405); trotz ihres Dokumentationswerts müssen diese Seiten mit Vorsicht gelesen werden, siehe die Kritik *Dumézils* in: Revue Belge de Philologie et d'Histoire 39 (1961) 67 ff und die Bemerkungen von *Pierangelo Catalano*, Contributi allo studie del diritto augurale I (Turin 1960) 402 ff und 542 ff.

Ein erster Schub von arischsprechenden Völkern, die die Kupferverarbeitung kennen und die Einäscherung praktizieren, läßt sich im 2. Jahrtausend in Norditalien nieder: sie schaffen die sog. „Terramare"-Zivilisation (von „terra mar[n]a, ‚fette Erde', wegen des Reichtums an organischen Stoffen, die die Bauern traditionellerweise zum Düngen nahmen" [*Jacques Heurgon*, Rome et la Méditerranée occidentale 64]). Ein zweiter Schub gegen Ende des 2. Jahrtausends ist der der Villanova-Kultur: sie benutzen Eisen und geben die Asche der Toten in große Urnen aus gebranntem Lehm, die sie in einen Brunnen versenken. Zu Beginn des 1. Jahrtausends war Latium von einer Zivilisation des Villanova-Typs beherrscht.

Unter den allgemeinen Geschichten muß erwähnt werden: *A. Piganiol*, Histoire de Rome (Paris ⁵1962); *G. de Sanctis*, Storia dei Romani I–II: la conquista del primato in Italia (Florenz ²1956–60); *L. Pareti*, Storia di Roma I (Turin 1951); *Robert E. A. Palmer*, The Archaic Community of the Romans (Cambridge 1970) (aber der Autor kritisiert Dumézil [u. a. auf S. 154], ohne ihn gelesen zu haben).

Nach dem Werk von *G. Wissowa*, Religion und Kultus der Römer (München ²1912), das grundlegend bleibt, wurden mehrere Gesamtdarstellungen der Religion zur Zeit der Könige und der Republik veröffentlicht. Siehe vor allem *Cyril Bailey*, Phases in the Religion of Ancient Rome (1932); *Nicola Turchi*, La religione di Roma antica (1939); *A. Grenier*, Les religions étrusque et romaine (1948); *Franz Altheim*, Römische Religionsgeschichte, Bd. I–III (1931–33, Neuaufl. 1956); *Jean Bayet*, Histoire psychologique et politique de la religion romaine (1957, ²1973); *Kurt Latte*, Römische Religionsgeschichte (1960) (siehe aber die Kritik *A. Brelichs*, in: SMSR 32 [1961] 311–354 und die zahlreichen Bemerkungen *G. Dumézils* in seinem nachfolgend genannten Werk); *Georges Dumézil*, La religion romaine archaïque (1966, ²1974); *Pierre Boyancé*, Études sur la religion romaine (Rom 1972).

Eine Auswahl lateinischer Texte in Übersetzung findet sich in: Religionsgeschichtliches Lesebuch, Heft 5: *K. Latte*, Die Religion der Römer und der Synkretismus der Kaiserzeit (Tübingen 1927) und in: *Frederick C. Grant*, Ancient Roman Religion (New York 1957). Die kommentierte Übersetzung *J. G. Frazers*, The Fasti of Ovid I–V (London 1919), ist eine unerschöpfliche Informationsquelle.

Über die italische, paläovenetische, messapische und alt-sizilianische Religion siehe die allgemeine Darstellung von *Aldo Luigi Prosdocimi*, Le religioni dell'Italia antica, in: Storia delle Religioni (fondata da P. Tacchi Venturi, diretta da Giuseppe Castellani) (Turin ⁶1971) II, 673–724 (gute Bibliographie). Siehe auch *F. Altheim*, Römische Religionsgeschichte, Bd. I.

Über die Tabulae Iguvinae, die in Gubbio (Umbrien) gefunden wurden und deren Text im einzelnen die jedes Jahr von einem Priesterkollegium ausgeführten rituellen Handlungen beschreibt (Reinigung der Stadt und Reinigungsopfer des Volkes), siehe *J. W. Poultney,* The bronze Tables of Iguvium (Baltimore 1959) (Text und Kommentar); *G. Devoto*, Tabulae Iguvinae (Rom ³1962) (Text und Kommentar); *G. Dumézil*, Les trois grands dieux d'Iguvium, in: Idées Romaines (1969) 167–178 (Wiederabdruck eines 1955 veröffentlichten Artikels); *A. J. Pfiffig*, Religio Iguvina. Philologische und religionsgeschichtliche Studien zu den Tabulae Iguvinae (Wien 1964).

Über die Mythologie von Romulus und Remus siehe: *Michael Grant*, Roman Myths (London– New York 1971) 91 ff; *Jaan Puhvel*, Remus et frater, in: HR 16 (1975) 146–157; *Bruce Lincoln*, The Indo-European myth of creation, in: ebd. 121–145, 137 ff.

Außer der populärsten Version – Romulus' Wegführung während eines Gewitters – gibt es eine andere Tradition, der zufolge er von den Senatoren, weil er sich wie ein Tyrann aufführte, niedergeschlagen wurde; die Tyrannenmörder haben demnach anschließend seinen Körper zerstückelt und die Stücke in ihren Kleidern davongetragen (siehe *Dionys von Halikarnaß*, Rom. arch. 2, 56; *Plutarch*, Romulus 27; *Ovid*, Fasti 2, 497 usw.). *Puhvel* bringt diese Version von der Zerstückelung in Verbindung mit Purusha, Ymir und Gayomart; im römischen Mythos wurde diese Episode von Remus auf seinen Zwillingsbruder übertragen, „weil ein Mann nur einmal getötet werden kann" (a. a. O. 155).

Über die kosmogonische Bedeutung der Stadtgründungen siehe *Eliade*, Der Mythos von der ewigen Wiederkehr (frz. Original: Le mythe de L'éternel retour, Neuausgabe 1969, dt. Übers. Düsseldorf 1953); *Werner Müller*, Die heilige Stadt (Stuttgart 1961), bes. 9–51 (Roma quadrata). Über den Symbolismus des Augurenzeichens (die zwölf Geier, die Romulus sah) siehe *Jean Hubeaux*, Les grands mythes de Rome (1949) 1–26; *Eliade*, Der Mythos der ewigen Wiederkehr; *Dumézil*, La religion romaine archaïque 499–500.

162.

Über das indoeuropäische Erbe siehe *G. Dumézil*, L'héritage indo-européen à Rome (1949) und bes. Mythe et Épopée I (1968) 259–437, wo die Traditionen der ersten vier Könige analysiert werden; siehe auch *ders.*, Les dieux souverains des Indo-Européens (1977) 158 ff. Bezüglich des mythologischen Modells des Kriegs der Sabiner siehe: L'héritage… 127 ff; Mythe et Épopée I, 290 ff; La rel. rom. arch. 82 ff. Über die Motive der indoeuropäischen Mythologie, die sich in der „Geschichte" des Horatius und der Curiatier und der des Cocles und des Scaevola „tarnen", siehe *G. Dumézil*, Horace et les Curiaces (1942) und *ders.*, La rel. rom. arch. 90 (wo die früheren Arbeiten des Autors verzeichnet sind). Die beiden Mißgebildeten Cocles und Scaevola, der Einäugige und der Einhändige, retten beide das von Porsenna belagerte Rom, „der eine durch den Zauberblick seines Auges, der andere durch das Opfer seiner rechten Hand vor dem Führer der Etrusker beim heroischen Vorgang eines falschen Schwurs". Diese Legende hat ihre Parallele im Paar des einäugigen und des einarmigen Gottes der Skandinavier, Odin und Thor, „deren einer, weil er ein Auge geopfert hat, zum Ausgleich übernatürliches Wissen

erhielt und deren anderer die Götter gerettet hat, indem er seine rechte Hand dem Maul des Wolfsdämons opferte" *(Dumézil,* La rel. rom. arch. 90).
Siehe die Diskussion der Thesen von *H. J. Rose* (bes. von Numen and Mana, in: Harvard Theol. Review [1951] 109–130) und von *H. Wagenwoort* (Roman Dynamism [1950]) in: La rel. rom. arch. 36 ff (mit Bibliographie der früheren Werke). G. Dumézil hat eine bestimmte Anzahl römischer religiöser Konzepte glänzend analysiert: ius, credo und fides, augur, maiestas und gravitas (in einer Reihe von Studien, die in Idées romaines [1969] 31–152 veröffentlicht wurden). Siehe auch *Pierre Grimal,* Fides et le secret, in: RHR (1974) 141–55.

163.

Über den besonderen Charakter der religiösen Erfahrung der Römer siehe *P. Grimal,* La civilisation romaine (1960) 85 ff; siehe auch *Dario Sabbatucci,* Sacer, in: SMSR 23 (1951–52) 91–101; *H. Fugier,* Recherches sur l'expression du sacré dans la langue latine (1963); *R. Schilling,* Magie et religion à Rome, in: Annuaire de l'Ecole Pratique des Hautes Études, V^e section (1967–68) 31–55.

Über die religiöse Funktion der Wunder siehe *J. Bayet,* Présages figuratifs déterminants dans l'antiquité gréco-latine, in: Hommages à F. Cumont (Brüssel 1936) I, 27–51; wiederabgedruckt in: Croyances et rites dans la Rome antique (1971) 44–63; *R. Bloch,* Les prodiges dans l'antiquité classique (1963); *G. Dumézil,* La rel. rom. arch. 584 ff (590, Anm. 1 Bibliographie). Titus Livius berichtet über die Wunder, die während des Winters 218 geschahen, eines der dramatischsten Jahre des Punischen Krieges: „Im Forum boarium war ein Ochse selbst bis in den dritten Stock gestiegen, von wo er sich anschließend hinabstürzte"; „Bilder von Gefäßen hatten am Himmel geglänzt. Der Tempel der Spes (...) wurde vom Blitz getroffen." Die Lanze der Juno hatte sich von selbst fortbewegt. Auf dem Feld hatte man von weitem menschliche Phantome wahrgenommen, die weiß gekleidet waren. Es hatte in das Picenum Steine geregnet usw. Auf Befragen hin empfahlen die Sibyllinischen Bücher neun Tage Opfer. „Die ganze Stadt war mit Sühnezeremonien beschäftigt": zuerst Reinigungsopfer mit anschließenden anderen Opfern; dann wurde eine Gabe von Gold im Gewicht von vierzig Pfund zum Juno-Tempel getragen, eine Bronzestatue der Göttin wurde auf dem Aventin geweiht usw. Siehe *E. de Saint-Denis,* Les énumérations de prodiges dans l'œuvre de Tite-Live, in: Revue de Philologie 16 (1942) 126–142.

Eine von Varro überlieferte Liste zählt die Gottheiten auf, die die verschiedenen Stadien der ackerbäuerlichen Tätigkeit beherrschen: Veruactor (für das Umgraben des Brachlands), Imporcitor (für das Furchen), Institor (für die Aussaat), Oburator (für das Bearbeiten der Oberfläche), Occator (für das Eggen), Sarritor (für das Jäten), Subruncinator (für das Umhacken), Messor (für die Ernte), Connector (für das Einfahren), Conditor (für das Speichern), Promitor (für das Leeren der Scheuern). Die Liste stammt aus den Libri iuris pontificii des Fabius Pictor, die von Varro in einem von Servius aufbewahren Text (ad Georg. I, 21) zitiert werden; siehe *J. Bayet,* Les Feriae Sementinae in: RHR [1950] 172–206), wiederveröffentlicht in: *ders.,* Croyances et rites dans la Rome antique 177–205, hier: 184; siehe auch die Bemerkungen *Dumézils,* La rel. rom. arch. 51 ff.

164.

Bezüglich des Privatkults siehe A. de Marchi, Il culto privato di Roma antica, 2 Bde. (1896–1903); G. Dumézil, La rel. rom. arch. 600–610. Siehe auch Gordon Williams, Some aspects of Roman marriage ceremonies and ideals, in: Journal of Roman Studies 48 (1958) 16–29; G. Piccaluga, Penates e Lares, in: SMSR 32 (1961) 81–87; J. M. C. Toynbee, Death and Burial in the Roman World (1971). Über die Manen siehe F. Bömer, Ahnenkult und Ahnenglaube im alten Rom (ARW, Beiheft I [1943]) und die von Latte, a.a.O. 100, Anm. 2, zusammengestellte Bibliographie.

Die Lemuren, die die Häuser während des Lemuria-Festes im Mai besuchen, sind nicht gleichzusetzen mit den larvae, die die Lebenden zu jeder Jahreszeit stören können; siehe Dumézil, a.a.O. 373.

Die Toten kommen noch am 24. August, am 5. Oktober und am 8. November wieder, wenn sich der mundus, der Graben, der Zugang zur unterirdischen Welt verschafft, öffnet. „Wenn der mundus geöffnet ist, so ist sozusagen das Tor für die traurigen Götter der Unterwelt geöffnet" (Varro, zitiert von Macrobius, Saturnalia I, 16, 18). Der Ausdruck „mundus" bezeichnete aber auch den Graben, in den Romulus die Erstlingsgaben geworfen hatte „all dessen, was gut ist von der Sitte her und notwendig von der Natur her", und in den er auch ein wenig von der Erde der Herkunftsländer seiner Gefährten warf (Plutarch, Romulus XI, 1–4; Ovid, Fasti IV, 821–824). Siehe Stefan Weinstock, Mundus patet, in: Rheinisches Museum 45 (1930) 111–123; Henri de Bonniec, Le culte de Cérès à Rome (1958) 175–184; W. Müller, Die heilige Stadt 24–27, 33; Dumézil, a.a.O. 356–358.

Die Formulierung der devotio (Livius VIII, 9–10) ist wiederabgedruckt und kommentiert bei Dumézil, a.a.O. 108 ff.

165.

In Rom weihten die Feste, wie in allen traditionellen Gesellschaften, die Zeit; das erklärt die Bedeutung des Kalenders. Über den römischen Kalender siehe A. Grenier, Rel. étrusque et romaine 94 ff; J. Bayet, Histoire ... 89 ff und 298 (Bibliographie); G. Dumézil, Fêtes romaines d'été et d'automne (1975).

Über die Feste der einzelnen Jahreszeiten und die Götter, die ihnen vorstanden, siehe L. Delatte, Recherches sur quelques fêtes mobiles du calendrier romain (Liège 1957); Dumézil, La rel. rom. arch. 339 ff. Siehe auch Giulia Piccaluga, Elementi spettacolari nei rituali festivi romani (Rom 1965).

Bezüglich der heiligen Orte – pomerium (die Stelle an den Mauern) und templum (durch die inauguratio geweihter Ort) – siehe Pierangelo Catalano, Contributi allo studio del diritto augurale I, 292 ff (pomerium, Anm. 177 Bibliographie), 248 ff und 305 ff (templum).

Über die Priester siehe J. Marquart / Th. Mommsen, Handbuch der römischen Alterthümer (I–VII, ²1876–1886) III, 234–415; G. Wissowa, Religion und Kultus der Römer (München ²1912) 479–549; K. Latte, Römische Religionsgeschichte 195–212, 397–411; Dumézil, La rel. rom. arch. 567–583. Über den rex und seine Beziehungen zu den flamines maiores siehe G. Dumézil, Le rex et les flamines maiores, in: The Sacred Kingship (Leiden 1959) 407–417. Siehe auch Dumézil, La préhistoire des flamines majeurs, in: RHR 118 (1938) 188–200, wiederabgedruckt in: ders., Idées Romaines (1969) 156–166.

Über das Kollegium der Pontifices und den Pontifex maximus siehe G. Rohde, Die Kultsatzungen der römischen Pontifices (Religionsgeschichtliche Versuche und Vorarbeiten 25 [Gießen 1936]); J. Bleicken, Oberpontifex und Pontifikal-Kollegium, in: Hermes 85 (1957) 345–366. Über die Vestalinnen siehe T. C. Worsfold, The History of the Vestal Virgins of Rome (^{2}1934); G. Giannelli, Il Sacerdozio delle Vestali romane (Florenz 1933); F. Guizzi, Aspetti juridici del sacerdozio di Vesta (1968).

Über die Auguren und das Auguren-Kollegium siehe A. Bouché-Leclercq, Histoire de la divination dans l'antiquité IV (1882) 160 ff; Pierangelo Catalano, Contributi allo studio del diritto augurale I (9–20, eine kritische Auseinandersetzung mit den Theorien über die Unterschiede zwischen augurium und auspicium von Th. Mommsen bis zu I. M. J. Valeton und U. Coli; 395–558 über *rex* und Recht der Auguren; 559–574 über die latinischen und sabinischen *reges augures* und die etruskischen Könige; G. Dumézil, La rel. rom. arch. 584–589.

Ursprung und Geschichte der Sibyllinischen Bücher bleiben im Dunkeln. Der Legende zufolge wurden sie von Tarquinius erworben, der sie im Jupiter-Tempel deponierte und eine Kommission mit zwei Mitgliedern ernannte, die damit beauftragt wurden, sie zu konsultieren, aber nur auf Befehl und einzig für den Staat. Im Jahre 367 wurde das dauernde Kollegium der Decemvirn eingerichtet, das aus fünf Patriziern und fünf Plebejern bestand. Welches auch ihr Ursprung sein mag, die Bücher waren jedenfalls schon gräzisiert, als sie während des zweiten Punischen Kriegs häufiger konsultiert wurden. Im Jahre 213 fügte man ihnen die Carmina Marciana hinzu. „Unter Sylla zusammen mit dem Kapitol verbrannt, wurden sie von Kommissionen wiederhergestellt oder wieder zusammengestellt, die durch die ganze Welt überall dorthin geschickt wurden, wo es Sibyllen gab, besonders nach Erythrea. Unter Augustus wurden sie gereinigt und von Jupiter zu Apoll gebracht, vom Kapitol zum Palatin, unter Tiberius wurden sie von neuem durchgesehen, sie wurden zu Beginn des 5. Jh. n. Chr. von Stilicon verbrannt. Das Kollegium, das die Kaiser geehrt hatten, verschwand damit" (Dumézil, a.a.O. 594). Über die Herkunft der Sibyllinischen Bücher siehe auch J. Gagé, Apollon Romain (Paris 1955) 26–38, 196–204; siehe R. Bloch, Les origines étrusques des Livres Sibyllins, in: Mélanges A. Ernout (1940) 21–28.

Über die Bruderschaften siehe Wissowa, a.a.O. 550–564; G. Dumézil, La rel. rom. arch. 579 ff. Über die Fetiales siehe Jean Bayet, Le rite du fécial et le cornouailler magique (1935), wiederabgedruckt in: ders., Croyances et rites dans la Rome antique (1971) 9–44. Über das ius fetiale siehe G. Dumézil, Idées romaines (1969) 63–78. Über die Salii siehe R. Cirilli, Les prêtres danseurs de Rome: Étude sur la corporation sacerdotale des Saliens (1913); Dumézil, La rel. rom. arch. 285–287, 581–582. Über die zwölf Fratres Arvales siehe G. Wissowa, Zum Ritual der Arvalbrüder, in: Hermes 52 (1917) 321–347; E. Norden, Aus römischen Priesterbüchern (1939) 109–268. Al. Pasoli, Acta fratrum Arualium (1950) (Text und Kommentar).

Der grundlegende Ritus der *fetiales* bestand darin, die Wiedergutmachung im Namen von Rom zu erbitten; erhielt er keine Genugtuung, so kam der Fetiale wieder und erklärte nach 30 Tagen offiziell den Krieg, indem er auf den feindlichen Boden eine Lanze oder einen Hornstrauch warf (Livius I, 32, 5–14).

Die Salier, „Tanz-Priester", eröffneten am 1. März die Kriegssaison rituell. Sie liefen durch die Stadt und gaben sich an den geweihten Orten verschlungenen Tänzen hin, wobei sie ein carmen zu Ehren der Götter sangen (das gegen Ende der Republik unverständlich geworden war). Zu Ende jedes Tanz-Tages fand ein Festmahl statt. Vom

9. März an wurden die Riten spektakulärer: es fanden Pferderennen, rituelle Reinigungen der Waffen und der Kriegstrompeten und anderes statt. Im Oktober zelebrierten die Salier den Schluß der Kriegssaison mit rituellen Waffenreinigungen (um der Stadt die Miasmen des vergossenen Blutes zu ersparen). Es wurde versucht, den Text des carmen saliare zu rekonstruieren; siehe *L. Bayard,* Le chant des Saliens, essai de restitution, in: Mélanges des Sciences Rel. des Facultés Catholiques de Lille 2 (1945) 45-58.

Die zwölf Fratres Arvales hatten ihr kultisches Zentrum im heiligen Hain der „Göttin" (Dea Dia), 7,5 Kilometer von Rom entfernt. Die jährlichen Zeremonien wurden im Monat Mai drei Tage lang begangen: die erste und letzte in Rom, die mittlere und wichtigste im kultischen Zentrum. Im heiligen Hain opferten die Brüder zwei trächtige Säue (porciliae, die Fruchtbarkeitssymbole schlechthin) und verzehrten ihr Fleisch. Dann gingen sie, mit Ährenkränzen gekrönt und verschleiert, in einer Prozession zum Tempel; vor dem Heiligtum gaben sie sich die Ähren von Hand zu Hand weiter. Nach einer vegetarischen Mahlzeit schlossen sie sich im Tempel ein und sangen Anrufungen an die Laren und Mars. (Der Text des *carmen arvale,* der in einem sehr archaischen Latein abgefaßt ist, ist schwer zu interpretieren.) Den Anrufungen folgte ein Tanz und ein Pferderennen. Siehe auch *Ileana Chirassi,* Dea Dia e Fratres Arvales, in: SMSR 39 (1968) 191-291.

Über die Lupercalia siehe *L. Deubner,* Lupercalia, in: ARW 13 (1910) 481ff; *A. K. Michels,* The Topography and interpretation of the Lupercalia, in: Trans. Amer. Phil. Assoc. 54 (1953) 35-39 (mit reichhaltiger Bibliographie); *M. P. Nilsson,* Les Luperques, in: Latomus 15 (1956) 133-36; *Ugo Bianchi,* Luperci, in: Dizionario Epigrafico di Antichità Romana, Bd. IV (Rom 1958) 1-9; *G. Dumézil,* La rel. rom. arch. 352ff. Der Name der Bruderschaft enthält sicherlich den Bestandteil „Wolf" (lupus), aber die Bildung bleibt unklar: siehe *Dumézil,* La rel. rom. arch. 352 und Anm. 2. *J. Gruber* glaubt, lupercus komme von „lupo-sequos", das heißt „qui lupum sequitur" (Glotta 39 [1961]). Es handelte sich demnach um einen von der Frühgeschichte ererbten Männerbund. Siehe auch *F. Altheim,* Römische Religionsgeschichte I, 131 ff. Ebenso betrachtet *A. Alföldi* die *luperci* als Überreste eines Männerbunds; insbesondere diese Bruderschaft hätte bei der Gründung des römischen Staats eine entscheidende Rolle gespielt; siehe: Die trojanischen Urahnen der Römer (Rektoratsprogramm der Univ. Basel für das Jahr 1956). Für Kerényi stellten die Luperci zugleich (in der primitiven Form der Bruderschaft, die nordischen Ursprungs war) Wölfe und (mit mittelmeerischen Einfluß) Böcke dar; siehe: Wolf und Ziege am Fest der Lupercalia, in: Mélanges Marouzeau (1948) 309-17 (der Artikel ist wiederabgedruckt in: Niobe [Zürich 1949] 136-147).

Plutarch (Romulus 21,10) beschreibt einen Ritus von initiatischer Art: Nach der Opferung von Ziegen werden zwei junge Adlige vor die Luperci geführt: „Die einen berühren ihre Stirn mit dem noch blutigen Messer und die anderen wischen sie sogleich mit einem in Milch getauchten Stückchen Wolle ab: es muß sein, daß die jungen Leute lachen, nachdem sie abgewischt sind."

Der Initiationscharakter der Bruderschaft wurde von *G. Dumézil,* Le problème des Centaures (Paris 1929) 203-222 analysiert. Siehe jetzt auch *Gerhard Binder,* Die Aussetzung des Königskinds: Kyros und Romulus (Meisenheim am Glan 1964) 90-115, bes. 98 ff.

Über den Lauf der beiden Gruppen von Luperci siehe *G. Piccaluga,* L'aspetto agonistico dei Lupercalia, in: SMSR 33 (1962) 51-62.

Über februum, Februarius und Faunus siehe *Dumézil,* Le problème des Centaures,

195 ff; *A. Brelich*, Tre variazioni romane sul tema delle origini (Rom 1956) 95–123; *Binder*, a. a. O. 80 ff; *G. Dumézil*, La rel. rom. arch. 353 ff.

Über die Opfer siehe *S. Eitrem*, Opferritus und Voropfer der Griechen und Römer (1913); *Wissowa*, Religion und Kultus der Römer 380 ff; *Latte*, a. a. O. 379–392.

G. Dumézil hat die strukturelle Analogie zwischen dem Opfer der suovetaurilia (die die Opferung von Schweinen, Lämmern und Stieren beinhaltete), einem für den Marskult spezifischen Opfer, und der sautramani, die Indra dargebracht wurde, herausgestellt (siehe Tarpeia [1947] 117–158; La rel. rom. arch. 247–251).

Über das Ritual des dem Mars im Oktober geopferten Pferdes und die Ähnlichkeiten mit dem *aśvameda*-Opfer, das der Klasse der Krieger vorbehalten war (§ 73), siehe *G. Dumézil*, La rel. rom. arch. 225–239 und *ders.*, Fêtes romaines d'été et d'automne (1975) 179–219.

Später (Ende des 5. Jh.?) wurde unter dem Einfluß der Etrusker (die hierin übrigens einem griechischen Vorbild folgten) in Rom die *lectisternia* eingeführt, die durch die wahrnehmbare Gegenwart des Gottes, dem man das Opfer darbrachte, charakterisiert waren. „Gegenstand jedes Opfers ist es, den Gott am Altar zu nähren. Ihm eine Mahlzeit zu servieren, ist eine andere Sache" (*Dumézil*, La rel. rom. arch. 559). Tatsächlich wurde der Gott (das heißt seine kultische Statue) auf ein Bett nahe dem Tisch, auf dem ihm aufgetischt war, gelegt. „Die lectisternia wurden zuerst außerhalb des Tempels serviert; die Menschen konnten so mit eigenen Augen diese Beschützer sehen, die normalerweise im Jenseits einer *cella* eingeschlossen waren" (ebd.).

166.

Über die dii Indigestes und die dii Novensiles siehe *Wissowa*, Religion und Kultus der Römer (München ²1912) 18 ff, 43, und die von *A. Grenier*, Les religions étrusque et romaine 152, zitierten Quellen.

Über die durch Titus Livius überlieferte Formulierung der devotio und gegen Latte (der ein Werk des Pontifex Maximus darin sieht) siehe *Dumézil*, La rel. rom. arch. 108 ff.

Über die archaische Trias siehe die Darstellung von *Dumézil*, La rel. rom. arch. 187–290 mit Bibliographie der früheren Arbeiten (an erster Stelle: Jupiter, Mars, Quirinus [1941]; Naissance de Rome [1944]; L'héritage indo-européen à Rome [1948]; Mythe et épopée I [1968] 259–437). *G. Wissowa* hatte schon die Aufmerksamkeit auf die Existenz der vor-kapitolinischen Trias gelenkt (siehe: Religion und Kultus 23, 133–134). Nach *K. Latte* handelt es sich dabei um eine spätere und zufällige Gruppierung (Römische Religionsgeschichte 37, 195 usw.); siehe aber die Kritik Dumézils (La rel. rom. arch. 154 ff).

Bei den Gelegenheiten, bei denen Jupiter als ackerbäuerlicher oder Kriegsgott erscheint, muß man die Art seiner Interventionen berücksichtigen (*Dumézil*, La rel. rom. arch. 193). „Politik und Recht, Macht und Gerechtigkeit haben – zumindest ideellerweise – viele Punkte gemeinsam: ein anderes Element des Ansehens Jupiters wie des des Zeus, wie des der Herrschergötter des vedischen Indien, Varuna und Mitra, ist seine Rolle als Zeuge, Garant und Einkläger von Schwüren und Pakten, im privaten Leben ebenso wie im öffentlichen, im Handel zwischen Bürgern oder mit Fremden" (ebd. 190).

Über Mars siehe *Dumézil*, a. a. O. 215–256. Als Beispiel für eine vollkommen verschiedene Interpretationsrichtung siehe *U. W. Scholz*, Studien zum altitalischen und altrömischen Marskult und Marsmythos (1970). Zu dem Opfer des Oktober-Pferdes und gegen die ackerbäuerliche Interpretation *H. J. Roses* (Some Problems of Classical Religion, in: Mars [Oslo 1958] 1–17) siehe *Dumézil,* La rel. rom. arch. 223–238.

Über Quirinus siehe *Dumézil,* a. a. O. 259–282 und *A. Brelich,* Quirinus: una divinità romana alla luce della comparizione storica, in: SMSR 36 (1965) 63–119. *Carl Koch,* Bemerkungen zum römischen Quirinuskult, in: Zeitschrift f. Rel. und Geistesgeschichte 5 (1953) 1–25 hat eine Dumézils Sicht widersprechende Interpretation vorgestellt.

Über Vesta siehe *O. Huth,* Vesta. Untersuchungen zum indo-germanischen Feuerkult (1943); *A. Brelich,* Geheime Schutzgottheit von Rom: Vesta (Albae Vigiliae, N. F. 7 [Zürich 1949]); *G. Dumézil,* Aedes Rotunda Vestae (in: Rituels indo-européens à Rome [1954] 26–43) und andere in la rel. rom. arch. 319–332 zusammengefaßte Arbeiten.

Über Janus siehe *L. A. Lackay,* Janus, in: Univ. of California Publications on Classical Philology 15 (1956) 157–182; *R. Schilling,* Janus, le dieu introducteur in: Mélanges d'archéologie et d'histoire de l'École Française de Rome 1960, 89–100; *G. Capdeville,* Les épithètes cultuelles de Janus, in: ebd., 1973, 395–436; *G. Dumézil,* La rel. rom. arch. 333–339.

Über die kapitolinische Trias siehe die Gesamtdarstellung *Dumézils,* a.a.O. 291–317. Siehe auch *U. Bianchi,* Disegno Storico del culto Capitolino nell'Italia romana e nelle provincie dell'Impero, in: Monumenti antichi dei Lincei 8 (1949) 347–415; *ders.,* Questions sur les origines du culte capitolin, in: Latomus 10 (1951) 341–366.

Über Juno siehe *Dumézil,* La rel. rom. arch. 299–310; *ders.,* Junon et l'Aurore, in: Mythe et Épopée III (1973) 164–173. Zu der Etymologie des Namens siehe *E. Benveniste,* Expression indo-européenne de l'éternité, in: Bull. Soc. Linguistique 38 (1937) 103–112. Siehe auch *M. Renard,* Le nom de Junon, in: Phoibos 5 (1951) 141–143; *ders.,* Juno Historica, in: Latomus 12 (1953) 137–154.

Über die Feste, deren Schirmherrin Juno war, in erster Linie die Nonae Caprotinae und die Matronalia, siehe *Dumézil,* a. a. O. 301–313. Siehe auch *J. Gagé,* Matronalia. Essai sur les organisations cultuelles des femmes dans l'ancienne Rome (Coll. Latomus LX [1963]).

Über die Etymologie von „Minerva" siehe *A. Meillet,* De i.-e. radice *men „mente agitare" (1897) 47.

167.

Das Wichtigste über die Etrusker findet sich in einigen neueren Publikationen: *M. Pallottino,* Etruscologia (Mailand ⁶1968); *R. Bloch,* Les Etrusques (1954); *J. Heurgon,* La vie quotidienne chez les Etrusques (1961); *H. H. Sculard,* The Etruscan Cities and Rome (London 1967); *L. Banti,* Il mondo degli Etruschi (Rom ²1969).

Die „etruskische Frage" wird diskutiert in den Artikeln von *M. Pallottino,* Nuovi Studi sul problema delle origini etrusche, in: Studi Etruschi 29 (1961) 3–30 und What do we know today about the Etruscan Language?, in: Intern. Anthropological Linguistic Review 1 (1955) 243–253. Siehe auch *H. Hencken,* Tarquinia, Villanovans and early Etruscan (Cambridge/Mass. 1968) II, 601–646; *ders.,* Tarquinia and Etruscan Origins (London 1968).

Über die Religion der Etrusker siehe die Darstellungen von *A. Grenier,* La religion étrusque (= Mana 2, III [1948] 3–79); *R. Herbig,* Götter und Dämonen der Etrusker (Heidelberg 1948); *F. Altheim,* Römische Religionsgeschichte; *G. Dumézil,* La rel. rom.

arch. 611–680; *G. Cl. Giglioli/G. Camporeale*, La religione degli Etruschi, in: Storia delle Religioni II (⁶1971) 539–672 (gute Bibliographie auf S. 655–661, 670–672).

Die Texte der klassischen Schriftsteller sind aufgenommen und analysiert bei *Giglioli*, a.a.O. 544–552 und 652–654.

Über die Herkunft der Etrusker aus Asien (Herodot I, 94) und die Inschriften von Lemnos siehe *A. Piganiol*, Les Etrusques, peuple d'Orient, in: Cahiers d'Histoire mondiale 1 (1953) 329–339; *G. Dumézil*, a.a.O. 614–619.

Über die etruskischen Gottheiten und ihre *interpretatio graeca* siehe *G. Devoto*, Nomi di divinità etrusche, in: Studi Etruschi 6 (1932) 243–280 (Fufluns); 7 (1933) 259–266 (Culsans); 14 (1940) 275–280 (Vertumno); *L. Banti*, Il culto del cosiddetto ‚Tempio dell'Apollo' a Veii e il problema delle triadi etrusco-italiche, in: Studi Etruschi 17 (1943) 187 ff; *J. D. Beazly*, The world of the Etruscan mirror, in: Journal of Hellenic Studies 69 (1949) 1–17; *F. Messerschmidt*, Griechische und etruskische Religion, in: SMSR 5 (1929) 21–32; *Eva Fiesel*, Namen des griechischen Mythos im Etruskischen (1928) (siehe die Bemerkungen von *E. Benveniste*, in: Rev. Philol. 56 [1930] 67–75 und von *G. Dumézil*, ebd. 658–676).

Im Heiligtum von Pyrgi (einem der Häfen des alten Caere) wurde vor kurzem eine punische Inschrift neben Tafeln mit etruskischen Inschriften gefunden, die ungefähr auf das Jahr 500 datiert werden. Der punische Text enthält die Ehrerbietung des etruskischen Königs gegenüber der phönizischen Göttin Astarte, die der Uni (Juno) verglichen wird. Dies ist noch ein Beweis für die Geschmeidigkeit der etruskischen Religion, die bereit ist, eine mythisch-rituelle Formel der semitischen Welt aufzunehmen und sie einer nationalen Gottheit gleichzusetzen. Siehe *A. Dupont-Sommer*, L'Inscription punique récemment découverte à Pyrgi (Italie), in: JA 252 (1964) 289–302; die Übersetzung (S. 292) ist wiederabgedruckt und kommentiert bei *G. Dumézil*, La rel. rom. arch. 665 ff. Siehe eine neuere Bibliographie bei *J. Heurgon*, The Inscriptions of Pyrgi, in: Journal of Roman Studies 56 (1966) 1–14; *G. Camporeale*, in: Storia delle Religioni II (⁶1971) 671.

Über die Deute-Techniken siehe das Buch von *A. Bouché-Leclercq*, Histoire de la divination dans l'antiquité IV (Paris 1882) 3–115, für das es noch keinen neueren Ersatz gibt.

Der Inhalt der verschiedenen *libri* wird vorgestellt und kommentiert in den drei Bänden von *C. O. Thulin*, Die etruskische Disziplin. I. Die Blitzlehre, in: Göteborgs Högskolas Arsskrift 11 (1905) I–XV, 1–128; II. Das Haruspicium, ebd. 12 (1906) 1–54; und III. Ritualbücher und zur Geschichte und Organisation der Haruspices, ebd. 15 (1909) 1–158.

Die Texte von Plinius und Seneca über die Blitzlehre gehen von der gleichen Quelle (Caecina) aus. Jupiter allein verfügte über drei verschiedene Kategorien von Blitzen. Die anderen acht Arten von Blitzen wurden von den Göttern, die Juno, Minerva, Volcanus, Mars und Saturn entsprechen, und drei anderen, unbekannt gebliebenen Gottheiten beherrscht. Siehe *Bouché-Leclercq*, a.a.O. IV, 32–61; *Thulin*, Die Blitzlehre 47–68; *A. Biedl*, Die Himmelsteilung nach der ‚disciplina etrusca', in: Philologus, N. H. 40 (1931) 199–214; *A. Piganiol*, Sur le calendrier brontoscopique de Nigidius Figulus, in: Studies... in honor of A. C. Johnson (1951) 79–87; *ders.*, Les Étrusques, peuple d'Orient 640–641; *S. Weinstock*, Libri Fulgurales, in: Papers of the British School at Rome 19 (1951) 122–142; *R. B. Bloch*, Les prodiges dans l'antiquité classique (1963) 149 ff; *Dumézil*, a.a.O. 624–635. Die Analogien zur orientalischen Lehre und Technik werden ebenfalls von *G. Furlani*, Il *bidental* etrusco e un'inscrizione di Tiglatpilesar I d'Assiria, in: SMSR 6 (1930) 9–49; *ders.*, Fulmini mesopotamici, ittiti, greci ed etruschi, in: Studi Etruschi 5 (1931) 203–231.

Über die *libri haruspicini* und das Bronzemodell von Piacenza siehe *Bouché-Leclercq*, a.a.O. 61–74; *Thulin*, a.a.O. Bd. II; *G. Furlani*, Epatoscopia babilonese ed epatoscopia etrusca, in: Tyrrhenica, Saggi di studi etruschi (1957) 61–76. Als vergleichende Studie siehe: La divination en Mésopotamie et dans les régions voisines (XIV. Internationales assyriologisches Treffen 1967); *J. Nougayrol*, Haruspicine étrusque et assyro-babylonienne, in: Comptes Rendus de l'Acad. d. Inscriptions (1955) 508–517; *ders.*, Le foie d'orientation BM 50494, in: Revue d'Assuriologie 62 (1968) 31–50; *E. Laroche*, Éléments d'haruspicine hittite, in: Revue hittite et asianique 12 (1952) 19–48; *R. Bloch*, Liberté et détermination dans la divination romaine, in: Studi in onore di Luisa Banti (Rom 1965) 63 ff; *ders.*, La divination en Étrurie et à Rome, in: La Divination I (Paris 1968) 197–232.

Die 40 Gottheiten, deren Namen auf der Bronze-Leber von Piacenza eingraviert sind, sind wahrscheinlich nach einem bestimmten System angeordnet, das man noch nicht rekonstruieren konnte. Wir verfügen aber über eine andere Klassifikation des Pantheons, nämlich die von *Martianus Minneus Felix Capella*, die in der Abhandlung De nuptiis Philologiae et Mercurii (I, 41–61) enthalten ist. Es handelt sich um einen späteren (aus dem 5. Jh. n. Chr. stammenden) Text, der mit griechischen und griechisch-römischen Spekulationen befrachtet ist; dennoch ist er wertvoll wegen der genauen und klaren Vorstellung der Götter, die auf die 16 Himmelsregionen aufgeteilt sind. (Seine Hauptquelle scheint die Übersetzung der etruskischen Rituale zu sein, die ein Zeitgenosse Ciceros, Nigidius Figulus, gemacht hat.) *Thulin* zweifelte nicht daran, daß eine Entsprechung zwischen den göttlichen Figuren, deren Namen in die 16 Felder der Leber von Piacenza eingraviert sind, und den 16 Regionen des Martianus Capella bestehe (siehe: Die Götter des Martianus Capella und die Bronzeleber von Piacenza [Berlin 1906]). Doch *Stefan Weinstock* hat den beträchtlichen Beitrag der hellenistischen Astrologie herausgestellt, siehe: Martianus Capella and the Cosmic System of the Etruscans, in: Journal of Roman Studies 36 (1946) 101–129. Bezüglich einer Analyse der drei ersten *regiones*, d.h. derjenigen des Jupiter, siehe *Dumézil*, a.a.O. 672–676.

Über die Dämonologie und die Glaubensvorstellungen bezüglich der Bestattung siehe *S. Weinstock*, Etruscan Demons, in: Studi in onore di Luisa Banti 345–350; *C. C. van Essen*, Did Orphic Influence on Etruscan Tomb Painting exist? (*Amsterdam* 1927); *ders.*, La Tomba del Cardinale, in: Studi Etruschi 2 [1928] 83–132; *F. de Ruyt*, Charun, démon étrusque de la mort (Brüssel 1934); *M. Pallottino*, Il culto degli anteanti in Etruria ed un probabile equivalenza lessicale etrusco-latino, in: Studi Etruschi 26 (1958) 49–83; *J.-M. Blázques*, La Tomba del Cardinale y la influencia orfico-pitagorica en las creencias etruscas de ultratumba, in: Latomus 26 (1965) 3–39.

Auf einigen Grabbildern hält ein Dämon ein Buch oder eine Schriftrolle oder ist gerade dabei, darauf zu schreiben. Die wenigen Schriftzeichen, die entziffert werden konnten, geben Namen und Alter des Verstorbenen an. Es handelt sich, so scheint es, um „eine Art Ausweis für das Jenseits" (*F. de Ruyt*, a.a.O. 160). Über die ägyptischen Entsprechungen siehe § 33 (Forschungsstand).

168.

Über die Aventinische Trias siehe *H. Le Bonniec*, Le Culte de Cérès à Rome des origines à la fin de la République (Paris 1958) und *Dumézil*, La rel. rom. arch. 379 ff. „Auch der Aventinische Kult würde vom Sieg der Plebs zeugen und ginge aus einem der zahlreichen

Kompromisse hervor, die dieser Klasse mehr und mehr die politische und religiöse Gleichheit sichern sollten; schon zu Beginn des 5. Jh., schon bei der Begründung, hätte sich demnach das klassische Bild geformt: die plebeischen Ädile hatten ihren Sitz in den Niederlassungen des Tempels und sammelten hier die Archive der Plebs, die Texte der Plebiszite und später vorsichtshalber auch die Doppel der Senatus-Consultus ihrer Gegner an" (ebd. 384). Siehe auch *F. Altheim*, Römische Religionsgeschichte. Wahrscheinlich kommt die Verbindung der drei ackerbäuerlichen Gottheiten, von denen zwei weiblich und eine männlich waren, aus Großgriechenland (siehe *Dumézil*, 448).

Bei der Gelegenheit der Cerealia fand außer der Opferung der Schweine auch ein „barbarisches Spiel" statt: man ließ Füchse in den Circus laufen, „die, am Rücken festgemacht, brennende Tücher trugen" (*Ovid*, Fasti 4, 679–682). Die Interpretation dieses Ritus ist umstritten (siehe *Dumézil*, 380).

Über die Etymologie von „Liber" siehe *E. Benveniste*, Liber et liberi, in: Rev. d. Études Latines 14 (1936) 52–58. Über den Kult siehe *A. Bruhl*, Liber pater, origine et expansion du culte dionysique à Rome et dans le monde romain (Paris 1953), bes. 13ff. Die Informationen des hl. Augustinus über die Liberalia (zum Teil nach Varro) werden geprüft von *Bruhl*, a.a.O. 17ff. *F. Altheim* vertritt die These, der Gott Liber sei griechischen Ursprungs (Terra Mater [Gießen 1931] 15ff); siehe die Kritik von *Bruhl*, 23ff. Über die *interpretatio graeca* der Cerealia siehe *Jean Bayet*, Les ‚Cerealia', altération d'un culte latin par le mythe grec, in: Revue Belge de Philologie et d'Histoire (1951) 5–32, 341–366, wiederabgedruckt in: Croyances et rites dans la Rome antique (1971) 89–129.

Über die griechischen Einflüsse siehe *Franz Altheim*, Römische Religionsgeschichte; *G. Dumézil*, La rel. rom. arch. 450ff. Über die keltischen Einflüsse siehe ebenfalls Altheim, a.a.O.

Über Apoll siehe *J. Gagé*, Apollon Romain. Essai sur le culte d'Apollon et le développement du „ritus graecus" à Rome, des origines à Auguste (Paris 1955).

Über Venus siehe *R. Schilling*, La religion romaine de Vénus depuis les origines jusqu'au temps d'Auguste (Paris 1954); *ders.*, Les origines de la Vénus romaine, in: Latomus 17, 3–26, Antwort auf die Kritiken von A. Ernout und P. Grimal. Siehe auch *Dumézil*, La rel. rom. arch. 422–424, 471–474.

Über die evocatio siehe *V. Basanoff*, Evocatio. Étude d'un rituel militaire romain (Paris 1947); *R. Bloch*, Héra, Uni, Junon en Italie centrale, in: Comptes rendue de l'Académie des Inscriptions (1972) 384–396. Andere berühmte Beispiele einer evocatio: Vertumnus, der 264 von Volsinii, und Tanit von Carthago, die 146 von Scipio Emilianus „angerufen" wurde (*Macrobius*, Sat. III,9).

Über die Wunder von 207, die von Titus Livius aufgezählt werden, siehe *J. Cousin*, La crise religieuse de 207 avant J.-C., in: RHR 126 (1943) 15–41. Die Religion während des Zweiten Punischen Krieges wird glänzend analysiert von *Dumézil*, La rel. rom. arch. 457–487. Über die transvectio der Kybele siehe *H. Graillot*, Le culte de Cybèle, mère des dieux, à Rome et dans l'empire romain (Paris 1912) 38ff. Über die Bruderschaften der Göttin und ihre politische Bedeutung siehe ebd. 90ff. Über den Kult in Rom und in den Provinzen siehe *F. Cumont*, Les religions orientales dans le paganisme romain ([4]1929) 17ff, 208ff. Siehe auch *Th. Köves*, Zum Empfang der Magna Mater in Rom, in: Historia 12 (1963) 321–347; *F. Bömer*, Kybele in Rom, in: Rheinisches Museum 71 (1964) 130–151.

Quellen und Bibliographie zur Bacchanalien-Affäre werden treffend analysiert von *A. Bruhl*, Liber Pater 82–116. Hinzuzufügen: *J. Bayet*, Le phénomène religieux dionysiaque, in: Croyances et rites 241–274 (zum Buch von Bruhl); *A.-J. Festugière*, Ce que Tite-Live nous apprend des mystères de Dionysos, in: Mélanges d'archéologie et d'histoire de l'École française de Rome 66 (1954) 79–99; *Latte*, a.a.O. 270, Anm. 5 (Bibliographie); *Dumézil*, a.a.O. 511–516.

169.

Bezüglich der Vorgeschichte der Kelten siehe: *M. E. Marien*, Où en est la question des champs d'urnes?, in: L'Antiquité Classique 17 (1948) 413–444; *E. Sprockhoff*, Central European Urnfield Culture and Celtic La Tène, in: Proceedings of the Prehistoric Society, 1955, 257–281; *P. Bosch-Gimpera*, Les Indo-Européens. Problèmes archéologiques (Paris 1961) 241ff; *G. Devoto*, Origini indeuropee (Florenz 1962) 389ff; *Stuart Piggot*, Ancient Europe (Edinburgh 1963) 215ff (ausgezeichnete Bibliographie S. 261–266); ders., The Druids (London 1968) 9–24; *Richard Pittioni*, Das Mittel-Metallikum. Die Frühzeit der indogermanischen Einzelvölker Europas, in: Anzeiger der Österr. Akad. d. Wissenschaften, Phil.-Hist. Klasse, 1972, Nr. 5, 14–29.

Von der umfangreichen Literatur über Geschichte und Kultur der Kelten seien genannt: *H. Hubert*, Les Celtes, 2 Bde. (1932); *A. Grenier*, Les Gaulois (Paris 1945); *T. O'Rahilly*, Early Irish History and Mythology (Dublin 1946); *T. G. E. Powell*, The Celts (London 1958); *Jan de Vries*, Kelten und Germanen (Bern – München 1960); *J. Philip*, Celtic Civilization and its Heritage (Prag – New York 1962); *C. F. C. Hawkes*, The Celts: Report on the Study of their Culture and their Mediterranean Relations, 1942–62, in: Rapports et Commentaires, VIIIe Congrès International d'Archéologie Classique (Paris 1963) 3–23; *Nora Chadwick*, The Celts (Pelican Books 1966) (siehe aber S. Piggot, The Druids 193); *Anne Ross*, Pagan Celtic Britain. Studies in Iconography and Tradition (London 1967); *Helmut Birkhan*, Germanen und Kelten bis zum Ausgang der Römerzeit, in: Österr. Akad. d. Wissenschaften, Phil.-Hist. Klasse 272 (1970) 1–636; *Jean-Jacques Hatt*, Les Celtes et les Gallo-Romains (Archaeologia Mundi) (Genf – Paris – München 1970) (mit ausgezeichneten Abbildungen).

Die griechischen und lateinischen Texte über die keltische Religion wurden hrsg. von *J. Zwicker*, Fontes Historiae Religionis celticae, 3 Bde. (Berlin 1934–36); eine Auswahl davon wurde in dt. Übers. hrsg. von *Wolfgang Krause*, Die Kelten, in: Religionsgeschichtliches Lesebuch (Tübingen ²1929) 46 S. Siehe bibliographische Angaben über andere Quellen (gallische Inschriften, Skulpturen, Bronzestatuen, Darstellungen von Göttern auf Gefäßen) bei *Paul Marie Duval*, Les Dieux de la Gaule (Paris 1976) 129f.

Gesamtdarstellungen über die Religion der Kelten: *M.-L. Sjoestedt*, Dieux et héros des Celtes (Paris 1940); *J. Vendryès*, La religion des Celtes, in: Mana. Les Religions de l'Europe ancienne, Bd. 3 (Paris 1948) 239–320 (gute Aufstellung der Gottheiten); *A. Rees / B. Rees*, Celtic Heritage. Ancient Tradition in Ireland and Wales (London 1961); *Jan de Vries*, Keltische Religion (Stuttgart 1961); *Anne Ross*, Pagan Celtic Britain (ausgezeichnete Bibliographie S. 489–503); *Françoise Le Roux*, La religion des Celtes, in: Histoire des Religions (Encyclopédie de la Pléiade) I (1970) 780–840; *Paul Marie Duval*, Les Dieux de la Gaule (1976, verb. Aufl. des 1957 veröffentlichten Werkes).

Über die protohistorischen Heiligtümer und den Symbolismus des geheiligten Raums siehe *K. Schwarz*, Zum Stand der Ausgrabungen in der spätkeltischen Viereckschanze von Holzhausen, in: Jahresbericht der Bayerischen Bodendenkmalpflege, 1962, 21–77; *Stuart Piggot*, Ancient Europe 230ff. Über den Symbolismus des Zentrums und die

„heilige Geographie" im mittelalterlichen Irland siehe *A. Rees/B. Rees,* Celtic Heritage 146 ff.

Über den Schädelkult siehe *P. Lambrechts,* L'exaltation de la tête dans la pensée et dans l'art des Celtes (Brügge 1954) und vor allem *Anne Ross,* Pagan Celtic Britain 94–171, Abb. 25–86 und Bildtafeln 1–23 (S. 155 ff über die Kontinuität des Kults nach der Bekehrung zum Christentum).

170.

Über den archaischen Ursprung der keltischen Kultur und die Parallelität zum alten Indien siehe *G. Dumézil,* Servius et la Fortune (1942); *Myles Dillon,* The Archaism of Irish Tradition, in: Proceedings of the British Academy 33 (1947) 245–264; *ders.,* The Hindu Act of Truth in Celtic Tradition, in: Modern Philology 44 (1947) 137–140; *ders.,* Celt and Hindu, in: Vishveshvaranand Indological Journal 1 (Sept. 1963) 1–21; *J. E. Caerwyn Williams,* The Court Poet in Medieval Ireland, in: Proceedings of the British Academy 57 (1971) 85–135. Siehe auch *D. A. Binchy,* The Linguistic and Historical Value of the Irish Law Tracts, in: Proceedings of the British Academy 29 (1943); *C. Watkins,* Indo-European Metrics and Archaic Irish Verse, in: Celtica 6 (1963) 194 ff; *R. Schmidt,* Dichtung und Dichtersprache in indogermanischer Zeit (Wiesbaden 1967) 61 ff. In seinem posthum veröffentlichten Buch Celts and Aryans (Simla 1975) hat *Myles Dillon* das Problem in seiner Gesamtheit wiederaufgenommen: Morphologie und Syntax (S. 32 ff), höfische Poesie und Helden-Tradition (S. 52 ff), soziale Institutionen (S. 95 ff), Religion (S. 125 ff). Siehe auch *Hans Hartmann,* Der Totenkult in Irland (Heidelberg 1952); *K. H. Jackson,* The Oldest Irish Tradition: A Window on the Iron Age (Cambridge 1964); *H. Wagner,* Studies in the Origin of Early Celtic Tradition, in: Eriu 26 (1975) 1–26.

Bezüglich der sozialen Dreiteilung bei den Kelten siehe *G. Dumézil,* L'Idéologie tripartie des Indo-Européens (Brüssel 1958) 11: „Bringt man die Dokumente, die den gesellschaftlichen Zustand des im Verfall begriffenen heidnischen Gallien, das Caesar eroberte, beschreiben, und die Texte, die uns über Irland kurz nach seiner Bekehrung zum Christentum berichten, zusammen, so erscheint – unter dem **rig* (der genauen Entsprechung des Sanskrit-Stammes *rāj-,* lat. *reg-*) – eine folgendermaßen aufgebaute Gesellschaft: 1. Alles beherrschend, stärker als die Grenzen, fast ebenso über-national wie die Brahmanen, die Gruppe der Druiden *(*dru-uid),* das heißt die ‚Weisen', Priester, Juristen, Verwalter der Tradition; 2. die Militäraristokratie, die Besitzer des Bodens, die irische *flaith* (gall. *vlato-,* dt. *Gewalt* usw.), die eigentliche ‚Macht', genaue semanische Entsprechung des Sanskrit-Begriffs *kṣatra,* Grundlage der kriegerischen Funktion; 3. die Viehzüchter, die irischen *bó airig,* freie Männer *(airig),* die sich nur als Besitzer von Kühen *(bó)* bezeichnen." *T. G. Powell,* Celtic Origins: A Stage in the Enquiry, in: Journal of the Royal Anthrop. Institute 78 (1948) 71–79 hat die Beweisführung Dumézils (Jupiter, Mars, Quirinus, 110–123) wiederaufgenommen; siehe *S. Piggot,* The Druids 88.

„Die Iren betrachteten die Geschichte ihrer Insel als eine Folge von Invasionen; das vorletzte Volk von Invasoren, die Tuatha Dé Danann, der ‚Volksstamm der Göttin Dana', wurde in der Tat von alten heidnischen Göttern, nämlich denen, die die Kelten von ihren indoeuropäischen Vorfahren geerbt hatten, gebildet." Die Führung der Tuatha Dé Danann setzt sich zusammen aus dem großen Gott Dagda, der die Geheimnisse der druidischen Magie beherrscht, aus Ogma, dem Kämpfergott, Lug („Gott aller Künste und Berufe") und aus Dian Cecht, dem Arzt, und Goibniu, dem Schmied. Die dritte

Funktion wurde in ihrer notwendigsten Form, dem Nahrung beschaffenden und Reichtum erzeugenden Ackerbau, von den vorhergehenden Bewohnern der Insel, den Fomore, repräsentiert, „dämonischen Wesen, die die Tuatha Dé Danann besiegten, größtenteils töteten und im übrigen zähmten. Beim Abschluß dieses Krieges mit ihrem berühmten Sieg von Mag Tuired beschlossen die eingedrungenen Tuatha Dé Danann, dem Anführer der Besiegten sein Leben zu lassen gegen die Offenbarung der Geheimnisse, die Irland in Ackerbau und Viehzucht Prosperität sichern sollten" (*G. Dumézil*, Mythe et Épopée I [1968] 289; vgl. ebd. Anm. 1 die Hinweise auf frühere Arbeiten). *Jan de Vries*, Keltische Religion, folgt der Interpretation Dumézils.

Andere Beispiele für die epischen Traditionen Irlands, die die dreigliedrige Struktur voraussetzen, siehe bei *Dumézil*, Mythe et Épopée I, 602–612 (Das Macha-Trio), 616–623 (Die drei Unterdrückungen der britannischen Insel). Die Analyse der strukturellen Gemeinsamkeiten zwischen dem Mythos der „Medb-Königinnen" und dem der indischen Mādhavi, der Tochter des Königs Yayāti, siehe bei *G. Dumézil*, Mythe et Épopée II (1971) 331–353 (Kap. V). Siehe auch Mythe et Épopée III (1973) 27–34 („Le puits de Nechtan").

Über den Wert der Informationen Caesars siehe die nützliche, aber hyperkritische Arbeit von *Michel Rambaud*, L'art de la déformation historique dans les Commentaires de César (Paris ²1966), vor allem die Stellen über die Religion (S. 328–333). „Durch sein Gemälde von der gallischen Religion legte der Prokonsul, Eroberer Galliens und Pontifex Maximus in Rom die Politik schon nahe, die dann folgte" (S. 333).

Über die sogenannten „Jupitergiganten-Säulen" siehe *Werner Müller*, Die Jupitergigantensäulen und ihre Verwandten (Meisenheim am Glan 1975) (mit reichhaltiger Bibliographie S. 113–127). Über das Symbol des Rads siehe *W. Müller*, a.a.O. 46 ff; siehe auch *A. Ross*, a.a.O. 347 ff, 475 ff; *R. Pettazzoni*, The Wheel in the Ritual Symbolism of Some Indo-European Peoples, in: Essays on the History of Religion (Leiden 1954) 95–109; *J.-J. Hatt*, Rota flammis circumsepta, à propos du symbole de la roue dans la religion gauloise, in: Revue archéologique de l'Est (1951) 82–87.

Über Dagda siehe *J. Vendryès*, La religion des Celtes 263; *F. Le Roux*, Notes sur le Mercure celtique, in: Ogam 4 (1952) 289 ff; *J. de Vries*, a.a.O. 45 ff.

Über Lug vgl. *J. Vendryès*, La religion des Celtes 278, 313; *Jan de Vries*, a.a.O. S. 37–40; *P. M. Duval*, Les Dieux de la Gaule 27 ff; *R. Pettazzoni*, Il dio gallico a tre teste, in: L'onniscienza di Dio (Turin 1955) 286–316; *R. Lantier* in: Wörterbuch der Mythologie, Tl. II, 132 ff, 138 ff, 141 ff.

Über den gallischen Mars siehe *J. de Vries*, a.a.O. 56 ff; *P. Lambrechts*, Contributions 126 ff; *E. Thevenot*, Sur les traces des Mars celtiques entre Loire et Mont Blanc (Dissertationes archaeologicae Gandenses) (Brügge 1955); *F. Benoit*, Mars et Mercure. Nouvelles recherches sur l'interprétation gauloise des divinitées romaines (Aix-en-Provence 1959).

Über Ogmios siehe *Françoise Le Roux*, Le dieu celtique aux liens: de l'Ogmios de Lucien à Ogmios de Dürer, in: Ogam 12 (1960) 209–234, wo auch frühere Arbeiten diskutiert werden; *J. de Vries*, a.a.O. 65 ff; *P. M. Duval*, Les Dieux de la Gaule 79–82. Was Ogma betrifft, so verrät „sein Name eine nicht-gälische Phonetik und muß als Lehnwort zum gallischen Ogmios erklärt werden": *M. L. Sjoestedt*, Légendes épiques irlandaises et monnaies gauloises, in: Études Celtiques 1 (1936) 1–77, 7. Auf der anderen Seite scheint Ogmios dem griechischen *ogmos*, „Linie", „Furche", entlehnt zu sein; doch versteckt sich hinter diesem Theonym griechischen Ursprungs eine keltische religiöse Wirklichkeit.

Der Gott Ogma wird „Vater der Ogams" genannt, der Buchstaben-Zeichen, die besonders in den vorwiegend in Irland und Wales gefundenen 360 Grabinschriften aus dem 5. und 6. Jh. verwendet wurden. Siehe *J. Vendryès*, L'écriture ogamique et ses origines, in: Études Celtiques 4 (1939) 83–116 (mit reichhaltiger Bibliographie); über die arithmetische Verwendung dieser Zeichen vgl. *L. Gerschel*, Origine et premier usage des caractères ogamiques, in: Ogam 9 (1957) 151–173. Siehe als neueste Arbeit *James Carney*, The Invention of the Ogom Cipher, in: Eriu 26 (1975) 53–65.

Über „Apoll" siehe *J. Vendryès*, a.a.O. 261 ff, 287 (mit Apoll verbundene Gottheiten); *F. Le Roux*, Introduction à une étude de l',Apollon' Celtique, in: Ogam 12 (1960) 59–72; *Jan de Vries*, Keltische Religion 71–78.

Über „Minerva" siehe *J. Vendryès*, a.a.O. 261 ff; *J. de Vries*, a.a.O. 78 ff.

171.

Über die von Lucan genannten gallischen Götter siehe *P. M. Duval*, Teutates, Esus, Taranis, in: Études Celtiques 8 (1958–1959) 41–58; *ders.*, Le groupe de bas-reliefs des ‚Nautae Parisiaci', in: Monuments Piot 48 (1956) 78–85; *E. Thevenot*, La pendaison sanglante des victimes offertes à Esus-Mars, in: Hommages à Waldemar Déonna (Lüttich 1957) 442–449; *J. de Vries*, a.a.O. 45 ff, 97 ff; *Françoise Le Roux*, Les chaudrons celtiques à l'arbre d'Esus, Lucain et les Scholies Bernoises, in: Ogam 7 (1955) 33–58; *dies.*, Taranis, dieu celtique du Ciel et de l'orage, in: Ogam 10 (1958) 30–39; 11 (1959) 307–324; *Anne Ross*, Esus et les trois ‚grues', in: Études Celtiques 9 (1960–61) 405–438; *J.-J. Hatt*, Essai sur l'évolution de la religion gauloise, in: Revue des Études Anciennes 67 (1965) 80–125 (systematische, aber wenig überzeugende Rekonstruktion).

Die in den Commenta Bernensia erhaltenen mittelalterlichen Kommentare sind widersprüchlich. Teutates wird mit Merkur und an einer anderen Stelle mit Mars gleichgesetzt, Esus mit Mars und Merkur, Teutates mit Dis Pater und Jupiter.

Bezüglich des Motivs vom irischen König, der beim Brand des Hauses umkommt, weil er in einem Bottich ertrinkt, siehe *Clemens Rammoux*, La mort sacrificielle du Roi, in: Ogam 6 (1954) 209–218.

Eine linguistische und kulturgeschichtliche Analyse zu Taranis gibt *H. Birkhan*, Germanen und Kelten 311 ff.

Über Cerunnos siehe *P. P. Bober*, Cerunnos: Origin and Transformation of a Celtic Divinity, in: American Journal of Archaeology 55 (1951) 13–51; *J. De Vries*, a.a.O. 104 ff (mit Bibliographie); *Anne Ross*, Pagan Celtic Britain 180 ff. Über die in der Val Cammonica dargestellten Szenen siehe *F. Altheim/E. Trautmann*, Keltische Felsbilder der Val Cammonica, in: Mitt. d. dt. archaeologischen Instituts, röm. Abt., 54 (1939) 1 ff. Über den religiösen Symbolismus des Hirschs siehe *M. Eliade*, Bilder und Symbole; *ders.*, De Zalmoxis à Gengis-Khan 146 ff (mit Bibliographie); *Otto Höffler*, Siegfried, Arminius und die Symbolik (Heidelberg 1960) 32 ff und Anm. 66–94; *Helmut Birkhan*, a.a.O. 453–457. Über Riten mit Hirsch-Masken im christianisierten Europa siehe *Waldemar Liungmann*, Traditionswanderungen: Euphrat–Rhein (FF Communication, Nr. 118 [Helsinki 1937] 735 ff).

Über die Matres und Matronae siehe *J. Vendryès*, a.a.O. 275 ff; 288, Anm. 9; *J. de Vries*, a.a.O. 114 ff; *P. M. Duval*, Les Dieux de la Gaule 55 ff; *Anne Ross*, a.a.O. 265 ff.

M. L. Sjoestedt hatte die Bedeutung der rituellen Vereinigung des Führer-Gottes und der Muttergöttin am Neujahrstag (Samain), wenn „das keltische Jahr wiedergeboren wird", betont; dieser *hieros gamos* war „die Garantie für die ohne Ende wiederentstehende Vitalität des Stammes" (Dieux et Héros des Celtes 57). Das Motiv des *hieros gamos* zwischen dem irischen Herrscher und der territorialen Göttin (Epiphanie der Terra Mater) wurde von der Forschung ausführlich behandelt. Siehe: *Proinsias MacCaba*, Aspects of the Theme of King and Goddess in Irish Literature, in: Études Celtiques 7 (1956) 76-114, 356-413; 8 (1958) 59-65; *Rachel Bromwich*, Celtic Dynastic Themes and the Breton Lays, in: Études Celtiques 9 (1960) 439-474; *A. Ross*, a.a.O. 292ff. Siehe auch die Arbeiten von *A. C. L. Brown* und *A. K. Coomaraswamy*, die weiter unten zitiert werden.

F. R. Schröder hat als erster die Aufmerksamkeit auf eine Stelle aus der Topographia Hibernica gelenkt, die Geraldus Cambrensis (ungefähr 1185) verfaßte: Bei den Kenelcunil, einem Stamm aus Ulster, paart sich der König vor den Augen seiner Untertanen mit einer Schimmelstute. Dann wird die Stute getötet, ihr Fleisch gekocht und mit dem Sud das Bad für den König bereitet. Dann teilt er das Fleisch und trinkt die Flüssigkeit, in der er gebadet hat, direkt mit dem Mund; siehe: Ein altirischer Königsritus und das indogermanische Roßopfer, in: Zeitschr. f. Celtische Philologie 16 (1927) 310-312. Schröder hatte dieses königliche Weiheritual mit dem aśvamedha verglichen (siehe § 73). Das Problem wurde in der Perspektive Dumézils wiederaufgegriffen von *Jaan Puhvel*, Aspects of Equine Functionality, in: Myth and Law among the Indo-Europeans (1970) 159-172 (siehe aber *Dumézil*, Fêtes romaines d'été et d'automne 216-219).

Über Epona und Rhiannon siehe *H. Hubert*, Le mythe d'Epona, in: Mélanges Vendryès (Paris 1925) 187ff; *P. Lambrechts*, Epona et les Matres, in: L'Antiquité Classique 19 (1950) 103 ff; *Jean Gricourt*, Epona-Rhiannon-Macha, in: Ogam 6 (1954) 25-40, 75-86, 165-188 (der Mythos von Rhiannon, der britannischen Entsprechung Eponas, entspricht in Irland dem der Macha). Wie Gricourt vermutet auch *J. Puhvel*, Aspects... 165ff, die territorialen Göttinnen hätten ursprünglich hippomorphe Züge getragen. *Georges Dumézil* hatte in den drei Machas eine Seherin, eine Kriegerin und eine Bäuerin und Mutter erkannt; sie repräsentierten mit anderen Worten die drei sozialen Funktionen, die des Priesters, des Kriegers und des Bauern; siehe: Le trio des Machas (Mythe et Épopée I, 602-612) 603.

In einer der Versionen von der „schrecklichen Alten und dem jungen Helden" erklärt die Fee (= die Göttin) die Bedeutung des Kusses, der ihre Metamorphose bewirkt: „Ganz wie du mich zu Beginn häßlich und dann sehr schön gesehen hast, so erweist sich auch das Königtum. Es kann nicht ohne Kampf erobert werden, doch am Ende ist die Herrschaft angenehm und glänzend." Bezüglich dieses Themas siehe *Ananda Coomaraswamy*, On the Loathly Bride, in: Speculum 20 (1945) 391-404 (vergleichende Studie, die sich vor allem indischer Quellen bedient). *A. C. L. Brown*, The Origin of the Grail Legend (Cambridge 1943), hat in Kap. VII das Motiv von der „schrecklichen Fee, die die Herrschaft darstellt", in den bretonischen Grals-Romanen ausführlich untersucht.

Über die religiöse Bedeutung der Frau bei den Kelten und bei den alten Germanen siehe *Helmut Birkhan*, Germanen und Kelten 487 ff.

172.

Die Mehrzahl der Informationen über Status und Zeremonien der Druiden verdanken wir der Geschichte des Posidonius (Buch 23). Dies Werk ist uns nicht erhalten, aber Strabo (63 v. Chr.-21 n. Chr.), Diodor von Sizilien (der zwischen 60 und 30 v. Chr.

schrieb), Athenäus (2. Jh. n. Chr.) und Julius Caesar (der auch über andere Quellen verfügte) haben daraus weite Passagen abgeschrieben oder zusammengefaßt. *J. J. Tierney* ist es in seiner Studie The Celtic Ethnography of Posidonius, in: Proceedings of the Royal Irish Academy 60 (1959–60) 180–275 gelungen, diese Anlehnungen zu identifizieren (die Texte sind auf S. 225–246 abgedruckt, S. 247–275 folgt eine engl. Übers.). Zur Bedeutung des Posidonius für die Ethnologie der Kelten siehe auch *Arnaldo Momigliano*, Alien Wisdom. The Limits of Hellenization (Cambridge 1975) 67 ff.

Wir verfügen außerdem über einige durch *Plinius* (Nat. Hist. XVI, 249) übermittelte Informationen und über die Kommentare mehrerer späterer Autoren (1.–4. Jh. n. Chr.), die, nach einer Formulierung *Nora Chadwicks*, The Druids (Cardiff – Connecticut 1966), „die alexandrinische Tradition" bilden; siehe auch *Stuart Piggot*, The Druids (1968) 88 ff.

Es gibt reichlich Literatur über die Druiden, sie ist aber großenteils unbrauchbar. Das Buch von *T. D. Kendrick*, The Druids: A Study in Celtic Prehistory (London 1927), muß wegen seiner ultra-positivistischen Perspektive erwähnt werden: diesem Autor zufolge waren die Druiden „Zauberer" (siehe die treffenden Bemerkungen von *Françoise Le Roux*, Contribution à une définition des Druides, in: Ogam 12 [1960] 475–486, bes. 476 ff). Empfehlenswert sind: *Jan de Vries*, Die Druiden, in: Kairos 2 (1960) 67–82; *ders.*, Keltische Religion 203 ff; *F. Le Roux*, Les Druides (Paris 1961); *Nora Chadwick*, a. a. O.; *S. Piggot*, The Druids. (Alle diese Werke enthalten ziemlich vollständige Bibliographien: Piggots Buch enthält auf S. 123 ff außerdem die Geschichte des romantischen Bildes von den Druiden seit dem 17. Jh.)

Die von Caesar gegebenen Informationen sind die wertvollsten, denn er war sich während der Zeit seines Konsulats in Gallien persönlich über die geistliche Autorität und politische Macht der Druiden klargeworden. Außerdem gab es in Rom genug Leute, die Gallien kannten und ihn folglich der Übertreibung zeihen konnten.

Die in der dortigen Sprache verfaßte Literatur Großbritanniens und Irlands stellt eine unschätzbare Quelle für die Kenntnis und Erforschung des Druidentums dar. Siehe die Arbeiten von *Myles Dillon, D. A. Binchy, J. E. C. Williams* und *K. H. Jackson*, die weiter oben (§ 170) zitiert werden, und *F. Le Roux*, Les Druides. Der von bestimmten klassischen Autoren bemerkte Unterschied zwischen Druiden, Barden und *vates* ist für die Insel-Kelten nicht belegt (siehe *F. Le Roux*, a. a. O. 14 ff).

Caesar schreibt, daß die Lehre der Druiden „in Britannien ausgearbeitet wurde und von dort aus, so meint man, nach Gallien kam, und heute noch geht ein Großteil derer, die diese Lehre besser kennenlernen wollen, dorthin, um sie zu erlernen" (De bello Gallico VI, 13, 11 ff). Diese Bemerkung hat zu mehreren außergewöhnlichen Hypothesen Anlaß gegeben (einige werden von *J. de Vries*, a. a. O. 210 ff genannt). Doch das Druidentum ist eine in Gallien wie in Großbritannien von einer gemeinsamen Vergangenheit ererbte Institution; de Vries analysiert die Absichten, die man hinter dieser Information Caesars erkennen kann.

Caesar fügt hinzu, daß die Leute „zum geheiligten Ort im Land der Carnuten" kamen, um ihre Streitigkeiten schlichten zu lassen. Da diese besonderen Konflikte aber im allgemeinen von den Druiden der jeweiligen Gemeinschaft behandelt wurden, handelte es sich wahrscheinlich hier um politische Konflikte zwischen den Stämmen. Die Versammlung am *locus consecratus* stellte eine „supra-nationale" Instanz dar; siehe *H. Hubert*, Les Celtes II, 227; *J. de Vries*, Keltische Religion 207. Bezüglich des Verbots, die geheiligte Tradition schriftlich niederzulegen, siehe *M. Winternitz*, Geschichte der indischen Litteratur I (Leipzig 1908) 31; *G. Dumézil*, La tradition druidique et l'écriture, le Vivant et le Mort, in: RHR 122 (1940) 125-133; *S. Gandz*, The Dawn of Literature, in: Osiris 7 (1969) 261 ff. Über die mündliche Weitergabe in Irland siehe *D. A. Binchy*, The Background to Early Irish Literature, in: Studia Hibernica 1 (1961) 21 ff; *A. Rees/B. Rees*, Celtic Heritage 20 ff.

Über den *locus consecratus* und die Tempel siehe *F. Le Roux*, Les Druides 109 ff; *J. de Vries*, Keltische Religion 191 ff (mit Bibliographie); *R. Lantier* in: Wörterbuch der Mythologie, Tl. II, 147 ff. Über den Kult siehe *J. de Vries*, a.a.O. 219 ff (Opfer), 224 ff (Feste); *R. Lantier*, a.a.O. 151 ff.

Über die unterschiedlichen Bedeutungen des Menschenopfers siehe: De Zalmoxis à Gengis-Khan 56 ff.

Über Entsprechungen der religiösen Vorstellungen der Kelten und der Geto-Daker siehe § 178 f.

173.

Bezüglich der Interpretation der skandinavischen Felszeichnungen siehe *O. Almgren*, Nordische Felszeichnungen als religiöse Urkunden (Frankfurt 1934; die schwedische Ausgabe erschien 1926); *Peter Gelling / Hilda R. Ellis Davidson*, The Chariot of the Sun and Other Symbols of the Northern Bronze Age (New York 1969) 9-116.

Die wichtigsten Quellen für die germanische Religion sind (in dt. Übers.) gesammelt bei *W. Baetke*, Die Religion der Germanen in Quellenzeugnissen (1937). Die Originaltexte wurden hrsg. von *F. R. Schröder*, Quellenbuch zur germanischen Religionsgeschichte (1933). Die beste kommentierte Ausgabe der kleinen Abhandlung des Tacitus hat *Rudolf Much*, Die ‚Germania' des Tacitus (Heidelberg 1937, ²1959), herausgegeben.

Eine knappe Analyse der mittelalterlichen Quellen – Edda, Sagas, Edda von Snorri Sturluson (1179–1241) und Gesta Danorum des Saxo Grammaticus (1150 geb.) – findet sich im Werk von *E. O. G. Turville-Petre*, Myth and Religion of the North (London 1964) 1-34, 287-290, 321-323 (siehe S. 321-323 die bibliographischen Angaben über die verschiedenen Ausgaben und Übersetzungen).

Wir haben die Übersetzungen von *F. Wagner*, Les poèmes héroïques de l'Edda (Paris 1929) und: Les poèmes mythologiques de l'Edda (Lüttich 1936), benutzt. Siehe auch: *C. A. Mastrelli*, L'Edda (vollständige und ausführlich kommentierte Übersetzung [Florenz 1952]); *Jean I. Young*, The Prose Edda of Snorri Sturlusson (Berkely 1966); *Henry Adams Bellows*, The Poetic Edda (New York 1968).

Die besten Gesamtdarstellungen sind die von *Werner Bentz*, Die altgermanische Religion, in: *W. Stammler*, Deutsche Philologie im Aufriß (1957) 2467-2556; von *J. de Vries*, Altgermanische Religionsgeschichte I-II (Berlin ²1956-57) und von *Turville-Petre*, Myth and Religion of the North (1964). Treffende Analysen finden sich in: *Helmut Birkhan*, Germanen und Kelten bis zum Ausgang der Römerzeit (Wien 1970), bes. 250-343 (der Himmelsgott bei Germanen und Kelten).

Georges Dumézil hat mehrfach vergleichende Studien der germanischen Religion in indoeuropäischer Perspektive in Angriff genommen: siehe an erster Stelle Les Dieux des Germains (1959), Loki (1948, 2., veränderte Aufl. in dt. Sprache 1959), La Saga de Hadingus, du mythe au roman (1953, neue, erweiterte Aufl. 1970 unter dem Titel: Du mythe au roman); Les Dieux souverains des Indo-Européens (1977) 86 ff. Siehe auch: *Edgar Polomé*, The Indo-European Component in Germanic Religion, in: *Jaan Puhvel*.

(Hrsg.), Myth and Law among the Indo-Europeans (Berkeley 1970) 55–82; *Uno Strutynski*, History and Structure in Germanic Mythology: Some Thoughts on Einar Haugen's Critique of Dumézil, in: *C. J. Larson*, Myth in Indo-European Antiquity (Berkeley 1974) 29–50; siehe *E. Polomé*, Approaches to Germanic Mythology, ebd. 51–65.

Eine ganz andere Ausrichtung hat *Karl Helm* , Altgermanische Religionsgeschichte I (1913), II, 1–2 (1937–1953); siehe die methodologische Diskussion mit Dumézil (bibliographische Angaben in: Les Dieux des Germains 38). Siehe auch *Peter Buchholz*, Perspectives for Historical Research in Germanic Religion, in: HR 8 (1968) 111–138 (Ablehnung des Dumézilschen Vorgehens: 114, Anm. 7); *W. Baetke*, Das Heilige im Germanischen (1942); *R. L. M. Derolez*, Lez Dieux et la religion des Germains (Paris 1962); *H. R. Ellis Davidson*, Gods and Myths of Northern Europe (Penguin Books: Harmondsworth 1964).

In einer Reihe von Studien hat *Alois Closs* die germanische Religion aus der Sicht der historischen Ethnologie dargestellt, siehe: Neue Problemstellungen in der germanischen Religionsgeschichte, in: Anthropos 29 (1934) 477–496; Die Religion des Semnonenstammes, in: Wiener Beiträge zur Kulturgeschichte und Linguistik 4 (1936) 549–674; Die Religion der Germanen in ethnologischer Sicht, in: Christus und die Religionen der Erde II (Wien 1951) 271–366; Historische Ethnologie und Germanistik: Das Gestaltproblem in der Völkerkunde, in: Anthropos 51 (1956) 833–891.

Zur Kosmogonie siehe *F. R. Schröder*, Germanische Schöpfungsmythen I–II, in: Germanisch-Romanische Monatsschrift 19 (1931) 1–26, 81–99; *Jan de Vries*, Altgerm. Rel. II, 359–371; *ders.*, Ginnungagap, in: Acta Philologica Scandinavica 5 (1930–34) 41–66. Siehe auch *Kurt Schier*, Die Erdschöpfung aus dem Urmeer und die Kosmogonie der Völuspa, in: Märchen, Mythos, Dichtung. Festschrift Friedrich von der Leyen (München 1963) 303–334 (vergleichende Studie, die sich auf reichhaltiges dokumentarisches Material stützt); *Bruce Lincoln*, The Indo-European Myth of Creation, in: HR 15 (1976) 121–145, außerdem die in den §§ 73, 75 und 76 zitierten Bibliographien.

Über die Schöpfung des ersten Menschenpaares siehe *J. de Vries*, Altgerm. Rel. Bd. II, 268 ff; *K. Helm*, Weltwerden und Weltvergehen in altgermanischer Sage, Dichtung und Religion, in: Hessische Blätter für Volkskunde 38 (1940) 1–35 (reichhaltige Bibliographie); *Otto Höfler*, Abstammungstraditionen, in: Reallexikon der germanischen Altertumskunde I, 18–29. Über die Anthropogonie, die von Bäumen ausgeht; siehe *G. Bonfante*, Microcosmo e macrocosmo nel mito indoeuropeo, in: Die Sprache 5 (1959) 1–8.

174.

Die grundlegenden Quellen über den Krieg der Asen und Vanen sind Vǫluspá 21–24, Skáldskaparmâl, Kap. 4, Ynglingasaga I, 2, 4–5, *Saxo Grammaticus*, Gesta Danorum I, 7. Sie wurden übersetzt und kommentiert von *Dumézil*, Tarpeia (1947) 253–269; Les Dieux des Germains 10–14. Eine Interpretation dieses Krieges als „Historisierung" eines indoeuropäischen mythologischen Gedichts hat *Dumézil*, Tarpeia 247–291, Loki (1948) 97–106, L'héritage indo-européen à Rome (1949) 125–142, Les Dieux des Germains 3–37, gegeben. Diese Interpretation wurde akzeptiert von *J. de Vries*, Altgerm. Rel. II 208–214 und *W. Betz*, Die altgerm. Rel. 2475.

Über Odin-Wotan siehe die Darstellungen von *J. de Vries*, a. a. O. II, 27–106; *W. Betz*, a. a. O. 2485–2495 (diese beiden Arbeiten enthalten ausgezeichnete Bibliographien) und

G. Dumézil, Les Dieux des Germains 40-64. Siehe auch G. Dumézil, Les Dieux souverains des Indo-Européens 189-199; Turville-Petre, a.a.O. 35-74; Derolez, a.a.O. 70-91; Davidson, a.a.O. 48-72, 140-157. Eine psychologische Deutung hat vor kurzem Richard L. Auld, The Psychological and Mythic Unity of the God ‚Odhinn', in: Numen 33, H. 2 (August 1976) 144-160, vorgeschlagen. In seinem Buch Contributions to the Study of Odhin, Especially in His Relation to Agricultural Practices in Modern Popular Lore (FF Communications, Nr. 94 [Helsinki 1931]) hat J. de Vries gezeigt, welche Gefahr darin liegt, die Religion der alten Germanen mit Hilfe der Folklore zu erklären (siehe bes. 62 ff).

Die Römer haben Odin-Wotan mit Merkur gleichgesetzt, und die Germanen haben „dies Mercurii" mit „Wotanstag" übersetzt. Die Gründe für diese Gleichsetzung sind unklar. Man hat darauf hingewiesen, daß Odin wie Merkur Schutzgott der Kaufleute war. Außerdem war Merkur der Seelenbegleiter schlechthin, und Odin nahm schließlich die Funktion eines Totengottes an. Was aber die beiden Gottheiten am meisten einander annähert, sind ihre „spiritistischen" Fähigkeiten, besonders ihr Beherrschen magischer Kräfte und ihre Beziehungen zu Geheimtechniken (siehe § 92). Über das Erhängen Odins am Kosmischen Baum siehe A. G. Hamel, Odhinn Hanging on the Tree, in: Acta Philologica Scandinavica 7 (1932) 260-288; Konstantin Reichardt, Odin am Galgen, in: Wächter und Hüter. Festschrift für Hermann J. Weigand (1957) 15-28. Das Selbstopfer Odins und sein Erwerb des Geheimwissens hat Jere Fleck, Odhinn's Self-sacrifice – A New Interpretation, I: The Rituel Inversion, in: Scandinavian Studies 43 (1971) Nr. 2, 119-142, und II: The Ritual Landscape, ebd. 43 (1971) Nr. 4, 385-413, analysiert.

Über den Odin-Wotan-Kult siehe J. de Vries, Altgerm. Rel. II, 48 ff; Turville-Petre, 64 ff, 70 ff. Über die Menschenopfer zu Ehren Odins siehe ebd. 48 ff; siehe auch James L. Sauvé, The Divine Victim: Aspects of Human Sacrifice in Viking Scandinavia and Vedic India, in: Myth and Law among the Indo-Europeans (Berkeley 1970) 173-191.

Über den Schamanismus bei den alten Germanen siehe M. Eliade, Schamanismus Kap. 11.

Hinzuzufügen ist: Peter Buchholz, Schamanische Züge in der altisländischen Überlieferung (Inaugural-Diss. Saarbrücken 1968); Alois Closs, Der Schamanismus bei den Indoeuropäern, in: Gedenkschrift für Wilhelm Brandenstein (Innsbruck 1968) 289-302, bes. 298 ff; Karl Hauck, Goldbrakteaten aus Sievern (München 1970) 444 ff. Gegen die „schamanistischen" Interpretationen Odins siehe Jere Fleck, The Knowledge-criterion in the Grimnismál: The Case against „Shamanism", in: Arkiv för Nordisk Filologi 86 (1971) 49-61.

Die Quellen über Sleipnir, das Pferd mit den acht Hufen, und die zwei Raben werden analysiert von de Vries, a.a.O. II, 63 ff; Turville-Petre, a.a.O. 57 ff. Siehe auch H. R. Ellis Davidson, Gods and Myths 145 ff.

Über den seidhr siehe Eliade, Schamanismus Kap. 11; Peter Buchholz, Schamanistische Züge 43 ff.

Zu den anderen Versionen des Mythos von Kvasir siehe Derolez, a.a.O. 87 ff; Turville-Petre, a.a.O. 45 ff.

Über Yggdrasil, den Kosmischen Baum, und den Symbolismus vom Zentrum der Welt siehe de Vries, Altgerm. Rel. II, 380; Eliade, Schamanismus Kap. 8. Siehe auch Turville-Petre, a.a.O. 279.

Wie die „Spinnerinnen" (Klothes) oder die Moirai (§ 87) „spinnen" die Nornen das Schicksal der Menschen (M. Eliade, Die Religionen und das Heilige [Salzburg 1954] § 58).

Die Namen, die das Schicksal bezeichnen (altskand. *urdh*, angelsächs. *wyrd*, germ. *wurd*), nähern sich dem lat. *vertere*, „wenden", an. Über das Schicksal, die Schicksalsgöttin und die Nornen siehe *J. de Vries*, Altgerm. Rel. I, 267 ff.

175.

Über die „*Wut*" und ihre indoeuropäischen Entsprechungen – die keltische *ferg*, den *menos* der homerischen Helden – siehe G. *Dumézil*, Horace et les Curiaces (Paris 1942) 16 ff. Über die Initiation der jungen Krieger in den indoeuropäischen Gesellschaften siehe *Dumézil*, a. a. O. 34 ff; siehe *Eliade*, Naissances mystiques. Essai sur quelques types d'initiation (Paris 1959) 174 ff. Über die *berserkir* siehe die ebd. 174–182, Anm. 1–11 gegebenen bibliographischen Hinweise. Hinzuzufügen ist: *Klaus von See*, Berserker, in: Zeitschrift für deutsche Wortforschung, N. F. 2 (1961) 129–135; *A. Margaret Arendt*, The Heroic Pattern: Old Germanic Helmets, in: From Old Norse Literature and Mythology: A Symposium, hrsg. von Edgar C. Polomé (Austin/Texas 1969) 130–199; *M. Eliade*, Les Daces et les Loups, in: *ders.*, De Zalmoxis à Gengis-Khan (1970) 13–30; *Mary R. Gerstein*, Germanic *Warg:* The Out-law as Werwolf, in: Myth in the Indo-European Antiquity 131–156.

Über die rituelle Lykanthropie siehe De Zalmoxis à Gengis-Khan 26 ff.

Über Analogie zwischen den *berserkir* und den jungen *hamatsa* – Mitgliedern der Gesellschaft der Kannibalen bei den Kwakiutl – siehe *Dumézil*, Horace et les Curiaces 42 ff; *Eliade*, De Zalmoxis … 26 ff.

Über die Walküren und Walhalla siehe Dokumentation und Bibliographie bei *de Vries*, Altgerm. Rel. II, 58 ff; siehe auch *H. R. Ellis Davidson*, Gods and Myths 61 ff.

176.

Über Tyr (Tiwaz, Ziu) siehe *J. de Vries*, Altgerm. Rel. II, 13 ff. Die Germanisten bestehen im allgemeinen darauf, Tyr sei ein Kriegsgott gewesen; siehe *Derolez*, a. a. O. 107 ff; *Davidson*, a. a. O. 57 ff. Über den juristischen Aspekt Tyrs und seine Beziehungen zu den friedlichen Versammlungen (Things) der Germanen siehe *J. de Vries*, a. a. O. II, 13 ff; *G. Dumézil*, Les Dieux des Germains 68 ff; *ders.*, Les Dieux souverains 196 ff.

In Kap. 9 der Germania schreibt *Tacitus*, die wichtigsten Götter der Germanen seien Merkur, Mars und Herkules, das heißt Wotan-Odin, Tyr (Tivaz) und Thor (Donar). In Kap. 39 erzählt der römische Geschichtsschreiber bei der Vorstellung der Semnonen, des wichtigsten Stammes des Volkes der Sueven, die Abgeordneten der suevischen Bevölkerung versammelten sich zu einer bestimmten Zeit in einem heiligen Hain; sie opferten dort einem Gott, den Tacitus *regnator omnium deus* nennt, Menschen. Seit einem Jahrhundert haben die Forscher zu beweisen versucht, daß dieser höchste Gott Tyr (so die eine Richtung) oder Wotan (so die andere) sei. Siehe die Geschichte der Kontroverse bei *R. Pettazzoni*, Regnator omnium deus, in: Essays on the History of Religion (Leiden 1954) 136–150; der italienische Text erschien in: SMSR 19–20 (1943–46) 142–156, 137 ff; siehe *Hildebrecht Hommel*, Die Hauptgottheiten der Germanen bei Tacitus, in: ARW 37 (1941) 144–173; *J. de Vries*, Altgerm. Rel. II, 32 ff; *M. Eliade*, Bilder und Symbole; *Pettazzoni* weist beide Gleichsetzungen (die mit Tyr und die mit Wotan) zurück; nach Ansicht des italienischen Forschers handelt es sich um das unpersönliche *numen* des geheiligten Waldes (a. a. O. 136 ff). Man muß aber die Tatsache in Rechnung stellen, daß die Sueven den bedeutendsten Stamm der Hermionen bildeten, deren Namen sich vom Namen Irmin-Hermin ableitet (siehe *A. Closs*, Die Religion des Semnonenstammes 653 ff). *Rudolf von Fulda*, der Autor der Translatio S. Alexandri, die zwischen 863 und 865 abgefaßt wurde, schreibt, die Sachsen verehrten eine hohe Holzsäule, die sie in ihrer Sprache *Irminsul* und auf lateinisch *universalis columna* nennen würden, denn sie trage die ganze Welt. (Siehe andere Hinweise auf Irmin und Irminsul bei *R. Meissmer*, Irminsûl bei Widukind von Corvey, in: Bonner Jahrbücher 139 [1934] 34–35; *Heinz Löwe*, Die Irminsul und die Religion der Sachsen, in: Deutsches Archiv für Geschichte des Mittelalters 5 [1942] 1–22.) Irmin war also ein Himmelsgott; tatsächlich symbolisieren archaische Bevölkerungen ihren Himmelsgott und höchsten Herrscher häufig mit einer Säule, die symbolisch den Himmel stützt. Nach anderen Autoren setzt auch *H. Löwe* Irmin mit dem *regnator omnium deus* gleich (a. a. O. 15). Folglich verehrten die Germanen einen Himmels- und Herrschergott, der sich Irmin oder Tivaz-Ziu nannte (siehe *H. Hommel*, a. a. O. 151), einen Gott, der später durch Odin-Wotan ersetzt wurde. Siehe die ausgezeichnete Analyse von *Werner Müller*, Die Jupitergigantensäulen und ihre Verwandten (Meisenheim am Glan 1975) bes. 88 ff.

Über Thor siehe *J. de Vries*, Altgerm. Rel. II, 107 ff; *Dumézil*, Les Dieux des Germains 67 ff; L'idéologie tripartie des Indo-Européens 54 ff; Aspects de la fonction guerrière chez les Indo-Européens (1956) 69 ff; *E. O. G. Turville-Petre*, a. a. O. 75 ff; *F. R. Schröder*, Thor, Indra, Herakles, in: Zeitschrift f. deutsche Philologie 76 (1957) 1 ff. Siehe auch *H. R. Ellis Davidson*, Thor's Hammer, in: Folklore 74 (1963).

Die Bibliographie über Balder ist äußerst umfangreich; siehe an erster Stelle *J. de Vries*, a. a. O. II, 214–238; *W. Betz*, Die altgerm. Religion, 2502–2508; *G. Dumézil*, Les Dieux des Germains 93 ff; *O. Höfler*, Balders Bestattung und die nordischen Felszeichnungen, in: Anzeiger der Österr. Akad. d. Wissenschaften, Phil.-Hist. Klasse 88 (1951) 343–372; *Turville-Petre*, a. a. O. 196 ff. Die Interpretation Balders als Gott der ackerbäuerlichen Fruchtbarkeit, die Mannhardt und Frazer vorgeschlagen haben, wurde wiederaufgegriffen von *F. R. Schröder*, Balder und der zweite Merseburger Spruch, in: Germanisch-Romanische Monatsschrift 34 (1953) 166–183; die Theorie wurde angegriffen von *J. de Vries*, Der Mythos von Balders Tod, in: Arkiv för Nordisk Filologi 70 (1955) 41–60 (doch die Interpretation von de Vries – er sah den Tod Balders als Mythos, der einem Initiationsritual für die jungen Krieger entspreche – wurde von *Dumézil* nicht akzeptiert, siehe: Les Dieux des Germains 104). Als erschöpfende Analyse des *mistilteinn*-Motivs siehe *Jonathan Z. Smith*, When the Bough Breaks, in: HR 12 (1973) 342–372, bes. 350–370. Seit S. Brugge haben mehrere Forscher Balder Christus angenähert, siehe *Derolez*, a. a. O. 126 ff; *Turville-Petre*, a. a. O. 119 ff. Für *Dumézil* übernimmt Balder die Funktion Tyrs („dieses degenerierten skandinavischen Mitra", siehe: Les Dieux des Germains 93).

Über einen anderen Asen-Gott, Heimdall, gibt es nur bruchstückhafte Informationen. Er ist der Wächter der Götter und mit Hellsichtigkeit begabt; er ist von neun Müttern geboren. Zwischen Heimdall und Loki ist Feindschaft, und am Ende der Welt werden sie sich gegenseitig töten. Die Quellen über Heimdall werden analysiert von *B. Pering*, Heimdall (1941); siehe *J. de Vries*, Altgerm. Rel. II, 238 ff; *ders.*, Heimdallr, dieu énigmatique, in: Études Germaniques 10 (1955) 257–268. Das Buch von *Ake Ohlmarks*, Heimdall und das Horn (Uppsala 1937), ist wegen seiner reichhaltigen Bibliographie zu empfehlen; seine naturalistische Erklärung (Heimdall = die Sonne; das Horn = der

Mond) ist naiv. *G. Dumézil*, Remarques comparatives sur le dieu scandinave Heimdallr, in: Études Celtiques (1959) 263-283, interpretiert Heimdall als einen „ersten Gott", der Vayu oder Janus entspricht.

177.

Über die Vanen-Götter siehe *J. de Vries*, a.a.O. II, 163-208, 307-313; *W. Betz*, a.a.O. 2508-2520; *Dumézil*, Les Dieux des Germains 117-127; *Turville-Petre*, a.a.O. 156-179, 325 (Bibliographie).

Über Nerthus-Njördhr siehe *Helmut Birkhan*, Germanen und Kelten 544ff; *E. Polomé*, A propos de la déesse Nerthus, in: Latomus 13 (1954) 167ff; *G. Dumézil*, La Saga de Hadingus, du mythe au roman (1953, neue, erweiterte Aufl. 1970 unter dem Titel: Du mythe au roman); der Autor zeigt, daß Hadingus eine epische Nachahmung Njördhrs und ihrer Mythen ist; siehe auch: Njördhr, Nerthus et le folklore scandinave des génies de la mer, in: RHR 147 (1955) 210-226, eine Studie, die in Du mythe au roman 185-196 wiederabgedruckt ist.

Über Freyr und Frigg siehe die Bibliographie zu den Vanen-Göttern und die Darstellungen von *J. de Vries*, a.a.O. II, 302ff, *Derolez*, a.a.O. 139ff, und *Davidson*, a.a.O. 92-127.

Über Loki gibt es eine umfangreiche Literatur. Die bis 1931 formulierten Theorien hat *J. de Vries*, The Problem of Loki (FF Communications, Nr. 110 [Helsinki 1933] 10-22), untersucht; siehe auch *ders.*, Altgerm. Rel. II, 255ff. *J. de Vries* bringt Loki mit dem *trickster*, einer charakteristischen Figur der nordamerikanischen Mythologie, in Verbindung. *F. Ström*, Loki. Ein mythologisches Problem (Göteborg 1956), sieht in diesem Gott eine Hypostase Odins, seines „Milchbruders". Bei der Analyse von Dokumenten über skandinavische Volksbräuche kam *A. B. Rooth*, Loki in Scandinavian Mythology (Lund 1961), zu dem Schluß, die ursprüngliche Gestalt Lokis sei der Hering („locke" im Umgangs-Schwedisch). Siehe auch *de Vries*, Loki... und kein Ende, in: Festschrift für F. R. Schröder (Heidelberg 1959) 1ff; *Alois Closs*, Loki und die germanische Frömmigkeit, in: Kairos 2 (1960) 89-100. *G. Dumézil* hat diesem Problem ein wichtiges Buch gewidmet: Loki (1948), von dem eine 2., beträchtlich veränderte Aufl. 1959 in dt. Sprache erschien. Siehe auch: Les Dieux des Germains 94ff. Dumézil hat eine kaukasische Parallele zum Drama, das Loki in Gegensatz zu Balder bringt, entdeckt: der böse Syrdon tötet den schönen Helden Sozryko mit Hilfe eines scheinbar friedlichen Plans (Loki [1948] 169ff).

Über den skandinavischen eschatologischen Mythos hat der Däne *Axel Olrik* ein wegen seines Reichtums an dokumentarischem Material wertvolles Buch veröffentlicht: Ragnarök: Die Sagen vom Weltuntergang (übers. von W. Ranisch) (Berlin 1922). Nach Olrik war die Konzeption des *ragnarök* beeinflußt von bestimmten kaukasischen Mythen und von der persischen und christlichen Eschatologie. *R. Reitzenstein*, Weltuntergangsvorstellungen, in: Kyrkohistorisk Årsskrift 24 (1924) 129-212, maß den manichäischen Einflüssen große Bedeutung bei; *ders.*, Die nordischen, persischen und christlichen Vorstellungen vom Weltuntergang, in: Vorträge der Bibliothek Warburg, 1923-24 (Leipzig - Berlin 1926) 149-169. Doch *Dumézil* hat gezeigt, daß es sich um den indoeuropäischen eschatologischen Mythos handelt, der für Indien (Mahābhārata), den Iran und die skandinavische Tradition gesichert ist, siehe: Les Dieux des Germains 212ff. Siehe auch *Stig Wikander*, Germanische und indo-iranische Eschatologie, in: Kairos 2 (1960)

83–88. Über den *ragnarök* siehe auch *J. de Vries*, Altgerm. Rel. II, 397 ff; *J. S. Martin*, Ragnarök (Assen 1972).

Die Vorstellungen über die Existenz nach dem Tod und die Todesmythologie werden analysiert bei *G. Neckel*, Walhall. Studie über germanischen Jenseitsglauben (Dortmund 1931); *H. R. Ellis Davidson*, The Road to Hel (Cambridge 1943) und *R. Th. Christiansen*, The Dead and the Living (1946).

Treffende Bemerkungen über die Initiation der Krieger, das Schicksal des Helden und die Symbiose zwischen Heidentum und Christentum finden sich in der Studie von *H. Margaret Arent*, The Heroic Pattern: Old Germanic Helmets, Beowulf and Grettis Saga, in: From Old Norse Literature and Mythology: A Symposium (hrsg. von E. C. Polomé) (Austin 1969) 130–199.

Über das Kreuz von Gosforth siehe *K. Berg*, The Gosforth Cross, in: Journal of the Warburg and Courtauld Institutes 21 (1951) 27 ff (ausgezeichnete photographische Reproduktionen).

Über das Sakralkönigtum hat *Otto Höfler* ein bestechendes und sehr gelehrtes Buch geschrieben: Germanisches Sakralkönigtum I: Der Runenstein von Rök und die germanische Individualweihe (Tübingen 1953). Siehe auch seinen Artikel in: The Sacral Kingship (Leiden 1959) 664 ff. Siehe den Bericht von *de Vries* in: Germanisch-Romanische Monatsschrift 34 (1953) 183 ff und unsere Beobachtungen in: Critique 83 (April 1954) 328 ff. Die Bedeutung der Runeninschrift am Monument von Rök liegt in der Tatsache begründet, daß der Autor, Varin, Hüter eines Heiligtums, seinen Sohn nicht einem Gott „weiht" – eine in der germanischen Tradition immer wieder gesicherte Sitte –, sondern einem König, nämlich Theoderich, dem König der Goten. Varin errichtet das Monument in Schweden, doch Theoderich hatte in Italien, in Verona, und *einige Jahrhunderte zuvor* regiert. Aber, so erläutert der Text der Inschrift, Theoderich „entscheidet heute noch über den Ausgang der Schlachten". Er greift voll bewaffnet, mit Schild und auf seinem Roß, in die Schlachten ein. Theoderich war nicht nur ein König, der während seines Lebens und nach seinem Tod Ruhm und Apotheose kannte; für die ganze germanische Welt war er zu einer mythischen Figur geworden: Unter dem Namen Dietrich von Bern war er noch im 19. und sogar im 20. Jahrhundert im Volk bekannt. Von diesen Tatsachen wußte man wohl, die Inschrift von Rök aber beweist, daß es sich hierbei nicht mehr nur um „Literatur" oder Folklore handelt, sondern um eine *lebendige* religiöse Vorstellung: indem er sein Monument errichtete, vollzog Varin ein *Ritual*, das den Glauben an die Heiligkeit des Königs implizierte.

Über das germanische Königtum siehe auch *K. Hauck*, Herrschaftszeichen eines Wodanistischen Königtums, in: Jahrbuch für fränkische Landesforschung 14 (1954) 9–66; *J. de Vries*, Das Königtum bei den Germanen, in: Saeculum 7 (1956) 289–310.

178.

Über Vorgeschichte und Geschichte der Thraker siehe die Darstellung von *Joseph Wiesner*, Die Thraker (Stuttgart 1963). Das Werk von *W. Tomaschek*, Die alten Thraker (Sitzungsberichte Akad. Wien 130, 1893), bleibt nach wie vor grundlegend. Verstreute, aber nützliche Informationen über bestimmte religiöse Ideen finden sich in neueren Arbeiten über die Sprache der Thraker, an erster Stelle die von *D. Detschew*, Die Thrakischen Sprachreste (Wien 1957); *I. I. Russu*, Limba Traco-Dacilor (Bukarest ²1963); *C. Poghirc* (Hrsg.), Thraco-dacica (Bukarest 1971); *ders.*, Studii de tracologie (1976).

Rafaele Pettazzoni hat in La religione dell'antica Tracia, in: Serta Kazaroviana (Bulletin des archäologischen Instituts Bulgariens, Bd. 16) (Sofia 1950) 291–299, eine Gesamtdarstellung gegeben. Die Studie wurde in englischer Sprache wiederveröffentlicht in: Essays on the History of Religions (Leiden 1954) 81–94. Siehe auch *Furio Jesi,* Su Macrobio Sat. I, 18: Uno schizzo della religione tracica antica, in: Studii Clasice 11 (Bukarest 1969) 178–186.

Über den thrakischen Ares-Kult siehe *Wiesner,* a. a. O. 101 ff und die Anm. 36 ff. Über Bendis-Artemis siehe ebd. 106 ff und die in Anm. 48 ff zitierten Quellen.

Über Zbelsurdos siehe *G. Seure,* Les images thraces de Zeus Keraunos: Zbelsurdos, Gebeleizis, Zalmoxis, in: REG 26 (1913) 225–261; *A. B. Cook,* Zeus II, 1 (Cambridge 1925) 817–824.

Bezüglich des thrakischen „Dionysos" ist das Kap. 8 des Werkes von *Erwin Rohde,* Psyché, noch nicht überholt. Siehe auch *Wiesner,* a. a. O. 102 ff.

Unter dem Namen Sabazios hat der Kult des thrakischen „Dionysos" sich bis nach Afrika verbreitet (schon im 4. Jh. v. Chr.); siehe *Charles Picard,* Sabazios, dieu thracephrygien: expansion et aspects nouveaux de son culte, in: Revue archéologique (1961) II, 129–176; siehe auch *M. Macrea,* Le culte de Sabazius en Dacie, in: Dacia N. S. 3 (Bukarest 1959) 325–339; *E. Lozovan,* Dacia Sacra, in: HR 7 (1968) 209–243, 215–219.

Über den synkretistischen Kult des Sabazios („die Hand des Sabazios", die Gleichsetzung mit Jahwe usw.) siehe *W. O. E. Oesterley,* The Cult of Sabazios, in: The Labyrinth (hrsg. von S. H. Hooke) (London 1925) 115–158.

Über die thrakisch-getischen Asketen und zurückgezogen Lebenden siehe *M. Eliade,* De Zalmoxis à Gengis-Khan 50 ff.

Die Darstellungen des bulgarischen Reiter-Helden wurden zusammengestellt von *G. I. Kazarow,* Die Denkmäler des Thrakischen Reitergottes in Bulgarien, 2 Bde. (Dissertationes Pannonicae) (Budapest 1938). Siehe auch: *G. Kazarow,* Zum Kult des Thrakischen Reiters in Bulgarien, in: Wissenschaftliche Zeitschrift der Karl-Marx-Universität Leipzig 3 (1953–54) 135–137; *Ch. Picard,* Nouvelles observations sur diverses représentations du Héros Cavalier des Balkans, in: RHR 150 (1956) 1–26; *R. Pettazzoni,* The Religion of Ancient Thrace 84 ff.

179.

Die Geto-Daker gehen direkt auf die Thraker des Bronzezeitalters zurück. Ihr Lebensbereich erstreckte sich weit über die gegenwärtigen Grenzen Rumäniens hinaus. Neuere Ausgrabungen haben geto-dakische Siedlungen im Osten bis zum Dnjepr, im Süden bis zum Balkan, im Norden und Westen bis nach Ungarn, Südostslowenien und Serbien zutage gefördert. Im 1. Jh. v. Chr. erreichte der dakische Staat unter dem König Boerebista seine größte Macht. Doch die Römer, die gegen Ende des 3. Jh. auf die Balkanhalbinsel eingedrungen waren, kamen zur Zeit des Augustus über die Donau. Der zweite bedeutende König der Daker, Decebal, kämpfte zwar erfolgreich gegen die Römer unter Domitian (89), wurde aber in zwei blutigen Kriegen (101–102, 105–107) von den Legionen Trajans besiegt und beging Selbstmord. Dakien wurde zur römischen Provinz. Von der reichhaltigen Literatur über Vorgeschichte und Geschichte Dakiens seien genannt: *Vasile Pârvan,* Getica (Bukarest 1926); *ders.,* Dacia. An Outline of the Early Civilization of the Carpatho-Danubian Countries (Cambridge 1928); siehe auch die rumänische Übers. von Radu Vulpe (Bukarest ⁴1965) mit wertvollen Zusätzen und kritischer

Bibliographie des Übersetzers (S. 159–216); *Hadrian Daicoviciu,* Dacii (Bukarest 1965); *ders.,* Dacia de la Buerebista la cucerirea romană (Bukarest 1972); *R. Vulpe,* Aşezări getice în Muntenia (Bukarest 1966); *I. H. Crişan,* Burebista şi epoca sa (1975). Über die Ausdehnung der Thraker und der Geto-Daker und ihre Beziehungen zu den Skythen siehe *M. Dušek,* Die Thraker im Karpatenbecken, in: Slovenska Archaelogia 22 (1974) 361–428.

Nach Strabo (304: VII, 3, 12) nannten sich die Daker zunächst *dáoi.* Einer von Hesychius weitergegebenen Tradition zufolge war *dáos* der phrygische Name für „Wolf". Demzufolge nannten sich die Daker von alters her „Wölfe" oder „den Wölfen ähnlich". Der Wolf aber war das Vorbild des Kriegers schlechthin: die Nachahmung des Verhaltens und des Äußeren des Wolfs charakterisierte die militärischen Initiationen und die geheimen Bruderschaften der Krieger. Es ist also wahrscheinlich, daß der ethnische Name der Daker letzten Endes auf den rituellen Beinamen einer kriegerischen Bruderschaft zurückgeht. Siehe *Eliade,* Les Daces et les Loups, in: De Zalmoxis à Gengis-Khan 13–30.

Über die Glaubensvorstellungen der Geto-Daker siehe: *I. I. Russu,* Religia Geto-Dacilor. Zei, credinţe, practici religioase, in: Anuarul Institutului de Studii Clasice V (Cluj 1947) 61–137, und die in unserem Buch De Zalmoxis... aufgeführte Bibliographie (32, Anm. 1).

Über Gebeleizis siehe De Zalmoxis..., 58–61 und die in Anm. 87–97 aufgeführten bibliographischen Hinweise. Hinzuzufügen ist: *C. Poghirc,* Considérations philologiques et linguistiques sur Gébéleizis, in: Academia Litterarum Bulgarica, Thracia II, – Serdicae, 1974, 357–360. Der Autor plädiert dafür, dieses Theonym als „Nebeleizis" zu lesen; der erste Teil seines Namens nähert sich dem griechischen *nephelē,* lat. *nebula,* altg. *nifol* an, was „Nebel", „Wolke", „gewittriger Himmel" bedeutet, während der zweite Teil „Gott" bedeutet (a. a. O. 359).

Über Zalmoxis siehe die Bibliographie in unserem Buch 32, Anm. 1. Siehe ebd. 34 ff die Analyse des mythisch-rituellen Szenario, das man in dem Text Herodots (IV, 94–96) erkennen kann.

Über die Ekstatiker, Thaumaturgen und „Schamanen-Philosophen" aus Griechenland, mit denen zahlreiche Forscher Zalmoxis verglichen haben, siehe unser Buch 42–52.

Von Jacob Grimm zu Neckel und Jan de Vries haben einige Germanisten das Motiv von der Verborgenheit des Zalmoxis in Verbindung gebracht zum Tod Freyrs, des Gottes der Fruchtbarkeit, aber der Vergleich drängt sich nicht auf (vgl. De Zalmoxis... 54–55).

Hippolyt berichtet von einer Legende, der zufolge Zalmoxis die pythagoreische Lehre bei den Kelten verbreitet habe (Philosophumena II, 25), was nochmals beweist, welche Bedeutung der Tradition beigemessen wurde, die die Religion des Zalmoxis durch den Glauben an die Unsterblichkeit der Seele definierte. *H. Hubert* hatte das Druidentum mit den thrakischen und geto-dakischen Bruderschaften in Verbindung gebracht (siehe: Les Celtes depuis l'époque de la Tène 283). Vor allem die Bedeutung des Großpriesters, der Glaube an die Unsterblichkeit und die geheiligte Wissenschaft vom Initiationstypus bei den Druiden rufen geto-dakische Verbindungen hervor. Außerdem muß man an keltische Einflüsse denken, denn die Kelten haben einige Zeit in den westlichen Teilen Dakiens gewohnt; siehe *V. Pârvan,* Getica 461 ff; *ders.,* Dacia, Civilizaţiile antice din tarile carpato-danubiene (Bukarest ⁴1967) 103 ff; 183 ff; *H. Daicoviciu,* Dacii 61 ff.

Über die Getica des Jordanes siehe: De Zalmoxis... 70 ff und Anm. 127. Hinzuzufügen: *Norbert Wagner,* Getica. Untersuchungen zum Leben des Jordanes und zur frühen Geschichte der Goten (Berlin 1967).

Über die „Observatorien-Tempel" von Sarmizegetuza und Costești siehe *C. D. Daicoviciu,* Le problème de l'état et de la culture des Daces à la lumière des nouvelles recherches, in: Nouvelles études d'histoire présentées au Xe Congrès de science historique (Bukarest 1955) 121–137, 126ff; *Hadrian Daicoviciu,* Il Tempio-Calendario dacico di Sarmizegetuza, in: Dacia N. S. 4 (Bukarest 1960) 231–254; *ders.,* Dacii 194ff, 210ff.

Über die weitere Geschichte des Zalmoxis in der mythologisierenden Geschichtsschreibung des Mittelalters (in der die Geten mit den Goten gleichgesetzt wurden usw.) siehe unser Buch 75ff.

180.

Die Texte wurden herausgegeben von *O. Kern,* Orphicorum fragmenta (Berlin 1922); teilweise Übersetzungen von *W. K. C. Guthrie,* Orpheus and the Greek Religion (London 1935; ²1952) 59ff, 137ff und von *G. Arrighetti,* Frammenti Orfici (Turin 1959). Eine gute Ausgabe der orphischen Hymnen stammt von *G. Quandt,* Orphei Hymni (Berlin 1941); eine teilweise Übersetzung mit ausführlichem Kommentar gibt *G. Faggin,* Inni Orfici (Florenz 1949). Siehe auch *G. Dottin,* Les Argonautiques d'Orphée (Paris 1930).

Eine kritische Analyse der Quellen unternahmen mit vollkommen verschiedener Ausrichtung *Guthrie,* a. a. O. 29ff und *I. M. Linforth,* The Arts of Orpheus (California Univ. Press 1941). *R. Böhme,* Orpheus, der Sänger und seine Zeit (Bern – München 1970), hat die akribische Untersuchung der ältesten Text-Quellen wiederaufgenommen. Siehe auch *K. Ziegler,* Orphische Dichtung, in: Pauly-Wissowa XVIII (1942) 1321–1417. Eine vollständige Bibliographie der modernen Werke bis 1922 gibt *Kern,* Orph. fragm. 345ff; sie wurde bis 1942 fortgeführt von *Martin P. Nilsson,* Early Orphism Kindred Religions Movements, in: Opuscula Selecta II (Lund 1952) 628–683 (um einen in HTR 28 [1935] 181–230 erschienenen Artikel vermehrte Ausgabe), Anm. 1, 628–630. Bezüglich der neueren Forschungen siehe *K. Prümm,* Die Orphik im Spiegel der neueren Forschung, in: Zeitschrift für Katholische Theologie 78 (1956) 1–40. Von der reichhaltigen Literatur über Orpheus und die Orphik sind zu nennen: *E. Mass,* Orpheus: Untersuchungen zur Griechischen, Römischen, Altchristlichen Jenseitsdichtung und Religion (München 1895); *Otto Kern,* Orpheus: Eine religionsgeschichtliche Untersuchung (Berlin 1920); *A. Boulanger,* Orphée: Rapports de l'orphisme et du christianisme (Paris 1925), bes. 17–67; *Vittorio-Macchioro,* Zagreus: Studi intorno all'orfismo (Florenz 1930) (mit Vorsicht zu gebrauchen); *P. Boyancé,* Le culte des Muses (1937) 33–61; *Nilsson,* Early Orphism ...; *ders.,* Geschichte der griech. Rel. I (³1967) 678–699, II (²1961) 246–431; *Guthrie,* Orpheus and the Greek Religion; *ders.,* The Greeks and Their Gods 307–332; *I. Linforth,* The Arts of Orpheus; *E. R. Dodds,* The Greeks and the Irrational (Berkeley 1951) 146ff; *R. Pettazzoni,* La Religion dans la Grèce antique (Paris 1953) 108–131; *Louis Moulinier,* Orphée et l'orphisme à l'époque classique (Paris 1955); *Dario Sabbatucci,* Saggio sul misticismo greco (Rom 1965) 69–126; *Walter Burkert,* Orpheus und die Vorsokratiker, in: Antike und Abendland 14 (1968) 93–114; *ders.,* Griechische Religion der archaischen und klassischen Epoche (Stuttgart 1977) 440–447 („Orpheus und Pythagoras").

Die These vom thrakischen Ursprung des Orpheus, die schon von Strabo und Plutarch vertreten wurde, wurde wiederaufgegriffen von *E. Rohde* (Psyché), *E. Mass* (Orpheus) und *P. Perdrizet* (Cultes et mythes du Pangée [1910]). Aber *Boulanger* hat mit Recht bemerkt, daß „die charakteristischsten Züge der Orphik: Sündenbewußtsein, Bedürfnis nach Reinigung und Erlösung, höllische Strafen, niemals bei den Thrakern entdeckt wurden" (Orphée 47, Anm. 1). *A. J. van Windeken* vertritt die These, die „Hyperboreer" seien ursprünglich eine religiöse Gruppe mit orphischer Ausrichtung gewesen, bevor sie als mythisches Volk bezeichnet wurden; siehe: Hyperboréens, in: Rheinisches Museum 100 (1957) 164-169.

M. Detienne hat unlängst eine neue Lesart des Mythos vom Verlust der Eurydike vorgeschlagen; siehe Orphée au miel, in: Quaderni Urbinati di Cultura Classica Nr. 12 (1971) 7-23, 17 ff. Die Ermordung des Orpheus war ein bevorzugter Gegenstand der Maler des 5. Jahrhunderts; siehe *Guthrie*, Orpheus 64 f und Abb. 4, Bildtafel IV, und *Moulinier* 14, Anm. 2 (Liste nach dem Katalog von Sir *John Beazley*, Attic Red-figures Vase-paintings [Oxford 1942]). Den Kopf des Orpheus auf Vasen siehe bei *Guthrie*, Bildtafel 5, Abb. 7 (a), 35 ff.

181.

Über den platonischen Mythos von der Seele, die im Körper *(soma)* wie in einem Grab *(sema)* eingeschlossen ist, und seine Beziehungen zur Orphik siehe die in unterschiedliche Richtungen gehenden Analysen und Kommentare von *Guthrie*, Orpheus 214 ff; *ders.*, The Greeks and Their Gods 311 ff; *Linforth*, a. a. O. 147 ff usw. *Perceval Frutiger*, Les Mythes de Platon (Paris 1930) 259 ff; *F. Cumont*, Lux Perpetua (Paris 1949) 245 ff; *Moulinier*, a. a. O. 24 ff.

Über das „orphische Leben" siehe *Guthrie*, a. a. O. 263-66; *Dodds*, The Greeks and the Irrational 149 ff.

Über die orphische Mystik siehe *Dario Sabbatucci*, Saggio sul misticismo greco 41 ff. Über die Bedeutung der vegetarischen Praktiken innerhalb der Orphik siehe *Guthrie*, Orpheus 197 ff; *Sabbatucci*, a. a. O. 69 ff; *Marcel Detienne*, La cuisine de Pythagore, in: Archives de Sociologie des Religions Nr. 29 (1970) 141-162; *ders.*, Les jardins d'Adonis (Paris 1972) 85 ff und passim.

Die Dokumente bezüglich der orphischen Theogonien und Kosmogonien sind übersetzt bei *Guthrie*, Orpheus, Kap. IV; *Alderinck*, Crisis and Cosmogony: Post-Mortem Existence in the Eleusian and Orphic Mysteries (nicht veröffentlichte Dissertation der Universität Chicago, 1974), Kap. 6; siehe auch *R. Mondolfo*, Intorno al contenuto dell'antica teogonia orfica, in: Rivista di Filologia Classica 59 (1931) 433-461; *F. Dümmler*, Zur orphischen Kosmogonie, in: Archiv f. Geschichte der Phil. 7 (1948).

Bezüglich der Analogien zur phönizischen und ägyptischen Kosmogonie siehe *Ugo Bianchi*, Protogonos, in: SMSR (1957) 119 ff; *ders.* in: RHR (1961) 26 ff; *S. Morenz*, Ägypten und die altorphische Kosmogonie (1950).

In seinem Buch Die Trennung von Himmel und Erde: Ein vorgriechischer Schöpfungsmythos bei Hesiod und den Orphikern (Tübingen 1942; Neuausgabe Darmstadt 1968) unterscheidet *Willibald Staudacher* zwei ursprüngliche orphische Kosmogonien, deren erste auf dem Motiv der Nacht *(Eudemos* und *Platon,* Timäus 40c und 41a) und deren andere *(Aristophanes,* Die Vögel 650-713) auf dem des Ureises basiert; diese beiden Traditionen verschmolzen in der Kosmogonie der Rhapsodien (S. 85 ff). Der Derveni-Papyros, der 1962 entdeckt wurde, hat eine davon unabhängige Theorie offenbart, in der die kosmogonische Macht und absolute Herrschaft des Zeus gepriesen wird. Der Derveni-Papyros wurde von *S. C. Kapsomenos* herausgegeben und von *Walter Burkert*, Orpheus und die Vorsokratiker. Bemerkungen zum Derveni-Papyrus und zur pythagoreischen Zahlenlehre, in: Antike und Abendland 13 (1967) 93-114, ins Deutsche übersetzt (Übers. 94–96), außerdem von *R. Merkelbach*, Der orphische Papyrus von Derveni, in: Zeitschrift für Papyrologie und Epigraphik 1 (1967), bes. 23–30 (Übers.). Eine englische kommentierte Übersetzung stammt von *Alderinck*, a. a. O. Kap. VI.

Über die Mythen von den durch Zeus vom Blitz erschlagenen Titanen siehe Bd. I, § 124. Die Geburt der Menschen aus der Asche der Titanen war Anlaß für unzählige Kontroversen. *Nilsson*, Geschichte der griech. Rel. I, 686, glaubt daran, daß dieser Mythos sehr alt ist; *Linforth*, Arts 331, dagegen meint, man verfüge über keinerlei überzeugendes Element, mit Hilfe dessen man das Alter dieser Tradition bestimmen könnte. Die Hyperkritik von *Moulinier*, a. a. O. 44 ff, kommt zu einem eindeutig negativen Ergebnis: „Plutarch hat als erster [...] gesehen, daß der Mythos von den Titanen, die Dionysos verschlingen, sich auf unsere eigene Geburt bezieht: die fleischessenden Menschen werden bestraft werden, wie sie es wurden" (S. 59, mit Bezug auf „De esu carne", S. 996e; *Kern*, Nr. 210, S. 231). *Dodds* dagegen gesteht zu, daß, bei Berücksichtigung *aller* Bezugpunkte des Mythos, „I find it hart to resist the conclusion that the complete story was known to Plato and his public" (S. 156; siehe auch 176, Anm. 132 und 135). Dodds gibt dem Zeugnis des Xenokrates eine gewisse Bedeutung. Zur Diskussion dieser Stelle siehe *P. Boyancé*, Xénocrate et les Orphiques, in: Rev. Études Anciennes 50 (1948) 218–225. *J. C. G. Strachan*, Who Did Forbid Suicide at Phaedo 62b?, in: Classical Quarterly N. S. 20 (1970) 216–220, geht davon aus, das Fragment des Xenokrates stamme aus einer orphischen Quelle. Im übrigen bescheinigt *Olympiodor*, das Werk Platons sei „angefüllt mit Echos auf die Schriften der Orphiker" (In Phaed. 70C; *Kern*, Orph. fragm. Nr. 224). Siehe auch *H. Jeanmaire*, Dionysos 391 ff. *Ugo Bianchi* interpretiert den Mythos des Zagreus und die Stelle der Nomoi (701c–d) über die „alte Natur der Titanen" als eine „vorangegangene Sünde", die von übermenschlichen Wesen verübt wurde und die der menschlichen Existenz vorausgeht; siehe Péché originel et péché antécédent, in: RHR 170 (1966) 118 ff.

182.

Über die orphische Unterwelt siehe *Kern* in: *Pauly-Wissowa*, RE, Stichw. „Mysterien" 1287; *F. Cumont*, Lux perpetua (Paris 1949) 245 ff; *M. Treu*, Die neue ‚orphische' Unterweltsbeschreibung und Vergil, in: Hermes 82 (1954) 24–51. Über die orphische Eschatologie siehe *Guthrie*, a. a. O. 164 ff, 183 ff; *R. Turcan*, L'âme-oiseau et l'eschatologie orphique, in: RHR 155 (1959) 33–40; *Walter Burkert*, Lore and Science in Ancient Pythagoreanism (Cambridge/Mass. 1972) 125 ff (Erstausgabe: Weisheit und Wissenschaft [Nürnberg 1962]).

Über die platonische Theorie von der Reinkarnation siehe *R. S. Bluck*, The Phaedrus and Reincarnation, in: American Journal of Philology 79 (1958) 156–164; *ders.*, Plato, Pindar and Metempsychosis, in: ebd. 405–414.

Die orphische Herkunft der in Italien und auf Kreta gefundenen Goldblätter wurde bis ungefähr 1930 angenommen und bestritten von *Wilamowitz*, Glaube der Hellenen II, 202 ff; *A. Boulanger*, Le salut selon l'orphisme, in: Mémorial Lagrange (Paris 1940) 71; *ders.*, Orphée et l'Orphisme 23; *Ch. Picard*, Remarques sur l'Apologue dit de Prodicos, in: Revue archéologique 6. Reihe, Bd. 42 (1953) 23; *Günther Zuntz*, Persephone. Three Essays on Religion and Thought in Magna Graecia (Oxford 1971) 318 ff. (Siehe aber die Kritik von *R. Turcan*, in: RHR [April 1973] 184.) Man hat sich inzwischen geeinigt, diese Blätter „orphisch-pythagoreisch" zu nennen; siehe unter anderen *Konrad Ziegler*,

Orphische Dichtung, in: RE Band 18,2, 1386–1388; *Guthrie*, Orpheus 171–182; *F. Cumont*, Lux perpetua 248, 406; *W. Burkert*, Lore and Science in Ancient Pythagoreanism 113, Anm. 21 (mit Bibliographie).

Die Texte wurden hrsg. von *Diels-Kranz*, Die Fragmente der Vorsokratiker I B 17–21 und von *Kern*, Orph. fragm. 32. Englische Übersetzungen von *Gilbert Murray*, Critical Appendix on the Orphic Tablets, in: *J. Harrison*, Prolegomena to the Study of Greek Religion 664–666 und von *Guthrie*, Orpheus 172 ff. Die beste Ausgabe des Textes der Goldblätter – die er für pythagoreischen Ursprungs hält – und die genaueste Analyse des Textes stammen von *G. Zuntz*, Persephone 275–393.

Über den „Durst des Toten" siehe *André Parrot*, Le „Refrigerium" dans l'au-delà (Paris 1937); *M. Eliade*, Locum refrigerii..., in: Zalmoxis I (1938) 203–208; *Th. Gaster*, Thespis (Ausg. von 1961) 204 ff; *G. Zuntz*, Persephone 370 ff.

Über „Vergessen" und „Gedächtnis" im antiken Griechenland siehe *Eliade*, Aspects du mythe 147 ff (unter Benützung des Artikels von *J.-P. Vernant*, Aspects mythiques de la mémoire en Grèce, in: Journal de Psychologie [1959] 1–29); vgl. *Marcel Détienne*, Les maîtres de vérité dans la Grèce ancienne (Paris 1967) 9–27 („La mémoire du poète"), 125 ff (ausführliche Bibliographie).

„Ein vom göttlichen Ort vertriebener Vagabund", so stellte sich Empedokles vor. „Ich war einst schon ein Knabe und ein Mädchen, ein Strauch und ein Vogel, ein stummer Fisch im Meer" (Läuterungen, Fragm. 117). Empedokles beschrieb Pythagoras als „einen Mann von außergewöhnlichem Wissen", denn „wohin er die ganze Kraft seines Geistes wandte, da sah er leicht, was in zehn oder zwanzig menschlichen Existenzen lag" (ebd., Fragm. 129; vgl. den Kommentar von *Ettore Bignone*, Empedocle [Turin 1926] 483 ff). Die indischen Yogis und Rishis erinnerten sich an eine gewisse Anzahl ihrer früheren Existenzen, aber Buddha allein kannte sie *alle*. Damit soll ausgedrückt werden, nur Buddha sei allwissend gewesen (siehe *Eliade*, Yoga 189 ff). Ergänzen wir noch, daß die Schamanen vorgeben, sich an ihre früheren Existenzen zu erinnern, was das Alter dieser Anschauung anzeigt (siehe *Eliade*, Mythen, Träume und Mysterien 25).

Das Wichtigste über die Legende des Aristeas von Prokonnesos wird von Herodot IV, 14 berichtet. In seiner Stadt für tot betrachtet, wurde er auf der Straße von Kyzikos angetroffen. Nach sieben Jahren ist er dann angeblich wieder in Prokonnesos erschienen, mit einem epischen Gedicht, in dem er seine Abenteuer erzählte: „von Phoibos besessen", kam er bis zu den Issedoniern, wo er über deren Nachbarn, die Arimasper („Menschen mit nur einem Auge") und die Hyperboreer, unterrichtet wurde. Er verschwand zum zweiten Mal, aber Herodot fügt hinzu, daß er 240 Jahre später in Metapontos in Süditalien erschien und den Einwohnern befahl, dem Apoll einen Altar zu errichten und „neben diesem Altar eine Statue aufzustellen, die dem Aristeas von Prokonnesos gewidmet ist". Er sagte ihnen, er habe Apoll schon einmal in Gestalt eines Raben begleitet, als der Gott nach Metapontos kam. „Als er das gesagt hatte, verschwand er." Behalten wir einige rein schamanische Züge im Auge: die Ekstase, die mit dem Tod verwechselt werden kann, der Aufenthalt an zwei Orten gleichzeitig, das Erscheinen in Gestalt eines Raben. Über Aristeas siehe bibliographische Angaben in *Eliade*, De Zalmoxis...45, Anm. 44 und *Burkert*, Lore and Science, 147–149. *J. D. P. Bolton* stellt in seinem Buch Aristéas of Proconnesos (Oxford 1962) eine „historizistische" Interpretation der Legende dar. Eine andere legendäre Persönlichkeit, Hermotimos von Klazomenä, hatte die Fähigkeit, seinen Körper viele Jahre lang zu verlassen. Während dieser langen Ekstase reiste er weit und sagte bei seiner Rückkehr die Zukunft voraus. Doch eines Tages verbrannten seine Feinde, als er leblos dalag, seinen Körper, und seine Seele kam niemals wieder (siehe De Zalmoxis ... 45, Anm. 45).

Man kann bestimmte „schamanische" Züge in den Legenden von Epimenides von Kreta, Phormion und Leonymos entdecken (siehe De Zalmoxis 46; *Burkert*, a. a. O. 152). Einige Forscher haben die Namen Parmenides und Empedokles hinzugefügt. Schon *H. Diels* hatte die von Parmenides in seinem Gedicht beschriebene mystische Reise mit den ekstatischen Reisen der sibirischen Schamanen verglichen; der Gegenstand wurde mit verschiedenen Argumenten von Meuli, Morrison, Burkert und Guthrie wiederaufgenommen (siehe De Zalmoxis 46 und Anm. 48-50). Was Empedokles betrifft, so schreibt *Dodds*, seine Fragmente stellten „die einzige Quelle aus erster Hand dar, von der ausgehend wir uns eine gewisse Vorstellung dessen machen können, dem ein griechischer Schamane wirklich nahekam" (The Greeks and the Irrational 145). Diese Interpretation wurde zurückgewiesen von *Charles H. Kahn*: „Die Seele des Empedokles verläßt seinen Körper nicht wie bei Hermotimos oder Epimenides. Er reitet nicht auf einem Pfeil, wie Abarais, und erscheint nicht in Gestalt eines Raben, wie Aristeas. Man sieht ihn niemals an zwei Orten gleichzeitig, und er steigt nicht einmal in die Unterwelt hinab, wie Orpheus und Pythagoras" (Religion and Natural Philosophy in Empedocles' Doctrine of the Soul, in: Archiv für Geschichte der Philosophie 42 [1962] 3–35, bes. 30). Doch Empedokles ist für bestimmte magische Zauber bekannt: er kann insbes. die Gewitter kontrollieren und Regen bringen (Fragm. 111, siehe auch andere Hinweise bei *Burkert*, a. a. O. 153–154). Diese Praktik ist spezifisch für die türkischen, mongolischen und isländischen Schamanen; siehe *John Andrew Boyle*, Turkish and Mongol Shamanism in the Middle Ages, in: Folklore 83 (1972) 177–193, 184 ff; *Stefan Einarsson*, Harp Song, Heroic Poetry..., in: Budklavlen 42 (Åbo 1965) 13–28, 25 f. Fügen wir allerdings hinzu, daß es sich um eine Praktik handelt, die die Sphäre des Schamanismus stricto sensu überschreitet.

Bezüglich des pythagoreischen „Schamanismus" siehe *Burkert*, a. a. O. 12 ff (mit reichhaltiger Bibliographie); *J. A. Philip*, Pythagoras and Early Pythagoreanism (Toronto 1966) 159 ff; *M. Detienne*, La notion de Daimon dans le pythagorisme ancien (Paris 1963) 60 ff.

Über die Unterschiede zwischen den beiden Kategorien von Pythagoreern – den acusmatici (die als „niedriger" betrachtet werden) und den mathematici (die die esoterische Lehre des Meisters repräsentieren) – siehe *Burkert*, a. a. O. 166 ff, 192 ff. Siehe auch *M. Detienne*, Des confréries de guerriers à la société pythagoricienne, in: RHR 163 (1963) 127–131.

Die Existenz einer orphischen „Sekte" oder orphischer Konventikel wurde von *Guthrie*, Orpheus 203 ff, und *Cumont*, Lux perpetua 240–244, 405 f, angenommen, aber nach *Gruppe* und *Wilamowitz* auch von *Festugière* (in seiner Studie: L'orphisme et la légende de Zagreus, in: Revue Biblique 44 [1935] 366–396) bestritten. Man kann aber die „Geheimgruppen" der Orphiker mit den nicht weniger geheimen Zusammenschlüssen der Adepten des Tantrismus vergleichen.

183.

Aus der Fülle der kritischen Literatur über Platons Mythen seien genannt: *Karl Reinhardt*, Platons Mythen (Bonn 1927); *Perceval Frutiger*, Les mythes de Platon (Paris 1930); *P.-M. Schuhl*, Études sur la fabulation platonicienne (Paris 1947); *Ludwig Edel-*

stein, The Function of the Myth in Plato's Philosophy, in: Journal of History of Ideas 10 (1949) 463 ff; *W. J. W. Koster*, Le mythe de Platon, de Zarathoustra et les Chaldéens (Leiden 1951); *Paul Friedländer*, Plato I (Princeton 1958, ²1969) 171–212.

Über Pherekydes von Syros und den Einfluß, den wahrscheinlich der Orient auf seine Kosmologie und Anthropologie hatte, siehe *M. L. West*, Early Greek Philosophy and the Orient (Oxford 1971) 1–75.

Die alten Quellen und modernen kritischen Studien über die Glaubensvorstellungen bezüglich der himmlischen Unsterblichkeit wurden in bewundernswerter Weise analysiert von *Walter Burkert*, Lore and Science in Ancient Pythagoreanism 358 ff. Die Interpretation von *Louis Rougier*, L'origine astronomique de la croyance pythagoricienne en l'immortalité céleste des âmes (Kairo 1935), der zufolge der Ursprung der Idee nicht in der religiösen Vorstellungskraft, sondern in der „astronomischen Revolution des Pythagoras" gesucht werden soll (S. 21), wird kritisch geprüft und zurückgewiesen von *Burkert*, a. a. O. 358, Anm. 41.

Über die Ähnlichkeiten zwischen der Philosophie des Pythagoras und der des Platon siehe *Burkert*, 43 ff, 53 ff, 81 ff. Über die Interpretation des Timaios als pythagoreisches Dokument siehe ebd. 64 ff und 84 ff. Die eventuellen orientalischen Einflüsse auf Platon werden diskutiert bei *Joseph Bidez*, Eos ou Platon et l'Orient (Brüssel 1945), Kap. 5 und 9, und von *Jula Kerschensteiner*, Platon und der Orient (Stuttgart 1945) 147 ff, die sie bestreitet.

Wir haben weiter oben auf die Analogie zwischen einem Bild von Platon (die „Flügel der Seele") und dem indischen Denken hingewiesen (§ 183, Anm. 46). Ergänzen wir hier noch, daß für Platon wie für den Sāṃkhya-Yoga und das Vedanta die „vorgeblichen Tugenden" gegenüber der höchsten Fähigkeit der Seele, der zur Betrachtung des Ewigen, jeden Wert verlieren (Staat IV, 428 ff). Aufgabe des vollkommnen Weisen ist es, sein Leben auf seine Befreiung hin zu vervollkommnen. Wendet man das höchste Wissen auf das wahre Sein an, so führt dies zur Befreiung; Gott erkennen heißt göttlich werden.

Wir wollen in diesem Zusammenhang auf eine unerwartete Parallele zur Anamnesis-Lehre hinweisen. Wie Platon es im Menon (81) lehrt, so ist auch für die Australier Wissen Sich-Erinnern. Während seiner Initiation erfährt der Novize die Mythen, die von den Aktivitäten seiner totemistischen Ahnen zu Beginn der Zeit berichten. Er erfährt anschließend, daß er selbst die Reinkarnation eines seiner Vorfahren ist. In der Mythologie eines besonderen Helden entdeckt er seine eigene sagenhafte Biographie, seine Großtaten in der Urzeit. Bestimmte materielle Gegenstände (Felsen, tjurungas usw.) sind Beweisstücke für seine frühere glanzvolle Gegenwart auf Erden. (Für Platon helfen die äußeren Gegenstände der Seele, die Erkenntnis wiederzufinden, an der sie während ihrer überirdischen Existenz teilhatte.) Bei den Arunta besteht der höchste Akt der Initiation darin, daß der Vater des Novizen ihm die mystische Identität zwischen dem jungen Mann und dem geheiligten Gegenstand offenbart (tjurunga): „Junger Mann, sieh diesen Gegenstand. Das ist dein eigener Körper. Es ist der Ahne, der du warst, als du während deiner früheren Existenz wandertest. Dann bist du in die benachbarte geheiligte Grotte hinabgestiegen, um dich auszuruhen" *(T. G. H. Strehlow*, zitiert in *Eliade*, Religions australiennes 103 ff).

Bei anderer Gelegenheit haben wir den Erosionsprozeß der griechischen Mythen kurz dargestellt (Aspects du mythe 186 ff). Erinnern wir an einige Fragmente des *Xenophanes* (geb. um 565): „Nach Aussagen von Homer und Hesiod machen die Götter alle möglichen Dinge, die die Menschen als schändlich betrachten würden: Ehebruch, Diebstahl, gegenseitigen Betrug" (B 11, B 12). Sehr scharfsinnig kritisiert er den Anthropomorphismus der Götter: „Hätten Rinder, Pferde und Löwen Hände und könnten mit ihren Händen malen und Werke schaffen wie die Menschen, so würden die Pferde Götterfiguren malen, die den Pferden glichen, die Rinder solche, die den Rindern glichen, und sie würden ihnen ihre eigenen Körper geben" (B 15).

Die Mythologie des Homer und des Hesiod interessierte jedoch weiterhin die Gebildeten der gesamten hellenistischen Welt. Doch wurden die Mythen nicht mehr wörtlich akzeptiert, man suchte in ihnen jetzt „versteckte Bedeutungen" und „Untertöne" *(hyponoiai;* der Begriff *allegoria* wurde später verwandt). Dank der allegorischen Methode, die vor allem von den Stoikern entwickelt wurde, wurden Homer und Hesiod in den Augen der griechischen Eliten „gerettet", und es gelang den homerischen Göttern so, hohen kulturellen Wert zu bewahren. Eine andere Methode, der Euhemerismus, trug zur Rettung des Pantheons und der homerischen Mythologie bei. Zu Beginn des 3. Jh. v. Chr. veröffentlichte Euhemeros einen Roman in Form eines Berichts über eine philosophische Reise, Hiera anagraphe (Heilige Geschichte), der sofort beträchtlichen Erfolg hatte. Euhemeros glaubte den Ursprung der Götter entdeckt zu haben: sie waren frühere Könige, die divinisiert wurden. Hierin lag noch eine „rationale" Möglichkeit, die Götter Homers zu behalten. Diese Götter hatten nun „Realität": sie war historischer (genauer: vorgeschichtlicher) Art. Ihre Mythen stellten die konfuse oder von der Einbildungskraft umgeformte Erinnerung an die Daten der Ur-Könige dar.

Es ist wichtig hinzuzufügen, daß die „Seelenmythologie", die Platon formulierte, ihre Verführungskraft niemals verloren hat. Doch die allegorische Interpretation bestimmter platonischer Mythen konnte nur die Gebildeten interessieren.

184.

Als Gesamtdarstellung von Leben und Werk Alexanders siehe: *W. W. Tarn*, Alexander the Great, 2 Bde. (Cambridge 1948; Bd. I wurde 1956 wiederaufgelegt, Bd. II enthält eine Quellenstudie und zahlreiche Anhänge); *A. R. Burn*, Alexander the Great and the Hellenistic World (New York ²1962); *F. Schachermeyr*, Alexander der Große: Ingenium und Macht (Wien 1949); *F. Altheim*, Alexander und Asien: Geschichte eines geistigen Erbes (Tübingen 1953); *R. D. Milns*, Alexander the Great (London 1968); *Peter Green*, Alexander the Great (London 1970; neue, erw. Aufl. unter dem Titel „Alexander of Macedon", Pelikan Books 1974); *Rolin Lane Fox*, Alexander the Great (London 1973). Die Werke von P. Green und R. L. Fox enthalten reichhaltige Bibliographien; außerdem findet sich dort auch die Analyse des historiographischen Vorverständnisses von Droysen, Tarn und einigen anderen Biographen Alexanders. In Alexander the Great: The Main Problems (Cambridge 1966) hat *C. T. Griffith* eine gewisse Anzahl von neueren Studien wiederveröffentlicht, die von den kompetentesten Spezialisten geschrieben wurden. Weisen wir bes. auf die Beiträge *C. A. Robinsons, E. Badians* und *G. Walsers* hin (der Artikel des Letztgenannten – Zur neueren Forschung über Alexander den Großen 345–388 – wurde 1956 veröffentlicht). Siehe auch *J. R. Hamilton*, Plutarch: Alexander. A Commentary (Oxford 1969).

Zu allgemeinen Geschichte siehe: *P. Jouguet*, L'impérialisme macédonien et l'hellénisation de l'Orient (Paris 1926); *G. Glotz / P. Roussel / R. Cohen*, Histoire grecque, Bd. IV: Alexandre et l'hellénisation du monde antique (Paris 1938, ²1945); *M. Rostovzeff*, Social and Economic History of the Hellenistic World I–III (Oxford 1941; neue, durchges. Aufl. 1953).

Über die hellenistische Zivilisation siehe: *W. W. Tarn*, Hellenistic Civilization (London 1927; 3., vom Autor und von G. T. Griffith durchges. Aufl. 1952); *Moses Hades*, Hellenistic Culture: Fusion and Diffusion (New York 1959); *ders.*, From Nationalism to Cosmopolitism, in: Journal of the History of Ideas 4 (1943) 105–111; *Carl Schneider*, Kulturgeschichte des Hellenismus II (München 1969) (ein monumentales und mit einer erschöpfenden Bibliographie [S. 989–1106] ausgestattetes Werk). Schneider unterscheidet in der Geschichte der hellenistischen Zivilisation vier Zeitabschnitte: 1) bis ungef. zum Jahr 280, die durch das Erscheinen des ersten universellen hellenistischen Gottes, des Sarapis, charakterisierte Epoche, in die die Anfänge der Kulte der großen Götter fallen, die als Schützer der Dynastien verehrt werden, usw.; 2) die Zeit zwischen 280 und 220, die glänzendste Epoche des Hellenismus; 3) die Zeit der Spannungen und eschatologischen Beunruhigungen (220–169), die durch den Aufschwung der apokalyptischen Literatur, der mysteriosophischen Kulte aus Ägypten und Asien und des Dionysos-Kults gekennzeichnet ist, und 4) die römische Eroberung, von 168 bis 30, während deren eine Vielzahl von Tempeln zerstört oder geplündert und Priester deportiert wurden; die hellenistischen religiösen Traditionen aber überlebten in den Initiationszentren: in Eleusis, Samothrake, Andania und Delos (S. 770–772) (siehe auch die Zusammenfassung am Schluß, S. 963–988).

Über den Nahen Osten in hellenistischer Zeit siehe *Samuel K. Eddy*, The King is Dead: Studies in the Near Eastern Resistance to Hellenism, 334–31 B. C. (Lincoln 1961); *F. E. Peters*, The Harvest of Hellenism: A History of the Near East from Alexander the Great to the Triumph of Christianity (New York 1970).

Über die Vergöttlichung der Herrscher siehe weiter unten, § 205. Über die Verbreitung der griechischen Erziehung siehe *H. I. Marrou*, Histoire de l'éducation dans l'antiquité (Paris 1948; ²1965) 139 ff; *W. W. Tarn*, Hellenistic Civilisation 268 ff; *M. Hades*, a. a. O. 30 ff, 72 ff.

Die Bibliographie über die Religion in der hellenistischen Zeit findet sich in Kap. 26, § 205–210.

Wie *W. W. Tarn* es ausdrückt: „The philosophy of the Hellenistic world was the Stoa; all else was secondary" (Hell. Civil. 326). Die Texte wurden herausgegeben von *H. von Arnim*, Stoicorum veterum fragmenta I–IV (1903–05, 1924; Neuausgabe Stuttgart 1968); italienische Übersetzung von *N. Festa*, Frammenti degli Stoici antichi (1932–35, Neuausgabe Hildesheim 1971) und *R. Anastasi*, I Frammenti morali di Crisippo (Padua 1962); franz. Übers. von *E. Bréhier*, Les Stoïciens (Paris 1962), dt. Übers. von *M. Pohlenz*, Stoa und Stoiker (Zürich 1950).

Das grundlegende Werk ist nach wie vor *M. Pohlenz*, Die Stoa I–II (Göttingen 1948–49, ²1964). Siehe auch *J. M. Rist*, Stoic Philosophy (Cambridge 1969); *C. Rodis-Lewis*, La morale stoïcienne (Paris 1970); *R. Hoven*, Stoïcisme et stoïciens face au problème de l'au-delà (Paris 1971) und die von *Léon Robin*, La pensée grecque et les origines de l'esprit scientifique (Neuausgabe 1973), aus 477–478 zusammengestellte Bibliographie. Bibliographische Angaben auch bei *P. M. Schuhl* (ebd. 501–503).

Die Fragmente des Epikur wurden zusammengestellt von *Hermann Usener*, Epicurea (1887; Neuausg. Rom 1963). Siehe auch *C. Arrighetti*, Epicuro: Opere (Werkausgabe und italienische Übers.) (Turin 1960). In unserem Falle muß von der umfangreichen kritischen Literatur besonders das Werk von *A.-J. Festugière*, Epicure et ses dieux (1946; ²1968) hervorgehoben werden.

Über die Kyniker siehe die grundlegende Bibliographie bei *L. Robin*, a. a. O. 464–465.

In der hellenistischen Zeit erfreute sich die Philosophie des Aristoteles vor allem wissenschaftlichen Ansehens; im Mittelalter aber sollte sie einen beträchtlichen Einfluß auf die christliche, islamische und jüdische Theologie gewinnen. Auch die Metaphysik des Aristoteles erinnert an die des Sāṃkhya-Yoga. Der Mensch besteht aus dem Körper *(soma)*, der Seele *(psyche)* und dem Geist *(nous)*, dem, was „uns denkt und vorstellt" (de anima 429a, 23). Der Geist existiert ewig, und er dringt „von außen in den Menschen ein, im Augenblick, in dem er sich bildet" (gen. anim. 136b, 28). Der Geist überschreitet den lebenden Organismus des Menschen, den er führt, während er gegenüber den psychischen Einflüssen unzugänglich bleibt; er wird „das Göttliche an den Menschen" genannt (de anima 408b, 29). Denn der *nous* gleicht Gott, der für Aristoteles die absolute, un-bedingte und ewige Wirklichkeit ist; weil sie „unbeweglich" ist, bleibt die Aktivität Gottes rein geistig (Nik. Ethik, 1179b, 7–22; de caelo, 292b, 4 ff). Ebenso besteht die einzige Aktivität des Geistes im Denken. Nicht differenziert und sich selbst gleichbleibend hat der Geist keinerlei Beziehung zu den Personen, denen er zugeteilt ist. Weil er nicht geboren wird, kennt er auch den Tod nicht (de caelo 279b, 20). Wenn der Tod eintritt, erlangt der nous seine frühere Seinsweise wieder. Es ist uns aber unmöglich, die Modalität dieser desinkarnierten Existenz zu erkennen oder auch nur sie uns vorzustellen; der Geist hat keinerlei Verstandesaktivität oder Erinnerungsvermögen; die einzige Eigenschaft, die man ihm zusprechen kann, ist die des Seins (de anima 408b, 18ff). Folglich kann der Mensch im Jenseits nicht das Bedürfnis empfinden, sich zu befreien, und der Glaube an die Unsterblichkeit hat keinen Sinn mehr. Gerade dieser Teil der Lehre des Aristoteles hat im Mittelalter Anlaß zu unzähligen Kontroversen gegeben.

Betonen wir nochmals die Analogien einerseits zu den Spekulationen der Upanishaden und des Vedanta über die Natur des *ātman*, andererseits zu Struktur und Bestimmung des *puruṣa* im Sāṃkhya-Yoga (siehe § 141). Wir müssen allerdings einen grundlegenden Unterschied zwischen der Lehre des Aristoteles und den indischen metaphysischen Konzeptionen feststellen: für die letzteren beinhaltet die Befreiung des Geistes *(ātman, puruṣa)* das Selbst-Bewußtsein und die Glückseligkeit (vgl. *sāccitānānda).*

Über Alexander und Indien siehe: *H. G. Rawlinson*, Intercourse between India and the Western World (New York ²1972); *A. K. Narain*, Alexander and India, in: Greece and Rome 12 (1965) 155–165; *F. F. Schwartz*, Neue Perspektive in den griechisch-indischen Beziehungen, in: Orientalische Literaturzeitung 67 (1972) 18 ff.

Über die ersten kulturellen Kontakte zwischen Indien und dem Okzident siehe die in Yoga 448–450 aufgeführte Bibliographie; hinzuzufügen ist: *F. F. Schwartz*, Čandragupta-Sandrakottos. Eine historische Legende in Ost und West, in: Das Altertum 18 (1972) 85–102; *H. Scharff*, The Maurya Dynasty and the Seleucids, in: Zeitschr. für vergleichende Sprachforschung 85 (1971) 211–225. Im Artikel von *F. F. Schwartz*, Arrian's *Indike* on India: Intention and Reality, in: East and West 25 (1975) 180–200 werden die neuesten Beiträge zur Erforschung dieses Problems diskutiert.

Über die Überlieferungen bezüglich der Unterhaltungen Alexanders mit den Brahmanen siehe *Friedrich Pfister*, Das Nachleben der Überlieferung von Alexander und den Brahmanen, in: Klio 43–45 (1965) 351–380; *J. D. M. Derrett*, Greece and India: the Milinda-panha, the Alexander-romance and the Gospels, in: Zeitschr. für Religions- und Geistesgeschichte 19 (1967) 33–64; *ders.*, The History of ‚Palladius' on the Races of India and the Brahmans, in: Classica et Mediaevalia 21 (1960) 64–135.

185.

Es gibt eine umfangreiche Literatur über den Buddhismus und die Geschichte der buddhistischen Sekten. Das Wesentliche ist bibliographiert bei *L. de la Vallée-Poussin*, Le dogme et la philosophie du Bouddhisme (Paris 1930); *ders.*, Nirvāna (1925); *ders.*, La morale bouddhique (1927); *E. Conze*, Buddhism, its Essence and Development (Oxford 1951); *ders.*, Buddhist Thought in India (London 1962); *Sukumar Dutt*, Buddha and the Five After Centuries (London 1957); *E. Frauwallner*, Die Philosophie des Buddhismus (Berlin 1956); *E. Lamotte*, Histoire du Bouddhisme indien, Bd. I, De l'origine à l'ère Ska (Löwen 1958); *A. Bareau*, Le Bouddhisme Indien, in: Les Religions de l'Inde, Bd. III (Paris 1966) 7–246 (Bibliographie S. 234–243).

Über die Sūtra-Literatur in Pali siehe die Darstellung von *J. Filliozat* in: Renou / Filliozat, L'Inde classique II, 323–351; *A. Bareau*, Le Bouddhisme Indien 30–40. Über die Bildung des Kanons siehe *Lamotte*, Histoire I, 155–209.

Auf dem Konzil von Rājagṛha wurden die beiden Textsammlungen – Sūtrapitaka und Vinayapitaka – von allen Teilnehmern im Chor gesprochen. Nach einigen Zeugnissen wurde auch der Abhidharmapitaka, der „Korb der höchsten Lehre" (oder „Quintessenz der Lehre"), rezitiert, so daß der vollständige Kanon, der Tripitaka, schon in dieser Zeit feststand, was aber unwahrscheinlich ist (siehe *A. Bareau*, a.a.O. 27).

Über die Bedeutung Śāriputras siehe *A. Migot*, Un grand disciple du Bouddha, Śāriputra, in: BEFEO 46 (1954) 405–554.

Über Ananda siehe die Hinweise auf die Quellen in *G. P. Malalasekera*, Dictionary of Pali Proper Names, 2 Bde. (London 1937–38) I, 249–268.

Über Upāli, der die Lehre auswendig konnte, siehe die von *E. Lamotte*, L'enseignement de Vimalakīrti (Löwen 1962) 170f, Anm. 62, zitierten Dokumente.

Über die Konzilien siehe: *J. Przyluski*, Le concile de Rājagṛha (Paris 1926–28), aber einige seiner Hypothesen (das Verbot für Ananda ist ihm zufolge Überrest eines Vertreibungsritus für den Sündenbock usw.) sind unwahrscheinlich; *A. Bareau*, Les premiers conciles bouddhiques (Paris 1955); *M. Hofinger*, Étude sur le concile de Vaiśali (Löwen 1956); *E. Lamotte*, Histoire du bouddhisme indien I, 297–319; *E. Frauwallner*, Die buddhistischen Konzilien, in: ZDMG 102 (1952) 240–261; siehe auch *Charles S. Prebish*, A Review of Scholarship on the Buddhist Councils, in: Journal of Asian Studies 33 (1974) 239–254; *Janice J. Nattier / C. S. Prebish*, Mahāsāṃghika Origins: The Beginnings of Buddhist Sectarianism, in: HR 16 (1977) 237–272.

Über Divergenzen im Kanon siehe *A. Bareau*, in: Religions de l'Inde III, 84 ff.

Über das Auftreten verschiedener Sekten siehe *Lamotte*, Histoire I, 571–606; *A. Bareau*, Les sectes bouddhiques du Petit Véhicule (Saigon 1955); *N. Dutt*, Early Monastic Buddhism, Bd. II (Kalkutta 1945) 47–206; *Prebish*, Mahāsāṃghika Origins. Siehe auch: *T. O. Ling*, Buddhism and the Mythology of Evil. A Study in Theravada Buddhism (London 1962).

186.

Über Indien zur Zeit Alexanders des Großen und das Reich der Maurya siehe *L. de la Vallée-Poussin*, L'Inde aux temps des Mauryas et des barbares (Paris 1930); *E. Lamotte*, Alexandre et le Bouddhisme, in: BEFEO 44 (1945–50) 147–162; *A. K. Narain*, The Indo-Greeks (Oxford 1957); *W. W. Tarn*, The Greeks in Bactria and India (Cambridge ²1951).

Über Aśoka siehe *J. Bloch*, Les inscriptions d'Aśoka (Paris 1950); *Lamotte*, Histoire 319–340; *A. Bareau*, Les sectes bouddhiques 35–55. Das Werk von *Przyluski*, La légende de l'empereur Aśoka dans les textes indiens et chinois (Paris 1923), ist wegen der ausgezeichneten Übersetzungen der Texte noch gut brauchbar. „Beim Höhepunkt seiner Macht war Aśoka der größte Prinz seiner Zeit. Weder das Rom der Mitte des 3. Jh. v. Chr. noch das Ägypten der Ptolemäer erreichte die Größe und Macht des indischen Reiches, das Königreich der Seleukiden wich unter dem Druck der Parther zurück, China kämpfte noch gegen die Ch'in-Dynastie, die ihm seine Einheit geben sollte. Wenn Aśoka also trotz der Anstrengungen, die er auf seiten des Okzidents hervorgerufen hat, unbekannt geblieben ist, so lag das daran, daß zu seiner Zeit keiner von ihnen mehr in der Geschichte kannte und sehen konnte als sich selbst. Seine Macht ist aber nicht das einzige, wodurch er sich auszeichnet: wenigen Prinzen ist es gelungen, die Eingebungen einer liberalen Religion mit so viel Maß in die Regierung einzubeziehen wie ihm" (*J. Filliozat*, L'Inde classique I, 220f).

Über die griechisch-aramäische Inschrift, die in Kandahar gefunden wurde, siehe *D. Schlumberger / L. Robert / A. Dupont-Sommer / E. Benveniste*, Une bilingue gréco-araméenne d'Aśoka, in: J. A 246 (1958) 1–48. Über zwei andere kürzlich gefundene Inschriften siehe *D. Schlumberger*, Une nouvelle inscription grecque d'Aśoka, Comptes rendus des séances de l'Académie des Inscriptions et Belles Lettres, 1964, 1–15; *A. Dupont-Sommer*, Une nouvelle inscription araméenne d'Aśoka trouvée dans la vallée du Lagman (Afghanistan), ebd. 1970, 15.

187.

Über die *Stūpas* und den Reliquienkult siehe *M. Benisti*, Étude sur le stupa dans l'Inde ancienne, in: BEFEO 50 (1960) 37–116; *A. Bareau*, La construction et le culte des stupa d'après les Vinayapitaka, in: ebd. 229–274; *S. Paranavitana*, The Stupa in Ceylon (Memoirs of the Archaeol. Survey of Ceylon, Bd. 5) (Colombo 1946); *Akira Hirakawa*, The Rise of Mahāyāna Buddhism and its Relation to the Worship of Stupas, in: Memoirs of the Research Department of Toyo Bunko 22 (1963) 57–106. *John Irwin* hat gezeigt, daß die Aśoka-Pfeiler eine lange religiöse Tradition fortsetzen, die von einem mit dem mesopotamischen vergleichbaren kosmologischen Symbolismus bestimmt wird: ‚Aśokan' Pillars: a Reassessement of the Evidence I–III, in: The Burlington Magazine 65 (Nov. 1973) 706–720; 66 (Dez. 1974) 712–727; 67 (Okt. 1975) 631–643.

Über die *caityas* siehe *V. R. Ramchandra Dikshitar*, Origin and Early History of caityas, in: Indian Historical Quarterly 14 (1938) 440–451 und die Bibliographie in *Eliade*, Yoga 441.

Bezüglich des Symbolismus der buddhistischen Tempel bleibt das große Werk von *Paul Mus*, Barabudur, 2 Bde. (Hanoi 1935), unersetzlich.

Über Ursprung und Entwicklung des Buddha-Bildes siehe *A. K. Coomaraswamy*, Indian Origin of the Buddha Image, in: Art Bulletin 9 (1927) 1–42; *P. Mus*, Le Bouddha paré. Son origine indienne. Śākyamuni dans le Mahāyānisme moyen, in: BEFEO 28 (1928) 153–280; *O. C. Gangoly*, The Antiquity of the Buddha-image, the Cult of the Buddha, in: Ostasiatische Zeitschrift, NF 14 (1937–38) 41–59; *E. Benda*, Der vedische Ursprung des symbolischen Buddhabildes (Leipzig 1940); *B. Rowland*, Gandhara and Late Antique Art: the Buddha Image, in: American Journal of Archeology 46 (1942) 223–236; *ders.*, The Evolution of the Buddha Image (New York 1963).

Über die Kontinuität des vedischen Symbolismus in den buddhistischen Bildern siehe *P. Mus*, in: BEFEO (1929) 92 ff; *A. Coomaraswamy*, Some Sources of Buddhist Iconography, in: Dr. B. C. Law Volume (1945) Tl. I, 1–8; *ders.*, The Nature of Buddhist Art, in: Figures of Speach or Figures of Thought (London 1946) 161–199, bes. 180 ff. Über Analogien zwischen der Darstellung des Buddha und den Christus-Bildern im 1. bis 5. Jahrhundert siehe *B. Rowland*, Religious Art East and West, in: HR 2 (Sommer 1962) 11–32. Nach Rowland handelt es sich um das gemeinsame Erbe eines Symbolismus, der auf eine wesentlich ältere Epoche zurückgeht. Christus und Buddha werden als die Meister schlechthin dargestellt (mit der Toga des griechischen Redners) oder mit Sonnensymbolen und riesigen Ausmaßen ausgestattet, um ihre transzendente Natur deutlich zu machen. Siehe auch *B. Rowland*, Buddha and the Sun God, in: Zalmoxis I (1938) 69–84.

Über das Leben in den Klöstern siehe *Nalinaksha Dutt*, Early Monastic Buddhism (überarb. Aufl.) (Kalkutta 1960); *Charles Prebish*, Buddhist Monastic Discipline: The Sanskrit Prātimokṣa Sūtras of the Mahāsāṃghikas and the Mūlasarvāstivādins (Pennsylvania 1975).

Über die Literatur des Abhidharmapitaka siehe *L. de la Vallée-Poussin*, Documents d'Abhidharma, traduits et annotés, Teil I, in: BEFEO (1930) 1–28, 247–298; Tl. II und III, in: Mélanges chinois et bouddhiques I (1932) 65–225; Teil IV und V, in: ebd. 7–187; *Mahathera Nyanatiloka*, Guide through the Abhidharma-Pitaka (Colombo ²1957); *A. Bareau*, Le Bouddhisme Indien 93–106. Siehe auch *H. V. Guenter*, Philosophy and Psychology in the Abhidharma (Luknow 1967); L'Abhidharmakośa de Vasubandhu, übers. von *L. de la Vallée-Poussin*, 6 Bde. (Paris 1923–1931).

Man muß allerdings dazu erklären, daß das Abhidharma zum Ziel hatte, dem Geist mit Hilfe einer konsistenten philosophischen Theorie zur Klärung zu verhelfen, nicht aber, ihn zu Spekulationen zu ermuntern. Sein Ziel war also letztlich soteriologischer Natur.

188.

Chronologie, Literatur und Bibliographie der Prajñāpāramitā finden sich in der exzellenten Darstellung von *Edward Conze*, The Prajñāpāramitā Literature ('s Gravenhage 1960), die außerdem eine Aufstellung der Übersetzungen in europäische Sprachen enthält. Conze selbst hat mehrere Bände mit Übersetzungen veröffentlicht (siehe Selected Sayings from the Perfection of Wisdom [London 1955]).

Über den Mahāyāna siehe *E. Conze*, Buddhist Thought in India (London 1962) 195–237; *A. Bareau* in: Les Religions de l'Inde III, 141–199; *ders.*, L'absolu en philosophie bouddhique (Paris 1951); *E. Lamotte*, Sur la formation du Mahāyāna, in: Festschrift Friedrich Weller (Leipzig 1954) 377–396. Die wichtigsten Übers. der Mahāyāna-Texte in europäische Sprachen sind aufgenommen bei *A. Bareau*, a.a.O. 242 f.

Nach mahāyānischer Tradition versammelten sich nach dem Tod des Erhabenen die Schüler in Rajāgṛha unter Leitung von Mahākāśyapa und stellten die „Drei Körbe" zusammen; während dieser Zeit stiegen die großen Boddhisattvas auf den Berg Vimalasvabhāva und stellten mit Anandas Hilfe die Mahāyānasūtras zusammen. Diese wurden bei den Devas, den Nāgas und den Gandharvas versteckt. Erst fünf Jahre nach dem parinirvāna, als das Gesetz in Verfall geriet, entdeckte Nāgārjuna im Palast der Nāgas sieben Kästen, in denen die Mahāyānasūtras lagen. Er lernte sie in 90 Tagen auswendig und begann damit, sie den Laien mitzuteilen; über diese Überlieferung siehe *Lamotte*, L'enseignement de Vimalakirti 67 f.

Über den Boddhisattva siehe W. *Rahula*, L'idéal du Boddhisattva dans le Theravāda et le Mahāyāna, in: JA 259 (1971) 63–70. In den ersten Jahrhunderten nach Christus sprechen die Mahāyāna-Autoren von Śrāvaka, Pratyekabuddha und Boddhisattva. Ein Srāvaka (wörtl.: „Schüler") lebt nach der Lehre des Buddha und erreicht schließlich das Nirvāna; ein Pratyekabuddha (individueller Buddha) verwirklicht alleine das Nirvāna, ist aber nicht fähig, anderen die Wahrheit zu offenbaren, wie es ein vollkommen erweckter Buddha tut. Ein Boddhisattva ist fähig, das Nirvāna zu erreichen, verzichtet aber zum Wohle der anderen darauf (ebd. 65 f.).

Eine Untersuchung zu den verschiedenen Boddhisattvas findet sich in *E. Conze*, Le bouddhisme 123 ff; *A. Bareau*, a.a.O. 169 ff; *J. Rahder*, Daśabhūmikasūtra et Boddhisattvabhūmi (Paris 1962); *L. de la Vallée-Poussin*, Vijñaptimātratāsiddhi, Bd. I, 721–742 und vor allem die ausführlich kommentierte Übersetzung von *Étienne Lamotte*, L'enseignement de Vimalakīrti (Löwen 1962).

Über Maitreya siehe *H. de Lubac*, Amida (Paris 1955) 82 ff und die bei *É. Lamotte*, L'enseignement de Vimalakīrti 189–192, Anm. 89 zitierten und kommentierten Texte.

Über Mañjuśrī siehe *E. Lamotte*, Mañjusrī, in: T'oung Pao 48 (1960) 1–96.

Über Avalokiteśvara siehe *M.Th. de Mallmann*, Introduction à l'étude d'Avalokiteśvara (Paris 1948); *H. de Lubac*, Amida 104 ff. Einige Forscher (Sylvain Lévi, Sir Charles Eliot, J. Przyluski, Paul Pelliot, Mlle. de Mallmann) haben die iranischen Elemente Avalokiteśvaras herausgestellt, siehe die Diskussion in: *H. de Lubac*, a.a.O. 237 ff. Aber es gibt genug indische Vorläufer (siehe *J. Filliozat*, in: JA 239 [1951] 81; RHR [1950] 44–58).

Über Amitābha und Sukhāvati siehe *H. de Lubac*, a.a.O. 32–48, 78–119 und passim.

Der Artikel von *Paul Demiéville*, der in Anm. 13 zitiert wurde, ist erschienen in: BEFEO 24 (1924) und als Sonderdruck mit 258 S.

Keiner der übrigen Buddhas hatte die Größe und Wirksamkeit Amitābhas. Später werden alle diese Buddhas und Boddhisattvas als von Göttern, vor allem von Brahmā und Indra, und von weiblichen Personifizierungen Prajñapāramitās oder der Tārās (Göttinnen, deren Namen „Stern" oder „Retterin" bedeutet) begleitet beschrieben. Diese neue Buddhologie setzt die vor-mahāyānischen Theorien über die überirdische Natur der Buddhas fort. Sie scheint endgültig geschaffen worden zu sein im 4. Jh. von Asanga (siehe Vijñaptimātratāsiddhi, Übers. von *L. de La Vallée-Poussin*, Bd. II, 762–813; Hobogirin, H. II, 174–185).

Die „Buddha-Felder" (*buddhakshetra*) sind unzählige Welten, in denen sich das Mitleid eines Buddha manifestiert. Man unterscheidet reine, unreine und gemischte Welten. Unser Universum, *Sahā*, wird als gefährlich und elend dargestellt; dennoch hat hier Sākyamuni die vollkommene Erleuchtung erhalten. Ob sie aber „rein oder unrein (sind), die buddhakshetra sind alle ‚Land des Buddha' und als solche vollkommen rein. Die Unterscheidung zwischen reinen und unreinen Feldern ist vollkommen subjektiv. Die Buddhas formen, wenn sie es wünschen, eine unreine Welt in eine reine um und umgekehrt" (*Lamotte*, L'enseignement 399). Siehe auch den Artikel „Butsudu" in: Hobogirin 198–203.

Der Kult der Buddhas und Boddhisattvas enthält Ehrungen und Lobpreisungen, die Anstrengung, dauernd an sie zu denken, die Bitte, eines Tages als vollkommener Buddha wiedergeboren zu werden, vor allem aber die Wiederholung ihres Namens, eine Methode, die in Indien und in allen Ländern, in denen sich der Mahāyāna verbreitete, sehr gebräuchlich wurde. Die Gelehrten haben die jeweiligen Verdienste folgender beiden Methoden diskutiert: des *Glaubens* an einen Buddha oder der *rituellen Wiederholung seines Namens*. Tatsächlich haben diese beiden „Neuerungen" des Mahāyāna eine lange Vorgeschichte in Indien, und unter ihrem „populären" Charakter verbergen sich genau durchdachte Vorstellungen über die Wirksamkeit von geheiligten Worten und „Mitleids-Gedanken". Siehe auch *Frank E. Reynolds*, The Several Bodies of the Buddha: Reflections on a Neglected Aspect of Theravada Tradition, in: HR 16 (1977) 374–389.

189.

Über Nāgārjuna und Mādhyamika siehe die bei *Frederick J. Streng*, Emptiness. A Study in Religious Meaning (Nashville 1967) 237–245 zusammengestellte Bibliographie. Über das Leben Nāgārjunas siehe ebd. 237 f und die von *É. Lamotte* in der „Introduction" zum Traité (Löwen 1944) zusammengestellte Bibliographie. Lamotte hat gezeigt, daß für Kumārajiva und seine Schule Nāgārjuna zwischen 243 und 300 n. Chr. gelebt hat (Vimalakīrti 76). Über die Werke Nāgārjunas und diejenigen, die ihm zugesprochen werden, siehe *Streng*, a. a. O. 238–240. Mūlamadhyamakakārikas und Vigrahavyārtanī sind übersetzt von *Streng*, a. a. O. 181–227. Le Traité de la grande vertu de sagesse de Nāgārjuna (Mahāprajñāpāramitāśastra) von *É. Lamotte*, 2 Bde. (Löwen 1944 und 1949), enthält die Übersetzung der Kapitel 1–30 der chinesischen Version von Kumārajiva. Es ist wahrscheinlich, daß das Werk Ergänzungen enthält, die Kumārajīva hinzugesetzt hat. Die Übersetzungen anderer Werke in europäische Sprachen werden zitiert von *Streng*, a. a. O. 238–240. Der Text der Mādhyamikakārikas findet sich in den in Sanskrit, Tibetanisch und Chinesisch abgefaßten Kommentaren zu diesem Werk. Vor allem der Kommentar von Čandrakīrti (Prasannapāda) ist wertvoll. Die 27 Kapitel der Prasannapāda sind von verschiedenen Autoren (Stcherbatsky, S. Schayer, E. Lamotte, J. de Jong und J. May) ins Deutsche, Englische und Französische übersetzt worden (siehe *Streng*, a. a. O. 240). *J. May*, Čandrakīrti Prasannapāda Madhyamakavṛtti: Douze chapitres traduits du sanscrit et du tibétain (Paris 1959) verdient besondere Erwähnung.

Über die Philosophie Nāgārjunas siehe *Stcherbatsky*, The Conception of Buddhist Nirvāna 1–68; *L. de la Vallée-Poussin*, Reflexions sur le Mādhyamaka, in: Mélanges chinois et bouddhiques II (1933) 1–59, 139–146; *T. R. V. Murti*, Central Philosophy of Bouddhism (London 1955), mit den Bemerkungen von *J. May* in: IIJ 3 (1959) 102–111; *Richard H. Robinson*, Early Mādhyamika in India and China (Madison – London 1967) 21–70, und vor allem das Werk von *Streng*, 43–98, 139–152.

190.

Als kurze Geschichte des Kanons und der Kirche der Jainas siehe *L. Renou*, in: L'Inde Classique II, 609–639. Bezüglich der Jaina-Philosophie siehe *O. Lacombe*, ebd. 639–662 und die weiter oben, § 152, aufgeführte Bibliographie. Hinzuzufügen ist: *Y. R. Padmarajiah*, A Comparative Study of the Jaina Theories of Reality and Knowledge (Bombay 1963). Siehe auch *Mrs. S. Stevenson*, The Heart of Jainism (Oxford 1915); *S. B. Deo*, History of Jaina Monachism from Inscriptions and Literature (Poona 1956); *R. Williams*, Jaina Yoga. A Survey of the Mediaeval Srāvakācāras (London 1963); *U. P. Shah*, Studies in Jaina Art (Benares 1955); *V. A. Sangave*, Jaina Community. A Social Survey (Bombay 1959).

191.

Der Text ist jetzt in der kritischen Ausgabe zugänglich, die unter Leitung von *Vishnu S. Sukthamkar* und *S. K. Belvalkar* herausgegeben wurde: The Mahābhārata, For the First Time Critically Edited (Poona, Bhandarkar Oriental Research Institute, 1933–1966).

Die alten englischen Übers. von *P. C. Roy* (Kalkutta 1882–89) und *M. N. Dutt* (Kalkutta 1895–1905) sind bis zur vollständigen Veröffentlichung der Fassung von *J. A. B. van Buitenen* (Chicago University Press 1973 ff) noch sehr nützlich.

Bezüglich der Geschichte der Interpretation des Gedichtes siehe *Alf Hiltebeitel*, Kṛṣṇa and the Mahābhārata. A Study in Indian and Indo-European Symbolism (nicht veröffentl. Dissertation, Univ. Chicago 1973) 134–190. Unter den bedeutendsten Beiträgen seien genannt der von *Adolf Holtzmann* (Jr.), Das Mahābhārata und seine Theile, I–IV (Kiel 1892–1893); *E. W. Hopkins*, The Great Epic of India. Its Character and Origin (1901); *Joseph Dahlmann*, Genesis des Mahābhārata (Berlin 1899); *G. J. Held*, The Mahābhārata: An Ethnological Study (London – Amsterdam 1935); *V. S. Sukkamkar*, The Meaning of the Mahābhārata (1945, veröffentlicht in Bombay 1957); *G. Dumézil*, Mythe et Épopée I–II (Paris 1968, 1971); *A. Hiltebeitel*, The Ritual of Battle. Krishna in the Mahābhārata (Cornell University Press 1976). *J. Bruce Long* hat kürzlich eine kommentierte Bibliographie veröffentlicht: The Mahābhārata. A Select Annotated Bibliography (South Asia Occasional Papers and Theses Nr. 3) (Cornell University 1974).

1947 hat *Stig Wikander* in einem schwedisch geschriebenen Artikel nachgewiesen, daß die Götter, die Väter der Pāṇḍavas waren, eine gutstrukturierte vedische oder vorvedische Gruppe bildeten und daß die gemeinsame Hochzeit der Helden einem auf diese Göttergruppe bezogenen Theologem entsprach. Der Artikel erschien, von *Dumézil* übersetzt und mit Anmerkungen versehen, unter dem frz. Titel „La légende des Pāṇḍava et la substructure mythique du Mahābhārata" in: Jupiter, Mars, Quirinus IV (Paris 1948) 37–53, 55–85. Siehe jetzt auch Mythe et Épopée I, 42 ff (der erste Teil dieses Buches [S. 31–257] gilt der Analyse des Mahābhārata aus der Sicht der indoeuropäischen Mythologie).

192.

Über Analogien zwischen dem Mahābhārata und der iranischen und skandinavischen Eschatologie siehe *G. Dumézil*, Mythe et Épopée I, 218 ff; *S. Wikander*, Germanische und Indo-Iranische Eschatologie, in: Kairos 2 (1960) 83–88.

Die Arbeiten von Dumézil werden diskutiert von *Madeleine Biardeau*, Études de mythologie hindoue: cosmogonies puraniques II, in: BEFEO 55 (1960) 59–105, bes. 97–105; siehe auch: Annuaire de l'école des Hautes Études, V^e section (1969–70) 168–172; *Alf Hiltebeitel*, Kṛṣṇa and the Mahābhārata, Kap. XVII; *ders.*, The Mahābhārata and Hindu Eschatology, in: HR 12 (1972) 95–135; vgl. *ders.*, The Ritual of Battle 300–309.

Über den *pralaya* im Epos siehe *Biardeau*, Études II und III, in: BEFEO 57 (1971) 17–89; über *bhakti* und *avatāra* siehe *ders.*, Études IV, in: ebd. 63 (1976) 111–263.

Siehe auch *David Kinsley*, Through the Looking Glass: Divine Madness in the Hindu Religious Traditions, in: HR 13 (1974) 270–305.

193.

Über die Sāṃkhya- und Yoga-Vorstellungen im Mahābhārata siehe *M. Eliade*, Yoga 157 ff und die Bibliographie auf 161, Anm. 6 und 401 f. In einer seiner endlosen didaktischen Abhandlungen versichert Bhiṣma: „Der Sāṃkhya und der Yoga loben jeweils ihre Methode als das beste Mittel (karāna)... Ich halte beide Lehren für richtig... Sie haben die Reinheit, die Unterdrückung (der Begierden) und das Mitleid für alle Lebewesen gemeinsam; aber die philosophischen Meinungen (darśana) sind im Sāṃkhya und Yoga nicht identisch" (XII, 11043 ff). Sicher handelt es sich um ein vorsystematisches Stadium der beiden darśanas. Der Sāṃkhya wird nicht als die Methode zur Unterscheidung und Abtrennung des Geistes (puruṣa) von der psychomentalen Erfahrung, die der Ausgangspunkt des Systems von Iśvara Kṛṣṇa war, dargestellt.

194.

Es gibt eine Flut von Literatur über die Bhagavadgītā; siehe einige bibliographische Angaben bei *Eliade*, Yoga 403 ff; siehe auch *Bruce Long*, a. a. O. 16–19. Wir zitieren nach der Übersetzung von *Émile Sénart* (Paris 1922). Unter den neueren kommentierten Übersetzungen sind unentbehrlich diejenigen von *Franklin Edgerton*, 2 Bde. (Harvard Univ. Press 1952) und *R. C. Zaehner* (Oxford Univ. Press 1969).

Über die Yoga-Technik in der Bhagavadgītā siehe Yoga 167 ff.

195.

Über die „Trennung" des himmlischen Wesens, die durch das Opfer (yasna) erreicht wird, siehe *G. Gnoli*, Lo stato di ‚maga', in: Annali dell'Istituto Orientale di Napoli 15 (1965) 105–117 und die anderen Arbeiten des gleichen Autors, die in § 104 zitiert werden. Siehe auch *M. Eliade*, Spirit, Light and Seed, in: HR 11 (1971) 1–30, bes. 18 ff.

Über den Wechsel der antagonistischen Prinzipien siehe *M. Eliade*, Die Sehnsucht nach dem Ursprung. Von den Quellen der Humanität (Wien 1973).

196.

Die Geschichte des jüdischen Volkes nach dem Exil hat eine beträchtliche Literatur entstehen lassen. Einige neuere Arbeiten seien genannt: *K. Galling*, Studien zur Geschichte Israels im persischen Zeitalter (Tübingen 1964); *E. Bickerman*, From Ezra to the Last of the Maccabees: Foundations of Post-biblical Judaism (New York 1962); *I. L. Myres*, Persia, Greece and Israel, in: Palestine Exploration Quarterly 85 (1953) 8–22; Für eine Gesamtschau der Religionsgeschichte siehe *G. Fohrer*, Geschichte der israelitischen Religion (Berlin 1969) 338–402.

Für Deutero-Jesaja siehe neuerdings das äußerst reichhaltige Werk von *P.-E. Bonnard*, Le Second Isaïe, son disciple et leurs éditeurs. Isaïe 40–68 (Paris 1972).

Man hat in bestimmten Teilen des *Deutero-Jesaja* iranische Einflüsse festgestellt. So spricht z. B. Jes 50,11 von denen, die „das Feuer anfachen" – ein Ausdruck, der dem avestischen Terminus *athravan* entspricht. Vgl. die Bibliographie bei *David Winston*, Iranian Component in the Bible, Apocrypha and Qumran, in: HR 5 (1966) 183–216, hier 187 Anm. 13. Noch evidenter ist der iranische Einfluß in den Kapiteln 44 f, deren Ähnlichkeit mit den „Zylindern des Kyros" und dem *Yasna 44* bemerkt wurde. Vgl. *Morton Smith*, II Isaiah and the Persians, in: JAOS 83–84 (1963) 415–21 und die Bibliographie bei *Winston* 189 Anm. 17.

Für die *Gottesknechtslieder* vgl. *I. Engnell*, The 'Ebed Yahweh Songs and the Suffering Messiah in ‚Deutero-Isaiah', in: BJRL 31 (1948) 54–96; *C. Lindhagen*, The Servant Motif in the Old Testament (Uppsala 1950); *J. Lindblom*, The Servant Songs in Deutero-Isaiah (1951); *C. R. North*, The Suffering Servant in Deutero-Isaiah (1942, London ²1956); *H. H. Rowley*, The Servant of the Lord (London 1952); *S. Mowinckel*, He That Cometh (New York 1955) 187–260; *W. Zimmerli/J. Jeremias*, Art. pais theou, in: Theologisches Wörterbuch zum Neuen Testament V 653–713 (Separate englische Übersetzung: The Servant of God [London ²1965]).

197.

Zum Propheten Haggai siehe *Théophane Charry OFM*, Agée – Zacharie – Malachie (Paris 1969, Coll. „Sources bibliques"); *F. Hesse*, Haggai, in: Rudolph-Festschrift (1961) 109–134; *K. Koch*, Haggais unreines Volk, in: Zeitschrift für die Alttestamentliche Wissenschaft 79 (1967) 52–66.

Zu Sacharja vgl. *T. Charry*, a.a.O.; *K. Galling*, Studien 109–126; *O. Eißfeldt*, Einleitung in das Alte Testament (Tübingen ³1964) 579–595 (mit einer reichhaltigen Bibliographie 579, 586).

Zu den Entwicklungslinien der Eschatologie siehe *G. Hölscher*, Die Ursprünge der jüdischen Eschatologie (Gießen 1925); P. Volz, Die Eschatologie der jüdischen Gemeinde im neutestamentlichen Zeitalter (Tübingen ²1934); *G. Fohrer*, Die Struktur der alttestamentlichen Eschatologie, in: Studien zur alttestamentlichen Prophetie (1967) 32–58. Siehe auch die § 198 angeführte Bibliographie.

198.

Zu den biblischen Messias-Vorstellungen vgl. *H. Greßmann*, Der Messias (Göttingen 1929); *A. Bentzen*, Messias, Moses redivivus, Menschensohn (Zürich 1948); *L. E. Browne*, The Messianic Hope in its Historical Setting (1951); *H. Ringgren*, König und Messias, in: Zeitschrift für die Alttestamentliche Wissenschaft 64 (1952) 120–147; *T. W. Manson*, The Servant-Messiah (Cambridge 1952); *S. Mowinckel*, He That Cometh, 280 ff; *Joseph Klausner*, The Messianic Ideas in Israel from its Beginning to the Completion of the Mishnah (New York 1955); *G. Fohrer*, Messiasfrage und Bibelverständnis (1957). Siehe auch die § 203 angeführte Bibliographie. Für die rabbinischen Konzeptionen vgl. *G. F. Moore*, Judaism in the First Centuries of the Christian Era (Cambridge, Mass., 1927, 1930, Neuausgabe 1971) Bd. II 349 ff; *Gershom Scholem,* Zum Verständnis der messianischen Idee im Judentum, in: Judaica (Frankfurt a.M. 1963) 7–74.

Zu den Beziehungen zwischen der Königsideologie der großen orientalischen Monarchien und dem mythischen Motiv des Erlöser-Königs bei den Israeliten vgl. *G. Widengren*, Early Hebrew Myths and their Interpretation, in: *S. H. Hooke* (Hrsg.), Myth, Ritual and Kingship (Oxford 1958) 149–203, hier 168 ff; *ders.*, Sakrales Königtum im Alten Testament und im Judentum (Stuttgart 1955) 30 ff.

199.

Die Redaktionsgeschichte des Pentateuch ist recht kompliziert; Forschungsstand und Bibliographie bei O. *Eißfeldt,* Einleitung in das Alte Testament, 205–320; vgl. ebd., 321–404 die Literarkritik der ältesten Geschichtsbücher (Josua, Richter, Samuel, Könige).

Die Chronologie von Esra und Nehemia gibt zahlreiche Probleme auf; vgl. *J. Wright,* The Date of Ezra's Coming to Jerusalem (London 1947); *ders.*, The Building of the Second Temple (London 1958); *A. Gelston,* The Foundations of the Second Temple, in: VT 16 (1966) 232ff; *H. H. Rowley,* The Chronological Order of Ezra und Nehemia, in: The Servant of the Lord (London 1952) 131 ff; *ders.*, Nehemia's Mission and its Historical Background, in: BJRL 37 (1955) 528ff; *H. Cazelles,* La Mission d'Esdras, in: VT 4 (1954) 113ff; *S. Mowinckel,* Studien zu dem Buche Ezra-Nehemia I–III (Oslo 1964–65); *F. Michaeli,* Les livres des Chroniques, d'Esdras et de Néhémie (Neuchâtel 1967). Nach Kellermann, dem Morton Smith folgt, wirkte Esra vor Nehemia; vgl. *U. Kellermann,* Nehemia: Quellen, Überlieferung und Geschichte, in: Zeitschrift für die Alttestamentliche Wissenschaft, Beihefte 102 (Berlin 1967); *ders.*, Erwägungen zum Problem der Esradatierung, in: Zeitschrift für die Alttestamentliche Wissenschaft 80 (1968) 55ff; *Morton Smith,* Palestinian Parties and Politics that Shaped the Old Testament (New York – London 1971) 120ff. Zur Textgeschichte vgl. *O. Eißfeldt* 734–756.

Während der Mission Esras und Nehemias bekam der Gegensatz zwischen den „Parteien" der Exklusivisten (oder „Nationalisten") und der Synkretisten (oder „Universalisten") genauere Konturen. Der Gegensatz bestand zwar schon vor der Gefangenschaft, aber in der Zeit Esras und Nehemias nahm er einen politischen Charakter an.

Das kleine Buch *Jona,* das im 4. Jahrhundert verfaßt wurde, veranschaulicht in bewundernswerter Weise die „universalistische" Tendenz: Gott sendet den Propheten nach Ninive, um den Untergang der Stadt wegen der Ungerechtigkeiten ihrer Bewohner anzukündigen. Da aber die Bewohner Ninives Reue zeigen, verzichtet Jahwe auf die Bestrafung. Anders ausgedrückt: *Jahwe sorgt sich um alle Völker.* (Manche Autoren haben im Buch *Rut* die gleiche Einstellung wiedererkannt.) Aber die Qualifizierung „universalistisch" hat auch für die Anhänger einer (religiösen, kulturellen, rassischen) *Assimilierung* Anwendung finden können. Diese synkretistische Tendenz, die schon zu Zeiten des Königtums verbreitet war, erreichte ihren Höhepunkt in hellenistischer Zeit.

200.

Zur Geschichte Palästinas in der hellenistischen Epoche siehe *S. Liberman,* Greek in Jewish Palestine (New York 1942); *ders.*, Hellenism in Jewish Palestine (New York 1950); *F.-M. Abel,* Histoire de la Palestine depuis la conquête d'Alexandre jusqu'à l'invasion arabe I: De la conquête d'Alexandre jusqu'à la guerre juive (1952). Einen ausgezeichneten Überblick bietet *Victor Tcherikover,* Hellenistic Civilization and the Jews (New York 1970; Übers. aus dem Hebräischen). Siehe auch *W. W. Tarn,* Hellenistic Civilization (^{3}1952; Neuausgabe New York 1961) (Kap. VI: Hellenism and the Jews [210ff]); *Samuel K. Eddy,* The King is Dead. Studies in the Near Eastern Resistance to Hellenism, 334–31 B.C. (University of Nebraska Press, Lincoln 1961), bes. 183–256.

Für die Religionsgeschichte behält das Buch von *W. Bousset* und *H. Greßmann,* Die Religion des Judentums im späthellenistischen Zeitalter (Tübingen ^{3}1926, Nachdruck

1966) nach wie vor seine Bedeutung. Das Problem ist auf hervorragende Weise in dem kenntnisreichen Werk von *Martin Hengel*, Judentum und Hellenismus (1968, Tübingen ²1973) behandelt worden. *Marcel Simon* und *André Benoit* haben in Le Judaïsme et le Christianisme antique, d'Antiochus Épiphane à Constantin (Paris 1968) eine ausgezeichnete zusammenfassende Darstellung der Frage vorgelegt, die eine gute Bibliographie enthält.

Morton Smith hat das Alter und die Bedeutung des griechischen Einflusses in Palästina deutlich gemacht, und zwar sowohl in Jerusalem (wo sich von 320 bis 290 und nochmals 218 und 199 eine griechische Garnison befand) wie in den Dörfern (Palestinian Parties 57 ff). *Martin Hengel* bringt eine ergänzende Dokumentation; vgl. Judentum und Hellenismus 8–195 (Kap. I: Die Begegnung des Judentums in Palästina mit der Zivilisation des frühen Hellenismus als technisch bestimmter politischer und wirtschaftlicher Macht; Kap. II: Der Hellenismus in Palästina als kulturelle Macht und sein Einfluß auf die Juden).

Über die Personifizierung der Weisheit *(hokma)* und ihrer Entsprechungen in der orientalischen Weisheitsliteratur siehe *W. Schencke*, Die Chokma (Sophia) in der jüdischen Hypostasenspekulation (Kristiania 1913); *P. Humbert*, Recherches sur les sources égyptiennes de la littérature sapientiale d'Israël (Neuchâtel 1929); *W. Baumgartner*, Die israelitische Weisheitsliteratur, in: Theologische Rundschau NF 5 (1933) 258–88; *J. Fichtner*, Die altorientalische Weisheit in ihrer israelitisch-jüdischen Ausprägung (Gießen 1933); *H. Ringgren*, Word and Wisdom (Lund 1947); *W. F. Albright*, Some Canaanite-Phoenician sources of Hebrew Wisdom, in: Israel and the Ancient Near East, Suppl. Vetus Test. 3 (Leyden 1955) 1–15; *G. von Rad*, Weisheit in Israel (Neukirchen-Vluyn 1970); *H. Conzelmann*, Die Mutter der Weisheit, in: E. Dinkler (Hrsg.), Zeit und Geschichte. Dankesgabe an R. Bultmann zum 80. Geburtstag (Tübingen 1964) 225–234; *Hengel* 275 ff.

201.

Über Kohelet siehe *J. Pedersen*, Scepticisme israélite, in: RHPR 10 (1930) 317–370; *R. Gordis*, Koheleth: The Man and his World (New York 1951); *K. Galling*, Die Krisis der Aufklärung in Israel (Mainzer Universitätsreden 1952); *H. L. Ginsburg*, Studies in Koheleth (New York 1960); *H. Gese*, Die Krisis der Weisheit bei Koheleth, in: Les Sagesses du Proche Orient Ancien. Travaux du Centre d'histoire des religions de Strasbourg (Paris 1963) 139–51; *O. Loretz*, Qoheleth und der Alte Orient (Freiburg i. Br. 1964); *M. Dahood*, Canaanite-Phoenician Influence in Qoheleth, in: Biblica 33 (1952) 30–52; *ders.*, Qoheleth and Recent Discoveries, in: ebd. 42 (1961) 359–66; *David Winston*, The Book of Wisdom's Theory of Cosmogony, in: HR 11 (1971) 185–202; *R. Braun*, Koheleth und sein Verhältnis zur literarischen Bildung und Popularphilosophie, in: Beihefte zur Zeitschrift für die Alttestamentliche Wissenschaft 130 (Erlangen 1973); *M. Hengel*, Judentum und Hellenismus 210–240 (mit Bibliographien). Für die literarkritische Analyse des Textes siehe *Eißfeldt*, Einleitung in das Alte Testament 664–677.

Über Ben Sira siehe die Übersetzung mit Kommentar von *G. H. Box* und *W. O. E. Oesterley* in: *R. H. Charles*, The Apocrypha and Pseudepigrapha of the Old Testament I (Oxford 1913) 268–517. Die historische Analyse des Textes findet sich bei *O. Eißfeldt*, a. a. O. 595–99, mit einer reichhaltigen Bibliographie. Unsere Interpretation verdankt viel *M. Hengel*, a. a. O. 241–275.

Das Vorgehen Ben Siras steht in einer gewissen Analogie zu den stoischen Konzeptionen: zunächst die Gewißheit, daß sich Welt und menschliches Dasein nach einem von Gott bestimmten Plan entwickeln (vgl. § 184). Sodann hat Sira mit dem Stoizismus die Idee gemeinsam, daß der Kosmos von einer geistigen Macht durchdrungen ist, eben der Gottheit; vgl. *M. Pohlenz*, Die Stoa I (Göttingen ²1964) 72. Die Philosophie Zenons hat ihre Ursprünge in einer semitischen religiösen Anschauung, die viele Gemeinsamkeiten mit dem alttestamentlichen Denken hat; vgl. Pohlenz I, 108. Die Assimilation stoischer Ideen durch die Juden von Ben Sira und Aristobul bis Philo stellte somit die Wiederaufnahme eines orientalischen Erbes dar; vgl. *Hengel* 268, 301. Man darf jedoch die Bedeutung der griechischen Einflüsse nicht überbetonen. Längst sind die Parallelen zwischen dem berühmten Kapitel 24 Ben Siras und den Isis-Aretalogien erkannt. *W. L. Knox* bemerkte „die überraschende Affinität (der Weisheit) zu einer syrischen Astarte mit Zügen der Isis" (vgl. The Divine Wisdom, in: Journal of Theological Studies 38 [1937] 230–237, heit übertragen haben; vgl. *Hengel* 285. Wie wir schon bemerkt haben (S. 223), ist die der Weisheit, in: E. Dinkler (Hrsg.), Zeit und Geschichte. Dankesgabe an R. Bultmann zum 80. Geburtstag (Tübingen 1964) 225–234; *Hengel* 278 ff (ergänzende Bibliographie). Es ist nicht ausgeschlossen, daß der Isis-Kult in Jerusalem im 3. Jahrhundert bekannt war und die jüdischen Weisheitsschulen die Aretalogie der Isis-Astarte auf die göttliche Weisheit übertragen haben; vgl. *Hengel* 285. Wie wir schon bemerkt haben (S. 223), ist die Weisheit jedoch nicht Gefährtin Gottes, sondern geht aus seinem Munde hervor. Siehe *W. Schencke*, Die Chokma (Sophia) in der jüdischen Hypostasenspekulation; *J. Fichtner*, Die altorientalische Weisheit in ihrer israelitisch-jüdischen Ausprägung; *ders.*, Zum Problem Glaube und Geschichte in der israelitisch-jüdischen Weisheitsliteratur, in: Theologische Literaturzeitung 76 (1951) 145–150; *J. M. Reese*, Hellenistic Influence on the Book of Wisdom and its Consequences (Rom 1970); *B. L. Mack*, Logos und Sophia. Untersuchungen zur Weisheitstheologie im hellenistischen Judentum (Göttingen 1973).

Es ist wichtig, daran zu erinnern, daß zwischen dem 3. Jahrhundert v. Chr. und dem 2. Jahrhundert unserer Zeitrechnung ähnliche Konzeptionen nicht nur in der orientalisch-hellenistischen Welt, sondern auch im buddhistischen und hinduistischen Indien bezeugt sind: Man beobachtet die religiöse und mythologische Personifizierung der „Wissenschaft" (prajñā, jñāna) als des höchsten Mittels der Erlösung. Der Vorgang setzt sich im Mittelalter fort, und zwar sowohl in Indien wie im christlichen Europa (vgl. Bd. III).

Die Übersetzung des *Pentateuch*, ein großartiges und in der Antike beispielloses Unternehmen, hatte eine jüdische, unmittelbar in Griechisch verfaßte Literatur möglich gemacht. Um 175–170 verfaßte Aristobul, der erste jüdische „Philosoph", für den jungen Herrscher Ptolemaios VI. Philometor eine apologetische Lehrschrift. Soweit man aufgrund der erhaltenen Fragmente zu urteilen vermag, entwickelte der Verfasser eine gewagte Theorie, die in der Folgezeit unzählige Male aufgegriffen wurde: Die jüdische Lehre, so wie sie in der Bibel formuliert ist, stellt die einzig wahre Philosophie dar. Pythagoras, Sokrates und Platon kannten sie und haben ihr die Grundgedanken entnommen. Wenn die griechischen Dichter und Philosophen von „Zeus" sprechen, beziehen sie sich auf den wahren Gott. „Denn alle Philosophen stimmen darüber überein, daß man von Gott heilige Begriffe haben müsse; am meisten aber dringt darauf unsere Gemeinschaft" (zit. bei *Eusebius*, Praeparatio Evangelica 13, 12, 7f). Die Weisheit Moses jedoch wird als den Lehren der griechischen Philosophen klar überlegen erklärt, da sie göttlichen Ursprungs ist; vgl. *Hengel* 295ff und die ebd. Anm. 365–375a genannten Belege.

Wenige Zeit später bringt der Verfasser des *Aristeasbriefes* noch deutlicher die Tendenz zum Ausdruck, den biblischen Gottesgedanken an die griechische (d. h. „universalistische") Konzeption der Gottheit anzugleichen. Die Griechen und die Juden „beten den gleichen Gott an – den Herrn und Schöpfer des Universums..., auch wenn sie ihn mit verschiedenen Namen nennen, wie Zeus oder Dis" (Arist. 15-16). Die philosophisch gebildeten Griechen hätten sich seit langem zum Monotheismus bekannt. Im ganzen betrachtet der Verfasser das Judentum als mit der griechischen Philosophie identisch. Siehe die englische Übersetzung und den Kommentar von *M. Hadas*, Aristeas to Philocrates: Jewish Apocryphal Literature (New York 1951) und die Ausgabe von *A. Pelletier*, Lettre d'Aristée à Philocrate (Paris 1962) (= Sources Chrétiennes 89); vgl. *V. Tcherikover*, The Ideology of the Letter of Aristeas, in: Harvard Theological Review 51 (1958) 59-85; *Hengel* 481f.

202.

Zur Geschichte Palästinas zwischen Antiochus IV. Epiphanes und Pompejus siehe die oben (§ 200) angeführte Bibliographie. Hinzuzufügen ist: *E. Bickerman*, Un Document relatif à la persécution d'Antiochus IV Épiphane, in: RHR 115 (1937) 188-221; *ders.*, Der Gott der Makkabäer (Berlin 1937); *ders.*, Anonymous Gods, in: Journal of the Warburg Institute I (1937/38) 187-196; *B. Mazar*, The Tobiads, in: Israel Exploration Journal 7 (1957) 137-45, 229-38; *J. A. Goldstein*, The Tales of the Tobiads, in: Christianity, Judaism and other Greco-Roman Cults: Studies for Morton Smith, Bd. III (Leiden 1975) 85-123.

Für die Verfolgungen des Antiochus und den Befreiungskrieg siehe die in Anm. 31 zitierten Quellen. Letztlich zielte die von Antiochus gewünschte „Reform" – die übrigens von den Philhellenen inspiriert wurde – auf die Umwandlung Jerusalems in eine griechische *polis*; vgl. *Hengel* 506. Neuere Übersetzungen und Kommentare zu den Makkabäerbüchern: *F. M. Abel*, Les Livres des Maccabées (Paris ²1949); *S. Zeitlin*, The First Book of Maccabees (New York 1950); *ders.*, The Second Book of the Maccabees (1954); *J. G. Bunge*, Untersuchungen zum zweiten Makkabäerbuch (Bonn 1971); literarkritische Analysen und Bibliographien: *Eißfeldt*, Einleitung in das Alte Testament 781-789, 1021.

Über die Identifizierung Jahwes mit griechischen Gottesvorstellungen siehe *Hengel*, a.a.O. 541ff; Zusätzlich ist heranzuziehen: *M. Simon*, Jupiter-Yahvé. Sur un essai de théologie pagano-juive, in: Numen 23 (1976) 40-66. Es ist wichtig hinzuzufügen, daß die frühesten Zeugnisse griechischer Autoren – Hekataios von Abdera, Theophrast, Megasthenes, Klearch von Soli – die Juden als ein Volk von „Philosophen" darstellen; vgl. die Untersuchung der Quellen bei Hengel 464ff.

O. Plöger hat nachgewiesen, daß die Chasidim eine lange Geschichte haben; die Bewegung ist im 3. Jahrhundert bezeugt, und man kann annehmen, daß sie unter der persischen Herrschaft begann; vgl. Theokratie und Eschatologie (Neukirchen 1959) 33ff, 60-68. Über die Chasidim siehe *Hengel* 319ff.

Über die jüdische Apokalyptik siehe *W. Bousset*, Die jüdische Apokalyptik (Berlin 1903); *P. Volz*, Die Eschatologie der jüdischen Gemeinde im neutestamentlichen Zeitalter (Tübingen ²1934); *H. H. Rowley*, The Relevance of Apocalyptic (London ³1950); *ders.*; Jewish Apocalyptic and the Dead Sea Scrolls (London 1957); *S. B. Frost*, Old Testament Apocalyptic: Its Origins and Growth (London 1952); *Rudolf Mayer*, Die biblische Vorstellung vom Weltenbrand (Bonn 1956); *D. S. Russell*, The Method and Message of Jewish Apocalyptic (London 1964); *H. D. Betz*, Zum Problem des religionsgeschichtlichen Verständnisses der Apokalyptik, in: Zeitschrift für Theologie und Kirche 63 (1966) 391–409; *Hengel*, a. a. O. 330 ff.

Über das Buch *Daniel* siehe *R. H. Charles*, A Critical and Exegetical Commentary on the Book of Daniel (Oxford 1929); *W. Baumgartner*, Ein Vierteljahrhundert Danielforschung, in: Theologische Rundschau NF 11 (1939) 59–83, 125–144, 201–228; *L. S. Ginsberg*, Studies in Daniel (New York 1948); *A. Bentzen*, Daniel (Tübingen ²1952); *O. Eißfeldt*, a. a. O. 693–718 (reichhaltige Bibliographie 693 ff, 1018 f); *André Lacoque*, Le Livre de Daniel (Neuchâtel – Paris 1976).

Zum Thema *vaticinia ex eventu* siehe *E. Osswald*, Zum Problem der vaticinia ex eventu, in: Zeitschrift für die Alttestamentliche Wissenschaft 75 (1963) 27–44.

Über die iranischen Einflüsse im *Danielbuch* siehe *J. W. Swain*, The Theory of the Four Monarchies: Opposition History under the Roman Empire, in: Classical Philology 35 (1940) 1–21; *D. Winston*, The Iranian Component in the Bible, Apocrypha and Qumran: A Review of Evidence, in: HR 5 (1966) 183–217, hier 189–92. Die Frage der orientalischen Einflüsse wird von Hengel 330 ff diskutiert. Es muß betont werden, daß zahlreiche Themen sich schon bei den Propheten finden.

Über das „Große Jahr" siehe *Eliade*, Kosmos und Geschichte (Reinbek 1966) 75 ff, 93 ff; *B. L. von Waerden*, Das Große Jahr und die ewige Wiederkehr, in: Hermes 80 (1952) 129–55.

Über die vier Reiche und die vier Tiere siehe *H. H. Rowley*, Darius the Mede and the Four World Empires in the Book of Daniel (Cardiff 1935) 161 ff; *W. Baumgartner*, Zu den vier Reichen von Daniel 2, in: Theologische Zeitschrift 1 (1945) 17–22; *A. Caquot*, Sur les quatre Bêtes de Daniel VII, in: Semitica 5 (1955) 5–13.

203.

Zum Komplex Ende der Welt siehe *Eliade*, Kosmos und Geschichte 103 ff. Siehe auch die in § 202 aufgeführte Bibliographie zur Apokalyptik und *T. F. Glasson*, Greek Influence in Jewish Eschatology, with Special Reference to the Apocalypses and Pseudepigraphs (London 1961).

Über die Auferstehung der Leiber siehe *R. H. Charles*, Eschatology (1899, Nachdruck New York 1963) 78 ff, 129 f, 133 ff; *A. Nicolainen*, Der Auferstehungsglaube in der Bibel und ihrer Umwelt (1944); *E. F. Sutcliffe*, The Old Testament and the Future Life (1946); *R. Martin-Achard*, De la mort à la résurrection d'après l'Ancien Testament (1956); *K. Schubert*, Die Entwicklung der Auferstehungslehre von der nachexilischen bis zur frührabbinischen Zeit, in: Biblische Zeitschrift NF 6 (1962) 177–214.

Die iranische Auferstehungslehre ist für das 4. Jahrhundert v. Chr. klar belegt; vgl. Theopomp (*F. Jacoby*, Die Fragmente der Griechischen Historiker, 115 F 64) und § 112.

Die Apokryphen und Pseudepigraphen des Alten Testaments sind von *R. H. Charles* und seinen Mitarbeitern im 2. Band von Apocrypha and Pseudepigrapha (Oxford 1913) übersetzt worden. Wir haben uns dieser Übersetzung angeschlossen für *4. Esra*, *1. Henoch*, die *Psalmen Salomos*, das *Testament der zwölf Patriarchen* und die *syrische Baruch-Apokalypse*. Wir haben ebenfalls *J. T. Milik*, The Books of Enoch (1976) und *Pierre Bogaert*, L'Apocalypse syriaque de Baruch I–II (1969) zu Rate gezogen. Siehe auch *A. M. Denis*, Introduction aux Pseudépigraphes grecs de l'Ancien Testament (Leiden 1970).

Zum „Menschensohn" siehe die ausführliche Bibliographie bei *E. Sjöberg,* Der Menschensohn im äthiopischen Henochbuch (Lund 1946) 40ff; außerdem: *S. Mowinckel,* He That Cometh 346–450; *C. Colpe,* in: Theologisches Wörterbuch zum Neuen Testament VIII, 418–25; *J. Coppens,* Le Fils de l'Homme et les Saints du Très-Haut en Daniel VIII, dans les Apocryphes et dans le Nouveau Testament (Bruges – Paris 1961); *F. H. Borsch,* The Son of Man in Myth and History (Philadelphia 1967). Für die Bedeutungen des Ausdrucks „Menschensohn" im Neuen Testament siehe § 221.

Über Satan vgl. *Bousset-Greßmann,* Die Religion des Judentums im späthellenistischen Zeitalter 332ff; *Ringgren,* Word and Wisdom 169ff (mit Bibliographie); *Bo Reicke,* The Disobedient Spirits and Christian Baptism (Kopenhagen 1948); *B. L. Randelini,* Satana nell'Antico Testamento, in: Bibbia e Oriente 5 (1968) 127–32.

Über die Himmelfahrt des Henoch vgl. *G. Widengren,* The Ascension of the Apostle and the Heavenly Book (Uppsala 1950) 36ff.

Die rabbinischen Texte und die *Midrashim,* die sich auf das Neue Testament beziehen, sind übersetzt und kommentiert von [H. L. Strack und] P. Billerbeck, Kommentar zum Neuen Testament aus Talmud und Midrasch I–VI (München 1922–1961).

Über die iranischen Einflüsse in den Apokryphen und Pseudepigraphen siehe *D. Winston,* The Iranian Component, a.a.O. 192–200.

204.

Über die Apokalyptik als Abwehrhaltung gegen die Schrecken der Geschichte siehe *Eliade,* Kosmos und Geschichte 114ff.

Über die Henoch-Tradition siehe: *P. Grelot,* La légende d'Hénoch dans les Apocryphes et dans la Bible, in: Recherches de Science Religieuse 46 (1958) 5–26, 181–210; *ders.,* La géographie mythique d'Hénoch et ses sources orientales, in: RB 65 (1958) 33–69; *ders.,* L'eschatologie des Esséniens et le Livre d'Hénoch, in: Revue de Qumran 1 (1958/59) 113–131; *J. T. Milik,* Problèmes de la littérature hénochique à la lumière des fragments araméens de Qumran, in: Harvard Theological Review 64 (1971) 333–378.

Über die Pharisäer vgl. *W. L. Knox,* Pharisaism and Hellenism in Judaism and Christianity, Bd. II: The Contact of Pharisaism with other Cultures (London 1937) und vor allem *L. Finkelstein,* The Pharisees I–II (1938, Philadelphia ³1962). Siehe auch *Hengel,* a.a.O. 307–318 („Weisheit und Tora im pharisäisch-rabbinischen Judentum"); *J. Neusner,* The Rabbinic traditions about the Pharisees before 70, I–III (Leiden 1971) und *W. D. Davies,* Torah in the Messianic Age and/or the Age to Come, in: Journal of Bibl. Lit. Monograph Ser. 7 (1952).

Über den jüdischen Proselytismus siehe *W. Braude,* Jewish Proselyting (Providence 1940) (= Brown University Studies VI) und *Hengel* 306ff (mit neuerer Bibliographie).

Hengel bemerkt zu Recht, daß das Judentum in der hellenistisch-römischen Epoche seine größten historischen Wirkungen hervorgebracht hat. „Sowohl sein Freiheitskampf gegen die Seleukiden wie sein erbittertes Ringen mit Rom sind wohl einzigartig in der antiken Welt" (564). Einzigartig sind ebenfalls die proselytisch-missionarischen Anstrengungen, die vom Urchristentum nachgeahmt und fortgeführt wurden. Die „Toraontologie" und der strikte Legalismus der Pharisäer führten jedoch einerseits zum Abbruch der dynamischen Missionsbewegung und andererseits zum tragischen Mißverständnis bezüglich des Christentums. Die kleine judenchristliche Gemeinde konnte sich in Palästina nur unter großen Schwierigkeiten und nur durch Observanz der Tora halten.

Der Vorwurf eines Abfalls zum hellenistischen Synkretismus wirkt bis heute noch in der jüdischen Paulus-Interpretation nach (Hengel 564, wobei er J. Klausner, L. Baeck und H. J. Schoeps erwähnt; vgl. ebd. Anm. 294). Für H. J. Schoeps beispielsweise ist Paulus „ein den väterlichen Glaubensvorstellungen weithin entfremdeter Assimilationsjude" (Paulus [Tübingen 1959] 278). Indem er diese Stelle zitiert, stellt Hengel fest, daß das apologetisch erstarrte, der Botschaft der Propheten nicht mehr gemäße Toraverständnis mit dem eschatologisch-universalen Anspruch des Evangeliums unvereinbar war und dieser nicht gesehen werden konnte (564). Für die Verteidiger der Tora glichen die Christen den jüdischen Renegaten, die zwischen 175 und 164 zur Apostasie und Assimilation drängten (ders. 570).

205.

Die Religionen im hellenistischen Zeitalter werden vorgestellt in dem ausgezeichneten Werk von *Carl Schneider*, Kulturgeschichte des Hellenismus II (München 1969) 838ff (Fremde Götter) (mit sehr reichhaltiger Bibliographie). Siehe auch die Übersetzung der Texte mit Kommentar von *F. C. Grant*, Hellenistic Religion: the Age of Syncretism (New York 1953). Das Werk von *Karl Prümm*, Religionsgeschichtliches Handbuch für den Raum der altchristlichen Umwelt (Freiburg i.Br. 1943, Nachdruck Rom 1954) enthält eine allgemeine Darstellung (mit reicher Bibliographie) der religiösen Wirklichkeit in hellenistischer und römischer Zeit. Siehe auch *A. D. Nock*, Conversion: the Old and the New in Religion from Alexander the Great to Augustin of Hippo (Oxford 1933); *ders.*, Essays on Religion and the Ancient World I–II (Oxford 1972); *Johannes Leipoldt/Walter Grundmann*, Umwelt des Urchristentums I (Berlin 1965 ³1971) bes. 68ff, 101ff; *V. Cilento*, Trasposizioni dell'antico. Saggi su le forme della grecità al suo tramonto (Milano – Napoli 1961-66); *ders.*, Comprensione della religione antica (Napoli 1967); Studi di storia religiosa delle tarda antichità (Messina 1968).

Über den religiösen Synkretismus siehe *R. Pettazzoni*, Sincretismo e conversione, in: Saggi di storia delle religioni e della mitologia (Roma 1946) 143–151; *Helmer Ringgren*, The Problem of Syncretism, in: *Sven S. Hartmann* (Hrsg.), Syncretism (Stockholm 1969) 7–14; *A. S. Kapelrud*, Israel's Prophets and their Confrontation with the Canaanite Religion, in: ebd. 162–170; *J. van Dijk*, Les contacts ethniques dans la Mésopotamie et les syncrétismes de la religion sumerienne, in: ebd. 171–206; *Jan Bergman*, Beitrag zur Interpretatio Graeca: Ägyptische Götter in griechischer Übertragung, in: ebd. 207–227; Le syncrétisme dans les religions grecque et romaine (Paris 1972) (Travaux du Centre d'Études Supérieures spécialisé d'Histoire des Religions à Strasbourg); *Geo Widengren*, Cultural Influence, Cultural Continuity and Syncretism, in: *B. Pearson* (Hrsg.), Religious Syncretism in Antiquity. Essays in Conversation with Geo Widengren (Missoula, Montana 1975) 1–20; *F. Dunand/P. Lévêque* (Hrsg.), Les syncrétismes dans les religions de l'antiquité. Colloque de Besançon 1973 (Leiden 1975).

Über die Astrologie und den astralen Fatalismus siehe *K. Prümm*, Religionsgeschichtliches Handbuch für den Raum der altchristlichen Umwelt 404ff (mit der älteren Literatur); *A. J. Festugière*, La Révélation d'Hermès Trismégiste I (1944, ²1950) 88–122; *Franz Cumont*, Astrology and Religion among the Greeks and the Romans (New York 1912); *ders.*, L'Égypte des Astrologues (Bruxelles 1937); *ders.*, Lux Perpetua (1949) 303ff; *H. Ringgren* (Hrsg.), Fatalistic Beliefs (Stockholm 1967); darin besonders die

Studie von *Jan Bergman*, I Overcome Fate, Fate Harkens to Me, 35–51; *C. Schneider*, Kulturgeschichte des Hellenismus II, 907–919.

In römischer Zeit breitet sich in Rom wie im Reich die Mode der Horoskope aus. Augustus gibt sein Horoskop öffentlich bekannt, und Münzen mit dem Bild des Steinbocks, seines Tierkreiszeichens, werden geschlagen.

Die Mythologie und Theologie der sieben Planeten haben ihre Spuren in den sieben Tagen der Woche, den sieben Engeln der Apokalypse, dem Begriff der sieben Himmel und sieben Höllen, der rituellen Treppe mit sieben Stufen im Mithras-Kult usw. hinterlassen.

Für den Herrscherkult siehe *E. Bickermann*, Die römische Kaiserapotheose, in: ARW 27 (1929) 1–34; *Lily R. Taylor*, The Divinity of the Roman Emperor (Middletown 1931); *Mac Evance*, The Oriental Origin of Hellenistic Kingship (Chicago 1934); *D. M. Pippidi*, Recherches sur le culte impérial (Bucarest 1939); *ders.*, Apothéose impériale et apothéose de Pérégrinos, in: SMSR 20 (1947–48) 77–103; *K. Prümm*, Religionsgeschichtliches Handbuch 54–64 (mit reicher Bibliographie); *L. Cerfaux/J. Tondriau*, Le culte des Souverains dans la civilisation hellénistique (Paris 1958); Le culte des souverains dans l'Empire romain (Vandoeuvres – Genève 1973) (= Entretiens Hardt XIX).

Die literarischen Quellen über die Mysterien sind durch *N. Turchi*, Fontes historiae mysteriorum aevi hellenistici (Roma 1923, Neudruck 1962) veröffentlicht worden. Trotz seiner apologetischen Tendenz bleibt das Werk von *K. Prümm*, Religionsgeschichtliches Handbuch 215–356 („Die Mysterienkulte in der antiken Welt") unentbehrlich für Dokumentation und Bibliographie. Eine Auswahl von Monumenten und ikonographischen Dokumenten ist neuerdings von *Ugo Bianchi*, The Greek Mysteries (Leiden 1976) veröffentlicht worden.

Gesamtdarstellungen der Mysterienreligionen: *R. Reitzenstein*, Die hellenistischen Mysterienreligionen nach ihren Grundgedanken und Wirkungen (^{3}1927, Nachdruck Stuttgart 1977); *N. Turchi*, Le religioni misteriosofiche del mondo antico (Roma 1923); *R. Pettazzoni*, I Misteri. Saggio di una teoria storico-religiosa (Bologna 1924); *S. Angus*, The Mystery-Religions and Christianity (London 1925); *H. R. Willoughby*, Pagan Regeneration. A Study of Mystery Initiation in the Greco-Roman World (Chicago 1929); *F. Cumont*, Die orientalischen Religionen im römischen Heidentum (Darmstadt ^{4}1959) (Übersetzung und Bearbeitung von Les religions orientales dans le paganisme romain [^{4}1929]); *A. Loisy*, Les mystères païens et le mystère chrétien (Paris ^{2}1930).

Siehe auch: Die Mysterien. Eranos Jahrbuch XI (1944) (Zürich 1945); *M. Eliade*, Das Mysterium der Wiedergeburt. Initiationsriten, ihre kulturelle und religiöse Bedeutung (Zürich – Stuttgart 1961) (dt. Übersetzung von Naissances mystiques. Essai sur quelques types d'initiation [1959, Neuausg. 1975]) 190ff; *A. D. Nock*, Hellenistic Mysteries and Christian Sacrements, in: Mnemosyne (1952) 117–213, wiederabgedruckt in: Early Gentile Christianity and its Hellenistic Background (New York: Harper Torchbook 1964) 109–146; *R. Merkelbach*, Roman und Mysterium in der Antike (München – Berlin 1962); *P. Lambrechts*, L'importance de l'enfant dans les religions à mystères, in: Latomus 28 (1957) 322–333; *G. Freymuth*, Zum Hieros Gamos in den antiken Mysterien, in: Museum Helveticum 21 (1964) 86–95; *F. Cumont*, Lux Perpetua (Paris 1949) 235ff; *L. Bouyer*, Le salut dans les religions à Mystères, in: Revue des Sciences Religieuses 27 (1953) 1–16; vgl. auch die unten §§ 206–208 aufgeführten Bibliographien.

206.

Über Dionysos in der hellenistischen Welt und in griechisch-römischer Zeit siehe: *U. von Wilamowitz-Moellendorff*, Der Glaube der Hellenen II (1932) 261 ff; *H. Jeanmaire*, Dionysos. Histoire du culte de Bacchus (Paris 1951) 417 ff (und die 497 f angeführten Bibliographien) *C. Schneider*, Kulturgeschichte des Hellenismus II, 800–810, 1097 f (Bibliographie); *M. P. Nilsson*, The Dionysiac Mysteries in the Hellenistic and Roman Age (Lund 1957); *ders.*, Geschichte der griechischen Religion II (2., vermehrte Aufl. 1961) 360–367; *R. Turcan*, Les sarcophages romains à représentations dionysiaques: Essai de chronologie et d'histoire religieuse (Paris 1966).

Über das Dionysoskind vgl. *D. Costa*, Dionysos enfant, les bacchoi et les lions, in: Revue Archéologique 39 (1952) 170–179; *Turcan*, Les sarcophages romains 394 f. Über die Apotheose der Semele siehe: *P. Boyancé*, Le disque de Brindisi et l'apothéose de Sémélé, in: Revue des Études Anciennes 44 (1942) 195–216; *Nilsson*, The Dionysiac Mysteries 4,14; *P. Boyancé*, Dionysos et Sémélé, in: Atti della Pontificia Accademia Romana di Archeologia 38 (1965–66) 79 f.

Über die Initiation in die Dionysos-Mysterien vgl. die Bibliographie bei *Schneider*, a. a. O. 1101. Siehe vor allem: *F. Matz*, Dionysiake telete. Archäologische Untersuchungen zum Dionysos-Kult in hellenistischer und römischer Zeit (1964); *G. Zuntz*, On the Dionysiac Fresco in the Villa dei Misteri at Pompei, in: Proceedings of the British Academy 49 (1963) 177–202; *R. Turcan*, Un rite controuvé de l'initiation dionysiaque, in: RHR 158 (1960) 140–143; *ders.*, Du nouveau sur l'initiation dionysiaque, in: Latomus 24 (1965) 101–119; *ders.*, Les sarcophages romains 408 f; *P. Boyancé*, Dionysiaca. A propos d'une étude récente sur l'initiation dionysiaque, in: Revue des Études Anciennes 68 (1966) 33–60.

Über die Rolle der Grotten im Kult der dionysischen Thiasen siehe *P. Boyancé*, L'antre dans les mystères de Dionysos, in: Rendiconti della Pontificia Accademia di Archeologia 33 (1962) 107–127; *Claude Bérard*, Anodoi. Essai sur l'imagerie des passages chthoniens (Institut Suisse de Rome 1974) (= Bibliotheca Helvetica Romana 13) 58 f, 144 f; *ders.*, in: Mélanges d'Histoire ancienne et d'archéologie offerts à Paul Collart (Lausanne 1976) 61–65. Siehe auch *F. Cumont*, Études sur le symbolisme funéraire des Romains (1942) 370 f; *ders.*, Lux Perpetua 250 f.

207.

Gedrängte Darstellungen der phrygischen Mysterien in: *R. Pettazzoni*, I Misteri 102–149; *A. Loisy*, Les mystères païens 83–120; *F. Cumont*, Die orientalischen Religionen 43–67, 222–233; *K. Prümm*, Religionsgeschichtliches Handbuch 255–263 (mit der älteren Literatur); *C. Schneider*, Kulturgeschichte des Hellenismus II, 856 ff.

Die schriftlichen Quellen (Literarische und epigraphische) zum Attis-Kult sind gesammelt und kommentiert worden von *H. Hepding*, Attis, seine Mythen und sein Kult (Gießen 1903, Neudruck 1967). Das Buch von *H. Graillot*, Le culte de Cybèle, Mère des Dieux, à Rome et dans l'Empire Romain (Paris 1912) ist noch unentbehrlich. Die Veröffentlichung des ersten Bandes des Corpus Cultus Cybelae Attidisque von *M. J. Vermaseren* ist für 1977 angekündigt. (Inzwischen sind erschienen CCCA III: Italia – Latium [Leiden 1977], CCCA IV: Italia – aliae provinciae [Leiden 1978] und CCCA VII: Musea et collectiones privatae [Leiden 1977] [Anm. d. Übers.].) Der gleiche Autor hat veröffentlicht: The Legend of Attis in Greek and Roman Art (Leiden 1966) und Cybele and Attis. The Myth and the Cult (London 1977) (Übersetzung aus dem Niederländischen von A. M. H. Lemmers); letzteres Werk enthält eine reiche Bibliographie. Siehe auch *P. Lambrechts*, Attis: Van herdersknaap tot god (Brüssel 1962) (vgl. 61–74 die französische Zusammenfassung).

Zur Vorgeschichte von Kubaba-Kybele siehe *R. Eisler*, Kubaba-Kybele, in: Philologus 1909, 118–151; 161–209; *E. Laroche*, Koubaba, déesse anatolienne, et le problème des origines de Cybèle, in: Éléments orientaux dans la religion grecque ancienne (Paris 1960) 113–128; *Vermaseren*, Cybele and Attis 13–24; *Dario M. Cosi*, La simbologia della porta nel Vicino Oriente: Per una interpretazione dei monumenti rupestri frigi, in: Annali della Facoltà di Lettere e Filosofia I (Firenze 1976) 113–152, bes. 123f.

Für den Kybele- und Attis-Kult in römischer Zeit siehe *P. Boyancé*, Sur les mystères phrygiens: „J'ai mangé dans le tympanon, j'ai bu dans la cymbale", in: Revue des Études Anciennes 37 (1935) 161–64; *J. Carcopino*, La réforme romaine du culte de Cybèle et d'Attis, in: Aspects mystiques de la Rome païenne (Paris 1942) 49–171; *P. Lambrechts*, Les fêtes „phrygiennes" de Cybèle et d'Attis, in: Bulletin de l'Institut d'Histoire belge à Rome 27 (1952) 141–170; *E. van Doren*, L'évolution des mystères phrygiens à Rome, in: Antiquité Classique 22 (1953) 79–88; *Charles Picard*, Les cultes de Cybèle et d'Attis, in: Numen 4 (1957) 1–23; *P. Romanelli*, Magna Mater e Attis sul Palotino, in: Hommages à Jean Bayet (Bruxelles 1964) (= Latomus 70) 619–626; *A. Brelich*, Offerte e interdizioni alimentari nel culto della Magna Mater a Roma, in: SMRS 36 (1965) 26–42; *D. Fishwick*, The Cannophori and the March Festival of Magna Mater, in: Transactions and Proceedings of the American Philological Association 97 (1966) 193–202; *Dario M. Cosi*, Salvatore e salvezza nei Misteri di Attis, in: Aevum 50 (1976) 42–71.

Die Kontroverse um die Bedeutung und rituelle Funktion des *pastos (cubiculum)* ist zusammengefaßt bei *Vermaseren*, a.a.O. 117.

Zum *taurobolium* siehe *R. Duthoy*, The Taurobolium. Its Evolution and Terminology (Leiden 1969), mit der älteren Literatur.

A. Loisy hat auf einen von Klemens von Alexandrien berichteten Mythos (Protrept. 2,15) aufmerksam gemacht, der als Kommentar zur Formel: „Ich habe vom Tamburin gegessen (…), ich bin unter den Baldachin getreten" diente. Zeus hatte sich durch eine List den Beischlaf mit der Göttermutter (Kybele) erschlichen; „um ihren Zorn, als sie erfuhr, daß er sie mißbraucht hatte, zu besänftigen, warf er ihr die Hoden eines Widders in den Schoß, wie wenn er sich zur Sühne der begangenen Beleidigung selbst verstümmelt hätte. Arnobius, der diesen Mythos erzählt, sagt, daß Zeus sich in einen Stier verwandelt hatte, um sich mit der Mutter zu vereinigen" (Mystères païens 110).

Über die Gallen siehe *Vermaseren*, a.a.O. 98f und die ebd. 200f genannte Literatur.

Über die Kastration als Identifizierung mit der Gottheit siehe *Michel Meslin*, Réalités psychiques et valeurs religieuses dans les cultes orientaux, Ier–IVe siècles, in: Revue Historique 512 (Okt.–Dez. 1974) 289–314, hier 295f.

Über die Beziehungen zwischen den phrygischen Mysterien und dem Christentum siehe *M. J. Lagrange*, Attis et le christianisme, in: RB 16 (1919) 419–480; *ders.*, Attis ressuscité, in: RB 36 (1927) 561–566; *A. Loisy*, a.a.O. 108f; *Vermaseren*, Cybele and Attis 180f.

Siehe auch *Hugo Rahner*, Das christliche Mysterium und die heidnischen Mysterien, in: Griechische Mythen in christlicher Deutung (Zürich 1945, unveränderte Neuausg. 1957) 21–72 und die § 205 verzeichnete Bibliographie.

208.

Über die ägyptischen Mysterien siehe *F. Cumont*, Die orientalischen Religionen 68–93, 233–253; *A. Loisy*, Les Mystères païens 121–156; *K. Prümm*, Religionsgeschichtliches Handbuch 268–280; *Georges Nagel*, Les „mystères" d'Osiris dans l'ancienne Égypte, in: Die Mysterien. Eranos Jahrbuch XI (1944) (Zürich 1945) 145–166; *Carl Schneider*, Kulturgeschichte des Hellenismus II, 840ff.

Über Serapis siehe *P. M. Fraser*, Two Studies on the Cult of Sarapis in the Hellenistic World, in: Opuscula Atheniensia 3 (1960) 1–54; *ders.*, Current Problems concerning the Early History of the Cult of Sarapis, in: Opuscula Atheniensia 7 (1967) 23–45; *Ruth Stiehl*, The Origin of the Cult of Sarapis, in: HR 3 (1963) 21–33; *Ladislav Vidman*, Isis und Serapis bei den Griechen und Römern (Berlin 1970); *J. E. Stambaugh*, Sarapis under the early Ptolemies (Leiden 1972); *W. Hornbostel*, Sarapis. Studien zur Überlieferungsgeschichte, den Erscheinungsformen und Wandlungen der Gestalt eines Gottes (Leiden 1973).

Zu Herodot und den ägyptischen „Mysterien" siehe den Kommentar von *A. B. Lloyd*, Herodotus, Book II, part I–II (Leiden 1975–76).

Es gibt eine überreiche Literatur über den Isis-Kult und seine Verbreitung im Römischen Reich; siehe *R. Merkelbach*, Isisfeste in griechisch-römischer Zeit. Daten und Riten (Meisenheim am Glan 1963); *M. Münster*, Untersuchungen zur Göttin Isis (Berlin 1968); *R. E. Witt*, Isis in the Graeco-Roman World (London – Ithaque 1971) (ein eher enttäuschendes Buch); *S. K. Heyob*, The cult of Isis among women in the Graeco-Roman world (Leiden 1975). Vgl. auch *R. Harder*, Karpokrates von Chalkis und die memphitische Isispropaganda (Berlin 1944) (= Abhandlungen der Preußischen Akademie der Wissenschaften, Phil.-Hist. Klasse 14 [1943]); *D. Vandebeek*, De interpretatio Graeca van de Isisfigur (Louvain 1946) (= Studia hellenistica 4).

Von den neueren Publikationen über die Verbreitung des Kults seien genannt *G. Grimm*, Zeugnisse ägyptischer Religion und Kunstelemente im römischen Deutschland (Leiden 1969); *P. F. Tchudi*, Isis in Rom (Aarau 1969); *V. Tran Tam Tinh*, Essai sur le culte d'Isis à Pompéi (Paris 1964); *François Dunand*, Le culte d'Isis dans le bassin oriental de la Méditerranée I–III (Leiden 1973); *M. Malaise*, Les conditions de pénétration et de diffusion des cultes égyptiens en Italie (Leiden 1972).

Über die Isis-Aretalogien siehe *D. Müller*, Ägypten und die griechischen Isis-Aretalogien (1961) (= Abhandlungen der Sächsischen Akademie der Wissenschaften, Philol.-hist. Klasse 53,1); *Jan Bergman*, Ich bin Isis. Studien zum memphitischen Hintergrund der griechischen Isisaretalogien (Uppsala 1968); vgl. die Beobachtungen von *Jonathan Smith* in HR 11 (1971) 236f; ebd. 241f Anm. 10 eine reiche Bibliographie.

Über die Initiation in den Isis-Kult siehe *M. Dibelius*, Die Isis-Weihe bei Apuleius und verwandte Initiationsriten, in: Botschaft und Geschichte II (Tübingen 1965) 30–79 (1917 erstmals veröffentlicht); *V. von Gonzenbach*, Untersuchungen zu den Knabenweihen im Isiskult der römischen Kaiserzeit (Bonn 1957); *J. Gwyn Griffiths*, Apuleius of Madauros. The Isis-book (Leiden 1975). Siehe auch *J. Baltrušaitis*, La Quête d'Isis. Introduction à l'égyptomanie. Essai sur la légende d'un mythe (Paris 1967).

209.

Die hermetischen Texte wurden herausgegeben und übersetzt von *A.-J. Festugière/ A. D. Nock*, Hermès Trismégiste I–IV (Paris 1945–1954). Die englische Übersetzung von *W. Scott/A. S. Ferguson*, Hermetica I–IV (Oxford 1924–1936) ist wertvoll wegen ihrer Anmerkungen und Kommentare, muß aber mit Vorsicht benutzt werden, denn die Autoren haben an einem schlechten Text gearbeitet. Eine exzellente Darstellung und Zusammenfassung bietet *Jean Doresse*, L'hermétisme égyptianisant, in: Histoire des Religions II (Paris 1972) 430–497 (vgl. 433–441 das Verzeichnis der Texte). Das grundlegende Werk von *Festugière*, La Révélation d'Hermès Trismégiste I–IV (Paris 1944–54) bleibt unentbehrlich. Der gleiche Autor hat eine Anzahl von Studien – darunter L'Hermétisme (1948) und Hermetica (1938) – in dem Band Hermétisme et mystique païenne (1967) gesammelt. Siehe auch *K. Prümm*, Religionsgeschichtliches Handbuch 540–605; *G. van Moorsel*, The Mysteries of Hermes Trismegistos (Utrecht 1955); *Hugo Rahner*, Griechische Mythen in christlicher Deutung (Zürich 1945, unveränderte Neuausg. 1957) 232ff.

Die Texte des populären Hermetismus sind ausführlich analysiert, interpretiert und teilweise übersetzt worden im 1. Band von La Révélation d'Hermès Trismégiste: L'Astrologie et les sciences occultes. Über die alchemistische Struktur der Schöpfung der Seelen im Traktat *Korē Kosmū* siehe den Artikel von Festugière in: Pisciculi (Münster 1939) 102–116, wiederabgedruckt in: Hermétisme et mystique païenne 230–248.

Die Schriften des philosophischen Hermetismus unterscheiden sich voneinander durch ihr literarisches Genus: *Poimandres* ist eine Aretalogie, d.h. die Erzählung einer wunderbaren Manifestation *(arete)* der Gottheit (hier des göttlichen *noûs*); man findet Kosmogonie-Fragmente und Lehr-Logoi (vgl. Festugière, Révélation II, 28f); die Traktate 1 und 13 beschreiben die Erfahrung einer Divinisation (vor allem diese beiden Traktate enthalten die Offenbarung des hermetischen Heils; vgl. Festugière, Hermétisme et mystique païenne 34f, 38f).

Die optimistische Theologie wird in den Traktaten 5, 7 und 9 des *Corpus Hermeticum* vorgestellt, die pessimistische Lehre in den Traktaten 1, 4, 6, 7 und 13. Aber manchmal stehen die beiden Richtungen im gleichen Buch nebeneinander. Die ägyptischen Anklänge des *Corpus Hermeticum* sind herausgearbeitet worden von *Reitzenstein* (in: R. Reitzenstein – H. H. Schaeder, Studien zum antiken Synkretismus [Leipzig – Berlin 1926] 43f), *Philippe Derchain* (L'authenticité de l'inspiration égyptienne dans le Corpus Hermeticum, in: RHR 161 [1962] 172–198), *Martin Krause* (Ägyptisches Gedankengut in der Apokalypse des Apuleius, in: ZDMG Supplementa I [1969] 48–57) und *Jean Doresse* (Hermès et la Gnose. A propos de l'Asclepius copte, in: Novum Testamentum 1 [1956] 54–59; und zuletzt: L'Hermétisme égyptianisant 442–450).

Man hat auch gewisse Einflüsse jüdischer Quellen ausmachen können; Corpus Hermeticum 1 zitiert die Genesis, siehe *C. H. Dodd*, The Bible and the Greeks (1935) 99f; *Scott*, Hermetica I, 54f. Vgl. auch *Marc Philonenko*, Une allusion de l'Asclepius au livre d'Henoch, in: Christianity, Judaism and other Greco-Roman Cults, Studies for Morton Smith II (Leiden 1975) 161–163.

Poimandres wurde untersucht von *R. Reitzenstein*, Poimandres. Studien zur griechisch-ägyptischen und frühchristlichen Literatur (Leipzig 1904); *Festugière*, Révélation IV, 40f; *Hans Jonas*, The Gnostic Religion (1958, 2., durchges. Aufl. 1963) 147–173; *E. Haenchen*, Gott und Mensch (Tübingen 1965) 335–377. In der gnostischen Bibliothek von Nag Hammadi hat man eine Sammlung hermetischer Texte in einem oberägyptischen Dialekt gefunden, worunter sich auch mehrere lange Fragmente eines Proto-Asclepius befanden; vgl. *J. Doresse*, Hermès et la gnose. A propos de l'Asclepius copte, in: Novum Testamentum 1 (1956) 54–59; *ders.*, Les livres secrets des gnostiques d'Égypte (Paris 1958) 256f; *ders.*, L'hermétisme égyptianisant 434.

210.

Die Existenz hermetischer Bruderschaften wurde von *R. Reitzenstein*, Poimandres 248f (über die „Poimandres-Gemeinde") behauptet und von *Johannes Geffcken*, Der Ausgang des griechisch-römischen Heidentums (Heidelberg 1920) 20f aufgegriffen. Siehe die Kritik dieser Hypothese durch *Festugière*, La Révélation d'Hermès Trismégiste I, 81–84; Hermétisme et mystique païenne 37f.

Über die Transposition kultischer in literarische Mysterien siehe *Festugière*, L'idéal religieux des Grecs et l'Évangile 116–132; La Révélation 82f; Hermétisme et mystique païenne 103f. Siehe auch *A. D. Nock*, The Question of Jewish Mysteries, in: Gnomon 13 (1937) 156–165, wiederabgedruckt in: Essays on Religion and the Ancient World I (Oxford 1972) 459–468.

Über die hermetische „Initiation" siehe *G. Sfameni Gasparro*, La gnosi ermetica come iniziazione e mistero, in: SMSR 36 (1965) 53–61; *H. und R. Kahane*, The Krater and the Grail. Hermetic Sources of the Parzival (Urbana 1965) 40f.

Über die Beziehungen zwischen Hermetismus und Essenismus siehe *F. M. Braun*, Essénisme et Hermétisme, in: Revue Thomiste 54 (1954) 523–558; vgl. vom gleichen Autor: Hermétisme et Johanisme, in: Revue Thomiste 55 (1955) 22–42; 56 (1956) 259–299.

Die hermetische Literatur der Ṣābier wird von *Scott*, Hermetica IV, 248–276 untersucht. (Der Autor schöpft vor allem aus den zwei Bänden von *D. A. Chwolsohn*, Die Ssabier und Ssabismus [St. Petersburg 1856].) Vgl. auch *Festugière/Nock*, Hermès Trismégiste IV, 145f; *J. B. Segal*, The Sabian Mysteries, in: *E. Bacon* (Hrsg.), Vanished Civilizations (New York – London 1963) 201–220.

Über die arabische hermetische Literatur siehe den Anhang von *L. Massignon* im 1. Band von La Révélation d'Hermès Trismégiste 384–399 und *Henry* und *Renée Kahane*, The Krater and the Grail. Hermetic Sources of the Parzival 116–122.

Im 12. Jahrhundert beginnt der Hermetismus in Folge der zahlreichen Übersetzungen arabischer Werke in Europa bekannt zu werden; vgl. *H. und R. Kahane* 130f. Der hermetische Einfluß auf den *Parzival* Wolframs von Eschenbach und die Ableitung des Terminus *graal* (Schale, Vase, Becken) vom Wort *crater* sind von *H. und R. Kahane*, The Krater and the Grail, passim, ins Licht gerückt worden. Vgl. von den gleichen Autoren: Hermetism and the Alfonsine Tradition, in: Mélanges offerts à Rita Lejeune (Gembloux I, 443–445). Die Ergebnisse von H. und R. Kahane sind von *Henry Corbin*, En Islam iranien II (1971) 143–154 aufgenommen worden.

Über die lateinische Übersetzung des *Corpus Hermeticum* und ihren Einfluß in der Renaissance siehe *Frances A. Yates*, Giordano Bruno and the Hermetic Tradition (Chicago 1964) und den 3. Band des vorliegenden Werkes.

211.

Für eine Gesamtschau der Alchemie siehe *M. Eliade*, Schmiede und Alchemisten (Stuttgart o. J. [1960]) (dt. Ausgabe von: Forgerons et Alchimistes [Paris 1956, 2., verbesserte und vermehrte Aufl. 1977]). Für die hellenistische Alchemie vgl. ebd. 169 ff und die 231 ff angeführte Bibliographie. Unter den neueren Arbeiten sind zu erwähnen: *Festugière*, La Révélation d'Hermès Trismégiste I (1944, ²1950) 216–282; *F. Sherwood Taylor*, A Survey of Greek Alchemy, in: Journal of Hellenistic Studies 50 (1930) 103–139; *ders.*, The Origins of Greek Alchemy, in: Ambix I (1937) 30–47; *ders.*, The Alchemists (New York 1949); *Multhauf*, The Origins of Chemistry (London 1966) 103–116; *W. J. Wilson*, Origins and Development of Greco-egyptian Alchemy, in: Ciba Symposia III (1941) 926–960; *J. Lindsay*, Hellenistic Alchemy (London 1970).

Was die technischen Rezepte der Metallurgie und Goldschmiedekunst betrifft, die schon im 16. Jahrhundert v. Chr. (z. B. im Papyrus Ebers) bezeugt sind, so hatten sie gewiß einen hierurgischen Kontext, denn in traditionellen Gesellschaften waren die Verfahren mit einem Ritual verbunden. Die Papyri von Leiden und Stockholm, die rein „chemische" Rezepte enthalten (siehe zuletzt *Multhauf*, The Origins of Chemistry 96 f mit neuer Bibliographie), wurden in einem Grab in Theben neben den Zauberpapyri Nr. 12 und 13 (veröffentlicht von Preisendanz) gefunden. *R. G. Forbes* hat zahlreiche Beispiele für eine „Geheimsprache" angeführt, die in Mesopotamien beim Abfassen von Rezepten für die Glasmanufaktur (schon im 17. Jahrhundert v. Chr.) und die synthetische Herstellung von Lapislazuli sowie in medizinischen Rezepten Verwendung fand; vgl. Studies in Ancient Technology I (Leiden 1955) 125. Die in mesopotamischen medizinischen Texten des 7. Jahrhunderts v. Chr. etliche Male wiederholte Ermahnung: „Wer weiß, kann dem, der weiß, zeigen, wer weiß, darf aber dem, der nicht weiß, nicht zeigen" findet sich schon in den Rezepten zur Herstellung von Glas zehn Jahrhunderte zuvor in der Kassitenzeit; vgl. *Forbes*, a. a. O. 127. In der hellenistischen alchemistischen Literatur wimmelt es von Mahnworten und Eidesformeln, die die esoterischen Wahrheiten den Profanen mitzuteilen verbieten. Ostanes „hat die Mysterien mit gleicher Sorgfalt gehütet wie seinen Augapfel; er hat angeordnet, daß sie nicht an Schüler preisgegeben würden, die ihrer nicht würdig sind, usw."; siehe weitere Beispiele bei *J. Bidez/ F. Cumont*, Les Mages hellénisés II (Paris 1938) 315 f. Die Verpflichtung zur Geheimhaltung des *opus alchymicum* hat sich vom Ende der antiken Welt bis in unsere Tage durchgehalten. Übrigens ist die Übermittlung von „Berufsgeheimnissen" auf schriftlichem Wege eine Illusion der modernen Historiographie. Wenn es ein Schrifttum gibt, das beansprucht, „die Geheimnisse zu enthüllen", so ist dies wohl das tantrische Schrifttum. Nun findet man aber in dieser Unmenge von Schriften nie die für das *sādhana* unerläßlichen praktischen Anweisungen: In den entscheidenden Augenblicken muß man einen Lehrer haben, und sei es auch nur, um die Echtheit der Erfahrung zu bestätigen.

H. E. Stapleton meint, der Ursprung der alexandrinischen Alchemie dürfe nicht im hellenistischen Ägypten, sondern müsse in Harran in Mesopotamien gesucht werden; hier lokalisiert er den Verfasser des *Traktats Agathodaimon*, eines Textes, der wahrscheinlich 200 v. Chr., also nach Stapleton vor *Physika kai mystika* geschrieben wurde; vgl. The Antiquity of Alchemy, in: Ambix 5 (1953) 1–43. Diese Hypothese, die unter anderem die Ausbreitung der arabischen Alchemie erklärt, ist noch umstritten. In einer Reihe neuerer Studien hat *H. J. Shepard* den Gnostizismus als Hauptquelle der alchemistischen Mystik identifiziert; vgl. Gnosticism and Alchemy, in: Ambix 4 (1957) 86–101, und die in Schmiede und Alchemisten 231 ff verzeichnete Bibliographie.

C. G. *Jung* hat die Vision des Zosimos in seiner Studie: Die Visionen des Zosimos, wiederveröffentlicht in: Von den Wurzeln des Bewußtseins (Zürich 1954) 137–216 kommentiert. Der Text der „Vision" findet sich bei *M. Berthelot*, Collection des Alchimistes grecs (Textes) 107–112, 115–118; vgl. die neue englische Übersetzung von *F. Sherwood Taylor* in: Ambix 1 (1937) 88–92. Die *separatio* wird in den alchemistischen Werken beschrieben in Ausdrücken der Zerstückelung eines menschlichen Körpers; vgl. *Jung*, a.a.O. 154 Anm. 27. Über die „Qual" der Elemente siehe ebd. 211.

212.

Gute Darstellungen der politischen und kulturellen Geschichte der Parther finden sich bei *Franz Altheim*, Alexander und Asien. Geschichte eines geistigen Erbes (Tübingen 1953); *R. Ghirshman*, Parthes et Sassanides (Paris 1962); *J. Wolski*, Les Achémenides et les Arsacides, in: Syria 43 (1966) 65–89; *ders.*, Arsakiden und Sasaniden, in: Festschrift für Franz Altheim I (Berlin 1969) 315–322.

Alle Gesamtdarstellungen der iranischen Religionsgeschichte, die in Geschichte der religiösen Ideen I 413 f (§ 100) aufgeführt sind, enthalten Kapitel über die parthische Epoche. Siehe vor allem: *J. Duchesne-Guillemin*, La religion de l'Iran ancien (Paris 1962) 224 ff; *G. Widengren*, Die Religionen Irans (Stuttgart 1965) 174 ff; *ders.*, Iranisch-semitische Kulturbegegnung in parthischer Zeit (Köln-Opladen 1960); *ders.*, Quelques rapports entre juifs et iraniens à l'époque des Parthes, in: Vetus Testamentum, Suppl. IV (1957) 197–240; *ders.*, Iran and Israel in Parthian Times, in: Temenos II (1960) 139–177; *Stig Wikander*, Feuerpriester in Kleinasien und Iran (Lund 1946).

Über das Orakel des Hystaspes siehe *Widengren*, Die Religionen Irans 199 ff; *J. Bidez/F. Cumont*, Les Mages hellénisés (Paris 1934) I, 228 f; *John R. Hinnells* sieht dieses Orakel in Übereinstimmung mit der zoroastrischen Theologie; vgl. The Zoroastrian doctrine of salvation in the Roman World, in: Man and his Salvation. Studies in Memory of S. C. F. Brandon (Manchester 1973) 125–148, hier 146 f. Vgl. *F. Cumont*, La fin du monde selon les mages occidentaux, in: RHR 104 (1931) 64–96.

Über das Königtum in der Arsakidenzeit und den Initiationssymbolismus in der legendenhaften Biographie des Mithradates Eupator siehe *Widengren*, La légende royale de l'Iran antique, in: Hommages à Georges Dumézil (Brüssel 1960) 225–237 und Die Religionen Irans 236 ff.

213.

Über die archaische Struktur Zervans siehe *G. Widengren*, Hochgottglaube im alten Iran (Uppsala 1938) 300 ff; vgl. auch Die Religionen Irans 214 ff, 283 ff. Die Zervan betreffenden Texte sind übersetzt und kommentiert worden von *R. C. Zaehner*, Zurvan. A Zoroastrian Dilemma (Oxford 1955); vgl. auch vom gleichen Verfasser: The Teachings of the Magi (London 1956).

Von der breiten Literatur über den Zervanismus möchten wir außer den Werken von Zaehner, Widengren und Duchesne-Guillemin anzeigen: *M. Molé*, Le problème zurvanite, in: JA 247 (1959) 431–470; *Ugo Bianchi*, Zaman i Ohrmazd (Torino 1958) 130–189;

Gherardo Gnoli, Problems and Prospects of the Studies on Persian Religion, in: Problems and Methods of the History of Religions (Leiden 1971) 67–101, hier 85 f.

Über die von Osteuropa bis nach Sibirien verbreiteten kosmogonischen Mythen, in denen der Widersacher Gottes eine Rolle spielt, siehe *M. Eliade*, De Zalmoxis à Gengis Khan (1970) 81–130 (die iranischen Legenden werden 109–114 untersucht).

Im weiteren Verlauf des Mythos, der von *Eznik*, Wider die Sekten (übersetzt von *Zaehner*, Zurvan 438 f, dt. Übers. bei *Widengren*, Die Religionen Irans 284) berichtet wird, wußte Ohrmazd, nachdem er die Welt geschaffen hatte, nicht, wie er die Sonne und den Mond machen sollte. Ahriman seinerseits wußte es und sprach darüber zu den Dämonen: Ohrmazd müsse seiner Mutter beiwohnen, um die Sonne, und seiner Schwester, um den Mond zu erschaffen. Ein Dämon teilte das Rezept eilig Ohrmazd mit; vgl. *Eliade*, De Zalmoxis à Gengis Khan 109 f und die Anm. 80 f. Wie *Widengren*, Die Religionen Irans 289 f gezeigt hat, waren die Magier wegen ihrer inzestuösen Praktiken bekannt. Der Fortgang des von Eznik überlieferten Mythos enthält einen Widerspruch, denn Ohrmazd, der sich als „Schöpfer mit Erfolg" gezeigt hatte („Alles, was Ohrmazd machte, war gut und recht."), erweist sich als völlig unfähig, seine Schöpfung zu vollenden; „geistige Ermattung", die ein Kennzeichen bestimmter Typen von *dii otiosi* ist (vgl. De Zalmoxis ... 110 f und passim). Diese Episode ist wahrscheinlich als ätiologischer Mythos eingefügt worden, um das Verhalten der parthischen Magier zu rechtfertigen.

214.

Wir werden die Religionen der Sassanidenzeit in Band III untersuchen (siehe auch unten § 216). Man findet eine gute Darstellung bei *Widengren*, Die Religionen Irans 243 ff und bei *Duchesne-Guillemin*, a.a.O. 276 ff. Man sollte jedoch nicht vergessen, daß mehrere lediglich in den späten Texten bezeugte Auffassungen bis in die Achämenidenzeit zurückreichen; vgl. u. a. *G. Widengren*, The Problem of the Sassanid Avesta, in: Holy Book and Holy Tradition, hrsg. von *F. F. Bruce/E. G. Rupp* (Manchester University Press 1968) 36–53.

Über die Millennien-Lehre und die Drei-Zeiten-Formel *(aršokara, frašokara* und *marsokara)* siehe *H. S. Nyberg*, Questions de cosmogonie et de cosmologie mazdeenne, in: JA 214 (1929) 193–310; 219 (1931) 1–134, hier 89 f; ders., Die Religionen des alten Iran (Leipzig 1938) 380 f. Über die begrenzte Zeit und die Rolle der Himmelsleuchten siehe *M. Molé*, Culte, mythe et cosmologie dans l'Iran ancien (Paris 1963) 395 f.

215.

Über die zwei Schöpfungen siehe – außer den Werken von Nyberg, Duchesne-Guillemin, Zaehner und Widengren, s. v. *mēnōk* und *gētik* – *G. Gnoli*, Osservazioni sulla dottrina mazdaica della creazione, in: Annali dell'Instituto Orientale di Napoli N. S. 13 (1963) 163–193, hier 180 f; *S. Shaked*, Some Notes on Ahreman, the Evil Spirit, and his Creation, in: Studies in Mysticism and Religion, presented to Gershom G. Scholem (Jerusalem 1967) 227–234; ders., The notions *mēnōg* and *gētig* in the Pahlavi texts and their relation to eschatology, in: Acta Orientalia 32 (1971) 59–107; *Mary Boyce*, A History of Zoroastrianism I (Leiden 1975) 229 f. Siehe auch *Henry Corbin*, Le Temps Cyclique dans le Mazdéisme et dans l'Ismaélisme, in: Eranos Jahrbuch XX (1951) (Zürich 1952) 150–217.

216.

Die Quellen für den Mythos von Gayōmart sind teilweise übersetzt und kommentiert in: *A. Christensen*, Les types du premier homme et du premier roi dans l'histoire légendaire des Iraniens (Leiden – Uppsala 1917–1934) I, 19 ff, *S. S. Hartmann*, Gayōmart. Étude sur le syncrétisme dans l'ancien Iran (Uppsala 1953) (wenig überzeugend) und *M. Molé*, Culte, mythe et cosmologie 280 f, 409 f, 447 f.

Gute Darstellungen von *Duchesne-Guillemin*, a.a.O. 208 f, 324 f; *Zaehner*, Dawn and Twilight 180, 232, 262 f; *M. Molé*, a.a.O. 484 f (Kritik der These von Hartmann). *K. Hoffmann* hat die Ähnlichkeiten mit einer vedischen halbgöttlichen Gestalt namens Mārtāṇḍa („göttlicher Samen") hervorgehoben; vgl. Mārtāṇḍa und Gayōmart, in: Münchener Studien zur Sprachwissenschaft 11 (1957) 85–103.

Über das Thema Makrokosmos – Mikrokosmos und seine Beziehungen zur Kosmogonie und zu Gayōmart siehe *Anders Olerud*, L'Idée de macrocosmos et de microcosmos dans le Timée de Platon (Uppsala 1951) 144 f und *Ugo Bianchi*, Zaman i Ohrmazd. Lo zoroastrismo nelle sue origini e nella sua essenza (Torino 1958) 190–221 (194 f die Kritik an Olerud).

In jüdischen Kreisen begegnen ähnliche Spekulationen über Adam. Ein Text der *Sibyllinischen Orakel* (3, 24–26), der aus dem 2. oder 1. Jahrhundert v. Chr. stammt, erklärt den Namen Adam als Symbol des Kosmos: A = *anatole*, Osten; D = *dusis*, Westen; A = *arktos*, Norden; M = *mesembreia*, Süden. Vgl. auch das *slawische Henoch-Buch* (*Charles*, The Apocrypha II [Oxford 1913] 449); der Alchemist Zosimos, Authentische Kommentare § 11, übersetzt von *Festugière*, La Révélation d'Hermès Trismégiste I (Paris 1944) 269.

Über den Mythos von den Pflanzen-Menschen, die aus dem Samen eines unschuldigen Wesens, das geopfert oder gehängt wird, geboren werden, siehe *M. Eliade*, Gayōmart et la Mandragore, in: Ex Orbe religionum. Studia Geo Widengren Oblata II (Leiden 1972) 65–74.

Nach einer älteren Tradition, die im *Bundahishn* überliefert ist, leistete Gayōmart den Angreifern heftigen Widerstand und brachte ihnen große Verluste bei. In der manichäischen Mythologie war der Urmensch Gēhmurd (Gayōmart) der Anführer des Widerstands gegen den Angriff des Bösen; vgl. *G. Widengren*, The Death of Gayōmart, in: Myths and Symbols. Studies in Honor of Mircea Eliade (Chicago 1969) 179–193, hier 181. Siehe auch vom gleichen Verfasser: Primordial Man and Prostitute: a Zervanite Motif in the Sassanid Avesta, in: Studies in Mysticism and Religion, presented to Gershom G. Scholem 337–352.

Über Gayōmart als Vollkommenen Menschen siehe *M. Molé*, Culte, mythe et cosmologie 469 f. Nach Molé „ist der mazdäische Makroanthropos nicht Gayōmart: er erscheint vielmehr als eine Manifestation Ohrmazds" (ebd. 410).

Die verschiedenen Ausdrücke für den unvergänglichen Teil des Menschen *(ahū*, „Leben", *urvan*, „Seele", *baodhah*, „Erkenntnis", *daēnā* und *fravashi)* werden von *Duchesne-Guillemin*, a.a.O. 327 f untersucht, der auch das Wesentliche der kritischen Bibliographie anführt.

Über die künftigen Erlöser und die eschatologische Erneuerung siehe *Duchesne-Guillemin* 343–354 (kurze Analyse der in der Eschatologie feststellbaren Widersprüche 352 f); *G. Widengren*, Die Religionen Irans 102 ff; *Molé*, a.a.O. 412 f und in die in Geschichte der religiösen Ideen I, 418 ff (§§ 111 f) verzeichneten Bibliographien.

217.

Die beiden Bände von *F. Cumont*, Textes et Monuments figurés relatifs aux Mystères de Mithra I–II (Brüssel 1896–1898) sind immer noch unentbehrlich. Der gleiche Autor hat ein kleines zusammenfassendes Buch veröffentlicht: Die Mysterien des Mithra (Leipzig – Berlin 1903, ³1923, Nachdruck Stuttgart 1975) (dt. Ausgabe von Les Mystères de Mithra [Brüssel 1900, ³1913]); siehe auch Die orientalischen Religionen im römischen Heidentum (Darmstadt ⁴1959) 124ff, 277ff. Die letzte Arbeit Cumonts über den Mithrazismus, die wahrscheinlich im Mai 1947, drei Monate vor seinem Tod, fertiggestellt wurde, ist erst 1975 veröffentlicht worden: The Dura Mithraeum, übersetzt (ins Englische) und herausgegeben von *E. D. Francis*, in: Mithraic Studies (Manchester 1975) 151–214. Eine kritische Untersuchung der Interpretation Cumonts wurde vorgelegt von *R. L. Gordon*, Franz Cumont and the doctrines of Mithraism, in: ebd. 215–248. *S. Wikander* hatte schon die Rekonstruktion Cumonts kritisiert im ersten (dem einzigen erschienenen) Faszikel von Études sur les Mystères de Mithra (Lund 1950) (aber siehe die Beobachtungen von *Widengren*, Stand und Aufgaben der iranischen Religionsgeschichte [Leiden 1955] 114f).

Das Corpus der Inschriften und Monumente ist veröffentlicht worden von *M. J. Vermaseren*, Corpus Inscriptionum et Monumentorum Religionis Mithriacae I–II (Den Haag 1956–1960). Siehe vom gleichen Autor: Mithras. Geschichte eines Kults (Stuttgart 1965) (übersetzt aus dem Niederländischen).

Gesamtdarstellungen von *A. Loisy*, Les Mystères païens et le mystère chrétien (²1930) 157–198; *R. Pettazzoni*, I Misteri (Bologna 1924) 220–281; *J. Duchesne-Guillemin*, La religion de l'Iran ancien 248–256; *G. Widengren*, The Mithraic Mysteries in the Greco-Roman World with Special Regard to Their Iranian Background, in: La Persia e il mondo greco-romano (Accademia Nazionale dei Lincei 1966) 433–455, mit Verweisen auf die früheren Veröffentlichungen des Autors; *R. C. Zaehner*, The Dawn and Twilight of Zoroastrianism 128ff. Siehe auch *K. Prümm*, Religionsgeschichtliches Handbuch für den Raum der altchristlichen Umwelt (Freiburg i. Br. 1943, Nachdruck Rom 1954) 281ff.

Die Akten des ersten Internationalen Kongresses für Mithras-Studien, der 1971 in Manchester stattgefunden hat, wurden unter der Leitung von *John R. Hinnells* veröffentlicht: Mithraic Studies (Manchester University Press 1975). Der zweite Kongreß wurde 1975 in Teheran abgehalten. Siehe auch The Journal of Mithraic Studies 1975ff.

In mehreren seiner Werke hat *G. Widengren* die iranischen Elemente in den Mithras-Mysterien herausgearbeitet; siehe zuletzt The Mithraic Mysteries, passim. *R. Merkelbach* hat weitere Züge iranischen Ursprungs ausfindig gemacht; vgl. Zwei Vermutungen zur Mithrasreligion, in: Numen 6 (1959) 154–156. Über die Inthronisation des parthischen Königs und die armenischen Meher-Überlieferungen siehe *G. Widengren*, Iranisch-semitische Kulturbegegnung in parthischer Zeit (Köln – Opladen 1960) 65ff; *S. Hartmann*, Gayōmart (Uppsala 1953) 60 Anm. 2, 180 Anm. 6. Vgl. *Eliade*, De Zalmoxis à Gengis Khan (1970) 37f.

In seiner Studie: Mithra-Verehrung, Mithras-Kult und die Existenz iranischer Mysterien, in: Mithraic Studies 378–405, lokalisiert *Carsten Colpe* den Ursprung der Mysterien in der Gegend Pontus und Kommagene; für diesen Autor handelt es sich um einen synkretistischen Kult eher jüngeren Datums (2. Jahrhundert) mit politischer Ausrichtung.

Für die Episoden, in denen Mithra und der Stier *vor* der Opferung auftreten, siehe *Duchesne-Guillemin*, a.a.O. 250 und *M. J. Vermaseren*, Mithras. Geschichte eines

Kultes 63 ff; diese Abenteuer sind fast ausschließlich auf den Monumenten Zentraleuropas, zwischen Rhein und Donau, dargestellt.

Über Cautes und Cautopates siehe zuletzt *Leroy A. Campbell*, Mithraic Iconography and Ideology (Leiden 1968) 29f und *Martin Schwartz*, Cautes and Cautopates, the Mithraic torchbearers, in: Mithraic Studies 406–423; diese beiden Studien führen das Wesentliche der älteren Literatur an.

Auf den Darstellungen des Stieropfers hält Mithra den Kopf abgewendet, „wie wenn er hinter sich blicken würde, und mit einem eigenartigen Ausdruck von Traurigkeit; in der Regel befindet sich links ein Rabe, der sich auf seine Seite neigt; oft ist in der linken Ecke die Gestalt der Sonne, rechts jene des Mondes zu sehen; unten ist ein Hund, der sich auf das Blut stürzt, das aus der Wunde fließt, auch eine Schlange; ein Skorpion faßt die Geschlechtsteile des verendenden Tieres und sticht sie mit seinem Schwanz; manchmal nimmt auch eine Ameise daran teil; oder unter dem Stier ist ein Mischkrug dargestellt und ein Löwe, der ihn zu halten oder daraus zu trinken scheint, während andererseits die Schlange aussieht, als ob sie das Gleiche tun würde (...). Der Schwanz des Stieres ist nach oben gerichtet und endet in einer Ährengarbe: man erwähnt sogar Monumente, auf denen die Ähren anstelle des Blutes aus der Wunde des Stieres hervorkommen" (*Loisy*, Mystères païens 185 f, Cumont zusammenfassend).

Aus der umfangreichen Bibliographie über Mithra tauroktonos sei genannt: *Vermaseren*, a.a.O. 53 ff; *ders.*, A unique representation of Mithras, in: Vigiliae Christ. 4 (1950) 142–256; *L. A. Campbell*, Mithraic Iconography 247 f; *John R. Hinnells*, Reflections on the Bull-slaying Scene, in: Mithraic Studies 290–312. (Der Verfasser weist die Interpretation Cumonts zurück, nach der die beim Stieropfer anwesenden Tiere – der Hund, die Schlange, der Skorpion – den Konflikt zwischen Gut und Bös darstellen würden.)

Über die Opferung von Tieren bei den iranischen Zoroastriern anläßlich des *Mithragān*-Festes siehe *Mary Boyce*, Mithragān among the Irani Zoroastriens, in: Mithraic Studies 106–118.

Über die sieben mithrischen Initiationsgrade siehe: *F. Cumont*, Textes et Monuments figurés I, 314f; *G. Widengren*, The Mithraic Mysteries 448 f; *Campbell*, a.a.O. 303 f. Lange Zeit wurde der zweite Grad als *cryphius* statt *nymphus* gelesen, obwohl kein Hieronymus-Manuskript (*Ep. ad Laetam* 107, 10) *cryphius* enthält; dieser Ausdruck ist jedoch in den mithrischen Inschriften von San Silvestro bezeugt; vgl. *Bruce M. Metzger*, The Second Grade of Mithraic Initiation, in: Historical and Literary Studies 1968, 25–33. Siehe auch *W. Vollgraff*, Les cryphii des inscriptions mithraïques, in: Hommage à Waldemar Deonna (Bruxelles 1957) 517–530.

Was die von einem Autor des 4. Jahrhunderts beschriebene Initiation betrifft (*Pseudo-Augustin*, Quaest. vet. et novi Test. 114, 12), so zögern manche Gelehrte, sie als authentisch anzusehen; vgl. *F. Saxl*, Mithras. Typengeschichtliche Untersuchungen (Berlin 1931) 67 Anm. 2. Dagegen erkennen Loisy (a.a.O. 183), Prümm (Handbuch 290) und J. Leipoldt (in: *J. Leipoldt/W. Grundmann*, Die Umwelt des Christentums II [Berlin 1967] 35) in diesem Text die Beschreibung wirklicher initiatorischer Prüfungen.

Die Fresken des Mithräums von Capua sind jüngst farbig reproduziert worden von *M. J. Vermaseren*, Mithriaca I: The Mithraeum at Sa. Maria Capua Vetere (Leiden 1971). Siehe auch vom gleichen Verfasser Mithriaca II; The Mithraeum at Ponza (1974).

218.

Es gibt eine reichhaltige Bibliographie über die Verbreitung der Mithras-Mysterien im Römischen Reich. Siehe *F. Cumont*, Textes et Monuments, und *M. J. Vermaseren*, Corpus Inscriptionum I–II. Vgl. auch *Vermaseren*, Mithriaca I–II; *W. Blawatsky/ G. Kochelenko*, Le culte de Mithra sur la côte septentrionale de la Mer Noire (Leiden 1966); *V. J. Walters*, The Cult of Mithras in the Roman provinces of Gaul (Leiden 1974); *G. Ristow*, Mithras im römischen Köln (Leiden 1974); *C. M. Daniels*, The role of the Roman army in the spread of practice of Mithraism, in: Mithraic Studies 249–274; *Nicolae Mitru*, Mithraismul in Dacia, in: Studii Teologice (Buakarest) Ser. II, 23 (1971) 261–273.

R. Merkelbach meint, daß die mithrische Kosmogonie vom *Timaios* Platons inspiriert ist. Vgl. Die Kosmogonie der Mithrasmysterien, in: Eranos Jahrbuch 34 (1965) (Zürich 1966) 219–257, hier 249f. Siehe auch *R. Turcan*, Mithras Platonicus. Recherches sur l'hellénisation philosophique de Mithra (Leiden 1975).

Eine vergleichende Untersuchung der kultischen Mahlzeiten in der Antike wurde vorgelegt von *J. P. Kane*, The Mithraic cult meal in its Greek and Roman environment, in: Mithraic Studies 313–351 (siehe besonders 341f). Siehe auch *A. D. Nock*, Hellenistic Mysteries and Christian Sacraments, in: Mnemosyne Ser. 4, 5 (1952) 177–213, wiederabgedruckt in: Essays on Religion and the Ancient World (Oxford 1972) 791–820 und die unten (§ 220) angeführte Bibliographie.

Über das Zeugnis der christlichen Apologeten siehe *Carsten Colpe*, Die Mithrasmysterien und die Kirchenväter, in: Romanitas et Christianitas. Studia J. H. Waszink (Amsterdam – London 1973) 29–43.

219.

Die Mehrzahl der Werke über Jesus von Nazaret, die sich seit dem Beginn des 19. Jahrhunderts in immer schnellerem Rhythmus vermehren, sind vor allem wegen der Ideologie und Methodologie ihrer Verfasser interessant. Eine kritische und detaillierte Geschichte der seit Hermann E. Reimarus (1779) bis Wilhelm Wrede (1901) erschienenen Arbeiten ist zu finden in dem Buch von *Albert Schweitzer*, Von Reimarus zu Wrede: Eine Geschichte der Leben-Jesu-Forschung (Tübingen 1906, [6]1951); wir haben die englische Übersetzung: The Quest of the Historical Jesus (1910, Neuausgabe 1968) benutzt (mit einer Einführung von James M. Robinson, die wegen der Analyse einiger späterer Arbeiten [Maurice Goguel, R. Bultmann, Karl Barth, F. Buri usw.] wertvoll ist; dt. erschienen in: Geschichte der Leben-Jesu-Forschung [Siebenstern TB 77–80] [Hamburg [2]1972]).

Erwähnt seien einige neuere Werke: *G. Bornkamm*, Jesus von Nazareth (Stuttgart 1957, [10]1975); *Ethelbert Stauffer*, Jesus. Gestalt und Geschichte (Bern 1957); *J. Jeremias*, Das Problem des historischen Jesus (Stuttgart 1960); *H. Conzelmann/G. Ebeling/ E. Fuchs*, Die Frage nach dem historischen Jesus (Tübingen 1959); *V. Taylor*, The Life and Ministry of Jesus (London 1954); *C. H. Dodd*, The Founder of Christianity (London – New York 1970). Siehe auch *J. Moreau*, Les plus anciens témoignages profanes sur Jésus (Brüssel 1944); *E. Trocmé*, Jésus de Nazareth vu par les témoins de sa vie (Paris 1971); *F. Trotter* (Hrsg.), Jesus and the Historians (FS Colwell) (Philadelphia 1968); *W. Kümmel*, Jesusforschung seit 1950, in: Theologische Rundschau 31 (1966) 15–46, 289–315.

Die ältesten „Leben Jesu", von den Evangelien bis zu Origenes, werden untersucht von *Robert M. Grant,* The Earliest Lives of Jesus (New York 1961). Für die von außerevangelischen Quellen überlieferten Nachrichten siehe *Roderic Dunkerley,* Beyond the Gospels (Harmondsworth 1957). *Joseph Klausner* hat das Problem in der Perspektive des Judentums angegangen; siehe: Jesus von Nazareth. Seine Zeit, sein Leben und seine Lehre (Berlin 1930, Jerusalem ³1952) (ursprünglich hebr. 1922, engl. 1925); Von Jesus zu Paulus (Jerusalem 1950) (Übers. aus dem Hebr.). Eine gute Gesamtdarstellung über Jesus und die Entstehung des Christentums mit Bibliographien und Forschungsstand bietet *Marcel Simon* in: *M. Simon/A. Benoit,* Le Judaïsme et le Christianisme antique (Paris 1968) 33f, 81f, 199f. Siehe auch *Robert M. Grant,* Augustus to Constantine (New York 1970) 40f; *Norman Perrin,* The New Testament. An Introduction (New York 1974) 277f.

Die Jünger des Johannes d.T. bildeten weiterhin eine eigene Sekte, die mit der christlichen Gemeinde rivalisierte. siehe: *M. Goguel,* Jean-Baptiste (Paris 1928); *J. Steinmann,* St. Jean Baptiste et la spiritualité du désert (Paris 1955); *J. Daniélou,* Jean-Baptiste, témoin de l'Agneau (Paris 1964); *J. A. Sint,* Die Eschatologie des Täufers, die Täufergruppen und die Polemik der Evangelien, in: *K. Schubert* (Hrsg.), Vom Messias zum Christus (Wien – Freiburg i. Br. 1964) 55–163.

Über die Wunder Jesu und die Beziehungen zur hellenistischen Magie und Theurgie siehe: *L. Bieler,* Theios Aner I–II (Wien 1936f); *H. van der Loos,* The Miracles of Jesus (Leiden 1965); *O. Böcher,* Christus Exorcista (Stuttgart 1972); *G. Petzke,* Die Traditionen über Apollonius von Tyana und das Neue Testament (Leiden 1970); *Morton Smith,* Prolegomena to a Discussion of Aretalogies, Divine Men, the Gospels and Jesus, in: Journal of Biblical Literature 40 (1971) 174–199; *J. Hull,* Hellenistic Magic and the Synoptic Tradition (Naperville 1974); *Jonathan Z. Smith,* Good News is no News. Aretalogy and Gospel, in: Christianity, Judaism and other Greco-Roman Cults. Studies for Morton Smith I (Leiden 1974) 21–38. Siehe auch weiter unten S. 439.

Die griechischen und semitischen Quellen über die Beziehungen Jesu zu den Pharisäern sind übersetzt und kommentiert worden von *John Bowker,* Jesus and the Pharisees (Cambridge 1973).

Über die Regierung Herodes' Antipas siehe *H. Hoehner,* Herod Antipas (Cambridge 1972). Über die Zeloten und ihre Beziehungen zu Jesus und dem Judenchristentum siehe das anregende, aber umstrittene Buch von *S. G. F. Brandon,* Jesus and the Zealots (Manchester 1967). Das Ideal der Zeloten ist „eine Theokratie, deren Errichtung ohne Zweifel mit dem Beginn der messianischen Zeit zusammenfallen oder ihr Vorspiel sein soll ... Die Kraft ihrer religiösen Überzeugungen ist unbestreitbar. Sie ist es, die ihren Nationalismus beseelt" (*M. Simon,* Le Judaïsme et le Christianisme antique 214).

Über den Prozeß Jesu siehe *E. Bammel* (Hrsg.), The Trial of Jesus (FS Moule) (London 1970). Vgl. auch *A. Jaubert,* Les séances du sanhédrin et les récits de la passion, in: RHR 166 (1964) 143–163; 167 (1965) 1–33. Eine eindringliche und originelle Untersuchung der Auferstehung wurde vorgelegt von *A. Ammassari,* La Resurrezione, nell'insegnamento, nelle profezie, nelle apparizioni di Gesù I (Rom ²1967) II (1976).

220.

Über die Predigt Jesu vom kommenden Reich Gottes siehe *T. W. Manson,* The Teaching of Jesus (Cambridge 1931, ²1937); *N. Perrin,* The Kingdom of God in the Teaching of

Jesus (London 1963); ders., Was lehrte Jesus wirklich? Rekonstruktion und Deutung (Göttingen 1972) 52–119 (siehe auch die kommentierte Bibliographie ebd. 237ff).

Das Gottesreich ist schon gegenwärtig; vgl. *E. Käsemann*, Das Problem des historischen Jesus, in: Exegetische Versuche und Besinnungen I (Göttingen ⁴1965) 187–214; *N. Perrin*, Was lehrte Jesus wirklich? 77ff (kommentierte Analyse neuerer Exegesen) und *M. Simon*, a.a.O. 85f.

Über die Eucharistie siehe *Oscar Cullmann*, Le culte dans l'Église primitive (Paris 1945) 12f (dt. Ausgabe: Urchristentum und Gottesdienst [Basel 1944]); *K. G. Kühn*, Repas cultuel essénien et Cène chrétienne, in: Les Manuscrits de la Mer Morte (Colloque de Strasbourg 1957) 85ff; *J. Daniélou*, Théologie du Judéo-Christianisme (Tournai 1958) 387f; *M. Simon*, a.a.O. 184f. Für eine vergleichende Studie siehe *A. D. Nock*, Early Gentile Christianity and its Hellenistic Background (New York 1964) 109–146; der Artikel: Hellenistic Mysteries and Christian Sacraments wurde veröffentlicht in: Mnemosyne, Ser. 4, 5 (1952) 117–213.

Es gibt eine signifikante Differenz zwischen den von Jesus vollzogenen spektakulären Heilungen, Exorzismen und Wundern und ähnlichen, in den hellenistischen (e.g. Apollonius von Tyana) und jüdischen Überlieferungen (vgl. einige Beispiele aus dem babylonischen Talmud bei *Perrin*, Was lehrte Jesus wirklich? 150ff) bezeugten Taten. Jesus insistiert immer auf „*dem Glauben, der heilt*" (vgl. Mk 5,34; 10,52; Lk 7,50; 17,19 usw.). Nachdem er das Kind geheilt hat, das von einem Dämon besessen war, fragen die Jünger Jesus: „Warum konnten wir ihn nicht austreiben?" – „Weil euer Glaube so gering ist", antwortet er ihnen. „Denn (...) wenn ihr einen Glauben so groß wie ein Senfkorn hättet, würdet ihr zu diesem Berg sagen: ‚Rück von hier nach dort', und er würde wegrücken, und *nichts wäre euch unmöglich*" (Mt 17,19f; vgl. Lk 17,6). Diese Bewertung des Glaubens fehlt nun, wie man festgestellt·hat, in der hellenistischen Literatur und in den im babylonischen Talmud gesammelten Überlieferungen völlig; vgl. *Perrin*, Was lehrte Jesus wirklich? 145–156 und die ebd. 145 Anm. 22–28 angeführten neueren Arbeiten.

221.

Über die Entstehung der Kirche und die *Apostelgeschichte* als historische Quelle siehe *J. Dupont*, Les problèmes du Livre des Actes d'après les travaux récents (Louvain 1950); *E. Haenchen*, Die Apostelgeschichte (Göttingen 1956); *E. Trocmé*, Le Livre des Actes et l'histoire (Paris 1957).

Über die Gemeinde von Jerusalem siehe die Studien von *L. Cerfaux*, die in: Recueil Lucien Cerfaux II (Gembloux 1954) 63–315 gesammelt sind; *P. Gaechter*, Petrus und seine Zeit (Innsbruck 1957); *O. Cullmann*, Petrus Jünger, Apostel, Märtyrer (Zürich – Stuttgart ²1960). Über die Beziehungen zwischen der Urkirche und dem offiziellen und sektiererischen Judentum siehe *E. Peterson*, Frühkirche, Judentum und Gnosis (Wien 1959); *H. Kosmala*, Hebräer, Essener, Christen (Leiden 1959); *M. Simon*, Verus Israel (Paris 1948, ²1964).

Die *Apostelgeschichte* erwähnt kaum das Haupt der ersten christlichen Gemeinde von Jerusalem, Jakobus, „den Bruder des Herrn" (Gal 1,19), gegen den Paulus auftritt (Gal 2,12). Seine Beziehungen zum rabbinischen Judentum sind evident (er trank keinen Wein, scherte sich niemals das Haar, verbrachte sein Leben im Tempel usw.). Da die Partei des Jakobus nach dem Krieg 66–70 schließlich verschwunden ist, ist die Erinnerung an ihn erloschen. Aber andere Dokumente (Hebräerevangelium, Thomasevangelium,

Pseudoklementinen usw.) stellen Jakobus als die wichtigste Persönlichkeit der Kirche dar; vgl. *S. G. F. Brandon*, The Fall of Jerusalem and the Christian Church (London 1951) 126–154; *J. Daniélou*, Von den Anfängen bis zum Konzil von Nicäa, in: L. J. Rogier/ R. Aubert/M. D. Knowles (Hrsg.), Geschichte der Kirche, Bd. I: Von der Gründung der Kirche bis zu Gregor dem Großen (Einsiedeln – Zürich – Köln 1963) 11–233, hier 36 f.

Über das Judenchristentum siehe *H. J. Schoeps*, Theologie und Geschichte des Judenchristentums (Tübingen 1949); *Jean Daniélou*, Théologie du Judéo-Christianisme (Tournai 1958), bes. 17–101; *M. Simon u. a.*, Aspects du Judéo-Christianisme. Colloque de Strasbourg (Paris 1965). Gute Gesamtdarstellung in: *M. Simon/A. Benoit*, Le Judaïsme et le Christianisme antique 258–274; hinzuzuziehen: *M. Simon*, Réflexions sur le judéo-christianisme, in: Studies for Morton Smith II (Leiden 1975) 53–76 (kritische Untersuchung einiger neuerer Arbeiten). Das Judenchristentum ist gekennzeichnet durch seine exklusive Bindung an die Observanz des jüdischen Gesetzes, eine Treue, die später in „eine Art Fossilisation" übergeht. „Manche Judenchristen sind häretisch geworden allein aufgrund der Tatsache, daß sie von der Lehrentwicklung der Großkirche ferngeblieben sind und die Ausweitungen und Bereicherungen, die das christliche Dogma gegenüber dem einfachen Urkerygma erfahren hat, nicht akzeptieren oder einfach nicht kennen, besonders von dem Zeitpunkt an, da das griechische Denken den Rahmen und die Begriffe dafür bereitstellt ... Ihre Abneigung gegen Paulus, die so kennzeichnend für ihre Position ist, wird ohne Zweifel von seiner Haltung dem Gesetz gegenüber motiviert, hat sie jedoch zugleich von der christologischen Entwicklung ferngehalten, für die das paulinische Denken der Ausgangspunkt ist. Sie bleiben sowohl in Sachen der Lehre wie auf der Ebene der Observanz unbewegliche Erben der Urgemeinde. Sie sind häretisch auf sozusagen negative Weise, aufgrund einer Defizienz" (*M. Simon*, Le Judaïsme et le Christianisme antique 270).

Die von den Juden angeführten Gründe für die Zurückweisung des Christentums werden untersucht von *D. R. A. Hare*, The Theme of Jewish Persecution of Christianity in the Gospel according to St. Matthew (Cambridge 1967) 1–18.

222.

Zwei Generationen lang waren die Interpretationen der Bekehrung und der Theologie des heiligen Paulus beherrscht einerseits von einer zu starren Unterscheidung zwischen palästinensischem und hellenistischem Judentum und andererseits von zu persönlichen Wertungen dieser beiden Formen des Judentums. So setzte zum Beispiel Albert Schweitzer den heiligen Paulus, den er der palästinensischen religiösen Struktur zurechnete, dem heiligen Johannes entgegen, der ganz in die Tradition des hellenistischen Judentums integriert sei (vgl. Die Mystik des Apostels Paulus [Tübingen 1930]), während ein jüdischer Exeget, C. J. G. Montefiore, Paulus unter die Entwurzelten der Diaspora einreihte; wenn er das reine und überlegene Judentum Palästinas gekannt hätte, so folgerte Montefiore, hätte Paulus niemals das Evangelium angenommen (vgl. Judaism and St. Paul [London 1914]). Analoge Positionen werden verteidigt von *J. Klausner*, Von Jesus zu Paulus (Jerusalem 1950); *S. Sandmel*, A Jewish Understanding of the New Testament (New York 1956) 37–51; *H. J. Schoeps*, Paulus (Tübingen 1959).

Aber neuere Forschungen haben einerseits den tiefgreifenden hellenistischen Einfluß auf die rabbinische Ideologie und Terminologie und andererseits das Vorhandensein semitischer Begriffe in den hellenistischen Schriften nachgewiesen. Die alte Dichotomie zwischen palästinensischem und hellenistischem Judentum ist nicht mehr haltbar (vgl. die Literaturangaben zu den §§ 200, 204). Zugleich verwischt sich der Gegensatz – den A. Schweitzer in glänzender Weise herausgearbeitet hat – zwischen den beiden Formen christlicher Religiosität, der paulinischen und der johanneischen. Siehe *W. D. Davies*, Paul and rabbinic Judaism. Some elements in Pauline theology (London 1948, Neuausgabe [Harper Torchbook] New York 1967) (mit einer neuen Einleitung: Paul and Judaism since Schweitzer, VII-XV). Als Paulus auf den Ruf des auferstandenen Christus hörte, betrachtete er sich keineswegs als Apostat. In der Sicht eines Juden, der den Messias in Jesus Christus entdeckt hatte, definierte er vielmehr die wahre Natur Israels und des Gesetzes in neuer Weise. Was nach Paulus von jetzt an das „Volk Gottes" kennzeichnete, war nicht mehr der Gesetzesgehorsam, sondern der Glaube an Christus. Dies war in gewisser Weise die Erfüllung des jüdischen religiösen Universalismus, denn dank dem Messias Christus konnte das „Volk Gottes" die allgemeine Versöhnung stiften („weder Grieche noch Jude, weder Mann noch Frau...") und auf die Erneuerung der Welt, die „Neue Schöpfung" hinarbeiten.

Aus der breiten neueren Literatur möchten wir nennen: *M. Dibelius/W. G. Kümmel*, Paulus (Berlin ²1956); *J. Dupont*, Gnosis. La connaissance religieuse dans les Épîtres de saint Paul (Louvain 1949); *A. D. Nock*, Paulus (Zürich – Leipzig 1940); *L. Cerfaux*, La théologie de l'Église suivant Saint Paul (Paris ²1948); *W. C. van Unnik*, Tarsus or Jerusalem (London 1952); *E. Earle Ellis*, Paul and his recent interpreters (Grand Rapids, Michigan 1961); *ders.*, Paul and his opponents. Trends in the Research, in: Studies for Morton Smith I (Leiden 1975) 264–298, bes. 284f; *J. W. Drane*, Paul, Libertine or Legalist. A Study in the Theology of the Major Pauline Epistles (London 1975); *K. Stendhal*, Paul among Jews and Gentiles (Philadelphia 1976); *E. P. Sanders*, Paul and Palestinian Judaism (Philadelphia 1977). Siehe auch die Diskussion einiger neuerer Thesen in der Studie von *W. D. Davies*, Paul and the People of Israel, in: New Testament Studies 24 (1977) 4–39.

223.

Genannt seien einige Übersetzungen der Manuskripte vom Toten Meer: *T. H. Gaster*, The Dead Sea Scriptures in English translation (New York 1956); *G. Vermès*, The Dead Sea Scrolls in English (Harmondsworth 1962); *J. Carmignac u.a.*, Les textes de Qumran traduits et annotés I–II (Paris 1961–1963). Siehe auch *A. S. van der Ploeg*, Le rouleau de la guerre, traduit et annoté avec une Introduction (Leiden 1959); *Y. Yadin/C. Rabin*, The Scroll of the War of the Sons of Light against the Sons of Darkness (London – New York 1962). Man findet außerdem in den Werken von J. M. Allegro, F. M. Cross, A. Dupont-Sommer usw. zahlreiche Texte übersetzt und kommentiert. (Anm. d. Übers.: An deutschen Übersetzungen können herangezogen werden: *H. Bardtke*, Die Handschriftenfunde am Toten Meer [Berlin 1952, ³1961]; *E. Lohse*, Die Texte aus Qumran. Hebräisch und deutsch [München 1964]; *J. Maier*, Die Texte vom Toten Meer, I. Übersetzungen, II. Anmerkungen [München – Basel 1960].)

Von den Gesamtdarstellungen sind am nützlichsten: *J. M. Allegro*, The Dead Sea Scrolls (Harmondsworth 1956); *Y. Yadin*, Die Botschaft vom Toten Meer (Hamburg 1957); *H. Bardtke*, Die Sekte von Qumran (Berlin 1958, ²1961); *F. M. Cross*, Die antike Bibliothek von Qumran und die moderne biblische Wissenschaft (Neukirchen – Vluyn 1967); *O. Cullmann/J. Daniélou u.a.*, Les Manuscrits de la Mer Morte. Colloque de

Strasbourg (Paris 1958); *R. K. Harrison*, The Dead Sea Scrolls. An Introduction (New York 1961); *A. Dupont-Sommer*, Die essenischen Schriften vom Toten Meer (Tübingen 1960); *E. F. Sutcliffe*, The Monks of Qumran as Depicted in the Dead Sea Scrolls (London 1960); *H. Ringgren*, The Faith of Qumran. Theology of the Dead Sea Scrolls (Philadelphia 1963).

Die Bibliographie der sich mit den Schriften von Qumran befassenden Veröffentlichungen bis Anfang 1957 ist veröffentlicht worden von *Ch. Burchard*, Bibliographie zu den Handschriften vom Toten Meer (Berlin 1957). Der Verfasser hat sie weiterhin auf dem laufenden gehalten in: Revue de Qumran. Eine Auswahlliste der Veröffentlichungen (1951–1964) bei *A. Dupont-Sommer*, Les écrits esséniens découverts près de la Mer Morte (Paris ²1965) 442–444; vgl. auch *R. K. Harrison*, The Dead Sea Scrolls 151–158.

Über die Beziehungen zum Christentum siehe *J. Daniélou*, Qumran und der Ursprung des Christentums (Mainz ²1959); *K. Stendhal* (Hrsg.), The Scrolls and the New Testament (New York 1957); *H. Kosmala*, Hebräer, Essener, Christen (Leiden 1959); *L. Mowry*, The Dead Sea Scrolls and the Early Church (Chicago 1962); *J. van der Ploeg u. a.*, La secte de Qumran et les origines du christianisme (Bruges – Paris 1959); *M. Black*, The Scrolls and Christian Origins (Edinburgh – New York 1961); *ders.*, The Scrolls and Christianity (London 1969); *J. H. Charlesworth* (Hrsg.), John and Qumran (London 1972). Siehe auch *F. Nötscher*, Zur theologischen Terminologie der Qumran-Texte (Bonn 1956); *W. D. Davies*, ‚Knowledge' in the Dead Sea Scrolls and Matthew 11,25–30, in: Christian Origins and Judaism (Philadelphia 1962) 31–66; *J. Jeremias*, Die Abendmahlsworte Jesu (Göttingen 1935, ⁴1967) 25 ff.

Über die Beziehungen zum Iran siehe *K. G. Kuhn*, Die Sektenschrift und die iranische Religion, in: Zeitschrift für Theologie und Kirche 49 (1952) 296–316; *H. Michaud*, Un mythe zervanite dans un des manuscrits de Qumran, in: VT 5 (1955) 137–147; *David Winston*, The Iranian Component in the Bible, Apocrypha and Qumran. A Review of the Evidence, in: HR 5 (1966) 183–216; *S. Shaked*, Qumran and Iran. Further Considerations, in: Israel Oriental Studies 2 (1972) 433–466; *Richard N. Frye*, Qumran and Iran. The State of Studies, in: Studies for Morton Smith III (Leiden 1975) 167–173 (Frye ist ziemlich skeptisch gegenüber der Argumentation David Winstons und anderer Forscher, übernimmt jedoch die These von Shaked; vgl. 172 f).

Über die Interpretationsmethode *Pescher* siehe die Bibliographie bei *Cross*, Die antike Bibliothek von Qumran 197, Anm. 40 f; hinzufügen *Lawrence H. Schiffman*, The Halakha at Qumran (Leiden 1975). Über den Krieg zwischen den beiden Geistern siehe *Y. Yadin/C. Rabin*, The Scrolls of the War 29 f und passim; *H. S. van der Ploeg*, Le rouleau de la guerre; *Cross*, a.a.O. 190 ff (Anm. 25 Bibliographie); *S. Shaked*, Qumran et Iran 437 f.

Über die Gestalt des Parakleten siehe die ausgezeichnete Vergleichsstudie von *O. Betz*, Der Paraklet. Fürsprecher im häretischen Spätjudentum, im Johannes-Evangelium und in neu gefundenen gnostischen Schriften (Leiden – Köln 1963).

224.

Über R. Jochanan ben Zakkai siehe die Monographien von *Jacob Neusner*, Life of Rabban Yohanan ben Zakkai (Leiden 1962); Development of a Legend: Studies in the traditions concerning Yohanan ben Zakkai (Leiden 1970); hinzufügen: *N. Sed*, Les traditions secrètes et les disciples de Rabban Yohanan ben Zakkai, in: RHR 184 (1973) 49–66.

Über die Konsequenzen der Zerstörung des Tempels siehe G. F. Moore, Judaism in the First Centuries of the Christian Era I–II (Cambridge, Mass. 1927–1930) I, 93 f, II, 3 f, 116 f; vgl. *Judah Goldin*, Of change and adaptation in Judaism, in: HR 4 (1965) 269–294; *Jacob Neusner*, From Politics to Piety. The Emergence of Pharisaic Judaism (Englewood Cliffs 1973); *Sheldon R. Isenberg*, Power through Temple and Torah in Greco-Roman Period, in: Studies for Morton Smith III, 24–52.

Über die Konsequenzen der Katastrophe von 70 für das Christentum siehe *L. Gaston*, Non Stone on Another. Studies in the Significance of the Fall of Jerusalem in the Synoptic Gospels (Leiden 1970); *N. Perrin*, The New Testament 40 f, 136 f.

Über die Beziehungen zwischen Christen und Juden siehe *Robert A. Kraft*, The Multiform Jewish Heritage of Early Christianity, in: Studies for Morton Smith III, 174–199; *Wayne A. Meeks*, ‚Am I Jew?', Johannine Christianity and Judaism, in: ebd. I, 163–186; vgl. auch *G. W. Bruchanam*, The Present State of Scholarship on Hebrews, in: ebd. I, 299–330. Über die Beziehungen zwischen Christen und Juden im Römischen Reich siehe *M. Simon*, Verus Israel (Paris 1948, ²1964).

Über die Parusieverzögerung siehe *Norman Perrin*, The New Testament. An Introduction 40–51, 197 f; *A. L. Moore*, The Parousia in the New Testament (Leiden 1966).

Über den Ursprung der Christologie siehe *R. H. Fuller*, The Foundation of the New Testament Christology (London 1965); *Martin Hengel*, Der Sohn Gottes. Die Entstehung der Christologie und die jüdisch-hellenistische Religionsgeschichte (Tübingen ²1977) *C. F. D. Moule*, The Origin of Christology (New York 1977).

Es existiert eine umfangreiche Literatur über die Theologie des Neuen Testaments. Man wird sich an die Einführung von *N. Perrin*, The New Testament (353–359 Bibliographie) und an *Rudolf Bultmann*, Theologie des Neuen Testaments (Tübingen ⁶1965; 7., durchges., um ein Vorwort und Nachträge erw. Aufl., hrsg. v. O. Merk, 1977) (ein eindringliches und persönliches, aber kritische Bibliographien umfassendes Werk) halten.

Gerhard Delling u. a., Bibliographie zur jüdisch-hellenistischen und intertestamentarischen Literatur: 1900–1970 (Berlin ²1975).

225.

Über das Eindringen der orientalischen Kulte nach Rom und ins Römische Reich siehe *F. Cumont*, Die orientalischen Religionen im römischen Heidentum (Leipzig – Berlin 1931); *A. D. Nock*, Conversion. The Old and the New in Religion from Alexander the Great to Augustine of Hippo (Oxford 1933, Neuausgabe 1961) 66 f, 99 f, 122 f; vgl. auch die zu den §§ 205–208 angeführte Literatur.

Über die *Sibyllinischen Orakel* siehe die Bibliographie zu § 165 und *A. Peretti*, La Sibilla babilonese nella propaganda ellenistica (Florenz 1942); *A. Kurfess*, Die Sibyllinischen Weissagungen (München 1951); *V. Nikiprowetzki*, La Troisième Sibylle (Paris – Den Haag 1970), bes. Kap. VI (La Doctrine), 71 ff; *John J. Collins*, The Sibylline Oracles of Egyptian Judaism (Missoula, Montana 1974) (die Lehre vom Großen Jahr in der hellenistischen Welt, 101 f). Über die Apokalyptik und ihre Beziehungen zu den Weisheitsschulen siehe die zu den §§ 202–204 verzeichnete Bibliographie; hinzufügen *J. Z. Smith*, Wisdom and Apocalyptic, in: Religious Syncretism in Antiquity. Essays in Conversation with Geo Widengren (Missoula 1975) 131–156; *John J. Collins*, Cosmos and Salvation. Jewish Wisdom and Apocalyptic in the Hellenistic Age, in: HR 17 (1977) 121–142.

Über die 4. Ekloge siehe *Ed. Norden*, Die Geburt des Kindes (Berlin 1924); *J. Carcopino*, Virgile et le mystère de la IVe Églogue (Paris 1930, verm. Neuausgabe 1943); *Henri Jeanmaire*, La Sibylle et le retour de l'âge d'or (Paris 1939).

Die beiden Mythen über das Schicksal Roms sind untersucht worden von *Jean Hubaux*, Les grands mythes de Rome (Paris 1945) und *M. Eliade*, Kosmos und Geschichte (Reinbek 1966) 110 ff.

Über die *Pax Augustana* siehe *Charles Norris Cochrane*, Christianity and Classical Culture (Oxford – New York 1940; verbesserte und vermehrte Neuausgabe 1944) 1–26.

Über Augustus' religiöse Reformen siehe *Franz Altheim*, Römische Religionsgeschichte II (1933, Neuausgabe Baden-Baden 1953) 167–253.

226.

Eine hervorragende Gesamtdarstellung über die Kaiserzeit ist vorgelegt worden von *Robert M. Grant*, Augustus to Constantine. The thrust of the Christian movement into the Roman World (New York 1970).

Über den Herrscherkult siehe die Bibliographie zu § 205.

Für die Beziehungen zwischen Kirche und Reich siehe *E. Peterson*, Der Monotheismus als politisches Problem (Leipzig 1935); *G. Kittel*, Christus und Imperator (Stuttgart – Berlin 1939); *E. Stauffer*, Christus und die Caesaren (Hamburg ²1952); *J. M. Hornus*, Évangile et Labarum. Étude sur l'attitude du christianisme primitif devant les problèmes de l'État, de la guerre et de la violence (Genf 1960).

Gute Zusammenfassungen über die Konfrontation des Christentums mit der klassischen Tradition in *C. N. Cochrane*, Christianity and Classical Culture (²1944) und *H. Chadwick*, Early Christian Thought and the Classical Tradition (Oxford 1966). Siehe auch *W. Jaeger*, Das frühe Christentum und die griechische Bildung (Berlin 1963) (dt. Ausgabe von: Early Christianity and Greek Paideia [Cambridge, Mass. 1962]); *J. Carcopino*, De Pythagore aux Apôtres (Paris 1956). Das Werk von *Pierre de Labriolle*, La réaction païenne (Paris ⁵1942) bleibt immer noch sehr nützlich.

Über die Bekehrung zum Christentum siehe *A. D. Nock*, Conversion 187f, 297f (Quellen und Bibliographie); *Gustave Bardy*, La conversion au christianisme durant les premiers siècles (Paris 1949); *A. Tuck*, Évangélisation et catéchèse aux deux premiers siècles (Paris 1962); *Paul Aubin*, Le problème de la „conversion". Étude sur un thème commun à l'hellénisme et au christianisme des trois premiers siècles (Paris 1963).

Über die Ausbreitung des Christentums bleibt das Werk von *A. von Harnack*, Die Mission und Ausbreitung des Christentums in den ersten drei Jahrhunderten (Leipzig ⁴1924) unersetzbar; siehe auch *R. Liechtenhahn*, Die urchristliche Mission (Zürich 1946); *Jean Daniélou/Henri Marrou*, Geschichte der Kirche I: Von der Gründung der Kirche bis zu Gregor dem Großen (Einsiedeln – Zürich – Köln 1963) 104–331.

Über die Verfolgungen siehe *P. Allard*, Histoire des persécutions, 5 Bde. (Paris ³1903–1908), veraltet, aber sehr nützlich; *H. C. Babut*, L'adoration des empereurs et les origines de la persécution de Dioclétien (Paris 1916); *H. Grégoire*, Les persécutions dans l'Empire romain (Brüssel 1951, 2., verm. Auflage 1964); *J. Moreau*, Les persécutions du christianisme dans l'Empire romain (1956) (ausgezeichnete Zusammenfassung); *W. H. C. Frend*, Martyrdom and Persecution in the Early Church (Oxford 1965); *G. E. M. de St. Croix*, Why were the Early Christians persecuted? in: Past and Present 26

(1961) 6–31. Vgl. auch *N. H. Baynes*, The Great Persecution, in: Cambridge Ancient History 12 (1939) 646–77; *G. E. M. de St. Croix*, Aspects of the Great Persecution, in: Harvard Theological Review 47 (1954) 75–113.

Die wichtigsten Apologeten sind Theophilos von Antiochien (um 180), Verfasser einer Schrift *An Autolykos*, der Syrer Tatian (um 165), Tertullian (*Apologeticum* wurde 197 verfaßt), Minucius Felix (Verfasser von *Octavius*) und vor allem Justin der Martyrer. Über die Apologeten siehe *M. Pellegrino*, Gli Apologetici del II° secolo (Brescia ²1943); *ders.*, Studi sull'antica Apologetica (Roma 1947); *E. R. Goodenough*, The Theology of Justin Martyr (Jena 1923); *W. H. Shotwell*, The Exegesis of Justin (Chicago 1955); *P. Prigent*, Justin et l'Ancien Testament (1964).

Von der umfangreichen Literatur über die apostolische Tradition seien genannt: *R. P. C. Hanson*, Tradition in the Early Church (London 1963); *M. Pellegrino*, La tradizione nel Cristianesimo antico (Turin 1963). Der katholische Standpunkt wird u. a. vertreten von *A. Deneppe*, Der Traditionsbegriff (Münster 1947) und *Yves Congar*, Die Tradition und die Traditionen (Mainz 1965); für die Position der protestantischen Theologie siehe *O. Cullmann*, Die Tradition als exegetisches, historisches und theologisches Problem (Zürich 1954), *E. Flesseman-Van Leer*, Tradition and Scripture in the Early Church (Assen 1954) und *G. G. Blum*, Tradition und Sukzession. Studien zum Normbegriff des Apostolischen von Paulus bis Irenäus (Berlin 1963); vgl. auch *A. Ehrhardt*, The Apostolic Succession in the first two centuries of the Church (London 1953) (anglikanische Position).

Georg Kümmel hat jüngst die Geschichte der neutestamentlichen Forschung nachgezeichnet in seinem Buch: Das Neue Testament. Geschichte der Erforschung seiner Probleme (1970) (reichhaltige Bibliographie). Für eine gedrängte Darstellung siehe *R. M. Grant*, The Formation of the New Testament (London 1965); derselbe Verfasser hat ein umfassenderes Werk veröffentlicht: Historical Introduction in the New Testament (New York – Evanston 1963). Siehe auch *A. Riesenfeld*, The Gospel Tradition and His Beginnings (London 1957) und die zu den §§ 221f angeführten Bibliographien.

227.

Die Quellen für die Esoterik (= geheime Belehrung und Riten) im offiziellen Judentum und den jüdischen Sekten, bei den Essenern, den Samaritanern und den Pharisäern werden von *Morton Smith*, Clement of Alexandria and a Secret Gospel of Mark (Cambridge, Mass. 1973) 197–199 angeführt (das Werk ist wertvoll wegen seiner ansehnlichen Dokumentation; doch die These des Verfassers – die von Jesus vollzogene Initiationstaufe und die libertinistischen Praktiken, die sich auf diese Geheimtradition berufen – ist von den Exegeten allgemein zurückgewiesen worden). Siehe ebd. 199f die Analyse der Quellen über die geheime Unterweisung Jesu.

Über die jüdische Esoterik siehe *G. Scholem*, Jewish Gnosticism, Merkabah Mysticismus and Talmudic Tradition (New York 1966); *ders.*, Jaldabaoth reconsidered, in: Mélanges H.-Ch. Puech 405–421; *J. Daniélou*, Théologie du Judéo-christianisme (Paris 1958) 121f. Siehe auch *Morton Smith*, Observations on Hekhalot Rabbati, in: *A. Altmann* (Hrsg.), Biblical and other Studies (Cambridge, Mass. 1963) 142–160; *James M. Robinson* (Hrsg.), Jewish Gnostic Nag Hammadi Texts (Berkeley 1975).

Pater Jean Daniélou hat die Quellen der christlichen Esoterik in seiner Studie: Les traditions secrètes des Apôtres, in: Eranos Jahrbuch 31 (1962) 199–215 untersucht. Für diesen Verfasser sind „die esoterischen Traditionen der Apostel die christliche Fortsetzung einer jüdischen Esoterik, die zur Zeit der Apostel existierte und den sehr bestimmten Bereich der Geheimnisse der himmlischen Welt betrifft" (a.a.O. 211). Siehe auch G. *Quispel*, Gnosis and the New Sayings of Jesus, in: Eranos Jahrbuch 38 (1969) 261-295.

Über die christliche Gnosis siehe *J. Dupont*, Gnosis. La connaissance religieuse dans les Épîtres de saint Paul (Louvain 1949); *Stanislas Lyonnet*, Saint Paul et le gnosticisme. L'Épitre aux Colossiens, in: Origini dello Gnosticismo 531-538; *H. J. Schoeps*, Aus frühchristlicher Zeit (Tübingen (1950); *ders.*, Urgemeinde, Judenchristentum, Gnosis (Tübingen 1956); *H. W. Bartsch*, Gnostisches Gut und Gemeindetradition bei Ignatius von Antiochien (Gütersloh 1940). Siehe auch *M. Simonetti*, Testi gnostici cristiani (Bari 1970) und die Bibliographie § 221.

228.

Die Forschungen über die Gnosis und den Gnostizismus haben in den letzten 40 Jahren bedeutsame Fortschritte gemacht; doch das Problem der Ursprünge der Strömung, die man mit dem Namen „Gnostizismus" bezeichnet, ist noch nicht gelöst. Für Adolf Harnack stellt der Gnostizismus – so wie er sich im 2. Jahrhundert unserer Zeitrechnung manifestiert – eine radikale Hellenisierung des Christentums („eine akute Hellenisierung des Christentums") dar. Dies ist übrigens die These der christlichen Theologen – in erster Linie des Irenäus von Lyon und Hippolyts von Rom –, für die der Gnostizismus eine diabolische Häresie war, die aus der Entstellung der christlichen Lehre unter dem Einfluß der griechischen Philosophie entstanden war. Aber in seinem nach wie vor fundamentalen Werk: Hauptprobleme der Gnosis (Göttingen 1907, Nachdruck 1967) schlägt Wilhelm Bousset eine völlig entgegengesetzte Erklärung vor: Indem er in vergleichender Perspektive die spezifisch gnostischen Themen untersucht (den Dualismus, den Begriff des Erlösers, die ekstatische Himmelfahrt der Seele), entdeckt er deren iranischen Ursprung. Der Gnostizismus ist also für Bousset ein vorchristliches Phänomen, das auch das Christentum umfaßt. R. Reitzenstein entwickelt und präzisiert diese Hypothese in mehreren Arbeiten, deren wichtigste Das iranische Erlösungsmysterium (Leipzig 1921) ist. Reitzenstein rekonstruiert den iranischen Mythos vom „erlösten Erlöser", dessen ausformuliertester Ausdruck sich im *Lied von der Perle* der *Thomasakten* findet (vgl. § 230). Der iranische Ursprung der Gnosis, der von manchen Orientalisten und Religionshistorikern kritisiert wurde, ist von G. Widengren aufgenommen, korrigiert und vervollkommnet worden; siehe vor allem seine Studie: Les origines du gnosticisme et l'histoire des religions, in: Le origini dello Gnosticismo. Colloquio di Messina (Leiden 1967) 28-60 (deutsche Übersetzung: Die Ursprünge des Gnostizismus und die Religionsgeschichte, in: Kurt Rudolph [Hrsg.], Gnosis und Gnostizismus [Darmstadt 1975] 668-706 [= Wege der Forschung CCLXII]), wo der schwedische Gelehrte auch weitere neuere Hypothesen prüft.

Das Werk von *Hans Jonas*, The Gnostic Religion. The message of the Alien God and the beginnings of Christianity (Boston 1958, vermehrte Auflage 1963, ^{3}1970) ist fundamental wegen der eindringlichen philosophischen Untersuchung des „gnostischen Phänomens". Jonas ist der erste Philosophiehistoriker, der den Gnostizismus nach H. Leisegang und Simone Pétrement untersucht hat; aber Die Gnosis (Leipzig 1924, Stuttgart ^{4}1955) von *Leisegang* ist vor allem nützlich wegen der langen Zitate gnostischer Texte, und das Werk von *Simone Pétrement* trägt als Titel: Le dualisme chez Platon, les gnostiques et les manichéens (Paris 1947). Was die Anfänge der gnostischen Bewegung betrifft, unterscheidet Jonas zwei Typen von Gnosis, die sich aus zwei unterschiedlichen kulturellen Milieus ableiten, den syrisch-ägyptischen und den iranischen (die Hypothese wird von Widengren, a. a. O. 679 ff kritisiert).

Das Buch von *Robert M. Grant*, Gnosticism and Early Christianity (New York 1959) stellt eine ausgezeichnete Einführung dar; es ist wertvoll wegen der treffenden Analysen einiger gnostischer Systeme. Grant erklärt das Auftauchen des Gnostizismus aus der Krise des jüdischen apokalyptischen Denkens nach der Katastrophe der 70er Jahre. Diese Hypothese, die u. a. von Pater Jean Daniélou angenommen wurde, ist kritisiert worden inter alia von *Jacob Neusner*, Judaism in late Antiquity, in: Judaism 155 (1966) 230–240, hier 236 f.

Für *Gilles Quispel* ist die Gnosis eine universale Religion (vgl. Gnosis als Weltreligion [Zürich 1951]), doch die verschiedenen gnostischen Systeme des 2. Jahrhunderts leiten sich von jüdischen und judenchristlichen apokalyptischen Spekulationen ab (vgl. seine in Gnostic Studies I–II [Leiden 1973] gesammelten Studien). Die wichtigen Beiträge von *Henri-Charles Puech* zur Geschichte und zur Phänomenologie der Gnosis, die seit 1934 in verschiedenen Fachzeitschriften und im Annuaire du Collège de France veröffentlicht wurden, sind jüngst wieder herausgegeben worden unter dem Titel: En quête de la Gnose: I. La Gnose et le temps, II. Sur l'Évangile selon Thomas (Paris 1978). Eine eigene Erwähnung verdienen die Studien über Plotin, über die Phänomenologie der Gnosis und über Gnosis und Zeit (I, 55–116, 185–214, 215–270).

Eine gute Gesamtdarstellung ist vorgelegt worden von *R. McL. Wilson*, The Gnostic Problem (London 1958, ²1964); der Autor untersucht vor allem die in den verschiedenen gnostischen Schulen vorhandenen jüdischen und christlichen Elemente; vgl. auch seinen Beitrag zum Kolloquium von Messina: Gnosis, Gnosticism and the New Testament, in: Le Origini dello Gnosticismo 511–527.

Die Teilnehmer des Internationalen Kolloquiums über die Ursprünge des Gnostizismus haben vorgeschlagen, die Bedeutungen der Ausdrücke *Gnosis* und *Gnostizismus* scharf abzugrenzen: „Gnostizismus" bezeichnet „eine bestimmte Gruppe von Systemen des 2. Jahrhunderts n. Chr., die ‚Gnostizismus' nennen zu sollen man sich allgemein einig ist". „Gnosis" bedeutet im Gegensatz dazu „Wissen um göttliche Geheimnisse, das einer Elite vorbehalten ist" (Origini dello Gnosticismo XXIX). Anläßlich des Kolloquiums von Messina konnte man ein weiteres Mal die Zahl und Verschiedenheit der Hypothesen über die „Ursprünge" des Gnostizismus feststellen. In seiner Studie: Perspectives de la recherche sur les origines du gnosticisme, in: Origini 716–746 (dt. Übersetzung: Gesichtspunkte zur Erforschung der Ursprünge der Gnosis, in: Kurt Rudolph [Hrsg.], Gnosis und Gnostizismus [Darmstadt 1975] 707–748) hat *Ugo Bianchi* eine Morphologie der gnostischen Themen skizziert, indem er sowohl ihre geographische Verteilung als auch ihre eventuellen historischen Beziehungen untersucht. Siehe auch vom gleichen Autor: Le problème des origines du gnosticisme, in: ebd. 1–27.

Von den zahlreichen Mitteilungen beim Kolloquium von Messina seien genannt: *H. Jonas*, Delimitation of the Gnostic Phenomenon – Typological and Historical, in: Origini 90–108; *A. Bausani*, Letture iraniche per l'origine e la definizione tipologica di Gnosi, in: ebd. 251–264; *G. Gnoli*, La gnosi iranica. Per una impostazione nuova del problema, in: ebd. 281–290 (der Autor untersucht vor allem den Manichäismus); *R. Crahay*, Éléments d'une mythopée gnostique dans la Grèce classique, in: ebd. 323–339; *M. Simon*,

Éléments gnostiques chez Philon, in: ebd. 359–376; *H. Ringgren*, Qumrân and Gnosticism, in: ebd. 379–388; *H. J. Schoeps*, Judenchristentum und Gnosis, in: ebd. 528–537; *G. Quispel*, Makarius und das Lied von der Perle, in: ebd. 625–644.

Über Plotin und die Gnosis siehe die Studie von *H.-Ch. Puech*, En quête de la Gnose I, 55–116; über die Beziehungen zwischen dem platonischen Dualismus (insbesondere in der Interpretation Plotins) und dem gnostischen Dualismus siehe *E. R. Dodds*, Pagan and Christian in an Age of Anxiety. Some aspects of religious experience from Marcus Aurelius to Constantine (Cambridge 1965) 24 f, 83 f.

Die Entdeckung gnostischer Schriften in einem Krug in Nag Hammadi in Oberägypten und die ziemlich bewegte Geschichte ihrer Erwerbung, Entzifferung und Veröffentlichung sind erzählt worden von *Jean Doresse*, Les Livres secrets des gnostiques d'Égypte. I. Introduction aux écrits gnostiques coptes découverts à Khenoboskion (Paris 1958) 133 f und, mit unbekannten Details, von *John Dart*, The Laughing Savior (New York 1976). Siehe auch *James R. Robinson*, The Jung Codex: The Rise and Fall of a Monopoly, in: Religious Studies Review 3 (1977) 17–30. Die vollständige Ausgabe, The Facsimile Edition of the Nag Hammadi Codices, ist 1976 vollendet worden. Kritische Ausgaben mancher Texte mit Übersetzungen und Kommentaren sind seit 1956 nach und nach veröffentlicht worden, aber die einzige vollständige Übersetzung (leider ohne Anmerkungen und Kommentare) ist jene, die unter der Leitung von *James M. Robinson* (The Nag Hammadi Library [New York 1977]) herausgegeben wurde.

Die in Nag Hammadi entdeckte Bibliothek war Anlaß zu unzähligen Arbeiten. Siehe *David M. Scholer*, Nag Hammadi Bibliography 1948–1969 (Leiden 1971) und die jährlichen Aktualisierungen in dem Periodikum Novum Testamentum. Eine äußerst gelehrte Analyse der neuen Veröffentlichungen – kritische Ausgaben, Übersetzungen und Beiträge zur Geschichte und zur Exegese der Texte – ist vorgelegt worden von *Carsten Colpe*, Heidnische, jüdische und christliche Überlieferung in den Schriften aus Nag Hammadi, in: Jahrbuch für Antike und Christentum 16 (1973) 106–126; 17 (1974) 109–125; 18 (1975) 144–165; 19 (1976) 120–138.

Von den Arbeiten, die sich der Analyse und der Interpretation widmen, seien genannt: *W. C. van Unnik*, Evangelien aus dem Nilsand (Frankfurt a. M. 1960); *Alexander Böhlig*, Mysterien und Weisheit. Gesammelte Aufsätze zur spätantiken Religionsgeschichte (Leiden 1968) 80–111, 119–161; *Martin Krause* (Hrsg.), Essays on the Nag Hammadi Texts in Honour of Alexander Böhlig (Leiden 1972); *M. Tardieu*, Trois mythes gnostiques. Adam, Eros et les animaux d'Égypte dans un écrit de Nag Hammadi (II,5) (Paris 1974). Siehe auch die Studien von *Henri-Charles Puech*, die im zweiten Band seines Werkes En quête de la Gnose: Sur l'Évangile selon Thomas (Paris 1978) gesammelt sind. In diesem gleichen Band wird man die Übersetzung des *Evangeliums nach Thomas* finden (mit kritischem Apparat und Kommentar 1959 zum ersten Mal veröffentlicht). Eine weitere Übersetzung, die reichlich mit Fußnoten versehen ist, wurde vorgelegt von *Jean Doresse*, L'Évangile selon Thomas ou les Paroles Secrètes de Jésus (Paris 1959). (Als dt. Übers. können u. a. herangezogen werden: Evangelium nach Thomas, koptischer Text herausgegeben und übersetzt von A. Guillaumont, H.-Ch. Puech, G. Quispel, W. C. Till und Yassah Abd Al Masih [Leiden 1959] sowie die Übers. in: *E. Hennecke/W. Schneemelcher*, Neutestamentliche Apokryphen I [Tübingen ³1959] 199–223 [Anm. d. Übers.]). Vgl. auch den hervorragenden Kommentar von *J.-E. Ménard*, L'Évangile selon Thomas (Leiden 1975). Über diesen wichtigen Text siehe außerdem: *Robert M. Grant*, The Secret Saying of Jesus (New York 1960); *R. McL. Wilson*, Studies in the Gospel of

Thomas (London 1960); *B. Gärtner*, The Theology of the Gospel of Thomas (London 1961).

Einer der am meisten erörterten und mehrere Male übersetzten Texte ist *das Evangelium der Wahrheit*; vgl. die Übersetzung von *W. W. Isenberg*, in: *R. M. Grant*, Gnosticism 146-161 und jene von *George W. McRae*, in: *J. M. Robinson*, The Nag Hammadi Library 37-49. (Deutsche Übersetzungen in: R. Haardt, Die Gnosis. Wesen und Zeugnisse [Salzburg 1967] 175-188; und E. Hennecke/W. Schneemelcher I [Tübingen ³1959] 160-166.)

Über das *Philippus-Evangelium* (= Nag Hammadi Library 131-151, übers. von *W. W. Isenberg*; dt. Übers. in: *E. Hennecke/W. Schneemelcher* I, 194-199) siehe *R. McL. Wilson*, The Gospel of Philip (London 1962); *J. E. Ménard*, L'Evangile selon Philippe (Paris 1967).

Mehrere Anthologien gnostischer Texte sind in Übersetzungen und mit Anmerkungen versehen in den letzten 15 Jahren veröffentlicht worden. Genannt seien: *Robert M. Grant*, Gnosticism. A Sourcebook of Heretical Writings from the Early Christian Period (New York 1961); *Werner Foerster*, Die Gnosis I-II (Zürich 1969-1971).

229.

Über Simon den Magier siehe *Grant*, Gnosticism and Early Christianity 70-96; H. Leisegang, Die Gnosis 60-110; *L. Cerfaux*, Simon le magicien à Samarie, in: Recherches de Science religieuse 27 (1937) 615 ff; *L. H. Vincent*, Le culte d'Hélène à Samarie, in: Revue Biblique 45 (1936) 221 ff; *H. Jonas*, The Gnostic Religion 103-111, 346 (Bibliographie).

Über die Ursprünge der Legende vom Doktor Faust vgl. *E. M. Butler*, The Myth of the Magus (Cambridge 1948); *Gilles Quispel*, Faust: Symbol of Western Man, in: Eranos Jahrbuch 35 (1966) 241-265 (aufgenommen in: Gnostic Studies II [Leiden - Istanbul 1973] 288-307).

Das Werk Markions, die *Antithesen*, ist verloren gegangen, aber das Wesentliche seines Inhalts ist uns durch die Abhandlung Tertullians *Adversus Marcionem* bekannt. Zahlreiche orthodoxe Schriftsteller haben den Markionismus bekämpft; genannt seien Justin, Irenäus und Dionysius von Korinth.

Das Buch von *Adolf von Harnack*, Marcion. Das Evangelium vom fremden Gott (Leipzig ²1924) ist noch nicht überholt. Siehe auch *E. C. Blackmann*, Marcion and his influence (London 1948); *H. Leisegang*, Die Gnosis 271-280; *Hans Jonas*, The Gnostic Religion 130-146; *Grant*, a.a.O. 121 f.

Über das heterodoxe Judenchristentum siehe *J. Daniélou*, Théologie du Judéo-Christianisme (Tournai 1958) 68-98; über Kerinth ebd. 80 f. Über Karpokrates siehe *H. Leisegang*, Die Gnosis 257 ff; *Morton Smith*, Clement of Alexandria and a Secret Gospel of Mark 261-278. Über Basilides siehe *Leisegang*, Die Gnosis 195-256; *Wilson*, The Gnostic Problem 123 f; *Grant*, a.a.O. 142 f.

Über Valentin und seine Schule siehe *F. M. Sagnard*, La gnose valentinienne et le témoignage de saint Irénée (Paris 1947); *A. Orbe*, Estudios valentinianos I-IV (Rom 1955-1961) (es handelt sich um eine sehr gelehrte vergleichende Studie gnostischer und christlicher Theologien); *H. Jonas*, The Gnostic Religion 174-205; vgl. auch die Bibliographie zum *Evangelium der Wahrheit*. Unter den zur valentinianischen Schule gehörigen Schriften ist der Traktat *De Resurrectione (Epistula ad Rheginum)* besonders zu erwähnen; wir benutzen die Übersetzung und den Kommentar von *Malcolm Lee Peel*,

The Epistle to Rheginos. A Valentinian Letter on Resurrection (Philadelphia 1969). Dieser kurze Text (weniger als 8 Seiten) ist besonders wichtig, weil er das erste gnostische Dokument von Nag Hammadi darstellt, das der individuellen Eschatologie (d. i. dem Tod und der postmortalen Existenz der Person) gewidmet ist.

Valentin ist der einzige gnostische Lehrer, dessen Schüler namentlich bekannt sind. Einer seiner Schüler, Herakleon, verfaßte den ersten Kommentar zum *Johannesevangelium;* Origenes antwortete ihm, indem er seinen eigenen Kommentar schrieb. Übrigens haben diese Schüler sein System weiterentwickelt, so daß es schwierig ist, die Umrisse der ursprünglichen Lehre Valentins genau zu bestimmen. Über die verschiedenen Ausdrucksformen der valentinianischen Theologie siehe *R. Grant,* Gnosticism and Early Christianity 134 f.

Über die libertinistischen gnostischen Sekten, in erster Linie die Phibioniten (deren Orgien von *Epiphanius,* Panarion 26,17,1 f beschrieben worden sind) siehe *Stephen Benko,* The Libertine Gnostic Sect of the Phibionites according to Epiphanius, in: Vigiliae Christianae 2 (1967) 103–119; *Alfonso M. di Nola,* Parole Segrete di Gesù 80–90; *Eliade,* Das Okkulte und die moderne Welt. Zeitströmungen in der Sicht der Religionsgeschichte (Salzburg 1978) (dt. Ausgabe von: Occultism, Witchcraft and Cultural Fashions [Chicago 1976] 109f, 139f).

Die gnostische Sekte der Mandäer lebt noch weiter in einer kleinen Gemeinschaft von 13 000–14 000 Gläubigen im Süden des Irak. Ihr Name leitet sich ab von dem Ausdruck *mandāyê* („Gnostiker"). Man verfügt über zahlreiche Werke: die beiden *Ginzâ* („Schatz"), das *Johannesbuch,* ein kanonisches Buch von Gebeten und anderen kultischen Texten, in deren Besitz man vor allem dank dem Enthusiasmus und der Energie von Lady E. S. Drower ist. Es ist wahrscheinlich, daß die religiösen Praktiken (in erster Linie die Taufe und die Totenmesse) ebenso wie die Theologie der Mandäer in eine sehr alte, vor der Verkündigung Jesu Christi liegende Periode zurückreichen. Der Ursprung und die Geschichte der Sekte sind jedoch noch nicht hinreichend bekannt. Es handelt sich wahrscheinlich um eine häretische jüdische Sekte, die in Opposition zum orthodoxen Judentum stand und stark von gnostischen und iranischen Ideen beeinflußt war. So schreibt Kurt Rudolph: „Es ist ein Zweig der jüdisch-syrischen gnostischen Strömung, der, als Täufersekte organisiert, eine geschlossene Lebens- und Sprachgemeinschaft geworden ist, die sehr wertvolle Dokumente einer verschwundenen Glaubensweise bis auf unsere Tage bewahrt hat."

Die Literatur (Texte und kritische Studien) ist beträchtlich; siehe *E. S. Drower,* The Mandaeans of Irak and Iran (Oxford 1937, Neuausgabe Leiden 1962); *K. Rudolph,* Mandäische Quellen, in: *W. Foerster* (Hrsg.), Die Gnosis II (Zürich 1971) 171–418; *ders.,* Die Mandäer I–II (Göttingen 1960–61); siehe auch die Gesamtdarstellung vom selben Autor: La religion mandéenne, in: Histoire des Religions (unter der Leitung von H. Ch. Puech) II (Paris 1972) 498–522.

230.

Das *Lied von der Perle* hat zu einer langen Kontroverse Anlaß gegeben. Der iranische Ursprung des Mythos ist vertreten worden vor allem von *R. Reitzenstein,* Das iranische Erlösungsmysterium (Bonn 1921) 72ff; *G. Widengren,* Der iranische Hintergrund der Gnosis, in: Zeitschrift für Religions- und Geistesgeschichte 5 (1952) 97–114, hier 105ff, gekürzt wiederabgedruckt in: Kurt Rudolph (Hrsg.), Gnosis und Gnostizismus (Darmstadt 1975) 410–425, hier 421 ff; *ders.*, Religionsphänomenologie (Berlin 1969) 506 f. Man findet gute Analysen bei *Jonas*, The Gnostic Religion 116 ff; *Erik Peterson*, Frühkirche, Judentum und Gnosis (Rom – Freiburg 1959) 204 ff; *Alfred Adam*, Die Psalmen des Thomas und das Perlenlied als Zeugnisse vorchristlicher Gnosis (Berlin 1959); *H.-Ch. Puech*, En Quête de la Gnose II, 118 f, 231 f. Siehe auch *A. T. J. Klijn*, The so-called Hymn of the Pearl, in: Vigiliae Christianae 14 (1960) 154–164; *G. Quispel*, Makarius, das Thomasevangelium und das Lied von der Perle (Leiden 1967).

Über den Symbolismus der Perle in den archaischen und orientalischen Kulturen siehe *M. Eliade*, Ewige Bilder und Sinnbilder 161 ff; *M. Mokri*, Les Symboles de la Perle, in: JA (1960) 463–481. Über ihre Identifizierung mit Christus bei den christlichen Theologen siehe *C. M. Edsman*, Le baptême de feu (Leipzig – Uppsala 1940) 190 f; *Eliade*, Ewige Bilder und Sinnbilder 186 ff.

Die Legenden von Matsyendranāth und seiner Amnesie werden in unserem Buch Yoga 309 ff untersucht; siehe die Bibliographie der Quellen ebd. 436 f. Die Themen des Exils, der Gefangenschaft in einem fremden Land, des Boten, der den Gefangenen erweckt und ihn zum Aufbruch einlädt, finden sich wieder in einem kleinen Werk von *Sohrawardi*, Récit de l'exil occidental, das *Henry Corbin*, En Islam iranien II (1971) 270–294, brillant analysiert hat.

Über den Mythos vom „erlösten Erlöser" siehe die oben genannten Werke von R. Reitzenstein und G. Widengren; vgl. auch die von *C. Colpe*, Die religionsgeschichtliche Schule (Göttingen 1961) vorgebrachte Kritik.

Über die spezifisch gnostischen Bilder und Symbole siehe *Hans Jonas*, The Gnostic Religion 48–99; *G. MacRae*, Sleep and awakening in gnostic texts, in: Origini dello Gnosticismos 496–510; *H.-Ch. Puech*, En quête de la Gnose II, 116 f. Siehe auch *M. Eliade*, Aspects du mythe (Paris 1963) 142 f.

231.

Die Geschichte der Manichäismus-Studien stellt ein wichtiges Kapitel der Ideengeschichte Europas dar; man braucht sich nur an das philosophische Interesse und die leidenschaftlichen Kontroversen zu erinnern, die von der Histoire critique de Manichée et du Manichéisme (2 Bde., Amsterdam 1734–1739) von *Isaak de Beausobre* und den Artikeln *Bayles* in seinem Dictionnaire hervorgerufen wurden; siehe *J. Ries*, Introduction aux études manichéennes. Quatre siècles de recherches, in: Ephemerides Theologicae Lovanienses 33 (1957) 453–482; 35 (1959) 362–409; über die im 20. Jahrhundert veröffentlichten Arbeiten vgl. *H. S. Nyberg*, Forschungen über den Manichäismus, in: Zeitschrift für neutestamentliche Wissenschaft 34 (1935) 70–91; *Raoul Manselli*, L'eresia del male (Napoli 1963) 11–27. Die beste Gesamtdarstellung bleibt immer noch das Buch von *H.-Ch. Puech*, Le Manichéisme. Son Fondateur, sa doctrine (Paris 1949); die Anmerkungen (98–195) stellen eine ausgezeichnete Dokumentation dar. Derselbe Autor legt eine neue Zusammenfassung vor in dem Kapitel „Le Manichéisme" in: Histoire des Religions II (1972) 523–645. Siehe auch *G. Widengren*, Mani und der Manichäismus (Stuttgart 1961) (= Urban-Bücher 57); *O. Klima*, Manis Zeit und Leben (Prag 1962); *François Decret*, Mani et la tradition manichéenne (Paris 1974). Mit Gewinn können noch herangezogen werden: *A. V. W. Jackson*, Researches in Manichaeism, with special reference to the Turfan fragments (New York 1932); *H. H. Schaeder*, Urform und Fortbildungen des manichäischen Systems (Leipzig 1927) 65–157 (= Vorträge der Bibliothek Warburg

1924–25); *U. Pestalozza*, Appunti sulla vita di Mani, in: Reale Istituto Lombardo di Scienze e Lettere, Ser. II, vol. 67 (1934) 417–479, aufgenommen in seine Nuovi Saggi di religione mediterranea (Firenze 1964) 477–523. Für die Bibliographie der neueren Werke vgl. *L. J. R. Ort*, Mani. A religio-historical description of his personality (Diss. Leiden 1967) 261–277; *Puech*, Le manichéisme 637–645.

Die Episode von der Stimme, die Patek hörte, ist uns von Ibn an-Nadim (*Fihrist* 83f, Übers. Flügel) überliefert worden. Über die Täufersekte, zu der sich Patek bekehrte, siehe die Erörterung der Quellen bei *Puech*, Le Manichéisme 40–42 und Anmerkungen 146–156; *G. Widengren*, Mani 24–26.

Die neuere Entdeckung eines griechischen Codex, dessen syrisches Original ins 5. Jahrhundert zurückreicht, erlaubt die Identifizierung der Täufersekte: Es handelt sich um die Elkasaiten, eine judenchristliche gnostische Bewegung, die von Elchasai während der Regierungszeit Trajans gegründet wurde. Siehe *A. Henrichs/L. Koenen*, Ein griechischer Mani-Codex, in: Zeitschrift f. Papyrologie und Epigraphik 5 (1970) 97–216; *Hans J. W. Drijvers*, Die Bedeutung des Kölner Mani-Codex für die Manichäismusforschung, in: Mélanges ... Henri-Charles Puech (1974) 471–486; *Gilles Quispel*, Mani the Apostle of Jesus Christ, in: Epektasis. Mélanges ... Cardinal Jean Daniélou (1972) 667–672; *R. N. Frye*, The Cologne Greek Codex about Mani, in: Ex Orbe Religionum I (Festschrift G. Widengren) 424–429; *F. Decret*, Mani 48f.

Die beiden Offenbarungen sind von Mani in seinem Buch *Shābuhragān* schriftlich niedergelegt worden (vgl. *Al-Bīrūnī*, Chronology of Ancient Nations, Übers. Edward Sachau [London 1879] 190). Nach dem Zeugnis eines koptischen *Kephalaion* erhielt Mani im Alter von 12 Jahren nur eine einzige Offenbarung: Der Heilige Geist, der von Jesus verheißene Paraklet, kam auf ihn herab und offenbarte ihm das „Mysterium", das lange verborgen war, nämlich den Konflikt zwischen Licht und Finsternis, den Ursprung der Welt, die Schöpfung Adams, kurzum: das Wesentliche der späteren manichäischen Lehre; vgl. Kephalaia (= *H. J. Polotsky*, Manichäische Handschriften I [Stuttgart 1934]) Kap. 1, 14f.

Über den Zeitpunkt der Unterredung mit Shāpūr I. vgl. *Puech*, a.a.O. 46 und die Anmerkungen 179–184; das Datum 9. April ist von S. H. Taqizadeh errechnet worden. Über die letzte Reise Manis vgl. *W. B. Henning*, Mani's last journey, in: BSOAS 10 (1942) 941–953. Die Echtheit gewisser entsetzlicher Details des Todes Manis (er wurde lebendig gehäutet usw.) scheint zweifelhaft; vgl. *Puech* 54–56.

232.

Die Schriften Manis sind untersucht worden von *P. Alfaric*, Les Écritures manichéennes I–II (Paris 1918–1919); über die späteren Entdeckungen und die Veröffentlichungen von F. W. K. Müller, E. Chavannes, P. Pelliot, W. B. Henning usw. siehe *Puech*, Le Manichéisme 144f (Anm. 240f); *ders.* in: Histoire des Religions II, 547f; *Widengren*, a.a.O. 151–153; vgl. auch *Ort*, Mani 32f. Neben *Shābuhragān*, das Shāpūr gewidmet und in Mittelpersisch verfaßt ist, hat Mani in Syrisch oder Ostaramäisch das *Lebendige Evangelium*, das *Buch der Mysterien*, die *Pragmateia* (oder „Abhandlung"), den *Schatz des Lebens*, das *Buch der Giganten* und die *Briefe* geschrieben (*Puech*, Le Manichéisme 67 und Anm. 262). Von den dem Propheten zugeschriebenen Texten sind die *Kephalaia* oder „Kapitel" die wichtigsten. Man findet die Texte übersetzt und kommentiert in: *A. Adam*, Texte zum Manichäismus (Berlin 1954); *C. R. C. Allberry*, A Manichaean

Psalm-Book (Stuttgart 1938); *E. M. Boyce*, The Manichaean Hymn Cycles in Parthian (Oxford 1954); *H. J. Polotsky*, Manichäische Homilien (Stuttgart 1934); *H. J. Polotsky/ A. Böhlig*, Kephalaia (Stuttgart 1940); *F. Decret*, Mani 58 f und passim.

233.

Der Mythos wird dargestellt von *Puech*, Le Manichéisme 74–85; *Widengren*, a.a.O. 43–69; *Hans Jonas*, The Gnostic Religion (Boston ²1963) 209–231. Obwohl er auf dem iranischen Charakter des Manichäismus insistiert (siehe auch: Die Religionen Irans 299–308), hat G. Widengren zutreffend die mesopotamischen Vorgänger mancher Personen und Episoden des Mythos analysiert; vgl. Mesopotamian Elements in Manichaeism (Uppsala 1946) 14–21, 25, 53 (die „Mutter des Lebens"), 31 f (der „Fürst der Finsternis"), 74 f (der „Gesandte") usw. Siehe auch *W. B. Henning*, Ein manichäischer Kosmogonischer Hymnus, in: NGWG (1932) 214–228; *ders.*, A Sogdian Fragment of the Manichaean Cosmogony, in: BSOAS 12 (1948) 306–318; *A. V. W. Jackson*, The doctrine of the Bolos in Manichaean eschatology, in: JAOS 58 (1938) 225–234; *Hans J. W. Drijvers*, Mani und Bardaisan. Ein Beitrag zur Vorgeschichte des Manichäismus, in: Mélanges ... Henri-Charles Puech 459–469.

Über den „Fürsten der Finsternis" siehe die wichtige Studie von *H.-Ch. Puech*, Le Prince des Ténèbres et son Royaume, in: Satan (Paris 1948) 136–174. Über die Episode „Verführung der Archonten" vgl. *F. Cumont*, Recherches sur le Manichéisme I (Brüssel 1908) 54–68 und *Puech*, Le Manichéisme 172 (Anm. 324). Über die Äquivalenz Licht (Geist)–*semen virile* vgl. *M. Eliade*, Spirit, Light and Seed, in: History of Religions 11 (August 1971). Zum Mythos vom Entstehen der Samenpflanzen aus einem Urwesen vgl. *M. Eliade*, La Mandragore et les mythes de la „naissance miraculeuse", in: Zalmoxis 3 (1940–42) 3–48; *ders.*, Gayōmart et la Mandragore: in: Ex Orbe Religionum II, 65–74; *ders.*, Adam, le Christ et la Mandragore, in: Mélanges ... H.-Ch. Puech 611–616.

234.

Das Bild des *Jesus Patibilis* und vor allem der Gedanke, daß die Herstellung von Brot eine Sünde darstellt, weil sie die „Qual" des Getreides impliziert (vgl. *Puech*, Le Manichéisme 90) erinnern an gewisse archaische, mit der Religiosität der Ackerbauern verbundene Glaubensvorstellungen (§§ 11 f).

Über die Verbreitung des Manichäismus siehe *U. Pestalozza*, Il manicheismo presso i Turchi occidentali ed orientali, in: Reale Istituto Lombardo di Scienze e Lettere, Ser. II, vol. 57 (1934) 417–479, aufgenommen in: Nuovi Saggi di Religione Mediterranea 402–475; *G. Messina*, Christianesimo Buddhismo Manicheismo nell'Asia Antica (Rom 1947); *H. S. Nyberg*, Zum Kampf zwischen Islam und Manichäismus, in: OLZ 32 (1929) 425–441; *O. Maenchen-Helfen*, Manichaeans in Siberia, in: Univ. of California Publications in Semitic Philology 11 (1951) 311–326; *M. Guidi*, La lotta tra l'Islam e il Manicheismo (Rom 1927); *W. B. Henning*, Zum zentralasiatischen Manichäismus, in: OLZ 37 (1934) 1–11; *ders.*, Neue Materialien zur Geschichte des Manichäismus, in: ZDMG 40 (1931) 1–18. Das Buch von *E. de Stoop*, Essai sur la diffusion du manichéisme dans l'Empire Romain (Gand 1909) ist veraltet; siehe die neueren Bibliographien in *Puech*, a.a.O. 148, Anm. 257 und *Widengren*, Mani 155–157. Vgl. *P. Brown*, The Diffusion of Manichaeism in Roman Empire, in: Journal of Roman Studies 59 (1969) 92–103;

F. Decret, Aspects du manichéisme dans l'Afrique romaine (Paris 1970). Für die Bibliographien über die sogenannten „neumanichäischen" Bewegungen siehe Bd. III, Kap. 36.

235.

Über das hebräische religiöse Denken siehe *Claude Tresmontant*, Biblisches Denken und hellenistische Überlieferung. Ein Versuch (Düsseldorf 1956); über die biblische Struktur der christlichen Theologie siehe vom gleichen Autor: La métaphysique du christianisme et la naissance de la philosophie chrétienne (Paris 1961) 21 ff. Zum Thema „nach dem Bild und Gleichnis" Gottes siehe *J. Jervell*, Imago Dei, Gen. 1,26f, im Spätjudentum, in der Gnosis und in den paulinischen Briefen (Göttingen 1960).

Über die Kontroversen um die Definition der „Orthodoxie" siehe: *Walter Bauer*, Rechtgläubigkeit und Ketzerei im ältesten Christentum (Tübingen 1939, ²1964); *E. H. W. Turner*, The Pattern of the Christian Truth (London 1954); *A. Benoit* in: *M. Simon/A. Benoit*, Le Judaïsme et le Christianisme antique (Paris 1968) 289 ff. „Von nun an muß man auf eine simplifizierende und monolithische Sicht der christlichen Ursprünge verzichten. Trotz der Berufung auf den Glauben an Christus hat sich das Christentum nicht nur auf ein und dieselbe Weise ausgedrückt: Man braucht hier nur an die Forschungen über die verschiedenen Theologien im Neuen Testament selbst zu denken: die paulinische Theologie, die johanneische Theologie..." (A. Benoit, a.a.O. 300).

236.

Über den Symbolismus und die Mythologie des Wassers siehe *M. Eliade*, Die Religionen und das Heilige, §§ 64f; Ewige Bilder und Sinnbilder 189ff. Über den Symbolismus der christlichen Taufe siehe *J. Daniélou*, Sacramentum futuri (Paris 1950) 13–20, 55–85; *ders.*, Bible et Liturgie (1951) 29–173; *Hugo Rahner*, Griechische Mythen in christlicher Deutung (Zürich 1945) 101–123.

Über den Symbolismus des Androgynen im Urchristentum und bei den Gnostikern siehe *M. Eliade*, Méphistophélès et l'Androgyne (Paris 1962) 128f; hinzufügen: *A. di Nola*, Parole Segrete di Gesù (Turin 1964) 60f; *Wayne A. Meeks*, The Image of the Androgyne: Some Uses of a Symbol in Earliest Christianity, in: HR 13 (1974) 165–208 (reichhaltige Bibliographie); *Derwood Smith*, The Two Made One: Some Observations on Eph. 2, 14–18, in: Ohio Journal of Religious Studies 1 (1973) 34–54; *Robert Murray*, Symbols of Church and Kingdom. A Study in Early Syriac Tradition (Cambridge 1975) 301 ff. Eine gute Anthologie der Texte ist vorgelegt worden von *Ernst Benz*, Adam. Der Mythus vom Urmenschen (München 1955). Unter den zeitgenössischen Autoren sei der katholische Theologe *Georg Koepgen*, Die Gnosis des Christentums (Salzburg 1939), erwähnt, der Christus ebenso wie die Kirche und die Priester als androgyn ansieht (316ff). Auch für Nikolai Berdjajew wird der vollkommene Mensch der Zukunft androgyn sein, wie Christus es gewesen ist; vgl. Der Sinn des Schaffens (1916, dt. 1927).

Über den Symbolismus des Kosmischen Baums und des „Mittelpunktes der Welt" siehe: Die Religionen und das Heilige, §§ 99f; Ewige Bilder und Sinnbilder 44ff. Über den Symbolismus des Kreuzes als kosmischer Baum oder Lebensbaum siehe die in Ewige Bilder und Sinnbilder 203 ff genannten Belege; hinzufügen *H. Rahner*, a.a.O. 73–100 („Das Mysterium des Kreuzes").

Über das „Haupt Adams", das auf Golgota begraben und mit dem Blut des Herrn getauft wurde, siehe: The Book of the Cave of Treasures (aus dem Syrischen übersetzt von E. A. W. Budge) (London 1927) 53.

Über die Legenden von wunderbaren Pflanzen, die unter dem Kreuz wachsen, siehe *M. Eliade*, La Mandragore et les Mythes de la „naissance miraculeuse", in: Zalmoxis 3 (1940–42) 3–48 (vgl. die bibliographischen Anmerkungen 44f); *ders.*, Adam, le Christ et la Mandragore, in: Mélanges... H.-Ch. Puech (Paris 1974) 611–616.

Über die Legende vom Ursprung der Rebe aus dem Blut des Erlösers siehe *Eliade*, La Mandragore... 24f; *N. Cartojan*, Cărtile populare in literatura românească II (²1973) 113f.

Über die Legenden bezüglich des Chrisam („Lebensmedizin") in der syrischen Literatur, im Mandäismus und im Manichäismus siehe *G. Widengren*, Mesopotamian Elements in Manichaeism (Uppsala 1946) 123f; *Robert Murray*, Symbols of Church and Kingdom 95f, 320f.

Über das Umlaufen ähnlicher Legenden (Set und das Kreuz, die Suche nach dem Öl und dem Chrisam usw.) im Abendland siehe *Esther Casier Quinn*, The Quest of Seth for the Oil of Life (Chicago 1962).

237.

Der lange und komplexe Prozeß der Assimilation der heidnischen religiösen Ikonographie und ihres Symbolismus durch das Judentum in hellenistischer und römischer Zeit ist von *Edwin R. Goodenough*, in den 12 Bänden seines *opus magnum*: Jewish Symbols in the Graeco-Roman Period (New York 1953–1965) brillant dargestellt worden. Vgl. auch *Morton Smith*, The Image of God: Notes on the Hellenization of Judaism, with Especial Reference to Goodenough's work on Jewish Symbols, in: Bulletin of the John Rylands Library 1940 (1958) 473–512.

Über das „kosmische Christentum" siehe *M. Eliade*, De Zalmoxis à Gengis-Khan (Paris 1970), Kap. 7.

Über die in der osteuropäischen Folklore bezeugten dualistischen Kosmogonien siehe De Zalmoxis..., Kap. 3.

Das Problem des iranischen Beitrags zum Christentum ist summarisch dargestellt worden von *J. Duchesne-Guillemin*, La Religion de L'Iran ancien (Paris 1962) 264f (vgl. 264, Anm. 2f Bibliographie).

Die ältesten christlichen Quellen, die Weihnachten in eine Höhle verlegen, sind das *Protevangelium des Jakobus* (18,1f), Justin der Märtyrer und Origenes. Justin wandte sich gegen die Initiierten der Mithras-Mysterien, die „vom Teufel getrieben, behaupteten, ihre Initiationen an einem Ort zu vollziehen, den sie speleum nennen" (Dialog mit Tryphon, Kap. 78). Dieser Angriff zeigt, daß die Christen schon im 2. Jahrhundert die Analogie zwischen dem mithrazistischen *speleum* und der Grotte von Betlehem bemerkten.

Über das *Opus imperfectum in Matthaeum* und die *Chronik von Zuqnīn* siehe *Ugo Monneret de Villard*, Le leggende orientali sui Magi evangelici (Rom 1952) 62f; *G. Widengren*, Iranisch-semitische Kulturbegegnung in parthischer Zeit (Köln – Opladen 1960) 70f; *M. Eliade*, Méphistophélès et l'Androgyne (Paris 1962) 60f.

238.

Die Bibliographie zur Entwicklung der christlichen Theologie ist beträchtlich. Siehe einige bibliographische Angaben in: *J. Daniélou/H. Marrou*, Geschichte der Kirche I, 463–495. Genannt seien: *J. Daniélou*, Message évangélique et Culture hellénistique aux IIe et IIIe siècles (Tournai 1961); *M. Werner*, Die Entstehung des christlichen Dogmas problemgeschichtlich dargestellt (Tübingen ²1954); *H. A. Wolfson*, The Philosophy of the Church Fathers (Cambridge, Mass. 1956); *E. F. Osborn*, The Philosophy of Clement of Alexandria (Cambridge 1957); *J. Daniélou*, Origène (Paris 1950); *H. de Lubac*, Histoire et Esprit. L'intelligence de l'Ecriture d'après Origène (Paris 1950); *H. Crouzel*, Théologie de l'image de Dieu chez Origène (Paris 1956); *A. Houssiau*, La Christologie de saint Irénée (Louvain 1955); *A. Benoit*, Saint Irénée. Introduction à l'étude de sa théologie (Paris 1960) *C. Hanson*, Origen's Doctrine of Tradition (London 1954); *C. Tresmontant*, La métaphysique du christianisme et la naissance de la philosophie chrétienne (Paris 1961).

Über Arius und das Konzil von Nizäa siehe *H. Marrou* in: Geschichte der Kirche I, 261ff, 478f (Bibliographie); *W. Telfer*, When did the Arian controversy begin?, in: Journal of Theological Studies (London) 47 (1946) 129–142; 48 (1949) 187–191.

Über die Mariologie siehe *F. Braun*, La mère des fidèles. Essai de théologie johannique (Paris 1953); *J. Galot*, Mary in the Gospel (1964, franz. 1958); *Karl Rahner*, Maria, Mutter des Herrn. Theologische Betrachtungen (Freiburg 1956); *E. Schillebeeckx*, Marie, Mère de la Rédemption (Paris 1963; engl. 1964); *H. Graef*, Maria. Eine Geschichte der Lehre und Verehrung (Freiburg 1964).

239.

Über den *Sol Invictus* und die Sonnenreligion siehe *F. Altheim*, Römische Religionsgeschichte II (Berlin ²1956) 117ff; ders., Der unbesiegte Gott (Hamburg 1957), bes. Kap. 5–7; *G. H. Halsberghe*, The Cult of Sol Invictus (Leiden 1972).

Über die Bekehrung Konstantins und seine Religionspolitik siehe *A. Piganiol*, L'empereur Constantin (Paris 1932) (der Verfasser sieht in Konstantin einen Synkretisten); *A. Alföldi*, The conversion of Constantine and Pagan Rome (Oxford 1948); *W. Seston*, Dioclétien et la Tétrarchie (Paris 1946); *H. Kraft*, Konstantins religiöse Entwicklung (Tübingen 1955); vgl. auch die Werke F. Altheims, die oben genannt wurden, besonders Der unbesiegte Gott, Kap. 7. Eine gute Zusammenfassung ist gegeben worden von *André Benoit*, in: *M. Simon/A. Benoit*, Le Judaïsme et le Christianisme antique (Paris 1968) 308–334. „Wie auch immer es um die genaue Bedeutung und die Ursprünge des von Konstantin gesehenen Zeichens bestellt sein mag, es ist klar, daß die Historiker das Bestreben haben werden, dafür eine Erklärung zu geben, die in die Richtung ihres Gesamtverständnisses der Konstantinischen Frage gehen wird. Für jene, die meinen, daß Konstantin sich 312 tatsächlich mit dem Christentum verbündet hat, kann das Zeichen nicht anders als christlich sein (vgl. u. a. Alföldi und Vogt). Jene, die meinen, daß sich Konstantin 312 nicht mit dem Christentum verbündet hat, betrachten das Zeichen entweder als heidnisch oder als christlich und zu dem Zweck benutzt, die Gläubigen zu gewinnen (vgl. Grégoire). Jene schließlich, die annehmen, daß von 312 an Konstantin sich in synkretistischer Richtung entwickelt habe, betrachten das Konstantinische Zeichen als zweideutig, polyvalent und fähig, sowohl dem Heidentum wie dem Christentum Ausdruck zu verleihen" (A. Benoit, a. a. O. 328).

Über die Geschichte des Christentums im 4. Jahrhundert siehe die Zusammenfassung von *Henri Marrou* in: *J. Daniélou/H. Marrou*, Geschichte der Kirche. I: Von der Christenverfolgung Diokletians bis zum Tode Gregors des Großen (Einsiedeln – Zürich – Köln 1963) 237ff, 475ff (Bibliographien).

Über die Beziehungen zwischen Christentum und Heidentum siehe *P. de Labriolle*, La réaction païenne (Paris ⁵1942); *E. R. Dodds*, Pagan and Christian in an Age of Anxiety. Some Aspects of Religious Experience from Marcus Aurelius to Constantine (1965); *A. Momigliano* (Hrsg.), The Conflict between Paganism and Christianity in the Fourth Century (Oxford 1963), darin bes. *H. I. Marrou*, Synesius of Cyrene and Alexandrian Neoplatonism (126–150); *H. Bloch*, The Pagan Revival in the West at the End of the Fourth Century (193–218); *Peter Brown*, The World of Late Antiquity. From Marcus Aurelius to Muhammad (London 1971) 34f.

Über die Ursprünge und ersten Entwicklungen des Mönchtums siehe *H. Marrou*, a. a. O. 279–288, 480f (Bibliographie); *A. Vööbus*, History of Ascetism in the Syrian Orient: I. The Origin of Asceticism. Early Monasticism in Persia; II. Early Monasticism in Mesopotamia and Syria (Louvain 1958–1960); *D. Chitty*, The Desert a City (Oxford 1966); *Peter Brown*, The Rise and Function of the Holy Man in Late Antiquity, in: Journal of Roman Studies 61 (1971) 80–101 und Kap. 8 seines Buches The World of Late Antiquity (96–114). Siehe auch die mit Anmerkungen versehenen Übersetzungen von *A.-J. Festugière*, Ursprünge christlicher Frömmigkeit (Freiburg – Basel – Wien 1963) (dt. Teilausgabe von: Les Moines d'Orient I–IV [Paris 1961–66]) und das reich illustrierte Werk von *Jacques Lacarrière*, Les hommes ivres de Dieu (Paris 1961).

240.

Das Fragment aus *Bioi sophiston* des Eunapios über die Weissagungen des letzten legitimen Hierophanten ist übersetzt von *K. Kerényi*, Die Mysterien von Eleusis (Zürich 1962) 33; siehe auch *George E. Mylonas*, Eleusis and the Eleusinian Mysteries (Princeton 1961) 8.

Über weiterlebende heidnische Elemente in Eleusis siehe *F. Lenormant*, Monographie de la voie sacrée éleusinienne (Paris 1864) I, 398f (die Legende der hl. Demetria, die von Lenormand wiedergegeben wird, ist von A. B. Cook ins Englische übersetzt und um eine Bibliographie ergänzt worden; vgl. Zeus I [1914] 173–175); *John Cuthbert Lawson*, Modern Greek Folklore and Ancient Greek Religion. A Study of Survivals (Cambridge 1910, Neuausgabe New York 1964) 79f. Über die Episode vom 5. Februar 1940 siehe *Charles Picard*, Déméter, puissance oraculaire, in: RHR 122 (1940) 102–124.

Register

Abaris 171
Abendmahl, Letztes 292f
Abhidharma 188ff 194ff
Adam 340f 345
adharma 206ff
ahamkāra 54ff
Ahnenkult in China 14ff 27ff
Ahriman 265ff
Ahura Mazdā 268 271f
Ajita Késakambala 79ff
Ajīvika 79ff 83ff
Akṣobhyā 192ff
Alchemie
–, chinesische 39–44
–, hellenistische 258ff
Alexander der Große 177–182
Amitābha 192ff
Amnesie 322ff
Anamnesis 174ff 322ff 332
Ananda 75ff 183ff
Androgynen-Mythos 176ff
annata, die Nicht-Substantialität der Dinge 88ff
Anthropologie, orphische 163ff
Antiochus IV. Epiphanes 227ff 236f
Apokalypsen, die ersten im nachexilischen Judentum 227ff
–, jüdische 234ff
Apokalyptik, „Methode" 304
Apoll 160ff
„Apoll", keltischer 130
Apologeten, christliche 312ff
Apostelgeschichte 293ff
Apuleius 251f
Arbor intrat 246
„Ares", der thrakische 152ff
Arhats 92ff 96ff 183ff 190ff
Aristeas von Prokonnesos 171
Arius und Arianismus 346f
Arjuna 207ff
Arsakiden, religiöse Strömungen unter den 263ff
āsana 61ff
Asen (Götter) 141ff 145ff
Aśoka 185ff
ātman 50ff 89ff

Attis, Mysterien des 245ff
Auferstehung der Leiber 274f
Auguren 109ff
Avalokiteśvara 191ff
Aždahāk 274f

Bacchanalien 122ff
Bacchus, Mysterien des 243ff
Bādarāyana 50ff
Bahman Yasht 264
Baldr 145ff
Befreiung, Methode zu ihrer Erlangung im alten Indien 47ff
– Bedeutung der 56ff
– endgültige, im Yoga 67ff
– in der Bhagavadgītā 208–213
„Befreiung des Leichnams" im Taoismus 36ff
Ben Sira 225ff
Berserker 144ff
Bestattungstrankopfer 169ff
Bestattungsurne, „Haus" des Toten 12ff
Bhadrabahu 197ff
Bhagavadgītā 201–213
bhikkhu 93ff
Boddhisattvas, Wege der 190ff 196
Boddhicaryāvatāra 193
Bote (Gesandter) 324 331
Brahman 50ff
Bronzezeitalter, Religion in China während des 14ff
Brotbrechen 292f
Bruderschaften, religiöse, in der archaischen römischen Religion 109ff
Buddha, Leben des 69–76
– anikonische Darstellungen 188
– Statuen 188ff
buddhi 56ff
Buddhismus, Geschichte des 183–196
Buddhologie 189ff
Bundahishn 266 268 277

Caesar, über die Religion der Gallier 127ff
Ceres 119ff
Cerunnos 132ff
Chandogya Upanishad 47ff

Register

Charismen 298 f
Chasidim 228 236 301
China, Religionen
– zur neolithischen Zeit 11 ff
– während der Bronzezeit 14 ff
– unter der Chou-Dynastie 16 ff
Chou, Religion zur Zeit der 16 ff
Christentum, Entstehung des 283–307
–, Sieg des 349 ff
Christenverfolgung 311 ff
Christologie des hl. Paulus 300
„Christus" (= „der Gesalbte", „Messias") 290 f
Chronologie der Texte, im alten Indien 49 ff
Chuang-tzu 24 35
cittavṛtti 59 ff
coincidentia oppositorum 233
– im alten China 23 ff
– im Denken Nagarjunas 194 ff
Corpus Hermeticum 253 ff
Criobolium 247

Daker, Religion der 155 ff
Daniel 229 ff 235
Decaeneus 158 ff
Demeter, ihre Epiphanie im Jahre 1940 352
Deutero-Jesaja 214 ff 216 ff
Devadatta, Schisma von 75 ff
dharma, das buddhistische Gesetz 183 ff 206 ff
dharmakāya 194
dhāraṇā 63
dhyāna 63
Digambara 197 ff
Dionysos 160 ff
–, mystischer 242 ff
–, König der neuen Zeit 244 f
„Dionysos", der thrakische 152 ff
Dionysos-Mysterien 242 ff
Divinisation der römischen Kaiser 311
Doketismus 346
Druiden 126 ff
– ihr esoterischer Unterricht 134 ff
Dualismus, absoluter, im Manichäismus 333 ff
Dualismus Geist – Materie in Indien 210 ff
– im Zervanismus 265 ff
– bei den Essenern 304 f
dukka 87 ff
Dumézil, Georges, seine Interpretation der archaischen römischen Religion 101 ff
– seine Interpretation des Mahabharata 203 ff
„Durst der Seele" 169 ff

Ecclesiastes (oder Kohelet) 224 ff
Ecclesiasticus 225 ff
ekāgrata 62 f
Ekpyrosis 309
Ekstase, bei den alten Thrakern 153 ff
Ekstatische Reise im alten China 34 ff

Eleusis, Zerstörung des Heiligtums 351
Elixier der Unsterblichkeit, in der chinesischen Alchemie 39 ff
„Embryonale Atmung", im Taoismus 43 ff
Empedokles 164 ff
Ende der Geschichte 289
Ende der Welt, Mythen, bei den alten Germanen 148 ff
– in den jüdischen Apokalypsen 230 ff
„Entstehung in gegenseitiger Abhängigkeit" 89 ff
Epikur 181 ff
Epona 133 ff
Erlöserkönig, iranischer Mythos vom 264 f
„Erlöster Erlöser" 323 ff
Erlösung, siehe Befreiung
Erlösung des Geistes im Sāṃkhya-Yoga 52–55
Erneuerung, eschatologische (Iran) 274 f
Eros 165 ff
Erster Mensch / Urmensch 231
„Erwachen", indische Methoden es zu erreichen 47 f
„Erwachen" des Buddha 73 f
Erziehung, Bedeutung der, bei Konfuzius 29 ff
Eschatologie
–, orphische 167 ff
– bei Platon 175
– bei den Indoeuropäern 203 ff
– im nachexilischen Judentum 216 ff
Eschatologischer Krieg, durch Brahma hervorgerufen 203 ff
Eschaton 217 ff 233 f
–, unmittelbares Bevorstehen des 289 f
Esoterik 257 f
–, jüdische 314
–, christliche 315
Esra 221 f
Essener 236 301 ff
–, Ähnlichkeiten mit dem Christentum 302 ff
Esus 130 ff
Etrusker, Religion der 115 ff
Eucharistie 292 f
Eurydike 160 ff
evocatio 120 ff
Eznik von Kolb 267 f

Fatalismus, astraler 240
fimbulvetr 150 ff
Fisch, Symbolismus im prähistorischen China 12
flamines 109 ff
Flug, Symbolismus des 177
Folklore, religiöse, in Osteuropa 343 f
Fortuna 240 308
Frašō-kereti 274 f
Fratres Arvales 111
Fravashi 271

Freiheit 181 ff
Freiheit der Wahl zwischen Gut und Böse 274
Frētōn 275
Frigg 146 ff
Frohe Botschaft, Nähe der Gottesherrschaft 289 ff

Gaia 166 ff
Gallen, Priester der Kybele 246 ff
Gayōmart 272 ff
Gebeleizis 155 ff
„Gebiete des Buddha" 193
Gedächtnis, nach dem Tod bewahrtes 170 ff
„Gesalbte" (mašiaḥ) 219
Gesetz (torah) 220 ff
–, Paulus gegen die Vorschriften des 297 f
Geten, Religion der 155 ff
Gētīk 270 ff
Getsemani, „initiatorische Wache" in 287 f
Ginnungagap 139 ff
Gleichnisse Jesu 285 ff
Gnosis 315 ff
–, manichäische 328 ff
Gnostizismus 313–335
Gold, alchemistisches 40 ff 259 ff
Goldblätter, orphische 167 ff
Goldenes Zeitalter 309 ff
Gottesherrschaft, siehe Frohe Botschaft
Gottesknechtslieder 215 f
Göttinnen, bei den Kelten 133 ff
Grotte, Symbolismus der 344 f
guṇas 54 ff
Gundestrup, der Kessel von 131 ff

Haggai, eschatologischer Prophet 216 ff
Häresien im Urchristentum 336 ff
haruspicina, bei den Etruskern 116 ff
Hasmonäer 228
Hauptstadt, Symbolismus der, im alten China 21 ff
„Haus der Seele" in China 13 ff
Hávamál 142 ff
Heiliger Geist 305
Heilsversprechen in hellenistischer Zeit 239 ff
Heimdallr 148 ff
Hel, Totenreich bei den alten Germanen 140
Hellenismus, sein Einfluß in Palästina § 200
Hellenistische Zivilisation 178 ff
1. Henoch 229 f 232 235 f
Heraklit 166 ff
Hermes Trismegistos 253 ff
Hermetismus 253 ff
–, initiatorische Aspekte des 256 ff
Herrscher, seine religiöse Rolle bei den Kelten 133 ff
hieroi logoi, orphische 161 ff
hieros gamos, bei den alten Kelten 133 ff

Hilaria 247
„Himmelsauftrag" 16 ff
Himmelsgott, im vorgeschichtlichen China 14 f
Hirsch, rel. Symbolismus des 132 ff
„Historisierung", der indoeuropäischen Mythen in der römischen Religion 101 ff
Hokmā siehe Weisheit, göttliche
Horatier und Curiatier 103 ff
hsien 36 ff
hun 42
hun-tun 20 ff

Ijob-Buch 224
„In hoc signo vinces" 348 f
Initiationen, in den Mysterien 240 ff
–, in den Attis- und Kybele-Mysterien 247 ff
–, in den Isis- und Osiris-Mysterien 251 f
–, im Hermetismus 256 ff
Initiationsgrad, mithrischer 278 f
Inkarnation, Theologie der 345 f
Inseln der Glückseligen 175 ff
interpretatio graeca 119 ff
interpretatio romana des keltischen Pantheon 127 ff 130 ff
Irland, Weiterleben der indoeuropäischen Tradition 126 ff
Isis 249 ff
Iśvara 63 f

Jabne 306
Jahwe 214–238
Jainismus 79–83
– nach Mahavira 197 ff
Janus 113 ff
Jesaja 219 230
Jesus von Nazaret 283–293
jhāna, „Meditation" 92 ff
Johannes der Täufer 284 f
Judentum, nachexilisches 214–238
Juno 114 ff
Jupiter 112 ff
„Jupiter", der keltische 128 ff
– (-Gigantensäule) 131 ff

Kaiserkult nach Augustus 311 ff
Kakuda Katyayana 79 ff
Karman 56 ff 78 ff 81 ff 195
Karpokrates 320
Katha Upanishad 52
Kelten, Religion der 124–137
– indogermanisches Erbe 126 ff
Kerinth 320
Kernos 247
Kirche, Entstehung der 293 ff
–, Identifikation mit dem Gottesreich 307
„Knecht Jahwes" 215 f
Kogainon 157 ff

Kohelet 224ff
Kollegium der Pontifices 110ff
Konfuzius 27ff
König, seine Funktion im alten China 15ff
Konstantin, Bekehrung des 348f
Konzile, buddhistische 183ff
Korē Kosmū 255
Kosmischer Baum, bei den alten Germanen 140ff
„Kosmisches Christentum" 342ff
Kosmogonie im alten China 19ff
– bei den alten Germanen 138ff
Kosmologie, der Jainas 198ff
–, manichäische 330ff
Kosmopolitismus, hellenistischer 178ff
–, nachexilischer 225ff
Kosmos, Abwertung des, in Indien 210ff
Kräfte, wunderbare, (siddhi) im Yoga 64ff
Kreuz, Symbolismus des 339ff
Krieg, eschatologischer, im Glauben der Essener 302f
Krishna 201–213
– Offenbarung des 206f
Kulte, bäuerliche, im alten China 18–19
Kuru (Kaurava) 201f
Kybele, in Rom 121ff
–, Mysterien der 245ff

Lao-tzu 25ff 30–36 43ff
Laren 107ff
Lebensverlängerung, chinesische Techniken 36ff
Legalismus, Ausbreitung des, in der nachexilischen Epoche 220ff
„Lehrer der Gerechtigkeit" 301ff
Leiden, „Alles ist Leiden" 45f
–, buddhistische Vorstellung von 87f
Lemuria 107ff
Liber 119ff
Libera 119ff
libri Acherontici 118
libri haruspicini, fulgurales, rituales, fatales 117ff
Logos 181
Loki 148ff
Luperci 111

Magier 264 269
mahābhārata 201ff
Mahādeva 184–185
Mahākaśyapa 77 183ff
Mahāsāṃghika 185
mahat 54ff
Mahāvira 79–83 197ff
Mahāyāna 190ff
Maitreya 191ff
Maitri Upanishad 48ff 50ff

Makkabäer 236f
Makkahali Gosāla 79ff 83ff 198
Mänaden 160ff
Mandūkhya-kārikā 58
Manen 107ff
Mani 326ff
Manichäismus 328–335
Mañjuśri 191ff
Māra, Versuchung des 73ff
Maria, fortschreitende Vergöttlichung der Jungfrau 347f
Markion 319f
Mars 112ff
„Mars", keltischer 129
Marshyak und Marshyānak 272f
Maskarin Gosāla siehe Makkahali Gosala
Mattatias 228
Maurya 185ff
māyā 50ff
Medb, die Königin 134ff
Meditation, siehe jhāna
Menander, gnostischer Schriftsteller 320
Mēnōk 210ff
Mensch, Ursprung des 166ff
Menschenopfer, bei den Kelten 136ff
„Menschensohn" 231f
„Merkur", keltischer 128ff
Messianische Ära, Herannahen der 232
Messianischer König, Erwartung des 219f
Messias 216 220ff
– (= Christus) 290f
Messiasgestalten, die beiden, im Essenismus 302f
Metempsychose, bei den Kelten 136ff
Midgardh 140ff
Millennienlehre, iranische 269f
Millennium 233
Mimir 143ff
Minerva 114ff
ming-t'ang 22
Missionen, erste christliche 295f
Mithra 263ff
Mithras-Mähler, rituelle 281
Mithras-Initiation 278f
Mithras-Mysterien 276ff
Mithrazismus, Verbreitung des 280ff
–, Ähnlichkeiten mit dem Christentum 281
„Mittelpunkt der Welt"
–, im alten China 21ff
–, bei den Kelten 135ff
– und das Kreuz 341
Mjöllnir 146ff
Moira 166ff
Mokshadharma 50 53
Mönchtum, christliches 350f
mukti 58ff
„Mutter der Welt" 32ff

Mysterien, ägyptische 249 ff
–, siehe auch Attis
Mysterienreligionen 239–262

Nag Hammadi 317
Nagarjuna § 189
naya-vāda 198 ff
Nebukadnezzar, Traum des 229 f
Nehemia 221
nei-tan (innere Alchemie) 43 f
Neolithikum, chinesische Religionen während des 11 ff
Nerthus 148 ff
Nichtwissen 324 ff
Nirmāṇakāya 194
Nirvāna 92 ff 95 ff 97 ff 195
– in seiner Identität mit samsara 195
Njördhr 148 ff

Odin 141 f
– schamanische Elemente 142
– Gott des Krieges 143 f
Ohrmazd 265 ff
oikumenē 180 182
Oktavianus Augustus 309 ff
Oniaden 227
Orakel des Hystaspes 264 f
Orpheotelesten 163
Orpheus-Mythen 159 ff
Orphik 159 ff 173 ff
Orthodoxie im Urchristentum 336 ff
Opfer, im alten China 15 ff
Osiris 249 ff

Paṇḍu (Pandava) 201 f
P'an Ku, Mythos von 19 ff
Paraklet 305
Parentalia 107 ff
Parikṣit 202
pariṇāma 54 ff
parinirvāna, Buddha tritt ins p. ein 75–76
parivrājaka, Wanderasketen 77 ff
Parusie 289 f
Parusieverzögerung 305 ff
Patañjali 58–68
Paulus, Bekehrung des 283 f
–, Theologie des 296 ff
Penaten 107 f
Pentateuch 221 f
Perlenlied 322 ff
Person, menschliche (pudgala) 89 ff
Pharisäer, Reaktion der 234 ff
Pherekydes von Syros 174
Physika kai Mystika 259 261
pietas 106 ff
Platon 164 ff 167 ff 173 ff
Plutarch über die Lehre des „Magiers Zoroaster" 267

Polarität, im alten China 23 ff
Pontifex 110
Posidonius, über Zalmoxis 158
prajñā, „Weisheit" 94 ff
Prajñāpāramitā 190 ff
prakṛti 54 ff 57 ff 199 211
pralaya 203 ff
prāṇāyāma 61 ff
pratityasamutpāda 89 ff 195 ff
pratyāhāra 63
Privatkult, in Rom 107 f
Prometheus 165
proskynesis 179 ff
pudgala (die menschliche Person) 89 ff
Pūraṇa Kassapa 79 ff
purusha 52–56 57 ff
Pythagoras 156 ff 170 ff 173 ff
Pythagoreer 171 ff

Quirinus 112 ff
Qumran, die Essener in 301 ff

Ragnarök 140 144 ff 146 ff
Rājgṛha, Konzil von 183 ff
Reich Gottes in der Verkündigung Jesu 285 f 304 ff
Reintegration, Konzept der, im alten China 23 ff
Reliquien des Buddha 188
Riten, ihre Macht im alten China 27 ff
römische Religiosität, Besonderheiten 104 ff
Romulus, und das Opfer 99 f

Sabazios 153 ff
Sacerdotes, in der archaischen römischen Religion 109 ff
Sacharja, eschatologischer Prophet 216–219
Sakramente in der Interpretation des hl. Paulus 297 f
Samādhi 64 ff
Samāpatti, „Sammlung" 93 ff
sambhogakāya 194
Saṃgha, die buddhistische Gemeinschaft 85 ff
Sāṃkhya 49 ff
Sāṃkhya-kārika 52 ff
Sāṃkhya-Yoga, der Geist nach Auffassung des 52–68
– und der Buddhismus 89 ff
– in der Bhagavad-Gita 206 ff
Samsāra, gleichgesetzt mit dem Nirvana 195 ff
Śaṅkara 47 ff
Saoshyant 272 ff
Satan, wird zum Gegenspieler Gottes 232 f
Schädelkult, bei den Kelten 125 ff
Schamanismus
– im alten China 19 34 ff
– bei den Germanen 142 ff
– im alten Griechenland 160 171 ff

Schicksal 240 266f
Schismen, buddhistische 185ff
Schlacht, eschatologische (Judentum) 217
Schlaf, dem Nichtwissen und dem Tod assimiliert 324ff
Schöpfungen, iranische Lehre von den beiden 270ff
Seelenwanderung 175ff
– orphischer Glaube an die 163ff
„Selbst", im Buddhismus 89ff
Serubbabel 216f 219
Shang, Religion zur Zeit der 14ff
Shang-ti 15 17
Shiva 205ff
Sibyllinische Bücher 121ff
Siddha-Kshetra 200
Siddharta, der Prinz 69ff
– wird Sakyamuni 71ff
– wird der Buddha 73ff
siddhi 96ff 210ff
Simon der Magier 319
skandha („Aggregate"), Lehre von den 88ff 195
Sol Invictus 312 348
soma (Körper) = sema (Grab) 164ff
sotēr 182
Sprüche, Buch der 223
śramanas 77ff
Stein der Weisen 260 262
Sthavira 184ff
Sthaviravadin 189ff
Sthūlabhadra 197ff
Stier, Opferung des S. durch Mithra 276f
Stoizismus 180ff
Strabo, über Zalmoxis 157
stūpas 77 188ff
śunya 195ff
śunyatā 191ff
Śvetāmbara 197ff
Śvetāśvatara Upanishad 50ff 52ff
syād-vāda 198ff
Synkretismus, griechisch-orientalischer 182
– im jüdischen religiösen Denken 236
– in hellenischer Zeit 239ff
Szu-ma Ch'ien 30ff

taṇhā, „Durst" 91ff
tao 21ff 24ff 30ff
Taoismus 30ff
– und Alchemie 39ff
Tao-te-ching 25ff 30ff
t'ao-t'ieh 14ff
tapas 61ff
Taranis 131ff
Taranucnus 130ff
Tathagatha, Lehre vom 193ff
Taufe, von Johannes d. T. und Jesus praktiziert 284

– bei den Essenern 303
–, Symbolismus der 339f
Taurobolium 247
Tempel von Jerusalem, Wiederaufbau des 216f
–, in ein synkretistisches Heiligtum verwandelt 227
–, Zerstörung des 305ff
Testament der Zwölf Patriarchen 234
Teutates 130ff
Theodizee im nachexilischen Judentum 225ff
Theogonie, orphische 163ff
Theravadin 189ff
Thor 145ff
Thraker, Religion der alten 151ff
Ti 15ff
T'ien 17ff 28ff
Titanen 166ff
Tobiaden 227
„Tod" und „Auferstehung" der Materie 260ff
Tora 236f
–, Verherrlichung der 234ff
Totenkult, bei den Etruskern 115ff
Trias, kapitolinische 112ff
– göttliche, in Rom (Jupiter, Mars, Quirinus) 103ff
Trinitätstheologie 346f
Tyche 240
Tyr 142 145ff

Übel, Ursprung des, im Zervanismus 265ff
Übertragung des Verdienstes, im Buddhismus 193ff
Unbedingtes, Paradox des, im Buddhismus 97f
Unbeständigkeit der Dinge 88ff
Universalismus, in hellenistischer Zeit 179ff
Universelle Leere, Lehre von der 191 193ff
„Unsterbliche" (hsien) in China 36–44
Unsterblichkeit, siehe Elixier der
Unsterblichkeit der Seele, in der orphischen Vorstellung 163ff
– bei den Kelten 137ff
– bei den Thrakern 156ff
Unsterblichkeit der Sterne 177
„Unsterblichkeitspillen", im alten China 41ff
Unterwelt, bei den Etruskern 118ff
Upanishaden 53ff
Uranos 166ff
Urmensch im Manichäismus 330
Urnenfelder, Kultur der 124ff

Vaisali, Konzil von 184
Valentin 316f 321f
Vanen (-Götter) 141ff 148ff
Vaticinia ex eventu 229
Vātsiputra 185ff
Vedanta, vorsystematischer 50f
Vegetarisches Leben 164ff

Register

Venus 120ff
Vergil 309f
Verstümmelung in den Kybele-Mysterien 246f
Verzicht, „Auf die Früchte der eigenen Taten verzichten" 208f
Vesta 113ff
Vestalinnen 110ff
vihara (buddhistisches Kloster) 188ff
Vinaya 184ff
Vishnu 204ff 212ff
„Vision" im Buddhismus 92ff
Vyāsa 60ff

Wahrheit, die vier „Edlen Wahrheiten" 87f
wai-tan (externe Alchemie) 43ff
Walhalla 147
Wanderasketen, siehe parivrājaka
Wechsel, im alten China 23ff
„Weg der Boddhisattvas" 190ff
„Weg der Mitte" 87f
Wege ins Jenseits 168
Weisheit, göttliche (ḥokmā), Personifizierung der 222ff
–, die im Himmel verborgene 235f
Welt, Ursprung und Einrichtung der, im alten China 19ff
Weltbaum und das Kreuz 340f

„Weltenbürger" 180ff
Wesensgleichheit von Gott Vater und Gott Sohn 347
Wotan, Kriegsgott 143f
Wunder in der römischen Religion 105ff

Yang-shao, erste neolithische Kultur Chinas 11ff
Yang-Yin, Symbolismus 23ff 33ff 41ff
Yggdrasil 138ff 149ff
Ymir 139
Yoga, Technik des 58–63
Yoga-Sūtras 52ff
Yü der Große 21ff

Zalmoxis 155ff
Zamān i akanārak 269
Zarathustra 211ff 271ff
Zeit, eschatologische Funktion der 269f
– im Zervanismus 266f
Zenon 180ff
Zervan (Zervanismus) 265–269
Zeus 165
Zinnober-Felder, im Taoismus 37ff
Zosimos, Alchemist 261
Zufall, siehe Tyche